CDRF
中国发展研究基金会
China Development Research Foundation

RESEARCH ON THE INTEGRATION OF CITY CLUSTERS IN CHINA

中国城市群一体化研究

中国发展研究基金会 著

中国发展出版社
CHINA DEVELOPMENT PRESS

图书在版编目（CIP）数据

中国城市群一体化研究 / 中国发展研究基金会著
. -- 北京：中国发展出版社，2022.8

ISBN 978-7-5177-1307-4

Ⅰ. ①中… Ⅱ. ①中… Ⅲ. ①城市群—经济一体化—研究—中国 Ⅳ. ①F299.2

中国版本图书馆CIP数据核字（2022）第118300号

书　　　名：中国城市群一体化研究
著作责任者：中国发展研究基金会
责 任 编 辑：吴　佳　王海燕
出 版 发 行：中国发展出版社
联 系 地 址：北京经济技术开发区荣华中路22号亦城财富中心1号楼8层（100176）
标 准 书 号：ISBN 978-7-5177-1307-4
经　销　者：各地新华书店
印　刷　者：北京市密东印刷有限公司
开　　　本：787mm × 1092mm　1/16
印　　　张：34.75
字　　　数：525千字
版　　　次：2022 年 8 月第 1 版
印　　　次：2022 年 8 月第 1 次印刷
定　　　价：128.00元
联 系 电 话：（010）68990625　68990692
购 书 热 线：（010）68990682　68990686
网 络 订 购：http://zgfzcbs.tmall.com
网 购 电 话：（010）68990639　88333349
本 社 网 址：http://www.develpress.com
电 子 邮 件：15210957065@163.com

“中国城市群一体化研究”课题组

课题顾问

卢　迈　中国发展研究基金会原副理事长

方　晋　中国发展研究基金会副理事长兼秘书长

课题组组长

俞建拖　中国发展研究基金会副秘书长

课题组成员

《总报告　中国城市群一体化进程评估》

李　帆　中国发展研究基金会研究一部主任

张　纯　中国发展研究基金会研究一部副主任

闫晓旭　中国发展研究基金会研究一部项目主任

王　路　中国发展研究基金会研究一部项目副主任

《专题一　城市群发展：基于“车流”大数据的评估》

陆　铭　上海交通大学安泰经济与管理学院特聘教授、中国发展研究院执行院长、中国城市治理研究院研究员

李杰伟　上海海事大学经济管理学院副教授

郑怡林　上海交通大学安泰经济与管理学院博士生

《专题二　京津冀城市群一体化政策及进展》

周彩云　天津财经大学经济学院副教授

宋高燕　河北大学经济学院副教授

周立群　南开大学经济学院教授

《专题三　长三角城市群一体化政策及进展》

沈　和　江苏省人民政府研究室原副主任

古　晶　江苏省人民政府研究室信息处副处长

卢爱国　江苏省人民政府研究室社会处四级调研员

《专题四　珠三角城市群一体化政策及进展》

郑　伟　深圳市人民政府发展研究中心（深圳市人民政府政策研究室）研究员

《专题五　粤港澳大湾区一体化政策及进展》

柳立子　广州市社会科学院广州城市战略研究院副院长

覃　剑　广州市社会科学院区域发展研究所副所长

刘　佳　广州市社会科学院广州城市战略研究院助理研究员

《专题六　成渝城市群一体化政策及进展》

王　胜　重庆社会科学院副院长、重庆市人民政府发展研究中心副主任

屈　阳　重庆工商大学管理学院硕士研究生

《专题七　武汉城市圈一体化政策及进展》

覃道明　湖北省人民政府研究室主任

黄良港　湖北省人民政府研究室副主任

熊绍光　湖北省人民政府研究室二级巡视员

邵德艾　湖北省人民政府研究室五处处长

张和年　湖北省人民政府研究室五处副处长

徐国添　湖北省人民政府研究室五处三级调研员

王俊伟　湖北省人民政府研究室二级主任科员

王　伟　湖北省人民政府研究室干部

《专题八　长株潭城市群一体化政策及进展》

唐宇文　湖南省人民政府发展研究中心副主任

张雅璇　湖南现代物流职业技术学院讲师

《专题九　辽中南城市群一体化政策及进展》

张　勇　辽宁省人民政府研究室副主任

《专题十　哈长城市群一体化政策及进展》

董伟俊　黑龙江省社会科学院（黑龙江省人民政府发展研究中心）院长

靳英敏　黑龙江省社会科学院（黑龙江省人民政府发展研究中心）边疆发展研究所研究员

于　飞　黑龙江省社会科学院（黑龙江省人民政府发展研究中心）边疆发展研究所助理研究员

《专题十一　关中平原城市群一体化政策及进展》

崔玉凤　西安市人民政府研究室党组书记、主任

何　爽　西安市人民政府研究室一级调研员

崔　博　西安市人民政府研究室综合处副处长

陈　东　西安市人民政府研究室综合处二级调研员

王杏涛　西安市人民政府研究室农村处二级调研员

畅新征　西安市人民政府研究室经济处处长

张雨彤　西安市人民政府研究室社会处四级主任科员

李　尧　西安市人民政府研究室城发处一级主任科员

雷广院　西安市人民政府研究室秘书处处长

《专题十二　中原城市群一体化政策及进展》

郭建军　河南省人民政府发展研究中心副主任、一级巡视员

耿德建　河南省人民政府发展研究中心二级巡视员

郭玲玲　河南省人民政府发展研究中心四级调研员
郑广建　河南省人民政府发展研究中心一级主任科员
秦小玲　河南省人民政府发展研究中心四级调研员
陶　冶　河南省人民政府发展研究中心一级主任科员
夏巍巍　河南省人民政府发展研究中心二级主任科员
刘　攀　河南省人民政府发展研究中心二级主任科员

《专题十三　海峡西岸城市群一体化政策及进展》

朱四海　福建省人民政府发展研究中心产业处处长
刘立菁　福建省人民政府发展研究中心产业处副处长
谢毅梅　福建省人民政府发展研究中心产业处三级主任科员
胡建兵　华侨大学工商管理学院副教授

《专题十四　山东半岛城市群一体化政策及进展》

王佃利　山东大学政治学与公共管理学院教授
于　棋　山东省委党校（山东行政学院）公共管理教研部讲师
洪　扬　山东大学政治学与公共管理学院博士生
王玉龙　山东师范大学公共管理学院讲师
杜聪聪　山东省城乡规划设计研究院有限公司助理工程师
张岱楠　山东大学政治学与公共管理学院博士生

《专题十五　城市群的公共卫生与应急管理体系衔接》

倪鹏飞　中国社会科学院城市与竞争力研究中心研究员
徐海东　中国社会科学院城市与竞争力研究中心副研究员
周晓波　中国社会科学院城市与竞争力研究中心副研究员
李　博　中国社会科学院城市与竞争力研究中心副研究员

序 言
PREFACE

改革开放以来，中国城镇化快速发展，常住人口城镇化率已从1978年的17.92%上升至2021年的64.72%。2021年，第一产业占GDP的比重已降至7.3%左右，绝大部分经济活动主要发生在城市里。随着城镇化发展进入中后期，城市群的崛起和都市圈的发展将成为中国当前和未来数十年最重要的经济地理现象。

城市群是我国经济稳增长、调结构、提质量的关键抓手。2020年，京津冀、长三角、珠三角、成渝、武汉、长株潭、辽中南、哈长、关中平原、中原、海峡西岸、山东半岛这12个城市群占全国经济总量（现价GDP）的比重已达74.6%。可以说，抓住城市群，就抓住了中国经济的根本。不仅如此，城市群的发展也有助于完善区域经济布局，促进城乡融合发展，为中国经济更好地融入世界经济体系、参与全球竞争提供基础性的平台。

中国正努力把握城市群发展带来的巨大机遇。2014年颁布的《国家新型城镇化规划（2014—2020年）》提出以城市群为主体形态，推动大中小城市和小城镇协调发展。2016年出台的“十三五”规划提出要建设19个城市群。成渝、长三角、粤港澳大湾区等多个城市群发展规划不断出台。但是我们也看到，由于历史的制约，自然条件的限制，体制改革的滞后，加上国际政经格局调整以及新冠肺炎疫情的冲击，许多城市群在提升人口吸纳能力，缩小区域内发展差距，释放发展活力等方面仍有待进一步提高。

在此背景下，中国发展研究基金会于2019年成立“中国城市群一体化研究”课题组。该课题运用城市群一体化指数（ACEP）、车辆大数据等方法对城市群发展进行评估；分析京津冀、长三角、珠三角、粤港澳大湾区、成渝、武汉、长株潭、辽中南、哈长、关中平原、中原、海峡西岸、山东半岛这13个城市群一体化政策及进展；并针对新冠肺炎疫情这一突发公共卫生事件，探讨如何加强城市群的公共卫生与应急管理体系的有机衔接。

课题的设立和实施得到了中国发展研究基金会原副理事长卢迈先生的大力支持和指导。中国发展研究基金会的多个部门参与了课题研究，俞建拖作为课题组组长，承担了课题研究设计、实施和相关报告的撰写工作，李帆、闫晓旭为课题开展做了协调支持工作，并参与相关研究和写作，李帆、张筱曈在合作方的协调上提供了大量帮助。

为了使课题的研究具有坚实的基础和广阔的视角，中国发展研究基金会先后多次组织召开专家座谈会，并委托高校和研究机构学者以及全国政策咨询系统相关研究人员撰写了15份专题报告。专题报告的很多观察、发现、观点和思考都反映在了总报告中。这些专题报告及作者分别是：《专题一　城市群发展：基于“车流”大数据的评估》（陆铭、李杰伟、郑怡林）、《专题二　京津冀城市群一体化政策及进展》（周彩云、宋高燕、周立群）、《专题三　长三角城市群一体化政策及进展》（沈和、古晶、卢爱国）、《专题四　珠三角城市群一体化政策及进展》（郑伟）、《专题五　粤港澳大湾区一体化政策及进展》（柳立子、覃剑、刘佳）、《专题六　成渝城市群一体化政策及进展》（王胜、屈阳）、《专题七　武汉城市圈一体化政策及进展》（覃道明、黄良港、熊绍光、邵德艾、张和年、徐国添、王俊伟、王伟）、《专题八　长株潭城市群一体化政策及进展》（唐宇文、张雅璇）、《专题九　辽中南城市群一体化政策及进展》（张勇）、《专题十　哈长城市群一体化政策及进展》（董伟俊、靳英敏、于飞）、《专题十一　关中平原城市群一体化政策及进展》（崔玉凤、何爽、崔博、陈东、王杏涛、畅新征、张雨彤、李尧、雷广院）、《专题十二　中原城市群一体化政策及进展》（郭建军、耿德建、郭玲玲、郑广建、秦小玲、陶冶、夏巍巍、刘攀）、《专题十三　海峡西岸城市群一体化政策及进展》（朱四海、刘立菁、谢毅梅、胡建兵）、《专题十四　山东半岛城市群一体化政策及进展》（王佃利、于棋、洪扬、王玉龙、杜聪聪、张岱楠）、《专题十五　城市群的公共卫生与应急管理体系衔接》（倪鹏飞、徐海东、周晓波、李博）。

值此报告付梓之际，谨代表中国发展研究基金会，对以上单位和个人为课题顺利推进提供的支持和帮助，表示诚挚的感谢。

中国发展研究基金会副理事长兼秘书长 方晋

目　录
CONTENTS

总报告　中国城市群一体化进程评估

一、引言　/ 1
二、城市群概况　/ 3
三、城市群一体化的趋势与特征　/ 11
四、从ACEP指数看部分城市群发展　/ 23
五、政策建议　/ 42

专题一　城市群发展：基于“车流”大数据的评估

一、研究对象和主要方法　/ 47
二、利用车流数据界定城市群（评估一）　/ 51
三、利用指标体系评估城市群（评估二）　/ 61
四、地理和制度对城市群的影响（评估三）　/ 74
五、结论与政策建议　/ 77

专题二　京津冀城市群一体化政策及进展

一、京津冀协同发展战略的推进　/ 83
二、京津冀三地协同发展新格局　/ 85

专题三　长三角城市群一体化政策及进展

一、江苏以省内全域一体化助推长三角一体化的政策体系基本形成　/ 110
二、江苏促进城市群一体化发展政策效应亮点纷呈　/ 125
三、进一步推动长三角城市群一体化发展的政策展望　/ 136

专题四　珠三角城市群一体化政策及进展

一、珠三角城市群一体化政策　/ 141
二、政策成效　/ 154

专题五　粤港澳大湾区一体化政策及进展

一、粤港澳大湾区经济发展与综合实力　/ 160
二、粤港澳大湾区一体化政策和机制　/ 167
三、粤港澳大湾区交通基础设施互联互通进展　/ 171
四、粤港澳大湾区产业发展协同联动进展　/ 176
五、粤港澳大湾区城镇空间融合协调进展　/ 182

专题六　成渝城市群一体化政策及进展

一、成渝城市群概述　/ 191
二、推进成渝城市群一体化的政策行动回顾　/ 195
三、成渝城市群一体化建设取得的主要成效　/ 208

专题七　武汉城市圈一体化政策及进展

一、武汉城市圈政策演进　/ 219
二、武汉城市圈一体化进展及成效　/ 221
三、武汉城市圈一体化发展瓶颈　/ 236
四、加快打造武汉城市圈升级版　/ 237

专题八 长株潭城市群一体化政策及进展
一、长株潭城市群一体化发展的主要历程 / 245
二、长株潭城市群一体化的主要政策导向与举措 / 251
三、长株潭城市群一体化的主要进展 / 265

专题九 辽中南城市群一体化政策及进展
一、推进辽中南城市群一体化发展的政策体系 / 274
二、推进辽中南城市群发展政策成效 / 284
三、存在的主要问题 / 293
四、推进辽中南城市群一体化发展政策取向 / 303

专题十 哈长城市群一体化政策及进展
一、哈长城市群概况 / 307
二、哈长城市群发展政策体系和实践举措 / 310
三、哈长城市群发展成效 / 323
四、哈长城市群未来发展建议 / 344

专题十一 关中平原城市群一体化政策及进展
一、关中平原城市群发展现状 / 346
二、关中平原城市群一体化发展政策情况 / 358
三、关中平原城市群推动一体化发展的做法及成效 / 362
四、关中平原城市群一体化发展存在的主要问题 / 371
五、关中平原城市群协同一体化发展建议 / 375

专题十二 中原城市群一体化政策及进展
一、中原城市群一体化的政策梳理 / 382

二、中原城市群一体化存在问题分析 / 399
三、中原城市群一体化发展政策建议 / 410

专题十三 海峡西岸城市群一体化政策及进展
一、海峡西岸城市群现状 / 418
二、一体化评估理论分析 / 424
三、海峡西岸城市群发展评估 / 433
四、探索建设海峡城市群 / 441

专题十四 山东半岛城市群一体化政策及进展
一、城市群发展与山东半岛城市群 / 447
二、山东半岛城市群一体化中的省级规划引领 / 452
三、山东半岛城市群城市互动及一体化建设 / 459
四、山东半岛城市群一体化发展成效分析 / 468
五、山东半岛城市群的发展特征与展望 / 492

专题十五 城市群的公共卫生与应急管理体系衔接
一、问题提出与研究框架 / 505
二、构建合理的城市群体系以筑牢底层根基 / 508
三、完善公共卫生服务体系以创造前提条件 / 516
四、完善城市群治理体系以提供支撑框架 / 524
五、完善公共卫生应急体系以准备基本条件 / 533
六、完善公共卫生的关键保障以实现衔接融合 / 536

总报告

中国城市群一体化进程评估[①]

一、引言

城市群的崛起是中国当前和未来数十年最重要的经济地理现象。城市群的发展有助于完善区域经济布局，促进城乡融合发展，为经济社会的高质量发展提供重要支撑，为中国经济更好地融入世界经济体系、参与全球竞争提供基础性的平台。

自“十二五”时期以来，中国加速推动城市群发展布局。2014年发布的《国家新型城镇化规划（2014—2020年）》，明确提出以城市群为主体形态，推动大中小城市和小城镇协调发展。2016年出台的“十三五”规划提出要建设19个城市群。2016—2019年，先后有哈长、成渝、长三角、中原、北部湾、关中平原、呼包鄂榆、兰州—西宁、粤港澳大湾区等城市群发展规划出台。2019

① 本报告作者为中国发展研究基金会俞建拖、李帆、闫晓旭。

年，国家发展改革委出台《关于培育发展现代化都市圈的指导意见》，指出要培育发展一批现代化都市圈，形成区域竞争新优势，为城市群高质量发展、经济转型升级提供重要支撑。2019年12月中央经济工作会议强调，推进京津冀协同发展、长三角一体化发展、粤港澳大湾区建设，打造世界级创新平台和增长极，要提高中心城市和城市群综合承载能力。

城市群发展的关键在于一体化。城市群的一体化依托区域内城市之间基础设施和制度的衔接，促进资源要素自由流动和优化配置，促进区域内各城市的分工协同，有助于充分发挥区域经济增长潜力，促进区域均衡发展。2019年12月16日，习近平总书记在《求是》杂志上发表《推动形成优势互补高质量发展的区域经济布局》，提出新形势下促进区域协调发展，总的思路是：按照客观经济规律调整完善区域政策体系，发挥各地区比较优势，促进各类要素合理流动和高效集聚，增强创新发展动力，加快构建高质量发展的动力系统，增强中心城市和城市群等经济发展优势区域的经济和人口承载能力，增强其他地区在保障粮食安全、生态安全、边疆安全等方面的功能，形成优势互补、高质量发展的区域经济布局。

为了监测城市群一体化的发展进程，分析一体化的驱动因素，给国家相关决策提供支撑，中国发展研究基金会课题组开发了区域一体化测量方法，并对中国12个城市群地区的一体化进程进行持续的跟踪分析。该方法主要从经济集聚水平（A）、区域连接性（C）、经济均等化（E）、协同平滑度（P）4个方面刻画区域一体化，由此形成ACEP指数[①]。ACEP指数可以克服传统一体化测量方法的内在缺点，能反映区域间的竞争和互动，对宏观政策和人口、经济活动的变化具有敏感性。

① 本报告将政策协同性（P）名称调整为协同平滑度，指标构建方式也进行了调整。

2019年，中国发展研究基金会发布了第一期报告，受到社会各界广泛关注。为使数据具有可比性，本报告保持12个城市群157个地级市的范围，测量2006—2020年一体化水平。考虑到各城市群数据可得性以及跨年度比较的一致性，本报告一体化评价在指数构建和指标上都进行了优化。从结果看，各个城市群一体化指数得分趋势保持一致，反映出指标体系的稳健性。

本报告余下部分的安排如下：第二部分介绍所考察的12个城市群的经济社会发展概况及其在国家经济体系中的地位；第三部分在2019年报告的基础上，介绍城市群一体化的关键趋势；第四部分重点考察了京津冀、珠三角、长三角、成渝、中原五大城市群的一体化趋势和政策演变；第五部分提出推动城市群一体化的有关建议。

二、城市群概况

近年来，我国“19+2”的城市群格局基本形成并稳步发展[①]。考虑到经济体量以及在区域经济战略布局中的重要性，本报告重点关注其中的12个城市群地区。

（一）城市群范围界定

本报告中的城市群包括京津冀、长三角、珠三角3个特大城市群，以及山东半岛、海峡西岸、中原、长株潭、武汉、成渝、关中平原、辽中南、哈长等9个城市群。此外，本报告没有采用长江中游城市群的概念，主要是考虑到该地区城市和经济发展水平总体薄弱，区域范围较大，因此只对其中已经具有较高一

① 即京津冀、长三角、珠三角、山东半岛、海峡西岸、哈长、辽中南、中原地区、长江中游、成渝地区、关中平原、北部湾、晋中、呼包鄂榆、黔中、滇中、兰州—西宁、宁夏沿黄和天山北坡19个城市群，还有以拉萨、喀什为中心的两个城市圈。资料来源：国家统计局，《城镇化水平不断提升 城市发展阔步前进——新中国成立70周年经济社会发展成就系列报告之十七》。

体化基础的武汉城市群、长株潭城市群分别进行考察。从地理上看，这12个城市群的主体部分分布在胡焕庸线以东地区。从交通区位看，12个城市群坐落在“两横三纵”城市化战略格局的重要节点，对我国打造世界级城市群，实施振兴东北老工业基地、西部大开发、中部崛起等重大战略具有重要意义。

这些城市群的范围主要以相关城市群发展规划为基本依据[①]。考虑到数据可得性和统计规范性，以地级以上城市为城市群内部基本单位进行分析。河北邢台和邯郸两市，同时包含在京津冀城市群和中原城市群内，为避免重复，分析时将其从中原城市群中剔除。

（二）人口集聚

2020年，12个城市群有常住人口9.1亿人，占全国总人口的64.6%。长三角城市群和中原城市群是人口最多的两大城市群，2020年常住人口均超过1.4亿人，占全国人口份额均超过10%；京津冀城市群和成渝城市群常住人口超过1亿人，占全国人口份额超过7%。关中平原城市群、武汉城市群、辽中南城市群的人口相对较少，在2700万～3100万人的水平，占全国人口的比重约在2%（见图1）[②]。

人口向城市群集聚趋势仍在延续，但速度趋缓。12个城市群常住人口占全国人口份额从2006年的61.5%上升至2019年的64.8%。2006—2009年，人口稳步向城市群集聚，人口份额年均增长率为0.58%，2010—2013年人口份额稳定在62.8%～63.2%，2014—2019年向城市群集聚有所提速，年均增长率0.44%，这种人口集聚趋势和国家新型城镇化规划所引导的方向是一致的。人口的集聚有利于产生规模效应和人力资本的外部性，从而促进创新和产业升级。受新冠肺炎疫情影响，2020年人口份额略有下降（0.2%）。

① 十二大城市群区域范围对比见本专题附表1。

② 资料来源：CEIC数据库。

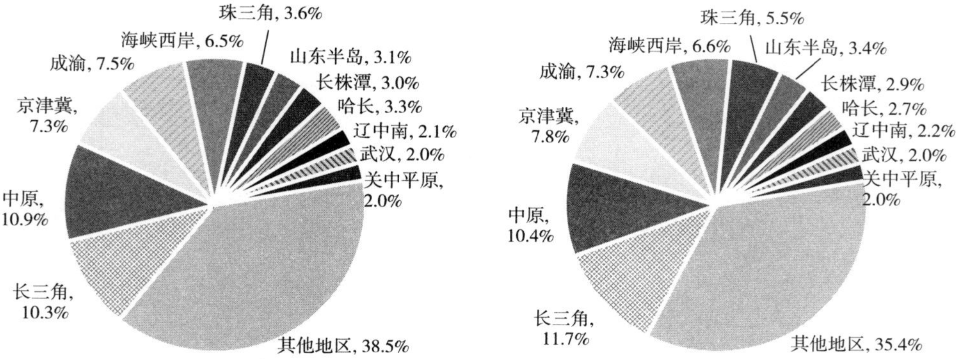

图1 2006年（左）及2020年（右）城市群人口占比

资料来源：CEIC数据库，课题组计算所得

人口增长与经济机会相关，人口向各城市群集聚速度有所差异。2006—2020年，人口增长幅度最大的4个城市群是珠三角（66.1%）、长三角（22.6%）、山东半岛（18.7%）和京津冀（14.4%）（见图2），这4个城市群占全国人口的比重增速也快于其他城市。珠三角地区和长三角地区的人口吸纳能力是最强

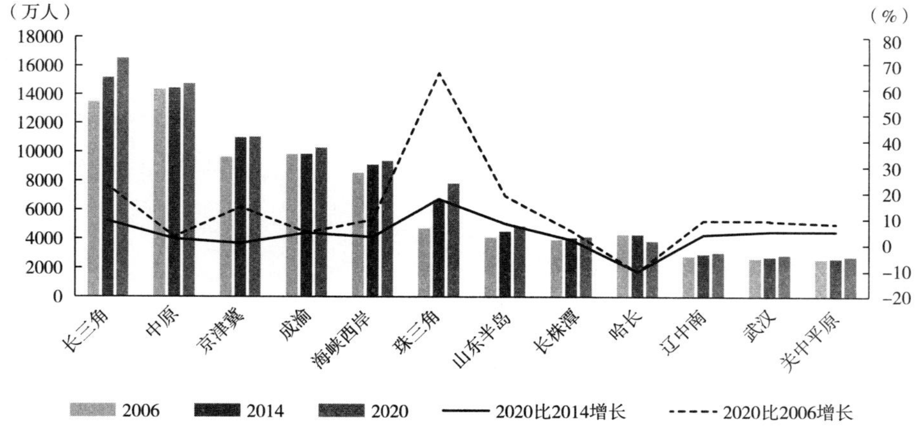

图2 城市群人口数量及增速

资料来源：CEIC数据库

的，人口聚集反映了区域经济的活跃程度和发展的包容性水平。同期，人口绝对数量增幅下降的城市群仅有哈长城市群。

随着以城市群为新型城镇化发展的主体形态得到明确，部分城市群人口绝对数量下降和全国人口占比下降的趋势得到扭转。2014—2020年，从人口份额看，成渝城市群、中原城市群、关中平原城市群、武汉城市群在全国人口中的占比在此期间都开始回升，反映出这些地区经济活力的增强。在东北地区，哈长城市群人口份额持续下降，辽中南城市群人口份额总体没有变化[①]。东北地区人口的绝对数量和人口份额占比的下降值得关注，根据大数据测算，2015—2017年，东北地区净流出劳动力约100万人[②]。这与东北地区城市先进制造业和生产性服务业等产业竞争力不强、经济吸引力下降有关。与2014年相比，2020年京津冀地区人口仅小幅增长0.4%，人口份额下降约0.2个百分点，这部分是受北京疏解非首都功能和控制人口规模影响。

（三）经济集聚

2020年，12个城市群现价GDP占国内生产总值的74.6%，较上年增长0.2个百分点[③]。三大城市群经济实力领先，长三角城市群经济总量尤为突出，2020年现价GDP超过20.5万亿元，占全国经济份额为20.2%，份额较上年增长0.3个百分点。珠三角城市群和京津冀城市群占全国的经济份额分别为8.8%和8.5%。三大城市群经济总量占全国比重之和超过37.5%，反映出其在全国经济格局中

① 哈长城市群常住人口数据缺失严重，除2010年和2020年普查年度，2011年哈尔滨市、齐齐哈尔市和绥化市，2016—2019年哈尔滨市使用常住人口外，其余均使用户籍人口数。

② 国务院发展研究中心宏观经济研究部：《迁徙的人 变动的城——大数据视角下的中国城镇化》，中国发展出版社，2019。

③ 在2019年发布的城市群一体化报告中，采用了实际GDP占比来反映城市群地区的经济重要性。但是由于统计数据的后续调整，继续采用实际GDP估算难以保持评价一致性，因此本研究使用了现价GDP占比作为城市群经济重要性的反映。

的战略性地位[①]。中原城市群、海峡西岸城市群和成渝城市群的经济占比也在6%～7%。受新冠肺炎疫情的冲击，与2006年相比，长三角城市群、山东半岛城市群、京津冀城市群、珠三角城市群、辽中南城市群、哈长城市群和中原城市群GDP占全国的份额都有所下降（见图3）。

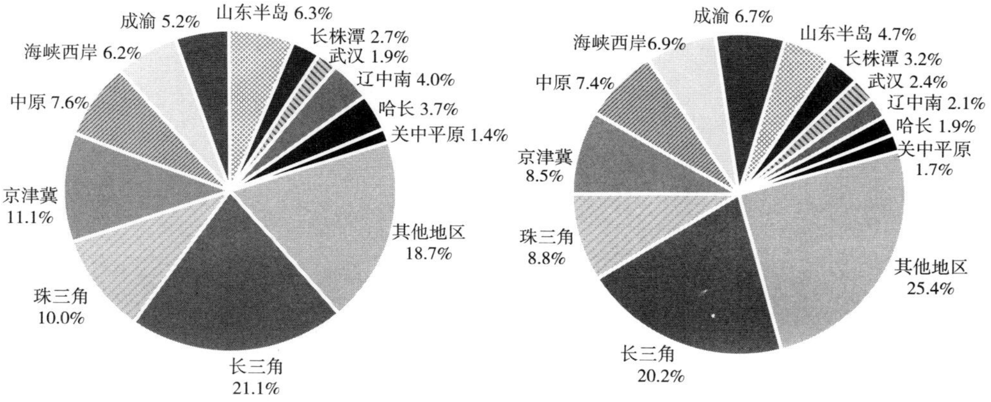

图3　2006年（左）和2020年（右）城市群经济份额

资料来源：CEIC数据库

从长期看，初始人均GDP较低的城市群经济增速较快。2007—2020年，成渝城市群、武汉城市群、长株潭城市群人均GDP平均增速分别达到13.4%、12.8%和12.6%，同期关中平原城市群增速也达13.0%。2020年，在经济受到疫情冲击的情况下，成渝城市群人均GDP也实现了4.4%的增长，增速在12个城市群中居第二位，中西部地区崛起的势头十分强劲。但东北地区城市群经济增长较为缓慢，辽中南城市群、哈长城市群2007—2020年人均GDP平均增速分别为6.4%和8.0%。不同城市群地区长期经济增速的差异，改变了区域经济格局。辽中南城市群、哈长城市群人均GDP排名在2006年分别位居第四位和

① 资料来源：CEIC 数据库。

第六位，到2020年已经降至靠后水平。值得关注的是，京津冀城市群的人均GDP也已经被武汉城市群和长株潭城市群超越（见图4）。中部崛起强劲，全国的经济重心正进一步向南移，如何使南北经济发展更加均衡，是未来值得关注的议题。

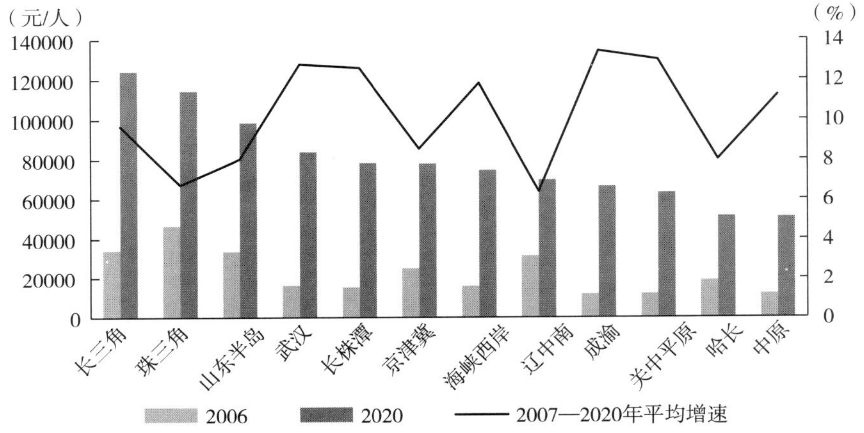

图4　城市群人均GDP及增速

资料来源：CEIC数据库

经济密度反映了单位国土面积上的经济产出水平。2020年，珠三角城市群经济密度最高，单位国土面积经济产出水平是长三角城市群的1.7倍，是山东半岛城市群的2.6倍，是京津冀地区的4.1倍。2006—2020年，各城市群的经济密度都呈较快上升趋势，成渝城市群、关中平原城市群、武汉城市群和长株潭城市群经济密度平均增速均超过13%，居前4位，武汉城市群2015年起经济密度超过京津冀地区。东北地区的城市群经济密度增长较慢，辽中南城市群经济密度已从2006年的第五位降至2020年的第十位，哈长城市群经济密度排名始终靠后（见图5）。

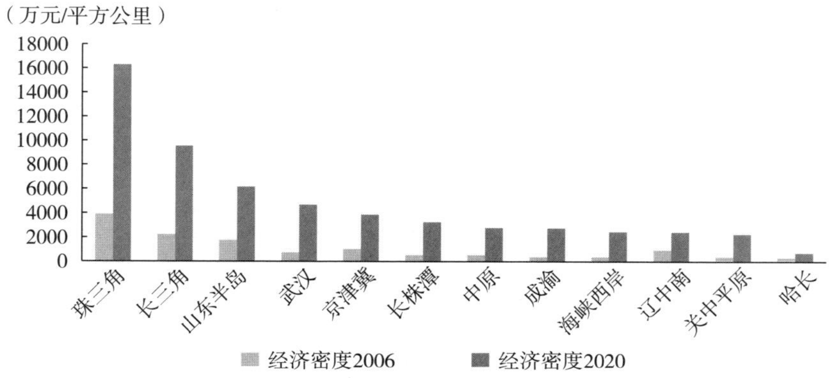

图5 2006年和2020年城市群经济密度

资料来源：CEIC数据库

（四）区域连接

区域连接水平反映的是城市群在物理上的联系紧密度。理论上，可以用区域内公路、铁路以及其他基础设施网络的密度来刻画连接性，但是由于数据可获得性的困难，本研究用区域货运量作为代理变量来反映区域连接水平。2019年，长三角城市群和中原城市群是货运量最大的两个城市群，分别超过了70亿吨和50亿吨，京津冀城市群和珠三角城市群也超过30亿吨。从货运量增速看，2007—2019年12个城市群货运量均实现了较大幅度的增长，其中关中平原城市群货运量平均增速超过12%，居首位。同期，京津冀城市群、山东半岛城市群、东北地区城市群货运量增长相对较慢。2016—2019年各城市群货运量增长总体放缓（见图6）。受新冠肺炎疫情影响，2020年货运量水平进一步走低，12个城市群的货运量较上年下降6.2%，仅长三角（5.1%）和长株潭（4.3%）城市群货运量实现正增长。

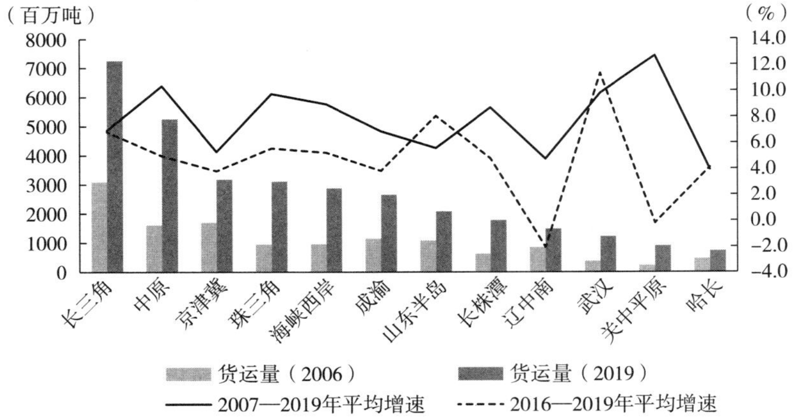

图6　城市群货运量及增速

资料来源：CEIC数据库、《中国城市统计年鉴》、城市统计公报、城市统计年鉴

（五）城市群内经济差距

区域经济发展差距过大是实现共同富裕需要面对的挑战。本报告用区域地级市人均GDP的基尼系数来衡量区域内经济发展差距（见图7左图）。2006—2020年，除京津冀城市群的人均GDP基尼系数有小幅（2.3%）扩大外，其余城市群内部经济发展均更加均衡，显示出城市群一体化对共同富裕的支撑作用。其中，长三角城市群人均GDP的基尼系数缩小46.2%，缩小幅度居首位，成渝城市群（42.9%）、关中平原城市群（42.7%）内部经济发展均衡性也得到明显改善。

从区域内经济发展差距的绝对水平看，2020年山东半岛城市群、关中平原城市群和成渝城市群内人均GDP差距最小，基尼系数均小于0.15。长三角城市群和珠三角城市群经济发展水平高，在控制区域内人均GDP差距上表现出色，分别排在第四位和第六位。

城市群财政支出均等化水平有所改善（见图7右图）。2020年，哈长城市群、关中平原城市群和辽中南城市群人均财政支出的基尼系数小于0.1，是内部财政支出差距最小的3个城市群；与2006年比，这3个城市群人均财政支出的基尼系数分别缩小75.3%、69.6%和65.5%，也是缩小幅度最大的3个城市群。部分原因是经济较为不发达的城市群接受更多的中央财政转移支付，这些财政支出通常与基本公共服务支出相联系，从而促进财政支出均等化。而经济较为发达的京津冀城市群、珠三角城市群和长三角城市群人均财政支出的基尼系数较大，与2006年相比，人均财政支出差距缩小速度不及基尼系数小的城市群。但长三角城市群和京津冀城市群人均财政支出基尼系数分别缩小0.1889和0.1458，缩小绝对数值居前两位。珠三角城市群内部财政支出均等化相对较慢，仍需进一步关注。

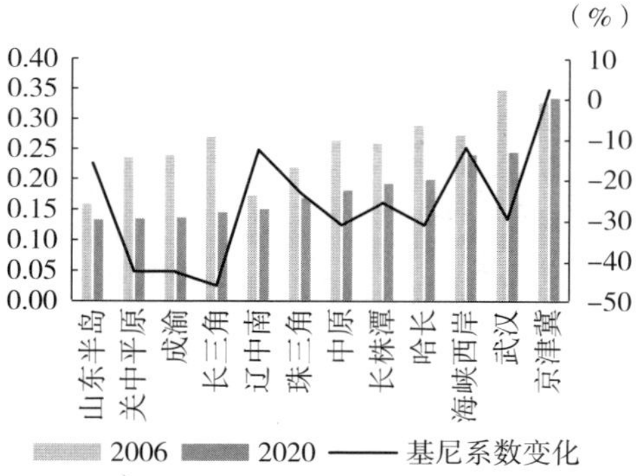

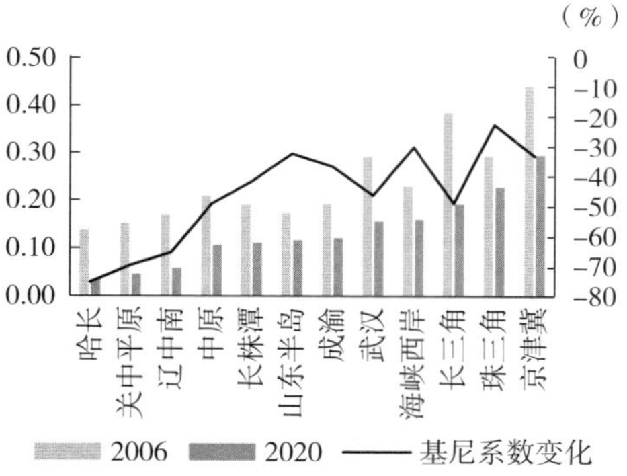

图7　城市群人均GDP（左）的基尼系数和人均财政支出（右）的基尼系数

资料来源：CEIC数据库

三、城市群一体化的趋势与特征

我国12个城市群ACEP指数，即一体化水平，在考察期间均有显著的提升，这反映出城镇化质量的提升。但不同区域的一体化水平也存在着分化。我国区域一体化水平的提高主要还是由经济集聚性和区域连接性的改善驱动。

（一）城市群 ACEP 指数水平及变化趋势

我国城市群一体化水平取得了长足的进步，但不同地区表现存在显著差异。2006年全部城市群平均得分为17.79分，2019年增加至34.33分，增长93.1%。2020年得分小幅增长至34.52分。2006年，ACEP得分最高和最低的城市群分差31.9分，至2019年已逐年扩大至61.6分，2020年进一步扩大至63.2分。

珠三角城市群和长三角城市群一体化水平遥遥领先于其他城市群。2019年，珠三角城市群和长三角城市群以ACEP指数衡量的一体化得分分别为72.13分和70.98分。改革开放以来，我国积极参与全球价值链分工，珠三角城市群、长三角城市群地区充分发挥改革开放先行先试的优势，依托良好的市场基础，实现城市群整体的崛起和内部融合。

2019年，山东半岛城市群和京津冀城市群得分分别为39.67分和33.41分，中原城市群与武汉城市群得分相近，分别为31.19分和30.40分。成渝城市群、长株潭城市群、海峡西岸城市群、辽中南城市群得分均超过20分。关中平原城市群和哈长城市群得分相对较低，分别为19.61分和10.51分（见图8）。2020年受新

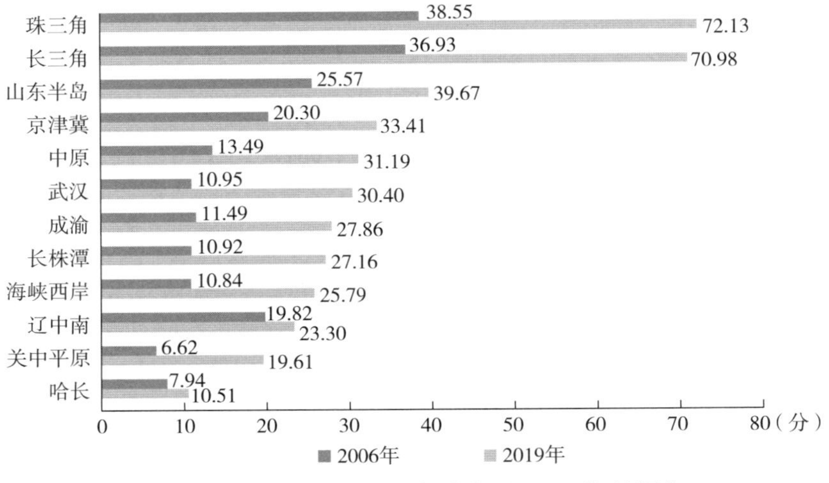

图8　2006年及2019年各城市群ACEP指数得分

资料来源：课题组根据基础数据计算得出

冠肺炎疫情的影响，部分城市一体化进程放缓，但哈长城市群、长三角城市群和长株潭城市群均较上年实现3%以上增长。

不同城市群的一体化速度存在差异，在不同阶段表现也存在区别（见图9）。珠三角城市群一体化水平2013年提速，并在2015年超过长三角城市群。但2016年起增速略有放缓，而同期长三角城市群一体化水平加速。2020年受疫情影响，长三角城市群反超珠三角城市群。山东半岛城市群和京津冀城市群一体化初始水平高，但增长较为缓慢，2007—2019年平均增速分别为3.5%和4.0%，仅高于东北地区城市群。2006—2014年，辽中南城市群一体化水平与京津冀城市群相当，但2015—2016年得分显著下降[①]，且增长乏力，一体化水平已被中原城市群等超越。位于长江经济带的成渝城市群、长株潭城市群、武汉城市群一体化发展势头较好，这可能与近年产业向长江黄金水道经过的省份转移有关。

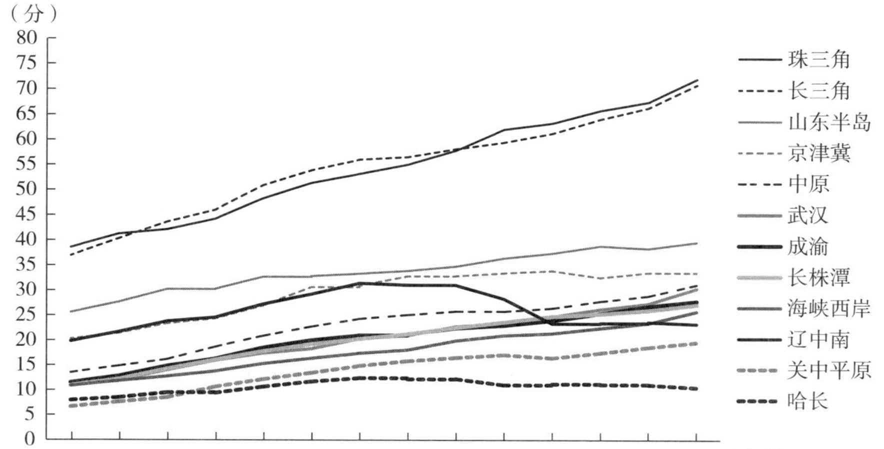

图9 各城市群ACEP指数变化

资料来源：课题组根据基础数据计算得出

关中平原城市群、成渝城市群是西部大开发的重要平台，对“一带一路”

① 辽中南城市群受2016年GDP“挤水分”影响，ACEP得分显著下降。

建设支撑作用显著。关中平原城市群2007—2019年一体化水平平均增长率居首位（8.9%），成渝城市群居第四位（7.1%），且成渝城市群2020年在疫情冲击下实现2.3%的增长。成渝城市群的快速发展也印证了2020年初中央财经委员会决定大力推动成渝地区双城经济圈建设的重大意义。关中平原城市群与哈长城市群初始一体化水平相当，但2009年后关中平原城市群一体化高速发展，二者得分差距已由2009年的1.24分扩大至2019年的9.10分。

城市群一体化水平存在收敛趋势，区域一体化水平趋于均衡。总体上看，初始一体化水平较高的城市群增速相对缓慢（见图10），各城市群间经济发展和生活质量差距在逐步缩小。但是，东北地区的辽中南城市群和哈长城市群一体化水平较低，且增长乏力，有形成分组收敛的趋势。

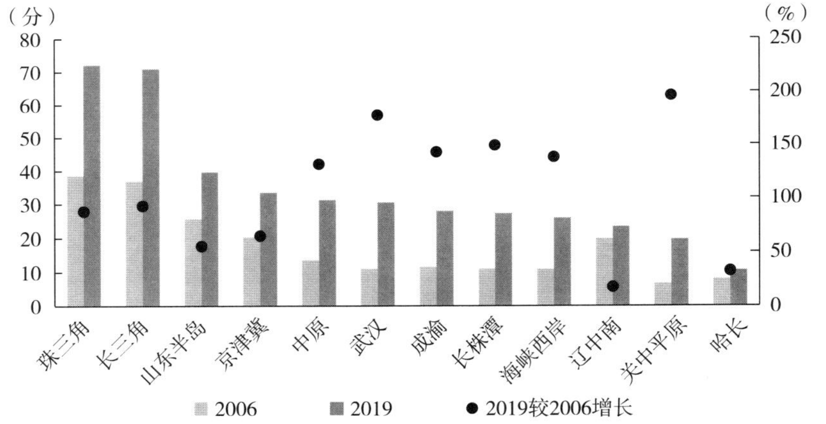

图10　各城市群一体化水平与增长率

资料来源：课题组根据基础数据计算得出

（二）分指标具体分析

1. 经济集聚水平（A）

城市群间经济集聚水平差距较大，且近年来增速放缓。经济集聚水平反映城市群一体化发展的效果，根据城市群区域占全国经济的比重与区域经济密度的乘积度量，经过标准化计算，2019年，经济集聚水平处于第一梯队的长三角城市群、珠三角城市群得分分别为0.7891分和0.6022分；京津冀城市群、山东半岛城市群得分分别为0.1427分和0.1197分；其他城市群处得分在0.006～0.09分之间。与宏观经济形势一致，2016—2019年城市群经济集聚水平增速放缓，平均增长率只有6.8%，低于2007—2019年长期平均水平（11.9%）。2007—2019年，经济集聚水平增速排在前4位的分别是武汉城市群、成渝城市群、关中平原城市群和长株潭城市群（见图11）。2020年除武汉城市群外，其余城市群经济集聚水平均有所上升，但多数城市群经济集聚增速较2019年有所放缓。

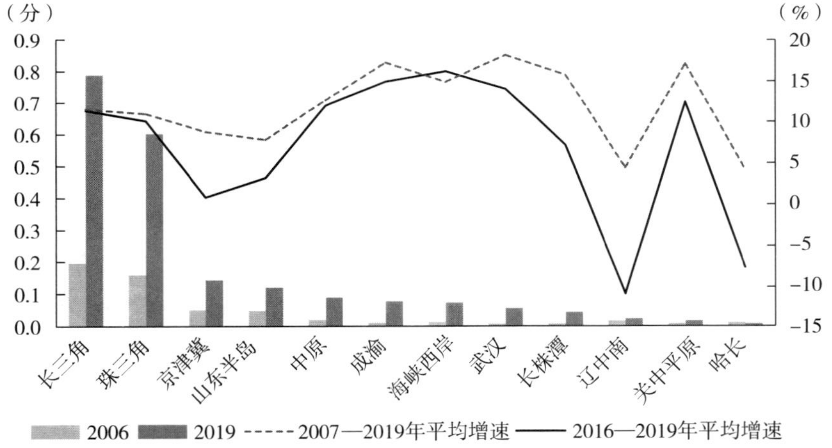

图11 城市群经济集聚水平（A）得分及增长率

资料来源：课题组根据基础数据计算得出

2. 区域连接性（C）

区域连接性为城市群一体化发展提供基础支撑，由区域交通网络的实际使用密度衡量。由于缺乏城市群内的基础设施连接和跨界要素流动信息，同时考虑到新冠肺炎疫情对客运量的严重冲击，本报告以城市群区域整体的货运量作为反映区域连接性的指标。

珠三角城市群区域连接性得分显著高于其他城市群，2019年得分为0.8254分，长三角（0.4947分）也具有较好区域连接性，反映其在货物交流中的重要地位。山东半岛城市群、武汉城市群得分超过0.3分，中原城市群、长株潭城市群、辽中南城市群、京津冀城市群得分超过0.2分。关中平原城市群、成渝城市群、海峡西岸城市群得分超过0.1分，而哈长城市群得分相对较低。2020年新冠肺炎疫情冲击下大部分城市群区域连接性下降，但长三角城市群（5.1%）和长株潭城市群（4.3%）依然实现正增长。

多数城市群区域连接性近年增速放缓，但得分较高的长三角城市群、山东半岛城市群和武汉城市群在2016—2019年区域连接性增长仍有提速，哈长城市群也略有好转。中西部地区城市群区域连接性增长较快，2007—2019年，关中平原城市群、中原城市群和武汉城市群平均增速排在前三位，2016—2019年武汉城市群表现较为突出，平均增速达11.3%（见图12）。

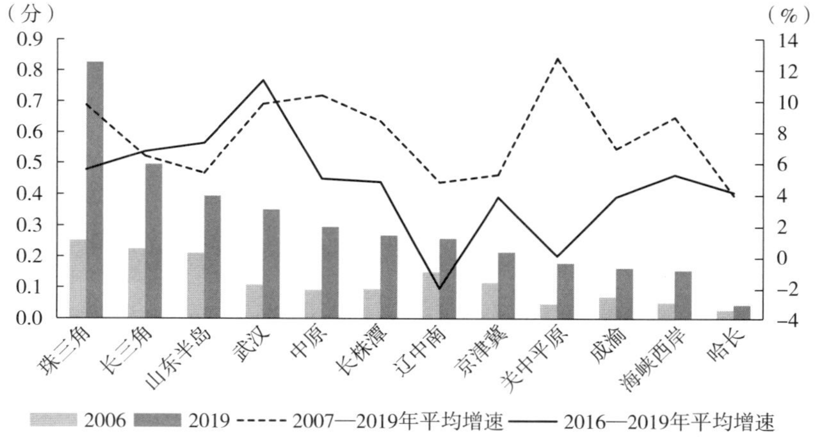

图12　城市群区域连接性（C）得分及增长率

资料来源：课题组根据基础数据计算得出

3. 经济均等化（E）

经济均等化反映城市群一体化发展的效果，用1减人均GDP的基尼系数表示[①]。根据区域经济学“在集聚中走向平衡”的规律，发达地区更高的要素产出率（回报率）会不断吸引欠发达地区的要素流入，从而倾向于使区域内的要素产出率（回报率）趋于均等化[②]。理论上，随着城市群一体化发展，在要素自由流动的情况下，区域内经济发展差距会逐步收敛。

2019年，经济均等化指标得分靠前的是山东半岛城市群（0.8682分）、关中平原城市群（0.8627分）和成渝城市群（0.8578分），珠三角城市群、长三角城市群、中原城市群、长株潭城市群和辽中南城市群经济均等化得分均在0.8分左右。京津冀地区是唯一经济均等化水平得分未超过0.7分的城市群。2020年绝大部分城市群经济均等化得分仍较上年有所增长，其中东北地区城市群得分上升突出[③]，武汉城市群（5.8%）、长三角城市群（3.2%）2020年经济均等化得分也较上年有较大幅度增长，增速分别居第三位、第四位。

从长期看，大部分城市群内部经济均等化情况改善。2019年与2006年相比，除京津冀城市群和辽中南城市群外，其余城市群经济均等化水平均呈正增长。大部分城市群近期经济均等化水平增速放缓。成渝城市群、关中平原城市群、中原城市群和长株潭城市群经济均等化增速相对较快。从长期（2007—2019年）来看，长三角城市群平均增速最高；从近期来看（2016—2019年），成渝城市群经济均等化改善最为明显（见图13）。

---

① 收入基尼系数的计算是以各地级市的人均 GDP 为基础，而非以人均收入或平均工资为基础，主要的考虑是人均收入或平均工资基于户籍人口统计，但部分城市群外来人口众多，换用基于常住人口统计的人均 GDP 指标更显合理。

② 陆铭:《大国大城——当代中国的统一、发展与平衡》，上海人民出版社，2016。

③ 部分原因是 2020 年普查年份常住人口无缺失数据，2019 年部分城市常住人口数据缺失，使用户籍人口替代，数据口径差异带来一定得分波动。

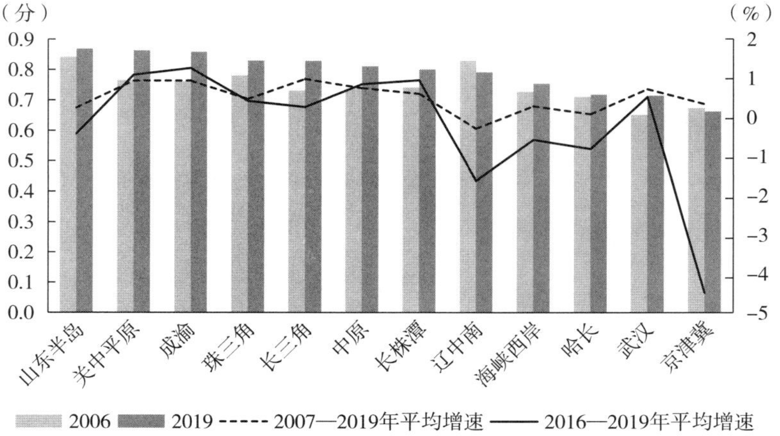

图13 城市群经济均等化（E）得分及增长率

资料来源：课题组根据基础数据计算得出

4. 协同平滑度（P）

协同平滑度反映城市群制度协同的难易程度。该指标是城市群内部人均财政支出的均等化程度与城市群人均财政支出水平的乘积。前者用1减去人均公共财政支出的基尼系数来度量，区域内人均财政支出的差距越小，制度协同起来难度也越低。后者考虑城市群平均的财力水平，财力越强，协同起来受到的约束也越小，协同潜力越大。

经济较为发达的城市群协同平滑度得分相对较高（见图14）。2019年，长三角城市群得分0.7850分，处于绝对领先地位；珠三角得分0.6570分，居第二位；京津冀得分0.6187分，也在相对靠前的位置。由于该指标更多反映了政策和制度上的均等化效果，这在一定程度上反映出京津冀协同发展战略初见成效。经济较为发达的地区人均财政支出相对较高，获得的得分权重较高。

中西部城市群协同平滑度增长较快。关中平原城市群2007—2019年平均增速最高，达7.2%，同期武汉城市群（5.6%）和长株潭城市群（5.4%）也取得较快增长。2016—2019年中原城市群平均增速最高，达2.5%，同期武汉城市群平均增速也达到2.1%，关中平原城市群（1.8%）和长株潭城市群（1.7%）同期增速分别排在第三位、第四位。

多数城市群协同平滑度总体改善但近年速度有所减缓。与2006年相比，2019年除珠三角城市群和辽中南城市群外，其余城市群协同平滑度得分均有所上升，但珠三角城市群和辽中南城市群协同平滑度平均增速在2016—2019年有所提升。珠三角城市群在快速吸纳人口的同时，仍应持续关注基本公共服务财政支出均等化水平。长期（2007—2019年）来看，12个城市群协同平滑度平均增速为3.3%，2016—2019年平均增速降至0.9%。2020年，哈长城市群和武汉城市群协同平滑度得分较上年实现较大幅度增长[①]。

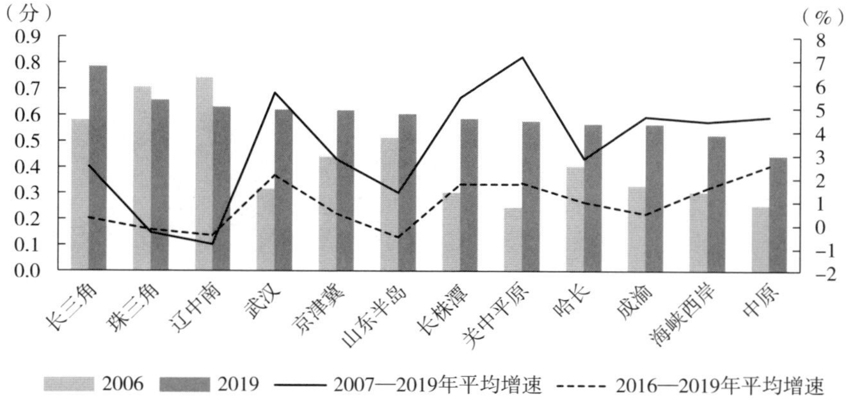

图14 城市群协同平滑度（P）得分及增长率

资料来源：课题组根据基础数据计算得出

① 部分原因是非普查年份常住人口数据缺失严重，由户籍人口替代，2020年普查常住人口较上年户籍人口数量出现较大幅度下降。

（三）一体化指数驱动因素分解分析

通过对ACEP指数的变化进行分项分解，经济集聚水平贡献率总体较高（见图15）。对2006—2019年[①]的ACEP各分项逐年的贡献率进行分析，经济集聚水平的贡献率总体高于区域连接性、经济均等化及协同平滑度的贡献率[②]。对2007—2019年不同城市群ACEP指数变化贡献率的平均值进行分析，多数城市群经济集聚对一体化指数提升贡献最大，区域连接性的提高次之（见图16）。区域连接性是关中平原城市群、中原城市群最重要的一体化影响因素。

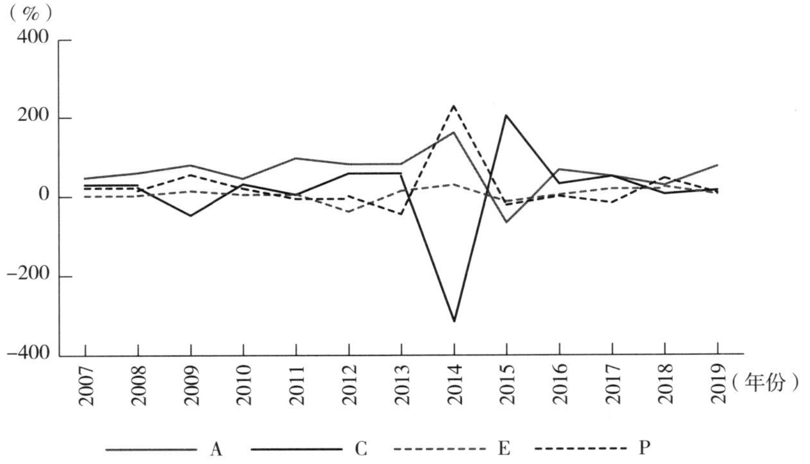

图15　各分项指标逐年贡献率

资料来源：课题组根据基础数据计算得出

① 新冠肺炎疫情的冲击使得2020年部分城市群经济增长、货运量增长受到影响，贡献率分解出现较多异常值，因此本部分数据分析截至2019年。

② 其中，2014年货运量统计口径有所调整，区域连接性增速放缓导致其贡献率显著下降，其他指标贡献率相应上升。

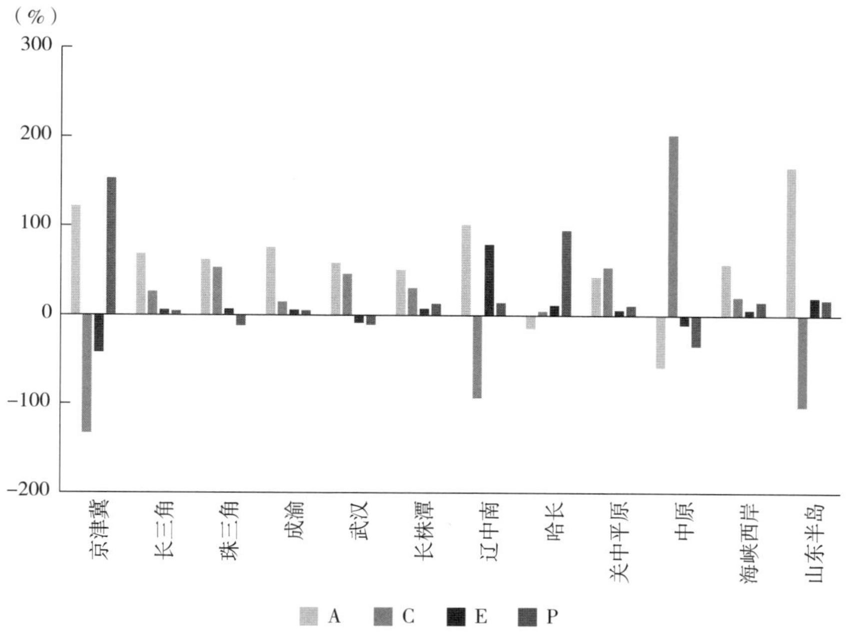

图16　ACEP指数贡献率（2007—2019年平均值）

资料来源：课题组根据基础数据计算得出

城市群内部均等化水平有待提升，亟须打破制度壁垒增加协同平滑度。反映经济均等化及协同平滑度的指标E和P贡献率较小或为负。与2007年相比，2019年经济均等化的平均贡献率略有上升，但经济集聚水平贡献率远高于经济均等化贡献率，各城市群在追求经济增长的同时也应加强对区域内经济均等化的关注。对于协同平滑度，2019年ACEP得分较上年正增长的城市群中，除珠三角城市群外，其余城市群协同平滑度贡献率均较2007年贡献率有所下降，珠三角城市群2019年协同平滑度贡献率达13.4%（见图17）。

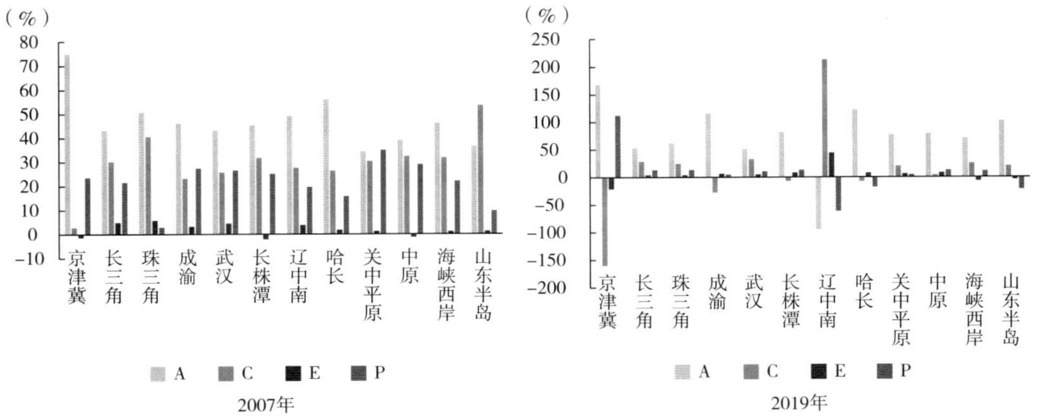

图17　城市群2007年和2019年ACEP指数贡献率分解

资料来源：课题组根据基础数据计算得出

（四）从ACEP指数变化看城镇化质量

城市群一体化带来城镇化质量提升的机遇。2006年以来，城镇化率和ACEP指数均稳步上升。此外，可以看到，除2013年、2015—2016年和2020年外，ACEP指数增长率一直快于城镇化增长率，反映出城镇化质量在持续提升（见图18）。

各城市群推动一体化的政策效果显现。2017年、2018年、2019年，ACEP增长率有所提升，增长率分别较2016年高2.3个百分点、1.9个百分点和4.1个百分点，这一提振可能是城市群发展导向不断强化的效果。2014年，《国家新型城镇化规划（2014—2020年）》出台，2016—2019年，先后有哈长、成渝、长三角、中原、北部湾、关中平原、呼包鄂榆、兰州—西宁、粤港澳大湾区等城市群发展规划发布。2020年新冠肺炎疫情等因素对城市群一体化进程有所影响。

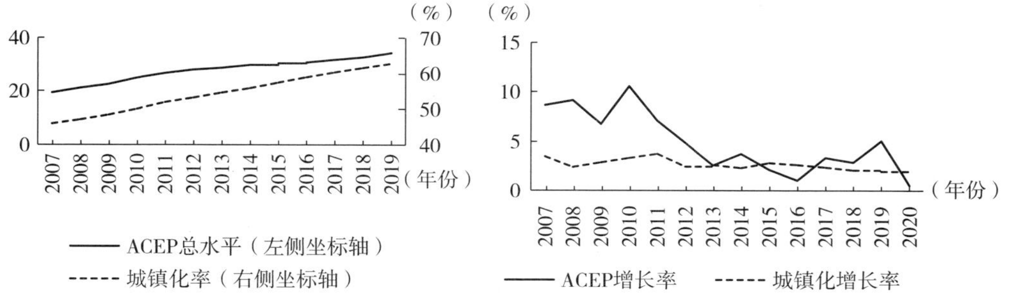

图18　ACEP水平、城镇化率及增长率

资料来源：城镇化率数据来源为CEIC数据库，ACEP增长率为课题组计算所得

四、从ACEP指数看部分城市群发展

京津冀城市群、粤港澳大湾区和长三角城市群，经济发展活跃，开放程度高，是我国经济发展的重要动力源。2020年，以上三大城市群经济总量占全国的比重约为37.5%，约占12个城市群经济总量的一半。中西部的中原城市群和成渝城市群在一体化进程中也有突出表现。从ACEP指数看，各城市群存在明显的优势和短板，这也为下一步推动区域一体化提供了方向。

（一）京津冀城市群

京津冀地区地处华北平原北部，包括北京、天津两个直辖市以及河北省。该地区地域相连、文化相近、历史渊源深厚，具有地域的完整性和浓厚的人文亲缘性，是我国与长三角、珠三角并列的三大人口和社会活动聚集区域之一[①]。京津冀城市群总面积21.8万平方公里，2020年常住人口11025.9万人。[②]

京津冀地区致力于打造以首都为核心的世界级城市群。其中，北京市的定

① 李国平:《京津冀区域发展报告（2012）》，中国人民大学出版社，2013 年。

② 资料来源：CEIC 数据库。

位是全国政治中心、文化中心、国际交往中心、科技创新中心；天津市的定位是全国先进制造研发基地、北方国际航运核心区、金融创新运营示范区、改革开放先行区；河北省的定位是全国现代商贸物流重要基地、产业转型升级试验区、新型城镇化与城乡统筹示范区、京津冀生态环境支撑区。随着京津冀协同发展推进，北京市非首都功能疏解取得积极成效，新“两翼”加速成形（北京城市副中心和雄安新区），津冀承接平台的布局与建设已见成效。但该地区仍存在区域经济社会发展不平衡等问题。

1. 政策演进

2013年8月，中央提出要推动京津冀协同发展。此后，“协同”成为京津冀区域发展的关键词。“协同发展”这一区域发展定位基于京津冀三地产业结构差异明显、发展差距过大、政治和经济地位不平等的现状，提出构建跨行政区合作机制[①]。2014年2月，京津冀协同发展上升为重大国家战略。京津冀城市群的整体定位是打造“以首都为核心的世界级城市群、区域整体协同发展改革引领区、全国创新驱动经济增长新引擎、生态修复环境改善示范区”。京津冀协同发展历程及相关政策见表1。

表1　京津冀协同发展历程及相关政策

时间	相关政策
2004年2月	国家发展改革委召集京津冀三省份发展改革部门在廊坊召开京津冀区域经济发展战略研讨会，达成了“廊坊共识”
2004年11月	国家发展改革委正式启动京津冀都市圈区域规划的编制工作
2006年3月	“十一五”规划指出要发挥京津冀、长三角、珠三角等城市群的带动和辐射作用，增强城市群的整体竞争力

① 杨宏山、石晋昕：《从一体化走向协同治理：京津冀区域发展的政策变迁》，《上海行政学院学报》，2018年第1期。

续表

时间	相关政策
2008年2月	京津冀发展改革委共同签署了《北京市天津市河北省发改委建立“促进京津冀都市圈发展协调沟通机制”的意见》
2010年8月	《京津冀都市圈区域规划》上报国务院，区域发展按“8+2”模式制定
2011年3月	国家“十二五”规划纲要提出打造首都经济圈
2014年8月	国务院已成立京津冀协同发展领导小组及相应办公室；京津两市签署了5份合作协议和1份备忘录，其中交通一体化成为京津协同发展的优先领域
2014年10月	《京津冀协同发展税收合作框架协议》落地。京津冀三地税务机关实施资质互认、征管互助和信息互通等“一统三互”的工作措施
2015年2月	习近平总书记在中央财经领导小组第九次会议上指出，疏解北京非首都功能、推进京津冀协同发展，是一个巨大的系统工程①
2015年4月	《京津冀协同发展规划纲要》获批，京津冀协同发展完成顶层设计
2015年4月	国务院批准《中国（天津）自由贸易试验区总体方案》。建立中国（天津）自由贸易试验区，是在新形势下推进改革开放和加快实施京津冀协同发展战略的重要举措
2015年12月	国家发展改革委、交通部印发《京津冀协同发展交通一体化规划》
2016年5月	中共中央政治局召开会议，研究部署规划建设北京城市副中心
2016年11月	京津冀地区城际铁路网规划修编方案正式获得批复
2017年 3月	北京市住房城乡建设委、市发展改革委联合印发了《北京市2017年重点工程计划》，指出2017年重点工程在京津冀协同发展方面，一共安排了62个项目，计划投资约577亿元
2017年 4月	中共中央、国务院决定设立河北雄安新区，推进京津冀协同发展
2017年 8月	北京市人民政府与河北省人民政府签署了《关于共同推进河北雄安新区规划建设战略合作协议》，北京为雄安推出一批交钥匙工程在雄安布局落地。北京还受雄安委托为其代管这批教育医疗机构，帮助雄安新区建设高起点的公共服务设施
2017年9月	中共北京市委、北京市人民政府于2017年9月29日发布并实施《北京城市总体规划（2016年—2030年）》
2017年11月	国家发展改革委、民航局印发《推进京津冀民航协同发展实施意见》
2018年3月	两会期间，李克强总理作政府工作报告，报告指出以疏解北京非首都功能为重点推进京津冀协同发展，高起点规划、高标准建设雄安新区②
2018年5月	国务院印发《进一步深化中国（天津）自由贸易试验区改革开放方案》，深化协作发展，建设京津冀协同发展示范区
2018年12月	国务院批复《北京城市副中心控制性详细规划（街区层面）（2016年—2035年）》，要求坚持高质量发展，把城市副中心打造成北京的重要一翼。努力建设国际一流的和谐宜居之都示范区、新型城镇化示范区和京津冀区域协同发展示范区

① 《真抓实干主动作为形成合力 确保中央重大经济决策落地见效》，《光明日报》，2015年2月11日。

② 《政府工作报告——2018年3月5日在第十三届全国人民代表大会第一次会议上》，中国政府网。

续表

时间	相关政策
2019年1月	习近平总书记在京津冀考察，主持召开京津冀协同发展座谈会并发表重要讲话。他强调，要从全局的高度和更长远的考虑来认识和做好京津冀协同发展工作，增强协同发展的自觉性、主动性、创造性①
2019年6月	京津冀签署产业链引资战略合作框架协议，三地投资促进机构共同探索京津冀产业链引资合作模式，围绕重点产业开展引资合作，实现信息和资源共享
2019年8月	中国（河北）自由贸易试验区正式设立。建设京津冀协同发展示范区
2019年9月	北京大兴国际机场正式投运，带动京津冀世界级机场群和世界级城市群的建设与发展
2020年5月	京津冀三地同步施行《机动车和非道路移动机械排放污染防治条例》，这是京津冀三地首次针对大气污染防治协同立法的成果，将为三地人民享受蓝天白云带来更多法治保障

资料来源：作者根据公开资料整理

2. 京津冀协同发展进程

经过多年协同发展，京津冀协同建设已取得一定成效。“断头路”不断打通，北京高速公路待贯通路段全部打通，消除大部分国省干线“瓶颈路段”；京津冀空气质量显著改善，北京PM2.5浓度由2014年的85.9微克/立方米降至2019年的42微克/立方米，京津冀区域降幅达46%②。

人口从北京向外围疏散。2019年，北京人口较2015年小幅上涨（0.08%），增幅低于除天津、张家口外的其他城市，而同期廊坊市人口增长7.8%，石家庄市增长3.1%。区域人口总量较2015年增加了超过85.6万人。2020年，北京人口较上年减少0.05%，同期廊坊市人口增长11.0%，石家庄市增长1.8%。

京津冀区域的经济竞争力值得关注。京津冀人口占全国人口份额由2015年的最高点7.99%降至2020年的7.81%，同期区域经济占全国份额由10.50%降至8.48%，经济份额下降速度快于人口份额下降速度，京津冀地区需要关注经济

① 《稳扎稳打勇于担当敢于创新善作善成 推动京津冀协同发展取得新的更大进展》，《光明日报》，2019 年 1 月 19 日。

② 《京津冀协同发展 6 年间，细数北京 6 大“新变化”》，新华网，2020 年 2 月 27 日。

竞争力的保持与提升。

从ACEP指标看，京津冀协同发展仍需进一步加强。2019年，京津冀ACEP得分排在第四位，但2014年来增长缓慢，平均增速仅为0.31%。可能的原因是，区域协同发展目前正处于制度调整适应期，协同政策的影响未充分释放。其中，经济集聚水平排在第三位，但得分较2018年有所下降；区域连接性和经济均等化水平相对较低；协同平滑度处在12个城市群的中等水平。2020年，京津冀ACEP得分仍保持在第四位，增速高于2014—2019年平均水平，达0.74%。分指标看，2020年协同平滑度相对排名下降，其余指标保持不变。

京津两地与河北省地级市仍存在较大的发展差距（见图19、图20）。2019年北京市经济密度是石家庄市的5.9倍，人均GDP是石家庄市的3.1倍。近年来北京与津冀地区多个城市在上述指标上的差距仍在扩大。临海的天津市、唐山市以及紧邻北京的廊坊市与北京的经济密度、人均GDP差距最小。

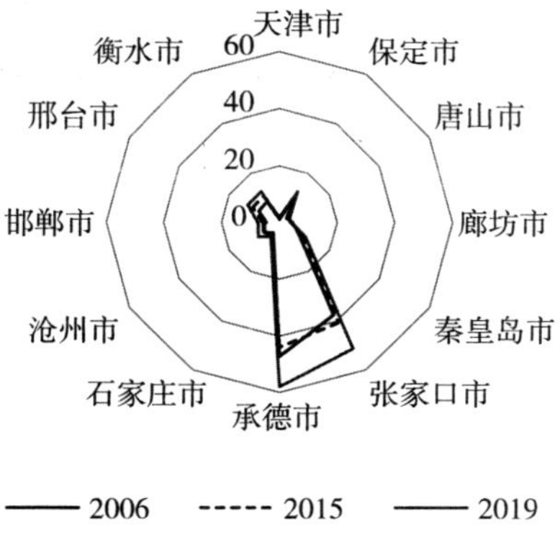

图19　北京市经济密度与津冀地级市经济密度的倍数关系

资料来源：CEIC数据库

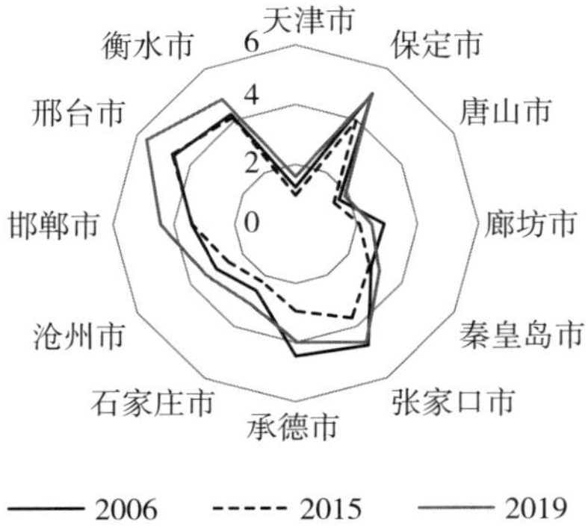

图20　北京市人均GDP与津冀地级市人均GDP的倍数关系

资料来源：CEIC数据库

京津两地与河北省地级市人均财政支出差距不断缩小（见图21）。2006年，北京市人均财政支出是石家庄市的5.9倍，2019年缩小至3.5倍，2020年进一步缩小至3.3倍。近年来北京与津冀大部分城市的人均财政支出差距呈缩小趋势，与北京周边的天津市、张家口市、廊坊市、承德市财政支出差距最小，反映出京津冀地区在制度协同方面做出的努力。

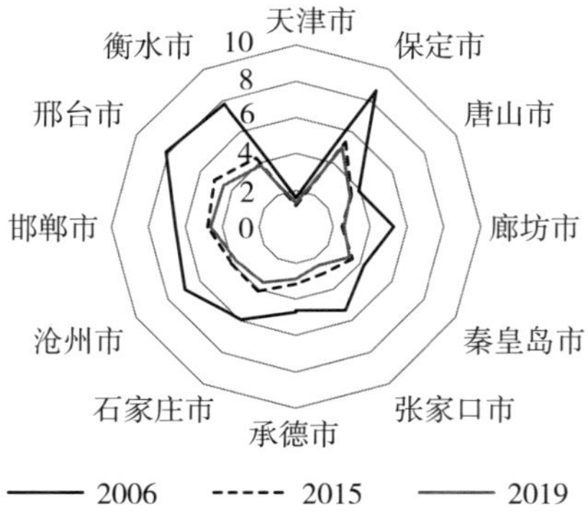

图21　北京市人均财政支出与津冀地级市人均财政支出的倍数关系

资料来源：CEIC数据库

（二）粤港澳大湾区

粤港澳大湾区地处我国沿海开放前沿，以泛珠三角区域为广阔发展腹地，在“一带一路”建设中具有重要地位。粤港澳大湾区由珠三角城市群和香港、澳门组成，总面积5.6万平方公里，2020年常住人口8640.0万人，是我国开放程度最高、经济活力最强的区域之一，也是我国唯一跨越不同法律基础、商事制度、政治制度、监管体系的区域经济体[①]。

粤港澳大湾区经济实力较强。大湾区有21家企业入围《财富》2020年8月世界500强排行榜单，占全国入围企业的15.8%。在2019年全球城市经济竞争力指数[②]排行榜中，深圳排名仅低于纽约、伦敦和新加坡，居全球第四位，香港和广州分别居第13和18位。人口与就业吸引力强。根据百度地图慧眼发布的2019年中国主要城市人口吸引力排行榜[③]，深圳和广州分列第一位和第二位，东莞和佛山分列第四位和第十位。在2019年中国主要城市青年人口吸引力排行榜中，深圳、广州和东莞占据排行榜的前三位，佛山居第八位。具有较强的创新综合实力。根据《2020年全球创新指数报告》[④]，深圳—香港—广州创新集群竞争力排名世界第二。深圳和广州在2019年国家创新型城市创新能力排行榜[⑤]中分别位居第一位和第三位。深圳有20家独角兽企业入围胡润研究院发布的2020年全球独角兽的榜单。科研基础方面，粤港澳大湾区的香港大学、香港科技大学、香港中文大学、香港理工大学、香港城市大学进入世界大学100强[⑥]。

---

① 倪外、周诗画、魏祉瑜：《大湾区经济一体化发展研究——基于粤港澳大湾区的解析》，《上海经济研究》，2020 年第 6 期。

② 中国社会科学院、联合国人居署：《全球城市竞争力报告 2019—2020》。

③ 百度地图慧眼等：《2019 年度中国城市活力研究报告》。

④ 2020 年 9 月，世界知识产权组织（WIPO）、美国康奈尔大学和欧洲工商管理学院（INSEAD）联合发布。

⑤ 根据国家科技部和中国科学技术信息研究所发布的《国家创新型城市创新能力监测报告 2019》《国家创新型城市创新能力评价报告 2019》。

⑥ 英国 QS 全球教育集团 2020 年 6 月发布的世界大学排名榜单。

1. 政策演进

2005年8月，广东省人民政府印发《珠江三角洲城镇群协调发展规划（2004—2020）》，首次提出“粤港澳跨界合作发展”。随后，国家层面和广东省政府采取一系列措施推动珠三角一体化以及与港澳合作。2017年3月，粤港澳大湾区上升为国家战略。2019年2月，国务院发布《粤港澳大湾区发展规划纲要》，大湾区的建设从战略构想跨越到了全面实施、加快推进的新阶段。粤港澳大湾区发展历程及相关政策见表2。

表2　粤港澳大湾区发展历程及相关政策

时间	相关政策
2005年8月	广东省人民政府印发《珠江三角洲城镇群协调发展规划（2004—2020）》，以提升珠三角整体竞争力，其中首次提出“粤港澳跨界合作发展”
2008年12月	《珠江三角洲地区改革发展规划纲要（2008—2020）》发布，将到2012年初步形成珠三角区域一体化格局作为珠三角地区发展目标之一，要求优化珠三角地区空间布局，推进珠三角地区区域经济一体化。同时提出与港澳紧密合作、融合发展，共同打造亚太地区最具活力和国际竞争力的城市群
2009年6月	广东省人民政府发布《关于加快推进珠江三角洲区域经济一体化的指导意见》，促进珠三角地区形成资源要素优化配置、地区优势充分发挥的协调发展新格局。同时指出促进粤港澳交通一体化发展。将深港创新圈的合作范围扩大至粤港澳地区，支持珠三角与港澳合作共建研发机构
2010年4月	《粤港合作框架协议》签署，落实和明确粤港两地合作，打造世界级经济区
2010年7月	广东省人民政府印发《珠江三角洲环境保护一体化规划（2009—2020年）》《珠江三角洲基础设施建设一体化规划（2009—2020年）》《珠江三角洲城乡规划一体化规划（2009-2020年）》《珠江三角洲产业布局一体化规划（2009—2020年）》《珠江三角洲基本公共服务一体化规划（2009—2020年）》
2011年3月	《粤澳合作框架协议》签署，推动粤澳更紧密合作，携手建设亚太地区最具活力和国际竞争力的城市群，共同打造世界级新经济区域，促进区域经济一体化发展
2014年3月	《深圳市政府工作报告（2014）》首次提出“湾区经济”，重点打造湾区产业集群，加强与港澳台交流合作
2015年3月	国家发展改革委、外交部、商务部联合发布《推动共建丝绸之路经济带和21世纪海上丝绸之路的愿景与行动》，首次明确提出“粤港澳大湾区”概念
2016年3月	国家“十三五”规划，指出推动粤港澳大湾区和跨省区重大合作平台建设
2016年11月	《关于加快城市群规划编制工作的通知》，提出2017年拟启动珠三角等城市群规划编制

续表

时间	相关政策
2017年1月	《广东省政府工作报告2017》，提出携手港澳推进珠江三角洲世界级城市群和粤港澳大湾区的建设
2017年3月	李克强总理在十二届全国人大五次会议上提出，要推动内地与港澳深化合作，研究制定粤港澳大湾区城市群发展规划①。粤港澳大湾区上升为国家战略
2017年7月	《深化粤港澳合作推进大湾区建设框架协议》将其建成宜居宜业宜游的优质生活圈和内地与港澳合作的示范区，打造国际一流湾区和世界级城市群
2017年10月	党的十九大报告指出，以粤港澳大湾区和泛珠三角区域推动内地与港澳合作
2018年8月	粤港澳大湾区建设领导小组全体会议，强调建设大湾区要重点把握四个维度、确立五大战略定位、坚持六项原则，发挥粤港澳综合优势，支持港澳融入国家发展大局
2018年10月	中国香港行政长官发表施政报告，推动中国香港特区参与推进大湾区建设事宜
2018年11月	《关于建立更加有效的区域协调发展新机制的意见》明确以中国香港、中国澳门、广州、深圳为中心，引领粤港澳大湾区建设
2018年12月	中央经济工作会议中提出要促进粤港澳大湾区建设
2019年2月	国务院发布《粤港澳大湾区发展规划纲要》，大湾区的建设从战略构想跨越到了全面实施、加快推进的新阶段
2019年5月	广东省人民政府印发《关于加强港澳青年创新创业基地建设的实施方案》，优化港澳青年来粤的创新创业环境
2019年7月	广东省印发《广东省推进粤港澳大湾区建设三年行动计划（2018—2020年）》，推出100条重点举措，落实《中共广东省委广东省人民政府关于贯彻落实〈粤港澳大湾区发展规划纲要〉的实施意见》提出的九大重点任务
2019年11月	《中共中央 国务院关于推进贸易高质量发展的指导意见》以粤港澳大湾区等战略为引领，推动区域间融通联动
2020年2月	广东省发展改革委正式公布《广州人工智能与数字经济试验区建设总体方案》，提出深化与港澳合作交流，深化琶洲核心片区粤港澳服务贸易自由化省级示范基地建设，创建粤港澳信息化合作区
2020年5月	中国人民银行等部委发布《关于金融支持粤港澳大湾区建设的意见》，从促进粤港澳大湾区跨境贸易和投融资便利化、扩大金融业对外开放、促进金融市场和金融基础设施互联互通、提升粤港澳大湾区金融服务创新水平、切实防范跨境金融风险5个方面提出26条具体措施
2020年5月	广东省人民政府发布《关于培育发展战略性支柱产业集群和战略性新兴产业集群的意见》，提出整合发布粤港澳大湾区科技、产业合作供需信息，促进粤港澳大湾区集群联动发展

① 《政府工作报告——2017年3月5日在第十二届全国人民代表大会第五次会议上》，中国政府网。

续表

时间	相关政策
2020年6月	交通运输部办公厅联合广东、广西、贵州、云南省（自治区）人民政府办公厅发布了《关于珠江水运助力粤港澳大湾区建设的实施意见》，要求加快珠江水运现代化发展，进一步发挥珠江水运在服务粤港澳大湾区经济社会发展中的作用
2020年7月	珠海市发布《珠海市珠港澳科技创新合作项目管理办法》，明确对珠港澳科技创新合作项目给予扶持，最高奖励达200万元
2020年8月	国家发展改革委批复了粤港澳大湾区城际铁路建设规划，新批复的铁路建设规划将与大湾区内的高铁、普速铁路、市域市郊铁路形成多层次铁路网络
2021年7月	《深化粤港澳合作　推进大湾区建设框架协议》，将其建成宜居宜业宜游的优质生活圈和内地与港澳合作的示范区，打造国际一流湾区和世界级城市群

资料来源：作者根据公开资料整理

2. 粤港澳大湾区一体化进程

珠三角城市群在一体化进程中表现突出，其经济密度、常住人口增速、增长包容性均居于全国首位。改革开放以来，珠三角城市群承接世界产业转移，工业化和城市化快速发展，ACEP得分始终领先，但2020年货运量下降使得ACEP得分有所下降。分指标看，2019年珠三角城市群经济集聚水平（A）和协同平滑度（P）仅低于长三角城市群；区域连接性（C）居首位；经济均等化水平（E）排名靠前。2020年货运量受到冲击但区域连接性仍居首位，经济均等化水平和协同平滑度增长较缓。

2010年以来，加入香港、澳门后的粤港澳ACEP得分高于珠三角城市群①，显示出粤港澳大湾区强强联合、“1+2＞3”的效果。2019年，珠三角城市群ACEP指数得分为72.13分，粤港澳城市群ACEP指数得分为81.75分（见图22），与2010年相比，分别提高了49.4%、36.8%。加入香港、澳门后得分上升，反映出粤港澳三地合作不断深化，区域竞争力增强。2020年受新冠肺炎疫情影响，珠三角和粤港澳ACEP得分分别下降3.58分和4.78分。分指标看，加入香港和澳门后，2019年大湾区经济集聚水平有较大幅度改善，较仅测量珠三角地区得分

① 基于数据可获得性及可比性，本部分数据更新至2020年。香港、澳门GDP采用世界银行现价GDP（美元）数据，并用相应年份美元对人民币PBC期末汇率进行换算。

提升57.9%，区域连接性（7.2%）、协同平滑度（10.9%）也有小幅提升，经济均等化（-12.1%）水平有所下降。

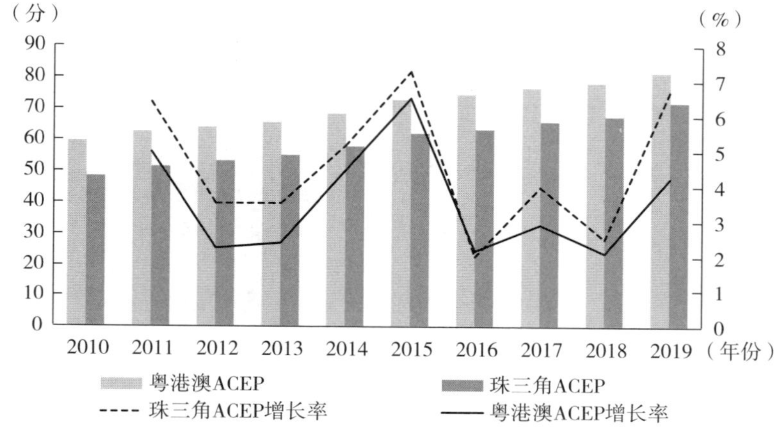

图22　珠三角和粤港澳大湾区ACEP得分

资料来源：课题组根据基础数据计算得出

（三）长三角城市群

长三角地区是我国经济发展最活跃、开放程度最高、创新能力最强的区域之一，在国家现代化建设大局和全方位开放格局中具有举足轻重的战略地位。

长三角地区经济实力较强，经济总量约占全国1/4，全员劳动生产率位居全国前列。科教资源丰富，拥有全国约1/4的“双一流”高校、国家重点实验室、国家工程研究中心。区域创新能力强，年研发经费支出和有效发明专利数均占全国1/3左右，上海、南京、杭州、合肥研发强度均超过3%。开放合作协同高效。拥有通江达海、承东启西、联南接北的区位优势，口岸资源优良，国际联系紧密，协同开放水平较高。

1. 政策演进

2010年5月，《长江三角洲地区区域规划》明确长三角地区发展战略定位。

2019年3月，长三角区域一体化发展上升为国家战略。2019年12月，《长江三角洲区域一体化发展规划纲要》发布，指出将长三角区域打造成为最具影响力和带动力的强劲活跃增长极。长三角城市群发展历程及相关政策见表3。

表3　长三角城市群发展历程及相关政策

时间	相关政策
2008年9月	国务院发布《关于进一步推进长江三角洲地区改革开放和经济社会发展的指导意见》，总体要求包括将长三角地区建设成为具有较强国际竞争力的世界级城市群
2010年5月	国务院发布《长江三角洲地区区域规划》，将打造“具有较强国际竞争力的世界级城市群”作为长三角地区发展的战略定位
2016年6月	国家发展改革委、住房城乡建设部印发《长江三角洲城市群发展规划》，提出长三角城市群要建设面向全球、辐射亚太、引领全国的世界级城市群，培育更高水平的经济增长极
2018年6月	上海、江苏、浙江、安徽三省一市就《长三角地区一体化发展三年行动计划（2018—2020年）》达成充分共识。进一步明确长三角一体化发展的任务书、时间表和路线图，到2020年，长三角地区要基本形成世界级城市群框架
2018年11月	习近平总书记提出将支持长江三角洲区域一体化发展并上升为国家战略，着力落实新发展理念，构建现代化经济体系，推进更高起点的深化改革和更高层次的对外开放①
2018年11月	《中共中央 国务院关于建立更加有效的区域协调发展新机制的意见》明确要求以上海为中心引领长三角城市群发展，带动长江经济带发展
2019年3月	2019年国务院政府工作报告指出，将长三角区域一体化发展上升为国家战略，编制实施发展规划纲要。长江经济带发展要坚持上中下游协同，加强生态保护修复和综合交通运输体系建设，打造高质量发展经济带
2019年9月	长三角三省一市签订《长江三角洲区域智能网联汽车道路测试互认合作协议》，推动区域内智能网联汽车道路测试的数据共享与测试结果互认，加快智能网联汽车的技术研发进程，促进车联网应用快速落地
2019年10月	国家发展改革委印发《长三角生态绿色一体化发展示范区总体方案》，指出到2035年，形成更加成熟、更加有效的绿色一体化发展制度体系，全面建设成为示范引领长三角更高质量一体化发展的标杆
2019年12月	国务院印发《长江三角洲区域一体化发展规划纲要》，指出到2035年，长三角一体化发展达到较高水平。现代化经济体系基本建成，城乡区域差距明显缩小，公共服务水平趋于均衡，基础设施互联互通全面实现，人民基本生活保障水平大体相当，一体化发展体制机制更加完善，整体达到全国领先水平，成为最具影响力和带动力的强劲活跃增长极
2020年7月	上海市、江苏省、浙江省人民政府印发《关于支持长三角生态绿色一体化发展示范区高质量发展的若干政策措施》

资料来源：作者根据公开资料整理

① 《共建创新包容的开放型世界经济》，《光明日报》，2018年11月6日。

2. 长三角城市群一体化进程

从ACEP指标看，长三角城市群一体化水平较高，且发展韧性强。2019年，长三角城市群ACEP得分仅低于珠三角城市群。其中，经济集聚水平（A）和协同平滑度（P）得分居首位。区域连接性（C）仅低于珠三角城市群，2007—2019年长期平均增速相对较慢但近年有所提速。经济均等化（E）水平处在中等水平，2007—2019年长期平均增速居首位但近年增长放缓。2020年，长三角一体化得分超过珠三角城市群居首位，各分项指标均保持一定增长，新冠肺炎疫情冲击下反映出其经济社会发展的韧性。

长三角区域发展相对均衡，但仍需关注城市群发展均等性。经济均等化（E）方面，2016—2019年得分增速排名下降至第七位；协同平滑度（P）方面，长期（2007—2019年）和短期（2016—2019年）得分增速排名均在第九位。应重点关注安徽省与另两省一市的差距。安徽省8个地级市人均GDP、人均财政支出均位于长三角城市群26市的靠后位置。

（四）成渝城市群

成渝城市群处于全国“两横三纵”城市化战略格局中沿长江通道横轴和包昆通道纵轴的交会地带，是西部大开发的重要平台，是长江经济带的战略支撑，也是国家推进新型城镇化的重要示范区。成渝地区自古是中国人口聚集、经济活动频繁的区域。四川盆地是中华文明发祥地之一，古蜀国、古巴国创造了灿烂文明。唐宋两朝所谓“扬一益二”的说法足见其在历史上的繁华。

成渝城市群经济发展水平较高，是西部经济基础最好、经济实力最强的区域之一，电子信息、装备制造和金融等产业实力较为雄厚，具有较强的国际国内影响力。生活方面，成渝地区宜人的气候和慢悠悠的节奏非常适合生活。成渝地区消费休闲观念强，成都被联合国教科文组织命名为世界美食之都；成都、重庆电影票房始终位居全国各大城市前列。成渝地区经济社会人文联系密切，各城市间山水相连、人缘相亲、文化一脉，经贸往来密切，区域交通、农业、商贸、教育、科技、劳务等领域合作不断加强，毗邻区域合作不断深化，城市群发展潜力巨大。

1. 政策演进

2006年，国务院出台西部大开发“十一五”规划，确立成渝经济区概念，成渝经济区建设正式进入国家战略层面。2016年，国务院批复同意《成渝城市群发展规划》。2020年1月，习近平总书记在中央财经委员会第六次会议上指出，要推动成渝地区双城经济圈建设，在西部形成高质量发展的重要增长极①。2020年4月，《2020年新型城镇化建设和城乡融合发展重点任务》强调要加快推进规划编制实施，加大成渝地区发展统筹力度。2020年10月16日，中共中央政治局审议《成渝地区双城经济圈建设规划纲要》。成渝城市群发展历程及相关政策见表4。

表4　成渝城市群发展历程及相关政策

时间	相关政策
2004年2月	川渝签署《关于加强川渝经济社会领域合作，共谋长江上游经济区发展的框架协议》
2006年2月	四川省建设工作会议提出“五大经济区、四大城市群”发展战略
2006年12月	《川渝地区环境保护合作协定》签署，建立处置跨流域污染联动机制
2007年1月	国务院出台《西部大开发“十一五”规划》，首次从国家层面提出成渝经济区概念
2007年10月	川渝毗邻31个县市共同签署《川渝毗邻地区合作互动框架协议》，确立了六大重点合作领域
2007年10月	“渝西川东八区县经济社会发展协作会”公共签订“1+10”合作协议，打造统一协调的基础设施互联互通
2007年11月	四川省人民政府与重庆市人民政府共同签署《关于推进川渝合作共建成渝经济区的协议》
2009年8月	重庆市人民政府印发《关于进一步加快重庆市特色工业园区发展的意见》
2011年5月	据国务院批复，国家发展改革委印发《成渝经济区区域规划》，协调区域发展
2011年10月	重庆围绕两江新区、西永综合保税区及周边区域，增加323平方公里城市建设面积，增强城市经济发展能力

① 《抓好黄河流域生态保护和高质量发展　大力推动成渝地区双城经济圈建设》，《光明日报》，2020 年 1 月 4 日。

续表

时间	相关政策
2013年2月	四川省委常委会议讨论实施“多点多极支撑”发展战略
2013年7月	四川省人民政府印发《四川省“51025”重点产业园区发展计划的通知》
2014年2月	四川省人民政府公布《关于化解产能过剩矛盾促进产业结构调整的实施意见》
2014年3月	国务院出台《国家新型城镇化规划（2014—2020年）》，首次从国家层面提出城市群和成渝城市群的概念
2014年6月	四川省人民政府印发《成渝经济区成都城市群发展规划（2014—2020年）》《成渝经济区南部城市群发展规划（2014—2020年）》
2015年5月	重庆市人民政府和四川省人民政府联合签署《关于加强两省市合作共筑成渝城市群工作备忘录》，共同推动交通、信息、市场一体化
2015年5月	四川省人民政府公布《关于加快发展生产性服务业促进产业结构调整升级的实施意见》
2015年10月	国家发展改革委批复《关于成渝地区城际铁路建设规划（2015—2020年）》，同意成渝城市群城际铁路建设规划方案
2016年5月	国务院印发《关于成渝城市群发展规划的批复》，批复同意《成渝城市群发展规划》，范围包括重庆市的27个区（县）和2个区县的部分地区、四川省的15个市，总面积18.5万平方公里
2016年6月	重庆市人民政府和四川省人民政府联合签署《深化川渝务实合作2016年重点工作方案》，社会、教育、医疗、卫生等社会事业合作领域不断深化
2017年11月	重庆市人民政府印发《重庆市推动战略性新兴产业发展实施方案（2017—2020年）》
2018年6月	四川省委十一届三次全会提出实施“一干多支”发展战略，构建“一干多支、五区协同”的区域发展新格局
2018年6月	重庆市人民政府和四川省人民政府共同签署《深化川渝合作深入推动长江经济带发展行动计划（2018—2022年）》，对生态环保范围进一步扩大
2018年9月	重庆市科学技术委员会印发《关于科技系统贯彻落实〈重庆市以大数据智能化为引领的创新驱动发展战略行动计划（2018—2020年）〉实施方案》
2018年11月	四川省人民政府印发《关于加快构建“5+1”现代产业体系，推动工业高质量发展的意见》
2019年4月	重庆市人民政府印发《重庆市推动制造业高质量发展专项行动方案（2019—2022年）》
2019年7月	重庆市人民政府和四川省人民政府共同签署《推进成渝城市群交通基础设施互联互通2019年重点工作方案》，提出年内将力争成都经达州至万州、渝西、渝昆3条高铁开工建设
2019年8月	国家发展改革委印发《西部陆海新通道总体规划》，使川渝两地多式联运一体化进程加快
2019年10月	泸州市人民政府与永川区人民政府共同签署《成渝双城经济圈制造业合作示范区战略合作框架协议》《深化“泸内荣永”协同发展推进泸（州）—永（川）合作备忘录》等发展协议，推动毗邻地区全面协同发展
2020年1月	重庆“一区两群”空间战略调整，形成与成都城市规模、经济体量相当的区域极核

续表

时间	相关政策
2020年4月	国家发展改革委印发《2020年新型城镇化建设和城乡融合发展重点任务》，进一步强调成渝双城经济圈建设
2020年4月	重庆市科学技术局与四川省科学技术厅签署《进一步深化川渝科技创新合作 增强协同创新发展能力 共建具有全国影响力的科技创新中心框架协议》，以“一城多园”模式合作共建西部科学城，并深化成渝地区国际科技合作交流
2020年4月	四川省人力资源和社会保障厅与重庆市人力资源和社会保障局签署《共同推动成渝地区双城经济圈建设川渝人力资源和社会保障合作协议》
2020年4月	四川省民政厅和重庆市民政局签署《川渝民政合作框架协议》
2020年4月	重庆市人力资源和社会保障局、四川省人力资源和社会保障厅共同签署《优化成渝地区双城经济圈养老保险关系转移流程合作协议》
2020年7月	四川省交通运输厅和重庆市交通局签署《成渝地区双城经济圈交通一体化发展三年行动方案（2020—2022年）》，并联合编制《成渝地区双城经济圈综合立体交通网规划》
2020年7月	重庆市生态环境局和四川省生态环境厅就大气治理签署《川渝生态环境保护督察协调联动工作机制协议》《协调联动试点行动方案》等多项协议，川渝两地生态环境保护督察工作沟通联络机制正式启动
2020年10月	四川省人力资源和社会保障厅、重庆市人力资源和社会保障局共同签署《共同推动成渝地区双城经济圈建设川渝劳动保障监察合作协议》，共建劳动保障监察联动机制
2020年10月	中共中央政治局审议《成渝地区双城经济圈建设规划纲要》，成渝双城经济圈建设上升为国家战略

资料来源：《成渝城市群一体化政策及进展研究报告》及公开资料整理

2. 成渝城市群一体化进程

成渝城市群经济总量与三大城市群有一定差距，但增长较快。2020年，成渝城市群经济总量在12个城市群中排名第六位，占全国经济的比重约为长三角城市群的1/3。经济增长较快，2007—2019年长期平均增速仅低于武汉城市群。2019年经济密度排名相对靠后，但增速稳居前列。

成渝城市群人口较多，经济增长包容性有积极改善。2020年成渝城市群人口少于长三角、中原和京津冀城市群。人口份额自2013年以来持续上升。2020年，成渝城市群经济人口弹性为0.1，为近5年最高水平，但是与珠三角、长三角地区相比仍有较大差距，成渝地区经济包容性的提升，对于引导1亿人口在中西部地区就近城镇化，引领西部地区发展具有重要意义。

成渝城市群一体化进程排名中等但进展加速，仍需关注区域连接性及协同平滑度。从ACEP指数看，2019年成渝城市群得分27.86分，排名中等，但2007—2019年平均增速7.1%，增速仅低于关中平原城市群、武汉城市群和长株潭城市群。2020年一体化得分进一步增长至28.51分。分指标看，2019年经济均等化（E）有较好的表现，得分排在第三位，长期（2007—2019年）和短期（2016—2019年）增速分别排在第三位和首位。经济集聚水平（A）得分中等但增长较快，长期和短期增速均排在第二位。区域连接性（C）和协同平滑度（P）得分相对较低，长期和短期增速处于12个城市群的中等水平。2020年区域连接性排名略有提高，其余指标排名不变。

（五）中原城市群

中原城市群地处全国“两横三纵”城市化战略格局陆桥通道与京广通道交汇区域，是我国经济由东向西梯次推进发展的中间地带。

中原城市群综合实力较强。产业体系完备，装备制造、智能终端、有色金属、食品等产业集群优势明显，物流、旅游等产业具有一定国际影响力。中原地区是中华民族和华夏文明的重要发祥地，文化底蕴深厚。中原城市群人缘相亲、文化相融，人员交流和经济往来密切。

1. 政策演进

2004年国务院政府工作报告首次明确提出促进中部地区崛起。2009年国务院通过的《促进中部地区崛起规划》提出要抓紧研究中原城市群发展有关问题，大力发展中原等城市群。2016年《促进中部地区崛起“十三五”规划》，提出发展壮大中原等城市群，打造新亚欧大陆桥经济走廊极具发展活力的核心地带。2016年的《中原城市群发展规划》提出打造“经济发展新增长极”的目标。中原城市群发展历程及相关政策见表5。

表5　中原城市群发展历程及相关政策

时间	相关政策
2009年9月	国家发展改革委批复《中原城市群城际轨道交通网规划（2009—2020年）》，获准建设13条城际轨道
2009年10月	国务院印发《关于促进中部地区崛起规划的批复》，正式批准实施《促进中部地区崛起规划》，将中部地区定位为“一枢纽、三基地”
2012年11月	国务院批复《中原经济区规划（2012—2020年）》，将中原城市群定位为“区域发展支点”
2014年7月	河南省人民政府印发《河南省新型城镇化规划（2014—2020年）》
2015年5月	河南省人民政府印发《河南省晋陕豫黄河金三角区域合作规划实施方案》，深化黄河金三角区域合作，支持三门峡市建设黄河金三角区域中心城市
2016年12月	国务院常务会议审议通过了《促进中部地区崛起规划（2016—2025年）》，提出建设“全国新型城镇化重点区”
2016年12月	国家发展改革委印发《中原城市群发展规划》，提出打造“经济发展新增长极”的目标
2017年1月	国家发展改革委发布《关于支持郑州建设国家中心城市的指导意见》
2017年5月	河南省委办公厅、省政府办公厅联合印发《关于统筹推进国家战略规划实施和战略平台建设的工作方案》，聚焦“三区一群”，打造带动全国发展的新增长极
2017年6月	河南省委、省政府印发《河南省建设中原城市群实施方案》，构建“一核一副四轴四区”大格局
2017年12月	安阳、鹤壁、新乡、焦作、濮阳五市共同签署《豫北区域协同发展合作框架协议》
2018年9月	河南省人民政府编制《森林河南生态建设规划（2018—2027年）》
2019年1月	山西省人民政府印发《关于对被征地农民实行基本养老保险补贴的意见》
2019年4月	山西省人民政府、陕西省人民政府、河南省人民政府印发《关于切实加快晋陕豫黄河金三角区域合作工作实施意见》，就进一步加快《晋陕豫黄河金三角区域合作规划》的全面实施，推动黄河金三角地区经济社会一体化、跨越式发展作出部署
2019年5月	河南省人民政府印发《河南省贯彻落实淮河生态经济带发展规划实施方案》《河南省贯彻落实汉江生态经济带发展规划实施方案》
2019年7月	河南省人民政府印发《建立更加有效的区域协调发展新机制实施方案》
2019年7月	新乡市人民政府印发《新乡市沿黄生态带发展规划》
2019年8月	河南省委办公厅、省政府办公厅联合印发《郑州大都市区空间规划（2018—2035年）》，提出要构建“一核、四轴、三带、多点”的空间格局
2019年10月	河南省中原城市群建设工作领导小组办公室印发《郑新一体化发展规划（2019—2035年）》和《郑许一体化发展规划（2019—2035年）》
2020年3月	河南省人民政府印发《2020年河南省黄河流域生态保护和高质量发展工作要点》，黄河流域生态保护和高质量发展上升为国家战略
2020年3月	河南省委、省政府印发《关于支持洛阳以开放为引领加快建设中原城市群副中心城市的若干意见》

续表

时间	相关政策
2020年7月	河南省第十三届人民代表大会常务委员会第十九次会议审议通过《郑洛新国家自主创新示范区条例》
2020年9月	河南省中原城市群建设工作领导小组办公室印发《2020年郑州都市圈一体化发展工作要点》
2020年9月	河南省城镇化工作暨城乡融合发展工作领导小组发布《2020年河南省新型城镇化建设和城乡融合发展重点任务》
2020年9月	河南省中原城市群建设工作领导小组印发《关于推进洛阳济源深度融合发展的若干措施》
2020年9月	郑州市人民政府印发《森林郑州生态建设规划（2020—2035年）》
2020年10月	河南省政府印发《郑州都市圈生态保护与建设规划（2020—2035年）》，提出到2025年城市建成区绿化覆盖率达到44%
2020年10月	焦作市人民政府印发《郑焦物流融合发展规划》
2020年11月	河南省第十三届人民代表大会常务委员会第二十一次会议通过《河南省优化营商环境条例》
2020年11月	河南省第十三届人大常委会第二十一次会议提请审议《中国（河南）自由贸易试验区条例（草案）》
2020年12月	河南省委办公厅、省政府办公厅联合印发实施《洛阳都市圈发展规划（2020—2035）》

资料来源：作者根据《中原城市群一体化政策及进展研究报告》及公开资料整理

2. 中原城市群一体化进程

中原城市群经济体量较大，经济增速处于中等水平。2020年，中原城市群经济总量排名仅在三大城市群之后，但经济增速总体始终处于中等水平。经济密度排名第七位。这与中原城市群面积较大有关。

中原城市群一体化水平中等且被长江中游的城市群追赶。2019年，中原城市群ACEP得分31.19分，排名低于珠三角、长三角、山东半岛和京津冀城市群。2007—2019年中原城市群一体化平均增速达6.7%，对京津冀城市群呈追赶趋势，二者分差已由2006年的6.81分缩小到2019年的2.22分，但增速低于得分紧随其后的武汉城市群（8.2%）、成渝城市群（7.1%）和长株潭城市群（7.3%），与武汉城市群的分差已由2006年的2.54分缩小到2019年的0.79分。2020年，中原城市群一体化得分略有下降，为30.66分，与武汉城市群分差进一步缩小至0.56分。

中原城市群一体化水平仍有进一步提升空间。分指标看，2019年中原城市群经济集聚水平（A）和区域连接性（C）得分均处在中等水平，长期（2007—2019年）区域连接性平均增速仅低于关中平原城市群，但2020年受新冠肺炎疫情冲击较为严重，得分有较大幅度下降；2019年经济均等化（E）得分排名中等，长期和短期增速均排在第四位，2020年有小幅上涨；2019年协同平滑度（P）得分较低，但近年来得分增长有所提速，2020年协同平滑度得分实现3.9%增长，居第四位，未来仍需进一步关注均等性水平。

五、政策建议

基于对12个城市群一体化水平的测算和以上发现，本报告对促进城市群一体化发展提出以下建议：

1. 将城市群地区作为经济稳增长、调结构、提质量的关键抓手

2020年，12个城市群在全国经济中所占的比重（现价GDP）为74.6%。面对国内外转型发展中各种不确定性因素的冲击，要稳定宏观经济增长，优化调整经济结构，促进经济高质量发展，抓住12个城市群是关键。

2. 充分发挥城市群地区在推进共同富裕战略目标中的作用

2006—2020年，除京津冀外的11个城市群地区内的发展差距均在缩小，其中长三角、成渝、武汉、长株潭、哈长、关中平原、中原7个城市群地区内人均GDP基尼系数均减少了0.06以上。下一步要推进共同富裕战略目标，仍需要依托城市群一体化缩小城市群内发展差距。与此同时，要以城市群为依托，激活经济内生发展动力，缩小城市群之间的发展差距。

3. 城市群一体化要以人为中心，以人的自主流动实现区域内一体化和均衡化发展

与经济的持续和高水平集聚相比，人口在12个城市群地区的集聚仍然缓

慢，近5年人口占比仅增加了0.8个百分点。这实际上不利于城镇化的高水平发展和城乡、区域经济的均衡发展。珠三角城市群和长三角城市群的发展经验表明，即使在较高的经济发展水平和现代产业结构下，大城市群地区仍然可以有较高的人口吸纳能力。经济发展水平越高的城市群，越需要承担起包容性发展的责任。人是城市的灵魂，应以常住人口为基数配置教育、医疗等公共资源，实现常住人口与教育医疗财政转移支付力度、公立学校教师编制和公立医院医护人员编制、教育医疗用地限制的空间匹配。取消社会救助、最低生活保障、社会福利和社会优抚等非缴费社会保障项目的户籍门槛。

4. 要更加重视京津冀协同发展在南北经济平衡中的战略地位

以京津冀为中心、以山东半岛和辽中南为两翼的环渤海经济圈，经济总量占全国的比重仅略低于长三角城市群，2020年达到15.3%，是平衡南北经济差距的关键。京津冀地区经济集聚作用强，有助于与辽中南、山东半岛形成呼应和联动。在中央直接、有力的领导下，新时期京津冀协同发展取得了一系列重大的突破，北京城市副中心和雄安新区建设取得重大进展，为非首都功能疏解以及京津优质资源向河北转移提供了整体性的平台。但从一体化指数看，指数改进与其他地区相比还较为缓慢。推进京津冀协同发展，要尊重地方行政区划和管辖权的现实格局①，更要顺应区域经济发展的一般规律，进一步化解显性及隐性的行政壁垒。

5. 进一步提升粤港澳大湾区在国家经济发展和对外开放中的支撑引领作用

珠三角地区是我国经济最活跃、最具包容性、一体化水平相对较高的区域。从ACEP指数看，珠三角与香港、澳门的融合发展，展现出更高的一体化水平和更大的发展潜力，下一步要将粤港澳大湾区打造成区域经济一体化的高标

① 杨宏山、石晋昕：《从一体化走向协同治理：京津冀区域发展的政策变迁》，《上海行政学院学报》，2018 年第 1 期。

准示范区，以及内外双循环新发展格局重点枢纽和制度型开放先行区，将港澳地区制度开放优势内部化。

6. 长三角城市群的重点是补足安徽板块的短板，同时实现区域内优势互补

长三角城市群的经济影响力居于各城市群首位，区域内部发展均衡性在12个城市群中也居于偏上水平，考虑到长三角地区的地域和人口规模，取得这一成绩相当不易。但是，不论是经济集聚还是区域连接性，长三角地区还有较大的提升空间，下一步的重点是补足安徽板块的短板，加强苏中南地区以及浙西北地区与安徽板块的连接，充分发挥安徽板块在劳动力和土地上的要素优势，以及合肥的科创优势及其对周边产业转型升级的带动作用。

7. 以辽中南城市群和哈长城市群为支撑引领东北振兴

当前辽中南城市群和哈长城市群经济、人口份额均出现下降，哈长城市群一体化得分水平最低，辽中南城市群一体化进程显著放缓。辽中南城市群和哈长城市群应加快提升政府治理能力，优化营商环境，推进国企改革，促进民营企业发展，加快产业结构优化升级，提高经济活力。充分利用城市群内部公共财政支出差距较小的后发优势，探索建立区域一体化的公共服务体系和发展机制，提高公共服务能力，增加区域的人口吸引力。

8. 巩固中部和西部地区城市群崛起的良好势头，提升新型城市群地区的治理水平，提高城市群发展韧性

中部地区和西部地区城市群的快速崛起和一体化水平的提升，城市群区域人口吸纳能力的增强，是近年来我国经济地理的突出亮点。但是在经济快速发展中，也暴露出一些中心城市治理水平有待提升、韧性不足等问题，需要着力加以解决，巩固发展成果，优化我国区域经济的总体布局。

附录

十二大城市群区域范围对比见附表1。

附表1　十二大城市群区域范围对比

序号	城市群	本报告中城市群包含的城市	国务院批复的城市群发展规划包含的城市
1	京津冀	北京	北京
		天津	天津
		保定、唐山、廊坊、秦皇岛、张家口、承德、石家庄、沧州、邯郸、邢台、衡水	河北
2	长三角	上海	上海
		南京、无锡、常州、苏州、南通、盐城、扬州、镇江、泰州	江苏省的南京、无锡、常州、苏州、南通、盐城、扬州、镇江、泰州
		杭州、宁波、嘉兴、湖州、绍兴、金华、舟山、台州	浙江省的杭州、宁波、温州、湖州、嘉兴、绍兴、金华、舟山、台州
		合肥、芜湖、马鞍山、铜陵、安庆、滁州、池州、宣城	安徽省的合肥、芜湖、马鞍山、铜陵、安庆、滁州、池州、宣城
3	珠三角	广州、深圳、珠海、佛山、东莞、中山、江门、肇庆、惠州	广东省广州、深圳、珠海、佛山、惠州、东莞、中山、江门、肇庆
4	成渝	重庆	重庆市的渝中、万州、黔江、涪陵、大渡口、江北、沙坪坝、九龙坡、南岸、北碚、綦江、大足、渝北、巴南、长寿、江津、合川、永川、南川、潼南、铜梁、荣昌、璧山、梁平、丰都、垫江、忠县等27个区（县）以及开县、云阳的部分地区
		成都、自贡、泸州、德阳、绵阳、遂宁、内江、乐山、南充、眉山、宜宾、广安、达州、雅安、资阳	四川省的成都、自贡、泸州、德阳、绵阳（除北川县、平武县）、遂宁、内江、乐山、南充、眉山、宜宾、广安、达州（除万源市）、雅安（除天全县、宝兴县）、资阳等15个市
			长江中游城市群是以武汉城市群、环长株潭城市群、环鄱阳湖城市群为主体形成的特大型城市群 江西省南昌市、九江市、景德镇市、鹰潭市、新余市、宜春市、萍乡市、上饶市及抚州市、吉安市的部分县（区）
5	武汉	武汉、黄石、鄂州、黄冈、孝感、咸宁	湖北省武汉、黄石、鄂州、黄冈、孝感、咸宁、仙桃、潜江、天门、襄阳、宜昌、荆州、荆门

续表

序号	城市群	本报告中城市群包含的城市	国务院批复的城市群发展规划包含的城市
6	长株潭	长沙、株洲、湘潭、益阳、娄底、岳阳、常德、衡阳	湖南省长沙、株洲、湘潭、岳阳、益阳、常德、衡阳、娄底
7	辽中南	沈阳、大连、鞍山、抚顺、本溪、丹东、辽阳、营口、盘锦	暂无规划
8	哈长	哈尔滨、大庆、齐齐哈尔、绥化	哈尔滨、大庆、齐齐哈尔、绥化、牡丹江
		长春、吉林、四平、辽源、松原	长春、吉林、四平、辽源、松原、延边朝鲜族自治州
9	关中平原	西安、咸阳、宝鸡、渭南、铜川、商洛	陕西省西安、宝鸡、咸阳、铜川、渭南5个市、杨凌农业高新技术产业示范区及商洛市的商州区、洛南县、丹凤县、柞水县
			山西省运城市（除平陆县、垣曲县）、临汾市尧都区、侯马市、襄汾县、霍州市、曲沃县、翼城县、洪洞县、浮山县
			甘肃省天水市及平凉市的崆峒区、华亭县、泾川县、崇信县、灵台县和庆阳市区
10	中原	郑州、洛阳、开封、南阳、安阳、商丘、新乡、平顶山、许昌、焦作、周口、信阳、驻马店、鹤壁、濮阳、漯河、三门峡	河南省郑州、开封、洛阳、平顶山、新乡、焦作、许昌、漯河、济源、鹤壁、商丘、周口、安阳、濮阳、三门峡、南阳、信阳、驻马店
		长治、晋城、运城	山西省晋城、长治、运城
		宿州、淮北、阜阳、亳州、蚌埠	安徽省亳州、宿州、阜阳、淮北、蚌埠
		聊城、菏泽	山东省聊城、菏泽
			河北省邯郸、邢台
11	海峡西岸	福州、厦门、泉州、莆田、漳州、三明、南平、宁德、龙岩	福建省全境
		温州、丽水、衢州	
		上饶、鹰潭、抚州、赣州	
		汕头、潮州、揭阳、梅州	
12	山东半岛	济南、青岛、淄博、潍坊、东营、烟台、威海、日照	暂无规划

资料来源：公开资料整理，数据截至2020年3月

专题一

城市群发展：基于“车流”大数据的评估[①]

一、研究对象和主要方法

（一）城市群的整理及划分

在经济学界和规划界有许多关于城市群的划分方法，本专题中，作为评估对象的城市群（见表1-1）主要包括以下几类：

（1）国务院和国家发展改革委批复的9个城市群，加上“京津冀城市群”和“珠三角城市群”。“京津冀城市群”和“珠三角城市群”虽然没有正式批复，但是有类似的批复文件《京津冀协同发展规划纲要》《粤港澳大湾区发展规划纲要》，可以视同已批复，并且这两个已经是大家公认的城市群，我们将其计入。

（2）国家发展改革委《2020年新型城镇化建设和城乡融合发展重点任务》

① 本专题作者为上海交通大学陆铭、郑怡林，上海海事大学李杰伟。

提出要促进发展的4个边疆城市群及省内城市群：天山北坡城市群、滇中城市群、山东半岛城市群、黔中城市群。

（3）其他城市群：包括辽中南城市群、海峡西岸城市群。在经济学界和规划界，这两个城市群经常被提及，我们也将其纳入评估范围①。

报告中，不同的方法所评估的城市群范围有所不同。规划界宁越敏定义的城市群②被广为引用，我们后面的“利用计量经济学评估城市群”中，也对宁越敏定义的城市群进行评估。

表1–1　城市群及所包含的城市

城市群	城市名单	备注
京津冀城市群（待批复）	北京、天津、石家庄、唐山、秦皇岛、邯郸、邢台、保定、张家口、承德、沧州、廊坊、衡水	参考《京津冀协同发展规划纲要》等文件，不包括安阳
长三角城市群（已获批）	上海、南京、无锡、常州、苏州、南通、盐城、扬州、镇江、泰州、杭州、宁波、嘉兴、湖州、绍兴、金华、舟山、台州、合肥（包括巢湖市）、芜湖、马鞍山、铜陵、安庆、滁州、池州、宣城	
珠三角城市群（待批复）	广州、深圳、韶关、佛山、东莞、中山、珠海、江门、肇庆、惠州、清远、云浮、阳江、河源、汕尾	参考《粤港澳大湾区发展规划纲要》等文件，不包括香港、澳门
成渝城市群（已获批）	成都、重庆、自贡、泸州、德阳、绵阳、遂宁、内江、乐山、南充、眉山、宜宾、广安、达州、雅安、资阳	
长江中游城市群（已获批）	武汉、黄石、鄂州、黄冈、孝感、咸宁、仙桃、潜江、天门、襄阳、宜昌、荆州、荆门、长沙、株洲、湘潭、岳阳、益阳、常德、衡阳、娄底、南昌、九江、景德镇、鹰潭、新余、宜春、萍乡、上饶、抚州、吉安	

① 这17个城市群加上山西中部城市群（晋中城市群）、宁夏沿黄城市群，就是2010年《全国主体功能区规划》和“十三五”“十四五”规划纲要确立的19个城市群，但是因为这两个省内城市群在我们进行数据分析时，与经济学意义上的城市群尚有差距，且未受关注，因此未展开进一步的分析，后续我们将持续关注它们的进展。

② 宁越敏：《中国都市区和大城市群的界定——兼论大城市群在区域经济发展中的作用》，《地理科学》2011年第3期。

续表

城市群	城市名单	备注
中原城市群（已获批）	郑州、洛阳、开封、商丘、新乡、平顶山、许昌、焦作、周口、鹤壁、漯河、晋城、亳州	只有核心发展区，不包括辐射联动城市和省直辖县级市济源市
关中平原城市群（已获批）	西安、宝鸡、咸阳、铜川、渭南、商洛、运城、临汾、天水、平凉、庆阳	
哈长城市群（已获批）	哈尔滨、大庆、齐齐哈尔、绥化、牡丹江、长春、吉林、四平、辽源、松原、延边朝鲜族自治州	
北部湾城市群（已获批）	南宁、北海、钦州、防城港、玉林、崇左、湛江、茂名、海口、儋州、东方、澄迈、临高、昌江	阳江市归入珠三角城市群
呼包鄂榆城市群（已获批）	呼和浩特、包头、鄂尔多斯、榆林	
兰州—西宁城市群（已获批）	兰州、白银、定西、临夏回族自治州、西宁、海东、海北藏族自治州、海南藏族自治州、黄南藏族自治州	
国家发展改革委《2020年新型城镇化建设和城乡融合发展重点任务》包括天山北坡、滇中等边疆城市群及山东半岛、黔中等省内城市群		
天山北坡城市群（待批复）	乌鲁木齐、昌吉回族自治州、石河子、吐鲁番、克拉玛依、伊犁哈萨克自治州（待定）①	参考《西部大开发——新疆开发规划》等文件
滇中城市群（发展改革委批复，国务院未批复）	昆明、曲靖、玉溪、楚雄彝族自治州②	
山东半岛城市群（待批复）	济南（莱芜并入）、青岛、潍坊、烟台、威海、东营、滨州、济宁、枣庄、菏泽、临沂、日照（待定）	参考《关于山东半岛城市群发展规划（2016—2030年）》，不包括淄博、泰安、德州、聊城③
黔中城市群（待批复）	贵阳、遵义、安顺、毕节、黔东南苗族侗族自治州，黔南布依族苗族自治州（待定）	参考《黔中城市群发展规划》④

① 根据最新的分析，天山北坡城市群包括：乌鲁木齐市，昌吉回族自治州的昌吉市、阜康市、呼图壁县、玛纳斯县，石河子市，塔城地区的沙湾县、乌苏市，伊犁哈萨克自治州的奎屯市，克拉玛依市，吐鲁番市。数据分析时，界定较宏观，但不影响后续的分析结果。

② 只包括城市和一些核心区。

③ 这4个城市为城市群辐射的城市，在济南周围。并且山东半岛城市群加上这4个城市，就是整个山东省了。

④ 只有市内部分区和市县，但包括了贵州大部分城市。

续表

城市群	城市名单	备注
其他城市群		
辽中南城市群（待批复）	沈阳、大连、鞍山、抚顺、本溪、丹东、辽阳、营口、盘锦、铁岭（待定）	参考《辽中南城市群发展规划（2017—2030年）》等文件，丹东市计入城市群
海峡西岸城市群（待批复）	福州、厦门、泉州、莆田、漳州、三明、南平、宁德、龙岩、温州、丽水、衢州、上饶、鹰潭、抚州、赣州、汕头、潮州、揭阳、梅州（待定）	参考《海峡西岸城市群发展规划》等文件
宁越敏定义的城市群		
京津唐城市群：北京、天津、廊坊、唐山、秦皇岛。长三角城市群：上海、苏州、无锡、常州、镇江、南京、扬州、泰州、南通、杭州、嘉兴、湖州、绍兴、宁波、舟山。珠三角城市群：广州、深圳、佛山、江门、惠州、珠海、东莞、中山、肇庆。成渝城市群：成都、资阳、内江、自贡、重庆。中原城市群：郑州、开封、洛阳、新乡、焦作、济源。武汉城市群：武汉、黄石、鄂州。关中平原城市群：西安、咸阳、铜川、宝鸡。哈大齐城市群：哈尔滨、大庆、齐齐哈尔。长吉城市群：长春、吉林。山东半岛城市群：济南、青岛、淄博、潍坊、烟台、威海。辽中南城市群：沈阳、鞍山、抚顺、本溪、辽阳、营口、大连。闽东南城市群：福州、莆田、泉州、厦门、漳州。长株潭城市群：长沙、株洲、湘潭。		

资料来源：表格由作者根据批复文件、参考的文件和文章绘制

（二）评估所用的数据和方法

对于城市群的评估，因为涉及城市之间的经济和人员往来，需要采用“流”数据进行评估，即“人流”的数据和“物流”的数据。中国关于“流”的数据相对缺乏。本专题以“客车”和“货车”的大数据为基础，构造城市间的“流”数据，并进行评估。

本专题的数据来自上海评驾科技有限公司，源数据来源于2018年交通运输部“车联网”记录的三级以上乘用车和重载货车的实时定位数据。其中，乘用车数量大约30万辆，重载货车大约600万辆。由于这些数据是交通运输部和有关部门要求强制上报的，所以可以认为达到标准的汽车基本上都已上报数据，我们也对此做过检验。通俗地说，基础数据主要包括全国范围内，跨县运行的客车、旅游车（后面简称客车）和12吨以上的大货车（后面简称货车），行驶过程中每12秒一次实时上报的数据。

在实时数据的基础上，我们定义了客车和货车行程的经济起终点，也就是说一次大行程，从哪个城市出发，最终到了哪个城市，然后回到起点。之后，我们通过空间定位找到起终点所在城市①，这样就可以得到不同城市之间的“车流”，既包括“人流”也包括“物流”。

以“车流”数据为基础，我们做了以下研究：第一，我们重新界定了国务院已经批复的9个城市群以及京津冀和珠三角城市群，并与规划的城市群范围做了对比分析；第二，我们设计了一套评估指标，并用车流数据计算了报告提到的17个城市群的指标，包括客车和货车，然后对城市群内、城市群与群外城市、城市群之间的经济联系做了评估；第三，我们采用计量经济学的方法，评估不同划分方法的城市群，在促进城市间经济往来、整合市场等方面的作用；第四，我们以3种评估方法的结论为基础，提出了一些政策建议。

二、利用车流数据界定城市群（评估一）

（一）车流和城市群概况

如果我们把城市配对，再把一年有365个来回以上的客车车流（大约平均每天1个来回）和一年3650个来回以上的货车车流（大约平均每天10个来回）用直线表示，就可以得到城市网络图。城市是有网络的，而且就是一些国家中心城市和区域中心城市向外发散的网络。中心城市在城市群中的作用非常明显。

国务院批复的9个城市群以及京津冀和珠三角城市群，都能明显地看到汽车轨迹。未批复的城市群中，山东半岛城市群、天山北坡城市群也比较明显，甚至黔中城市群、滇中城市群、辽中南城市群也有雏形；但经济比较发达的海峡

① 数据处理过程比较复杂，由上海评驾科技有限公司的工程师与上海交通大学中国发展研究院陆铭教授团队成员共同完成，此处不赘述。

西岸城市群却不明显。

长江中游城市群，以武汉、长沙和南昌为中心的3个城市小群之间，联系并不紧密；哈长城市群内哈尔滨和长春之间，辽中南城市群内沈阳和大连之间，联系也并不紧密；甚至成渝城市群内，重庆和成都两个小群之间的联系，也没有达到很频繁的程度。

（二）用车流数据重新界定城市群

1. 界定方法

我们选取的数据区分了“车流”的起点和终点，而不仅仅是城市之间的“车流”总量。然后，我们分3步进行界定：

第一步，定义“核心城市”：取9个国家级中心城市加上深圳这个一线城市为核心城市。

第二步，定义“区域中心城市”：先找出客车进入（开出）数量的综合排名在全国前30的城市[①]；城市群规划所包含的城市中，每一个指标都符合条件的属于区域中心城市。对于货车，因为一年的统计中，某个城市的货车几乎都到过全国其他城市，所以只选取车流及考虑距离的车流（包括进入和开出）作为指标，并且仅找出那些每个指标排名在全国前20的城市作为区域中心城市。尽管排名前20或前30没有特别科学的标准，但用上述两条标准所筛选出的区域中心城市，还是比较适合的。

第三步，定义普通城市：以核心城市或区域中心城市为第一“车流”伙伴的城市，即城市群的普通城市。如果外围的两个城市互为第一“车流”伙伴，则看它们的第二“车流”伙伴是否是核心城市或区域中心城市，如果是的话就计入城市群。如果城市为城市群的其他城市所包围，并且核心城市或区域中心

① 我们对城市客车流的排名综合考虑了车流的数量、有车连接的城市数量，以及所连接的城市的距离。

城市之前的“车流”伙伴均为城市群内城市，则该城市也计入城市群。

2. 客车“车流”定义的城市群

表1–2展示的是用客车车流数据界定的城市群，以及核心城市、区域中心城市和普通城市。

表1–2 客车车流定义的城市群及其核心城市、区域中心城市和普通城市

城市群	核心城市	区域中心城市	普通城市
京津冀城市群	北京市、天津市		保定市、张家口市、沧州市、唐山市、承德市、廊坊市
长三角城市群	上海市	苏州市、杭州市、南京市、无锡市	南通市、盐城市、镇江市、扬州市、淮安市、泰州市、黄山市、湖州市、嘉兴市、金华市、绍兴市、衢州市、常州市、马鞍山市、宁波市、舟山市、滁州市、宣城市
珠三角城市群	广州市、深圳市	东莞市	惠州市、汕尾市、河源市、梅州市、清远市、肇庆市、云浮市、佛山市、阳江市、江门市、中山市、珠海市、韶关市、湛江市、茂名市
成渝城市群	成都市、重庆市		绵阳市、德阳市、南充市、遂宁市、资阳市、内江市、自贡市、乐山市、眉山市、雅安市、甘孜藏族自治州、阿坝藏族羌族自治州、宜宾市、泸州市、广安市、达州市、恩施土家族苗族自治州
长江中游城市群	武汉市	长沙市	黄冈市、鄂州市、黄石市、咸宁市、仙桃市、潜江市、荆州市、天门市、荆门市、孝感市、随州市、岳阳市、株洲市、湘潭市、衡阳市、娄底市、邵阳市、益阳市、常德市、张家界市、萍乡市、湘西土家族苗族自治州
中原城市群	郑州市		新乡市、开封市、周口市、许昌市、漯河市、驻马店市、平顶山市、南阳市、洛阳市、焦作市
关中平原城市群	西安市		安康市、宝鸡市、汉中市、庆阳市、商洛市、铜川市、渭南市、延安市、咸阳市
哈长城市群		哈尔滨市、长春市	七台河市、延边朝鲜族自治州、伊春市、绥化市、吉林市、四平市、松原市
北部湾城市群		南宁市	百色市、北海市、崇左市、防城港市、贵港市、河池市、钦州市、玉林市
呼包鄂榆城市群		呼和浩特市	鄂尔多斯市、乌兰察布市、包头市、巴彦淖尔、榆林市
兰州—西宁城市群		兰州市、西宁市	白银市、定西市、临夏回族自治州、武威市、果洛藏族自治州、海北藏族自治州、海东市、海南藏族自治州、海西蒙古族藏族自治州、黄南藏族自治州、玉树藏族自治州

资料来源：表格由作者根据计算结果绘制，源数据来自交通运输部（2018年）

3. 货车“车流”定义的城市群

表1–3展示的是用货车车流数据界定的城市群，以及核心城市、区域中心城市和普通城市。

表1–3　货车车流定义的城市群及其核心城市、区域中心城市和普通城市

城市群	核心城市	区域中心城市	普通城市
京津冀城市群	北京市、天津市	石家庄市、唐山市、保定市、沧州市	张家口市、廊坊市、衡水市、邢台市、阳泉市、承德市、秦皇岛市、榆林市
长三角城市群	上海市	苏州市、杭州市、无锡市	南通市、湖州市、嘉兴市、舟山市、常州市
珠三角城市群	广州市、深圳市	东莞市、佛山市	清远市、韶关市、惠州市、中山市、江门市、肇庆市
成渝城市群	成都市、重庆市		乐山市、内江市、南充市、德阳市、眉山市、绵阳市、遂宁市、资阳市、雅安市、阿坝藏族羌族自治州、广安市、恩施土家族苗族自治州、泸州市、达州市、遵义市、拉萨市
长江中游城市群	武汉市	长沙市	仙桃市、咸宁市、孝感市、鄂州市、黄冈市、黄石市、娄底市、岳阳市、常德市、株洲市、湘潭市、益阳市、萍乡市
中原城市群	郑州市		平顶山市、开封市、新乡市、洛阳市、焦作市、许昌市
关中平原城市群	西安市		咸阳市、商洛市、安康市、渭南市、铜川市
哈长城市群		哈尔滨市、长春市	牡丹江市、绥化市、吉林市、四平市、延边朝鲜族自治州、松原市
北部湾城市群		南宁市	崇左市、河池市、百色市、钦州市、防城港市
呼包鄂榆城市群		呼和浩特市	
兰州—西宁城市群		兰州市、西宁市	临夏回族自治州、白银市、定西市、武威市、果洛藏族自治州、海北藏族自治州、海南藏族自治州、黄南藏族自治州、玉树藏族自治州

资料来源：表格由作者根据计算结果绘制，源数据来自交通运输部（2018年）

4. 合并城市之后的城市群

我们将客车和货车定义的城市群进行加总，合并成按“车流”定义的城市群（见表1–4）。

表1–4 客车和货车车流共同定义的城市群及其核心城市、区域中心城市和普通城市

城市群	核心城市	区域中心城市	普通城市
京津冀城市群	北京市、天津市	石家庄市、唐山市、保定市、沧州市	张家口市、承德市、廊坊市、衡水市、邢台市、阳泉市、秦皇岛市、榆林市
长三角城市群	上海市	苏州市、杭州市、南京市、无锡市	南通市、盐城市、镇江市、扬州市、淮安市、泰州市、黄山市、湖州市、嘉兴市、金华市、绍兴市、衢州市、常州市、马鞍山市、宁波市、舟山市、滁州市、宣城市
珠三角城市群	广州市、深圳市	东莞市	惠州市、汕尾市、河源市、梅州市、清远市、肇庆市、云浮市、佛山市、阳江市、江门市、中山市、珠海市、韶关市、湛江市、茂名市
成渝城市群	成都市、重庆市		绵阳市、德阳市、南充市、遂宁市、资阳市、内江市、自贡市、乐山市、眉山市、雅安市、甘孜藏族自治州、阿坝藏族羌族自治州、宜宾市，泸州市、广安市、达州市、恩施土家族苗族自治州、遵义市
长江中游城市群	武汉市	长沙市	黄冈市、鄂州市、黄石市、咸宁市、仙桃市、潜江市、荆州市、天门市、荆门市、孝感市、随州市、岳阳市、株洲市、湘潭市、衡阳市、娄底市、邵阳市、益阳市、常德市、张家界市、萍乡市、湘西土家族苗族自治州
中原城市群	郑州市		新乡市、开封市、周口市、许昌市、漯河市、驻马店市、平顶山市、南阳市、洛阳市、焦作市
关中平原城市群	西安市		安康市、宝鸡市、汉中市、庆阳市、商洛市、铜川市、渭南市、延安市、咸阳市
哈长城市群		哈尔滨市、长春市	七台河市、延边朝鲜族自治州、伊春市、绥化市、吉林市、四平市、松原市、牡丹江市
北部湾城市群		南宁市	百色市、北海市、崇左市、防城港市、贵港市、河池市、钦州市、玉林市
呼包鄂榆城市群		呼和浩特市	鄂尔多斯市、乌兰察布市、包头市、巴彦淖尔市、榆林市
兰州—西宁城市群		兰州市、西宁市	白银市、定西市、临夏回族自治州、武威市、果洛藏族自治州、海北藏族自治州、海东市、海南藏族自治州、海西蒙古族藏族自治州、黄南藏族自治州、玉树藏族自治州

资料来源：表格由作者根据计算结果绘制，源数据来自交通运输部（2018年）

这里有几个结果值得注意：

（1）以长沙为核心的城市小群计入长江中游城市群。根据车流定义，长沙市还不足以记为区域中心城市，但是因为长沙的指标接近区域中心城市，并且有很强的区域辐射能力，因此在表中将长沙列为区域中心城市，长沙为核心的小群则计入长江中游城市群。但是长沙为核心的小群与武汉为核心的小群车流联系并不紧密。而南昌市，因为各项指标离区域中心城市太远，没有被列为区域中心城市，以南昌为核心的城市小群也就不计入长江中游城市群。

（2）客车车流上，成都和重庆没有互为第一伙伴；货车车流上，重庆以成都为第一伙伴，而成都以德阳为第一伙伴。重庆和成都之间的客车总车流在全国的排名仅为544名，货车排156名。成渝城市群中，以成都为核心的小群和以重庆为核心的小群，正在融合，但是融合度不高。

（3）哈长城市群中，哈尔滨和长春两个主要城市，虽然相邻，但是无论是客车车流还是货车车流，都没有互为第一伙伴。

（4）兰州—西宁城市群中，兰州和西宁两个主要城市，在客车车流上没有互为第一伙伴，货车车流上，西宁以兰州为第一伙伴，兰州以白银为第一伙伴。

（5）榆林市按车流应该归入京津冀城市群，但是因为规划中，呼包鄂榆城市群中的“榆”就是指榆林市，因此将榆林市计入呼包鄂榆城市群。

（6）拉萨市按车流应该归入成渝城市群，但是由于距离太远，我们将它删除。

（三）规划城市群与车流定义城市群的对比分析

1. 规划城市群与车流定义城市群所包含城市

我们将城市群规划所包括的城市和按车流定义的城市群所包括的城市放在一起（见表1–5）。

表1-5 规划的城市群与按车流定义的城市群对比

城市群	规划	按车流定义
京津冀城市群	北京市、天津市、石家庄市、唐山市、秦皇岛市、**邯郸市**、邢台市、保定市、张家口市、承德市、沧州市、廊坊市、衡水市	北京市、天津市、石家庄市、唐山市、秦皇岛市、邢台市、保定市、张家口市、承德市、沧州市、廊坊市、衡水市、**阳泉市**、榆林市
长三角城市群	上海市、南京市、无锡市、常州市、苏州市、南通市、盐城市、扬州市、镇江市、泰州市、杭州市、宁波市、嘉兴市、湖州市、绍兴市、金华市、舟山市、**台州市**、**合肥市**、**芜湖市**、马鞍山市、**铜陵市**、**安庆市**、滁州市、**池州市**、宣城市	上海市、南京市、无锡市、常州市、苏州市、南通市、盐城市、扬州市、镇江市、泰州市、杭州市、宁波市、嘉兴市、湖州市、绍兴市、金华市、舟山市、马鞍山市、滁州市、宣城市、**淮安市**、**黄山市**、**衢州市**
珠三角城市群	广州市、深圳市、韶关市、佛山市、东莞市、中山市、珠海市、江门市、肇庆市、惠州市、清远市、云浮市、阳江市、河源市、汕尾市	广州市、深圳市、韶关市、佛山市、东莞市、中山市、珠海市、江门市、肇庆市、惠州市、清远市、云浮市、阳江市、河源市、汕尾市、**梅州市**、**湛江市**、**茂名市**
成渝城市群	成都市、重庆市、自贡市、泸州市、德阳市、绵阳市、遂宁市、内江市、乐山市、南充市、眉山市、宜宾市、广安市、达州市、雅安市、资阳市	成都市、重庆市、自贡市、泸州市、德阳市、绵阳市、遂宁市、内江市、乐山市、南充市、眉山市、宜宾市、广安市、达州市、雅安市、资阳市、**甘孜藏族自治州**、**阿坝藏族羌族自治州**、**恩施土家族苗族自治州**、**遵义市**
长江中游城市群	武汉市、黄石市、鄂州市、黄冈市、孝感市、咸宁市、仙桃市、潜江市、天门市、**襄阳市**、**宜昌市**、荆州市、荆门市、长沙市、株洲市、湘潭市、岳阳市、益阳市、常德市、衡阳市、娄底市、**南昌市**、**九江市**、**景德镇市**、**鹰潭市**、**新余市**、**宜春市**、萍乡市、**上饶市**、**抚州市**、**吉安市**	武汉市、黄石市、鄂州市、黄冈市、孝感市、咸宁市、仙桃市、潜江市、天门市、荆州市、荆门市、长沙市、株洲市、湘潭市、岳阳市、益阳市、常德市、衡阳市、娄底市、萍乡市、**随州市**、**邵阳市**、**张家界市**、**湘西土家族苗族自治州**
中原城市群	郑州市、洛阳市、开封市、**商丘市**、新乡市、平顶山市、许昌市、焦作市、周口市、**鹤壁市**、漯河市、**晋城市**、**亳州市**	郑州市、洛阳市、开封市、新乡市、平顶山市、许昌市、焦作市、周口市、漯河市、**驻马店市**、**南阳市**
关中平原城市群	西安市、宝鸡市、咸阳市、铜川市、渭南市、商洛市、**运城市**、**临汾市**、**天水市**、**平凉市**、庆阳市	西安市、宝鸡市、咸阳市、铜川市、渭南市、商洛市、庆阳市、**安康市**、**汉中市**、**延安市**
哈长城市群	哈尔滨市、**大庆市**、**齐齐哈尔市**、绥化市、牡丹江市、长春市、吉林市、四平市、**辽源市**、松原市、延边朝鲜族自治州	哈尔滨市、绥化市、牡丹江市、长春市、吉林市、四平市、松原市、延边朝鲜族自治州、**七台河市**、**伊春市**

续表

城市群	规划	按车流定义
北部湾城市群	南宁市、北海市、钦州市、防城港市、玉林市、崇左市、**湛江市**、**茂名市**、海口市、儋州市、东方市、澄迈市、临高市、昌江市	南宁市、北海市、钦州市、防城港市、玉林市、崇左市、**百色市**、**贵港市**、**河池市**
呼包鄂榆城市群	呼和浩特市、包头市、鄂尔多斯市、**榆林市**	呼和浩特市、包头市、鄂尔多斯市、**乌兰察布市**、**巴彦淖尔市**
兰州—西宁城市群	兰州市、白银市、定西市、临夏回族自治州、西宁市、海东市、海北藏族自治州、海南藏族自治州、黄南藏族自治州	兰州市、白银市、定西市、临夏回族自治州、**武威市**、西宁市、海东市、海北藏族自治州、海南藏族自治州、黄南藏族自治州、**果洛藏族自治州**、**海西蒙古族藏族自治州**、**玉树藏族自治州**

资料来源：表格由作者根据批复文件和计算结果绘制，车流数据为2018年。

注：加粗的城市，是规划包括而按车流界定没有包括的城市，或者按车流界定包括但是没有包含在规划里的城市。海南省的城市按车流难以定义，故未包括

2. 每个规划城市群与按车流定义城市群

（1）京津冀城市群：略有差异。

邯郸市按规划属于京津冀城市群，但是与核心城市和区域中心城市的联系并不紧密，按车流没有计入。因为《“十三五”时期京津冀国民经济和社会发展规划》而纳入京津冀城市群的安阳市，按车流也没有融入城市群。但是山西省的阳泉市，因为靠近石家庄市，融入了京津冀城市群。并且，如果按车流界定，榆林市融入了京津冀城市群。

京津冀城市群按客车车流计算，并没有区域中心城市，但是因为华北地区货车车流较大，所以存在很多货车的区域中心城市，包括唐山、保定、沧州和石家庄。

（2）长三角城市群：兼顾规模经济和竞争性，不包括合肥市城市小群。

长三角城市群，按车流定义和规划最大的差别在于，规划中以合肥市为首的城市小群并没有计入长三角城市群中。然而，安徽省的滁州市、马鞍山

市和宣城市因为融入了南京市的小群而融入了长三角城市群；安徽省的黄山市因为融入了杭州市的小群而融入了长三角城市群。同时，江苏的淮安市和浙江的衢州市，虽然没有进入规划，但是按车流都属于长三角城市群。而浙江省的台州市，因为与南部的温州市等城市联系更为紧密，没有归入长三角城市群。

长三角城市群的另一个特点是，虽然上海市是核心城市，但是江苏的南京市、无锡市、苏州市和浙江的杭州市，都有很强的辐射带动作用，在城市群一体化扩大市场规模的同时，保持了竞争性。

（3）珠三角城市群：辐射整个广东。

珠三角城市群，辐射力比较强，按车流定义比规划的范围要大：茂名市和湛江市按规划属于北部湾城市群，但是按车流定义属于珠三角城市群；梅州市也融入了珠三角城市群。总体而言，珠三角城市群基本上包括了广东省的城市，但是揭阳市、潮州市、汕头市等潮汕地区的城市却融入了海峡西岸的城市群，可能是因为地理和文化上都更接近闽越地区。

（4）成渝城市群：西进东扩。

成渝城市群，辐射力比规划所显示的强。贵州的遵义市，尽管按规划属于黔中城市群，以及恩施土家族苗族自治州虽然属于湖北省，却都融入了成渝城市群中的重庆城市小群。阿坝藏族羌族自治州和甘孜藏族自治州也融入了成渝城市群中的成都城市小群，但是这两个城市小群，按车流看，融合度还不够。

（5）长江中游城市群：各小群之间未融合，不包括南昌城市小群。

长江中游城市群，最大的特点是以武汉市、长沙市和南昌市为核心的3个城市小群，截然分开，没有真正融合到一起。而以南昌市为核心的城市小群，如果按车流定义，不属于长江中游城市群。湖北的宜昌市和襄阳市，并没有融入武汉市为核心的城市小群，但是武汉城市小群却包括了随州市。以长沙市为核心的城市小群，不仅比规划多了张家界市、湘西土家族苗族自治州和邵阳市，也包括了江西的萍乡市。

（6）中原城市群：辐射力南北更强、东西更弱。

中原城市群，按车流定义和规划的城市群形态存在较大差异。东西两边的辐射能力更弱，而南北两端的辐射力更强：山西的晋城市和安徽的亳州市，以及河南的鹤壁市和商丘市，按车流并不属于中原城市群；但是南阳市和驻马店市却融入了中原城市群。

（7）关中平原城市群：辐射力南北更强、东西更弱。

关中平原城市群与中原城市群类似，东西两边的辐射能力更弱，而南北两端的辐射力更强：城市群西边陕西的平凉市和天水市，东边山西的运城市和临汾市（均被黄河隔开），都没有融入关中平原城市群；但是按车流定义的城市群包含了北边的延安市和南边的汉中市、安康市。

（8）哈长城市群：略有差异。

相比于规划，按车流定义的哈长城市群，少了齐齐哈尔市、大庆市和辽源市，却多了七台河市和伊春市。

（9）北部湾城市群：远处不及，近处延伸。

由于汽车无法跨越海峡，所以按车流定义的北部湾城市群，不包括海南省的城市。但是相比于规划，按车流定义的北部湾城市群，没有包括距离稍远的茂名市和湛江市（融入珠三角城市群），但是包括了周围的贵港市、河池市和百色市。

（10）呼包鄂榆城市群：略有差异。

按车流定义的呼包鄂榆城市群，没有包括榆林市，榆林市融入了京津冀城市群；但是却辐射到了巴彦淖尔市和乌兰察布市。

（11）兰州—西宁城市群：扩展西边辐射力。

按车流定义的兰州—西宁城市群，比规划的范围大，既包括了河西走廊的武威市，也包括了青海省西部的果洛藏族自治州、海西蒙古族藏族自治州、玉树藏族自治州。城市群往西边的辐射力比规划所展示的大。

3. 规划城市群与按车流定义城市群整体

总体来说，相比于规划的城市群，用车流定义的城市群中，西部的城市群，如呼包鄂榆城市群、兰州—西宁城市群、成渝城市群、北部湾城市群，凝聚力或者辐射范围比规划所显示的大，虽然它们的外围城市与核心城市的车流并不高；反而沿海和中部的大部分城市群，凝聚力没有规划所显示的大。

三、利用指标体系评估城市群（评估二）

在前文，我们评估了城市之间是否因为联系紧密而属于同一个城市群，却未评估城市群内部及城市群之间联系的紧密程度。为此，我们设计了一套指标体系，用以评估城市群的联系紧密度。指标主要分3部分：城市群内部城市之间的联系紧密度，城市群与群外城市之间的联系紧密度，城市群之间的联系紧密度。然后，我们用客车车流和货车车流分别计算这些指标，并做了对比分析。

（一）城市群内联系紧密度

1. 城市之间的平均联系

平均车流=群内任意两个城市之间的平均车流= $\frac{1}{n(n-1)}\sum_{i\in C}^{n}\sum_{j\in C}^{n-1}(F_{ij}+F_{ji})$

平均车流（考虑城市群规模）= 群内城市之间的平均车流（考虑城市群规模）

$$=\frac{1}{n}\sum_{i\in C}^{n}\sum_{j\in C}^{n-1}(F_{ij}+F_{ji})$$

其中F表示车流，C表示城市群，i和j为城市，i不等于j，n为城市群内城市数量。车流有方向，所以F_{ij}表示城市i到城市j的车流。

第一个指标度量的是城市群内任意两个城市之间的平均车流，由于车流会随距离衰减，因此越小的城市群车流越大，越大的城市群受外围城市车流较小的影响，平均“车流”反而会越小，即使“车流”乘“城市间的距离”也有很大的误差。

因此，我们增加了第二个指标，城市群内每个城市与其他城市车流的总和，然后取这些城市的平均值。这样就考虑了城市群的规模。结果见图1-1和图1-2。其中，柱状图为第二个指标，表示考虑城市规模的车流指标；阴影面积的图为第一个指标，表示城市之间的平均车流。

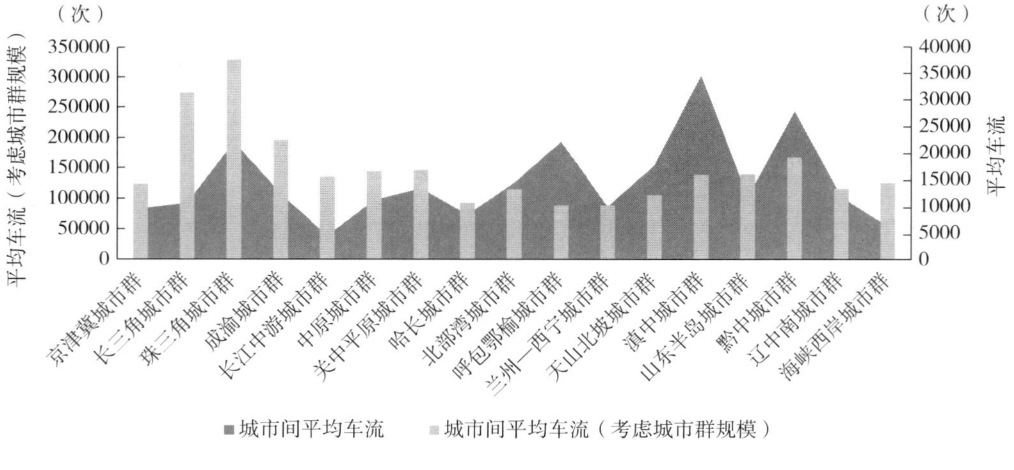

图1-1　客车：群内城市间平均车流

资料来源：源数据来自交通运输部（2018年），作者计算后自绘

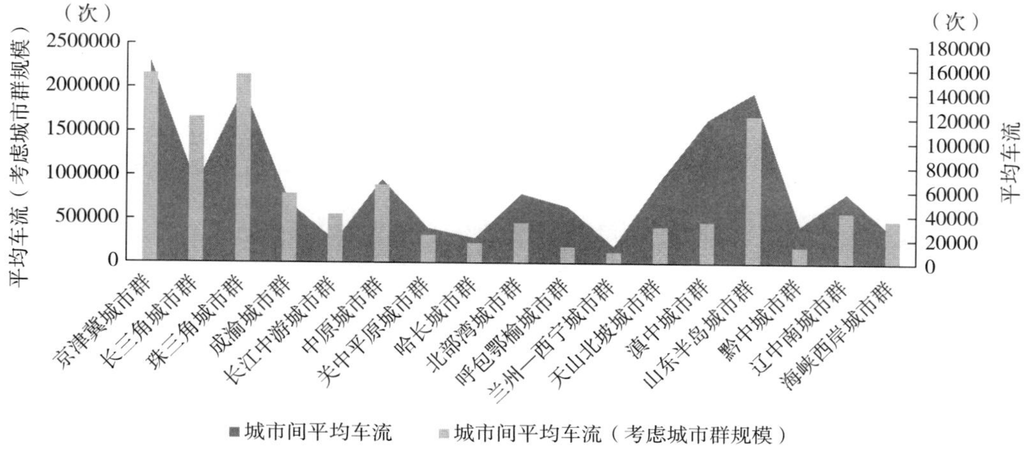

图1–2 货车：群内城市间平均车流

资料来源：源数据来自交通运输部（2018年），作者计算后自绘

因为受距离的影响，大的城市群内城市之间平均车流反而不大，小城市群内城市之间车流比较大，如图1–1阴影部分面积所示，这样说明大城市群的边界不能太宽，否则经济联系紧密度会下降；但是如果考虑城市群内城市数量，则长三角、珠三角等传统城市群内城市间的车流依然是最大的，如图1–1柱状图所示。

货车结果与客车类似，但是有两点值得注意：第一，京津冀、长三角、珠三角等传统城市群内，城市间货车车流比较大，经济联系紧密，无论是否考虑城市规模，结果都类似；第二，除了7个比较成熟的城市群，新城市群中，山东半岛城市群是唯一一个车流密度较高的城市群，值得关注。

2. 与核心城市的联系

平均车流=核心城市与其他城市之间平均车流

$$=[\frac{1}{n-M}\sum_{j_h\in H}^{M}\sum_{i\in C.\,i\notin H}^{n-M}(F_{ij_h}+F_{j_hi})]/\mathrm{M}$$

平均车流（考虑距离）=核心城市与其他城市之间平均车流（考虑距离）

$$=\left\{\frac{1}{n-M}\sum_{j_h\in H}^{M}\sum_{i\in C,i\notin H}^{n-M}[(F_{ij_h}+F_{j_hi})\times d_{ij}]\right\}/\mathrm{M}$$

其中F表示车流，C表示城市群，H表示城市群内核心城市的集合，i和j为城市，i不等于j，n为城市群内城市数量，j_h为核心城市，M为城市群内核心城市数量，d表示城市间距离。

如图1–3所示，受距离衰减的影响，大的城市群中与核心城市之间的平均车流会相对较低，小的城市群则会偏高，由于距离衰减速度比较快，即使乘距离，大城市群的指标也会偏低。即便如此，这个指标也部分反映了城市群的凝聚力。

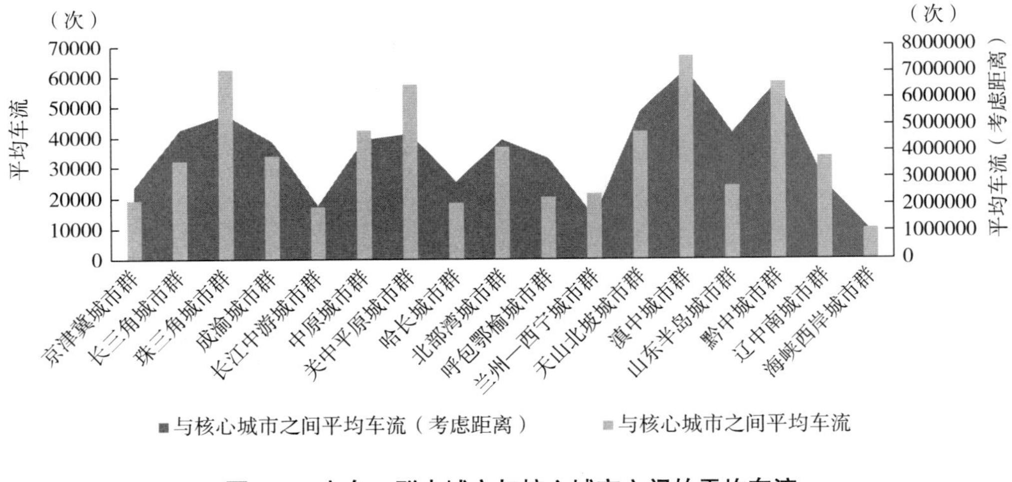

图1–3　客车：群内城市与核心城市之间的平均车流

资料来源：源数据来自交通运输部（2018年），作者计算后自绘

与前面的分析略有不同，传统城市群，如珠三角城市群、长三角城市群、成渝城市群、中原城市群、关中平原城市群，等等，与核心城市之间的平均车流依然比较高，尤其珠三角城市群和关中平原城市群核心城市的对外辐射力很强。而几个较新的小城市群，比如呼包鄂榆城市群、天山北坡城市群、滇中城市群、黔中城市群，由于城市群规模较小，与核心城市之间的平均车流比较高，说明它们仍然处在核心城市较好的辐射范围内。

但是货车的指标中，传统城市群，尤其京津冀城市群、长三角城市群、珠三角城市群和中原城市群中，核心城市的凝聚力和辐射能力要远远高于较新的城市群，如图1–4所示。

长江中游城市群该指标较低，甚至其他指标都比较低，是因为以武汉、长沙、南昌为核心的几个城市小群之间，经济往来并不密切。

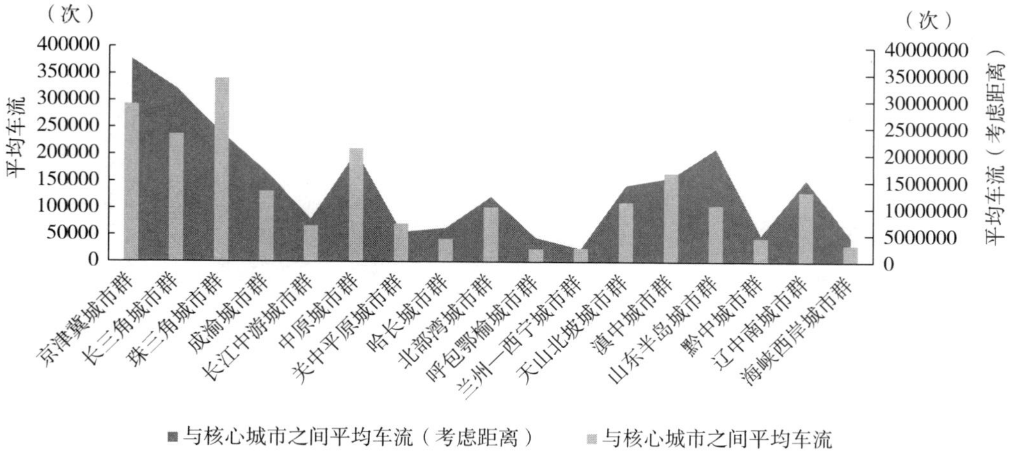

图1–4　货车：群内城市与核心城市之间的平均车流

资料来源：源数据来自交通运输部（2018年），作者计算后自绘

3. 普通城市之间的联系

平均车流=群内任意两个普通城市之间的平均车流

$$=\frac{1}{(n-M)(n-M-1)}\sum_{i\in C}^{n-M}\sum_{j\in C}^{n-M-1}(F_{ij}+F_{ji})$$

平均车流（考虑距离）=群内任意两个普通城市之间的平均车流（考虑距离）

$$=\frac{1}{(n-M)(n-M-1)}\sum_{i\in C}^{n-M}\sum_{j\in C}^{n-M-1}(F_{ij}+F_{ji})\times d_{ij}$$

其中F表示车流，C表示城市群，i和j为城市，i不等于j，n为城市群内城市数量，M为城市群内核心城市数量，d表示城市间距离。

从客车车流上看（见图1–5），几个小城市群，如呼包鄂榆城市群、山东半岛城市群、黔中城市群，普通城市之间联系比较紧密。其他的城市群，普通城市之间的联系程度差异并不大，一方面说明城市群的边界相对合理，另一方面

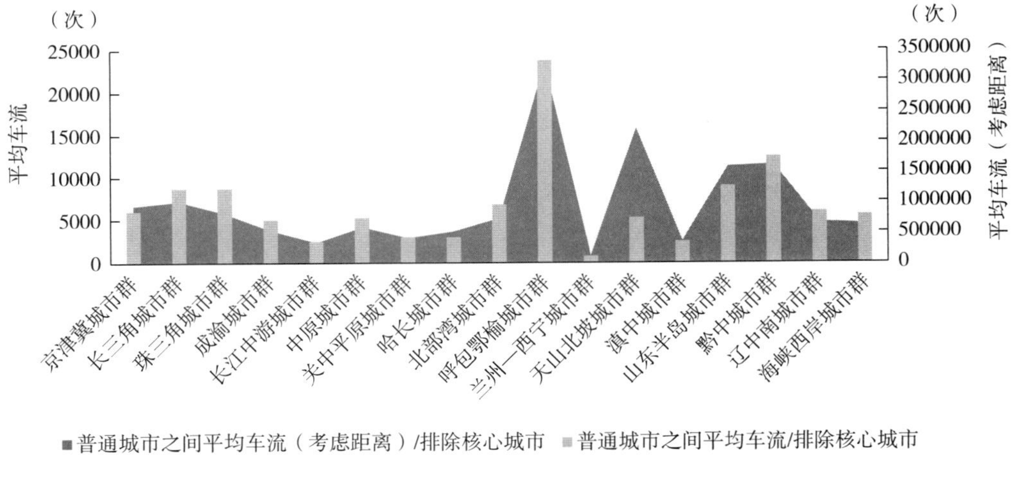

图1–5 客车：群内普通城市之间平均车流

资料来源：源数据来自交通运输部（2018年），作者计算后自绘

也说明大的城市群如传统的京津冀城市群、长三角城市群、珠三角城市群，排除外围城市后，距离较近的普通城市之间，车流更大，经济联系更加紧密。

从货车车流上看（见图1–6），普通城市之间的联系类似于客车，但是有两点差异：一是山东半岛城市群虽然是规模较小的城市群，车流一般较大，但是指标的计算结果显示，数值比其他小城市群更高，说明山东半岛城市群经济联系非常紧密；二是京津冀城市群、长三角城市群、珠三角城市群的经济联系，即使已经包含了车流较小的外围城市，从平均货车车流上看，依然要高于其他城市群。

一个值得注意的问题是，由几个小群组成的城市群，如长江中游城市群、哈长城市群、兰州—西宁城市群，由于几个小群之间的城市经济往来并不密切，平均车流都非常低。

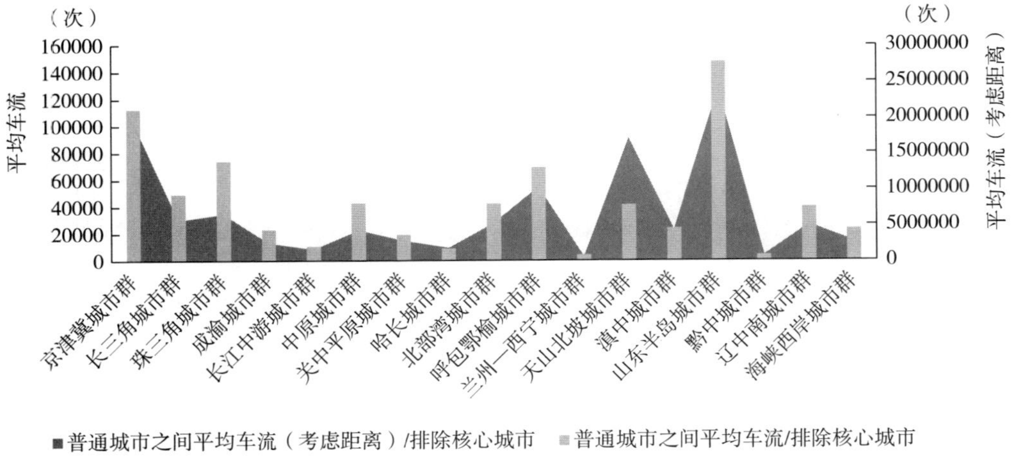

图1–6　货车：群内普通城市之间平均车流

资料来源：源数据来自交通运输部（2018年），作者计算后自绘

（二）城市群与群外城市联系紧密度

1. 总车流

总车流=城市群与群外城市之间总车流=$\sum_{i\in C}^{n}\sum_{j\notin C}^{K-n}(F_{ij}+F_{ji})$

总车流（考虑距离）=城市群与群外城市之间总车流（考虑距离）

$$=\sum_{i\in C}^{n}\sum_{j\notin C}^{K-n}[(F_{ij}+F_{ji})\times d_{ij}]$$

其中F表示车流，C表示城市群，i和j为城市，i不等于j，n为城市群内城市数量，d表示城市间距离，K表示用于分析且存在车流的中国城市数量。

比较图1–7和图1–8，客车和货车类似，传统城市群，如京津冀城市群、长三角城市群、长江中游城市群、中原城市群对外的经济影响依然远高于新的城市群。

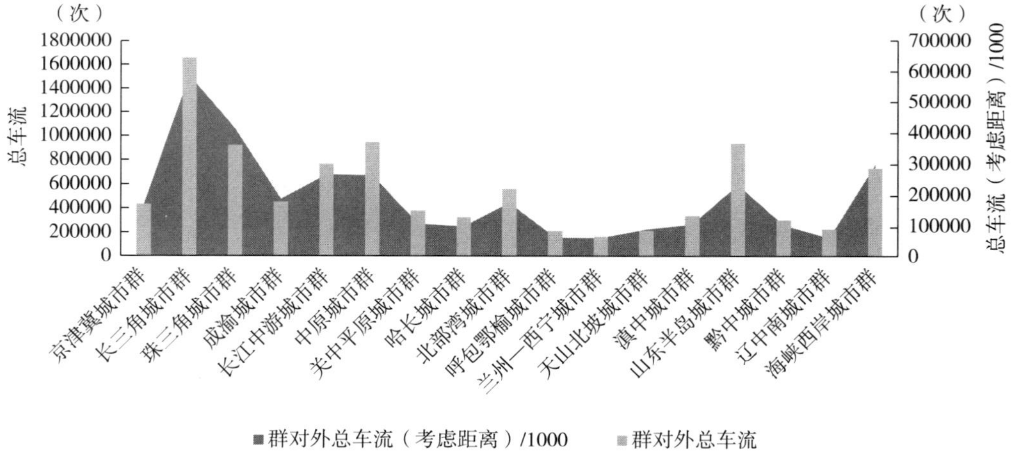

图1–7　客车：城市群对外总车流

资料来源：源数据来自交通运输部（2018年），作者计算后自绘

但是山东半岛城市群，无论是客车车流还是货车车流都比较大。如果考虑对外车流的距离，那么山东半岛城市群的对外经济影响有所减弱，说明该城市群主要辐射相对比较近的城市。

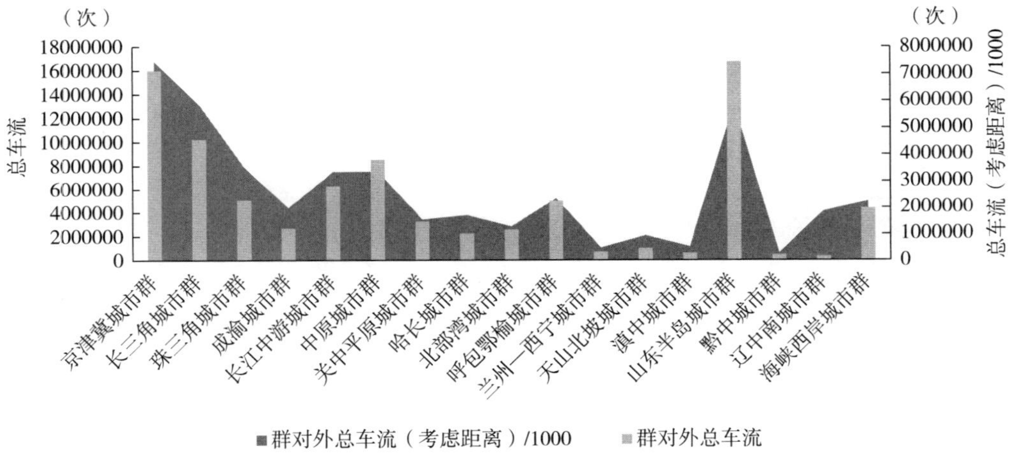

图1–8　货车：城市群对外总车流

资料来源：源数据来自交通运输部（2018年），作者计算后自绘

2. 群外车流占总车流比重

$$车流比重=\frac{城市群与群外城市车流}{城市群内车流+城市群与群外城市车流}$$

$$=\frac{\sum_{i\in C}^{n}\sum_{j\notin C}^{K-n}(F_{ij}+F_{ji})}{\sum_{i\in C}^{n}\sum_{j\in C}^{n-1}(F_{ij}+F_{ji})+\sum_{i\in C}^{n}\sum_{j\notin C}^{K-n}(F_{ij}+F_{ji})}$$

其中F表示车流，C表示城市群，i和j为城市，i不等于j，n为城市群内城市数量，K表示用于分析且存在车流的中国城市数量。

综合图1-9和图1-10，可以看到，传统几个较成熟的城市群虽然对外总车流比较大，但是只占总车流的较小部分。

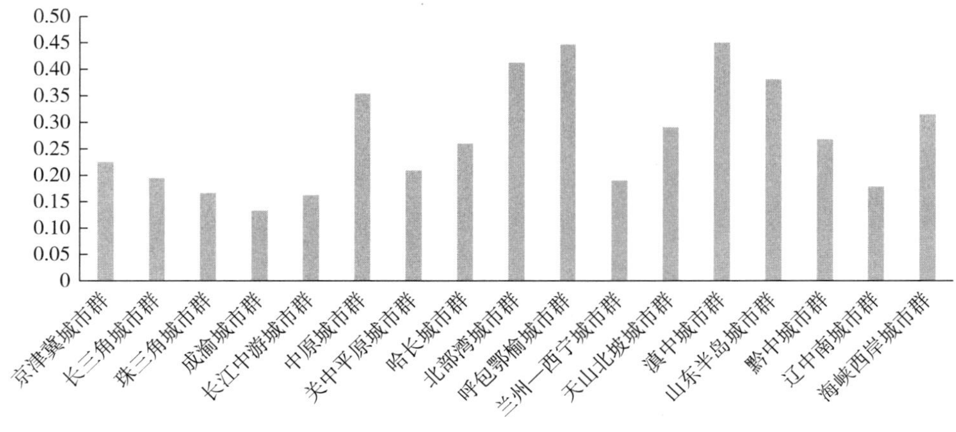

图1-9　客车：群外车流占总车流比重

资料来源：源数据来自交通运输部（2018年），作者计算后自绘

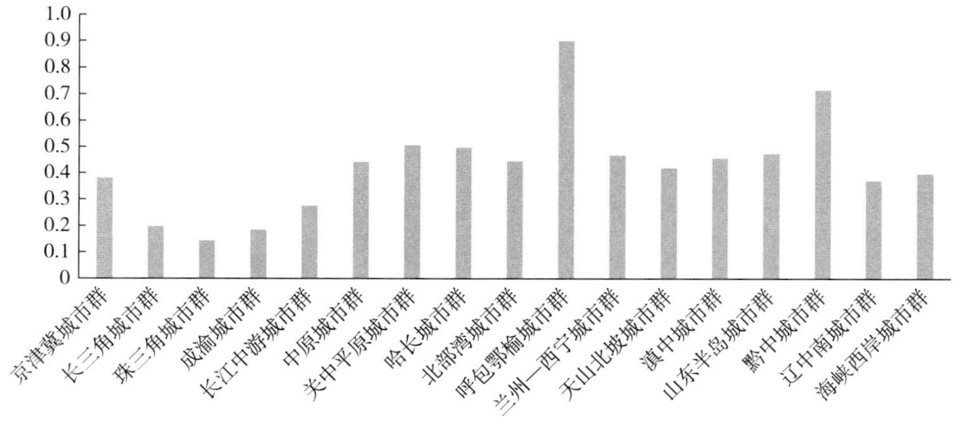

图1-10　货车：群外车流占总车流比重

资料来源：源数据来自交通运输部（2018年），作者计算后自绘

在群外车流占总车流的比重上，客车车流和货车车流高度一致，几个成熟的城市群，如京津冀城市群、长三角城市群、珠三角城市群、成渝城市群、长江中游城市群、关中平原城市群，75%以上的经济联系都在群内发生。而新的城市群，包括山东半岛城市群，对外联系的比例要高得多，但从另一个角度来看，这也说明这些新的城市群内部缺乏强大的核心城市，凝聚群内城市的力量较弱。

3. 平均车流

群对外平均车流=城市群与群外城市之间平均车流= $\frac{1}{K-n}\sum_{i\in C}^{n}\sum_{j\notin C}^{K-n}(F_{ij}+F_{ji})$

群对外平均车流（考虑距离）=城市群与群外城市之间平均车流（考虑距离）

$$=\frac{1}{K-n}\sum_{i\in C}^{n}\sum_{j\notin C}^{K-n}[(F_{ij}+F_{ji})\times d_{ij}]$$

群内城市平均对外总车流=群内城市与群外城市之间平均总车流

$$=\frac{1}{n}\sum_{i\in C}^{n}\sum_{j\notin C}^{K-n}(F_{ij}+F_{ji})$$

群内城市平均对外总车流（考虑距离）=群内城市与群外城市之间平均总车流（考虑距离）

$$=\frac{1}{n}\sum_{i\in C}^{n}\sum_{j\notin C}^{K-n}[(F_{ij}+F_{ji})\times d_{ij}]$$

其中F表示车流，C表示城市群，i和j为城市，i不等于j，n为城市群内城市数量，d表示城市间距离，K表示用于分析且存在车流的中国城市数量。

从图1–11和图1–12可看到，外围城市或距离较远的城市对车流一般较小，所以小城市群这个指标一般而言会比较高。

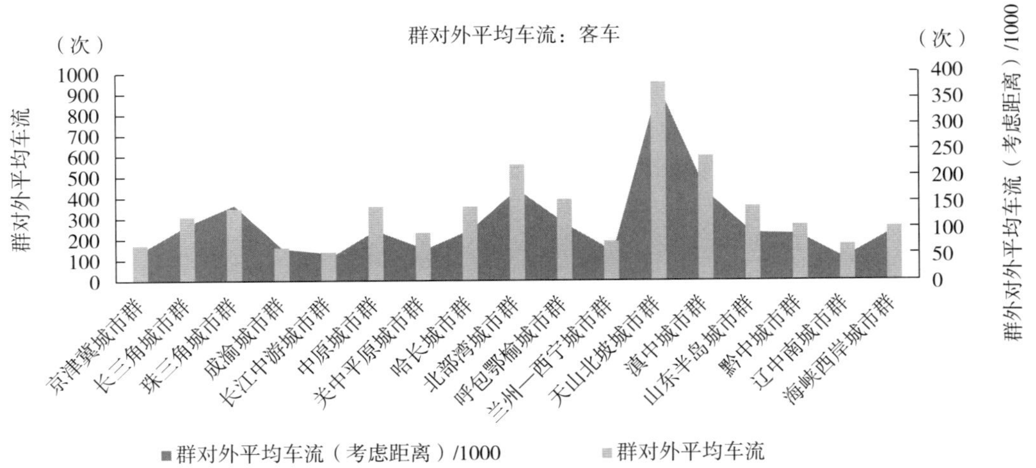

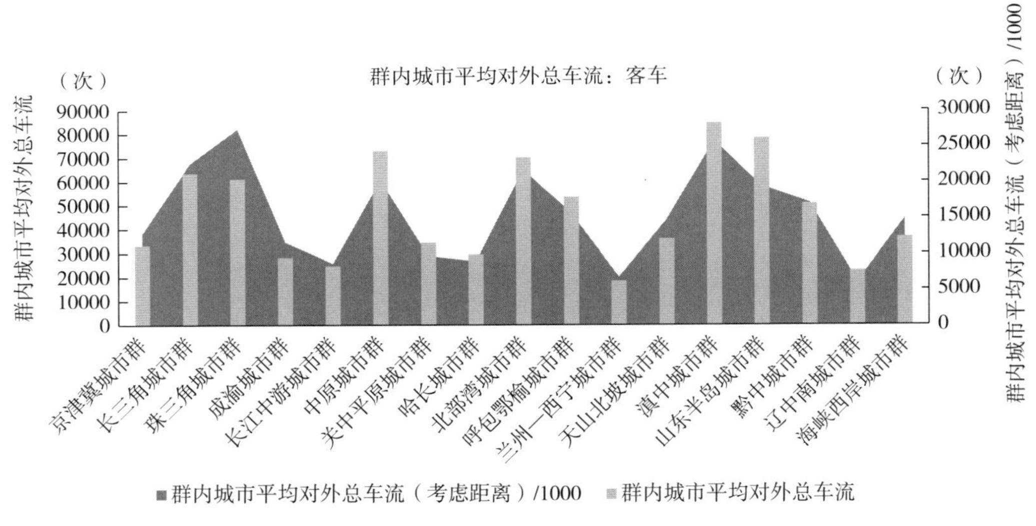

图1-11　客车：城市群与群外城市之间平均车流

资料来源：源数据来自交通运输部（2018年），作者计算后自绘

但是，无论客车车流还是货车车流，均没有发现大城市群指标偏低，这既说明这些城市群对外经济的平均联系紧密度类似，也说明排除偏远城市之后，大城市群的对外平均经济联系更强。

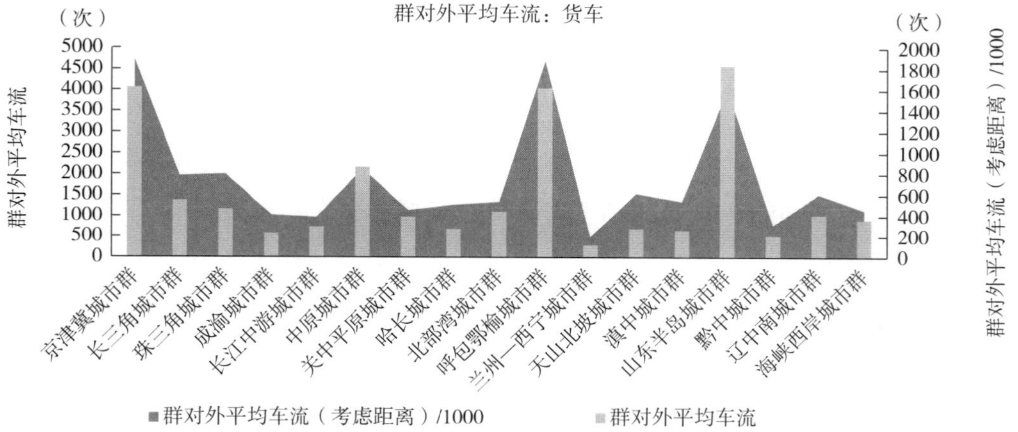

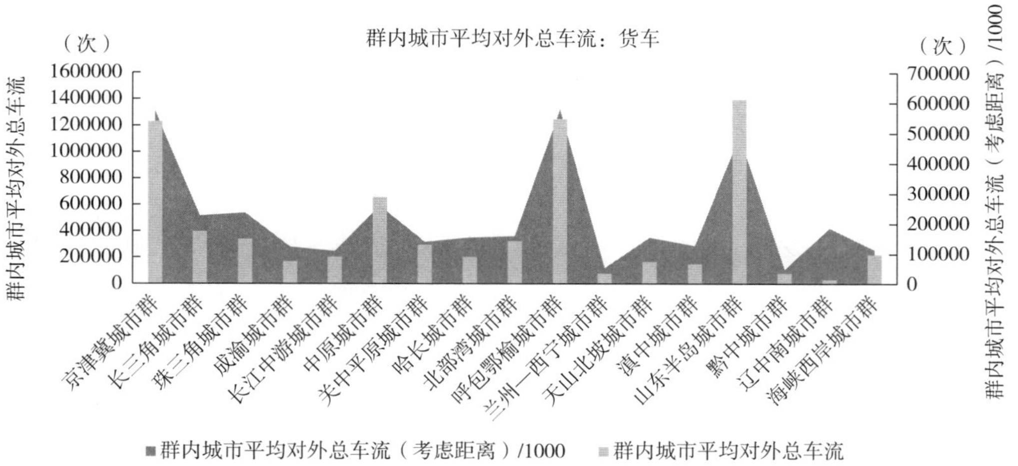

图1–12　货车：城市群与群外城市之间平均车流

资料来源：源数据来自交通运输部（2018年），作者计算后自绘

（三）城市群之间联系紧密度

总车流=两个城市群的城市之间总车流= $\sum_{i\in C_q}^{nq}\sum_{j\in C_p}^{np}(F_{ij}+F_{ji})$

总车流（考虑距离）= 两个城市群的城市之间总车流（考虑距离）

$$=\sum_{i\in C_q}^{nq}\sum_{j\in C_p}^{np}[(F_{ij}+F_{ji})\times d_{ij}]$$

其中F表示车流，C表示城市群，i和j为城市，i不等于j，n为城市群内城市数量，d表示城市间距离，p和q代表两个不同的城市群。

如果我们对城市群之间的车流数量进行分级，可以发现，京津冀和沿海经济带，城市群之间的客车车流和货车车流依然是最大的。其中，客车车流在沿海经济带的城市群之间最大，货车车流在京津冀一带城市群之间最大。中部的城市群与“京津冀和沿海城市群”之间的联系次之。西部、东北和边疆的城市群与其他城市群之间的联系比较弱。

四、地理和制度对城市群的影响（评估三）

我们利用计量经济学的方法对城市群的作用进行评估，主要从3个角度对城市群进行分析：

（1）距离是否会减少经济的联系？

如果我们从数据上能看到，距离随着车流而衰减，那么可以说明距离会减少经济的联系。城市群越大，意味着城市间的平均距离就会越长，城市之间的经济联系会相应减弱。

（2）地理、制度等因素是否会造成市场分割？

如果我们看到跨山川大河、跨省的车流显著更低，那么可以判断地理、制度（省界）等因素会造成市场分割。由于已批复的11个城市群都是跨省的城市群，并且大部分都跨山川大河，所以，地理和制度可能会阻碍城市群内城市之间的经济联系。

（3）城市群是否能缓解距离的衰减效应，能否缓解制度性的市场分割？

如果距离会造成车流的衰减，地理、制度等因素会造成市场分割，而城市群能够缓解因此造成的市场分割，则说明城市群在整合市场上有了积极的作用。

（一）距离会减少城市间的经济联系

我们可以从图1–13中清晰地看到，城市间的车流会随距离增加而迅速衰减，城市距离上海越远，车流越少。北京、广州等其他城市群的核心城市，与其他城市之间的车流也呈现出相同的模式①。

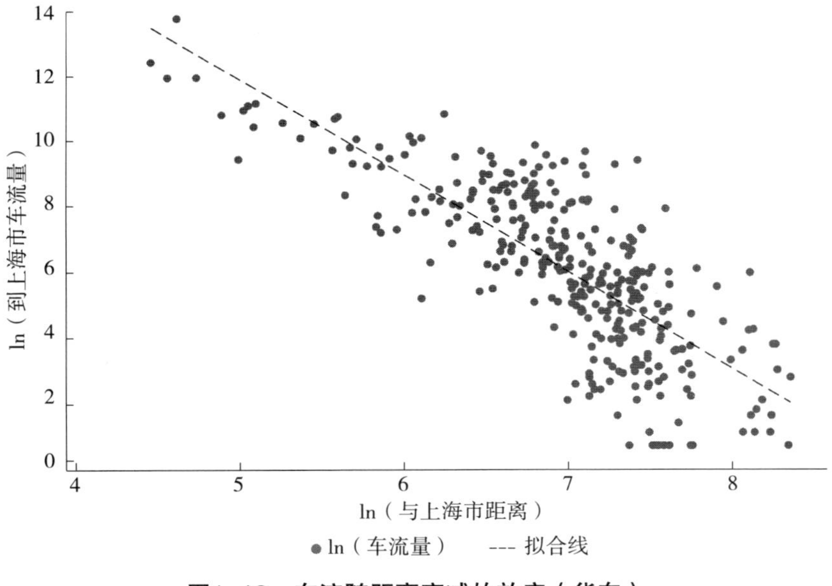

图1–13 车流随距离衰减的效应（货车）

资料来源：源数据来自交通运输部（2018年），作者计算后自绘

① 如果我们不看核心城市，而是一般性地看所有城市之间的车流，计量经济学的结果也显示，无论是客车车流还是货车车流，都会随距离增加而迅速衰减。限于篇幅，我们没有在此说明。

这些结果说明，距离会减少城市间的经济联系。对于城市群内的核心城市或者区域中心城市而言，随着距离增加，与其他城市之间的经济联系会逐步衰减，辐射力也会减弱。

（二）地理和制度等因素会造成市场分割

地理和制度都会造成市场分割。图1–14的横轴是城市对之间的地理距离，纵轴是城市对之间的货车车流数量，实线是实心点的拟合线，代表跨省的车流；虚线是空心点的拟合线，代表同省的车流。从图中可以看到，不论是否跨省，车流量均随城市间距离增加而衰减。不仅如此，相同距离的城市对，跨省比不跨省的车流都要少很多。根据这个数量分析，如果两个相距200公里的城市不在同一个省的话，相当于彼此被拉开到了302公里的距离，由车流反映出的“经济”距离比地理距离增加了一半多。

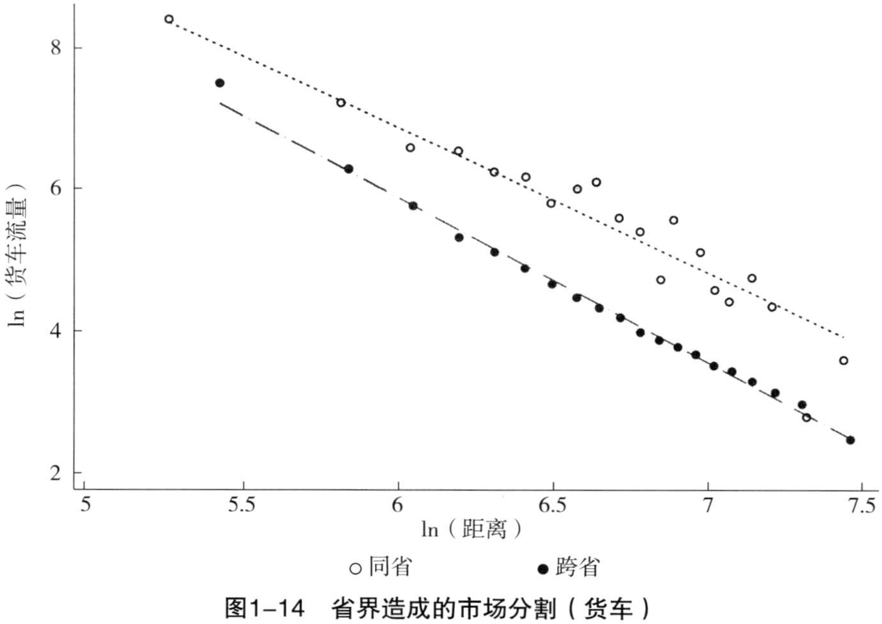

图1–14　省界造成的市场分割（货车）

资料来源：源数据来自交通运输部（2018年），作者计算后自绘

（三）城市群能缓解市场分割和距离引起的经济联系减少，仅在有限范围内

除了几个省内城市群，我国的城市群基本上都跨越了省界，而且长三角、长江中游等规模较大的城市群，往往跨越三四个省界；同时，我国河网纵横，山势起伏，大部分城市群内部也都被山川分隔开。这意味着地理和制度所造成的市场分割，是所有城市群面临的共同问题。而城市群重要的意义，也在于打破市场分割，形成一体化市场，从而实现高质量发展。

从计量结果上看，城市群既可以缓解距离造成的车流衰减，加强城市间的经济联系，也可以缓解地理和制度造成的市场分割，但是这些效应仅仅限于一些主要的较成熟的城市群①。比如规划的城市群中前7个城市群，京津冀城市群、长三角城市群、珠三角城市群、成渝城市群、长江中游城市群、中原城市群、关中平原城市群；或者前4个城市群；比如宁越敏定义的13个城市群中的六大核心城市群，京津唐城市群、长三角城市群、珠三角城市群、成渝城市群，以及以武汉为核心的武汉城市群和以郑州为核心的中原城市群，缓解市场分割的结果相对稳健。这说明城市群已经开始展现出整合市场的效应，但是作用仍然有限。

五、结论与政策建议

（一）重视群内城市间的经济联系基础

从“车流”数据我们看到了群内城市之间的经济联系，由此界定的城市群与规划并不一致，一些城市群的城市融入了其他城市群，也有很多城市不在规

① 我们在附录中描述了规划的城市群中前 4 个城市群缓解市场分割的作用。其他结果限于篇幅没有描述。

划之列，但是融入了城市群。而在整合市场方面，核心城市群的表现较好，而有些城市群并没有起到应有的作用。

因此，城市群的规划，需要重视群内城市间的经济联系，不能硬将城市拉在一起组成城市群。如果群内城市间没有坚实的经济联系基础，组成城市群会出现组织协调成本高昂，而收益甚小的局面，得不偿失。

（二）协调好城市群与域内小群之间的关系

从车流数据上看，很多规划的城市群所包含的城市小群，并没有很好地融入城市大群中。小群希望分享大群带来的规模经济等优势，却会增加组织协调成本，或者导致城市群资源分配到收益并不高的地区。更有甚者，大群并不是有些小群的城市融入的目标城市群，如南昌市小群既可融入长江中游城市群又可以融入长三角城市群，权衡取舍，还是要看经济发展的需要。

因此，与大群联系紧密的小群，可以融入城市群；而联系并不紧密的小群，应给经济发展的实践留下空间，而不是急于将它们与某些大群捆绑在一起。

（三）成熟的城市群应关注边界，新城市群经济联系有待加强

从各项指标看，成熟的城市群往往表现得更好，但是由于规模庞大，群内城市间的平均联系并不高，意味着几个成熟的城市群并不能无限扩张。

而新的城市群虽然由于比较小而联系紧密，却没有在各项指标上有突出的表现，经济联系仍有待加强。新城市群中，山东半岛城市群各项指标比较好，值得关注。

（四）需要逐步建立跨行政区域的治理机制

从计量经济学的分析结果来看，除了几个主要的较成熟的城市群，其他城市群在整合市场、实现一体化发展上，效果并不好。因此，对于绝大多数的城市群，未来要在促进市场整合方面破除壁垒。一体化是城市群高质量发

展的基础。城市群既需要打破市场分割，形成统一的大市场，也需要群内城市之间保持适度的竞争，以获得竞争效应。竞争效应在传统的政府行政分权体系下比较容易获得，而整合市场，却需要一个跨越城市和省级行政机构的组织进行协调。

（五）重视西部城市群的凝聚力

从“车流”数据上看，西部城市群，如呼包鄂榆城市群、兰州—西宁城市群、成渝城市群、北部湾城市群，核心城市的凝聚力较大，车流界定的城市群范围也比规划所显示的大。虽然它们的外围城市与核心城市之间的车流并不高，却都以核心城市为第一“车流伙伴”，凝聚在核心城市周围。制定规划时，这些凝聚在核心城市周围的城市可以有意识地纳入城市群内，加强彼此的联系，实现共同发展。

附录

从附表2的（1）列和（3）列可以看到，平均而言，各城市对在距离、人口、人均GDP等因素都相同的情况下，跨省相比于不跨省，无论是客车车流还是货车车流都会更少，说明存在制度引起的市场分割。但是如果这两个跨省的城市处于相同的城市群内，相比于其他没有同时处于城市群内的城市，车流则显著更高［见附表2（2）（4）列］，这说明城市群起到了整合市场的效果。具体而言，如果这两个跨省城市都处于规划城市群中的前4个城市群内，那么平均而言，客车车流比不同时处于这4个城市群内时高大约5.94［exp（1.938）–1］倍，货车车流高1.25倍［exp（0.81）–1］。但是如果把考察范围从前4个城市群换成规划的11个城市群或者其中7个成熟的城市群，则结果都不稳定，说明这些城市群促进市场整合的效果并不明显。

附表2 城市群是否能缓解省界引起的市场分割

变量	（1）	（2）	（3）	（4）
	ln（客车车流）	ln（客车车流）	ln（货车车流）	ln（货车车流）
距离	−1.618***	−1.570***	−1.997***	−1.993***
	（0.011）	（0.011）	（0.010）	（0.010）
跨省	−3.156***	−3.188***	−1.419***	−1.473***
	（0.035）	（0.037）	（0.026）	（0.027）
城市群		0.628***		−0.477***
		（0.055）		（0.056）
跨省×城市群（规划4）		1.938***		0.810***
		（0.098）		（0.073）
省会直辖市O	0.240***	0.241***	−0.057***	−0.060***
	（0.019）	（0.019）	（0.018）	（0.018）
省会直辖市D	0.112***	0.112***	0.433***	0.431***
	（0.02）	（0.02）	（0.022）	（0.022）
人口O	0.315***	0.309***	1.013***	1.013***
	（0.007）	（0.007）	（0.010）	（0.010）
人口D	0.289***	0.290***	0.631***	0.632***
	（0.007）	（0.007）	（0.010）	（0.010）
人均GDP O	0.288***	0.255***	0.512***	0.513***
	（0.01）	（0.01）	（0.011）	（0.011）
人均GDP D	0.436***	0.418***	0.705***	0.706***
	（0.01）	（0.01）	（0.012）	（0.012）
常数项	10.57***	10.36***	−3.784***	−3.786***
	（0.105）	（0.106）	（0.205）	（0.205）
观测值	81，508	81，508	70，277	70，277
R^2	0.623	0.630	0.623	0.623

资料来源：表格由作者根据计算结果绘制，源数据来自交通运输部（2018年）。

注：括号内数值为稳健标准误，***p<0.01，**p<0.05，*p<0.1。距离、起终点城市的人口、人均GDP均取了对数值。规划4：规划的11个城市群中前4个城市群，京津冀城市群、长三角城市群、珠三角城市群、成渝城市群

相同的市场整合效果也发生在城市群对缓解距离衰减的效应上。从附表3的（1）列和（3）列可以看到，平均而言，在人口、人均GDP等因素都相同的情况下，随着城市对之间的距离增加，无论是客车车流还是货车车流，都会显著地减少。但是如果这两个城市都处于相同的城市群内，则车流衰减得更慢［见附表3（2）（4）列］。具体而言，如果这两个城市没有同时处于规划城市群中前4个城市群内，那么城市间的距离每增加1%，城市间的客车车流平均而言会减少1.583%，货车车流减少大约2%；但是如果这两个城市同时处于规划城市群中的前4个城市群内，那么城市间距离每增加1%，城市间的客车车流平均而言仅仅减少1.123%，货车车流大约仅仅减少1.513%。同样地，如果把考察范围从前4个城市群换成规划的11个城市群或者其中7个成熟的城市群，结果都不稳定，说明这些城市群促进市场整合的作用并不明显。

附表3　城市群是否能缓解距离引起的车流衰减效应

变量	（1）	（2）	（3）	（4）
	ln（客车车流）	ln（客车车流）	ln（货车车流）	ln（货车车流）
跨省	–3.156***	–3.080***	–1.419***	–1.434***
	（0.035）	（0.036）	（0.026）	（0.026）
距离	–1.618***	–1.583***	–1.997***	–2.000***
	（0.011）	（0.011）	（0.010）	（0.010）
城市群		–0.703		–2.554***
		（0.466）		（0.318）
距离×城市群（规划4）		0.460***		0.487***
		（0.093）		（0.061）
省会直辖市0	0.240***	0.247***	–0.057***	–0.057***
	（0.019）	（0.019）	（0.018）	（0.018）

续表

变量	（1）	（2）	（3）	（4）
	ln（客车车流）	ln（客车车流）	ln（货车车流）	ln（货车车流）
省会直辖市D	0.112***	0.116***	0.433***	0.432***
	（0.02）	（0.02）	（0.022）	（0.022）
人口O	0.315***	0.309***	1.013***	1.013***
	（0.007）	（0.007）	（0.010）	（0.010）
人口D	0.289***	0.288***	0.631***	0.631***
	（0.007）	（0.007）	（0.010）	（0.010）
人均GDP O	0.288***	0.256***	0.512***	0.513***
	（0.01）	（0.01）	（0.011）	（0.011）
人均GDP D	0.436***	0.419***	0.705***	0.708***
	（0.01）	（0.01）	（0.012）	（0.012）
常数项	10.57***	10.37***	−3.784***	−3.792***
	（0.105）	（0.106）	（0.205）	（0.206）
观测值	81，508	81，508	70，277	70，277
R^2	0.623	0.628	0.623	0.623

资料来源：表格由作者根据计算结果绘制，源数据来自交通运输部（2018年）。

注：括号内数值为稳健标准误，*** p<0.01，** p<0.05，* p<0.1。距离、起终点城市的人口、人均GDP均取了对数值。规划4：规划的11个城市群中前4个城市群，京津冀城市群、长三角城市群、珠三角城市群、成渝城市群

专题二

京津冀城市群一体化政策及进展[①]

一、京津冀协同发展战略的推进

京津冀协同发展是党中央作出的重大决策，是一个重大国家战略。2014年以来，党中央就该战略作出了系列重要讲话和指示，形成了多项规划、纲要和指导意见。京津冀协同发展的战略推进和政策演进呈现如下特点。

（一）习近平总书记亲自谋划、密集布局

京津冀协同发展是习近平总书记亲自谋划、亲自部署、亲自推动的重大国家战略。从谋划协同发展战略，到明确目标的顶层设计，提出选择疏解非首都功能集中承载地，再到部署雄安新区建设，在战略推进和协同发展的每一个重要阶段和关键环节，习近平总书记都亲自把脉定向、亲临亲为。

从2014年2月26日，中共中央明确京津冀协同发展为重大国家战略开始；到2015年，研究并审议通过《京津冀协同发展规划纲要》；2016年，提出建设

① 本专题作者为天津财经大学周彩云，河北大学宋高燕，南开大学周立群。

北京城市副中心和雄安新区两个新城；2017年，设立河北雄安新区，审议并批复《北京城市总体规划（2016—2035年）》；2018年，通过《关于支持河北雄安新区全面深化改革和扩大开放的指导意见》，审议并批复《河北雄安新区总体规划（2018—2035年）》和《北京城市副中心控制性详细规划（2016—2035年）》；2019年、2020年，进一步部署京津冀协同发展战略推进工作。在此期间，习近平总书记为推动京津冀协同发展亲自主持召开的中央政治局会议、中央财经领导小组会议和中央全面深化改革委员会会议及相关座谈会十几次，亲临河北雄安新区、北京城市副中心、北京大兴国际机场、天津滨海新区等地考察调研多次，韩正副总理数次主持召开京津冀协同发展领导小组会议及国家发展改革委座谈会。如此密集的部署推进在我国重大战略决策史上并不多见。这些重要讲话不仅为京津冀协同发展指明了方向，也成为新时代我国区域经济发展的重要指南和遵循。

（二）战略思路和实施路径日益清晰

京津冀协同发展国家战略的提出和实施有一个演进过程，从谋划到上升为国家战略，从顶层设计到发布规划纲要，从非首都功能疏解到新“两翼”布局，从雄安新区规划到高质量、高标准实施建设，其战略目标、战略思路、实施路径和突破重点及阶段性实施方案日益清晰并有序展开（见表2-1）。

表2-1　京津冀协同发展的战略思路和重点演进脉络

时间	战略推进内容
2014年	开启国家战略，加强顶层设计，推进产业对接协作，调整优化城市布局，扩大环境容量生态空间，构建现代化交通网络系统，推进市场一体化进程
2015年	确定战略核心是有序疏解北京非首都功能，在交通一体化、生态环境保护、产业升级转移领域率先突破。界定三省市功能定位：北京“四中心”、天津“一基地三区”、河北“三区一基地”
2016年	建设北京城市副中心和雄安新区两个新城，北京发展新的骨架，是千年大计、国家大事
2017年	批复《北京城市总体规划（2016—2035年）》，设立雄安新区，作为北京非首都功能疏解的集中承载地

续表

时间	战略推进内容
2018年	通过《河北雄安新区规划纲要》和北京城市副中心控规。抓住“牛鼻子”，努力实现功能疏解、雄安和副中心建设交通一体化、生态环境保护等“新突破”
2019年	京津冀协同发展进入滚石上山、爬坡过坎、攻坚克难的关键阶段，要加大气力积极稳妥有序疏解北京非首都功能，高质量高标准推动雄安新区规划建设，高质量推动北京城市副中心规划建设，发挥引领高质量发展的重要动力源作用，强化生态环境联建联防联治，促进基本公共服务共建共享
2020年	加快推进重大项目建设，加快推进京津冀城际铁路建设，进一步明确北京非首都功能疏解的大方向，促进京津优质教育、医疗资源向河北延伸

资料来源：根据中央政治局会议及京津冀协同发展领导小组会议报道整理

二、京津冀三地协同发展新格局

（一）非首都功能疏解取得积极成效

非首都功能疏解既是京津冀协同发展的战略核心，也是推动京津冀协同发展的关键环节和重中之重。疏解北京非首都功能是一个巨大的系统工程，目标是要调整经济结构和空间结构，走出一条内涵集约发展的新路子，探索出一种人口经济密集地区优化开发的模式，促进区域协调发展，形成新增长极。2014年以来，北京非首都功能疏解取得显著进展，产业疏解有序推进，科技创新跨区域转化加快，公共服务区域合作进一步深化，这在促进北京产业结构优化、城市面貌更新的同时，也推动了津冀的高质量发展，推进了京津冀一体化进程。

1. 非首都功能疏解积极稳妥有序推进

一般制造业企业有序疏解退出。一般制造业退出是非首都功能疏解的首要内容，2014—2019年北京疏解退出一般制造业企业共计2759家（见表2–2）。部分企业的退出，使得北京制造业规模以上企业单位数逐年递减，2014年北京制造业规模以上企业单位3557家，2019年这一数量降至2951家，分析表明纺织、家具、食品制造业，金属、化学、橡胶和塑料制品业，专用设备、通用设备、机械制造业等不符合首都功能的产业疏解幅度较大，降幅明显。

表2-2　2014—2019年以来北京制造业疏解企业数和规模以上企业单位数

	2014	2015	2016	2017	2018	2019
疏解企业数（家）	392	326	335	651	656	399
规模以上企业单位数（家）	3557	3417	3204	3089	3055	2951

资料来源：2014—2018年疏解企业数量根据相关报道整理，2019年数据来自《京津冀协同发展报告2019年》；制造业规模以上企业单位数根据北京统计年鉴2015—2020整理

区域性物流基地、区域性专业市场疏解效果明显。区域性物流基地、区域性专业市场作为非首都功能疏解的重要内容，2014—2019年，北京疏解提升市场631个、物流中心122个[①]。北京批发和零售业以及物流业的从业人员和企业主体数量也随之下降。2014—2018年，北京批发和零售业的从业人员占比由12.2%下降至11.6%[②]，其中规模以上法人单位由8590家下降至6399家；装卸搬运和运输代理业规模以上法人单位由341家降至316家。2014—2018年，住宿和餐饮业的规模以上法人单位由3031家降至2277家，租赁和商务服务业的规模以上法人单位由5339家降至4560家[③]。2018年北京市场主体分析表明，批发和零售业、租赁和商务服务业企业是北京迁出企业最多的领域[④]。

严控不符合城市定位的产业增量。有效疏解包括存量和增量的双重调整。除了从存量上疏解不符合首都功能的产业和机构外，北京还出台了《新增产业的禁止和限制目录》来严格控制不符合首都城市战略定位的产业增量，并通过不断地调整和修订来提升效果。据统计，截至2019年底北京不予办理的工商登记业务累

① 《北京六年来减量中实现集约高效发展》，中国新闻网，2020 年 2 月 24 日。

② 徐辉、翟健、李昊等:《京津冀协同发展六周年——非首都功能疏解成效及问题》，中国城乡规划行业网官方微博（规划中国），2020 年 2 月 25 日。

③ 相关数据来自和讯网数据库。

④ 《2018 北京市场主体发展分析：日均新登记企业 790 户 户均资本全国居首》，北京日报客户端，2019 年 2 月 22 日。

计达2.28万件[①]。严控增量有效推动了北京产业结构的提升和空间结构的优化，在北京新增市场主体中，“高精尖”主体近半，且新设市场主体逐步从在城六区聚集转向城市发展新区聚集，北京产业空间布局更加优化。

城市人口有序疏解。随着产业外移和功能疏解，北京的人口也随之疏解。研究表明，北京重点疏解的产业领域，如批发零售业、制造业、住宿和餐饮业、建筑业这些行业集中了北京2/3的外来就业人口，由此产业的疏解带来了北京常住外来人口的大幅减少。2015年北京常住外来人口822.6万人[②]，之后这一数值不断下降，2019年下降为745.6万人[③]。常住外来人口的连续缩减不但抵消了北京人才引进带来的人口增长，还使得常住人口总量下滑。2016年北京常住人口达到峰值2172.9万人[④]，之后连续3年人口呈负增长（见图2-1），到2019年常住人口减少为2153.6万人[⑤]。

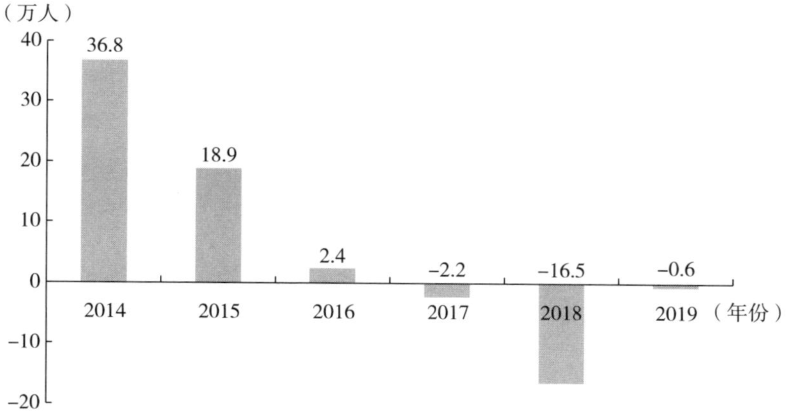

图2-1 2014—2019年北京常住人口增量

资料来源：根据2014—2019年《北京市国民经济和社会发展统计公报》整理

① 《北京六年来减量中实现集约高效发展》，中国新闻网，2020年2月24日。

② 北京市统计局:《北京市2015年暨“十二五”时期国民经济和社会发展统计公报》。

③ 北京市统计局:《北京市2019年国民经济和社会发展统计公报》。

④ 北京市统计局:《北京市2016年国民经济和社会发展统计公报》。

⑤ 根据2014—2019年《北京市国民经济和社会发展统计公报》整理。

2. 产业协同步伐加快，北京对津冀的带动作用显现

产业的有序疏解和调整优化在促进北京产业结构高端化的同时也为津冀的产业转型升级带来了难得的机遇。长期以来，北京的产业转移和对外投资表现出全国布局的特点，相比于津冀而言，长三角、珠三角地区更受北京企业的青睐，津冀在北京的对外投资中占比并不高。随着京津冀协同发展战略的不断推进，津冀通过努力优化营商环境、积极创新合作机制、着力构建承载平台，全力承接北京非首都功能疏解和产业转移，北京在津冀的投资大幅跃升。2014—2019年，河北承接北京转入基本单位7009个，其中法人单位1871个、产业活动单位5138个[①]；天津承接北京投资项目5372个，到位资金7797亿元，占天津引进内资的38%[②]，北京成为天津内资引进的首要来源地。

分析表明，北京向津冀疏解的产业流向具有较为明显的区域特征。一方面，制造业项目大多流向河北，批发市场、物流企业也更多落户河北，为河北“三区一基地”建设尤其是产业转型升级和现代商贸物流基地建设提供了重要支撑。另一方面，服务业项目则主要流向天津，科技信息服务、租赁和商务服务、金融业以及部分高端制造业项目的流入对推动天津的产业转型升级和建设“一基地三区”注入了新的动能。

总体看来，随着非首都产业疏解有序推进，京津冀三地定位更加明确，产业分工发展的态势逐渐形成。北京在一般制造业和部分服务业疏解的同时，高技术制造业、战略性新兴产业迅速增长，“高精尖”产业集中区正在形成；天津产业向外转移和向内承接双向推进，2019年其先进制造业比重达到65%以

---

① 《2014 年以来河北共承接北京转入基本单位 7009 个》，新华网，2020 年 1 月 13 日。

② 根据天津市政府合作交流办公布数据计算。

上[①]，新一代信息技术、高端装备、新材料等十大产业集群进一步壮大，先进制造业研发基地的地位进一步凸显；河北承接数量最多，打造了曹妃甸钢铁石化产业基地、张承绿色大数据产业基地、沧州汽车和生物医药产业基地等一批产业承接平台，深入实施产业转型升级，2019年国家级高新技术企业总数突破7000家[②]，产业转型升级试验区建设成效渐显。京津冀三地错位发展、协同发展及产业协同步伐正在加快。

3. 科技创新跨区域转化，协同创新能力显著增强

北京科技创新成果跨区域转化。北京作为中国科技创新中心，拥有雄厚的科技创新资源和全国最大的区域性技术交易市场，技术成果持续输出可以带动津冀的高质量发展。分析表明，2014年以来北京近6成的技术成果在京外省市转化。中关村企业在京外设立分支机构数量快速增加，科技创新跨区域转化加快推进，对外辐射能力显著增强。

京津冀协同创新能力显著提升。长期以来，北京的科技成果更多地流向了经济发达的长三角和珠三角地区，流向津冀的比例并不高。京津冀协同发展以来，三地加强协同创新平台建设，北京科技成果在津冀转移转化步伐加快。

一方面，技术交易大幅上升。2014—2018年，北京向天津、河北输出的技术合同成交额及其在北京流向外省市的技术合同成交额中的所占比重均实现了明显增长，北京向天津、河北输出的技术合同成交额由83.2亿元增加至227.4亿元，年均增长率达到28.6%，而北京流向外省市的技术合同成交额年均增长率为15.0%，前者是后者的1.9倍；北京向津冀输出的技术合同成交额占流向外省市的技术合同成交额的比重也由4.8%上升至7.5%。2014年，津冀技术合同成交

① 《天津打造全国先进制造业研发基地 2019 年比重达到 65% 以上》，《天津中德应用技术大学 学报》，2019 年第 2 期。

② 《2020 年河北省政府工作报告》，人民网，2020 年 1 月 15 日。

额中有19.9%来自北京，2018年这一比重提高至22.6%[①]。

另一方面，中关村在津冀设立分支机构的数量快速攀升。截至2019年10月，中关村企业累计在津冀设立分支机构8065家，其中2014—2019年10月新增4500家[②]，超过了过去多年的总和。同时中关村与津冀两地积极探索，初步形成了以天津滨海—中关村科技园为代表的两地共建共管园区、以保定·中关村创新中心为代表的技术品牌服务输出、以石家庄正定中关村产业基地为代表的产业链协同创新、以曹妃甸为代表的科技成果转化等多种模式，京津冀协同创新的载体日益坚实、创新能力显著提升。

4. 医疗教育资源优化配置，公共服务水平明显提升

部分医疗、教育机构等社会公共服务职能是非首都功能疏解的重要内容之一。近年北京部分医疗和教育机构以新建园区、校区的形式，在向北京城市副中心和远郊疏解的同时也不断深化与津冀两地的合作，教育、医疗机构的共建共享，养老资源的疏解，推动了京津冀三地公共服务协同水平的明显提升。

医疗协同稳步发展。截至2019年11月底，河北400余家医疗卫生机构与京津开展合作，合作项目突破500个[③]；北京大学提出与雄安新区共建世界一流的医学研究中心。天津滨海新区积极协调京津冀医保住院联网结算，引进中核滨海质子治疗示范中心、中心商务区国际医院、天津欢乐口腔等项目。京津冀医疗协作持续深化，合作方式向共建共管、整体托管、设立分院等深度合作迈进。

教育合作不断深入。北京与津冀通过开办分校、合作办学、师资共享等多

① 《解读：2020 京津冀协同发展报告河北蓝皮书》，《河北日报》，2020 年 7 月 2 日。

② 根据中关村管委会提供数据整理。

③ 京津冀协同发展领导小组办公室：《京津冀协同发展报告（2019 年）》，中国市场出版社，2020。

种方式推动三地教育的合作协同。如天津武清区积极引进北大公学项目，成立北京师范大学基础教育实验学校；东丽区先后与北京北大方正教育集团、北大附中签订合作协议，引进优质学前教育机构，建立北大附中东丽湖学校；滨海新区已落户清华大学附属小学的临港实验小学分部，并与北师大附中共同建设十二年制学校。北京师范大学、北京八一学校等相继在河北沧州、廊坊、保定等地共成立14个分校；北京教育援助雄安首批项目也已实施，北京多家幼儿园、小学、中学雄安校区挂牌成立；北京工美集团、北京市电气工程学校成立曹妃甸分校；河北秦皇岛开辟了高教园区集中承接北京高校搬迁落地。

养老产业跨区转移。京津需要缓解养老服务供给压力，亟须向外疏解养老功能，河北则具有明显的承接优势，三地在养老服务协同的机制创新方面积极探索，推动养老产业的协同和相互输出，促进了京津社会资本向河北养老服务领域的流动。如北京企业在秦皇岛投资开发了秦皇岛未名健康城、北戴河新区国际旅游度假中心等，保定的天鹅湖国际生态医养健康城、高碑店北京嘉乐养生苑等一批养老服务项目也在加快建设。

5. 交通一体化与生态环境联防联控深入推进

交通一体化是协同发展的先行领域，2014年以来，京津冀互联互通综合交通网络的一体化发展取得令人瞩目的成果。一是交通设施网络化布局不断完善。“四纵四横一环”的区域综合交通网络格局基本形成；津保、张唐、石济等铁路建成通车，京滨、京唐等铁路项目建设加快推进，“轨道上的京津冀”已具雏形；一批高速公路的北京、天津、河北段建成通车，国家高速公路基本建成；港口资源跨区整合，首都、大兴、天津、石家庄机场群初步实现良性互动和错位发展。二是一体化运输服务水平加快提升。京津冀在全国范围内率先完成乡镇、村通路通客车交通运输服务；道路客运联网售票二级以上客运站全覆盖，京津冀交通一卡通互联互通覆盖所有地级市并向县级市延伸。三是交通运输高质量发展水平不断提高。优化港区煤炭作业布局，设立船舶排放控制区，有效控制京津冀地区船舶大气污染物排放；深入实施铁路专用线建设工程、铁路货运服务提升等九大工程；完成京、津、保绿色交通城市，天津、唐山绿色港口，京石、石安绿色公路等示范项目。

生态环境保护既是协同发展的重要基础和任务，也是可持续发展的根基。三地生态环境联防联控从顶层设计、机制创新、管控体系等多层面推进。首先，基本完成区域生态环境保护顶层设计。京津冀三地深入对接各项国家生态环境保护方案，并形成地方行动计划，基本形成“自上而下、共同协作”的污染防治格局。其次，健全生态环境保护协作机制，联动区域污染防治攻坚。建立京津冀及周边地区大气污染和水污染防治协作机制，开展生态环境联合执法行动，实施流域横向生态补偿机制，实施区域重大生态问题科技攻关机制。三地联动实施蓝天保卫战，开展秋冬季大气污染综合治理攻坚行动、启动实施钢铁行业超低排放改造、大力推进散煤治理、严格执行排污许可制度等；推进碧水保卫战，实现京津冀地区水污染防治网格化、精细化管理；实行净土保卫战，完成农用地土壤污染状况调查，基本建立污染地块准入管理机制，共同推动建立危险废物区域联防联控联治机制。另外，强化空间管控和生态修护。三地构建了“三线一单”生态环境分区管控体系，有序实施了京津风沙源治理、退耕还林、三北防护林等生态保护和修护工程。经过共同努力，京津冀区域环境质量得到明显改善。空气质量提升，2018年，京津冀PM2.5年均浓度比2013年下降48.1%，其中北京下降42.7%，天津下降45.8%，河北下降49.1%。水环境质量好转，地表水环境质量国控监测断面119个，其中达到或优于III类水质断面的比例为50.4%，劣V类水质断面比例占16.8%。2018年，河北、天津近岸海域水质考核优良水质比例分别为100%和66.7%，河湖和海洋生态功能得到逐步恢复。生态屏障加强，2014

年以来，京津冀完成植树造林2200万亩以上，森林覆盖率均提高2个百分点以上，构建生物多样性观测区40个[①]。

（二）北京新“两翼”加速成形

规划建设北京城市副中心和河北雄安新区，打造北京新“两翼”，成为推动京津冀协同发展的重大战略举措。

1. 河北雄安新区的规划建设有序铺展

2017年4月1日，中共中央、国务院决定设立河北雄安新区，雄安新区被定位为继深圳特区和上海浦东新区之后又一具有全国意义的新区，是千年大计、国家大事。近年来，雄安新区由顶层设计规划转入实质性开工建设阶段，大规模开发建设快速展开，北京加快了在雄安的投资和项目布局，教育、医疗卫生、科技创新、交通等领域的项目正加速落地。

规划体系基本建立。当前雄安新区“1+N”规划体系已编制完成并印发实施。“1”是雄安新区规划纲要，“N”是雄安新区总体规划、白洋淀生态环境治理和保护规划、起步区控制性规划、启动区控制性详细规划等综合性规划以及防洪、抗震、能源、综合交通、生态保护等26个专项规划。随着《中共中央国务院关于支持河北雄安新区全面深化改革和扩大开放的指导意见》的公布，雄安新区相继出台了雄安标准体系建设、人力资源和社会保障等13个配套政策，“1+N”政策体系也初步形成。

大规模开发建设快速展开。随着顶层设计的完成，雄安新区的重点建设项目加快推进，大规模实质建设迅速展开。2019年制定实施京雄城际、京雄高速

① 京津冀协同发展领导小组办公室:《京津冀协同发展报告（2019年）》，中国市场出版社，2020。

等总投资达2535.5亿元的67个重点项目，当年完成投资476亿元[①]，67个项目全部开工建设，其中9个项目的主体已完工。2020年58个续建项目和新谋划重点项目继续在如火如荼地建设中[②]，京雄城际铁路已于2020年年底建成通车，项目建设带动1.6万名当地农村劳动力就近就地就业。

非首都功能对接积极推进。作为非首都功能的集中承载地，雄安新区在非首都功能的对接与承接方面迈出坚实步伐。北京31家央企集体发声“雄安新区建设不缺席，与发展战略同频共振”。国内各大企业纷纷在雄安占位布局，包括阿里巴巴、腾讯、百度、京东金融在内的新一代信息技术类、现代金融服务及高端技术研究院等近百家企业已问津或落地雄安。截至2019年8月，登记入驻雄安新区的企业达3069家，其中有20余家央企、40余家金融机构、100余家知名企业，大多来自北京。首批入驻市民服务中心的26家高端高新企业90%来自北京[③]。同时，新区55所学校、48家县乡医疗机构与京津机构建立对口帮扶关系，北京帮扶的4所学校雄安校区正式挂牌[④]。北京援建的“三校一院”建设加快推进（见表2–3）。

三地主动对接雄安、支持雄安、服务雄安。共同构建雄安—城市副中心—滨海新区相互支撑发展的新格局。如天津市提出，把天津放到京津冀协同发展的整体大局之中，主动对标雄安，学习雄安，把雄安新区规划建设理念贯穿到天津发展各领域各环节，需要天津支持、调整、付出的，坚决服从落实。

---

① 京津冀协同发展领导小组办公室:《京津冀协同发展报告（2019年）》，中国市场出版社，2020年。

② 《2020年雄安建设进入新阶段 高质量推进重点项目》，新浪网，2020年1月7日。

③ 《雄安新区新成立3069家企业，大多来自北京》，《北京日报》，2019年8月19日。

④ 《雄安55所学校、48家县乡医疗机构与京津建立对口帮扶关系》，人民雄安网，2019年8月19日。

表2-3 雄安新区与在京企事业机构对接一览表（截至2019年底）

对接机构	分类	对接主要功能
中科院	科研机构	2017年签署合作协议，筹建中科院雄安创新研究院。2019年，中科院软件所、地理所、植物所、生态环境中心、网络信息中心，这5个分支机构的5个项目落户雄安
北京大学	科研机构 医疗服务	牵头筹建雄安大学；建设国际一流的医学中心、健康疗养中心
清华大学	科研机构	签署合作协议，推进雄安新区科学园区开发建设，搭建智能实验室、互联网产业园
中关村科技园区	政府机构	共建雄安新区中关村科技园区，支持中关村企业进驻雄安新区，组织企业与雄安新区签署合作协议
百度、阿里、华为	高新技术 科研机构	建设云计算中心、物联网、无人车等新型产业基地
在京央企	金融服务 信息技术 开发建设	中国移动在雄安新区设立研究院；中国华电、中国铁建、中国交建等深度参与雄安新区环境治理；国家电网、中国电科、中国南方航空、中国石化资本纷纷落户新区
中日友好医院	医疗服务	建立远程医疗中心，与雄安三县医院组建远程医疗平台
“三院一校”项目	公共服务 医疗服务	北京支持的“三院一校”交钥匙项目开工，由三院一校提供办学办医支持

资料来源：根据《京津冀协同发展六周年——非首都功能疏解成效及问题》及相关报道整理

生态环境治理成效渐显。建设绿色生态宜居的新城区是雄安发展的第一目标，新区建立伊始就把生态环境的恢复和治理作为建设的重点。目前，白洋淀及上游流域生态环境治理加快推进，向白洋淀生态补水3500万立方米，完成农村生活污水治理项目470个，治理涉水企业1013家，开工建设67个生态环境和保护重点项目，淀区湖心水质由去年的劣质V类转为IV类[①]，生态环境治理成效渐显。

2. 北京城市副中心建设成效显著

北京城市副中心的建设是为调整北京空间格局、治理大城市病、拓展发展

① 《不到三年的时间，雄安做了这几件大事》，人民雄安网，2020年2月29日。

新空间的需要，也是推动京津冀协同发展、探索人口经济密集地区优化开发模式的重要部署。根据《北京城市副中心控制性详细规划（街区层面）》，近年来，北京市属行政事业单位整体或部分向东部通州区迁移，进而带动中心城区功能和人口向副中心疏解。随着基础设施建设的顺利推进，市级机关向通州区的有序搬迁及公共服务、产业资源的迁入，城市副中心职能正在逐步发挥。

基础设施建设进展顺利。近年来，北京城市副中心围绕其主导功能持续增大各项基础设施投入，轨道交通、行政办公、城市绿化、文化旅游等各项设施建设进展顺利。交通方面，市郊铁路城市副中心线东延至通州区乔庄东站、西延至良乡站实现运营，通密线开通运营，地铁7号线东延、八通线南延开通运营，燕潮大桥、首都环线高速等一批重点道路桥梁建成通车。行政办公方面，行政办公区一期已经投入使用，正在加快推进行政办公区二期建设，副中心政务大厅将投入运行。城市绿化方面，城市绿心完成绿化8000亩，副中心环城景观生态林将落成。文化旅游方面，环球主题公园首批大型游乐设施已试运行调试，北运河实现部分河段游船通航，城市副中心剧院、图书馆、博物馆等公共服务设施正在加快建设，预计2022年完工。城市副中心的基本构架已见雏形。

市级机关搬迁有序实施。行政资源的配置是影响区域发展格局的重要因素，通过行政资源的转移带动中心城区功能和人口向副中心和其他区县转移，是非首都功能疏解的重要途径。随着行政办公区一期工程基本建成，2019年1月北京市级行政中心正式迁入北京城市副中心——通州。2019年1月北京市级机关第一批35个部门、165家单位完成了主体搬迁，约1.2万人正式迁入城市副中心办公[①]。北京城市副中心党工委、管委会揭牌成立。市级机关的迁入，将推动城市副中心建设进入一个新的阶段。

① 《1.2 万人正式迁入北京城市副中心办公》，新浪网，2019 年 1 月 11 日。

公共服务资源有序迁入。市级机关搬迁的同时，一批教育、医疗等公共服务资源向城市副中心有序转移。北京黄城根小学、北京学校小学部、人大附中、首师大附中等多个小学、中学通州校区实现首批招生；建成北京学校、景山学校通州校区；开工建设北京二中通州校区改扩建工程，加快建设首师大附中通州校区等。北京友谊医院通州院区已正式开诊；通州区中西医结合医院、北大人民医院通州院区、潞河医院分院等均已建成，各医院的优质医疗资源将逐步向城市副中心协调；开工建设市疾控中心迁建项目、儿研所通州院区等；加快建设北京安贞医院通州院区、北京友谊医院通州院区二期等；“国家创伤医学中心”也将落户副中心。优质医疗、教育资源的转移加快促进了副中心城市综合功能的完善。

高端产业加速聚集。北京城市副中心围绕其主导功能，积极承接中心城区产业疏解，产业聚集效应不断增强。2019年新增工商注册企业近1.8万家，一批央企二级总部和市属国企总部（如北投、首旅等）加快向城市副中心转移，仅2019年就有5148家企业迁入[①]。同时，重点产业功能区和特色小镇项目集聚不断加快，张家湾设计小镇已引入“高精尖”企业81家，入驻产业类型包括建筑设计、文化设计等设计领域及大数据、人工智能、互联网等城市科技产业。中美绿色基金等50家企业进驻运河商务区，网络安全产业园新增11家企业注册。人力资源产业园签约入驻企业达到47家，32家正式办公[②]。北京银行、华夏银行、北京农商银行3家银行机构在通州申请设立了一级分行。

---

① 《市人代会首场新闻发布会，赵磊发布副中心推动高质量发展情况》，北京通州官方发布，2020 年 1 月 13 日。

② 《50 家企业进驻运河商务区，全国前 10 名人力资源企业 5 家落通州》，《北京日报》，2020 年 7 月 16 日。

（三）津冀承接平台的布局与建设成效

围绕非首都功能疏解这一战略核心，津冀各城市积极有序地承接非首都功能疏解，促进京津冀协同发展。2017年12月，京津冀三地共同制定了《关于加强京津冀产业转移承接重点平台建设的意见》，明确了“2+4+46”的产业承接平台的大格局，即北京城市副中心和河北雄安新区2个集中承载地，曹妃甸协同发展示范区、北京新机场临空经济区、张承生态功能区、天津滨海新区这四大战略合作功能区和46个专业化、特色化承接平台，显示了多点支撑非首都功能疏解的大格局。“2+4+46”承接平台中，除北京通州城市副中心、北京大兴国际机场临空经济区在北京郊区外，其余都坐落在津冀。2014年以来，津冀两省市聚力重点平台建设，积极探索协同发展的新路径、新模式，实现深度对接和功能有效互补。京津冀三地将疏解与承接作为战略实施重要内容，努力提高区域发展协调性、提升协同发展成效，形成了相互对接合作、优势互补的格局，取得了令人瞩目的建设成效。

1. 津冀战略布局和承接重点日益清晰[①]

首先，津冀承接和对接非首都功能疏解的布局基本形成。河北雄安新区的规划建设开启了高质量发展的样板。津冀两地围绕非首都功能疏解并结合各自的区域优势和产业特点，科学选择承接领域和行业方向，因地制宜地打造一批各具优势的载体，初步形成承接的规模效益和集聚效应。天津围绕“一基地三区”的城市定位，制定了积极承接非首都功能的指导意见，建立对接产业、重点承接平台、重点对接项目“三级清单”，构建了“1+16”承接格局。河北省确立了北京大兴国际机场临空经济区、冀南新区、白洋淀科技城、正定新区等11个省级和一批市县级承接平台。这些平台在承接一般性制造业、区域性物流

① 王金杰、周立群：《非首都功能疏解与津冀承接平台的完善思路——京津冀协同发展战略实施五周年系列研究之一》，《天津社会科学》2019 年第 1 期。

基地和批发市场、部分教育医疗机构等非首都功能疏解方面发挥了重要作用，一些重大制造项目已在津冀两地落地发展。京津冀区域协同发展轴和产业带的特色初显。

其次，各承接载体全力建设推进并取得了较好效果。协同发展战略实施以来，京津冀经济结构和空间结构调整方面迈出了坚实的步伐，形成了协同互动发展的新态势，资本、人才、技术等要素在三地间的流转转移加快，尤其是北京的存量外移和增量外扩。统计显示，中关村企业对周边城市的带动力和扩张力更为明显，其中在石家庄、廊坊、保定、张家口、唐山5个城市投资的企业数和投资额占全部在冀投资的68%和74%。承德德鸣大数据产业园、石家庄正定中关村集成电路产业基地、保定·中关村创新中心等较好发挥了承接平台作用。

最后，全国科技创新中心对周边城市的辐射带动显著增强。借助区域经济由“极化”向“扩散”的转化，北京科技创新中心的功能定位使其对周边区域的带动力增强。近年来，津冀依托北京科技创新中心，加快了北京科技成果的引入和转化。北京转移到天津和河北的技术专利不仅仅数量大，而且集中在新一代移动通信、人工智能、生物和健康、节能环保、集成电路、高端装备制造等战略性新兴产业领域。各类承接园区在引入技术专利和创新研发成果的同时也加快了其落地孵化和转化应用，这不仅助推了以产业带和科技新干线为轴线的区域创新合作，也为区域产业升级和高质量发展注入了新元素和新动能。

2. 跨省市联盟成为协同发展的新载体、新纽带[①]

协同发展战略实施以来，京津冀区域的各类产业联盟蓬勃兴起，新组建成立的跨省市产业联盟已超80个。联盟成立的路径与发展模式呈现出4个特点。

---

① 徐永慧、周立群:《区域协同发展的新纽带、新载体——京津冀产业联盟的发展现状与合作机制》,《河北联合大学学报（社会科学版）》2016 年第 3 期。

首先，由市场主体自主联姻的跨省市产业联盟已成为京津冀协同发展的新载体、新纽带。如在北京成立的京津冀产权市场发展联盟和商会联盟，聚合了三地的要素资源，加强了三地产权交易的合作，用市场力量推进了三地商会的协同。技术创新联盟把北京科技优势转化为京津冀的创新优势，需要在机制体制上为协同创新提供支撑，如北京工业设计促进中心、工业设计促进会、天津市工业设计协会等6家单位联合发起的京津冀设计产业联盟，搭建了产业资源对接服务平台，推动了京津冀设计产业协同和一体化发展。再如节能低碳环保产业联盟、园林科技创新战略联盟、钢铁行业节能减排产业技术创新联盟等，在破解行业发展瓶颈，实现关键技术的重大突破等方面发挥了重要作用。

其次，从内在关系看，既有产业上下游关系的协整，也有跨行跨业的合作对接和创新协作。已成立的各类联盟可分为4种类型。一是产业类，包括钢铁、石化、农业、车辆、服装、智能制造等，这类联盟在推动三地产业结构调整和产业链整合方面发挥着重要作用。二是服务类，包括旅游、电商、建筑设计、图书、园林等，旨在协整和激活三地资源、扩展服务网络、实现资源和市场的开放共享。三是社会事业类，如演艺、媒体、卫生、中医药、社团等，意在共建合作平台，在推进公共服务一体化方面发挥着重要作用。四是综合类，如产学研、商会、产权交易、技术交易等，这类联盟在破除限制要素自由流动的体制机制障碍，推进产学研一体化和市场一体化方面起了积极作用。从其协同关系看，既有按产业上下游关系的协整，也有按行业和服务领域的合作对接，还有跨行跨业的产学研创新协作。

再次，从分布领域看，联盟主要集中于创新水平要求高、关联性和互补性强的领域。在创新水平要求高的领域，由科技部火炬中心和北京市科委等发起的技术转移协同创新联盟，促进区域间技术要素流通和产业转型升级。智能制造协作一体化大联盟以建立沟通机制、共享资源信息、打造协作平台为着力点，促进三地机器人及智能装备制造和应用产业之间的协作和一体化发展。在关联性强的生态环保领域，继京津冀晋蒙等6个省区市的节能低碳环保产业联盟之后又相继成立了土肥水事业协同发展创新联盟、园林科技创新战略联盟、循环经济产业集群发展联盟等，它们围绕节能减排开展全行业的联合行动，在生态环境的联防联治方面发挥了较好的作用。在互补性强的领域，联盟正在成为三地优势互补和产业协同的重要依托。以钢铁业为例，随着三地淘汰落后产能力度的加大，三地发起成立钢铁行业节能减排科技创新联盟，该联盟整合了70余家钢铁企业、节能减排机构及金融机构，围绕节能减排开展全行业的联合行动，以提升区域钢铁行业综合竞争力。

最后，从运作机理看，政府相关部门和行业协会联姻和搭台起了重要作用。跨省市协同发展要突破地区和行业间的行政壁垒，因此在起始阶段三地产业联盟多由政府相关部门或行业协会搭台发起和指导。即使是完全由行业协会或科研院所发起的联盟，多数也是由政府相关部门推动和支持的。如京津冀钢铁行业节能减排科技创新联盟得到政府在金融方面的支持，获得节能减排融资额度高达300余亿元。由于多数的联盟组织反映了市场主体的要求，因而协同合作能较快转化为企业的联合行动。伴随三地产业合作的深化，由企业或产业联姻的联盟功能在逐步释放，政府与企业间，产业与科技组织、金融机构间的相互结合也将更加紧密。

3. 天津“东开西拓”与主要承接平台

为了实现非首都功能的有序、精准承接，天津着力构建以滨海新区战略合作功能区为综合承载平台、若干专业承载平台为框架的“1+16”承接布局。

在相当长一个时期，天津的经济版图呈“东重西轻”格局。东部的滨海新区“一区独大”，其经济总量占全市的50%以上，而西部城区的发展相对滞后，2010年以武清区和西青区为主体的西部城区GDP仅占全市的8.5%①。北京城市副中心的“东移”和新机场建设的“南扩”为天津西部城区带来了新的发展机遇，其承接和对接非首都功能的区位优势凸显。2014年协同发展战略以来，西部城区依托其区位优势，成为非首都功能疏解的重要承载地。“通武廊”作为“小京津冀”合作的深化使武清区成为天津乃至京津冀发展的新高地。2009年武清GDP占全市比重仅为3.3%，在天津16区中排名第九，到2018年其GDP占比达到6.7%，全市排名第二，仅次于滨海新区。以武清区和西青区为主体的西部城区占全市GDP比重上升至12.1%②。天津的经济格局从“东重西轻”转为“东开西拓”，即东部的滨海新区依托港口和自贸区凸显其现代制造研发基地和对外开放门户的定位，而西部城区成为连通北京、服务北京、对接北京、京津融合发展的平台。

滨海—中关村科技园。滨海新区作为天津承接北京非首都功能疏解的综合承载平台，凭借其良好的区位和政策优势，以及产业需求大的市场优势和产业园区生态较优的配套优势，成为天津承接非首都功能疏解的首要承接地，北京在津投资的三成流向滨海新区。作为京津两市推动京津冀协同发展的示范园区、重要平台和跨省区市全面改革试验区，滨海—中关村科技园由京津两地共建共管，其定位是承接高新技术企业转移和重大科技成果转化，构建京津冀全面创新改革的引领区、京津冀协同创新共同体的示范区、吸引集聚全球创新资源的高地。自挂牌成立以来，滨海—中关村科技园以新一代信息技术、生命与生物科技、高端服务业为主要定位，积极引入北京中关村的科技创新成果，集聚高端产业。截至2019年底，园区累计注册企业1516家，注册资本金144.7亿元，来自北京的企业近300家，滨海—中关村科技园在加速产业聚集和疏解北京

① 根据 2011 年《天津统计年鉴》计算。

② 根据 2010—2019 各年度《天津统计年鉴》整理。

非首都功能方面成效渐显。同时园区努力打造类中关村创新创业生态系统，积极推动先行先试政策交叉覆盖、探索产业协同与利益共享新模式，并全力搭建科技创新平台与服务体系，至2020年6月，滨海—中关村协同创新示范基地累计签约企业370家（以创业型和研发服务型企业为主体），其中来自北京的企业120家，其主要服务非首都核心功能被疏解的企业，在津拓展市场，形成协同效应。园区还引进了北京凯文国际学校、北京蓝天幼儿园、天津市昆明路小学等优质教育资源，白领公寓、文体中心等优质生活配套设施不断完善，一个宜居、宜业、宜创科技产业新城正逐步成形[①]。

宝坻京津中关村科技城。宝坻的区位处于京津唐的中心，既是京津双城联动发展的前沿，又是京津和京唐发展轴上的重要节点，在承接北京产业转移和功能疏解方面具有独特的区位优势。宝坻京津中关村科技城是中关村和宝坻区协同发展的重点项目，是产业转移承接的重点平台。宝坻京津中关村科技城志在打造非首都功能疏解的重要承接地和中关村科技成果转化与产业化基地。2014年至今，宝坻京津中关村科技城经历了从无到有，目前科技城的规划体系已全部完成，基础设施建设初见成效。科技城2019年新增113家企业注册，已与百余家企业达成合作意向，累计完成26家企业签约落地，签约企业中国家级高新技术企业18个，省市级高新技术企业22家，高新技术企业占比85%，且大多是来自北京中关村的高新企业[②]。可以预见，随着环境配套的不断完善和产业载体的持续拓展，科技城的承接力和吸引力将进一步增强，其推动区域高质量发展的引擎作用将进一步凸显。

“通武廊”合作。武清区地处京津冀核心区域，与北京通州区、河北廊坊市接壤，公路铁路通达，具有独特的区位和交通优势，且产业基础扎实、生态

① 相关数据来自天津滨海—中关村科技园统计资料。

② 相关数据来自宝坻—京津中关村科技城统计资料。

环境良好，具有良好的综合基础条件，这些优势使得武清区成为非首都功能疏解的主要承载地，在天津各区中，武清区是引进北京投资的第二大区域，仅次于滨海新区。一份北京在津投资企业发展状况调查报告显示，2016年至2018年上半年间，北京来津经营（或在津投资）企业8116家，武清区吸引京企数量占比32.1%（仅次于滨海新区40.1%）[①]。武清区通过承接北京非首都功能，一方面，聚焦智能科技、生物医药、新能源、新材料和节能环保“4+1”高端产业集群化发展。目前，重点产业集群发展效应已经显现，智能轨道交通装备产业加速集聚，生物制造产业集群已初见成效，成为武清区推进高质量发展、构建现代化经济体系的重要引擎。另一方面，推动创新资源的集聚和软硬环境的改善。截至2019年9月，武清已与北京大学、中科院化学所等80个高校院所建立合作关系，落实科技成果转化项目153个，发展众创空间、孵化器等创新创业载体15家，入驻创业团队200余个，建成院士工作站、博士后工作站27家，引进“海河英才”2.8万人[②]，创新创业氛围日益形成。京津冀三省市将“通武廊”合作作为深化对接、先行先试、协同创新的桥头堡和试验田，通过体制机制创新为京津冀一体化发展积累经验。为发挥好“通武廊”地区“小京津冀”的独特作用，天津市委提出要在社会管理、公共服务、人才等一体化方面先行先试。截至2019年底，三地累计签署教育、文化、科技、商务、警务、政法、养老等合作协议88项[③]；组建10个基础教育共同体，创建4个医院联盟、医联体，医疗检验结果互认项目达33项[④]。教育发展共同体、区域性医联体、通武廊旅游合

① 《8116 家京企在津投资 发展向好超六成》，《北京日报》，2019 年 1 月 11 日。

② 《协同发展当猛将 高质量发展做先锋——“壮丽 70 年 奋斗新时代”武清区发展成就综述》，《天津日报》，2019 年 9 月 12 日。

③ 《武清区 2020 政府工作报告》，天津市武清区人民政府网，2020 年 1 月 13 日。

④ 《深化通武廊“小京津冀”区域合作 医疗检验结果互认项达 33 个》，《今晚报》，2019 年 3 月 21 日。

作联盟、区域警务合作指挥平台、养老服务及医保异地结算、异地医养相继启动。

4. 河北经济版图变化与重点承接平台

京津冀协同发展以来，河北牢牢抓住承接非首都功能疏解的战略机遇，根据"三区一基地"的功能定位，依托其自有优势，实现了初始的两个突破。

实现了全省经济向"多点开花"的格局转变。长期以来，河北呈现出以唐山和石家庄为主导的经济格局，二者的经济实力远超于河北的其他城市。随着京津冀协同发展战略的逐步推进，得益于非首都功能的疏解和协同发展的红利，廊坊、保定、沧州等城市加快发展，经济格局正在向"多点开花"转变，各市的经济差距在缩小，各城市GDP的变异系数呈下降趋势（见图2–2），地区和城市的发展更加均衡。

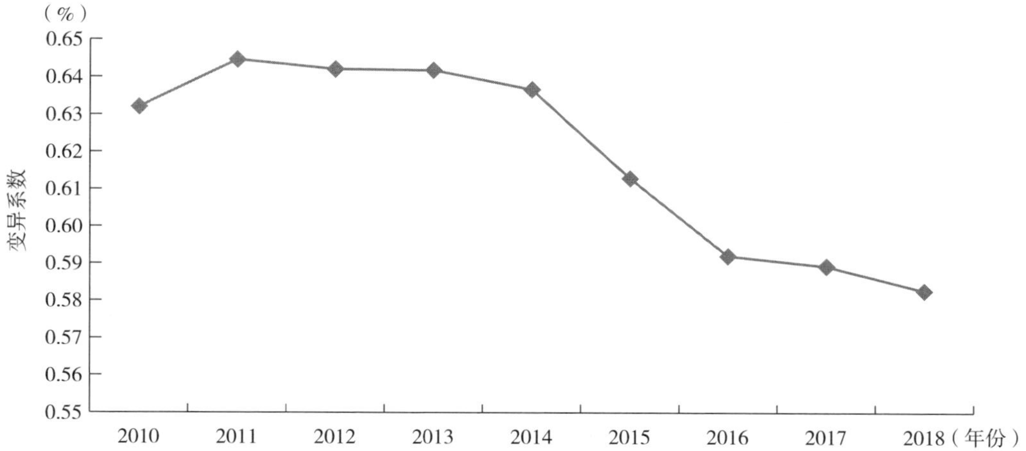

图2–2　2010—2018年河北各城市GDP的变异系数

资料来源：根据2011—2019年《河北经济年鉴》计算整理。

注：变异系数是衡量观测值变异程度的一个统计量，其计算公式为：变异系数=（标准差/平均值）×100%。可用于衡量区域差距，一般而言变异系数越大意味地区间经济指标差距越大，变异系数越小则意味着地区间经济指标差距越小

首先，廊坊地处京津之间，位于京津冀城市群中部核心区，迅速成为京津优质生产要素聚集的战略节点城市。截至2019年2月，廊坊累计引进京津项目505个，引进资金2468亿元，建立了27个科技成果孵化转化基地①，新增科技型中小企业数量居河北省第二位，同时交通、医疗、教育、文化全方面提升，这使得廊坊成为河北发展最快的城市，2010年其GDP占比仅6.6%，2018年这一比重上升至8.8%②。可以预期随着京津冀协同发展战略的进一步推进和“通武廊”合作的深化，廊坊将会成为河北的又一经济强市。其次，保定借势雄安新区的规划建设积极承接京津产业转移和投资，截至2019年底，保定与京津合作项目403项，实际利用资金2960亿元，央企合作项目85项，累计吸引央企投资2257亿元③。2019年河北省战略性新兴产业“双百强”中，保定战略性新兴产业领军百强企业16家，创新百强企业14家，处于全省前列④。GDP总量已占全省的10%以上。另外，沿海港口城市中的沧州也成为京津产业转移的重要承接地，近年来一批汽车、电子、医药等产业在沧州集聚，其GDP占全省比重始终稳定在10%以上⑤。

此外，集全省之力建设雄安新区并培育了多个重点承接平台。除了建设雄安新区非首都功能疏解集中承载地之外，京冀曹妃甸协同发展示范区、沧州渤海新区、保定·中关村创新中心、津冀芦台·汉沽协同发展示范区等43个富有特色的重点承接平台已初见成效并已成为落实协同发展战略和高质量发展的支点。

京冀曹妃甸协同发展示范区。京冀曹妃甸协同发展示范区是《京津冀协同

① 《廊坊：京津的“好邻居”大腕云集》，河工新闻网，2019 年 8 月 5 日。
② 根据 2011—2019 年《河北经济年鉴》计算整理得来。
③ 《保定市与京津合作项目 403 项，总投资 10000 亿元》，保定市人民政府网，2019 年 12 月 30 日。
④ 《保定战略性新兴产业呈现集聚发展势头》，《河北经济日报》，2020 年 1 月 7 日。
⑤ 根据 2011—2019 年《河北经济年鉴》计算整理得来。

发展规划纲要》确定的四大战略合作功能区之一，位于唐山南部沿海、毗邻京津两大城市，具有运输便捷、成本较低的海陆一体化交通运输体系。自建区以来，示范区累计新注册企业12381家，新增规上工业企业86家、规上服务业企业84家、限上贸易企业116家；实施亿元以上项目372个，完工亿元以上项目211个[①]。作为承接京津产业转移和城市功能疏解的战略功能区，京冀曹妃甸协同发展示范区在承接产业转移和非首都功能疏解方面取得明显成效。2014年至2019年9月，示范区签约京津项目404个，协议总投资4592.64亿元，北京项目337个，天津项目67个；累计实施京津项目168个，总投资2553.12亿元，北京项目143个，天津项目25个；共完工京津项目77个，总投资382.12亿元，北京项目63个，天津项目14个[②]。其中北京城建重工新能源汽车、北京东邦门业特种门窗制造、天津科维粗酸精馏、北京鑫华源智能停车产业制造等一批项目建成投产；首钢京唐钢铁厂二期、北京金隅·曹妃甸协同发展示范产业园等一批项目正在加紧建设。示范区在承接产业转移疏解的同时，也积极引入教育、医疗资源。教育方面，北京景山学校曹妃甸分校正式开学，北京曹妃甸国际职教城已入驻两所学校，北京电气工程学校曹妃甸分校等挂牌成立。医疗方面，北京安贞医院、北京妇产医院、北京友谊医院曹妃甸合作医院自挂牌成立以来，已广泛开展诊疗。总体看来，曹妃甸协同发展示范区作为承接产业转移的聚集区已具雏形。

沧州渤海新区。沧州东临渤海，位于环京津、环渤海核心地带，沧州充分发挥其区位优势，主动承接京津产业转移和科技成果转化。截至2020年2月，沧州已累计引进京津合作项目1400多个，协议总投资6410亿元[③]。沧州渤海新

---

① 《曹妃甸十年跑出发展“加速度”》,《唐山劳动日报》，2020 年 7 月 23 日。

② 相关数据来自京冀曹妃甸协同发展示范区统计资料。

③ 《沧州市深度融入京津冀协同发展大局全面提升》,《沧州日报》，2020 年 2 月 27 日。

区作为“2+4+46”产业转移重点承接平台中的20个现代制造业平台之一，积极承接京津汽车、生物医药等产业转移和科技成果转化。截至2019年2月，沧州渤海新区累计承接京津雄项目1585个[①]。以北汽集团汽车制造工业为龙头，引进配套企业，延伸产业链条，组建形成从整车制造到专用汽车、零部件生产、汽车贸易的产业体系，到2020年，汽车工业产值将突破1000亿元；北京·沧州渤海新区生物医药产业园已签约入园药企137家，总投资438亿元，其中北京项目95个[②]；在承接科技成果转化方面，共引进和转化科技成果42项，引进高新技术企业21家、创新团队8个，建设创新基地和中试基地3个、创新服务平台15家。引进北交大海滨学院、北京中医药大学东方学院等高校6所，在校生近5万人[③]。制造业的聚集、科创机构和成果的引进与转化为河北现代制造业的转型升级注入新的活力。

保定·中关村创新中心。保定·中关村创新中心是河北承接平台之一，也是中关村在京外设立的首家创新中心。2015年4月揭牌运营，截至2020年4月，保定·中关村创新中心注册办公企业375家，其中科技型中小企业占比70%，域外企业占比超过50%；累计培育高新技术企业近30家，规上企业26家；科技成果转化类项目60余项，基本形成新一代信息技术、生物医药、智能制造三大产业微集群，其入驻企业2019年营收突破20亿元。在5年的创新服务中，该创新中心率先探索出“一中心、一基地、一园区”的协同发展路径，目前创新中心和创新基地的平均入驻率82%，储备国内外重点项目已达13个[④]。总体看，保定·中关村创新中心在协同创新方面发挥了良好的示范引领作用。

---

① 《沧州渤海新区京津冀协同发展五周年成就展在全区上下引起强烈反响》，沧州渤海新区政府网，2019年3月1日。

② 《沧州崛起千亿级医药产业集群》，《河北日报》，2020年7月30日。

③ 《以创新激活高质量发展“引擎”》，《河北日报》，2020年7月30日。

④ 相关数据来自保定·中关村创新中心统计资料。

专题三

长三角城市群一体化政策及进展[①]

长三角城市群是全球第六大城市群，也是我国经济规模最大、开放程度最高、创新能力最强、集聚人口最多的巨型城市群。2019年，长三角地区生产总值达23.7万亿元，约占全国的23.9%。上海、南京、苏州、无锡、杭州、宁波6座城市经济总量超万亿元，中国1/3的万亿级城市在长三角地区。2018年，长三角区域一体化发展上升为国家战略，为推动长三角城市群一体化发展注入了强大动力，标志着长三角城市群一体化发展步入国家战略实施的新阶段。

2016年发布的《长江三角洲城市群发展规划》指出，长三角城市群在上海市、江苏省、浙江省、安徽省范围内，由以上海为核心、联系紧密的多个城市组成，主要分布于国家“两横三纵”城市化格局的优化开发和重点开发区域，包括1（上海）+9（江苏）+8（浙江）+8（安徽）共26个城市。2019年12月，中共中央、国务院印发《长江三角洲区域一体化发展规划纲要》，明

① 本专题作者为江苏省人民政府研究室沈和、古晶、卢爱国，本专题主要以江苏为例进行说明。

确指出，长三角一体化以上海市，江苏省南京、无锡、常州、苏州、南通、扬州、镇江、盐城、泰州，浙江省杭州、宁波、温州、湖州、嘉兴、绍兴、金华、舟山、台州，安徽省合肥、芜湖、马鞍山、铜陵、安庆、滁州、池州、宣城，共27个城市为中心区，辐射带动长三角地区高质量发展。

长三角一体化发展战略实施以来，江苏和沪、浙、皖等兄弟省市一道，坚决贯彻党中央决策部署，紧扣“一体化”和“高质量”两个关键，树立“一体化”意识和“一盘棋”思想，围绕全国发展强劲活跃增长极、高质量发展样板区、率先基本实现现代化引领区、区域一体化发展示范区、改革开放新高地的战略定位，发挥比较优势，深化分工合作，着力推进重点领域和重点区域突破，努力形成更加紧密的区域发展共同体，更好引领长江经济带和华东地区发展，更好服务国家发展大局。

一、江苏以省内全域一体化助推长三角一体化的政策体系基本形成

长三角一市三省地缘相近、人缘相亲，一体化发展有着深厚的市场需要和民意基础。江苏是长三角的重要组成部分，接近半壁江山，始终是一体化发展的积极响应者、有力推动者。面对一体化发展的新形势新要求，江苏在更广范围内调动社会各方深度参与，13个省辖市及县市区迅速拿出“任务书”和“施工图”，全省促进长三角城市群一体化发展的政策体系基本形成，突出表现在9个方面。

（一）推动城市群一体化“小群”先行的多层次都市圈规划体系基本形成

促进长三角区域城市协调发展是实现城市群一体化的主要路径。《长江三角洲区域一体化发展规划纲要》关于城市群发展提出明确目标：到2025年，城

乡区域协调发展格局基本形成。上海服务功能进一步提升，苏浙皖比较优势充分发挥。城市群同城化水平进一步提高，各城市群之间高效联动。《长江三角洲区域一体化发展规划纲要》提出加快都市圈一体化发展，列出两条举措，即推动都市圈同城化、推进都市圈协调联动。要求推动上海与近沪区域及苏锡常（苏州、无锡、常州）都市圈联动发展，构建上海大都市圈。加强南京都市圈与合肥都市圈协同发展，建设宁杭（南京、杭州）生态经济带，强化南京都市圈与杭州都市圈协调联动。

江苏以省内全域一体化作为实现长三角区域一体化发展的基础和前提。强调没有长三角一市三省内部的一体化，也就不可能有长三角区域的一体化。加快推进省内苏锡常、宁镇扬（南京、镇江、扬州）、锡常泰（无锡、常州、泰州）、苏通（苏州、南通）、宁淮（南京、淮安）等地一体化发展，以点及面高质量推进长三角区域一体化发展。通过体制机制创新推进南京都市圈、苏锡常都市圈、徐州都市圈的一体化发展，最大程度规避行政区划分带来的不利影响。《<长江三角洲区域一体化发展规划纲要>江苏实施方案》（本专题内简称《江苏实施方案》）提出：推动省内全域一体化，以苏锡常、宁镇扬及锡常泰、苏通跨江融合等局部一体化先行发展，助推长三角区域一体化发展。着力推进交通、能源、信息网络等基础设施一体化先行，为都市圈内各类要素自由流动提供有力支撑。积极缩小都市圈内各行政区域在重大基础设施、基本公共服务、社会保障等方面的发展差距。

随着长三角一体化发展国家战略的全面实施，江苏省内被寄予“先行”厚望的各类“小群”动作频频，亮点纷呈。2020年4月21日，首届苏锡常一体化发展合作峰会在苏州九龙仓国际金融中心召开，苏锡常三市历史性签署了《苏锡常一体化发展合作备忘录》。三地一致同意：建立苏锡常一体化发展工作机制，以轮流主办的形式，定期召开苏锡常一体化发展合作峰会，不定期召开苏锡常一体化发展联席会议。同时，达成4点合作措施：（1）联合推动区域科技创新资源协同共享。（2）联合推动区域产业发展机会协同互补。（3）联合推动区域重大政策制定协同互动。（4）联合推动区域基础设施建设协同对接。2020年7月4日，南京、镇江、扬州三市在南京召开宁镇扬党政联席会议，共同谋划和推进宁镇扬一体化发展，携手打造长三角强劲活跃的增长极。宁镇扬三市签署了《共建G312产业创新走廊框架协议》《南京江北地区至仪征轨道交通研究合作协议》《南京市与镇江市跨界水体水质提升合作协议》《宁扬城际共建补充协议》《宁镇扬信用城市联盟合作机制框架协议》。早在2018年12月21日，南京都市圈党政领导联席会议召开，来自南京、马鞍山、镇江、扬州、淮安、芜湖、滁州、宣城、常州等市的党政负责同志齐聚南京，共商发展大计，共谋合作之举。会议决定共抓发展规划，共同做好区域规划修编、发展规划衔接、专项规划编制。2019年8月16日，南京市发展改革委正式公布修改后的南京都市圈版图，南京都市圈最新成员名单：南京市、镇江市、扬州市、淮安市、马鞍山市、滁州市、芜湖市、宣城市、溧阳市、金坛区。都市圈各城市主动融入南京，表明了南京的国家枢纽城市、中心城市地位得到了周边城市的认可。南京也在积极对接周边城市，形成密切合作，提升首位度。

专栏一　长三角一体化发展四圈层

最大圈层：一市三省，规划范围包括上海市、江苏省、浙江省、安徽省全域（面积35.8万平方公里）。

核心圈层：以上海市，江苏省南京、无锡、常州、苏州等，浙江省杭州、宁波等，安徽省合肥、芜湖等27个城市为中心区（面积22.5万平方公里）。

> **示范区**：以上海青浦、江苏吴江、浙江嘉善为长三角生态绿色一体化发展示范区（面积约2300平方公里），示范引领长三角地区更高质量一体化发展。
>
> **特区**：以上海临港等地区为中国（上海）自由贸易试验区新片区，打造与国际通行规则相衔接、更具国际市场影响力和竞争力的特殊经济功能区。
>
> 资料来源：《长三角一体化：引领区域协同发展》，《中国经济时报》，2019年12月6日

（二）促进城市群产业协同创新一体化发展的政策体系基本形成

科技创新是一个国家发展进步的不竭动力，产业是科学创新成果发光的舞台。《长江三角洲区域一体化发展规划纲要》提出，长三角地区要深入实施创新驱动发展战略，走“科创+产业”道路，促进创新链与产业链深度融合，以科创中心建设为引领，打造产业升级版和实体经济发展高地，不断提升在全球价值链中的位势，为高质量一体化发展注入强劲动能。在推动制造业和服务业高质量发展上强化产业协作。《长江三角洲区域一体化发展规划纲要》明确制造业发展，要围绕电子信息、生物医药、航空航天、高端装备、新材料、节能环保、汽车、绿色化工、纺织服装、智能家电十大领域，强化区域优势产业协作等。规划到2025年，长三角地区科技研发投入强度达到3%以上，科技进步贡献率达到65%，高技术产业产值占规模以上工业总产值比重达到18%。

江苏科教资源丰富，区域创新能力强，制造业基础雄厚，在产业创新一体化方面具有得天独厚优势。2018年江苏率先出台《关于加快培育先进制造业集群的指导意见》。《江苏实施方案》着力从3个方面推动产业创新一体化。一

是营造鼓励自主创新的政策环境。致力于营造鼓励自主创新的市场氛围，形成利益激励机制和成本节约机制，使自主创新取代模仿创新成为市场主体的内在要求和自觉行动。二是构建高端创新要素的集聚共享机制。在各地人才和技术争夺愈演愈烈的态势下，与其在人才奖励政策力度方面层层加码“大比拼”，不如另辟蹊径，充分利用长三角区域一体化提供的平台，通过项目工作制、兼职工作制等方式实现高层次人才的多区域共享，通过与全球优质创新机构共建研发中心等方式实现创新成果的多主体共享。三是形成有利于创新成果转化的创新主体体系。创新成果转化不足是长期困扰江苏乃至全国绝大多数地区的一个现实难题。解决问题的关键在于理顺政府、科研院所、高校与企业之间的关系，通过建立以企业为主体的一体化自主创新服务联盟，加强产学研协同创新，形成各司其职、各展所长的自主创新主体体系。

南京市着力在自主可控产业链体系构建中发挥更大作用。提升骨干企业在全球产业链和价值链中的控制力，积极培育壮大南京及江苏本土跨国公司，支持外资“龙头企业”扎根发展，支持有实力的行业龙头企业在整合区域产业链、供应链基础上，高位链接全球生产网络，提高国际市场竞争力和话语权，增强内外资产业集群的根植性，力争在产业链、供应链关键环节上构建区域自主配套能力。产业投资转型于补链和延链。通过大城市产业链组织鼓励城市间产业协作与企业供应链的信息互通平台建设，保障更多企业实现本土产业链上下游关键产品和零部件配套，鼓励技术关联性产业调整进行产业链补链。面向国内市场和进口替代，发展终端消费品，配套构建创意及市场营销体系。提升科技创新能力“强链”。力争在产业链关键技术、关键环节和关键部件上有所突破，强基强链强实力。既要围绕产业链培育创新链，通过新型研发机构建设和企业研发体系完善，促进新产品、新技术的应用；同时也要面向国家科技发展长期战略需求，强化基础科学研究。

苏州市着力推进区域产业协同和深度合作。2018年以来，苏州先后与上海虹桥商务区、嘉定区、松江区、青浦区签署“嘉昆太”协同创新核心圈、G60科创走廊战略合作、环淀山湖战略协同区一体化发展等一系列战略合作协议。充分发挥苏州产业基础和资源禀赋，在产业布局、产业链分工方面，加强与周边城市的紧密协作，改造提升传统产业，加快布局发展新一代电子信息、生物医药、纳米材料、人工智能等先导产业，在苏州建设自主可控制造业体系国家级先行区。积极推动共建园区，提升苏宿、苏盐、苏通等省内南北共建园区合作层次，推动中新苏州工业园区与安徽滁州市合作开发苏滁现代产业园，并转型升级为安徽省级高新区。与浙江嘉善县签约建设中新嘉善现代产业园。与上海实现科技创新券通兑通用，苏州本地企业在上海进行的检验检测，符合兑现政策规定的均可获得补助。

（三）推动城市群基础设施一体化发展的政策体系基本形成

交通设施建设是城市间配置资源、提高协作质量和效率的重要基础。《长江三角洲区域一体化发展规划纲要》提出，到2025年，长三角基本实现基础设施互联互通，铁路网密度达到507公里/万平方公里，高速公路密度达到5公里/百平方公里，轨道上的长三角基本建成，进一步提升省际公路通达能力，基本建成世界级机场群。同时，从铁路、公路、航空、互联互通4个方面列出了具体项目和目标要求。

江苏以互联互通为目标、网络建设为突破口，推进基础设施一体化。基础设施一体化建设任务突出两个方面：一是提升基础设施的互联互通水平。既重视联通上海、杭州等发达城市，也重视与安徽及苏北等地区的互联互通，在更好承接上海辐射的同时，提升对周边区域的辐射能级；既重视公路、铁路、港口、机场等各类交通基础设施的互联互通，也关注水利、环保、能源等基础设施的互联互通。二是完善现代化基础设施建设网络。以人工智能、大数据等为代表的新一代信息基础设施网络是江苏建设现代化经济体系的重要支撑，也是提升区域国际竞争力的基本前提。把智能化、信息化基础设施建设作为基础设施一体化发展重要突破口，着力完善网络体系、提升服务能级，形成适应智能经济发展、智慧城市建设需要的现代化基础设施网络体系。

围绕长三角区域交通运输一体化发展，江苏统筹公铁水空发展，保障国家级和省级大通道的畅通，构建内畅外联的交通网络，加快推进沪通铁路一期、沪通铁路二期、北沿江铁路（合肥至上海段）、宁淮铁路、宁宣（黄）铁路、盐泰锡常宜铁路、宁扬宁马城际，溧阳至宁德高速公路江苏段，高淳至宣城高速公路江苏段，长湖申线、芜申线溧阳城区段等一批重大交通基础设施规划建设。落实《长三角地区打通省际断头路合作框架协议》，在常熟至嘉善高速公路江苏段建成以及锦淀公路—崧泽大道通车的基础上，加快推进复兴路—曙光路等9条断头路打通项目。为进一步推进长三角区域毗邻地区公交发展，江苏牵头组织上海、浙江、安徽等召开部门座谈会达成共识，共同成立长三角毗邻地区公交客运衔接线路试点工作小组，建立共商共建工作协调机制；共同确定苏州至青浦、马鞍山至南京等18条线路列入2019年长三角毗邻地区公交客运衔接线路开行计划，进一步满足毗邻地区群众出行需求；联合制定长三角毗邻地区公交客运发展意见，共同研究毗邻线路发展模式，争取交通运输部支持，制定适合毗邻地区公交客运发展的线路审批、沿途停靠站点设置、实名制管理、旅客行包安检等管理要求及其运营监管机制，共同推动政策制度创新。

（四）推动城市群要素市场一体化发展的政策体系基本形成

区域经济一体化须以市场一体化为前提。长三角地区是我国市场化程度最高的地区之一，但与国际发达城市群一体化相比还有不小距离。《长江三角洲区域一体化发展规划纲要》提出建立4个规范要求，包括健全政策制定协同机制：建立重点领域制度规则和重大政策沟通协调机制，提高政策制定统一性、规则一致性和执行协同性。全面实施全国市场准入负面清单，实行统一的市场准入制度。建立标准统一管理制度：加强长三角标准领域合作，加快推进标准互认，按照建设全国统一大市场要求探索建立区域一体化标准体系。协同建立长三角区域标准化联合组织，负责区域统一标准的立项、发布、实施、评价和监督。共建统一开放人力资源市场：加强人力资源协作，推动人力资源、就业岗位信息共享和服务政策有机衔接、整合发布，促进人力资源特别是高层次人才在区域间有效流动和优化配置。建立城乡统一的土地市场：推动土地要素市场化配置综合改革，提高资源要素配置效能和节约集约利用水平。

江苏以“放管服”改革为契机、线上线下协同为切入点，推进区域市场一体化。进一步深化以“不见面审批”为重点的“放管服”改革，积极推动江苏与长三角兄弟省市的紧密合作，通过线上线下协同助推区域市场一体化。一方面，利用新一代信息技术，从省市信息共享着手，着力联通江苏与长三角兄弟省市的公共服务信息共享平台、产权交易信息互换平台、市场监管信息互助平台，建设“线上”一体化的长三角。另一方面，按照国家“放管服”改革要求，以推进市场准入门槛、产权交易规则、市场监管要求等标准化为重点，推动江苏与兄弟省市共同制定长三角区域内要素流通、监管等方面的规则，着力解决“线下”标准不统一的问题，建设“线下”一体化的长三角。

坚决破除不同行政主体形成的市场壁垒，江苏13个省辖市建成全省政务服务“一张网”，开通长三角“一网通办”专栏，联合制定长三角各领域统一的信用红黑名单认定、发布管理办法；制定实施《建设G42沪宁沿线人才创新走廊行动方案》，加快构建差异化、协同化发展的区域人才创新共同体。在新冠肺炎疫情防控期间，长三角地区联手作战、迅速“抱团”，建立联防联控机制。

（五）推进城市群绿色发展一体化的政策体系基本形成

生态环境保护一体化既是区域一体化发展的重要内容，也是推动区域高质量一体化发展的重要举措。《长江三角洲区域一体化发展规划纲要》提出，坚持生态保护优先，把保护和修复生态环境摆在重要位置，加强生态空间共保，推动环境协同治理，夯实绿色发展生态本底，努力建设绿色美丽长三角。2019年10月29日，国务院原则同意《长三角生态绿色一体化发展示范区总体方案》，提出发挥中央和地方两个积极性，加大改革创新力度，集中落实、系统集成重大改革举措，进一步提升服务水平和核心竞争力，实现绿色经济、高品质生活、可持续发展有机统一，走出一条跨行政区域共建共享、生态文明与经济社会发展相得益彰的新路径。

江苏以特色产业规模化为基础、区域协同发展为手段，推进绿色发展一体化。一是在特色产业规模化发展上下功夫。立足本地特色资源和支柱产业发展基础，摆脱传统发展路径，通过生产技术生态化、生产方式绿色化等途径做大绿色产业发展规模，加快培育经济增长新动能。根据江苏各地经济发展阶段和产业特点，规划、建设和改造一批集能源综合利用、土地集约利用、废物交换利用等功能于一体的生态工业园区，树立绿色招商理念，实行生态产业链招商，形成规模化的产业集聚效应，为增长动能转换提供强大产业支撑。二是在区域协同发展上下功夫。与长三角兄弟省市建立常态化的生态保护沟通协调机制，协同推进长江流域、太湖流域、淮河流域等重要水体的水资源保护、水污染治理和水生态修复；从南北融合、东西互动的角度推进跨行政区域绿色发展的一体化，为宁杭生态经济带、淮河生态经济带、大运河文化带等区域的绿色发展提供技术、资金、人才等全方位的支持。

围绕加强联防联控，在区域大气和水污染防治协作机制框架下，江苏与兄弟省市进一步完善了五大联动机制。毗邻地区治污联动机制：强化省市县三级联动，南京市溧水区、高淳区和马鞍山市博望区、当涂县签订《石臼湖共治联管协议》。机动车船监管联动机制：推行区域内机动车环保信息共享，强化黄标车异地协同监管，扩大船舶排放控制区范围。突发事件应急联动机制：重点围绕饮用水源保护强化应急联合演练，苏州、嘉兴、青浦联合制定《太浦河流域跨界断面水质指标异常情况联合应对工作方案》。行政审批服务联动机制：加强危废跨省转移审批协作，申请材料由12项减少为5项，省内城市承诺办理期限由45个工作日压减至30个工作日。重大活动保障联动机制：联合制定实施专项保障方案。把信用制度引入生态环境领域，运用市场手段引导倒逼企业加强环保自律的有效举措。2018年6月1日，三省一市信用办及生态环境部门共同签署了《长三角地区环境保护领域实施信用联合奖惩合作备忘录》，在国内率先建立跨区域环保信用联合奖惩模式。不断加强生态保护合作，加快长三角南翼宁杭生态经济带、北翼淮河生态经济带、纵贯南北的大运河文化带建设，让绿色发展成为长三角高质量一体化的鲜明标识，推动相邻地区加强对接、互利共赢、融合发展。

（六）推动城市群基本公共服务一体化发展的政策体系基本形成

公共服务一体化水平是决定区域内要素资源特别是人才资源能否自由流动的重要因素。《长江三角洲区域一体化发展规划纲要》指出，坚持以人民为中心，加强政策协同，提升公共服务水平，促进社会公平正义，不断满足人民群众日益增长的美好生活需要，使一体化发展成果更多更公平惠及全体人民。提出建立基本公共服务标准体系、提升公共服务便利化水平、共享高品质教育医疗资源、推动文化旅游合作发展、共建公平包容的社会环境4个方面政策措施。

江苏实施方案坚持以改革创新为抓手、标准化为准绳，推进公共服务一体化。一是推进基本公共服务标准化。各地发展基础不一，试图在短期内推进公共服务所有领域的同步标准化并不现实。近期主要在义务教育、医疗卫生、基本社会保障、就业服务等基本公共服务领域制定统一的设施建设、人员配置、服务管理等软硬件标准，着力实现基本公共服务在不同区域和群体间的一致。二是促进公共服务资源的优化配置。公共服务资源是以行政区为界进行统筹分配的，必须打破行政壁垒和条块分割，在更大范围内统筹公共服务资源配置，让各种公共服务资源在自由流动中实现效益最大化和机会均等化。

南京市作为公共服务资源富集型城市，探索创新跨区域服务机制，建立健全异地就医直接结算信息沟通和应急联动机制，推进电子健康档案信息平台跨区域联通，完善住院费用异地直接结算，开展异地就医门诊、急诊医疗费用直接结算试点工作。优化配置高品质医疗资源。推动大中城市高端优质医疗卫生资源统筹布局，鼓励采取合作办院、设立分院、组建医联体等形式，扩大优质医疗资源覆盖范围，继续推广扩大都市圈统一预约挂号平台覆盖范围。推进社会保险异地办理，促进异地养老。深化以“不见面审批”为重点的“放管服”改革，推动长三角政务数据资源共享共用，探索协同构建长三角区域基本公共服务平台。协同推进诚信体系建设。共同建设长三角公共信用信息共享平台，加强诚信记录共享共用，建立完善跨地区守信联合激励和失信联合惩戒制度，优化整体信用环境，不断提升各类主体的诚信感受度。

无锡是省内首批与沪浙两地开展异地就医门诊直接划卡结算的城市。2018年5月，无锡和上海实现首笔异地就医门诊直接刷医保卡结算，将本地所有定点医院全部纳入长三角区域联网结算。截至2019年，无锡已有293家定点医疗机构可为长三角参保人员提供异地结算服务。城镇企业职工办理基本养老保险关系转移可在网上“一键操作”，跨地域、全天候、不间断的社保转移服务，为长三角地区人才流动营造了良好环境。随着双城、多城出行需求的增加，公共交通服务一体化的“朋友圈”越扩越大。无锡太湖交通卡（A卡）现已覆盖包括长三角38个城市在内的全国390多个城市的公交地铁，实现城际交通的“一卡通”。

（七）推动城市群跨区域一体化发展的政策体系基本形成

推动毗邻地区联动发展是一体化发展的最佳突破口。江苏城市分布的一个突出特点，就是南京、徐州等区域中心城市毗邻省界，放大到整个长三角地区来看，这对促进跨界地区一体化发展是很大的优势。《长江三角洲区域一体化发展规划纲要》提出长三角地区9个跨界合作项目。主要包括：加强跨区域合作，探索省际毗邻区域协同发展新机制。推动宁波前湾沪浙合作发展区、嘉兴全面接轨上海桥头堡建设，打造上海配套功能拓展区和非核心功能疏解承载地。加强浙沪洋山区域合作开发，共同提升国际航运服务功能。支持虹桥—昆山—相城、嘉定—昆山—太仓、金山—平湖、顶山—汊河、浦口—南谯、江宁—博望等省际毗邻区域开展深度合作，加强规划衔接，统筹布局生产生活空间，共享公共服务设施，强化社会治安协同管理，加强重大污染、安全事故等联合管控与应急处置，共同推动跨区域产城融合发展。

江苏结合自身地域特点，全面推动跨界地区产业、研发、生态全方位合作和联动发展，以点带面、典型引路、示范引领。《江苏实施方案》明确6个跨界地区的发展要求：探索省际毗邻区域协同发展新机制，推进虹桥—昆山—相城深度合作，强化功能协同，积极发展面向国际的总部经济和枢纽经济；推进嘉定—昆山—太仓协同创新，在资源共享、产业合作、科技创新等方面取得突破进展；加强顶山—汊河、浦口—南谯区域协作，推进公共服务共享和跨界生态资源共保；积极推动江宁—博望区域联动，促进协同协作发展。支持南通沪苏跨江融合试验区建设，探索江海联动、跨江融合新模式，在基础设施、高端产业、要素流动、公共服务等方面加强协同共建，打造上海北翼门户。依托苏浙皖交界地区的溧阳市、宜兴市、郎溪县、广德县、长兴县、安吉县和上海白茅岭农场，协同推进长三角产业合作发展区建设。推进毗邻地区班线公交化，支持定制客运发展。

在突破行政区划限制上，南京出手最快。2019年8月，南京宣布在淮安盱眙县建设宁淮特别合作区，引发关注。这个特别合作区由江北新区负责开发和建设，盱眙县负责社会管理，双方共同向江苏省争取建设用地安排、基础设施建设补助以及改革试点示范等方面的特殊政策，争取赋予合作区市级经济管理权限，实现“区内事务区内办理”。南京借鉴长三角推出生态绿色一体化发展示范区模式，将选取顶山（南京）—汊河（滁州）、浦口（南京）—南谯（滁州）、江宁（南京）—博望（马鞍山），携手共建各具特色的跨界一体化发展示范区，积极探索规划管理、土地管理、重大项目管理、生态环境、公共服务等一体化协调机制，形成一批可复制可推广经验。

在第二届长三角一体化发展高层论坛期间，江苏无锡、常州，浙江湖州，安徽宣城四市政府和光明食品集团就共建长三角产业合作区签署战略合作框架协议。长三角产业合作区覆盖上海白茅岭农场和江苏省宜兴市、溧阳市，浙江省长兴县、安吉县，安徽省广德市、郎溪县，是唯一实现长三角一市三省全覆盖的区域空间。合作区围绕打造“两山”转化样板区、新兴产业集聚区、创新成果承载区、省际一体化先行区、长三角中轴枢纽区目标，加快发展大旅游、大健康等绿色产业，加强新能源汽车及关键零部件、智能装备、数字经济、生物医药、节能环保等产业协作创新，开展与沪、杭、宁、合等地高校和科研院所战略合作，深化政产学研用协同。合作各方共同致力于提升合作区对优质资源要素的承接力辐射力，在经常州向北、经湖州向南的纵向串联片区，探索创建省际跨界城乡融合发展试点示范。

（八）推动城市群依托自贸区政策红利一体化发展的政策体系基本形成

自贸区是我国适应对外开放新形势新要求的一大创举，发挥自贸区政策优势，放大“自贸区效应”是打造长三角对外开放新高地的关键所在。《长江三角洲区域一体化发展规划纲要》提出，加快中国（上海）自由贸易试验区新片区建设，以投资自由、贸易自由、资金自由、运输自由、人员从业自由等为重点，推进投资贸易自由化便利化，打造与国际通行规则相衔接、更具国际市场影响力和竞争力的特殊经济功能区。同时，明确要求带动长三角新一轮改革开放，定期总结评估新片区在投资管理、贸易监管、金融开放、人才流动、运输管理、风险管控等方面的制度经验，制定推广清单，明确推广范围和监管要求，按程序报批后有序推广实施。加强中国（上海）自由贸易试验区与海关特殊监管区域、经济技术开发区联动，扩大自由贸易试验区辐射带动效应。

江苏研究出台了《中国（江苏）自由贸易试验区建设实施方案》，积极加强与上海自贸区及新片区的对接，同时与上海、浙江自贸区错位竞争、互补短板、形成合力，产生更强大的动力，推动长三角一体化发展。江苏省复制推广上海自由贸易试验区改革创新制度经验。着眼于全面提升对外开放水平，学习上海自由贸易试验区政策制度，借鉴国际上自由贸易园区通行做法，推进投资贸易自由化便利化，按照国家有关要求重点复制上海自由贸易试验区及新片区在投资管理、贸易监管、金融开放、人才流动、运输管理、风险管控等方面的改革试点经验，进一步推动实体经济创新发展和制造业转型升级，加快现代服务业集聚发展和总部经济发展。

江苏自贸试验区实施范围119.97平方公里，涵盖南京、苏州、连云港3个片区，是3块各具特色、各有侧重的改革开放“试验田”。江苏自贸区自成立起，始终坚持“突出特色”，用全球视野来选择和探索自己的特色路径，以形成独特的竞争优势，擦亮江苏自贸区“金字招牌”。三大片区的建设也正是遵循这样的思路：南京发挥自贸区与国家级新区的叠加优势，苏州发挥中新合作的独特优势，连云港发挥“一带一路”建设的开放门户优势，各扬所长、错位发展、优势互补的发展格局初步形成。南京片区的功能定位是“建设具有国际影响力的自主创新先导区、现代产业示范区和对外开放合作重要平台”，发展集成电路、生命健康、人工智能等前瞻性先导性产业，重点在提升自主创新能力上实现突破。苏州片区致力于“建设世界一流高科技产业园区，打造全方位开放高地、国际化创新高地、高端化产业高地、现代化治理高地”，发挥中新合作和制造业产业集群优势，发展生物医药、纳米技术应用、高端装备制造及现代服务业等产业，在全国发展和开放大局中当好“探路先锋”。连云港片区则围绕“建设亚欧重要国际交通枢纽、集聚优质要素的开放门户、‘一带一路’沿线国家（地区）交流合作平台”功能定位，依托独特区位，发展航运物流、新医药、新材料等现代产业，发挥好“一带一路”建设支点作用，推动形成陆海内外联动、东西双向互济的对外开放格局。

（九）推动城市群合作交流机制一体化发展的政策体系基本形成

长三角地区是我国开展区域合作最早的区域之一，增进城市群交流合作既是内在要求又是大势所趋。《长江三角洲区域一体化发展规划纲要》要求三省一市强化组织协调，各地履行好本级党委和政府职责，激发各类主体的活力和创造力，组织动员全社会力量落实规划纲要，形成推动长三角一体化发展的强大合力。成立推动长三角一体化发展领导小组，统筹指导和综合协调长三角一体化发展战略实施，研究审议重大规划、重大政策、重大项目和年度工作安排，协调解决重大问题，督促落实重大事项，全面做好长三角一体化发展各项工作。领导小组办公室设在国家发展改革委，承担领导小组日常工作。江苏提出，进一步完善三级运作、统分结合的长三角区域合作机制，继续深入推进实施《长三角地区一体化发展三年行动计划（2018—2020年）》。

从2009年起，长三角地区合作与发展工作按照“三级运作、统分结合、务实高效”的区域合作机制推进。三级运作机制由决策层、协调层和执行层组成，区域合作的针对性、协调性和有效性进一步增强，长三角区域合作进入一个全面务实推进的新时期。决策层为三省一市主要领导座谈会，每年召开一次，审议、决定和决策关系区域发展的重大事项，是最高层次的联合协调机制。协调层是以常务副省（市）长参加的长三角地区合作与发展联席会议（简称“联席会议”），主要任务是做好主要领导座谈会筹备工作，落实领导座谈会部署，协调推进区域重大合作事项。执行层是在主要党政领导座谈会和联席会议领导的指导下，实行重点合作专题协调推进制度，通过召开办公会议和各专题组会议来运作。执行层包括设在省（市）发展改革委的“联席会议办公室”“重点合作专题组”以及“长三角地区城市经济合作组”。

在长三角城市群的交流合作中，长三角城市经济协调会发挥了重要平台作用。2019年10月15日，长三角城市经济协调会第19次全体会议在芜湖召开。长三角地区41个地级市，其中包括新加入的安徽黄山、蚌埠、六安、淮北、宿州、亳州、阜阳7个城市，全部被纳入长三角城市经济协调会。无论是地理空间格局，还是合作交流机制，长三角都勾勒出史上最全的“全家福”，为构筑强劲活跃增长极再添新力量。

二、江苏促进城市群一体化发展政策效应亮点纷呈

近年来，江苏围绕落实《长江三角洲区域一体化发展规划纲要》《长三角地区一体化发展三年行动计划（2018—2020年）》以及《江苏实施方案》，坚持大处着眼与实处着手相结合、系统推进与重点突破相结合、干好“自己的事”与做好“我们的事”相结合，突出产业创新、基础设施、区域市场、绿色发展、公共服务、省内全域6个重点方面，高质量推动长三角城市群一体化发展，各方面取得显著成效。

（一）产业协同创新有力实施，城市群产业结构更强

构建协同创新产业体系是推动长三角城市群一体化发展的关键。长三角城市群是国内产业发展高地，产业门类齐全，集群优势明显，生产力强，处在工业化后期阶段，城市群区域综合实力全国领先、工业化水平较高。江苏推动产业创新一体化，重点是加快建设自主可控的先进制造业体系和产业科技创新高地，与上海金融中心、科创中心紧密对接、互相支撑、共同发展。一是重点产业发展态势良好。积极探索与区域内各城市之间开展协同合作，大力培育先进制造业产业集群。着力培育新型电力（新能源）装备、工程机械、物联网、前沿新材料、生物医药和新型医疗器械、纺织服装、集成电路、海工装备和高技术船舶、高端装备、节能环保、核心信息技术、汽车及零部件、新型显示13个产业集群。在2019年全国产业集群竞赛中，南京的新型电力（智能电网）装备、软件和信息服务，无锡的物联网，苏州的高端纺织、纳米新材料，徐州的工程机械，苏州的生物医药等集群入围全国首批世界级先进制造业集群试点示范培育对象，总数占全国1/4。二是产业合作新机制起步探索。2019年6月召开的长三角地区主要领导座谈会期间，江苏提出“加快沿沪宁合产业创新带（G42）发展，打造‘产业+创新’发展示范带”的倡议，得到参会各方肯定，并列入长三角区域一体化发展2020年度工作计划。密切跟踪长三角制造业协同发展规划、G60科创走廊建设总体方案等专项规划、方案编制工作进展，全面梳理江苏重点诉求和重要事项。各类产业合作有序推进，智能汽车产业领域，共同研究构建区域一体化测试体系，制定了《长三角区域智能网联汽车自动驾驶功能测试与评价规程》，推进长三角道路测试互认互通；智能制造领域，联动实施长三角智能制造“百千万”工程，联合开展智能制造标准研究，打造长三角智能制造系统集成商平台超市，鼓励长三角工厂、装备商、软件商、集成商等产业链上下游企业加强合作，联合发布《长三角区域机器人产业链地图》等；石墨

烯产业领域，筹建长三角石墨烯联合创新中心，联合开展重大科研攻关，组建长三角石墨烯产业联盟，共同构建标准制定、检验检测、知识产权、科技金融等服务体系；民用航空产业领域，推进落实《长三角地区智能网联汽车一体化发展战略合作协议》，加快推进道路测试及示范应用。三是产业合作载体加快发展。多类型、高水平的产业合作载体成为长三角一体化发展新亮点。如上海与盐城以共建园区为抓手，发展飞地经济，盐城与上海宝武、上海机床厂等大企业合作建设沿海特色产业基地取得突破性进展，各县（市、区）与上海合作共建园区实现全覆盖，先后有光明、临港、上港、上海电气等500多家上海企业落户盐城，形成规上企业200多家，上海百强企业中有40家在盐城有投资。苏州市积极服务于上海“五个中心”建设，2019年3月，由上海市嘉定区，浙江省温州市，江苏省昆山市、太仓市及上汽集团共同在嘉定区发起设立一只规模超百亿元的长三角产业升级股权投资基金，跨区域产业金融合作实现新突破。嘉昆太科创产业园核心园暨汽车核心零部件产业园基础设施建设有序推进，聿联汽车零部件、海美（太仓）智能制造等20个科创产业项目落户园区。四是协同创新取得新突破。加快推进重大科技设施建设，上海华虹无锡集成电路研发和制造基地（一期）12英寸生产线顺利建成投片；“高效低碳燃气轮机试验装置”完成初步设计编制和上报工作，连云港装置部分开工建设；高效低碳燃气轮机试验装置、纳米真空互联材料等列入国家规划的重大科技设施，未来网络试验设施、网络通信与安全紫金山实验室全面开工建设。苏南国家科技成果转移转化示范区加快建设。成功举办了世界物联网博览会、世界智能制造大会等重大活动，启动建设长三角智能驾驶产业示范区，与上海联合实施空间运动目标智能跟踪型星载多分辨光学成像技术研究等22项关键核心技术攻关项目、高效率大角度精准3D人脸识别光引擎用核心组件研发及产业化等9项重大科技成果转化项目。长三角科技资源共享服务平台开通试运行，国家超级计算无锡中心等已建重大科研设施面向三省一市开放共享，正式上线运行昆山—上海科技创新券综合服务平台，为长三角产业体系自主可控贡献了江苏智慧。

（二）基础设施互联互通进程加快，城市群时空距离更近

基础设施互联互通是长三角一体化发展的重要基础和基本支撑。按照国家规划和《江苏实施方案》要求，谋划了一批重大基础设施项目，着力提升区域基础设施互联互通水平。一是交通基础设施建设加快推进。长三角处在“一带一路”建设交汇点和沿海沿江两大经济带“工字形”交汇处，区位独特、地位突出，迫切需要加快构建结构合理、功能完善、互联互通的现代综合交通运输体系，更好适应长三角世界级城市群建设需要，加快建设轨道上的长三角。二是新一代信息基础设施加快推进。把新一代基础设施建设作为一体化发展的重要突破口，围绕5G、新一代数据中心、工业互联网、智能交通、智慧能源等“新基建”，加强联动协作，共同谋划实施一批支撑性强、引领效应明显的重大项目，着力完善网络体系、提升服务能级，形成适应智能经济发展、智慧城市建设需要的现代化基础设施网络体系。牵头组织长三角工业互联网专项工作，推动三省一市与工信部共建工业互联网产业示范区。加快推进5G网络建设，南京位置数据服务中心建设，中国联通集团5G应用创新中心落户南京。加快网络和应用升级改造，打造下一代互联网产业生态。三是能源水利等传统基础设施加快推进。长三角地区能源消费总量较高，能源资源禀赋总体较差，能源自给率较低，区域内开展能源协调合作，保障能源安全稳定，是长三角一体化发展进程中的重要一环。

（三）区域市场一体化推进有序，城市群商贸联系更紧密

推进长三角区域协调发展，必须打破“行政区经济”束缚，打通要素流通“看不见的壁垒”，减少内耗性竞争，提升协同性、紧密度。作为对外开放的前沿地区，江苏瞄准最高的国际规则和标准，推动对内开放与对外开放联动，

促进区域市场一体化与对外开放有机衔接，在更大范围内推动资源的整合，建立企业自主经营、公平竞争，消费者自由选择、自主消费，商品和要素自由流动、平等交换的现代市场体系。一是共建高水平协同开放平台。高标准高质量建设中国（江苏）自由贸易试验区。2019年8月26日国务院正式印发实施《中国（江苏）自由贸易试验区总体方案》，江苏省委、省政府迅速成立以省委书记为第一组长、省长任组长的领导小组，研究制定中国（江苏）自由贸易试验区建设实施方案，南京、苏州、连云港三大片区分别围绕各自目标定位，精心制定行动方案，认真细化任务举措，三大片区建设开局良好。加强与长三角其他地区自贸试验区改革创新试点经验互学互鉴，梳理形成首批落实清单、对接细化清单和深化改革清单，共同打造改革开放新高地。高水平举办第二届江苏发展大会暨首届全球苏商大会、世界物联网博览会、世界智能制造大会，精心组织参加第二届中国国际进口博览会。二是全面扩大对外开放合作。共同促进对外贸易发展，出台开放型经济高质量发展26条举措，建立应对中美经贸摩擦“六项制度”和“两个清单”。中国（江苏）国际贸易“单一窗口”实现了十二大基本功能，积极开展减免税业务系统、原产地证系统试点工作。推进对外投资合作协同，为企业“走出去”提供一站式综合服务，举办境外经贸合作区与长三角企业对接会，广泛开展“云展会”，共同举办线上华东进口商品交易会，推动长三角企业共同开拓国际市场。打造数字贸易高地，新增11个跨境电商综试区、4个数字服务出口基地，推动贸易新业态新模式发展。加强长三角中欧班列资源协同，与铁路上海局建立长效沟通机制，通过“中欧班列集货疏运”模式，助力长三角地区货物通达36个欧洲国家，有力保障国际供应链稳定。三是着力营造一流的营商环境。深化以“不见面审批”为重点的“放管服”改革，成立推进政府职能转变和“放管服”改革协调小组，推进实施市场准入负面清单，出台《聚焦企业关切大力优化营商环境行动方案》等政策文件。加快推进长三角“一网通办”，建成全省政务服务“一张网”，开通长三角“一网通办”专栏，实现长三角政务服务咨询投诉“一号通办”。正式上线长三角“一网通办”诉讼服务专栏，2019年8月2日江苏法院成功受理全国首例长三角“一网通办”跨区域立案案件。深入推进长三角信用体系建设。在安全生产、生态环境、交通运输、税收、食品药品、医疗卫生等重点领域推动实施联合惩戒，推进公共信用信息共享，联合制定长三角各领域统一的红黑名单认定、发布管理办法。着力打通人才流动壁垒。制定《建设G42沪宁沿线人才创新走廊行动方案》，推动南京、苏州、无锡、常州、镇江等五市人才规划接轨、人才工程互认、人才资源共享，加快构建差异化、协同化发展的区域人才创新共同体。

（四）生态环境治理扎实推进，城市群环境更美

长三角作为“长江大保护”的关键地区，推动生态环境的共建共治共享是长三角一体化战略的主要任务之一。江苏认真贯彻落实国家战略，在推进长三角区域环境“共商共享共治”上，积极探索江苏智慧、江苏经验，为共筑绿色美丽长三角贡献江苏力量。一是全面推进长三角生态绿色一体化发展示范区建设。聚焦规划管理、生态保护、土地管理、项目管理、要素流动、财税分享、公共服务和公共信用等8个方面一体化制度创新，坚持上海龙头带动，浙苏精诚合作，共同编制了《长三角生态绿色一体化发展示范区总体方案》，2019年10月国务院批复实施。坚持规划引领，协同上海、浙江加快研究编制示范区国土空间、生态环境、水利、产业、综合交通、文旅等专项规划。积极赋能赋权示范区建设，会同上海、浙江共同研究制定了支持示范区高质量发展的政策意见和政府核准投资项目目录，政策意见从加大财税金融支持力度、提高土地资源配置效能、推动优质教育医疗资源共享、优化公共资源配置、探索科技创新一体化发展和激励机制等若干方面，明确了22条具体支持政策；政府核准投资项

目目录共12条49项，坚持最大限度缩小核准范围和最大限度下放核准权限的原则，力求形成最大政策公约数，释放投资改革政策红利。2020年，江苏申报国家2020年前两批中央预算内投资计划长三角专项的8个项目中，有7个项目是示范区建设项目，共获得资金支持2.35亿元；首张住所冠名为“长三角生态绿色一体化发展示范区”的营业执照、首笔一体化示范区跨区域授信业务均在江苏吴江发出。二是强化大气污染联防联控。建立长三角地区大气污染防治协作小组，制定实施《长三角区域空气质量改善深化治理方案（2017—2020年）》等政策措施，扎实开展“降尘治车”“溯源提质”“溯源增优”“江河碧空”四大蓝天保卫行动，生态环境部卫星环境应用中心长三角分中心在南京成立，省域内72个国控城市站、4个国家区域站及67个省控站通过国家大气环境监测数据共享平台，在长三角区域实现实时共享。三是推进水环境协同治理。坚持“共抓大保护”，制定《江苏省长江保护修复攻坚战行动计划实施方案》，开展入河排污口专项整治行动、交叉互查执法专项行动，国家2018年、2019年警示片披露的江苏“17+11”项问题全部整改完成，国家下达的596个长江干流岸线利用项目清理整治任务完成583个。修订江苏省太湖条例和太湖地标，推进太湖清淤筑岛、湿地修复等关键性工程，太湖治理连续12年实现“两个确保”①。四是健全生态环保协作机制。不断完善长三角地区跨界环境污染纠纷处置和应急联动工作机制，成立生态环境部卫星环境应用中心长三角分中心，苏皖两省签订《关于建立长江流域横向生态保护补偿机制的合作协议》，并在长江流域滁河陈浅断面率先开展试点。推动区域环境标准统一化，研究推行长三角区域各省危险废物转移网上报告制、跨省转移网上审批制。按照“全覆盖、可核查”原则，健全区域大气污染联防联控和协同执法机制。跨界流域生态补偿机制不

① 确保饮用水安全、确保不发生大面积湖泛。

断健全，率先在太湖流域试点跨市流域水环境横向补偿制度，利用环境经济政策推进跨界水体水质改善的机制日渐成熟。截至2019年，全省累计发生补偿资金约23亿元，补偿资金和奖励资金全部用于水环境治理、水质监控及水源地保护等相关工作。无锡、常州、苏州三市同属于太湖流域，生态环境压力巨大。三市之间分别签订了流域横向生态补偿协议，在全国率先建立了上下游地级市间流域横向生态保护补偿机制。宿迁市先后与徐州、淮安、连云港三市签订了生态补偿协议，建立地区间横向生态补偿机制；与安徽省宿州建立定期沟通、通报制度，建立跨界河流联防联控工作机制，推动上下游联动治污。

（五）公共服务一体化协同共进，城市群人民生活更便利

公共服务一体化水平是决定区域内要素资源特别是人才资源能否自由流动的重要因素。江苏聚焦标准化、便利化，推动社保、就医、养老、教育、文旅等领域共建共享，公共服务保障水平不断提升，更好满足人民群众日益增长的美好生活需要。一是长三角教育样板建设积极推进。支持昆山杜克大学、西交利物浦大学等一批国际合作教育培育点建设，加快中外合作办学高水平示范。各省辖市积极探索区域内教育合作新模式，如盐城与复旦附中、上海晋元高级中学等28所名校签订了合作协议，成立名师工作室7个，全市赴沪培训教师310人次，华师大盐城分校建成开学。南通着力健全沪通教育合作交流机制，成立沪通职教联盟，全面推进上海义务教育绿色指标监测南通试验区建设，上海8所知名高校与南通8所重点高中签订《上海知名高校与南通优质高中创新人才培养合作备忘录》，促进双方交流合作。二是卫生健康合作成效明显。率先推进跨省异地就医门诊直接结算试点，开通长三角门诊医疗机构3666家，占长三角开通门诊医疗机构总数的58.75%，全省所有统筹区实现与上海门诊直接结算，南京、无锡、苏州与浙江部分地区实现异地门诊费用直接结算，南京向滁州、马鞍山、芜湖、宣城四市开放预约挂号平台、南京都市圈医检报告查询等应用系

统。常州积极推进优势专科与区域内医疗机构合作，各大医院已与上海、南京等地知名医院建立了32个“常医专科联盟”，不断发挥优质资源的最大效率。南通成为长三角地区异地就医门诊费用直接结算首批试点城市、长三角区域养老一体化合作首批试点城市。三是社会保障协作得到加强。进一步完善基本养老保险关系转移接续政策，联合印发《长三角地区社会保险待遇领取资格认证合作备忘录》，配合开展长三角地区劳动保障监察委托协查案件40余件。扩大一体化养老市场。成立长三角养老协会联合体，建立长三角养老行业人才培养平台，确定苏州、南通开展区域养老一体化首批试点。四是文化和旅游高质量发展。牵头推出“高铁+酒店”“高铁+景区”等快捷旅游线路项目，联合推荐“乐游长三角”网络服务平台，共同打造江南水乡文旅品牌，推进“畅游长三角”惠民“一卡通”“旅游护照”等产品上市。镇江以创建国家全域旅游示范区为契机，积极推广宁镇扬旅游年卡，策划推出宁镇扬精品旅游线路，联合举办旅游推介会，开通南京南站游客集散中心至镇江、扬州两地的旅游直通车，同步提高服务质量，实现旅游信息互通、资源共享、产品互动。扬州主动融入南京都市圈，公交一卡通在宁镇扬实现互通兼容，扬州公立文化馆、公共图书馆、美术馆、博物馆等公共文化设施面向都市圈居民免费开放。

（六）省内全域一体化力度加大，城市群互动融合格局更大

城市群是一个由大都市圈、大中小城市和小城镇组成的有机整体。没有长三角三省一市内部的一体化，也就不可能有长三角区域的一体化。省内全域一体化是推进长三角区域一体化发展的重要内容。江苏积极尝试以局部一体化推进省内全域一体化，以苏锡常、宁镇扬及锡常泰、苏通跨江融合等局部一体化先行助推长三角区域一体化，为促进长三角跨界地区一体化发展贡献江苏经验。一是支持和服务上海大都市圈建设。苏锡常一体化发展6年行动计划顺利实施，嘉定—昆山—太仓协同创新核心圈行动方案发布实施，苏锡常融入上海

大都市圈空间协同规划编制启动，宁锡常接合片区成为国家城乡融合发展试验区。常州市已成功纳入《上海大都市圈空间协同规划》，成为上海大都市圈“1+8”成员之一。无锡市从推进基础设施沟通、推动产业紧密对接、推动园区广泛合作3个方面加快融入上海大都市圈。南通市举全市之力加快推进北沿江高铁、南通新机场、通州湾海港三大战略基础设施工程，着力打造上海国际综合交通枢纽新功能区。二是加快南京都市圈发展。编制完成南京都市圈发展规划，宁淮特别合作区建设全面展开，南京市与淮安市共同编制《宁淮挂钩深度合作规划（2017—2030年）》，深度推进两市在园区共建、人才交流、产业合作、文化旅游等方面的合作，2019年注册落户49个总部经济、电子商务、软件开发等产业项目；顶山—汊河、浦口—南谯、江宁—博望跨界一体化发展示范区启动建设。镇江市依托宝华山国家森林公园的生态优势，积极对接南京仙林大学城，打造全国科技创新高地、区域智慧谷和东部宜居城。三是统筹推进跨江融合发展。创建江阴—靖江高质量跨江融合发展试验区，江阴—靖江工业园区是全国首个跨江、跨行政区域的开发区，园区成为中国民营造船、国家重钢结构两大产业基地。组织编制沪苏跨江融合试验区规划，与上海签署南通新机场合作共建协议，编制形成通州湾新出海口建设总体方案。四是更大力度推进苏北地区融入一体化发展。加快建设徐州淮海经济区中心城市，推动淮海国际陆港建设、老工业基地振兴和区域交通体系完善。制定出台《关于推动南北共建园区高质量发展的若干政策措施》，实施苏宿工业园区拓园发展，经过13年的开发建设，苏宿工业园区得到长足发展，对推进南北产业转移、促进区域协调发展发挥了重要作用。淮安市充分发挥江淮生态经济区、淮河生态经济带、大运河文化带“一区两带”建设在区域内交汇叠加优势，主动推动向东向西双向开放、向南向北全面对接，积极构建“东融西拓、南联北接”的发展格局，淮安机场开通首条全货机航线。五是推动省际毗邻地区协同发展。与浙江共同推进宁杭生态经济带建设，积极探索生态经济发展与跨省区域合作新路径；苏皖合作示范区在产业、教育、医疗合作等方面取得积极进展，溧阳、郎溪、广德三地实现参保人员异地就医住院费用实时结算；以沪苏浙皖“一岭六县”为依托，协同规划建设长三角产业合作区。六是加强跨省合作共建。沪苏（大丰）产业集聚区道路、桥梁等配套设施加快建设，上海奥为智能门窗、颐柏热处理等项目开工建设；中新苏滁现代产业合作园，已注册各类企业408家，2019年开票销售超百亿元；中新嘉善现代产业园设立了总规模100亿元的智能传感器产业专项基金，成功引进博升光电、恒为科技等一批标志性项目，总投资超150亿元。

由于思想认识、基础条件等不尽相同，江苏城市群一体化发展还存在一些亟待解决的问题，突出表现在以下5个方面。一是中心城市辐射带动作用还不够突出，区域协调发展水平需要进一步提升。江苏列入长三角中心区的9个城市，比较上海、杭州等，城市发展动能相对偏传统，中心城市的辐射带动能力还偏弱。二是协同产业创新的体制机制有待完善，推进产业基础高级化、产业链现代化需要进一步加大力度。江苏产业体系完备，制造业规模位居全国前列，但“有高原没有高峰”，高端产业发展不充分、具有全产业链控制力的领军企业不多，科研领域各自为战，科技资源还未能实现高效配置和开放共享，区域产业协作层次往往处于产业链中下游，高端突破不多。三是生态环境保护的压力仍然较大，开发与保护的主体功能格局需要进一步完善。江苏实体经济发达，经济体量较大，但生态环境相对脆弱，经济社会发展与资源环境承载能力之间的矛盾依然存在，一些结构性、区域性环境问题突出。跨区域跨流域共建共享共保共治机制尚不健全，跨界自然资产统筹管理和生态环境联防联治机制需要进一步建立和完善，实现长三角更高质量一体化发展还面临较大环境制约。四是基础设施和公共服务供给还不够均衡，城乡、地区之间差距需要进一步缩小。从交通基础设施来看，江苏离“轨道上的长三角”的目标还存在一定差距，特别是苏北的高铁、高速公路建设长期滞后于经济发展水平；跨省界重大交通基础设施项目还存在规划、建设等方面的“断头路”现象。长三角地区各地养老保险办理政策有差异、信息系统不统一，超过一定年限的一次性补缴互认问题还存在较大分歧。五是体制机制性制约仍然存在，一体化发展的壁垒需要进一步打破。资源配置的市场化机制尚未形成。各地立法还未真正走出地域限制，地方立法资源还未能做到共享共参，一体化发展还相对欠缺统一适用的法律规范，区域间司法协作联动服务保障机制还不够完善和有效。

三、进一步推动长三角城市群一体化发展的政策展望

切实稳住长三角经济基本盘、增强长三角发展动能，更需要长三角聚拢成拳、加大力度、切实担负起高质量发展重任。必须牢固树立“一体化”意识和“一盘棋”思想，紧扣“一体化”和“高质量”两个关键，加强与长三角城市间交流合作，不断拓展城市合作的广度和深度，着力推动城市群一体化发展各项工作落地见效，增强长三角地区创新力、竞争力和抗风险能力，在构建新发展格局中引领全国高质量发展。

（一）聚焦畅通产业循环，更大力度构建新发展格局

长三角地区是我国综合实力最强、产业融合度最高的经济板块之一，最有潜力、最有基础、最有条件打造世界级产业集群，推动产业链、供应链内部畅通，形成区域经济大循环。必须聚焦重点领域，充分发挥江苏科教、人才、开放以及产业基础等综合优势，着眼于打造长三角世界级产业集群“主骨架”，形成产业创新高地。一是加强区域产业布局协同。探索建立长三角地区产业分

工合作新机制，发挥核心和关键节点城市的引领带动作用，促进产业分工协作，优化跨区域产业布局，夯实畅通产业循环的基础支撑。沿沪宁（合）线是上海、江苏和安徽的产业、城镇密集区，建议共同研究编制沿沪宁（合）线产业创新带建设总体方案，推动高质量发展。二是加强重点产业区域循环。当前进出口受阻，畅通长三角区域产业循环、构建新的发展格局，既有外在压力、更有内在动力。建议立足和发挥各自优势，对重点产业进行全产业链、全供应链研究分析，加快对接、融通、优化步伐。三是培育世界级产业集群。国家工信部通过竞赛遴选的先进制造业集群中，长三角地区拥有新型电力装备、工程机械、物联网、集成电路、生物医药等20个集群（江苏9个、浙江7个、上海3个、安徽1个），数量占全国的45%。可以在长三角区域内各展所长、扬长补短，共同打造工业互联网平台，补链延链强链，形成更大规模优势，全力创建一批国家级战略性新兴产业基地，为世界级产业集群建设提供“种子选手”。

（二）聚焦关键核心技术，更大力度催生新发展动能

长三角正处于工业化后期向后工业化过渡阶段，创新驱动是发展的新引擎。新冠肺炎疫情冲击暴露出江苏产业链、供应链存在的风险隐患，比如美国垄断集成电路EDA软件，江苏呼吸机所需传感器的80%被美国控制，快速检测产品中的核心材料硝酸纤维素膜、DNA聚合酶严重依赖进口，短期内都无法替代。当前形势之下，区域创新能力提升已经不再是某一个体、某一领域、某一方面、某一省市的孤立发展，而是需要“握指成拳”，推动各方创新力量协同共进，实现长三角创新能力和竞争实力的根本提升。一是联合开展“卡脖子”技术攻关。坚持问题导向、目标导向、结果导向，着眼于实现产业体系自主可控、安全高效，加强基础性、战略性关键技术研发，积极参与国家重大科技基础设施建设布局，实施关键核心技术攻关项目。从长三角区域整体协同高度逐个分析、逐个解决，弄清楚哪些可以在省内替代，哪些可以在长三角范围内替

代，哪些需要发挥长三角协同优势抓紧突破，加强战略协同和关键核心技术攻关，锻造一些“杀手锏”技术，力争重要产品和供应渠道至少有一个替代来源。比如，建立关键技术协同攻关机制，加强创新协同和分工合作，共同组织实施一批跨区域、跨部门、跨领域的重大科技攻关专项项目，联合突破一批“卡脖子”关键核心技术，切实保障产业链和供应链安全。又如，共建关键技术招标揭榜机制，围绕长三角地区重点产业发展面临的高端CPU、5G通信模组芯片、先进存储器等关键瓶颈制约，面向全球发布技术难题清单，集聚国内外优秀科技创新资源共同开展揭榜攻关，努力打破国际垄断和技术壁垒。二是协同完善产业链和创新链布局。突出发挥上海、南京、杭州、合肥等中心城市的辐射支撑作用，加强国家级区域性重大创新载体平台建设，加强苏南国家自主创新示范区建设，积极构建开放、协同、高效的共性技术研发平台，推进G60科创走廊和沿沪宁（合）产业创新带建设，加快推进5G网络建设，推动云计算、大数据、互联网、人工智能等技术创新，推进区域信息枢纽港建设，携手把长三角地区打造成为全球数字经济发展高地，不断增强对全球高端要素的吸引力和集聚力。三是设立长三角联合创新资金。三省一市政府共同出资设立长三角联合创新资金，重点支持联合开展跨领域、跨学科重大基础研究，支持集成电路、生物医药、先进材料等优势领域创新突破，支持建设纳米真空互联、光子科学、智能计算等领域重大科技基础设施，增强对全球高端要素的吸引力和集聚力。

（三）聚焦新型基础设施建设，更大力度拓展新发展局面

新基建一端连接投资需求，一端连接消费市场，是催生新产业、新业态、新模式的有效途径。长三角城市群要进一步强化协同，做好新基建专项规划，推进新基建共建共用共享，充分发挥新基建对经济发展、转型升级的支撑作用和乘数效应。一是新基建引领新产业。深化研究推进“5G下的长三角”，在信息、融合、创新基础设施上形成“一体化”。推进长三角工业互联网一体化发展示范区

建设，推动工业领域“5G+工业互联网”先试先用，加快推进工业互联网系统布局、技术攻关、标准研究等工作。二是新基建催生新业态。加速发展新一代信息网络，拓展5G应用，不断赋能新业态。车联网已成为汽车产业发展必然趋势，建议共同打造智能网联汽车一体化测试认证示范体系，发展智能网联汽车新一代基础设施，建立智能网联汽车产业发展标准，建设智能网联汽车测试试点示范区，推进智能网联汽车产业联动发展。三是新基建带动新模式。发挥新基建在电子商务、政务服务、网络教育、网络娱乐等方面的支撑作用，加快发展网上购物、网络游戏、网络直播、在线医疗、云办公云服务，有效拉动需求、促进消费。

（四）聚焦改革开放新高地，更大力度激发新发展活力

营商环境直接关系地方发展环境，是地方发展的“商机”。长三角地区既有深化“放管服”改革形成的成功经验，同时也有进一步提升的空间。要畅通要素自由流动。促进区域范围各类生产要素的自由流动和高效配置，鼓励有序竞争。学习粤港澳大湾区优化营商环境采用对接方式，珠海横琴对接澳门，深圳前海对接香港，通过市场准入、金融服务、人员往来、中介服务等逐项分析，形成趋同的营商环境。要充分挖掘营商活动形成的区域性大数据。依托电子口岸平台，推进信息共享和业务协同，通过国际贸易“单一窗口”，提供便捷的口岸通关服务，避免企业重复报关。建立长三角进出口商品质量溯源系统，整合碎片化的国际进出口贸易信息，如海关通关、商品质量、市场需求、税务等信息，开展深度价值挖掘，实现数据共享和业务协同。建立身份认证系统和电子营业执照系统，实行一次认证、全网通办，避免市场主体在不同地区和部门政务服务平台重复注册验证。要共同防范区域性风险。建立统一的“互联网+监管”系统，实现监管事项全覆盖、监管过程全记录、监管风险可发现。要形成以企业为主体的评价机制，形成以企业感受度为核心的营商环境评价机制。“放管服”改革和环境优化措施要贴近企业实际，满足企业需求，

避免简单程式化。广泛听取企业的意见和诉求，积极发现企业在营商中面临的“急难痛”点，以此作为营商环境的优化要点。

（五）聚焦共建美丽长三角，更大力度打造新发展优势

长三角地区具备空间区位邻近性、发展阶段差异性、产业结构互补性、公共服务共享性的特征，山水相连、人缘相亲、文化相融，具备发展生态经济、绿色产业的基础条件。进一步加大合力共建美丽长三角力度，努力形成生态环境共保共育格局，探索把“绿水青山”转化为“金山银山”的发展路径。积极深化研究，明确打造“两山”转化样板区的总体目标、发展路径、具体举措，抓紧编制协同发展规划。创新体制机制，围绕平台共建、产业互补、科技互促、生态共保、民生共享等领域，先行开展区域一体化发展的体制机制创新，在长三角区域内建立探索性试点。加快项目建设，建立联席会议制度、工作专班和专项工作机制，共同研究、协调重大政策、重大项目和重大合作事项。以新技术新理念新业态加快绿色产业发展，形成人与自然和谐发展，生态建设与经济发展相得益彰的生动格局。

专题四

珠三角城市群一体化政策及进展①

珠三角城市群一体化重点在推进基础设施、产业协同、基本公共服务、城乡融合和环境保护一体化，目的在于增强城市群整体竞争力，进而形成有利于经济社会资源合理有效配置的体制环境。为推动珠三角城市群一体化，2005—2020年中共中央和广东省各级政府陆续出台了一系列政策规划。

本专题主要是对2005—2020年围绕珠三角城市群一体化出台的一系列政策法规及取得的成效进行全面梳理，以期为更好地推动珠三角城市群一体化提供有益思考及借鉴。

一、珠三角城市群一体化政策

（一）坚持顶层设计，突出政策先导性，推进珠三角城市群一体化

从中央和省级层面看，为推动珠三角城市群一体化，早在2005年8月广东省就出台了《珠江三角洲城镇群协调发展规划（2004—2020）》，对广佛肇、深

① 本专题作者为深圳市人民政府发展研究中心（深圳市人民政府政策研究室）郑伟。

莞惠、珠中江三大都市区以及珠三角的生态、交通、产业、市政设施等城镇发展支撑体系提出了规划指引。

2008年12月，国务院批复实施了《珠江三角洲地区改革发展规划纲要（2008—2020年）》，明确了珠三角战略定位和发展目标，提出按照城乡规划一体化、产业布局一体化、基础设施建设一体化、公共服务一体化的总体要求，率先形成城乡一体化发展新格局。

围绕《珠江三角洲地区改革发展规划纲要（2008—2020年）》，2010—2014年，广东省又先后出台了《珠江三角洲基础设施建设一体化规划（2009—2020年）》《珠江三角洲环境保护一体化规划（2009—2020年）》《珠江三角洲产业布局一体化规划（2009—2020年）》《珠江三角洲基本公共服务一体化规划（2009—2020年）》《珠江三角洲城乡规划一体化规划（2009—2020年）》5项专项规划，分别从基础设施、产业布局、环保生态、城市规划、公共服务等具体领域推动珠三角城市群一体化。之后又于2014年开展了科技创新、智慧城市群建设和信息化、旅游一体化等“5个一体化行动计划”，最终形成了“1个纲要+10个一体化专项”的实施机制。

同时，为切实推动纲要的实施和区域一体化发展，2012年制定了《关于进一步分解落实实施〈珠三角规划纲要〉实现“四年大发展”部分指标和重大项目建设任务的通知》，提出“一年开好局、四年大发展、九年大跨越”的分阶段实施计划。其中，“九年大跨越”提出了八大工作任务，包括34项子任务、105条工作措施以及每项任务落实的责任单位。总体目标是到2017年，珠三角率先全面建成小康社会取得决定性成效，在推进转型升级中加快发展，增强核心竞争力，基本建立完善的社会主义市场经济体制，科学发展的体制机制更加完善，经济发展方式取得显著进展，形成具有世界先进水平的科技创新能力，粤港澳合作和区域一体化达到更高水平，生态环境明显改善，社会软实力明显增强，人民生活水平全面提高。

2017年5月，广东省政府印发了《实施珠三角规划纲要2017年重点工作任务》，提出要强化广州、深圳“双引擎”辐射带动作用，推动“广佛肇＋清远、云浮、韶关”“深莞惠＋汕尾、河源”“珠中江＋阳江”3个新型都市区率先实现一体化。

2020年在全面推动粤港澳大湾区建设背景下，广东省对外公布了《广东省建立健全城乡融合发展体制机制和政策体系的若干措施》，提出科学制定广州、深圳、珠江口西岸、汕潮揭、湛茂都市圈发展规划，构建协同发展机制，增强都市圈综合承载能力和辐射带动作用。

从市级层面看，早在2000年，广州市已开始着手研究广佛合作的相关问题，提出“东进、西联、南拓、北优”的空间发展战略，强调要加强同佛山的联系与协调发展。

2003年，广州市组织开展了《广佛都市圈协调规划研究》，分别从珠三角、广佛都市圈和广佛两市等层面提出协调发展的原则目标，在地区协调发展方面做出了一定的探索。

2008年12月，国务院批复实施《珠江三角洲地区改革发展规划纲要（2008—2020年）》后，按经济联系和地理位置，广东省把珠三角九市划分为广佛肇、深莞惠、珠中江三大经济圈。每个经济圈确定一个牵头市，围绕城市群一体化，三大经济圈均出台了各自的总体和专项规划。具体表现在：

围绕广佛肇一体化，2009年6月，广佛肇三市签署了《广佛肇经济圈建设合作框架协议》，标志着广佛肇经济圈建设上升到政府战略合作层面，三市围绕规划对接、交通运输、产业协作、科技创新、环境保护、旅游合作、社会事务、金融通信等领域展开实质性合作。

2010年4月广佛两市发布了《广佛同城化建设城市规划3年工作规划》，其中包括《广佛新客站周边地区同城整合规划》《广佛芳村桂城地区同城整合规划》《广佛城镇空间发展战略规划》《区域交通一体化规划研究》4个专项规划，分别围绕广佛新客站周边地区同城整合、芳村桂城地区同城整合、城镇空间发展战略以及交通一体化进一步推进同城化。

为纵深推进广佛肇城市间的交通运输、产业协调、环境保护、旅游合作和教育培训，2011年5月，广佛肇三市通过了《广佛肇经济圈发展规划（2010—2020年）》，提出广佛肇经济圈的总体目标是建设经济圈、生活圈和生态圈，力争用10年时间实现经济圈大融合。

2015年2月，广佛两市签署了《广佛两市轨道交通衔接工作备忘录》，并将清远、云浮两市纳入广佛肇经济圈范围。2015年12月，广佛肇经济圈扩容形成广佛肇清云韶的“3+3”合作模式。六市政府提出进一步加强规划、交通、产业、环保、旅游、公共服务等领域的对接联动，形成多层次的合作机制，推动六市深化区域合作，实现错位发展、竞合共赢。

2016年，广州发布了“十三五”规划纲要（2016—2020），提出加速推进广清一体化，发挥经济圈龙头城市作用，以广佛同城化、广清一体化为重点，以重大合作项目为抓手，携领肇庆、云浮、韶关加快发展。广州“十三五”规划纲要提出，要加快广清城际轨道、广清高速扩建、佛清高速北段等重大基础设施建设，实现白云机场、广州北站等综合交通枢纽功能共享。

广佛两市还于2018年底签署深化广佛同城化战略合作框架协议，推进全方位对接、全方位同城。2019年两市签署《广佛同城化建设2019年度重点工作计划》和广佛共建4个万亿级产业集群工作方案，同时签署了《共建广佛高质量发展融合试验区备忘录》《共建广佛同城化合作示范区框架协议》。

围绕深莞惠一体化，深圳、东莞、惠州三市2009年先后3次召开了三市党政主要领导联席会议，签订了《贯彻落实〈珠江三角洲地区改革发展规划纲要〉

推进珠江口东岸地区紧密合作框架协议》《深圳、东莞、惠州规划一体化合作协议》等一系列合作协议，三市就发展规划、产业发展、区域创新、交通运输、能源保障、水资源及城市防洪、信息网络、环境生态、社会公共事务内容进行重点合作，同时确定了重点推进的25个合作事项，签署了界河治理、跨境公交、边界道路建设 3 个工作计划。此外，三方还陆续签订了警务、工商、劳动保障、旅游、金融等多个合作备忘录，深莞惠一体化朝着更为广阔、更为纵深的方向发展。

2011年4月，深莞惠三市签署了包括坪新清片区规划开发、产业发展合作、信息化合作、加快推进交通运输一体化、加强深惠合作在内的一揽子协议，为深莞惠一体化发展奠定了基础。

2012年5月，深莞惠三市党政主要领导召开了第六次联席会议，签署了《深圳市东莞市惠州市共建深莞惠区域创新体系合作协议》《深圳市东莞市惠州市加快推进交通运输一体化补充协议四》《深圳市东莞市惠州市农产品质量安全合作协议》《深圳市东莞市惠州市三地文化联动合作协议》4个合作协议，确定了深莞惠共同推进的重点事项，涉及跨界河流防洪、莞惠合作共建产业转移“园中园”、污染联防联治机制、构建环大亚湾滨海旅游经济区、共建深莞惠三市劳动监察执法合作机制、共同推广新能源汽车等九大方面，进一步推动了深莞惠一体化向纵深发展。

2013年8月，深莞惠三市发布了《深莞惠区域协调发展总体规划（2012—2020）》，为珠三角城市合作和一体化发展提供了框架性的指导和引领，确定了三市共同推进的13个重点工作事项，签署了三市汽车零部件产业合作框架协议、应急管理区域合作协议、大气污染防治合作协议和2013年深惠合作备忘录，标志着深莞惠合作进入纵深拓展、全面深化的新阶段。

为进一步扩大深莞惠经济圈的辐射范围，2014年将汕尾、河源纳入深莞惠经济圈范围，五市确定了体制共建、交通运输、生态环保、产业合作、警务协作五大类21个重点合作事项。汕尾、河源的加入使深莞惠经济圈发展空间进一步拓展。

2016年2月，深莞惠汕河五市签订了《深圳市东莞市惠州市汕尾市河源市共建区域创新体系合作协议》《深圳市东莞市惠州市汕尾市河源市区域社会信用体系建设合作框架协议》《深圳市东莞市惠州市汕尾市海洋经济协调发展战略合作框架协议》，通过了五市将共同推进的六大类共40个重点合作事项，涉及机制共建、交通运输、生态环保、基础设施共建、产业合作、信息共享协作六大类。

2016年12月，深莞惠经济圈（3+2）通过了五市共同推进的47个重点合作事项和《深圳、东莞、惠州、汕尾四市海洋产业经济协作示范区建设纲要》，深圳、惠州、汕尾签署了《共建海上旅游航线发展粤东滨海旅游框架协议》，深圳与河源签署了《深圳河源两市农产品质量安全监管合作协议》，标志着深莞惠经济圈合作领域进一步深化。

2018年，深莞惠经济圈（3+2）提出在深莞惠经济圈（3+2）合作机制上，参照深汕特别合作区有关做法，推动在东莞、惠州邻近深圳地区划出一定区域，规划建设跨行政边界的功能协调、产业互补、成果共享的区域协同发展试验区。

围绕珠中江一体化，2009年4月，首届珠中江区域紧密合作工作会议在珠海举行，珠中江三市签订《推进珠中江区域紧密合作框架协议》，开启了珠中江区域紧密合作发展的新进程。2009年9月，珠中江三市召开了第二次联席会议，签署了年票互认、教育、物价、质监4个领域的合作协议。年票互认合作协议的签署标志着珠中江区域合作向纵深发展。

2010年1月，由中山市牵头推进，珠中江经济圈率先实现了公路年票互认，惠及三地市民，每年节省出行成本约1.87亿元。

2011年10月，珠中江经济圈率先实现了“通信资费一体化”，每年三市市民通信费用支出可减少2.87亿元。2012年4月，珠中江三市科技主管部门签署了《珠中江区域产学研合作框架协议》，提出规划建设滨海产业区。

2013年12月，珠中江三市就机制衔接、基础设施、产业协作、生态环保、民生服务五大方面29个重大项目签订合作协议，标志着珠中江三市合作进入深度融合期。

2014年11月，广东省委省政府决定阳江市按“3+1”（珠中江+阳江）模式参与珠中江经济圈建设，开启了珠中江经济圈“3+1”的新格局。2016年12月，四市在阳江召开第十一次党政联席会议，聚焦旅游产业区域合作，四市将成立旅游合作联盟，整合旅游资源，打造形态多样、内涵丰富、有故事、有深度的区域旅游品牌。2017年12月，四市签署了《主动融入粤港澳大湾区、促进互联互通共建共享战略合作备忘录》，提出将重点在交通、产业、环保3方面加强紧密合作，推动珠江口西岸城市加速发展，主动融入粤港澳大湾区建设。

表4-1为珠三角城市群一体化政策。

表4-1 珠三角一体化主要政策一览表

发布时间	文件名称	主要内容
2005年8月31日	《珠江三角洲城镇群协调发展规划（2004—2020）》（粤府〔2005〕76号）	明确了珠三角区域空间发展策略、总体布局、城镇中心体系，对广佛肇、深莞惠、珠中江三大都市区以及珠三角的生态、交通、产业、市政设施等城镇发展支撑体系提出了规划指引，并制定了详细明晰的分级、分类空间管治措施
2006年7月28日	《广东省珠江三角洲城镇群协调发展规划实施条例》	从地方法规的层面对《珠江三角洲城镇群协调发展规划（2004—2020）》政策的顺利实施予以保障
2008年7月28日	《关于加快建设现代产业体系的决定》（粤发〔2008〕7号）	明确提出了建设“珠三角现代产业核心区”的构想，要求珠三角各市按照区域经济一体化的战略要求，统筹区域内产业发展规划、定位和重点，错位发展、优势互补，把珠三角建设成为核心竞争力强、高端产业集聚、三次产业协调发展，带动全省、辐射华南的现代产业示范区

续表

发布时间	文件名称	主要内容
2009年1月8日	《珠江三角洲地区改革发展规划纲要（2008—2020年）》	明确了珠三角战略定位，指明了珠三角未来的发展目标，提出构建开放型的区域创新体系，发展与香港国际金融中心相配套的现代服务业体系，建设与港澳地区错位发展的国际航运、物流、贸易、会展、旅游和创新中心。同时指出要按照统筹规划、合理布局、适度超前、安全可靠的原则，加快交通、能源、水利和信息基础设施建设，推进区域基础设施一体化发展。按照城乡规划一体化、产业布局一体化、基础设施建设一体化、公共服务一体化的总体要求，率先形成城乡一体化发展新格局
2009年6月10日	《关于加快推进珠江三角洲区域经济一体化的指导意见》（粤府办〔2009〕38号）	提出珠三角阶段性发展目标：到2012年，基本实现基础设施一体化，初步实现区域经济一体化；到2020年，实现区域经济一体化和基本公共服务均等化，实现区域内经济全面融合，各种资源优化配置，发展格局科学合理，竞争力和辐射力进一步增强，为率先基本实现现代化提供强有力的保障
2010年7月30日	《珠江三角洲城乡规划一体化规划（2009—2020年）》（粤府办〔2010〕44号）	指出珠三角一体化以将广州、深圳打造为世界城市为引领，带动区域一体化。以“环珠江口湾区”为创新载体，携手港澳共同打造大珠三角发展方式转变示范区和宜居宜业的精华区，以点带面、携领区域一体化发展。以协调城际轨道交通廊道、枢纽与城镇空间布局、功能优化的关系为抓手，引导珠三角城镇群紧凑和一体化发展，促进绿色出行、缓解环境压力。以推进公共服务中心规划建设为重点，完善区域服务体系，实现基本公共服务均等化和一体化。以创新机制、加强协调为保障，建立城乡之间、城市之间、各类专项规划之间的衔接机制、制度和标准体系；加强政策配套，确保本规划提出的各项行动计划得到落实；加强规划实施的监督和评估
2010年7月30日	《珠江三角洲基础设施建设一体化规划（2009—2020年）》（粤府办〔2010〕43号）	文件指出了珠三角基础设施建设一体化仍面临 “多头管理、诸侯割据”行政管理体制障碍、综合性基础设施规划缺乏、基础设施共建共享政策和机制缺乏等三大主要问题。进一步明确未来珠三角基础设施一体化发展目标，同时规划了交通、能源、水资源和信息化等四大工程
2010年7月30日	《珠江三角洲环境保护一体化规划（2009—2020年）》（粤府办〔2010〕42号）	从推进区域环境保护一体化入手，统筹构建全防全控的产业环境调控体系、齐防共治的跨界水体污染综合防治体系等八大体系，为区域经济一体化提供环境保障。本规划突出环境保护的共识、共治与共赢，与城乡规划一体化、产业布局一体化、基础设施建设一体化和公共服务一体化等规划相互衔接，共同推进珠三角协调、有序、可持续发展

续表

发布时间	文件名称	主要内容
2010年8月10日	《珠江三角洲产业布局一体化规划（2009—2020年）》（粤府办〔2010〕45号）	从广东经济社会发展战略全局出发，同时将与港澳紧密合作的相关内容纳入规划。规划进一步明确了各市、各经济圈之间产业整体融合、错位关联、互补互促、合理竞争、共生共荣的产业空间布局以及未来产业发展重点
2010年8月10日	《珠江三角洲基本公共服务一体化规划（2009—2020年）》（粤府办〔2010〕46号）	规划的基本公共服务一体化是指珠三角公民所享受到的基本公共服务能够突破行政区划的界限，逐步实现对接共享并最终达到同一标准的过程和状态，内涵包括资源共享、制度对接、要素趋同、流转顺畅、差距缩小、城乡统一、待遇互认和指挥协同等8个方面，范围包括公共教育、公共卫生、公共文化体育、公共交通、生活保障、住房保障、就业保障、医疗保障、生态与环境、现代服务业等10个方面
2011年3月7日	《推进珠江三角洲区域一体化工作评价指标及评价办法》（试行）(粤府函〔2011〕58号）	开展推进珠三角区域一体化评价工作，有利于促进经济圈建设和一体化各项工作任务的落实和工作目标的实现，对推动珠三角区域一体化发展，增强珠三角城市群整体竞争力具有积极意义
2011年3月9日	《实施〈珠江三角洲地区改革发展规划纲要（2008—2020年）〉评估考核办法》（粤府办〔2011〕12号）	主要目的在于督促各地、各部门保质保量完成推动《珠江三角洲地区改革发展规划纲要（2008—2020年）》
2011年3月29日	《珠三角改革发展规划纲要2011年和2012年重点工作任务》（粤府办〔2011〕16号）	规划明确了珠三角各市在推进区域一体化进程中的各项重点工作和任务
2011年7月18日	《关于加快珠江三角洲地区文化创意产业发展的指导意见》（粤府办〔2011〕42号）	提出以广州、深圳市为核心，珠三角地区其他7个地级市为支点，以若干文化产业集群、文化产业园区（基地）和重大项目为支撑，构建珠三角地区文化创意产业带，形成区域布局合理、产业特色鲜明、科技水平先进、集聚效应显著、经济效益高、国际竞争力强的产业发展新格局
2011年10月11日	《实施珠江三角洲地区改革发展规划纲要保障条例》（粤府办〔2011〕67号）	标志着广东省实施《珠江三角洲地区改革发展规划纲要（2008—2020年）》工作进入了法治轨道，对推动珠三角地区乃至全省加快改革发展具有重要意义。提出要加强组织领导，完善工作机制，加强协调连接，健全决策咨询机制，完善评估考核，加强督促检查
2011年11月9日	《推进珠江三角洲产业布局一体化进程2011—2012年工作意见》（粤办函〔2011〕689号）	成立产业协作专责工作小组，促进圈内产业协调错位发展。制定《珠江三角洲地区产业结构调整优化和产业导向目录》，鼓励发展现代服务业、先进制造业和高技术制造业。提出以省市共建等方式集中扶持珠三角每个市发展2个左右的优势产业，积极争取部省共建，提高各市优势产业占全省比重。鼓励跨市、跨经济圈合作共建工业园、物流园、科技园等产业园

续表

发布时间	文件名称	主要内容
2012年1月30日	《关于完善珠三角城际轨道交通沿线土地综合开发机制意见》（粤府函〔2012〕16号）	宣布成立土地综合开发工作领导小组，统筹协调珠三角城际轨道交通站场建设、站场周边土地开发与城市发展之间的关系，做好土地综合开发规划、城市总体规划、土地利用总体规划的相互衔接，促进城际轨道交通资源与城市资源的整合利用、共同发展
2012年8月14日	《广东省人民政府办公厅关于进一步分解落实实施〈珠三角规划纲要〉实现"四年大发展"部分指标和重大项目建设任务的通知》（粤办函〔2012〕510号）	要求各市、各部门加强组织协调，完善政策措施，对"四年大发展"部分指标和重大项目建设任务进一步分解落实，确保完成《珠三角改革发展规划纲要2011年和2012年重点工作任务的通知》（粤府办〔2011〕16号）和《关于调整实施〈珠三角规划纲要〉实现"四年大发展"部分重大项目2012年工作进度安排的通知》（粤办函〔2012〕317号）要求的进度目标
2014年1月30日	《关于印发珠江三角洲区域大气重污染应急预案的通知》（粤办函〔2014〕51号）	要求各地级以上市人民政府实行政府主要负责人负责制，按照区域大气重污染应急联动的需要，加强对大气重污染应对的区域统筹领导，及时组织落实相关应急响应措施。建立"部门协调联动，公众广泛参与"的大气重污染应急工作机制，充分发挥各职能部门的专业优势，共同依法依规开展大气重污染应急处置工作
2014年10月13日	《推进珠三角一体化2014—2015年工作要点》（粤办函〔2014〕467号）	对珠三角各市在基础设施建设、产业布局、基本公共服务、环境保护、城乡规划、智慧城市和信息化建设、物流、科技创新、生态安全体系建设、旅游等10个方面提出工作重点
2014年11月17日	《推进珠江三角洲地区科技创新一体化行动计划（2014—2020年）》（粤办函〔2014〕519号）	提出要继续推进广佛肇、深莞惠、珠中江三大创新圈产业公共服务平台的共建共享。围绕重要产业领域和产业集群发展，引导各市按照产业关联度和相似度，加强磋商和合作，按照优势互补、合作共赢原则，共同遴选、支持、投入一批产业公共服务平台建设项目，减少重复建设。引导各市联合开拓对外科技合作新渠道，进一步深化与港澳台产业、科技合作，共建科技创新平台和园区。建立珠三角科技创新一体化联席会议制度，完善珠三角各市间的磋商机制，建立多边的直接协商机制，共同商定跨地区的重大科技合作事宜和项目，形成畅通的对话交流与区域合作决策沟通机制
2014年11月18日	《推进珠江三角洲地区智慧城市群建设和信息化一体化行动计划（2014—2020年）》（粤办函〔2014〕524号）	围绕珠三角地区经济社会发展实际需求，着力推进信息基础设施、公共服务平台、信息网络应用的一体化发展，将珠三角地区建设成为世界级的智慧城市群、国际宽带网络枢纽、全国智慧应用先行示范区、全国信息服务区域中心。加强区域合作。推动广佛肇、深莞惠和珠中江三大经济圈深度合作，夯实信息化一体化建设基础。依托珠三角科技资源的带动与辐射作用，通过对口帮扶机制，努力促进与粤东西北地区信息基础设施的全面对接。建立健全粤港澳、泛珠三角信息化合作机制，探索合作新模式，推进信息基础设施和信息资源共建共享

续表

发布时间	文件名称	主要内容
2014年11月18日	《推进珠江三角洲地区物流一体化行动计划（2014—2020年）》（粤办函〔2014〕525号）	提出建设与港澳地区错位发展的国际物流中心，以物流市场一体化、物流网络一体化、物流产业一体化、物流信息一体化、物流标准一体化、物流营商环境一体化为重点，以主辅分离、联动发展为抓手，推进珠三角物流业逐步实现社会化、专业化、标准化、智慧化，构建布局合理、技术先进、节能环保、便捷高效、安全有序的珠三角现代物流体系
2014年11月27日	《珠江三角洲地区旅游一体化规划（2014—2020年）》（粤办函〔2014〕534号）	规划设定了珠三角各市近期、中期和远期三大发展目标。指出各地区要依据各自的发展基础和资源优势，统筹区域旅游发展空间布局，形成分工合理、各具特色、内外发展更加协调的珠三角旅游一体化区域合作体系
2014年12月11日	《珠江三角洲地区生态安全体系一体化规划（2014—2020年）》（粤办函〔2014〕536号）	通过省市间配合、城市间联合、部门间协作，统筹珠三角自然生态系统建设，构筑以北部连绵山体、珠江水系和海岸带为主要框架的区域生态安全格局，实现区域生态安全体系的整体联结和共建共享，提高区域生态安全保障能力和管理水平，最大限度降低生态危机发生风险，提升社会经济的可持续发展能力
2015年4月27日	《实施珠三角规划纲要2015年重点工作任务》（粤府办〔2015〕25号）	要求各地要严格落实珠三角科技创新一体化规划，制定2015—2017年创新型城市建设工作方案。支持深圳和广州联合珠三角其他城市以“1+7”方式整体申报创建珠三角国家自主创新示范区。提出要深入推进粤港澳服务贸易自由化，建立健全对港澳服务业开放的“准入前国民待遇加负面清单”管理模式，深化粤港澳在金融、专业服务、运输物流、教育、医疗、文化等领域合作，携手港澳打造更具竞争力的世界级城市群。推进港珠澳大桥、粤澳新通道、广深港高速铁路等跨境基础设施建设。强化粤港澳国际贸易航运功能集成，携手澳门共建世界旅游休闲中心。支持粤港澳共同设立海外投资基金，引入港澳征信机构
2017年5月26日	《实施珠三角规划纲要2017年重点工作任务》（粤府函〔2017〕121号）	提出加强区域间路网规划建设，实施打通“断头路”行动计划，推动交通基础设施互联互通。推进珠三角物流联盟和冷链物流体系建设。强化广州、深圳“双引擎”辐射带动作用，推动“广佛肇+清远、云浮、韶关”“深莞惠+汕尾、河源”“珠中江+阳江”等3个新型都市区率先实现一体化
2017年12月	《广深科技创新走廊规划》	要求依托“一廊十核多节点”的空间格局，着力集聚创新人才、科技成果、创新型企业，抢占关键核心技术制高点，构建多层次创新平台体系，营造国际一流创新生态，建设具有全球吸引力的人居环境，创新体制机制，加快形成以创新为主要引领和支撑的经济体系和发展模式，打造中国“硅谷”，形成全国创新发展重要一极，全面支撑国家科技产业创新中心和粤港澳大湾区建设，为全国实施创新驱动发展战略提供支撑

续表

发布时间	文件名称	主要内容
2020年5月20日	《广东省人民政府关于培育发展战略性支柱产业集群和战略性新兴产业集群的意见》	提出培育发展战略性支柱产业集群和战略性新兴产业集群，推动广东产业链、创新链、人才链、资金链、政策链相互贯通，加快建立具有国际竞争力的现代化产业体系
2020年5月25日	《广东省建立健全城乡融合发展体制机制和政策体系的若干措施》	要求建立健全城乡要素合理配置、基本公共服务均等化以及农民持续增收的体制机制，促进城乡融合发展，实现乡村振兴和农业农村现代化，加快形成工农互促、城乡互补、全面融合、共同繁荣的新型工农城乡关系

资料来源：作者根据公开资料整理

注：表中所列均是中央和省级层面出台的政策

（二）全方位宽领域和多层次的合作协调机制推进珠三角一体化

为切实推动《珠江三角洲地区改革发展规划纲要（2008—2020年）》的实施和区域一体化发展，广东省建立了一套完善的组织保障、合作协商、监督机制，对省直部门和珠三角九市提出了具体的考核目标。

一是加强立法和组织保障机制建设，确保各规划项目建设顺利推进。在立法保障方面，2006年7月，广东省人大公布了我国第一部规范城镇密集地区发展规划和建设协调的地方性法规《广东省珠江三角洲城镇群协调发展规划实施条例》，注重从区域层面调整、规划城市之间在空间发展方面的关系，在一定程度上弥补了广东省现行城市规划法规体系的不足，在立法和规划实践上具有十分重要的意义。2011年10月，广东省发布了《广东省实施珠江三角洲地区改革发展规划纲要保障条例》，标志着广东省实施《珠江三角洲地区改革发展规划纲要（2008—2020年）》工作进入了法治轨道。保障条例明确规定，各级政府及其有关部门应当严格执行规划纲要，围绕规划纲要提出的总体要求和发展目标开展相关工作，任何单位和个人不得擅自调整规划纲要，因情况变化确需调整的，由省政府按照国家有关要求向国家有关主管部门提出调整建议。同时保障条例还规定编制和修改相关规划要以《珠江三角洲地区改革发展规划纲要（2008—2020年）》为依据或者相衔接，提出要加强组织领导，完善工作机制，加强协调连接，健全决策咨询机制，完善评估考核，加强督促检查。

在组织建设方面，2005年广东省设立了珠三角城镇群规划管理办公室，作为专门负责实施珠三角城镇群规划的常设机构。同时为加强省市城乡规划的协同，2007年7月设立了珠三角规划局长联席会议制度，并制定了会议章程，提出就城镇群城乡规划及管理的发展动态、涉及城镇群总体发展的重大事项及各市之间的跨界建设事项，以及制定城镇群统一的规划信息系统技术标准等事务进行定期磋商、交流。珠三角城镇群规划管理办公室和珠三角规划局长联席会议制度的设立标志着珠三角省级层面的议事机构从临时性向常设性探索。为推动珠三角九市更广更深范围的合作，2011年7月，广东省设立了由省领导成员组成的珠三角一体化实施纲要领导小组，会议每年至少召开一次，主要内容是传达中央和省委指示精神，总结实施《珠江三角洲地区改革发展规划纲要（2008—2020年）》工作情况，研究部署实施《珠江三角洲地区改革发展规划纲要（2008—2020年）》工作任务。

在三大都市圈层面，以广州、深圳、珠海为牵头城市，分别成立了由都市圈各市市委书记或市长组成的领导小组，负责重大事项的决策和协调，领导小组会议由各都市圈相关城市协商召开；同时建立了都市圈市长或党政联席会议制度（如广佛肇市长联席会议、深莞惠党政主要领导联席会议、珠中江党政联席会议），并在都市圈各市党委或政府设立专门的办公室作为日常办事机构。专项工作协调会每半年召开一次，主要内容是协调《珠江三角洲地区改革发展规划纲要（2008—2020年）》实施中的具体工作和问题，重点协调解决推进珠三角一体化过程中出现的问题（如广佛肇经济圈环保专责小组、深莞惠产业发展专责小组）。

二是建立综合监督和专项监督约束机制。2011年10月，广东省发布了《广东省实施〈珠江三角洲地区改革发展规划纲要（2008—2020年）〉督查办法（试行）》，设立了由省领导小组统一组织，省规划纲要办具体负责，省领导小组各成员单位共同参与的《珠江三角洲地区改革发展规划纲要（2008—2020年）》督查工作小组。督查工作由综合督查和专项督查事项组成。其中，综合督查要求每年围绕省委、省政府实施《珠江三角洲地区改革发展规划纲要（2008—2020年）》年度重点工作，组织对《珠江三角洲地区改革发展规划纲要（2008—2020年）》实施情况进行全面督查，可与年度评估考核工作结合进行。专项督查主要包括珠三角一体化规划实施情况、三大经济圈建设情况，实施《珠江三角洲地区改革发展规划纲要（2008—2020年）》重大项目建设情况，实施《珠江三角洲地区改革发展规划纲要（2008—2020年）》其他重要工作任务和省领导交办的相关事项。

三是项目评估机制建设。2011年11月，广东省政府转发了省社科院《推进珠江三角洲区域一体化工作评价指标及评价办法》的通知，开展推进珠江三角洲区域一体化评价工作，主要目的在于督促各地、各部门保质保量推动《珠江三角洲地区改革发展规划纲要（2008—2020年）》。同时每年定期对各省市及相关职能部门工作进展情况进行考核通报。

二、政策成效

（一）基础设施互通共融为城市群一体化发展奠定外部基础

交通基础设施作为影响运输的基础性要素，是区域空间格局形成和演化的本底，也是区域经济一体化的重要支撑。自《珠江三角洲地区改革发展规划纲要（2008—2020年）》和《珠江三角洲基础设施建设一体化规划（2009—2020

年）》发布实施以来，广东省高质量推进交通基础设施互联互通，加快构建支撑“一核一带一区”区域发展新格局的现代化综合交通运输体系。截至2019年，珠三角九市基本建成了布局完善、衔接高效、互联互通的综合立体交通网络。数据显示，2019年广东全省交通基础设施建设完成投资超1750亿元，创历史新高。

在公路网建设方面，2019年全省高速公路通车里程达9495公里，其中珠三角地区高速公路里程为4361公里，密度达到7.9千米/百平方公里，形成了以广深、莞深、广佛、广惠等十几条高速公路及 G105、G107等国道为骨架，省道和县乡公路为基础的四通八达的公路交通网络。

在铁路网建设方面，已初步形成高速铁路、城际铁路、城市轨道交通构成的多层次轨道网。截至2021年底，主要城市间基本实现了1小时通达。预计至2025年，珠三角地区各城市将实现高铁1小时通达。

在机场建设方面，珠三角地区拥有世界上最大的空港群，机场枢纽呈现“多点”布局、差异化发展态势。现有广州白云国际机场和深圳宝安国际机场等重要枢纽性机场，并有佛山机场、惠州机场、珠海金湾机场等国内区域性枢纽机场。2019年，广州白云国际机场完成旅客吞吐量7338.6万人次，货邮吞吐量达到192.0万吨；深圳宝安国际机场完成旅客吞吐量5293万人次，排名全国第五，广东省第二，货邮吞吐量达128万吨。

在港口群建设方面，珠三角地区的港口布局是“一市一港”，沿海港口有广州、深圳、珠海3个主要港口，内河港口有肇庆和佛山2个港口，重要港口有25个，一般港口有8个，亿吨大港有4个（广州港、深圳港、珠海港、东莞港）。

（二）产业集聚发展，广深辐射形成区域协同格局

从产业发展历程看，珠三角地区的产业发展先后经历了接受中国香港和国

际加工制造业转移阶段、内需导向的本地化产业成长阶段，目前正在迈进门类更加齐全、功能更加完善的自主创新阶段。

从产业集群情况看，珠三角地区制造业总体上呈现出以广州、深圳为中心，珠江东岸、西岸为重点的发展格局。其中，珠江东岸形成了以深圳、东莞、惠州为主体的全国著名电子信息产业走廊；中部形成了以广州、佛山、肇庆为主体的传统电器机械、纺织、钢铁、建材产业带；珠江西岸形成了以珠海、中山为主体的家庭耐用品、五金制品产业带。

从各市产业布局发展情况看，广州形成了“服务中心＋大型园区”的结构，生产性服务业在中心城区集中，先进制造业向园区集中。其中汽车制造业、重大装备制造业等高端产业上升较快，食品加工、纺织服装、造船等传统优势产业发展稳健。深圳以电子信息产业为主导，生物医药、新能源和新材料产业为次优的高新技术产业集群，产业水平较高，自主创新能力强，正逐步形成覆盖全市的创新要素分布格局；东莞是全球最大的制造业基地之一，在村镇工业化的基础上形成了以电子信息、电气机械、纺织服装等八大产业为支柱的现代化工业体系；惠州的创新要素主要位于中心城区，逐步形成了电子信息产业、石化产业、汽车产业及现代服务业为支柱的四大产业，其中大亚湾石化区等紧邻深圳的跨界地区已经成为区域创新网络中的重要支点；佛山形成了“专业镇＋园区”的结构，以电气机械制造业和陶瓷业为代表的传统优势产业形成了众多专业镇集群，先进制造业向园区集中；肇庆与广州、佛山产业结构略有不同，肇庆的农业占经济总量比重相对较高，制造业和工业的比重较低；珠海以电子信息、石油化工、精密机械制造等为主导；中山形成了电子电器、五金家电等产业集群；江门在交通及海洋装备、石油化工、电子信息、包装印刷及纸制品、现代农业等方面基础较好。

从各市产业承接情况看，东莞、惠州、中山、肇庆、清远等市作为重要的产业转移承接地，已经或正迎来产业大发展的良机。截至2019年，肇庆新区已引入华侨城、京东华南运营中心、中国电科、环球易购跨境电商等投资总额近1500亿元的优质产业项目，其中在谈和已引进的项目中，70%以上来自广州、深圳和香港。东莞的松山湖聚集了大量来自深圳的企业。惠州的惠阳和东江同样吸引了大批来自深圳、广州的LED光电、移动通信、汽车电子等制造业。据不完全统计，惠州市自2017年以来承接了来自深圳的转移招商项目200个以上，投资超过1000亿元。临近的中山地区也聚集了成规模的来自深圳的组装制造企业。

（三）基本公共服务水平大幅提升，整体上有了质的提升

为了解决珠三角地区9个城市存在的公共服务差距的问题，2008年广东省出台了《广东省基本公共服务均等化规划纲要（2009—2020年）》，之后又出台了《珠江三角洲基本公共服务一体化规划（2009—2020年）》，并成立了由副省长担任组长的珠三角基本公共服务一体化工作领导小组，以强大的省级政府力量直接介入推动公共服务的均等化。

在医疗保障领域，截至2019年，广东省已全面取消公立医院医用耗材加成，基本实现省内和跨省异地就医直接结算。社会保险统筹层次得到全面提升，实现了工伤保险基金省级统筹，大病保险筹资和保障水平进一步提高。城乡低保、残疾人保障等底线民生不断加强，实现了医疗救助市级统筹。

在教育领域，围绕义务教育均衡化发展，2013—2018年，广东省先后出台了《关于深入推进义务教育优质均衡发展的意见》《关于统筹推进县域内城乡义务教育一体化改革发展的实施意见》《关于增加幼儿园中小学学位和优质教育资源供给的意见》《广东省推动义务教育优质均衡发展行动方案》等一系列文件。同时2018年开始在韶关、东莞、珠海等市部署开展优化教育资源均衡配置改革试点，鼓励各地积极探索多校协同、区域组团、同学段联盟、跨学段联

合等多种办学模式，以小学、初中为主体，组建横向连通和纵向贯通的学区与教育集团。从实施效果看，近3年全省21个地级市已有17个地级市开展了集团化办学，共成立教育集团260多个。其中，粤东、西、北地区成立教育集团59个。随着集团化办学的不断推进，优质教育资源的覆盖面快速扩大，学位不断增加，较好地缓解了优质学位短缺的问题。针对贫困偏远地区师资流动性较大的问题，通过实施“上岗退费”政策和公费定向培养计划，吸引和稳定教师队伍。自2008年“上岗退费”政策实施以来，已为广东欠发达地区乡村学校补充4.7万名合格教师，其中20%以上是乡村学校紧缺的英语、体育、音乐、美术、学前教育等学科的教师。任教满5年服务期后，98%的“上岗退费”教师选择继续留在当地任教。另外，通过实施粤东粤西粤北地区中小学教师公费定向培养计划，2018年有12所高等学校和50多个县（市、区）参与试点，已招收本专科生1600人。《广东教育改革发展研究报告（2020）》显示，2019年广东省18218所义务教育学校（含教学点）达到国家“20条底线”要求，达标率100%。全省推进教育现代化先进县（市、区）覆盖率达100%，提前1年完成省政府工作任务。

在数字政府建设方面，出台实施了“数字政府”建设总体规划，整合构建了统一的政务云平台，超过90%的省直部门启动系统迁移上云工作，推动政务数据共享和服务事项流程再造。推出移动民生服务“粤省事”平台，实现509项高频民生服务事项“指尖”办理。建成全省统一的网上中介服务超市，全新上线一体化广东政务服务网，促进政务服务“一网通办”。

（四）环境合作不断拓展和深化，成效显著

珠三角地区各市通过强化区域污染联防联治，切实推动了区域大气污染和跨界水污染等突出环境问题的解决，建立了与区域发展新格局相配套的省级财政转移支付体系。2019年，安排北部生态发展区均衡性转移支付资金和生态保

护区财政补偿转移支付资金共248亿元，在上年度增长30%的基础上，再增长15%，不断夯实支持打造生态屏障的财力基础。2018年完成造林更新380万亩，新增森林公园7个、湿地公园29个，珠三角九市全部建成国家森林城市。通过全面实施河长制、湖长制，茅洲河、练江水质明显改善，劣V类国考断面减少4个，深圳在全国率先实现全市域消除黑臭水体，城市集中式饮用水源水质全部稳定达标。2019年新建城镇污水管网7000多公里和一批生活垃圾、污水处理设施，全面启动地级以上市的生活垃圾分类工作。大气质量持续改善，6项污染物指标全面达标，PM2.5年均浓度下降到27微克/立方米。

（五）超7成人口在城镇，区域间差异缩小

从城镇化发展水平看，2019年，广东城镇的常住人口为8225.99万人，占常住人口总量的71.40%，同比增长0.7个百分点，高于全国平均水平（60.60%），是除上海、北京、天津3个直辖市外，人口城镇化水平最高的省份。

从人口总量的区域分布看，2019年末，珠三角核心区、沿海经济带、北部生态发展区的常住人口分别占全省人口总量的55.96%、29.33%和14.71%，分别比上年提高0.37个、0.63个和1.07个百分点。人口城镇化发展呈现沿海经济带和北部生态发展区快于珠三角核心区的态势，区域间的人口城镇化水平差异进一步缩小。

从经济发展水平看，2019年广东省实现地区生产总值10.77万亿元，同比增长6.2%。人均地区生产总值9.4万元，增长 4.5%。分区域看，珠三角核心区地区生产总值占全省比重为80.7%，东翼、西翼、北部生态发展区分别占 6.4%、7.1%、5.8%[①]。

---

① 资料来源：《2019 年广东省国民经济和社会发展统计公报》。

专题五

粤港澳大湾区一体化政策及进展①

粤港澳大湾区包括广州市、深圳市、珠海市、佛山市、惠州市、东莞市、中山市、江门市、肇庆市九市和香港特别行政区、澳门特别行政区，总面积约5.6万平方公里，2019年末总人口超过7000万。改革开放以来，粤港澳大湾区在政府大力推动和市场有效运转下，经济社会快速发展，一体化程度持续加深，不仅已经成为我国改革开放的先行地区、重要的经济中心区域，更是未来我国推动高质量发展和促进区域协调发展的动力源。

一、粤港澳大湾区经济发展与综合实力

（一）综合经济实力雄厚

粤港澳大湾区建设是关系发展全局的重大战略，是京津冀发展、长江经济带发展、“一带一路”倡议之后的又一重大战略，也是纪念改革开放40周年

① 本专题作者为广州市社会科学院广州城市战略研究院柳立子、刘佳，广州市社会科学院区域发展研究所覃剑。

的一项重大举措。2019年，粤港澳大湾区GDP总量达到115865.32亿元（见表5–1），共有4座城市的GDP超过万亿元，人均GDP为179085元，已达到发达经济体的标准。

表5–1　2019年粤港澳大湾区主要经济指标

城市	GDP（亿元）	人口（万人）	土地面积（平方公里）	人均GDP（元）
广州	23628.60	1530.59	7249.27	156427
深圳	26927.09	1343.88	1997.47	203489
珠海	3435.89	202.37	1736.46	175533
佛山	10751.02	815.86	3797.72	133850
惠州	4177.41	488.00	11347.39	86043
东莞	9482.50	846.45	2460.08	112507
中山	3101.10	338.00	1783.67	92709
江门	3146.64	463.03	9506.92	68194
肇庆	2248.80	418.71	14891.23	53936
香港	25250.73	752.08	1106.80	382046
澳门	3715.54	67.96	32.90	645438
大湾区	115865.32	7266.93	55909.91	165032

资料来源：《广东统计年鉴2020》

经过多年发展，粤港澳大湾区逐渐孕育出一批拥有全球竞争力的大企业。根据2020年8月《财富》杂志发布的世界500强排行榜单，共计有133家企业来自中国，粤港澳大湾区共21家企业入围（见表5–2），其中香港7家，深圳8家，广州3家，佛山2家，珠海1家。在世界四大湾区当中，粤港澳大湾区世界500强企业的数量低于东京湾区（39家）和纽约湾区（22家），多于旧金山湾区（11家）。

表5-2　2020年粤港澳大湾区世界500强企业分布情况

序号	上榜企业	所在城市	所属行业	排名
1	平安保险	深圳	金融	21
2	华为	深圳	通信	49
3	中国华润	香港	多元化	79
4	正威国际	深圳	有色金属	91
5	南方电网	广州	电力	105
6	碧桂园	佛山	房地产	147
7	恒大集团	深圳	多元化	152
8	招商银行	深圳	金融	189
9	腾讯	深圳	IT	197
10	广汽集团	广州	制造	206
11	万科	深圳	房地产	208
12	联想集团	香港	IT	224
13	招商局集团	香港	多元化	235
14	友邦保险集团	香港	金融	250
15	雪松控股	广州	零售	296
16	怡和集团	香港	多元化	301
17	美的集团	佛山	家用电器	307
18	长江和记实业	香港	房地产	328
19	中国太平保险集团	香港	金融	392
20	格力电器	珠海	家电	436
21	深圳投资控股	深圳	多元化	442

资料来源：财富中文网

根据中国社会科学院与联合国人居署发布的《全球城市竞争力报告2019—2020》，在2019年全球城市经济竞争力指数排行榜前20强中，粤港澳大湾区就有3座城市入围，其中深圳位居全球第四，仅次于纽约、伦敦和新加坡，香港排在第13位，广州排在第18位。

（二）人口与就业吸引力强

人口与就业既是地区经济发展的重要支撑因素，也是地区经济发展活力的直接体现。2000年以来，粤港澳大湾区常住人口保持年均2%左右的增长速度，人口规模从4999.43万人增长到2019年的7266.93万人①。近年来，全国范围内各大城市纷纷出台吸引人才的政策，“抢人大战”日益激烈。在此背景下，粤港澳大湾区依然是我国人口吸引力最强的地区。2019年，深圳、广州和佛山常住人口增量分别为41.22万人、40.15万人和25.29万人，人口增量位居我国主要城市前列。

根据百度地图慧眼发布的《2019年度中国城市活力研究报告》，在2019年中国主要城市人口吸引力排行榜中，来自粤港澳大湾区的4座城市跻身前十位（见表5–3），其中深圳和广州分列第一位和第二位，东莞和佛山分列第四位和第十位。而在2019年中国主要城市青年人口吸引力排行榜中，粤港澳大湾区表现更是出色，其中深圳、广州和东莞占据排行榜的前三名，佛山位居第八位。

表5–3 粤港澳大湾区部分城市人口吸引力

主要城市人口吸引力		主要城市青年人口吸引力	
城市	吸引力	城市	吸引力
深圳	10.109	深圳	11.109
广州	9.913	广州	10.543
北京	8.816	东莞	8.948
东莞	8.083	北京	8.112

① 数据来自《广东统计年鉴 2020》《香港统计年刊（2001 年版）》《澳门统计年鉴 2001》。

续表

主要城市人口吸引力		主要城市青年人口吸引力	
城市	吸引力	城市	吸引力
上海	7.857	上海	7.77
成都	6.474	苏州	6.753
苏州	6.284	成都	6.105
重庆	5.623	佛山	5.603
杭州	5.384	杭州	5.485
佛山	5.286	重庆	5.336

资料来源：百度地图慧眼《2019年度中国城市活力研究报告》

在就业方面，粤港澳大湾区就业人口从2000年的2233.67万人增加到2019年的5296.34万人，年均增长率达到4.6%。其中，深圳的从业人口数量最大，达到1283.37万人；其次为广州，达到1125.89万人；东莞为711.11万人，位居第三[①]。根据2019年10月10日发布的胡润百富榜，在1819位上榜富豪（财富达到20亿元）中，有425位来自粤港澳大湾区，人数上占全国富豪的23.4%，其资产总和超过了5.1万亿元，占全国富豪资产总和的28.6%。

（三）科技创新要素集聚

粤港澳大湾区拥有丰富的创新资源，具有较强的创新综合实力。根据世界知识产权组织（WIPO）、美国康奈尔大学和欧洲工商管理学院（INSEAD）于2020年9月联合发布的《2020年全球创新指数报告》，深圳—香港—广州创新集群竞争力排名世界第二。根据国家科技部和中国科学技术信息研究所发布的《国家创新型城市创新能力监测报告2019》《国家创新型城市创新能力评价报告2019》，深圳和广州在2019年国家创新型城市创新能力排行榜中分别位居第

① 数据来自《广东统计年鉴 2020》《香港统计年刊（2001 年版）》《澳门统计年鉴 2001》。

一位和第三位。

粤港澳大湾区拥有超过4万家高新技术企业，一些大型科技创新企业成长为世界级创新企业。根据全球领先的专业信息服务提供商科睿唯安2020年2月发布的《德温特2020年度全球百强创新机构》，综合考虑专利总量、影响力、专利授权成功率、全球性等多个因素，我国仅有3家企业入选，其中来自粤港澳大湾区的企业就有2家，分别为华为公司和腾讯公司。不仅如此，在人工智能、互联网、集成电路、区块链、大数据、软件与信息服务等前沿产业，粤港澳大湾区均有一批行业领军型企业。与此同时，一批代表未来产业发展方向的“独角兽”企业正在不断孕育和涌现，根据胡润研究院发布的2020年全球“独角兽”的榜单，深圳有20家“独角兽”企业。

粤港澳大湾区拥有大量的高校、科研院所和国家重点实验室，科研基础雄厚。根据英国QS全球教育集团2020年6月发布的世界大学排名榜单，在全球1000多所高校中，粤港澳大湾区的香港大学、香港科技大学、香港中文大学、香港理工大学、香港城市大学进入世界前100强。中山大学、南方科技大学、华南理工大学、暨南大学、深圳大学也进入榜单。此外，中国科学院大学广州学院、香港科技大学（广州校区）、中国科学院大学深圳校区、深圳海洋大学、深圳创意设计学院、大湾区大学等一批新的高水平大学也正在筹建或者建设当中。

在空间上，围绕广深港澳科技创新走廊，粤港澳大湾区创新载体和平台建设加快布局。港深科技创新城、深圳光明科学城、东莞松山湖、东莞滨海湾新区、中新知识城、广州科学城、广州人工智能与互联网创新试验区、南沙科学城等一批科技空间创新载体加快建设。国家超级计算广州中心、国家超级计算深圳中心、中国散裂中子源、大亚湾中微子实验室、中科院强流重离子加速器装置、南方先进光源、深圳国家基因库、高超声速风洞、冷泉系统、极端海洋科考设施等重大科技基础设施的加速建设和运行，有力推动粤港澳大湾区建设综合性国家科学中心，不断增强粤港澳大湾区的基础创新能力和关键技术创新能力。

（四）国际金融枢纽地位显现

粤港澳大湾区拥有强大的实体经济优势，为金融发展奠定了良好基础。2019年，粤港澳大湾区金融增加值占GDP的比重超过10%。金融业已经成为粤港澳大湾区的支柱性产业。根据英国智库Z/Yen集团与中国（深圳）综合开发研究院2020年3月发布的第27期全球金融中心指数报告，香港、深圳和广州分别排在全球第6位、第11位和第19位。而在该机构2019年9月发布的全球金融科技中心20强排行榜单中，广州、深圳和香港则分别排在第四位、第五位和第七位。总体上，粤港澳大湾区已经形成以香港为龙头、以深圳和广州为两翼、多维节点金融城市为依托的金融空间网络体系，金融国际综合竞争力持续稳固。

在粤港澳大湾区的三大金融中心中，香港证券交易所多次位居全球首次公开招股市场集资额第一。根据香港交易所发布的数据，截至2019年12月12日，香港交易所股份集资总额4258.25亿港元，上市公司2440家，总市值4365852亿港元[①]。深圳金融业多项指标均位居全国主要城市前列，2019年其金融业增加值达到3667.63亿元，占GDP的比重为13.6%；其本外币各项存款余额达8.39万亿元，本外币各项贷款余额5.95万亿元，存款、贷款规模稳居全国主要城市第三位，仅次于北京、上海；保险法人机构总资产位居全国第二；证券公司总资产和营业收入均位列全国第一；共有境内上市公司299家，境内上市公司总市值7.05万亿元，排名全国第二，仅次于北京。广州金融业近年

① 数据来源于香港交易所。

来呈现快速发展态势，2019年金融业增加值为2041.87亿元，占GDP的比重为8.6%；本外币存贷款余额达到106234.51亿元；境内外累计上市公司180家，总市值2.70万亿元[①②]。

二、粤港澳大湾区一体化政策和机制

（一）以珠三角一体化政策为主的初始阶段

从1978年改革开放到20世纪末，由于香港和澳门的历史原因，香港、澳门与珠三角的互动多是自发进行的，直到1997年香港回归祖国、1999年澳门回归祖国，香港特区、澳门特区与中央或广东省政府之间的官方沟通才实现。因此，广东省在这一时期将区域一体化的重点放在珠三角城市群。从20世纪80年代开始，珠三角编制了多次城市群协调发展规划，对应发展阶段所面临问题和形势的不同，规划的内容和侧重点都有所不同。

20世纪80年代末，改革开放激活了珠三角工业经济化的发展，受经济特区建设、乡镇企业、外向型加工业等多种动力的影响，珠三角中小城镇迅速崛起。为适应珠三角由农业向工业发展的转变，培育合理的城镇体系结构，1991年广东省建设委员会组织编制了《珠三角城镇体系规划（1991—2010年）》。规划提出重点培育广州、佛山、深圳、珠海等10个城镇组群的空间构想，并对区域性的基础设施、社会设施、生态环境及景观保护等进行了初步规划。

1994年，广东省委、省政府启动了《珠三角经济区城镇群规划》。规划意在构建职能明确、功能互补、布局合理、网络均衡的现代化城市群，重点探索

① 深圳金融业数据，来源于深圳市地方金融监督管理局。
② 广州金融业数据，来源于广州市地方金融监督管理局。

了城市群发展的圈层和结构，奠定了现在珠三角城市群的总体格局和适应可持续发展要求的空间框架。成立珠江三角洲经济区后，广东省政府便成立了“珠江三角洲经济区领导小组”作为协调机制，省委常委、副省长任组长，小组成员有广州、深圳、珠海、佛山、中山、东莞、江门、惠州、肇庆九市的市长以及省计委、省科委与省建委负责人。

经过改革开放20余年的高速经济增长，21世纪初珠三角已成为全国城镇化水平最高和经济要素最密集的地区，但也出现了区域内发展差异明显、生态环境与自然资源不堪重负、基础设施结构性失衡等问题。2004年，广东省委、省政府与建设部[①]组织编制了《珠三角城镇群协调发展规划（2004—2020年）》。规划提出将珠三角建设成为世界级的制造业基地和充满生机与活力的城镇群，构建多层中心为节点，一条环珠江口湾区的区域发展“脊梁”、3条东西向分布的功能拓展带和5条南北向贯通的“城市—产业”聚合轴，三大都市区呈扇面拓展的一体化、网络型、开放式的空间发展格局。为了支撑和推动《珠三角城镇群协调发展规划（2004—2020年）》的实施，广东省政府在“珠江三角洲经济区现代化建设协调领导小组”的架构下，正式成立了实施《珠三角城镇群协调发展规划（2004—2020年）》的实体性机构——珠江三角洲城镇群规划管理办公室。

改革开放30年后，珠三角面临政策优势逐渐减小、外部及全球竞争加剧、产业发展与城市建设不协调等问题，产业转型升级紧迫。广东省政府与国家发展改革委共同编制了《珠江三角洲地区改革发展规划纲要（2008—2020年）》，将珠三角地区的改革发展上升为国家战略，将体制创新列在了首位。以广州、深圳为中心，以珠江口东岸、中部、西岸为重点，推进珠三角区域经

① 2008年，组建中华人民共和国住房和城乡建设部，不再保留中华人民共和国建设部。

济一体化，带动环珠三角地区加快发展；推进与港澳紧密合作、融合发展，共同打造亚太地区最具活力和国际竞争力的城市群。为推进《珠江三角洲地区改革发展规划纲要（2008—2020年）》的实施，广东在省政府办公厅下设“珠三角改革发展规划纲要管理办公室”，珠三角形成了广佛肇、深莞惠、珠中江三大经济圈，并分别成立了三市的领导协调小组，协调机构设施也由“省级机构单一主导模式”向“省＋市多层级协调模式”转变。除此之外，还设立了重要合作事项专责小组、高层联席会议制度以及区域合作发展论坛等机制。同时，广东省政府通过出台基础设施、产业布局、城乡规划、环境保护、公共服务、科技创新、生态安全、信息、物流、旅游10个一体化规划来推动珠三角一体化的进程。

（二）粤港澳大湾区深化合作阶段

20世纪70年代末，香港制造业向东北方位转移，珠三角成为其生产基地。在长期合作中，广东和香港两地逐渐形成了“前店后厂”的合作模式。1997年香港回归、1999年澳门回归后，与中央政府及广东省之间的官方交流日益频繁。中国加入世界贸易组织后，中国香港与内地合作的制度安排随之启动。香港特别行政区政府于2000年初首次向香港总商会提出建立中国香港与内地自由贸易协定的建议，建议改为“内地与香港关于建立更紧密经贸关系的安排（CEPA）”。经过18个多月的广泛磋商，该协议于2003年6月29日签订，并于2004年1月1日起生效。此后，每年签署一个补充协议，不断扩大开放领域和程度，逐渐形成了以粤港澳为主要动力的珠三角经济带。2010年4月和2011年3月，广东省政府分别与香港特别行政区政府、澳门特别行政区政府签署了《粤港合作框架协议》《粤澳合作框架协议》。为加快推进粤港澳合作共建世界级城市群，2011年12月初，广东省委省政府发布了《关于提高我省城市化发展水平的意见》，就“十二五”时期粤港澳合作重点作出了部署。伴随着一系列加强粤港澳合作的文件、协议的出台，粤港澳区域一体化发展格局已经初步显现。

广东先后谋划成立了深化粤港澳合作的三大平台：深圳前海新区、珠海横琴新区、广州南沙新区。《横琴总体发展规划》和《前海深港现代服务业合作区总体发展规划》于2009年和2010年先后获国务院批准，两个粤港澳合作新区因此在新区治理结构、开发建设、产业发展、投资促进等方面获得了中央赋予的最大政策空间，不少政策均属于“先行先试”。

（三）粤港澳大湾区发展规划形成阶段

2013年，深圳市首先提出发展“湾区经济”。2014年，在深圳市政府工作报告中明确提出“湾区经济”的概念，提出大力发展湾区经济，以新的经济形态促进经济全面提质增效。随后深圳市政府将粤港澳大湾区构想上报国家发展改革委规划司。在2015年3月28日国家发展改革委、外交部、商务部联合发布的《推动共建丝绸之路经济带和21世纪海上丝绸之路的愿景与行动》中提出，充分发挥深圳前海、广州南沙、珠海横琴、福建平潭等开放合作区作用，深化与港澳台合作，打造粤港澳大湾区。

2016年3月，国家“十三五”规划纲要正式提出支持港澳在泛珠三角区域合作中发挥重要作用，推动粤港澳大湾区和跨省区重大合作平台建设。这标志着粤港澳大湾区建设提升至国家战略。2016年3月，《关于深化泛珠三角区域合作的指导意见》明确指出，以港澳大湾区为龙头，以珠江—西江经济带为腹地，引领中南、西南地区发展，为东南亚、南亚辐射形成重要的经济支持带。2016年4月，广东省在其“十三五”规划中，较为详细地规划了如何打造粤港澳大湾区。2016年8月，国家发展改革委印发《关于贯彻落实区域发展战略促进区域协调发展的指导意见》，明确提出加快深圳前海、广州南沙、珠海横琴等粤港澳合作平台建设，深化泛珠三角区域合作，支持广东省会同港澳共同编制粤港澳大湾区发展规划。2017年3月，国务院在政府工作报告中提出，要推动内地与港澳深化合作，研究制定粤港澳大湾区城市发展规划。2017年3月15日，全国“两会”刚结束，国家发展改革委便会同广东省发展改革委有关负责同志共同协商，研究如何部署《粤港澳大湾区城市群发展规划》编制工作。2017年7月1日，《深化粤港澳合作，推进大湾区建设框架协议》在香港签署，标志着粤港澳大湾区战略的决策在国家层面正式形成，并开始推进决策落地。2018年8月15日，中央成立粤港澳大湾区建设领导小组。2019年2月18日，中共中央、国务院正式印发《粤港澳大湾区发展规划纲要》，粤港澳大湾区规划作为国家重大战略规划正式形成并开始全面付诸实施。

三、粤港澳大湾区交通基础设施互联互通进展

交通基础设施互联互通是城市群协同发展的必要前提。当前，粤港澳大湾区交通运输网络发展良好，已形成多形态、立体化的综合交通运输体系，包含了公路、铁路、城际轨道交通、城市地铁、航空、港航等，是我国交通运输最发达的地区之一。从发展历程来看，改革开放后的第一个10年内，粤港澳大湾区交通基础设施的发展主要体现在普通铁路、普通公路和深水港口的大规模发展；第二个10年内，以高速公路和机场的兴建带动区域快速一体化；进入21世纪后，区域重点打造快速交通网络，主要体现为城际轨道、城市间地铁线路、跨海大桥和国际航空业务的高速扩张。

（一）公路网络密度位居全球前列

改革开放前，珠三角地区集中于修建加强省会城市广州与邻省以及重要战略地区的交通路线，如粤桂公路、广韶公路等“支前公路”“国防公路”。改革开放后至20世纪末，珠三角地区成为我国率先进行改革开放的地

区，由于其优越的地理位置、社会经济持续高速的发展、最初改革开放的优惠政策，穗港沿线成为珠三角成形的交通运输走廊。到2000年，珠三角地区公路网密度达到了0.348千米/平方千米，同时该地区也开始大力兴建高速公路，相继开通了广佛、广深等高速公路。这一时期的珠三角公路无论是路网等级，还是路网密度都得到了提升。进入21世纪后，粤港澳大湾区公路交通进入了高速扩张时期。到2017年，珠三角地区公路网密度达到了1.2千米/平方千米。目前，粤港澳大湾区内有广深港高铁、广珠澳高铁、广州环城高速、珠三角外环高速等各种公路交通，随着2018年港珠澳大桥的建成通车，连接港澳的一个完整环状交通体系已经初步形成。湾区内公路通车里程达到6.5万公里，高速公路0.4万公里，区域内高速公路电子联网收费加快推进，道路密度也已位于世界前列。

（二）城际轨道交通贯通湾区城市

当前，大湾区铁路里程超过2500公里，轨道交通也超过了1500公里，密度约2.5千米/百平方千米。珠三角城际线已建成通车的有广珠线、珠机城际珠海至珠海长隆段、广佛肇线、广深港线、莞惠线5条线路。5条线路总里程513千米，均由国铁运营，运营速度200千米/小时。这5条城际线将广州、深圳、珠海等珠三角九市以及香港特区、澳门特区共11座城市连接起来，构成了大湾区城际轨道交通网络的基本骨架。广珠线分为主线和支线，总体呈南北走向，将位于珠江西岸的广州、佛山、中山、珠海、江门连接起来。珠机城际珠海至珠海长隆段的起点为珠海站，中间经过湾仔北站、湾仔站（暂未开通）、十字门站、横琴北站、横琴站5个车站，在横琴站与横琴口岸新旅检区域实现衔接，并预留对接澳门的轻轨，实现珠海、澳门的互联互通。广佛肇线呈东西走向，连接广州、佛山和肇庆三市。莞惠线呈东西走向，连接东莞和惠州两市，未来将和佛莞线连接起来，形成连接佛山、广州、东莞、惠州四市的东西走向通道。2018

年9月23日，香港高铁正式通车运营，广深线延伸至香港特区从而变成了广深港线。广深港线呈东南走向，连接广州、东莞和深圳三市及香港特区。整条线路起于广州南站，向东南方向经东莞、深圳北等站点至深圳站、香港西九龙站，线路全长141千米，共设车站7座，其中广深段运营速度300千米/小时，香港段运营速度200千米/小时，平均每10分钟一班。

目前，珠三角正在建设的城际线有广佛环线、珠机线二期、广清线、穗莞深线和佛莞线5条线路。广佛环线将推动广佛进一步融合；珠机线作为广珠线的延长线，不仅有利于完善珠海内部交通体系，更能够促进大湾区机场枢纽的互联互通；广清线可强化清远市、广州花都区同广州中心城区的联系；沟通广州、东莞、深圳三市的“超级公交”——穗莞深城际轨道的建成使用将成为推动珠江东岸加快建设一小时经济圈，实现区域经济一体化的重要推力；佛莞线将连接莞惠线，大大缩短佛山、广州番禺到珠江东岸的时间。现在在建城际线将在未来两年内全线通车，这将极大地强化大湾区城际线网络的效应。

（三）城市间地铁推动同城化进程

城市间地铁线路的互联互通极大推动了湾区城市一体化进程。2010年，佛山依托开通的广佛线（佛山1号线）成为拥有地铁的城市。广佛线是我国国内首条跨越地级行政区的城市轨道交通线路，也是目前佛山唯一的城市线。广佛线从佛山顺德区新城东站经佛山市顺德区、南海区、禅城区到广州，在广州海珠区沥滘站接入广州地铁3号线。目前佛山在建的地铁项目共有3条，分别是佛山地铁2号线一期工程、地铁3号线工程、广州地铁7号线一期西延顺德段，其中2号线一期将接入广州南站，3号线与在建的广州7号线西延段相接。届时，广佛将有3条线路相连，将进一步增强广佛同城化效应。未来，大湾区内也将实现城市地铁互通互联。深圳未来将有6条地铁线路与东莞无缝对接，20号线、12

号线、11号线到达沙井、松岗与长安交界处；6号线支线连接光明与黄江，4号线、10号线贴近观澜、平湖与凤岗交界处。2018年年初，惠州市政府表示，惠州要对接广州地铁16号线、21号线。东莞地铁1号线二期将与广州地铁5号线连接，未来广州将有3条地铁线连接东莞，即已动工的地铁22号线和规划中的地铁25号线、28号线。广州地铁18号线延伸至中山市的前期规划项目广州市已同意并纳入《2016年度广州与周边城市跨区域重大交通基础设施规划建设工作计划》。佛山未来将有10条轨道交通线路直通广州，包括广佛线、广州7号线西延段、广州17号线、广州19号线、广州28号线、佛山2号线一期、佛山4号线、佛山5号线、佛山8号线、佛山11号线。

（四）航空运输呈现竞合互补态势

目前，大湾区共有7个运输机场，包含香港国际机场、广州白云国际机场、深圳宝安国际机场、澳门国际机场、珠海金湾国际机场5个核心机场，以及惠州平潭机场和佛山沙堤（中国联合航空公司专用）机场，航空界将前五大机场称为珠三角“A5”。2018年五大机场共输送2.13亿人次旅客和830万吨货物，飞机起降超过140万架次，远远超过长三角、京津冀机场群。五大机场客货吞吐量分别占总量的35%和60.9%（香港）、32.8%和23.6%（广州）、23.1%和14.5%（深圳）、3.9%和0.5%（澳门）、5.2%和0.5%（珠海）。粤港澳大湾区机场的密度非常高，各机场间直线距离小于150公里，因此，五大机场自建成之日起竞争便已形成，多年来也一直在寻求协同合作①。2009年，五大机场首次在广州举行珠江三角洲五大机场主席会议，就机场发展定位达成共识，避免恶性竞争，为珠三角城市群打造竞合互补的机场群发展模式奠定了坚实的基础。2010年，《泛珠三角机场战略合作行动纲领》和《泛珠三角机场合作与发展论坛章

① 数据来源：五大机场官网。

程》的签署，标志着泛珠三角区域机场合作正式启动。2020年7月，为贯彻落实《粤港澳大湾区发展规划纲要》，《民航局关于支持粤港澳大湾区民航协同发展的实施意见》印发，从构建区域协调发展新格局、建设世界一流基础设施、打造更高水平航空服务、推进空地一体联程联运、推进民航产业互动发展等5个方面提出了11项具体任务，不断深化大湾区民航互利合作，为建设世界一流湾区提供有力支撑。

（五）港航设施区域合作态势良好

粤港澳大湾区港口群主要分布在珠江口、珠江及其支流沿岸，形成以港深穗三大枢纽港为核心，珠海、佛山、东莞为干线港，惠州、中山、江门、肇庆等为支线港（喂给港）的港口体系。大湾区南部的香港、澳门、深圳、珠海面海，主要以海港运输、远洋运输为主，为“海上丝绸之路”与“陆上丝绸之路”交换枢纽；大湾区北部广州、佛山、东莞、中山、肇庆等地货运以内港及河海结合为主，陆上丝绸之路、中欧班列等陆运系统接驳。2009年，大湾区港口群货物吞吐量约为10.7亿吨，2018年为17.3亿吨，10年间增长61.7%。大湾区港口群从以香港、深圳、广州3个大港独立发展为主，逐步转向一体化协调发展。目前，跨城市的港口区域合作趋势显著，珠三角港口群之间多层次、全方位的合作态势愈发明显。广州与佛山、中山签约建设南沙港四期，同期广州港与珠海港签订战略合作协议，待未来南沙港铁路开通后，江门、中山、佛山都可直达南沙港，广州港势力范围不断向珠江西岸地区“渗透”。自2016年以来，深圳盐田港影响范围不断拓展，利用京九铁路、广梅汕铁路，在梅州、河源、韶关以及东莞凤岗、塘厦等镇建设盐田港无水港，还将无水港建设拓展至江西省境内。

四、粤港澳大湾区产业发展协同联动进展

（一）粤港澳大湾区城市产业结构现状

经过不断发展与调整，珠三角地区已经从以第一产业为主导的农业社会转变为以第二和第三产业为主导的现代社会。从2013年到2017年，粤港澳大湾区三次产业结构从1.40：34.70：63.90变动到1.18：32.98：65.84，“三二一”的产业格局进一步形成，先进制造业和现代服务业已经成为粤港澳大湾区内的主要支柱产业。与此同时，湾区内各个城市产业结构依然有较大差别（见表5-4），其中，澳门、香港、广州、深圳、惠州、江门、肇庆等市第三产业比重超过第二产业，尤以澳门、香港、广州第三产业所占比重最大；佛山、珠海、中山、东莞的第三产业所占比重则低于第二产业所占比重。从珠三角九市与港澳的三次产业结构可以看出，珠三角地区作为湾区内重要的制造业基地，已初步形成以战略性新兴产业为先导、先进制造业和现代服务业为主体的产业结构，第二产业占比较高；而香港、澳门地区服务业高度发达，服务业占地区生产总值的比重超过90%。总体而言，根据库茨涅兹产业结构理论，珠三角地区大致处于工业化中后期阶段，而港澳处于后工业化阶段。产业结构不同，工业化阶段各异，这些都成为粤港澳大湾区产业互补的基础条件，珠三角雄厚的制造业基础与港澳地区发达的金融与专业服务的互补协调发展有助于提升大湾区产业国际竞争力。

表5-4　2019年大湾区各城市三次产业结构比

城市/区域	第一产业（%）	第二产业（%）	第三产业（%）
广州	1.1	27.3	71.6
深圳	0.1	39.0	60.9

续表

城市/区域	第一产业（%）	第二产业（%）	第三产业（%）
珠海	1.5	56.2	42.3
佛山	0.3	56.5	43.2
惠州	1.7	44.5	53.8
东莞	4.9	51.9	43.2
中山	2.1	49.1	48.9
江门	8.1	43.0	48.9
肇庆	17.1	41.2	41.7
香港	—	—	＞90.00
澳门	0	4.20	95.80

资料来源：各市2019年统计公报，香港政府统计处、澳门政府统计暨普查局，其中珠三角各市为2019年数据，香港和澳门为2018年数据

（二）粤港澳大湾区城市产业分工状况

产业分工以比较优势为基础，在区域经济学中，通常用区位熵来判断一个产业是否构成地区专业化部门。区位熵是测度一个地区特定部门的产值在该地区总产值中所占的比重与该部门产值在区域整体总产值中所占比重方面的比率指标，它反映了该地区或城市产业在区域整体产业发展中的地位，也显示区域内部各地区或城市产业在区域产业发展中的相对比较地位。区位熵大于1，说明该产业在区域中具有一定的比较优势，大于1.5则可以认为该产业是地区的专业化部门；区位熵越大，专业化水平越高；如果区位熵小于或等于1，则认为该产业是自给性部门。区位熵的计算公式如下：

$$LQ_{ij}=\frac{L_{ij}\Big/\sum_{i=1}^{n}L_j}{\sum_{i=1}^{m}L_{ij}\Big/\sum_{i=1}^{n}\sum_{j=1}^{m}L_{ij}}$$

其中：i代表第i个城市；j代表第j个行业；L_{ij}为第i个城市第j个行业的产值；LQ_{ij}为i地区j行业的区位熵。运用各城市统计数据，根据上式计算得出2017年粤港澳大湾区城市各行业的区位熵如表5-5所示：

表5-5　粤港澳大湾区城市各行业区位熵

行业	广州	深圳	珠海	佛山	惠州	东莞	中山	江门	肇庆	香港	澳门
农、林、牧、渔业	1.52	0.04	1.16	1.04	0.02	0.19	0.99	6.80	0.04	0.00	0.00
采矿业	0.08	1.49	1.30	0.77	0.76	0.02	1.30	4.46	13.1	0.06	0.00
制造业	0.69	0.95	0.98	1.26	1.60	1.58	1.47	0.84	1.03	0.08	0.04
电力、热力、燃气及水生产和供应业	1.29	0.58	1.37	1.42	2.37	0.49	0.88	1.14	6.61	0.69	0.72
建筑业	1.03	1.19	1.98	0.90	0.50	0.48	0.80	1.10	1.30	1.23	2.47
批发和零售业	1.31	1.31	0.89	1.02	0.13	0.14	0.75	0.75	0.34	1.87	0.80
交通运输、仓储和邮政业	1.62	1.26	0.96	0.66	0.20	0.21	0.60	0.33	0.72	1.75	1.40
住宿和餐饮业	1.12	0.83	0.56	0.75	0.47	1.29	0.53	0.65	0.22	1.81	2.63
信息传输、软件和信息技术服务业	1.05	1.65	1.15	0.43	0.37	0.90	0.25	0.18	0.38	1.41	0.00
金融业	0.81	0.71	0.96	0.82	2.26	0.23	0.53	0.59	1.73	4.64	1.74
房地产业	1.28	1.37	1.29	0.55	0.69	0.63	0.69	0.33	0.61	1.46	0.00
租赁和商业服务业	0.86	1.58	0.77	0.46	0.17	1.09	0.29	0.27	0.21	1.66	1.88
科学研究、技术服务业	1.19	1.20	0.82	0.44	0.34	0.53	0.53	0.18	0.39	3.26	0.00
水利、环境和公共设施管理业	1.53	0.72	1.70	1.52	1.67	0.70	0.62	0.64	2.57	0.23	0.00
居民服务、修理和其他服务业	1.70	1.02	0.93	0.92	0.05	0.42	0.79	0.71	0.05	0.97	2.56
教育	1.22	0.43	1.00	0.79	1.80	0.95	0.70	0.69	4.11	2.38	1.51
卫生和社会工作	0.89	0.55	0.88	0.70	1.70	0.72	0.57	0.66	3.98	3.80	1.94
文化、体育和娱乐业	0.96	0.51	0.88	0.54	0.42	0.69	0.54	0.38	0.56	1.88	27.16
公共管理、社会保障和社会组织	0.88	0.64	1.29	0.83	2.66	1.74	0.68	0.87	4.63	0.00	3.03

资料来源：根据珠三角地区九市2018年统计年鉴，香港特区政府统计处、澳门统计暨普查局数据整理计算

可以看出，在农、林、牧、渔业，广州、珠海、佛山和江门的区位熵较高，江门更是达到了6.80，这与江门的农林资源丰富，海洋资源广阔，农业人口较多有很大关系。

在采矿业中，深圳、珠海、中山、江门和肇庆采矿业的区位熵较高，尤其是江门（4.46）和肇庆（13.1），说明江门和肇庆的经济发展还存在一定程度的资源依赖性。此外，肇庆和惠州的电力、热力、燃气及水生产和供应业的区位熵也很高，分别为6.61和2.37，说明这两个城市的电力、热力等资源丰富。佛山、惠州、东莞、中山等均为制造业较为发达的城市，其制造业的区位熵都超过了1，深圳、珠海也接近1，而广州作为广东省的省会城市，商贸服务业较为发达，因此制造业区位熵较其他城市偏低。港澳已经处于后工业化阶段，制造业空心化问题较为严重，香港和澳门制造业的区位熵仅为0.08和0.04。香港、澳门、珠海、深圳等城市的建筑业区位熵排名前列，这与其有一定数量的建筑专业机构或正在进行大量的城市建设有关。珠三角地区整体的制造业发展水平较高，与港澳的现代服务业可以形成很好的互补。

在服务业的各项细分行业中，香港、广州和深圳在批发和零售业、交通运输、仓储和邮政业等生产性服务业均具有较高的区位熵，广州和港澳在住宿和餐饮业的区位熵较高，与这几座城市较强的旅游吸引力有关。深圳和香港在信息传输、软件和信息技术服务业较为领先，区位熵分别为1.65和1.41，两座城市的信息服务业均较为发达。香港拥有亚洲规模较大的证券交易所——港交所，并且作为自由贸易港，积极吸引着全球的资本交易，因此金融业是香港的重要产业，区位熵在大湾区排名第一（4.64）。广州、深圳、珠海、香港的房地产业均具有较高的区位熵。广州、深圳和香港在科学研究、技术服务业的区位熵超过1，广州、深圳、香港等城市在科技研发、技术服务等一系列产业链条上可进行互补和协作。深圳、香港和澳门在租赁和商业服务业具有较高的区位熵。

澳门在文化、体育和娱乐业的区位熵达到了27.16，这与澳门本身高度发达的博彩业和旅游业有显著关系。

总体来看，粤港澳大湾区内细分行业的专业化程度各不相同，城市之间各有其独特的优势产业，不同产业之间的产业发展程度差距较大，这为大湾区城市群的产业互补协调发展奠定了基础。

（三）粤港澳大湾区城市产业协同进展

从各城市未来重点发展产业来看，广州除了汽车、石化、电子信息三大传统支柱产业外，目前正致力于IAB（新一代信息技术、人工智能、生物医药）和NEM（新能源、新材料）等战略性新兴产业的发展；深圳是我国四大金融中心之一，也是“四新”经济（新技术、新产业、新业态、新模式）发展最活跃的地区，未来将重点发展生物、新能源、互联网、文化创意、新材料、信息技术、节能环保等产业；珠海拥有电子信息、生物医药、家电电气、电力能源、石油化工和精密机械制造六大支柱产业，目前正在加快发展新一代信息技术、高端装备制造、绿色低碳、生物医药、数字经济、新能源、新材料、海洋经济等战略性新兴产业；佛山是我国近代民族工业的发源地之一，工业门类齐全，轻工业尤为发达，家用电器、光机电一体化、电子信息及装备制造、陶瓷及建材、纺织服装、化工医药等十大行业产值占工业总产值80%以上，将致力于打造国家制造业转型升级综合改革试点城市；中山传统优势产业包括灯饰、五金、家电等，目前正在积极培育高端装备制造业、新一代信息技术产业和健康医药产业 3 个千亿元新兴产业集群；东莞被誉为“广东四小虎”之首，民营制造业非常发达，拥有电子信息制造、服装鞋帽制造、电气机械设备制造、食品饮料制造、纸制品制造等五大支柱产业，未来将进一步加强与深圳的合作，发展新一代信息技术、高端装备制造、新材料、新能源、生命科学和生物技术；惠州拥有电子、石化两大支柱产业，目前正在大力发展新能源汽车、环保新能源、工业新材料等战略新兴产业和中高端先进装备制造产业；江门是粤港澳大湾区与粤西连接的重要交通枢纽，其一方面在改造提升机电、纺织、食品、建材等传统优势产业，另一方面在重点打造轨道交通装备、汽车制造及零部件、船舶与海洋工程装备等新型制造业；肇庆是广东省的传统农业大市，目前正在积极发展现代农业，同时还提出用 5 年时间打造新能源汽车、先进装备制造、节能环保 3 个超千亿元产业集群；香港的优势产业为金融、商贸物流、商务服务、会展旅游等现代服务业；澳门则以博彩业和旅游业为主。

粤港澳大湾区各城市产业结构和生产率的差异带来产业转移和升级的空间，有利于实现先进制造业和现代服务业的融合发展。粤港澳大湾区各城市发展水平之间形成了一定的梯次和“中心—外围”结构，湾区内除香港、深圳、澳门外的大多数城市仍然处于由制造业向高端制造业和服务业转型升级的过程中，因此港深、深莞、广佛之间具备产业深度协作的潜力。在前期同城化的市场驱动下，不同城市之间的商贸、金融、制造等已展开了初步的产业协作，主要表现在：香港澳门作为金融前端、深圳广州作为金融中端、佛山作为金融后台的金融协作格局已经形成；在核心城市居住和商贸功能外溢下，形成了佛山南海大沥的“商贸黄金走廊”和东莞临深片区等城市间的产业协作区域；围绕日系汽车形成了“广州整车，佛山汽配”的格局；珠江东岸地区的三大城市围绕电子信息产业带形成了紧密的城市分工，西岸地区佛山和中山的家电、家具和家居产品与广州有着千丝万缕的协作关系。作为实施CEPA的重点地区，广东省在涉及银行、证券、教育、医疗、旅游、分销、会展、个体工商户等20个领域对港澳先行先试。借助实施先行先试政策的契机，一大批港澳服务业项目加快进入广东。不过，目前各地的产业协作总体仍较为有限，产业协作在深度与广度上有较大的提升空间，需要政府在战略层面共同谋划与破除产业协作的瓶颈。

五、粤港澳大湾区城镇空间融合协调进展

纵观世界三大湾区（纽约湾区、东京湾区和旧金山湾区），在长期的发展演化过程中其空间结构总体上都是从相对封闭的单中心结构迈向相对开放的多中心空间结构。尤其是20世纪90年代以来，全球化、区域化和信息化加速推进，湾区各个地理单元的发展跨越了自身界限，通过各种高速网络和设施紧密地联系在一起，形成了多样化的世界和区域性城市网络，湾区扁平化、网络化、多中心的空间结构更加凸显。改革开放以来，粤港澳大湾区亦逐渐从单中心向多中心方向演变，城镇体系和功能区体系日趋完善，扁平化、网络化、均衡化特征更加明显。

（一）城市联系强度持续增强

对城市间经济联系强度的测度，国内外的专家学者先后提出了基本引力模式、综合规模、扩散潜能等理论和方法。计算两个城市经济联系强度的公式如下：

$$P_{ij}=k\frac{\sqrt{P_i\times V_i}\times\sqrt{P_j\times V_j}}{D_{ij}^2}$$

其中，P_i、P_j是两城市的人口指标（采用城市常住人口），V_i、V_j是城市的经济指标（采用地区生产总值表示），D_{ij}是两城市的距离（采用百度地图测算的驾车通勤距离，一般百度地图计算线路会给出3种方案，根据3种通勤距离计算平均值作为城市之间的距离，鉴于不同时期交通便利程度存在较大差异，2000年的通勤距离为2019年通勤距离乘系数1.3），k为常数。

2000年，粤港澳大湾区内部各个城市之间的联系强度总值为2532.99。各个城市对外经济联系强度从高到低依次为广州（1229.35）、佛山（975.47）、香港（949.74）、深圳（784.65）、东莞（312.87）、江门（204.96）、中山

（187.32）、珠海（131.91）、澳门（105.59）、肇庆（80.96）。其中，联系最为紧密的5对城市分别为广州—佛山（787.59）、香港—深圳（577.01）、广州—东莞（115.45）、深圳—东莞（61.62）、广州—中山（58.22）（见表5–6）。

表5–6 2000年粤港澳大湾区城市联系强度

城市	广州	深圳	珠海	佛山	惠州	东莞	中山	江门	肇庆	香港	澳门
广州	—	55.44	11.16	787.59	17.19	115.45	58.22	53.28	29.23	96.00	5.79
深圳	55.44	—	5.24	23.64	28.34	61.62	12.69	13.08	4.68	577.01	2.91
珠海	11.16	5.24	—	5.60	1.01	3.82	13.23	8.28	1.15	48.51	33.91
佛山	787.59	23.64	5.60	—	5.64	27.94	17.66	48.29	19.55	36.48	3.08
惠州	17.19	28.34	1.01	5.64	—	14.58	1.82	2.81	1.38	29.67	0.72
东莞	115.45	61.62	3.82	27.94	14.58	—	10.08	10.87	4.31	61.88	2.32
中山	58.22	12.69	13.23	17.66	1.82	10.08	—	29.72	2.55	26.28	15.07
江门	53.28	13.08	8.28	48.29	2.81	10.87	29.72	—	7.36	27.10	4.17
肇庆	29.23	4.68	1.15	19.55	1.38	4.31	2.55	7.36	—	9.97	0.78
香港	96.00	577.01	48.51	36.48	29.67	61.88	26.28	27.10	9.97	—	36.84
澳门	5.79	2.91	33.91	3.08	0.72	2.32	15.07	4.17	0.78	36.84	—

资料来源：课题组计算所得

2019年，粤港澳大湾区内部各个城市之间的联系强度总值达到55206.58。各个城市对外经济联系强度从高到低依次为广州（31652.04）、佛山（25939.15）、深圳（15963.03）、香港（11514.71）、东莞（9830.97）、中山（3717.61）、江门（3303.54）、珠海（2673.08）、惠州（2496.24）、澳门（1960.41）、肇庆（1362.38）。联系最为紧密的5对城市分别为广州—佛山（21578.08）、香港—深圳（7890.76）、广州—东莞（3837.84）、深圳—东莞（2915.27）、深圳—惠州（1011.85）（见表5–7）。

表5-7　2019年粤港澳大湾区城市联系强度

	广州	深圳	珠海	佛山	惠州	东莞	中山	江门	肇庆	香港	澳门
广州	—	2041.15	304.65	21578.08	431.26	3837.84	981.54	898.23	521.75	922.58	134.96
深圳	2041.15	—	203.61	921.70	1011.85	2915.27	449.67	313.76	118.80	7890.76	96.46
珠海	304.65	203.61	—	161.74	26.68	133.90	347.57	147.32	21.68	491.82	834.11
佛山	21578.08	921.70	161.74	—	149.89	983.43	465.58	862.01	369.44	371.24	76.04
惠州	431.26	1011.85	26.68	149.89	—	470.11	44.03	45.87	23.89	276.41	16.25
东莞	3837.84	2915.27	133.90	983.43	470.11	—	322.34	235.53	98.86	764.10	69.59
中山	981.54	449.67	347.57	465.58	44.03	322.34	—	482.11	43.71	243.03	338.03
江门	898.23	313.76	147.32	862.01	45.87	235.53	482.11	—	85.63	169.67	63.41
肇庆	521.75	118.80	21.68	369.44	23.89	98.86	43.71	85.63	—	66.08	12.54
香港	922.58	7890.76	491.82	371.24	276.41	764.10	243.03	169.67	66.08	—	319.02
澳门	134.96	96.46	834.11	76.04	16.25	69.59	338.03	63.41	12.54	319.02	—

资料来源：课题组计算所得

综合2000年和2019年粤港澳大湾区各城市联系强度，可以发现：一是粤港澳大湾区协同发展加速推进，城市之间联系强度大幅提升，2019年城市联系强度总值约为2000年的22倍；二是粤港澳大湾区内极点带动特征明显，两大极点分别为广州—佛山区域和深圳—香港区域，其中广州和佛山的经济社会联系强度远远高于其他城市，表明广佛同城化成效显著，广佛都市圈已经初步形成。深圳和香港是粤港澳大湾区中经济总量最大的前两个城市，在地理位置上又毗邻，其对城市群发展的带动作用明显。但是，由于政治体制和经济体制有所差异，两个城市之间的联系强度不如广州和佛山；三是粤港澳大湾区东岸经济发展活力高于西岸，珠江东岸的香港、深圳、东莞和惠州联系强度远远高于珠江西岸的澳门、珠海、江门、中山等城市之间的联系强度，此外，东岸城市与西岸城市之间的城市联系也还相对较弱。

（二）圈层空间结构日益显现

在《粤港澳大湾区发展规划纲要》及国家顶层设计的推动下，粤港澳大湾区在基础设施互联互通、生产要素自由流动、现代产业合作共建、高端资源集聚整合、制度文化对接融合等领域都实现了更好的协同。从经济空间分布来看，粤港澳大湾区正在形成“内湾—环湾—外湾”圈层发展结构。

“内湾发展带”拥有广佛、深港和珠澳发展极点，也是广深港澳科技创新走廊的所在区域，其将成为大湾区经济社会最发达、最开放的地区，是大湾区各类企业和高端服务业的集聚区，整个湾区的辐射器和动力源。利用高德地图提供的2019年7月企业POI数据[①]，采用ArcGIS软件进行核密度计算，粤港澳大湾区企业密度从内湾向外湾地区呈现不断衰减的趋势。在内湾区域，企业密度最高的区域大致为广佛都市圈和深莞惠都市圈。东岸的企业密度高于西岸，凸显了两岸经济活动活跃程度仍然存在差距。

“环湾发展带”依托临近内外发展带的优势，通过承接内湾产业发展和自主创新，逐渐发展成为大湾区先进制造业集聚带和优质生活延伸带。根据广东省城乡规划设计研究院的研究显示，近10年来，粤港澳大湾区现代服务业新增的企业布局范围主要集中在广州中心城区、广州南沙地区、深圳中心城区、佛山中心城区、东莞中心城区、中山中心城区和珠海中心城区，也即内湾发展带。而工业制造业新增则相对广泛分布在环湾发展带，其原因在于：一是工业制造业企业对土地、劳动力的需求较大，而外围地区这些要素资源的成本相对较低；二是随着广州、深圳等中心城市产业转型升级步伐加快，一些制造业从这些城市逐渐向外围地区转移；三是外围地区持续优化营商环境，各类产业园等产业承接的载体和平台建设得到较大进展，对工业制造业企业的吸引力进一

① POI是一种包含要素的名称、类别、地址等基本信息，能够代表真实地理实体的点状数据，可以较好反映企业的数量信息和位置信息，从而大致体现出企业在空间上集聚与分布特征。

步提高。

“外湾发展带”逐渐成为大湾区生态文明示范带、城乡融合示范带、据点开发探索区和特别合作区（飞地）建设试验区。如广州北部的花都、从化、增城和清远利用生态环境和交通区位优势，正协同打造粤港澳大湾区旅游生态合作试验区，打造粤港澳大湾区辐射全球的世界级休闲旅游目的地。

（三）都市圈辐射带动效应明显

在粤港澳大湾区体系当中，围绕香港、深圳、广州和澳门4个中心城市，已经形成深港极点、广佛极点、珠澳极点三大极点逐步迈向都市圈发展阶段，辐射带动作用十分明显。

深港极点位于珠江东岸，香港和深圳的经济总量占粤港澳大湾区经济总量的40%，人口约占大湾区人口总量的29%。根据全球化与世界城市研究网络（Globalization and World Cities Study Group and Network，GaWC）发布的2020年世界城市排行榜，香港排名全球第三位，深圳排名全球第46位，均为世界一线城市，两座城市在全球金融中心、全球科技创新中心等领域均极具影响力。随着粤港澳大湾区的建设，深圳与香港依托地理毗邻和体制灵活等优势，互动性和协同性将不断加深。随着2020年8月莲塘口岸正式启用，深圳和香港之间的通关口岸已经达到7个。港深创新及科技园建设有序推进，继2017年两地签署《关于港深推进落马洲河套地区共同发展的合作备忘录》之后，2020年深圳正式发布《深圳市人民政府关于支持深港科技创新合作区深圳园区建设国际开放创新中心的若干意见》，从多个方面全力推动深港科技创新合作区深圳园区的建设。与此同时，以建设中国特色社会主义先行示范区为契机，深圳协同东莞、惠州正在加速构建形成新的大都市圈。目前，深圳华为、华大基因等一批龙头企业纷纷在东莞和惠州建立新基地，深圳的多条轨道交通线路也正加紧向东莞和惠州延伸。数据显示，2018年在东莞、惠州的购房者中，居住地为深圳的占比分别达到42%和59%。

广佛极点位于珠江口弧顶区域，2019年，广州和佛山的经济总量占粤港澳大湾区经济总量的30%[①]，人口约占大湾区人口总量的32%。根据全球化与世界城市研究网络发布的2020年世界城市排行榜，广州排名全球第34位。在广佛极点中，广州以服务业和科研教育见长，佛山则以制造业见长，两市产业结构互补性强。早在2008年发布的《珠江三角洲地区改革发展规划纲要（2008—2020年）》中就已经从国家层面上明确提出推动广佛同城化。随即2009年广州和佛山两市正式发布《广州市佛山市同城化建设合作框架协议》，并共同编制全国首个跨区域综合规划《广佛同城化发展规划（2009—2020年）》，广佛同城化正式进入新阶段。此后，广佛同城化发展规划均作为两市5年规划编制的重要组成部分。通过10余年的努力，广州和佛山两市同城化程度已处在国内领先水平，两市之间的经济社会联系密切程度在粤港澳大湾区中最高。两市不仅在市级层面上签署了《共建广佛同城化合作示范区框架协议》《深化创新驱动发展战略合作框架协议》等合作协议，区级层面上广州花都区与佛山三水区、广州番禺区与佛山顺德区、广州南沙区与佛山顺德区、广州白云区与佛山南海区也都已签署相关合作协议，在基础设施建设、产业协作发展、城市规划对接、社会共治共享等方面进行深度合作，以广佛高质量融合发展试验区为代表的一系列同城化融合发展平台加速推动建设，持续推动广佛同城化迈上新高度、新水平。根据广东省住房政策研究中心与百度地图慧眼2018年联合发布的一项研究报告，广佛两市间的通勤人口已超过45万人，占两市常住人口的比例超过2%。

珠澳极点位于珠江西岸，2019年，珠海和澳门经济总量占粤港澳大湾区

① 数据来源:《广东统计年鉴 2020》，课题组计算所得。

经济总量的6.2%[①]，人口约占大湾区人口总量的3.7%。相比深港极点和广佛极点，珠澳极点无论在经济体量上还是人口规模上都相对较小。然而，在珠江西岸，珠澳极点仍具有较强的示范和引领作用。澳门是粤港澳大湾区城市群的中心城市以及全球最自由的经济体之一，在全球联系尤其是与葡语国家联系方面具有明显优势。珠海是我国第一批经济特区之一。近年来，珠海和澳门以合作开发横琴新区为契机，加快协同发展步伐，为增强珠澳极点能级提供了更大的支撑。

（四）网络化空间增长极加快形成

以“高铁＋轻轨＋地铁＋客轮＋高快速路＋商务机”组成的高效快捷交通网络为基础保障，粤港澳大湾区中心城市、节点城市、中小城镇之间将通过经济轴线、城市轴线、生态轴线等实现“垂直—水平—网络”多向联系、全方位互联互通和开放合作，形成高效联结的链网空间（见表5-8）。在此背景下，原本处于单个城市网络边缘的区域却有可能成为粤港澳大湾区空间网络的重要节点，有望在大湾区发展中承担独特功能，进而成为大湾区新增长极。实际上，随着粤港澳大湾区的建设，许多区域都获得了新的发展机会，如在深莞惠都市圈，位于三市临界地区的深圳的大空港、坪山新区，东莞的松山湖、滨海湾新区，以及惠州的潼湖生态智慧区等区域正在加速发展。在广佛都市圈，除了两市主城区，两市临界地区的广州南站地区、三龙湾高端创新集聚区、海龙科技园等地区也正成为发展热点。这些平台的建设和发展，又进一步推动人口、产业向城市外围区域集聚，城市之间的交界处获得机会，成长为新的增长极或者增长节点，进而推动粤港澳大湾区空间结构向均衡化、扁平化、网络化发展。

---

① 数据来源:《广东统计年鉴 2020》，课题组计算所得。

表5–8 粤港澳大湾区特色合作平台和空间增长极

特色合作平台	发展方向
深圳前海深港现代服务业合作区	推动金融开放创新。建设跨境经贸合作网络服务平台、新型国际贸易中心、国际高端航运服务中心、离岸创新创业平台、国际文化创意基地。联动香港打造国际法律服务中心和国际商事争议解决中心
广州南沙粤港澳全面合作示范区	携手港澳建设高水平对外开放门户。共建创新发展示范区。建设金融服务重要平台。打造优质生活圈。建设粤港产业深度合作园、粤澳合作葡语国家产业园
珠海横琴粤港澳深度合作示范区	配合澳门建设世界旅游休闲中心，高水平建设珠海横琴国际休闲旅游岛；建设粤港澳物流园；加快推进横琴澳门青年创业谷和粤澳合作产业园等重大合作项目建设，研究建设粤澳信息港。支持粤澳合作中医药科技产业园发展
深港科技创新合作区	构建深港共建共享的开放型科研体系，建设深港协同的开放创新综合配套改革试验区
中新广州知识城	建设新一代信息技术、数字经济、生物医药、新能源、新材料及智能芯片和粤港澳大湾区科技创新综合孵化园等价值创新园。建设广东省知识产权服务业集聚中心
珠海西部生态新区	在先进装备制造业、临港工业和现代服务业等领域深化与港澳合作。共建面向粤港澳的企业孵化基地和青年创新创业中心。联手港澳打造具有国际影响力的大湾区主题会展和旅游品牌。深化万山海洋开发试验区功能，协同港澳发展面向国际的邮轮市场
佛山粤港澳合作高端服务示范区	为港澳产业金融、工业设计、科技服务、离岸贸易等高端生产性服务企业到佛山发展提供更好服务，打造高端创新集聚区。建设“香港＋佛山”深度合作支撑区。打造高质量发展的生态宜居创新发展示范区
惠州潼湖生态智慧区	为港澳参与潼湖生态智慧区建设提供更好服务，重点在半导体、物联网、智能制造、科研服务、文化创意等方面开展全方位合作，建设高端电子信息产业集群。联手港澳打造绿色生态城市示范区
东莞滨海湾新区	打造具有国际水平的滨海湾创新链走廊，建设国家科技成果对接转化示范区，构建高端电子信息发展轴、现代服务产业发展轴和战略性新兴产业发展轴“三轴”联动核心产业空间
中山翠亨新区	深化与香港、澳门、深圳等城市在生物医药、高端装备制造业、新一代电子信息、高端服务业、青年创新创业等领域合作，高水平合作建设翠亨科学城。传承和弘扬中山文化，搭建文化交流平台
江门大广海湾经济区	与港澳拓展在金融、旅游、海洋经济等领域合作，建设粤港澳合作用海示范区。加快江门银湖湾滨海地区开发，推动江澳绿色经济合作，探索粤澳合作发展的新模式
肇庆新区	加快建设粤港澳大湾区生态科技产业园。建设大湾区辐射大西南的大型物流集散基地，打造供港供澳重要农产品物流基地。促进跨境电商产业聚集，发展大西南地区企业大湾区总部经济。打造大湾区健康产业和养生旅游度假胜地。打造岭南文化、广府文化的重要展示基地

资料来源：《粤港澳大湾区发展规划纲要》《广东省推进粤港澳大湾区建设三年行动计划（2018—2020年）》

专题六

成渝城市群一体化政策及进展[①]

从中心城市到城市群，城市演化发展仍然遵循着系统效率原则，其本质在于形成要素自由流动的一体高效市场，难点在于破解行政区体制对区域经济的束缚，集中体现为城市群基础设施、产业发展、社会服务、生态环保等一体化，并凭借基础设施互联互通、产业发展分工协作、市场要素自由流通、生态环境共建共治、公共服务高效均等来实现城市群经济影响力、空间承载力、创新牵引力的持续提升。因此，对城市群一体化发展的政策及其成效开展评估，将为推动城市群高质量发展提供科学依据和重要参考。本专题以成渝城市群为评价对象，对中央及地方先后出台的推动成渝城市群一体化发展的政策进行全面系统梳理，并对其成效开展评估。

① 本专题作者为重庆社会科学院、重庆市人民政府发展研究中心王胜，重庆工商大学管理学院屈阳。

一、成渝城市群概述

成渝城市群是指以成都、重庆两个特大城市为核心，包括与之密切联系的分布于四川盆地平原及丘陵山区的大、中、小城市①的集合体。

（一）历史视角

从历史积淀看，成渝城市群历来是中国人口聚集、经济活动频繁的区域。四川盆地是中华文明发祥地之一，古蜀国、古巴国创造了灿烂文明。公元前316年秦惠文王遣司马错、张仪先后消灭古蜀国、古巴国，分设蜀郡、巴郡，治所为成都县、江州县，即今之成渝两城。成都一名的由来，据《太平寰宇记》记载，是借用西周建都的历史经过，取周王迁岐“一年而所居成聚，二年成邑，三年成都”而名。重庆一名的由来，源于南宋光宗先封恭王，后即帝位（1189年），自诩“双重喜庆”，自此重庆定名至今。就经济而言，唐宋两朝就有所谓“扬一益二”的说法，足见历史上成都城的繁华；从军事来看，重庆历来是兵家必争之地，尤其是在南宋抗蒙过程中发挥了重要作用，钓鱼城被史学家称之为“上帝折鞭之处”。迄今为止，在国务院颁布的中国历史文化名城中，成渝城市群内共有成都市、重庆市、宜宾市、自贡市、乐山市、泸州市、阆中市、都江堰市等8座历史文化名城（见表6-1）。

① 一般而言，城市是指以非农业产业和非农业人口集聚为主要特征的居民点，包括按国家行政建制设立的市、镇。《中华人民共和国城市规划法》第三条规定：“本法所称城市，是指国家按行政建制设立的直辖市、市、镇。”从这个角度来讲，城镇与城市这两个概念所指向的对象并无差异。需要补充的是，在中国，县、乡这两个行政区概念往往指向的是不同尺度的农村地区。

表6-1 成渝城市群国家历史文化名城名录

批次	城市	所属地区
第一批（1982年2月8日）	成都	四川
第二批（1986年12月8日）	重庆	重庆
	阆中	四川南充
	宜宾	四川
	自贡	四川
第三批（1994年1月4日）	乐山	四川
	都江堰	四川成都
	泸州	四川

资料来源：百度百科《国家历史文化名城》

（二）政区视角

从政区范围看，根据2016年国家发展改革委印发的《成渝城市群发展规划》，成渝城市群具体包括重庆市的渝中、万州、黔江、涪陵、大渡口、江北、沙坪坝、九龙坡、南岸、北碚、綦江、大足、渝北、巴南、长寿、江津、合川、永川、南川、潼南、铜梁、荣昌、璧山、梁平、丰都、垫江、忠县等27个区（县）以及开州、云阳的部分地区，四川省的成都、自贡、泸州、德阳、绵阳（除北川县、平武县）、遂宁、内江、乐山、南充、眉山、宜宾、广安、达州（除万源市）、雅安（除天全县、宝兴县）、资阳等15个市，总面积18.5万平方公里。

（三）城市视角

从组成结构看，截至2018年底，按最新城市规模划分标准①，成渝城市群内部有特大城市2座，Ⅰ型大城市0座，Ⅱ型大城市12座，中等城市14座，小城市2100余座（其中Ⅰ型小城市共15座，包括重庆的黔江、忠县、云阳、垫江、丰都，四川的广安、资阳、雅安和其他7个县级市，Ⅱ型小城市包括崇州、邛崃、峨眉山、绵竹、什邡、万源、华蓥7座县级市和成渝地区内部建制镇共2100多个）②，初步形成了以成渝两个特大城市为核心，大、中、小齐备的城市体系，如表6-2所示。

表6-2 2018年成渝城市群各级城市情况

城市规模	行政隶属	城市名称	市域面积（平方公里）	市域常住人口（万人）	城区面积（平方公里）	城区常住人口（万人）
特大城市	四川省	成 都	14335	1633.0	3639.8	837.97
	重庆市	重庆主城区	—	—	5479.05	875
Ⅱ型大城市	四川省	泸 州	12232.34	432.4	2132.0	161.97
		绵 阳	20248.4	485.7	2751.4	140.2
		南 充	12479.96	643.50	2527.0	137
		宜 宾	13283	455.6	4775.0	129.59
		自 贡	4381	292.0	1438.0	116.4

① 2014年国务院印发《关于调整城市规模划分标准的通知》，以城区常住人口为统计口径，将城市划分为5类7档：城区常住人口50万以下的城市为小城市，其中20万以上50万以下的城市为Ⅰ型小城市，20万以下的城市为Ⅱ型小城市；城区常住人口50万以上100万以下的城市为中等城市；城区常住人口100万以上500万以下的城市为大城市，其中300万以上500万以下的城市为Ⅰ型大城市，100万以上300万以下的城市为Ⅱ型大城市；城区常住人口500万以上1000万以下的城市为特大城市；城区常住人口1000万以上的城市为超大城市。而1980版的城市划分标准为4个等级：市区常住非农业人口（中心城区和近郊区非农业人口）100万以上为特大城市，50万以上到100万以下为大城市，20万以上到50万以下为中等城市，20万和20万以下为小城市。

② 资料来源:《中国城市建设统计年鉴2018》《重庆统计年鉴2019》，城市常住人口为“城区人口＋城区暂住人口”，重庆县级行政区使用城镇人口数据。

续表

城市规模	行政隶属	城市名称	市域面积（平方公里）	市域常住人口（万人）	城区面积（平方公里）	城区常住人口（万人）
Ⅱ型大城市	重庆市	万州区	—	—	3457	164.75
		合川区	—	—	2356	140.72
		江津区	—	—	3200.44	138.70
		涪陵区	—	—	2941.46	116.8
		永川区	—	—	1576	114.20
		开州区	—	—	3959	118.11
		綦江区	—	—	2747	109.98
中等城市	四川省	达　州	16591	572.0	3133.0	90.84
		乐　山	12720.03	326.7	2506.0	81.2
		德　阳	5911	354.5	1096.0	66.21
		内　江	5385.46	369.9	1569.0	65.41
		眉　山	7186	298.4	1796.0	55.2
		遂　宁	5326	320.2	1874.0	54.43
	重庆市	长寿区	—	—	1423.62	85.5
		大足区	—	—	1436	78.86
		璧山区	—	—	915	74.80
		铜梁区	—	—	1343	72.60
		潼南区	—	—	1583	72.06
		荣昌区	—	—	1079	71.56
		梁平区	—	—	1892.13	65.41
		南川区	—	—	2602	59.11

资料来源：《中国城市建设统计年鉴》、各区县统计公报。

注：城市面积指城市行政区域内（不含市辖县）的全部面积，因重庆市辖区本身作为一个下辖区单位，在计算其城市面积和城市人口时将其全域面积视为城市面积，全域人口视为城市人口

从发展基础看，成渝城市群在中国西部城市群中优势明显。成渝城市群处于全国“两横三纵”城市化战略格局中沿长江通道横轴和包昆通道纵轴的交汇

地带，区位优势明显；区域城镇化基础较好，成渝双核引领作用不断增强，一批中小城市特色化发展趋势明显，县城（区）和建制镇分布密集，每万平方公里拥有城镇113个，远高于西部12个和全国23个的水平。从《成渝城市群发展规划》出台前2015年的主要经济指标来看，成渝城市群人口达到9415.9万人，GDP为42112.33亿元，占同期西部的30.29%；人均GDP达到44724.7元，比西部同期高19.78%；城镇化率为54.24%，比西部同期高4.74%[①]。区域内电子信息、装备制造和金融等产业实力较为雄厚，具有较强的国际国内影响力。可以说，成渝城市群是西部地区最活跃的区域。此外，成渝地区经济社会人文联系密切，各城市间山水相连、人缘相亲、文化一脉，经贸往来密切，区域交通、农业、商贸、教育、科技、劳务等领域合作不断加强，毗邻区域合作不断深化，城市群发展潜力巨大。

二、推进成渝城市群一体化的政策行动回顾

考虑政策的系统性、层次性、继承性，本文在梳理成渝城市群一体化政策时，不只是盯着成渝城市群规划出台后的相关政策，而是站在国家和地方两个层面，基于区域经济一体化的多个维度，用更开阔的视角对前后相关政策行动进行全面梳理和总结。

（一）国家层面的相关政策行动

国务院及其部委根据党中央部署，积极谋划指导推动川渝两地发展。1989

① 资料来源：《成渝城市群发展规划》《重庆统计年鉴 2016》《四川统计年鉴 2016》，西部数据来源为国家统计局西部地区数据加总核算。

年，国家计委提出了建设长江上游经济区①的发展方略。2004年，国务院西部开发办综合规划组首次提出“长江上游经济带的空间布局特征是‘蝌蚪型经济带’，区域中心是成渝经济区”的重要战略判断。2007年，国务院制定出台了《西部大开发“十一五”规划》，确立了成渝经济区的概念，成渝经济区建设正式进入到国家战略层面。2011年，国务院批复同意了国家发展改革委牵头编制的《成渝经济区区域规划》。党的十八大以来，在五大发展理念指导下，我国区域经济发展战略由非均衡发展逐步转向协调发展。2014年，根据《国家新型城镇化规划（2014—2020年）》，城市群被明确为中国城镇化的主体形态。成渝城市群作为支撑全国经济增长、促进区域协调发展、参与国际竞争合作的19个规划建设的城市群之一，正式出现。2016年，国家发展改革委、住房和城乡建设部联合印发《成渝城市群发展规划》，这是国家出台的第五个城市群发展规划，标志着成渝城市群一体化建设驶入了快车道。川渝两省市在国家制定出台的成渝经济区、成渝城市群规划的指引下，制定了一系列加快成渝一体化进程的政策。党的十九大以来，区域协调发展战略进一步明晰、深化。川渝两省市紧扣成渝地区双城经济圈战略，加快成渝城市群一体化发展步伐，先后在空间格局、产业发展、基础设施、生态环保、对外开放、社会事业等领域出台了一系列政策，制定了不少行动计划。

进一步梳理、比较国务院及其部委推进成渝地区和城市群一体化发展的相关政策，大体可分为两类：第一类是国家出台的有关区域经济协调、协作发展的面上规划、文件等，这类规划、文件从空间的角度制定我国区域发展战略，

① 2003年3月，国家计委改组为国家发展和改革委员会。1989年国家计委提出将中国划分为十大经济区，分别为东北经济区、华北环渤海经济区、长江三角洲经济区、南方沿海经济区、黄河中游经济区、黄河上游经济区、长江中游经济区、长江上游经济区、新疆经济开发区、西藏特殊经济区。其中，长江上游经济区包括四川、贵州、云南，建设以高耗能、重化工为主的重要工业基地，并大力发展农林经济。

影响带动包括城市空间规划、产业布局规划、生态环保规划、土地利用规划、基础设施规划等一系列国家规划的变革，明确区域发展重点，形成区域协调发展格局；第二类是国家直接就地方区域经济发展和城市群一体化出台的重要规划和文件，由地方联合国家相关部门共同规划编制，针对地方区域功能定位、空间布局、基础设施、产业发展、生态环保、社会事业等各个领域进行设计谋划，制定重大发展项目。在这两类政策中，前一类虽然不是为成渝城市群一体化发展量身定制，但是对成渝城市群一体化发展仍然具有举足轻重的指导意义。从表6-3可以看出，这一系列文件并非专门针对成渝城市群发展，但指明了中国城市化方向路径和城市群建设的步骤平台，并在文件中明确了成渝经济区、成渝城市群、成渝双城经济圈发展概念，从而为成渝地区一体化规划编制，推动其上升为国家战略提供了重要支撑。

表6-3 国家推进区域经济和城市群一体化发展重要文件比较

名称	出台时间	文件级别	相关内容	主要作用
《西部大开发“十一五”规划》	2007年1月23日	国务院（国函〔2007〕6号）	提出了西部大开发“十一五”期间的目标；规划了西部地区新农村建设、基础设施建设、优势产业培育、生态保护、基本公共服务等重点工程；明确了成渝、关中—天水、环北部湾等重点区域；划定了生态功能区定位及发展方向	首次从国家层面提出成渝经济区概念，川渝区域经济协作进入国家视野
《国家新型城镇化规划（2014—2020年）》	2014年3月17日	中共中央国务院	强调了城镇化发展的重大意义，提出了中国新型城镇化发展目标和关键要点，明确了19个城市群作为城镇化主体形态的发展方向，提出了优化城市产业、空间结构、管理格局和公共服务，提高城市可持续发展能力，以城带乡推动城乡发展一体化等工作重点	首次从国家层面提出城市群和成渝城市群的概念，推进成渝经济区发展有了更为明晰的方向和重点

续表

名称	出台时间	文件级别	相关内容	主要作用
《关于培育发展现代化都市圈的指导意见》	2019年2月21日	国家发展改革委（发改规划〔2019〕328号）	定义了城市群与都市圈，明确了发展城市群要先培育发展现代化都市圈，并描绘了2022年都市圈发展目标；提出了都市圈培育对于公路网、轨道网、物流体系、市政和信息网络等基础建设要求，强调了这一过程中要加强不同规模城市产业分工协作、要素市场一体化发展、公共服务共建共享、城乡融合发展；提出了推动建设一批重要都市圈	指出了区域经济发展中存在的突出问题，明确了都市圈是中心城市发育发展为城市群的重要平台和中间阶段，城市群建设要优先强化都市圈发展，从而为成渝双城经济圈的提出做出铺垫
《西部陆海新通道总体规划》	2019年8月16日	国家发展改革委（发改基础〔2019〕1333号）	指出了陆海新通道建设的重大意义、战略定位和空间布局，制定了2020和2025发展目标；规划了干线、港口、交通枢纽和物流设施工程，提出加强物流运输、通关便利化等通道运行服务和提高多式联运物流效率，并设计依托通道建设，促进区域经济加速融合，对外贸易和国际合作程度不断加深举措	从国家发展战略层面要求包括重庆、成都在内的枢纽配套协作，共同推动战略施行，进一步推进了成渝之间一体化进程
《2020年新型城镇化建设和城乡融合发展重点任务》	2020年4月9日	国家发展改革委（发改规划〔2020〕532号）	指出城镇化建设中要提高农村转移人口市民化质量，放宽不同规模城市人口落户限制、促进非户籍人口便捷落户，加快基本公共服务全面覆盖，提高农业转移人口就业能力、加强“人地钱挂钩”配套政策的激励；优化城镇化空间格局，加快发展19个重点城市群，加快成渝地区双城经济圈建设规划纲要编制，大力推进都市圈同城化建设，提高不同层级城市与城镇建设；提高城市综合承载能力，健全城市可持续发展体制机制，提升城市发展质量；完善以城带乡、以工促农，健全城乡融合发展体制机制，促进城乡生产要素双向自由流动和公共资源合理配置	进一步强调成渝双城经济圈建设，加快双城经济圈规划编制，加速成渝双城经济圈一体化进程

资料来源：作者根据公开资料整理

从表6-4可以看出，从成渝经济区到成渝城市群再到双城经济圈，一系列政策具有如下鲜明特点：一是政策衔接紧。在成渝城市群一体化发展演变过程中，规划编制跟随国家战略调整时间不断加快，规划内容与整体战略要求紧密贴合。在区域经济发展战略调整背景下，成渝经济区从概念提出到区域规划正式批复历时4年，成渝城市群规划发布将这一过程缩短为2年。2020年提出成渝双城经济圈发展战略以来，川渝两地政府积极响应，在国家发展改革委发布的文件指引下，着力推动双城经济圈建设及其规划编制，其响应力度与动作幅度呈现质的变化。二是政策越来越系统立体。对比前两项国家规划，可以看到在产业、基础设施、社会事业等相关领域，成渝两地逐渐从行政区内部城乡统筹、谋划发展为主向产业集群式发展、水利（生态）共建共治共防、要素市场一体化等联动式发展模式转变。三是政策目标越来越聚焦，操作性越来越强。从初始的“双核五带”发展布局到“一轴两带、双核三区”空间分布，再到成渝双核集聚带动，政策关注的目标从整体区域缩小到城市范围再缩小为核心城市，其规划面积从20.6万平方公里逐渐演变为18.5万平方公里再演变为现在的4.3万平方公里[①]。区域中心城市和节点城市发展目标逐步明确，从经济区内部“2+20”到城市群内部“2+6+27”的城市结构，城市功能定位逐渐清晰[②]，城市结构逐步向大中小协调并举的方向调整。产业、基础设施、生态保护、对外开放等领域以重点工程规划为基础，明确一体化推进发展着力点，并辅以各项工作专项规划、合作机制和激励措施保障规划贯彻落实。

① 资料来源:《成渝经济区区域规划》《成渝城市群发展规划》，4.3 万平方公里指成都市域面积与重庆主城都市区面积之和。

② “2+20”出自《成渝经济区区域规划》，2 是指成渝双核，20 是指 20 个区域中心城市；“2+6+27”出自《成渝城市群发展规划》，2 是指成渝双核，6 是指 6 个区域中心城市，27 是指 27 个重要节点城市。

表6–4 成渝经济区、成渝城市群发展规划以及双城经济圈战略比较

比较维度	成渝经济区区域规划	成渝城市群发展规划	双城经济圈战略
功能定位	西部地区重要的经济中心；全国重要的现代产业基地；深化内陆开放的试验区；统筹城乡发展的示范区；长江上游生态安全保障区	全国重要的现代产业基地；西部创新驱动先导区；内陆开放型经济战略高地；统筹城乡发展示范区；美丽中国的先行区	"两中心两地"：具有全国影响力的重要经济中心、科技创新中心、改革开放新高地、高品质生活宜居地
空间布局	双核五带：重庆发展核心、成都发展核心、沿长江发展带、成绵乐发展带、成内渝发展带、成南（遂）渝发展带、渝广达发展带	一轴两带、双核三区：成渝发展主轴、沿江城市带、成德绵乐城市带；成渝双核、川南城镇密集区、南遂广城镇密集区、达万城镇密集区	成渝双城经济圈
城市体系	以成都、重庆为核心，发展万州、涪陵、德阳、绵阳、眉山等20个区域性中心城市	成都、重庆为核心；万州、绵阳、南充、乐山、泸州、宜宾作为区域中心城市；涪陵、长寿、江津、合川、永川等27个重要节点城市	—
产业发展	明确现代农业、工业、服务业在各地的产业布局及发展方向	规划成渝城市群内部优势产业集群培育，推动区域内部产业有效转移，并以园区建设为主体、创新创业为抓手构建地区产业高质量发展体系	共建世界级产业集群，重点发展包括战略新兴产业、科技及创新赋能产业，如智能产业、生命健康产业、新能源汽车产业等区域优势产业
基础设施	规划铁路、公路、航道、港口和机场交通网络建设与布局；制定水利、能源重大项目工程；加快信息基础设施互联互通	以基础设施重点工程为基础，加快构建城际交通、上游航道、机场布局、对外通道和交通运输服务等交通一体化体系，加速推进城市群信息网络建设，加快提高两地能源保障和水资源安全保障水平，并建立健全全方位防灾减灾体系	加快推动基础设施网络一体化建设、运输服务一体化发展和交通治理体系一体化发展，加快构建多层次1小时交通圈，从而支撑成渝地区1小时经济圈
社会事业	优先发展义务教育、职业教育、高等教育事业；加快发展医疗卫生服务、医疗资源配置和公共医院事业；加快推进两地文化基建、文化生活事业；加快完善就业、医保、住保、养老保险等社会保障体系	推动建设资本市场、劳动力市场、技术市场、土地制度、市场服务等要素市场一体化管理机制；加快完善教育、养老、就业、文化公共服务体系，打造基础公共服务均等化、公共治理协同化发展格局；建立健全两地资金、生态补偿、成本共担和利益共享协调机制，保障一体化进程的共同推进	加快成渝两核高铁、城际轨道网无缝衔接，加速实现公交一体化运营；共同打造成渝地区双城经济圈教育高地，加强文化资源互惠互享水平，协同构建成渝地区双城经济圈教育、科技、文化、医疗等领域发展战略联盟；加快提高两地政用、民用和商用大数据资源共建共享水平

续表

比较维度	成渝经济区区域规划	成渝城市群发展规划	双城经济圈战略
生态环保	协同构建“一圈四带”生态区域生态网络；加快建设水污染、大气污染和固废污染防治体系；加强土地资源、水资源合理开发、资源综合利用水平	规划建设成渝城市群生态屏障、城市群生态廊道、城市群生态隔离带，制定生态保护与环境治理工程；提高各项污染跨区共建共治水平；加强环境监测体系和跨行政区环境污染与生态破坏联合防治协调机制	—
城乡统筹	一方面提升核心城市、区域中心城市、重点城镇功能，加快推动城市发展。另一方面，加快农村基础设施建设、公共服务建设、防灾减灾能力建设，统筹城乡规划、城乡建设和管理	—	—
对外开放	加快深化行政、企业体制改革，建立健全一体化发展机制；加强对外开放通道和平台建设，积极引进国内外投资，利用内陆开放的政策环境改善扩大开放力度；加强与周边经济区、港澳台地区和对外国际经济合作，促进国内区域协同发展	对外，依托国家战略谋划，加快构建对外开放通道，优化对外开放平台；对内加强与长江经济带、丝绸之路经济带、关中—天水、黔中、滇中、北部湾等区域合作，辐射带动周边欠发达地区协同发展；积极融入“一带一路”建设，深化与欧盟、俄罗斯、东南亚等地区合作	—
保障措施	加强规划实施保障措施，建立两省市人民政府主要负责同志参加的联席会议制度，协调解决规划实施过程中的重大问题	加强两地政府合作，以行动计划和年度工作计划制定为指引，建立编制出台各领域专项规划和合作机制，分领域策划和推进具体合作事项及项目，并通过完善激励约束机制，督促各地区协同行动	—

资料来源：作者根据公开资料整理

（二）地方政府的政策行动

作为川渝经济协作、推进城市群一体化的责任主体，川渝两省市党委、政府主动谋划，积极推动将成渝经济区、成渝城市群发展上升为国家战略。得到国家认可后，根据国家部署，积极响应、深入贯彻，相继出台了一系列政策。

在推进空间格局优化方面，一是强化大中小协同、不断优化城镇体系格局。四川省政府在“五大经济区、四大城市群”“多点多极支撑”发展战略的基础上，提出“一干多支，五区协同”发展战略，强调以成都为核心，以各具特色的区域经济板块为“支点”，充分发挥成都的“主干”作用，通过强化“主干”、壮大“多支”，推动四川省内部形成优势互补、错位发展、同频共振的发展格局[①]。重庆则对2006年提出的“一圈两翼”发展战略进一步深化，提出“一区两群”协调发展机制，将重庆1小时都市圈转化为重庆主城都市区，推动形成由重庆主城都市区、渝东北三峡库区城镇群、渝东南武陵山区城镇群构成的空间发展布局。二是做大成渝双城，努力发挥中心城市集聚带动作用。在成渝一体化发展背景下，成都围绕“东进、南拓、西控、北改、中优”十字发展方针，构建“一心两翼三轴多中心”的网络化空间布局，实现由过去“中心城区、都市区、三圈层”“一区双核六走廊”的“两山夹一城”向“一山连两翼”的空间结构转变。在转变过程中，成都市域面积和城区面积不断进行扩围。其中市域面积由1983年的12121平方公里扩张为14335平方公里，成都市区面积从2011年的2130平方公里扩张为现有的3639.8平方公里[②]。重庆核心城区历经两轮调整，一次是2011年围绕两江新区、西永综合保税区及周边区域，增加

---

① 2007年四川提出“五大经济区、四大城市群”发展战略。五大经济区：成都平原经济区、川南经济区、川东北经济区、攀西经济区、川西北生态经济区。四大城市群：成都平原城市群、川南城市群、川东北城市群、攀西城市群。2012年提出“多点多极支撑”发展战略。“多点”就是要做强市州经济梯队，“多极”就是要做大区域经济板块，实施成渝经济区和天府新区区域规划，培育“四大城市群”，发展“五大经济区”，形成支撑四川发展新的增长极。2018年提出“一干多支，五区协同”发展战略。以成都为“主干”，环成都经济圈、川南经济区、川东北经济区、攀西经济区等为“支点”，实现川西北生态示范区、川东南经济区、成都平原经济区、川南经济区、攀西经济区区域优势互补、联动发展。

② 资料来源：《中国城市建设统计年鉴2011》《中国城市建设统计年鉴2020》。成都市域面积资料来源：四川文明网，《从成都新总规十大关键词看40年大变化 原来1990年的火车北站长这样》。

323平方公里城市建设面积，增强城市经济发展能力；另一次是2020年重庆“一区两群”空间战略调整，将原有5479.05平方公里的主城九区拓展为28700平方公里的主城都市区。根据2019年数据显示，其区内总人口和GDP分别达2027.29万人和18179.77亿元[①]，形成与成都城市规模、经济体量相当的区域极核。其内部功能分布上根据不同区域所处地区和其承载功能，划分为“两江四岸”核心区、中心城区、同城化发展先行区、战略支点城市、桥头堡城市5个类别，共同推动重庆极核发展。

三是加强毗邻地区城市协作空间载体建设。2007年，在成渝经济区概念提出和全国统筹城乡综合配套改革试验区建设的双重背景下，川渝地区为进一步加强区域经济合作交流、推进资源合理流动和优化配置，尝试以31个毗邻区市县作为切入点，探索川渝经济合作发展模式。在国家区域发展战略的推动下，依托《成渝经济区区域规划》和《成渝城市群发展规划》，川渝围绕潼南—广安、广安—合川—北碚、江津—永川—泸州、铜梁—潼南—资阳、荣昌—内江—泸州等毗邻地区打造川渝合作示范园区，并逐步签署《战略合作框架协议》《深化“泸内荣永”协同发展推进泸（州）—永（川）合作备忘录》等发展协议，推动毗邻地区全面协同发展。

在推进产业协同发展方面，一是大力调整产业结构、推动产业迈向中高端。川渝以去产能、调结构、促改革为抓手，制定、发布了一系列关于产业结构调整、增强产业动能的相关文件。如四川先后发布的《四川省人民政府关于化解产能过剩矛盾促进产业结构调整的实施意见》《四川省人民政府关于加快发展生产性服务业促进产业结构调整升级的实施意见》《关于加快构建“5+1”现代产业体系推动工业高质量发展的意见》；重庆发布的《重庆市以

① 资料来源:《重庆市国土空间总体规划（2021—2035年）》《重庆统计年鉴2020》。

大数据智能化为引领的创新驱动发展战略行动计划（2018—2020）》《重庆市推动制造业高质量发展专项行动方案》等文件引导成渝两地加快促进汽车、钢铁、水泥等传统产业转型升级，加强高技术产业和战略性新兴产业等新动能业态培育，加速电子信息、装备制造、食品饮料、先进材料、能源化工、生物医药等支柱产业提质增能，推动实现川渝两地产业高质量发展，产业迈入中高端。二是不断优化产业空间布局，引导产业空间集聚发展。川渝两地坚持因地制宜、关联成链、集聚集约的发展思想，发布如《四川省“51025”重点产业园区发展计划》《重庆市人民政府关于进一步加快重庆市特色工业园区发展的意见》等相关文件，坚持以产业园区发展为主体，打造形成以两江新区和天府新区为引领，国家级和省级经济开发区、高新技术产业开发区、综合保税区、出口加工区为主体，重庆寸滩保税港区、西永微电子产业园区、成都金牛高新技术产业园区等产业园区为代表的空间集聚发展模式，全力推动地方产业向园区集聚转移，助推园区发展的总体规模和质量，将其建设为城市经济发展的重要增长极。三是积极引导促进成渝双核产业错位、补位发展。成都方面，依托“东进、南拓、西控、北改、中优”十字方针，打破传统“3个圈层”的发展结构，以“四向拓展、全域开放”为基础，推动成都产业结构、产业业态优化发展。在“北改”上，推动北部传统产业业态转型，打造依托国际铁路港，发展适欧、适铁先进制造和物流商贸等外向型经济；在“南拓”上，重点发展高新技术产业和新经济业态，打造高新技术产业集聚区；在“东进”上，聚合先进制造业和生产性服务业，打造全域发展格局中的国际门户、产业新城和城市永续发展新空间；在“西控”上，以智能化、绿色化、服务型产业为主，打牢城市生态本底、确保城市可持续发展；在“中优”上，发挥巴蜀文化基础，打造先进生产性服务业和都市型工业，推动建设中国文化历史名城。重庆为推动城市发展，提高核心城市能级，深入推动“退二进三”战略，将汽车、钢铁、化工、装备制造配套等传统工业产业向周边地区转移，其中“两江四岸”核心区以高端服务业和金融服务业等生产性服务业为主；中心城区产业聚焦数字产业化、产业数字化，大力推进战略性新兴产业、高端制造业、综合交通、对外开放等业态发展；主城新区重点布局现代制造业、新兴产业、生产性服务业，以产业园区为主体，推动传统产业转型升级，强化其核心配套服务功能，联动中心城区打造国家“智造重镇”和“智慧名城”。

在推进基础设施互联互通方面，依托川渝两省市交通规划建设，在《成渝经济区区域规划》提出加快川渝对外铁路、城际轨道、城市轨道、公路网络、航空和港口建设的基础上，2015年提出《成渝城际铁路建设规划（2015—2020年）》获得国务院批复，两地规划打造“5骨架18辅助”的城际网，形成以成渝双核为中心，覆盖区域内常住人口50万人及以上城市和大部分常住人口20万人以上的城市，实现以双核间1小时到达、核心城市与次级中心城市1小时到达、城市群内所有次级中心间2小时到达。2016年，《成渝城市群发展规划》进一步深化川渝两地交通一体化布局，规划设计包括铁路、公路、水路、铁路枢纽、港口枢纽和机场枢纽重点工程，进一步落实川渝两地交通一体化建设。2019年，川渝两地签署《推进成渝城市群交通基础设施互联互通2019年重点工作方案》，两地谋划启动编制成渝城市群交通一体化发展规划，共同向中央汇报，争取将成渝城市群列入国家第四个区域交通规划，将成渝城市群互联互通项目纳入国家路网或国家支持范围。与此同时，2019年，《西部陆海新通道总体规划》发布，使川渝两地多式联运一体化进程加快，加速打造以产业转移合作园区、通道经济走廊为代表的实施建设方案，为国家战略实施布局提供支撑。2020年，两地又签署《成渝地区双城经济圈交通一体化发展三年行动方案（2020—2022年）》并联合编制《成渝地区双城经济圈综合立体交通网规划（2021—2035）》，规划建设“高铁双通道、高速八车道、航道千吨级”

线网格局，谋划到2022年建成8向大通道，建设5张交通网，达成4个1小时交通圈，建成“16+9+11”的川渝公路通道[①]。除此之外，在打通毗邻地区“断头路”“瓶颈路”方面，2007年川渝毗邻31个县市共同签署《川渝毗邻地区合作互动框架协议》后，渝西川东荣昌、双桥、大足、潼南、泸县、隆昌、安岳、内江市东兴区八区县合作成立“渝西川东八区县经济社会发展协作会”，共同签订“1+10”合作协议，打造统一协调的基础设施互联互通。2018年，双方政府签署《深化川渝合作深入推动长江经济带发展行动计划（2018—2022年）》，以及近期签署的多项成渝交通文件（协议）再次强调跨区域高速公路项目建设，联合打通“断头路”“瓶颈路”障碍。

在推进环保共治联防方面，依托长江上游经济区发展和长江上游生态屏障建设，两地政府生态环境共建共保行动合作开展已久。早在2006年，川渝两地环境保护局便签订《川渝地区环境保护合作协定》，确定建立环境信息互通机制、定期会商机制、联合调查机制、环境应急联动机制、联合执法机制，联手推进川渝地区环境保护工作。2007年两地市领导共同签署《关于推进川渝合作、共建成渝经济区的协议》，针对长江上游生态保护、污染排放和水环境联防联治、生态补偿机制等方面展开合作。2012年，广安市与重庆市合川区签订环境治理合作协议，就河流污染和饮水安全问题达成共识，利用信息互通机制和环境应急联动、污染事件联合调查以及环境联合执法机制联合监管跨流域环境问题和违法行为。2018年，两地政府签署《重庆市人民政府、四川省人民政府深化川渝合作深入推动长江经济带发展行动计划（2018—2022年）》，进一步扩大生态环保范围，除原跨界河流治理和林地建设外，新增大气污染联防联治问题和森林病虫害、森林火灾、珍稀鱼类保

① 双核城市1小时通达、成渝都市区1小时通勤、成渝双核至周边城市1小时通达、圈内相邻城市1小时通达，16条川渝间高速公路、9条川渝间二级普通国道、11条三级及以上省道贯通。

护等方面内容，打造跨省市联防保护机制。2020年，两地对于生态环保合作进一步深化，签署了一系列包括跨流域水污染和跨区域大气污染联防联治、川渝危险废物跨省市转移、跨界联合环境督察执法等方面的合作机制。

在社会事业共建共享方面，川渝两地由浅到深签署了一系列的合作协议。2004年，川渝签署《关于加强川渝经济社会领域合作，共谋长江上游经济区发展的框架协议》，协议中关于社会事业方面，主要包括市场壁垒的打破，刺激各类企业跨地区发展；促进科技、教育、信息资源共享，尤其是两地人才的“柔性”流动两个方面。到2007年，《关于推进川渝合作、共建成渝经济区的协议》签订，川渝两地社会事业合作方面逐渐加入市场一体化构建、消除就业户籍限制、加强区域产权交易市场建设和建立便捷的流动人口社保体系等领域内容。随着成渝城市群概念的出现，川渝两地在2015年签订的《关于加强两省市合作共筑成渝城市群工作备忘录》对于市场一体化进一步深化，两地工商等部门在信息共享、资质互认、品牌互认、执法互助等方面逐渐开始统一，两地通关一体化也开始逐步施行，基本医疗保险异地结算逐渐落实。到2016年，《深化川渝务实合作2016年重点工作方案》及10个系列合作协议签署，两地在应急管理信息共享、养老保险转移接续、随迁子女义务教育、跨省就医备案报销、医疗机构沟通合作、传统文化传承共享等社会事业领域合作不断深化。2020年重庆两地相关部门再次针对这些领域进一步深化，签署《共同推动成渝地区双城经济圈建设川渝人力资源和社会保障合作协议》《川渝民政合作框架协议》《优化成渝地区双城经济圈养老保险关系转移流程合作协议》《共同推动成渝地区双城经济圈建设川渝劳动保障监察合作协议》等文件，从优化人力资源市场要素配置、推进公共就业创业服务协同、构建劳动保障监管机制、增强医疗异地保障和养老关系转移功能等多方面、多维度促进川渝两地社会事业发展。

三、成渝城市群一体化建设取得的主要成效

在国家规划、文件引领和成渝地区协作的共同作用下，成渝城市群在经济发展、产业优化、基础设施、生态环保、社会事业等领域取得长足进展。

成渝双核经济保持快速增长。纵向看，成都与重庆主城都市区GDP分别由2015年的10.66千亿元和11.49千亿元增长为2019年的17.01千亿元和18.18千亿元，双核经济总量占川渝两地的比重从2015年的47.76%增长到2019年的50.29%，核心集聚能力进一步显现（见图6–1）。

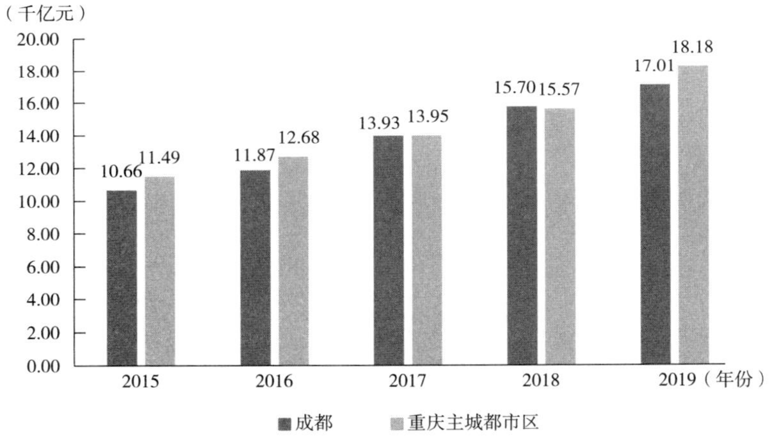

图6–1　2015—2019年成渝双核的经济总量对比[①]

资料来源：《四川统计年鉴2020》、2016—2020年《重庆统计年鉴》

与其他城市群核心城市对比来看，2015—2019年，成都12.44%和重庆主城都市区12.19%的年平均经济增速[②]均超过上海、广州、深圳、北京等核心城

① 本专题中，各区域经济数据均出自:《重庆统计年鉴 2020》《四川统计年鉴 2020》《中国统计年鉴 2020》《广东统计年鉴 2020》。

② 考虑到此处主要是增速比较，加之国内地区间价格因素差异不大，故未扣除价格因素。

市，处于领先水平（见图6–2）。

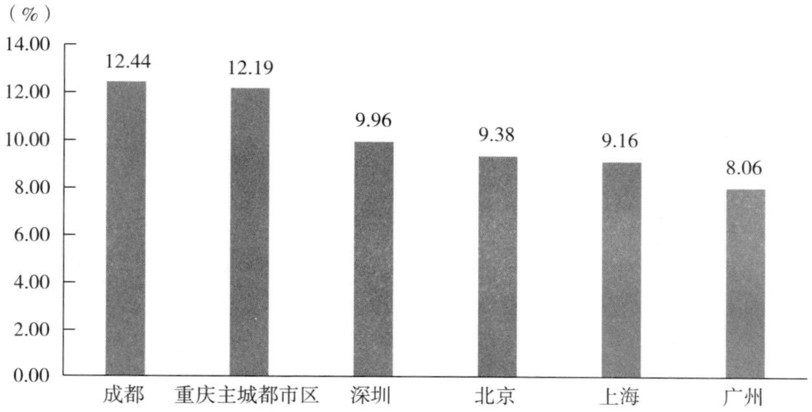

图6–2 2015—2019年主要核心城市年均经济增速

资料来源：《四川统计年鉴2020》、2016—2020年《重庆统计年鉴》、《上海统计年鉴2020》、《广州统计年鉴2020》、《深圳统计年鉴2020》、《北京统计年鉴2020》

成渝双核集聚水平不断提升。从双核经济密度看，成都和重庆双核地均GDP分别由2017年的9718.4万元/平方公里、4861.6万元/平方公里增长为2019年的11867.9万元/平方公里和6334.4万元/平方公里，其年均增速①分别达到10.53%和14.18%②，相较于其他城市群极核增长来看，成渝两核GDP密度增长均处于领先水平，重庆增速更是遥遥领先（见图6–3）③。

从人口集聚看，成渝双核人口保持稳定增长状态（见图6–4），2015—2019年，成都常住人口增加192.35万人，年均人口增速达到3.61%④。2015—2019年

① 由于2015、2016年成都区划调整，市域面积出现变化，计算出的数据误差较大，因此本处仅用2017—2019年成都地均GDP计算年均增长。

② 资料来源：《四川统计年鉴2020》、2016—2020年《重庆统计年鉴》、《上海统计年鉴2020》《广州统计年鉴2020》、《深圳统计年鉴2020》、《北京统计年鉴2020》。

③ 重庆主城都市区面积数据来源：《重庆市国土空间总体规划（2021—2025年）》。

④ 资料来源：《四川统计年鉴2020》、2016—2020年《重庆统计年鉴》。2016年5月，成都调整行政区划，原属资阳市代管的县级简阳市划归成都市管辖，因此当年末常住人口增加了100多万人。

重庆主城都市区常住人口增长96.87万人，人口保持稳定增长。

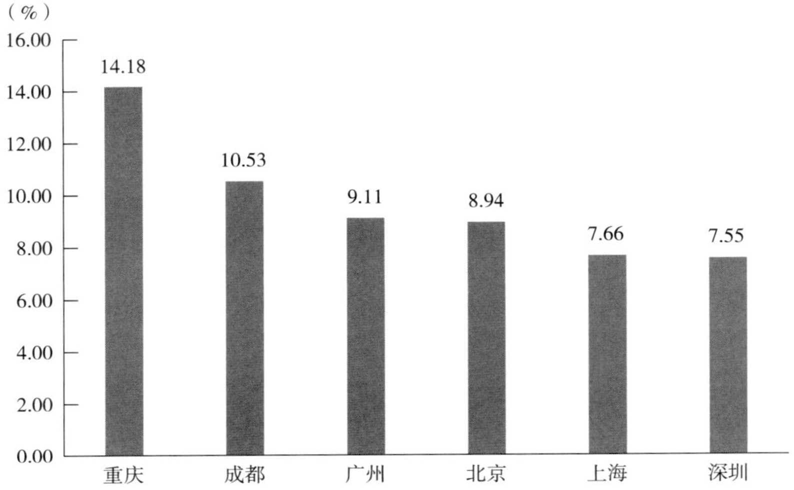

图6-3　2016—2019年主要核心城市GDP密度年均增速

资料来源：《四川统计年鉴》《重庆统计年鉴》《中国统计年鉴》

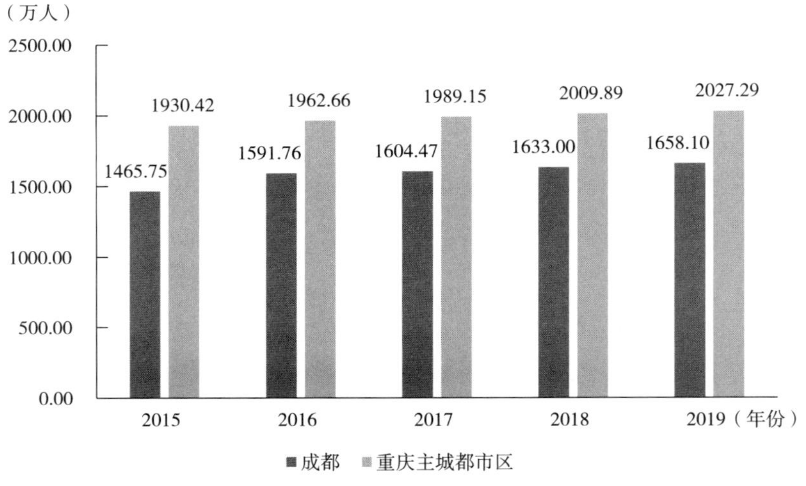

图6-4　2015—2019年成渝双核常住人口数量

资料来源：《四川统计年鉴》《重庆统计年鉴》

成渝双核创新能力不断提高。从2015—2018年成渝双城科研投入水平来看，重庆科研经费内部支出占GDP比值从1.54%增长为1.90%，成都科研经费内部支出占GDP比值从2.38%增长为2.56%。而其科研人员全年当量也保持高速增长状态，其年均增速分别为14.38%和12.76%，科技创新能力增长态势良好[①]。

成渝双核生态环境持续变好。从两地空气质量来看，近年来两地联防联控工作成效显著，空气质量快速攀升。如图6–5所示，2014—2019年重庆空气质量优良率从67.4%增长为86.6%；成都自2016年开始，空气治理效果大幅上升，大气治理步伐快速向前迈进。

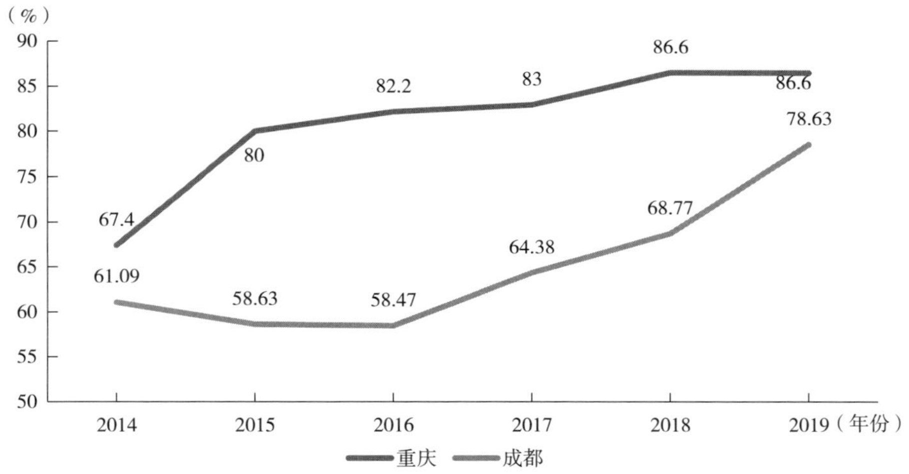

图6–5　成渝中心城区空气质量优良率

资料来源：2015—2020年《重庆统计年鉴》、2014—2019年《成都市国民经济和社会发展统计公报》

① 资料来源：2016—2019 年《四川统计年鉴》、2016—2020 年《重庆统计年鉴》。

城市之间联系不断加深。一是成渝双核之间，从核心城市快速通达能力来看，以高铁（动车）为代表的运行车次不断增加，通达时间不断变短，从2016年成渝高铁通车后的64往返车次逐渐增长为2020年160往返车次，最短运行时间也逐渐缩短为1小时22分钟。规划建设的成渝中线高铁于2020年下半年逐步开工，成渝两市不断向1小时通达目标迈进。从核心城市交通服务来看，两地轨道交通二维码于2020年9月实现互通，进一步方便成渝两地市民互访出行。二是从核心城市与节点城市来看，依托成渝高铁、成遂渝高铁、成绵乐城际铁路、成昆高铁、渝昆高铁、渝万高铁建设，成都周边包括绵阳、德阳、雅安、乐山、自贡、资阳、遂宁等城市已达到1小时经济圈建设水平。重庆渝西地区区县与重庆主城区之间依托城际铁路、高铁建设，也已达到1小时通达水平，核心城市与周边区县联系不断增强。三是从铁路路网建设来看，2016—2019年，川渝铁路里程共计增加950公里，增长率为14.91%，高于全国的14.87%。高速铁路里程增加943公里，4年间高铁里程增长61.63%。四是从高速公路路网建设来看，根据已有数据，在2015—2018年发展期间，成渝城市群新建高速公路里程769公里，达万高速、渝蓉高速、巴广渝高速、南大梁高速等高速公路相继通车，高速公路建设密度由3.76公里/百平方公里增长到4.50公里/百平方公里，年均增长0.25公里/百平方公里，2018年其密度水平仅次于珠三角区域（见图6-6）。五是从道路服务方面来看，2018年川渝之间取消高速公路省界收费站，车辆可以正常速度通行川渝省界，基本实现不停车收费。六是从区域航空建设布局方面来看，成都的双流国际机场和重庆的江北国际机场已分别成为全国第四大、第九大的航空枢纽，2019年旅客吞吐量和货邮量之和分别已过亿人次和百万吨。随着成都第二国际机场2021年投用和重庆机场第四跑道建设，成渝将形成一个年旅客吞吐能力1.6亿人次、货邮吞吐能力超过300万吨、国际航线百余条，支线机场10多座的空运综合体。

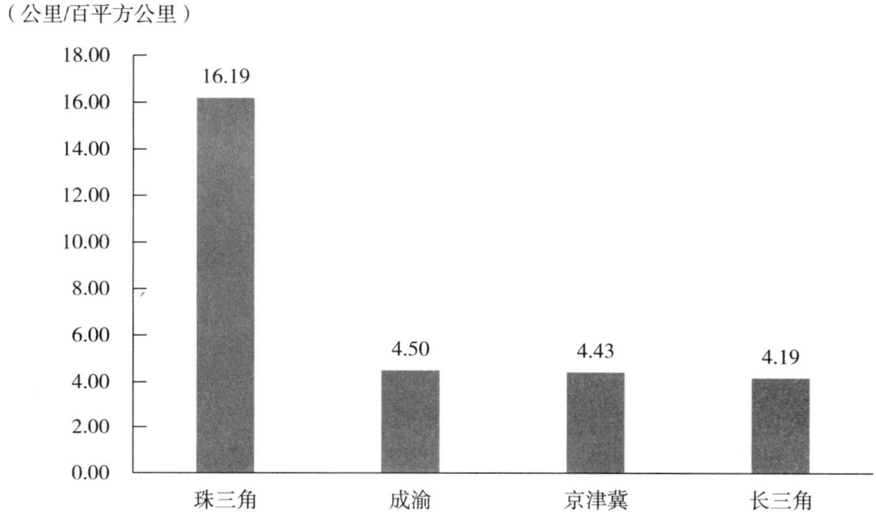

图6-6　2018年四大城市群高速公路密度概况

资料来源：根据城市群区划范围内各地市统计年鉴中高速公路数据加总计算，由于部分地市并不完全包括在城市群区划范围内，数据具有一定误差，仅供参考

成渝地区要素互补举措不断落实。一是从川渝电能输送发展来看，四川作为能源尤其是电力能源输出大省，2017—2019年，年均电力输出量达1311.37亿千瓦时（本处的购电量和输出量指的是输入输出量加总后的净进出量），而重庆电力能源缺口很大，2018年外购电量达320.57亿千瓦时，是能源对外依存度很高的城市[①]。近年来，川渝两地不断加快电力设备建设，增强川渝电网布局，强化川电送渝能力，为成渝城市群建设能源需求提供保障。在电力配送上，两地电力资源合作不断加深，2017—2019年，川渝跨省区送受电量合计达97亿千瓦时，2020年1月，两地又签订50亿千瓦时的跨省区送受电协议，两地送受电量不断加大。在两地电网建设上，依托全国西电东送

① 资料来源：《四川统计年鉴 2019》《重庆统计年鉴 2019》。

工程建设，川渝之间建成3条6回500千伏线路（2回洪沟—板桥、2回黄岩—万县、2回资阳—铜梁），实际送电能力达550万千瓦时。二是从水利工程建设来看，在涉及跨区调水的水利工程中，川渝两地规划设计了渝西水资源配置工程和长征渠引水工程，以解决重庆部分地区长期缺水问题。其中渝西水资源配置工程已被纳入全国重点推进的2019年重大水利项目，并列入国家“十四五”规划项目，于2018年10月提前启动实施。而长征渠引水工程项目也将从四川眉山市洪雅县境内的青衣江干流引水，横跨四川的眉山、乐山、内江、资阳、自贡、宜宾、泸州七市和重庆市西部，是灌溉面积1400万亩农田和保障上千万人饮水安全的特大型水利工程，为保证这一工程建设，2018年两地政府携手成立长征渠引水工程协调小组，谋划启动前期规划事宜。

产业集群协同配套发展程度不断提高。成都和重庆都形成以电子信息制造业和汽车制造业为龙头，非金属矿物制品业和铁路、船舶、航空航天和其他运输设备制造业为支撑的工业发展态势。2018年，成都电子信息制造业和汽车制造业规模以上企业营收加总后占成都规模以上企业总营收的47.9%，重庆占比也达41%[①]。以汽车产业集群发展为例，重庆内部形成以长安系为龙头，十多家企业为骨干，上千家零部件等配套企业为支撑的“1+10+1000”格局；零部件方面，涉及发动机、变速器、制动系统、转向系统、车桥、内饰、空调等各个领域，零部件本地化配套率高达70%。成都依托一汽大众、一汽丰田、东风神龙、沃尔沃、吉利等整车企业，发展涵盖动力传动系统、底盘悬架系统、电子电气系统、车身及内外饰等零部件产业链上下游各个环节。从产业协同发展来看，依托四川以内江、南充、资阳、遂宁等两地毗邻城市打造的汽配产业集群，广安、南充、内江等毗邻城市与重庆之间形成零部件企业和制造业配套，

① 资料来源:《成都统计年鉴 2019》《重庆统计年鉴 2019》。

两地企业配套合作不断紧密。

跨区域产业协作不断推进。依托重庆市产业“退二进三”发展战略，如广安、内江、南充、资阳、遂宁等毗邻城市与重庆合作不断推进，尤其以汽配产业为主的装备制造业配套协作不断加深。截至2019年底，四川共有139家零部件企业与重庆汽车制造企业配套，配套数额达28476.2万套；重庆则有71家零部件企业与四川的汽车制造企业配套，配套数额为804.7万套。除此之外，以四川广安川渝合作高滩园区为代表的川渝合作示范园区建设稳步推进，自2013年启动建设起，实现招商引资170.9亿元，培育规模以上企业15户，完成工业总产值58亿元，其中园区内70%企业来自重庆，80%产品配套重庆。2020年，双方打造的汽车产业链供需信息对接平台正式落实，川渝整车企业可发布零部件需求，零部件企业可上传企业产品情况。企业可通过查询获取川渝地区相关产品的供需信息，并通过平台显示的联系方式直接与相关企业对接联系，迅速实现供需配套。

区域产业创新发展程度不断增强。一是从战略性新兴产业发展来看，川渝两地电子信息产业蓬勃发展，成为两地经济体量最大的现代化产业。重庆市委、市政府高度重视电子信息产业，通过着力补链建链强链，构建“芯屏器核网”产业生态圈，形成了包含计算机整机及配套、通信设备、集成电路、新型显示、汽车电子、智能家电、LED及光伏、电子材料和新型元器件等在内的产业体系。2019年，其产业增加值占全市比重达16.6%，增长贡献率达33.9%，是全市产业的第一动力。四川电子信息是四川的第一大产业，依托成—绵—乐电子信息产业带发展，截至2019年，电子信息产业主营业务收入达10259.9亿元，同比增长13.8%，成为四川首个万亿产业。同时，从2019年全省规模以上计算机、通信和其他电子设备制造业实现主营业务收入看，5342.2亿元的总量在全国排名第六，13.2%的增速在全国十大电子制造业大省中排名第二。二是从现代生产性服务业发展来看，在电子信息服务业方面，根据川渝两地公布的数据，重庆信息技术与软件服务业一直保持高速增长状态，尽管增速有所放缓，但仍高于全国平均增速2.49个百分点；除此之外，四川在近几年的发展中逐渐加速，其增速已超过全国平均水平，并保持年增速超14%的平稳增长状态（见图6-7）。

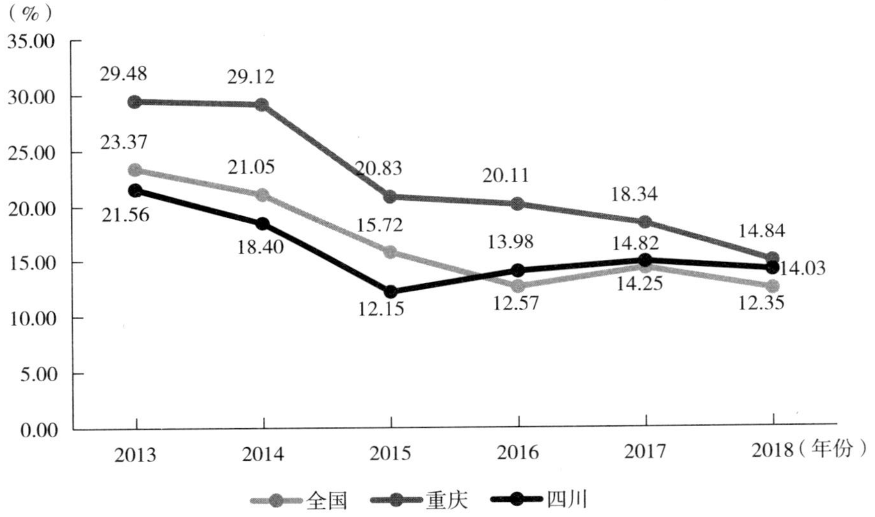

图6-7　川渝信息与技术服务业发展概况

资料来源：国家统计局

川渝之间医疗保障体系不断完善。川渝两地医保部门现已实现两地医保跨省异地就医联网即时结算合作。两地在全国先行先试，于2019年12月23日联合云南、贵州、西藏开通了西南片区五省区市跨省门诊费用直接结算。数据显示，2019年，重庆参保人到四川异地就医住院备案34285人次，就医33133人次，直接结算医保费用2.67 亿元；四川参保人到重庆异地就医住院备案60935人，就医62504人次，直接结算医保费用6.19亿元；异地就医住院费用即时结算实现全覆盖，门诊费用直接结算联网、医药机构范围不断扩大，由启动之初的116家增加到500家（其中医院57家，药店443家），川渝两地累计结算2523人次、医疗费用52.84万元①。

公共服务资源逐步实现跨区共享。一是在科技方面。双方多次开展各类跨区域、多层次的高水平学术交流活动，实现科技资源共享。如轮流举办中国自动化学会川渝地区自动化与电控技术学术年会；组织川渝两地高校、科研院所及企业代表，围绕科学技术创新、高层次人才培养等方面开展研讨，推动川渝地区自动化及电控技术的交流与发展。除此之外，重庆科学技术局与四川科学技术厅签署《进一步深化川渝科技创新合作 增强协同创新发展能力 共建具有全国影响力的科技创新中心框架协议》，以“一城多园”模式合作共建西部科学城，并深化成渝地区国际科技合作交流。二是在医疗卫生方面。为推进跨区域医联体建设，华西医院、重庆医科大学附属医院等共建专科联盟348个、远程医疗协作网236个。除此之外，荣昌与泸州实现了医疗资源共享，让老百姓得到了更多实惠。2019年9月12日，西南医科大学附属中医医院荣昌分院在重庆市荣昌区中医院正式挂牌，来自泸州的专家每周会到分院内坐诊、查房、会诊、手术。

川渝两地污染联防联治成效显著。川渝两地大气污染治理从独立逐渐走向统一，联防联治范围不断扩大，合作深度不断加深，空气质量不断变优。在实际建设中，四川围绕以成都、自贡、南充为牵头单位的成都平原城市群、川南城市群、川东北城市群建设大气污染防治联防联控工作机制，重庆围绕主城九区和集中区域展开联防联控工作。除此之外，其他各地级市（区县）之间积极展开联络，以广安—合川为例，自2012年起便签署治理协议，两地现已实现信

① 《川渝两地将逐步实现医保公共服务共建共享》，《人民网》，2020年4月13日。

息互通、交叉检查学习。2020年，两地又就大气治理签署多项协议，如《川渝生态环境保护督察协调联动工作机制协议》《协调联动试点行动方案》等，现已构建日常信息月度互通机制和重难点工作季度交流机制，加强两地联防联控能力。

长江上游生态屏障建设一体推进。近年来，随着川渝两地主体功能区不断明确，开发建设坚守生态保护红线，退耕还林工程、荒地造林工程不断推进。根据相关数据统计，两地退耕还林工程有序推进，川渝两地森林覆盖率不断提升，如图6-8所示，2012—2018年，重庆退耕还林面积共计36.93万公顷，四川达21.82万公顷，2012—2018年，重庆森林覆盖率提高了7.3个百分点。

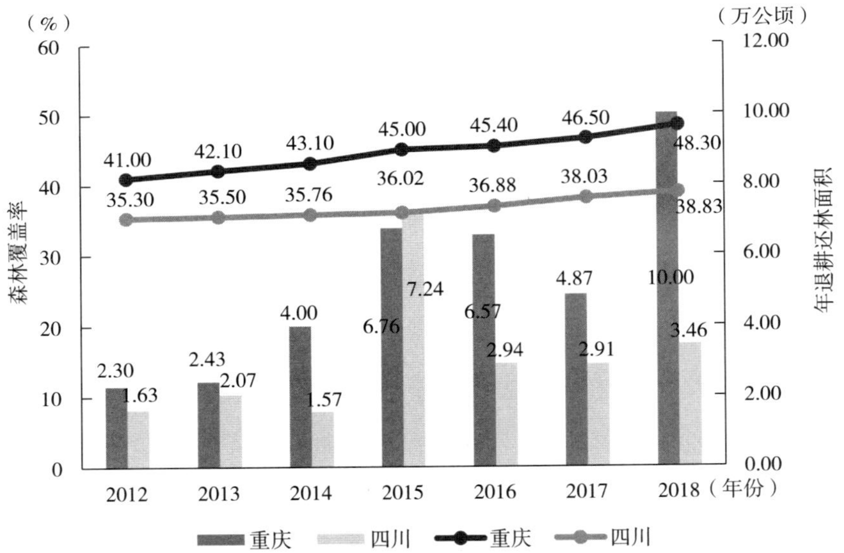

图6-8　2012—2018年川渝森林覆盖率及退耕还林工程发展情况

资料来源：2013—2019年《中国农村统计年鉴》、2013—2019年《四川统计年鉴》、2013—2019年《重庆统计年鉴》

专题七

武汉城市圈一体化政策及进展[①]

党的十八大以来，党中央深入实施区域协调发展战略，武汉城市圈一体化发展迎来新机遇。2019年武汉城市圈是全省发展基础最好、人才最多、经济最活跃、产业最集聚、创新资源最富集的区域，在推动湖北高质量发展中起着关键作用。

一、武汉城市圈政策演进

武汉城市圈是指以武汉为中心城市，以及在其100公里半径内的黄石、鄂州、孝感、黄冈、咸宁、仙桃、潜江、天门等8个城市组成的经济联合体城市圈。武汉城市圈土地面积5.81万平方公里。

武汉城市圈的发展大体上经历了3个阶段。

① 本专题作者为湖北省人民政府研究室覃道明、黄良港、熊绍光、邵德艾、张和年、徐国添、王俊伟、王伟。

第一阶段（2001—2005年），政策研究和建设规划时期。2001年底开始，湖北省内有关专家对“大武汉”集群城市发展战略进行研究。2002年，湖北省第八次党代会提出，武汉市要着眼于提高综合竞争力，构筑在国际竞争中有比较优势的产业体系和现代化基础设施框架，拓展和完善城市空间布局和功能分区，形成武汉经济圈，更好地发挥对全省的辐射带动作用。2003年3月，湖北省政府开展“武汉城市圈”问题专题调研，调研工作由省政府主要领导挂帅，省政府办公厅协调组织，省政府发展研究中心承办。2003年11月，湖北省委、省政府在武汉召开高规格的“推进武汉城市圈建设”研讨会。2004年4月，中共湖北省委办公厅、省政府办公厅转发《关于加快推进武汉城市圈建设的若干意见》，提出推进武汉城市圈基础设施建设、产业布局、区域市场、城乡建设等4个一体化。2004年7月，湖北省委、省政府在武汉召开推进武汉城市圈建设工作会议，以此为标志，武汉城市圈建设各项工作全面启动。

第二阶段（2006—2012年），改革发展同步推进时期。2006年4月中共中央国务院印发《关于促进中部地区崛起的若干意见》，将武汉城市圈列为4个重点发展的城市群之首。2007年12月，国家批准武汉城市圈为“全国资源节约型和环境友好型社会建设综合配套改革试验区”。2008年9月，国务院下发《关于武汉城市圈资源节约型和环境友好型社会建设综合配套改革试验总体方案的批复》。这些表明，从2006年起，武汉城市圈建设进入国家战略层面，成为国家改革试点示范的重要区域。2009年7月，湖北省第十一届人民代表大会常务委员会第十一次会议通过《武汉城市圈资源节约型和环境友好型社会建设综合配套改革试验促进条例》。在改革实践中，武汉城市圈在诸多重要领域和关键环节率先突破，取得决定性成果，为全国改革和发展树立了示范标杆。2012年国家发展改革委组织对武汉城市圈“两型”社会改革试验成效进行评估，被评价为“取得了实质性进展和显著成效，科学发展的局面正在形成”。

第三阶段（2013年至今），协同发展时期。党的十八大后，党中央和国务院高度重视武汉城市圈建设。国家发展改革委批复《武汉城市圈区域发展规划（2013—2020年）》，这是指导武汉城市圈发展和改革的区域性总体规划。2016年1月，推动长江经济带发展座谈会上强调，要优化长江经济带城市群布局，坚持大中小结合、东中西联动，依托长三角、长江中游、成渝这三大城市群带动长江经济带发展。长江经济带发展进入新阶段，为武汉城市圈发展提供重大机遇。2018年4月，在武汉召开的深入推动长江经济带发展座谈会上提出，要正确把握“五大关系”，为新时代武汉城市圈一体化发展指明了方向，提供了重要遵循。2020年8月，在合肥召开扎实推进长三角一体化发展座谈会后，湖北省委提出要做好区域发展大文章，以中心城市、城市群、城镇带建设带动全域协同高质量发展，着力提升武汉城市圈一体化发展水平和整体实力。武汉城市圈迎来新的发展机遇，在全国区域发展战略中的地位进一步提升。

二、武汉城市圈一体化进展及成效

自纳入国家战略、开展国家级改革试点示范以来，武汉城市圈在改革、创新、开放各方面进行了一系列有益的探索，取得了一批典型经验，并形成了制度性成果，较好地破解了发展难题，促进了经济社会发展。

（一）武汉城市圈建设总体策划

武汉城市圈“两型”社会建设，主要以转变经济发展方式为核心，以“五个一体化”为抓手，全面推进各个领域的改革。在“五个一体化”中，区域市场一体化是基础，产业布局一体化是核心，基础设施一体化是纽带，城乡建设一体化是区域一体化的空间载体，环境保护与生态建设一体化是保障条件。“五个一体化”有机统一，“城城一体化”与“城乡一体化”双线并进，用

“一体化”推倒“二元墙”。

第一，推进基础设施一体化。加强人流、物流与信息流联系，实现快捷、安全、高效目标。重点构建以高速公路、铁路、水运、空运为主体的快速交通网络，以及管道运输和完善的通信网络等。规划建成以武汉为中心枢纽、由环城市圈快速路和13条呈放射状的高速公路与快速路构成的“一环十三射四连线”公路主骨架网。加快公共信息平台建设，实现城际和城乡互联互通，实现同网同号与同费，提高信息基础设施和信息资源共享程度。

第二，推进产业布局一体化。在发挥区域比较优势和产业合理分工的基础上，通过延伸支柱产业链、建设产业集群和优化产业布局空间结构，促使产业在城市圈范围内有序扩散、转移与重组，实现产业集聚、产业升级，缩小区域发展差距。突出十大优势产业链，充分发挥武汉作为城市圈产业核心增长极功能，沿主要经济发展轴线，形成六大特色产业带。以武汉城市圈45个国家级和省级开发区为依托，建设50个以区域优势产业为支撑、具有一定规模、配套协作与服务能力较强的产业集群。

专栏二　十大优势产业链和六大特色产业带

十大优势产业链：汽车产业链、电子信息产业链、钢铁产业链、桥梁与钢结构产业链、有色冶金产业链、石油化工产业链、盐化工产业链、纺织服装产业链、建材及建筑业产业链、食品工业产业链。

六大特色产业带：以武汉东湖新技术开发区为龙头和主要辐射极，建设包括葛店、鄂州市区、黄冈市区、黄石市区的高技术产业带；以武钢为龙头，建设包括鄂州市区、黄石市区、大冶、阳新在内的冶金—建材产业带；以武汉经济技术开发区为龙头和辐射极，建设环城市圈汽车零部件产业带；以武汉经济技术开发区和武汉吴家山海峡两岸科技园为龙头，建设环城市圈IT设备及电器、电子元器件产业带；以武汉为龙头,建设包括仙桃、潜江、黄石、鄂州、黄冈、孝感、咸宁的环城市圈纺织服装产业带；以武汉为龙头,在城市圈西侧建设包括云梦、应城、仙桃、潜江、天门在内的化工产业带。

资料来源：作者根据公开资料整理

第三，推进区域市场一体化。统一开放的区域大市场，不仅是实现资源和生产要素自由流动与优化配置的前提条件，而且也是确保区域内各要素高效运转及区域对外开放的基础。发展和完善金融市场，充分发挥武汉作为各类金融机构总部所在地的优势，推进华中地区金融中心建设。发展和提升商品市场，加快发展面向全国和中部地区的大型消费品批发市场和重要工业品专业市场。推进要素市场资源整合和一体化发展，建设以武汉为中心的区域性科技创新体系和技术市场网络体系，促进圈域内人才与劳动力资源实现合理、有序、自由流动与高效配置。

第四，推进城乡建设一体化。优化城镇空间布局，形成以武汉主城区为核心，以轴向辐射为主，以圈层复合为辅，以“一核、一带、三轴、三区”为主骨架的城镇地域空间结构。在空间骨架的基础上，着眼于与周边城市群的联系和协作，加强沟通，形成以武鄂黄为核心圈层，以100公里左右为密集圈层，以200～300公里为辐射圈层的功能圈层格局。

专栏三　一核、一带、三轴、三区

一核：即武汉主城区。由中央活动区、市级副中心和外围组团构成，是武汉城市圈的心脏和辐射中部地区的服务中心。

一带：即武汉都市区、鄂州市区、黄石市区、黄冈市区共同构成的武鄂黄城镇密集带，是武汉城市圈城镇化发展的主体和核心地带。

三轴：即沪蓉高速公路—汉江复合轴、汉丹铁路—汉十高速公路复合轴、京广铁路—京港（澳）高速公路复合轴，是武汉城市圈向西部江汉平原、鄂西北、鄂东南3个方向功能扩展和经济辐射的主要载体。

三区：即西部仙潜天、西北孝应安、南部咸赤嘉3个城镇密集发展协调区，是武汉城市圈内城镇化发展的二级密集区，要在产业协作、功能互补的基础上做好生态与基础设施的共建共享，成为武汉城市圈的重要支撑。

资料来源：作者根据公开资料整理

第五，推进环境保护与生态建设一体化。对自然资源实行节约、集约利用，协调好生产、生活、生态安全对水土资源的需求。制定统一的城市圈环境保护与生态建设的共同目标，建立跨流域和跨地市的环境协调机制，包括水质考核制度、污染排放市场交易机制、生态补偿及监管机制，治污设施优化配置与资源共享等。

（二）武汉城市圈建设主要做法

第一，健全工作机制。武汉城市圈“两型”社会作为国家级综合配套改革试验区，湖北省委、省政府高度重视。省级层面组建了以省长为组长、常务副省长为副组长的推进武汉城市圈改革试验区建设领导小组，领导小组下设办公室，常务副省长兼任办公室主任，省发展改革委主任任办公室副主任。省发展改革委成立了专门机构负责武汉城市圈推进工作，其他省直相关部门指定了联系处室专门负责。武汉城市圈九市均成立了综合配套改革办公室，负责本市改革试验工作。

年度工作有部署。根据城市圈经济社会发展突出问题，确定改革试验重点任务，形成2008—2010年3年行动计划、2014—2015年两年行动计划、2016—2018年3年行动计划及年度各项重点工作安排。改革效果有评估。对重点任务和项目开展评估、督查，及时总结评估试验区成熟经验，在更大范围进行推广。十多年来，共总结提炼了近百项改革试验经验，既涵盖体制机制创新，同时也包括推进改革的工作经验，这些成熟经验已经在众多领域得到复制推广。“两型”指数有考核。用首创的指数体系考核武汉城市圈及九市“两型”社会建设总指数、资源利用指数、环境友好指数、科技创新指数、经济发展指数、社会进步指数等，并将考核结果与项目、资金、政策等支持挂钩。

第二，注重规划引领。牢固树立“一体化”意识和“一盘棋”思想，强化政策协同，积极构建规划政策体系“四梁八柱”。在总体方案基础上，由武汉城市圈建设领导小组办公室牵头，探索建立了城市圈“56531”总体实施框架，即5个专项规划、6个配套支持政策、3年行动计划和1个重大项目清单。5个专项规划，即空间规划、产业发展规划、综合交通规划、社会事业规划和生态环境规划。6个配套政策涉及投资、财税、土地、环保、金融、人才支撑方面。3年行动计划涉及九大领域38项改革任务。1个重大项目清单则是经筛选后列入试验区试点启动的131个项目。2013年编制出台《武汉城市圈区域发展规划（2013—2020年）》，修订了6个配套支持政策、5个“一体化”目标。科技、农业、经信、环保、交通、住建等相关部门编制一批关于武汉城市圈建设系列规划和建设方案，为城市圈改革试验工作提供具体支撑（见表7–1）。

表7-1　武汉城市圈有关政策法规

分类	政策法规
总体部署	1.《关于加快推进武汉城市圈建设的若干意见》 2.《武汉城市圈资源节约型和环境友好型社会建设综合配套改革试验总体方案》 3.《武汉城市圈资源节约型和环境友好型社会建设综合配套改革试验促进条例》
发展规划	1.《武汉城市圈总体规划纲要》 2.《武汉城市圈区域发展规划（2013—2020年）》 3.《武汉城市圈“两型”社会建设综合配套改革试验空间规划纲要》 4.《武汉城市圈“两型”社会建设综合配套改革试验产业发展规划纲要》 5.《武汉城市圈“两型”社会建设综合配套改革试验综合交通规划纲要》 6.《武汉城市圈“两型”社会建设综合配套改革试验社会事业规划纲要》 7.《武汉城市圈“两型”社会建设综合配套改革试验生态环境规划纲要》 8.《湖北省城镇体系规划（2016—2030）》 9.《武汉城市圈航空港经济综合实验区总体发展规划（2019—2035）》
相关政策文件	1.《湖北省人民政府关于促进武汉城市圈投资增长的若干意见》 2.《湖北省人民政府办公厅转发省财政厅关于支持武汉城市圈建设有关财税政策意见的通知》 3.《湖北省人民政府关于武汉城市圈科技金融改革创新的实施意见》 4.《湖北省人民政府关于加强环境保护促进武汉城市圈“两型”社会建设的意见》 5.《湖北省人民政府关于推进土地管理改革促进武汉城市圈“两型”社会建设的意见》 6.《湖北省人民政府关于加强武汉城市圈城际铁路沿线土地综合开发的意见》 7.《中共湖北省委办公厅 湖北省人民政府办公厅关于支持武汉城市圈“两型”社会建设人才政策的意见》 8.《武汉城市圈“两型”试验区卫生事业发展规划》 9.《关于推进武汉城市圈卫生一体化建设的指导意见》 10.《武汉城市圈内医疗急救建设一体化合作协议》 11.《武汉城市圈综合交通改革专项实施方案》 12.《武汉城市圈综合交通一体化建设方案》 13.《武汉城市圈快速通道建设方案》 14.《武汉城市圈“两型”农业发展规划（2011—2015）》 15.《武汉城市圈农业产业一体化实施方案（2012—2015）》 16.《武汉城市圈大气污染联防联控规划》 17.《武汉城市圈构建开放型经济新体制综合试点试验实施方案》

资料来源：作者根据公开资料整理

第三，推动改革创新。国务院批复武汉城市圈综合配套改革试验总体方案，围绕推进综合性制度创新，提出改革创新九大机制任务。武汉城市圈积极争取国家部委出台支持政策、改革试点、工作指导和重点项目，先后承担了100多项国家级改革试点任务，在发展循环经济、节约能源及集约利用土地等资源、生态文明建设及碳排放权交易等方面走在全国前列。主要改革创新举措有：2015年武汉城市圈成为国内首个科技金融改革试验区，探索形成了以“6个专项”为特点的科技金融改革创新模式，并作为全国第二批支持创新相关改革举措向全国推广。2015年，武汉同京津冀、上海等地区一起被中央列为全面创新改革试验区。2016年武汉成为中部唯一的服务贸易创新发展试点城市，同时以武汉片区为主体的湖北自贸区正式获批，推动武汉在全球范围内聚集生产要素。国家工商总局[①]赋予武汉城市圈相关市场主体准入改革试验权，试点5项商事制度改革措施。建立部省合作机制，先后与国家部委、国家级事业单位和央企签订130多个合作备忘录，积极争取国家重大改革事项和重大项目在武汉城市圈率先安排开展。

第四，强化项目牵引。2008年以来，武汉城市圈在产业、生态环境、交通、城乡统筹等方面策划实施了一大批项目，有力地推动了武汉城市圈“两型”改革试验工作。

从项目类型看，资源节约类、生态环保类、统筹城乡类、交通基础设施类、公共服务类等项目总数已经达到300多个。重大项目包括武汉市大循环经济示范区、黄石市黄金山“两型”社会先行区、孝感市“两型”社会建设示范区、咸宁市武汉城市圈职业教育园区、鄂州市城乡一体化（长港）示范带工程、黄冈市化工产业转移示范园区、仙桃市南城新区“两型”社会示范区、天门生态产业园循环经济示范园区、潜江市小龙虾产业一体化和循环经济改革试验等。

① 2018年，将国家工商总局的职责整合，组建中华人民共和国国家市场监督管理总局。

（三）武汉城市圈建设进展成效

第一，经济发展实现新跨越。围绕“两型”社会建设要求，加快转变经济发展方式，推动产业结构升级，武汉城市圈一体化发展新局面正在形成。

经济实力显著增强。2007年武汉城市圈地区生产总值为5556.74亿元，2019年达到了27681.50亿元，较2007年增长了近4倍。在人口变化不大情况下，人均地区生产总值增幅近4倍。武汉城市圈地区生产总值过千亿的城市由2007年武汉1个市，扩展到2019年的6个市。

产业结构转型加快。武汉城市圈三次产业结构由2007年的11.5：44.6：43.9调整为2019年的8.4：45.7：45.9。城市圈内九市一产占比大幅下降，二产占比明显提高，结构比例呈现“二三一”特征（见表7-2）。

表7-2　2007年、2019年武汉城市圈主要统计数据对比表

城市	面积（平方千米）	常住人口（万人）		地区生产总值（亿元）		三次产业比值	
		2007年	2019年	2007年	2019年	2007年	2019年
武汉	8494	828.21	1121.20	3141.50	16223.21	4.1 ：45.8 ：50.1	2.3 ：36.9 ：60.8
黄石	4583	255.40	247.17	466.68	1767.19	8.0 ：53.1 ：38.9	5.9 ：51.0 ：43.1
鄂州	1594	106.95	105.97	208.71	1140.07	15.3 ：51.9 ：32.8	8.8 ：48.3 ：42.9
孝感	8910	521.76	492.10	480.79	2301.40	24.6 ：39.2 ：36.3	13.5 ：42.7 ：43.8
黄冈	17446	730.98	633.30	473.74	2322.73	31.7 ：33.2 ：35.0	17.4 ：37.7 ：44.9
咸宁	9861	286.08	254.84	286.81	1594.98	23.9 ：41.8 ：34.4	12.5 ：44.2 ：43.3
仙桃	2538	148.08	114.01	190.40	868.47	21.2 ：45.1 ：33.7	10.7 ：46.1 ：43.2
潜江	2004	100.23	96.610	156.63	812.63	21.3 ：45.0 ：33.7	9.9 ：50.2 ：39.9
天门	2622	162.10	124.74	151.48	650.82	26.4 ：37.2 ：36.4	13.1 ：47.2 ：39.7
城市圈	58082	3139.79	3189.94	5556.74	27681.50	11.5 ：44.6 ：43.9	8.4 ：45.7 ：45.9
湖北	185900	5699.00	5927.00	9150.01	45828.31	14.9 ：43.0 ：42.1	8.3 ：41.7 ：50.0

资料来源：根据2008、2020湖北统计年鉴整理

支点作用发挥明显。2019年武汉市地区生产总值占中部地区的7.42%。武汉城市圈以占中部地区5.65%的面积、8.55%的人口，贡献了12.62%的地区生产总值（见表7–3）。

表7–3 2019年中部六大城市群基本情况比较

范围		面积		人口		地区生产总值	
		单位（平方千米）	中部占比	单位（万人）	中部占比	单位（亿元）	中部占比
武汉城市圈	核心城市：武汉	8494	0.83%	1121.2	3.01%	16223.2	7.42%
	圈域	58082	5.65%	3182.9	8.55%	27599.5	12.62%
湖北省		185900	18.08%	5927.0	15.91%	45828.3	20.95%
长株潭城市群	核心城市:长沙	11819	1.15%	839.5	2.25%	11574.2	5.29%
	群域	28087	2.73%	1530.5	4.11%	16835.0	7.70%
湖南省		211800	20.60%	6918 .0	18.57%	39752.0	18.17%
环鄱阳湖城市群	核心城市：南昌	7402	0.72%	560.1	1.50%	5596.2	2.56%
	群域	76655	7.45%	2421.0	6.50%	14057.5	6.43%
江西省		166900	16.23%	4666.1	12.53%	24757.5	11.32%
中原城市群	核心城市：郑州	7446	0.72%	1035.2	2.78%	11589.7	5.30%
	群域	58688	5.71%	4448.7	11.94%	32701.7	14.95%
河南省		167000	16.24%	9640.0	25.88%	54259.2	24.81%
皖江城市带	核心城市：合肥	11445	1.11%	818.9	2.20%	9409.4	4.30%
	群域	87579	8.52%	3385.8	9.09%	25401.6	11.61%
安徽省		140100	13.62%	6365.9	17.09%	37114.0	16.97%
太原城市群	核心城市：太原	6909	0.67%	446.2	1.20%	4028.5	1.84%
	群域	74009	7.20%	1632.4	4.38%	8708.7	3.98%
山西省		156700	15.24%	3729.2	10.01%	17026.7	7.78%
中部六省		1028400	100.00%	37246.6	100.00%	218737.8	100.00%

资料来源：根据公开发布的统计数据整理

第二，互通互联取得新进展。按照“构筑三圈、完善七通道、打造六枢纽、建设一系统”的思路，谋划建设一批省际联通、市际互通、市县直通的交通项目，打造陆、水、空、网“四位一体”现代综合大通道。目前武汉到八市以及圈域相邻两市之间的1小时交通圈基本建成，半小时交通圈即将形成，“外畅内联、多式并举、结构优化、机制完善”的交通一体化格局基本形成。

高速公路建设方面，近5年，武汉城市圈环线高速全面建成。圈域内各市全面实现高速公路通达，通车里程占全省43.8%。高速公路网密度是全省平均水平的1.7倍。圈内所有城市均可在15分钟内上高速，环线内任何两个相邻城市均可在30分钟内抵达。普通公路建设方面，武汉城市圈共建成一级公路1184公里、二级公路1988公里、县乡等级公路5264公里、通畅公路18674公里、农村公路桥梁10697延米。截至2019年底，武汉城市圈总里程占全省的37.6%。

铁路建设方面，继京广高铁、沪汉蓉客运专线运营后，武汉至孝感、黄石、咸宁、黄冈4条城市圈城际铁路均已建成通车。

水运方面，由武汉、鄂州、黄冈、咸宁四市港口岸线统一规划建设而成的武汉新港建设步伐迅速，2010年成为长江中上游首个“亿吨大港”，2019年集装箱吞吐量突破169万标箱。武汉“江海直达”航线稳定运行，武汉港集装箱水中转占比达到40%以上，已经成为中西部地区最佳“出海口”。

航空方面，武汉天河机场开通国内外航线200多条，2019年旅客吞吐量2715.02万人次、货邮吞吐量24.31万吨，同比增幅排在全国前列（见表7–4）。湖北国际物流核心枢纽加快建设，航空双枢纽呼之欲出。

表7–4　2019年全国部分机场吞吐量排名

机场	游客吞吐量（万人次）	同比	货邮吞吐量（万吨）	同比
北京首都机场	10001.36	–1%	195.52	–5.7%
上海浦东机场	7615.34	2.9%	363.42	–3.6%
广州白云机场	7337.84	5.2%	119.99	1.6%
成都双流机场	5585.85	5.5%	67.19	1.0%
深圳宝安机场	5293.19	7.3%	128.33	5.3%
昆明长水机场	4807.59	2.1%	41.57	–2.9%
郑州新郑机场	2912.93	6.6%	52.20	1.4%
厦门高崎机场	2741.33	3.2%	33.05	–4.3%
武汉天河机场	2715.02	10.8%	24.31	9.8%
长沙黄花机场	2691.13	6.5%	15.57	13.0%

资料来源：根据各大机场公布数据整理

第三，产业协作形成新格局。以东湖高新区、武汉开发区、临空港开发区三大国家级开发区为主要辐射极，深化区域经济合作模式，加快产业链向周边拓展，区域产业发展格局加快形成。

产业双向迁移规模扩大。一方面，一些产业不断向圈内城市转移、布局，如光谷生物城企业禾元生物，在仙桃新建了我国规模最大的植物源白蛋白产业基地，长飞光纤在潜江打造了全球最大光纤预制棒生产基地，东湖开发区40多家企业在鄂州葛店高新区投资30多个项目，1300余家武汉服装企业入驻汉川，127家化工企业大部分向应城、云梦聚集。另一方面，一些武汉市外大型企业将研发中心、销售中心迁往武汉，部分省外企业在武汉设立总部。武汉市出台《武汉市支持总部企业发展的实施办法（试行）》，设置落户奖、投资奖、经营贡献奖，鼓励本地企业同时也招揽外地总部企业来汉落户。截至2019年底，已有108家企业在武汉设立第二总部。园区合作共建持续深化。深化“飞地经济”合作模式，加快产业链向周边拓展，打造光谷科技创新大走廊、先进制造大走廊、临空经济大走廊。目前三大国家级开发区与周边城市共建了武汉经济技术开发区新滩工业园、中国·光谷黄冈产业园等20多个“园外园”，与咸宁市共建中国·光谷咸宁工业园，与天门市共建武汉东湖新技术开发区天门产业园。产业集群发展趋势明显。以东湖高新区为核心区，整合黄石、黄冈、鄂州、咸宁等地资源，形成光电子信息、新材料、生物工程及新医药、环保等为重点的产业集群。加快推进光谷科技大走廊建设，向东拓展至鄂州、黄石、黄冈等科技产业集聚区，打造“基础研究—技术创新—产业化”梯度科技产业协同发展格局。以武汉经济技术开发区为核心区，以天潜仙等地为配套生产基地，形成汽车制造、IT 设备、精细化工、轻工食品等为重点的产业集群。以吴家山海峡两岸科技产业园为核心区，以孝感市为生产基地，形成汽车零部件、食品工业、农产品加工、盐磷化工等为重点的产业集群。

第四，统一市场建设取得新突破。以打破地域分割和行业垄断、清除市场壁垒为重点，加快清理废除妨碍统一市场和公平竞争的各种规定和做法，营造规则统一开放、标准互认、要素自由流动的区域市场发展环境。

统一市场准入标准。统一武汉城市圈市场主体准入政策、准入程序、准入服务、准入监管，在企业冠用圈内异地行政区划名称、内资公司注册资本延期缴付、内资企业法人在圈内设立分支机构等方面推出多项政策，构建圈内登记注册协调联动机制。改革注册资本登记制度，推行“先照后证”“多证合一”“证照分离”、简易注销改革，全面营造城市圈宽松平等的准入环境。建立城市圈市场监管协调机制，推动执法协作及信息共享。加快发展要素市场。推进人力资源市场建设，共同签署武汉城市圈人才一体化建设、人才项目对接合作协议，围绕人才资源信息库、产业重大项目等8个方面工作，开展智力服务、业余兼职、人才租赁等多种形式的“人才柔性流动”。目前光谷在人才专项资金累计投入21.2亿元。加强金融基础设施、信息网络、服务平台一体化建设，稳步推进互联网支付、移动支付业务，36家非银行支付机构在城市圈内开展业务。武汉城市圈已有1个地市级城市和15个县级城市实现公交行业IC卡应用。湖北省农村信用社联合社、邮储银行湖北省分行等接入武汉电子支付系统，实现武汉电子支付系统在武汉城市圈的全覆盖。汉口银行在黄石、鄂州、黄冈、孝感、咸宁、仙桃等6个城市均设立了分支机构，共14家营业网点（二级机构），武汉、鄂州两地金融系统基本形成“同城清算”体系。积极搭建资源要素交易平台，建立湖北碳排放权交易中心、湖北环境资源交易中心、城市矿产交易所、武汉农村产权交易所，推动排放权、排污权、农村产权等产权合理流动。促进商品贸易流通。积极推进中部强大市场建设，支持武汉创建国际消费中心城市。依托大型连锁企业，武汉工业品加速向周边销售，周边以农副产品为主的商品也快速进入武汉超市，极大提高了商品贸易流通速度，增强了市场调节功能。

第五，生态环境焕发新颜值。牢固树立“绿水青山就是金山银山”的理念，保持生态文明建设的战略定力，做好生态修复、环境保护、绿色发展“3篇文章”，推动重点流域、重点区域水污染、大气污染协同治理。2019年武汉城市圈水环境功能区达标率80.8%、城市环境空气优良率在90%以上。

打好污染防治攻坚战。加强工业源治理，开展燃煤小锅炉专项整治，强化移动源污染防治。修订实施《湖北省大气污染防治条例》，对包括武汉、黄石、鄂州等城市圈内城市在内的7个重点城市分阶段实施大气污染物特别排放限值，整治散乱污企业1730家。2019年，武汉环境空气质量改善幅度在全国168个重点城市中排名第四。出台《湖北省长江流域跨界断面水质考核办法》，圈域内跨界考核断面由28个增加到31个，实现长江干流、支流跨界和主要一级支流河口断面监测考核全覆盖。以土壤污染调查和土地修复整治项目为重点，稳步推进土壤污染防治攻坚，土壤污染治理与修复试点示范力度不断加大。围绕污水、垃圾、厕所3项重点，深入推进农村人居环境整治，扎实推进“厕所革命”，改建农村无害化户厕276.6万户。武汉城市圈共建成乡镇生活污水治理项目363个，新建主支管网总长4695.17公里，新增污水处理能力1.2万吨/日，总体上实现了乡镇生活污水治理设施全覆盖。圈域内已建成焚烧发电厂12座，日处理能力1.3万吨，鄂州垃圾处理与黄石市焚烧发电厂实现共享。

共抓长江大保护。坚持把修复长江生态摆在压倒性位置，制定《湖北长江经济带生态保护和绿色发展总体规划》《湖北长江经济带生态环境保护规划》等5个专项规划，为长江生态保护和绿色发展提供指导和支撑。实施沿江化工企业专项整治等长江大保护十大标志性“战役”，推出覆盖产业、城镇、交通等领域的长江经济带绿色发展十大战略性举措。深入推进城市黑臭水体整治，潜江、仙桃、武汉共同治理通顺河，实现全流域控污，长江岸线正在描绘一江碧水、两岸青山的美丽画卷。

建立流域生态环境保护机制。建立流域生态环境保护协同治理机制，武汉、孝感、黄冈、咸宁、鄂州等长江、汉江流域上下游城市加强合作，对通顺河、东荆河、府河、滠水河、道观河、斧头湖、梁子湖等区域，实行水资源保护跨区域联防联控联治。建立流域上下游横向生态保护补偿机制，武汉城市圈41个县（市、区）围绕长江武汉段、梁子湖流域、澴河流域、府河流域、陆水河流域、斧头湖流域、白莲河流域等重点流域，建立了流域横向生态补偿机制。鄂州生态价值补偿的探索被全国人大、财政部给予充分肯定。截至2019年12月，武汉城市圈已成功创建国家生态文明建设示范市县1个、省级生态文明建设示范区7个。

第六，公共服务水平有了新提升。探索建立公共服务共建共享体制机制，推动武汉教育、医疗、文化等方面优质服务和资源向周边城市扩散、延伸，不断拉平武汉和周边城市之间落差，让普通百姓就近就地共享城市圈一体化成果。

推进教育均衡。推进城市圈高校对口支持合作，引导在汉高校在圈内其他城市设立分校。着力开展部门结对互动、教师挂职锻炼、专家指导交流、新进教师招聘、科研资源共享等合作交流活动。武汉中心城区与城市圈内8个县（市、区）签订了对口交流与合作协议，选派教师赴圈内市县支教，安排周边市县教师校长跟岗、挂职245人次，帮助提升当地教育水平。

推动医疗共享。以结对共建为载体，组织武汉中心城区医院与其他8个市城区医院开展结对共建活动，促进城市圈卫生服务体系协调发展。打破行政区划限制，实行定点医疗机构互认制度，确保协作区内参保居民异地住院享受同等待遇。探索建立武汉城市圈医疗联盟，实行在汉省部属医院托管城市圈市县医院。加强医疗医药卫生人才合作交流。建立医保异地结算制度，实现医保结算互联互通和信息共享。将武汉城市圈中血防重疫区纳入血防“整县推进、综合治理”重点县市。

深化文旅合作。加快公共文化设施建设，武汉城市圈九市54个公共图书馆、59个群众艺术（文化）馆、142个博物馆以及乡镇综合文化站全部向社会免费开放。整合武汉城市圈公共图书馆文献信息资源，形成以武汉为中心的武汉城市圈流动图书馆群，基本实现圈内“一卡通阅”“通借通还”。推进智慧旅游。2016年发行武汉城市圈旅游e卡通，覆盖40多家热门景区，基本实现圈内旅游行游住、食购娱全链条服务，每年带动地区生产总值提升2亿多元。2019年武汉城市圈共接待旅游者45.06亿人次，旅游收入占全省旅游收入比重达62.8%。

加强住房保障。开通住房公积金异地转移接续平台，武汉城市圈所有城市均已接入平台，实现“账随人走，钱随账走”，职工公积金异地转接更加便捷。推动城市圈缴存职工异地互认互贷，满足职工在不同城市间的合理住房需求。

三、武汉城市圈一体化发展瓶颈

经过10多年发展，武汉城市圈一体化发展进程虽然取得一定成效，形成一些特色亮点，但也有不少短板和不足。

瓶颈一：区域发展不平衡。2019年，武汉城市圈内其余8个城市地区生产总值远低于武汉。武汉作为核心城市，还处于资源集聚阶段，对圈外城市还未形成资源外溢效应，与周边城市经济连接、耦合度不高，对外辐射内生动力不足，牵动其他八市发展效应还没有充分发挥出来。武汉城市圈发展整体性协调性不够强，圈内城市发展阶段差别较大，经济和人口向武汉集聚的趋势更加明显，其他城市的发展进度滞后于武汉市，一定程度上减缓了城市圈整体发展。

瓶颈二：产业同质化竞争明显。9个城市产业发展虽有分工，但各自的“十二五”“十三五”规划中产业布局与规划各自为政，没有注重差异化发展，产业链不长、产业关联度不高。武汉城市圈由于资源要素、技术水平及地理因素较为相近，产业布局相似度高，产业同构现象突出，市域县际同向竞争激烈，影响区域经济均衡发展。圈内产业紧密协作关系还不够密切，企业双向转移政策瓶颈还很难突破，分工合理的产业发展格局尚未形成。产业配套上互补性也较弱，除汽车、钢铁、光电子等，其他产业规模相对较小，高新产业、现代服务业除武汉外其他城市较少。武汉市作为全省的“产业高地”和“资本洼地”，高精尖等新兴领域产业链传递和扩张功能不够，产业带动作用还没有得到有效发挥。

瓶颈三：基本公共服务不均等。成果共享还不够，公共服务能力还不优不强。目前武汉城市圈医疗卫生、科技教育、社会保障、金融服务、旅游、公交、通信等方面尚未实现深度融合，电话区号、医保等还未统一、未联网。

瓶颈四：规划衔接不够有力。武汉城市圈作为有机整体，在规划层面需建立相应的衔接机制，但在目前的行政管理体制下，每个城市都有自己的独立规划体系，相互之间缺乏统筹衔接，没有有效兼顾武汉城市圈总体规划要求。武汉城市圈区域发展规划实施后，由于区域性规划约束性不强，顶层设计环节没有得到统一，导致圈内城市规划建设之间不协调、不衔接的问题还比较突出，经济社会发展、城镇体系等方面的重大规划衔接协调稍显滞后。

四、加快打造武汉城市圈升级版

进入新发展阶段，推动武汉城市圈建设必须坚持新发展理念，紧扣一体化和高质量两个关键词，创新体制机制，主动融入新发展格局。加快实施一批重大基础设施项目、重大产业项目和环境工程、民生工程，以项目化推进一体化，努力打造区域一体化发展示范区、全国高质量发展样板区。重点是统筹“5个关系”，打造“6个圈”。

（一）统筹“5 个关系”

统筹好一体化发展与差异化发展的关系。纵观全球城市化进程，经济和人口向大城市及城市群集聚的趋势比较明显，形成高质量发展的区域增长极、动力源。武汉城市圈十分注重推进一体化发展，提出“5个一体化”策略，为武汉城市圈发展起到了架梁立柱、夯基垒台的重要作用。随着武汉城市圈的发展，基础设施、公共服务等一体化进程推进加快，但在产业布局、生态文明建设方面，需要考虑9个城市各自不同特点，实现差异化定位和发展，防止同质化建设。

统筹好城镇化与乡村振兴的关系。城镇化理论表明，当城镇化率达到30%时，城镇化进入快车道，当城镇化率达到70%左右时，城镇化脚步会自动放缓，并且出现人口向小城镇甚至非城镇区转移。2019年湖北全省城镇化率为

61%，距离发达国家还有一定差距，但也已经进入逆城镇化的预备期。而逆城镇化的出现，必须以乡村振兴为前提。当前武汉城市圈发展，既有城镇化不充分的问题，也有进城农民工不能完全享受市民待遇的半城镇化问题，还有城市功能不完善问题。特别是城乡二元结构尚未根本改变，城乡基础设施、公共服务、社会福利等方面还存在较大差距。要加快乡村振兴步伐，努力缩小城乡公共服务鸿沟，推动教育、医疗、就业等服务水平均衡发展，打造产业兴旺、生态优美、服务完备、文化繁荣的美丽乡村，为逆城镇化到来准备条件。

统筹好城市建设与城市治理的关系。推进武汉城市圈建设，不仅要加强硬件建设，也要加强软性治理。当前不少地方推进城市群建设往往只注重硬件建设，即做好城市道路交通、水电气、物流等基础设施建设，容易忽略“韧性城市建设”，对于城市绿心建设、现代化治理等方面投入力度不够。无论是城市还是城市群建设，好的城市群不是钢筋水泥的堆砌，也不能只追求宽阔的马路、飞速增长的地区生产总值，而应该提升现代化治理水平，让市民感到舒服、受到保护、全面发展，对各类流行性疾病和灾害有效防御和控制。

统筹好补短板与拉长板的关系。武汉城市圈发展得好，不仅关乎湖北高质量发展，也关系到中部地区崛起和长江经济带发展。武汉城市圈与其他城市群建设既有共同使命，也有特殊定位，是中部支点的具体支撑，必须在补短板、强弱项的同时，锻长板、扬优势，把各自的长板变成共同的长板，把各自的优势变成共同的优势。要着力补齐公共服务一体化的短板、改革的短板、创新的短板、开放的短板，夯实高质量发展基础。同时要发挥武汉城市圈区位优势、科教资源优势、交通路网优势、自贸区建设优势，促进城市圈内部资源融合整合，共同提升区域核心功能，推进武汉城市圈特色发展、高质量发展。

统筹好龙头带动和整体联动的关系。武汉城市圈的龙头是武汉，武汉在国家的定位是国家中心城市。一方面，要继续做大做强武汉这个龙头，推动武汉在产业发展、改革开放、城市建设等方面发挥好示范带动作用，增强对其他8个城市的辐射带动力。另一方面，其他8个城市也要找准定位，积极承接武汉产业转移、对接武汉基础设施和公共服务，实现优势互补、资源共享，更好融入武汉城市圈发展格局，形成一体化发展更强动力。

（二）打造“6个圈”

一是完善空间治理，打造现代化都市圈。建设现代化都市圈是推进新型城镇化的重要手段。要把建设现代化都市圈作为武汉城市圈一体化发展的突破口，以新型城镇化带动投资和消费需求，建成现代化都市圈发展样板，形成区域竞争新优势。

提高城市承载能力。完善武汉城市圈土地、户籍、转移支付等配套政策，促进城市迁移人口稳定落户。全面放宽圈内城市落户条件，打破阻碍劳动力流动的不合理壁垒，促进人力资源优化配置。探索推动在武汉城市圈率先实现户籍准入年限同城化累计互认，建立城镇教育、就业创业、医疗卫生等基本公共服务与常住人口挂钩机制。完善城镇体系格局。遵循城镇化发展规律，顺应产业升级、人口流动和空间演进趋势，充分考虑武汉城市圈不同城市现有基础和发展潜力差异性，科学确定武汉城市圈功能定位、发展目标和实现路径。编制武汉城市圈“十四五”规划，修编完善武汉城市圈总体规划，形成科学合理、管理严格、指导有力的区域规划体系。建设县域经济隆起带。发挥区位优势，支持武汉城市圈重点县市加快发展、差异化发展，做大做强块状经济。构建县域特色产业体系，实施品牌战略，形成一批特色农业大县、新型工业强县、魅力旅游名县，推动建设一批经济强县，力争5年内圈内新增3个以上全国百强县市。

二是发挥比较优势，打造产业协作圈。深化供给侧结构性改革，增强现代产业协作引领功能，遵循现代产业分工客观规律，探索创新武汉城市圈区域产业一体化制度路径和模式，推进形成高效分工、特色鲜明、优势互补、良性互动的产业协同发展局面。

建设先进制造业集聚区。武汉城市圈工业门类齐全，制造业产业链配套完善，拥有较好的制造业基础，是承载湖北先进制造业发展要素的主要空间形式。积极破除武汉城市圈先进制造业资源流动障碍，提高资源配置效率。加快武汉国家存储器、网络安全人才与创新、新能源和智能网联汽车、航天产业等四大国家级产业基地建设，打造“光芯屏端网”和生物技术、高端装备等先进制造业产业群。建设高新技术产业拓展区。推进“稳链、强链、补链”建设，抢抓全球高新技术产业链、供应链布局调整机遇，补齐补强武汉城市圈高新技术产业链。发挥武汉光谷示范引领作用，围绕存储芯片、光通信和5G、新型显示、智能制造装备、生物医药、北斗导航等重点领域，实行科技攻关，着力攻克一批“卡脖子”技术和前沿技术，让更多先进技术在圈内就地转化。完善产业技术创新体系建设，谋划建设先进存储、新型显示、卫星及应用等产业创新中心。在武汉城市圈建设一批高新技术产业园，打造更多科技新城。建设承接产业布局和转移示范区。发挥武汉城市圈区位、交通、科教、产业等优势，提高各市在技术、配套、服务、市场方面的竞争力，建成中部地区承接产业布局和转移首选地。支持武汉城市圈各地加强同东部沿海和国际相关地区对接，开展产业链招商，探索创新园区共建等合作模式，加快引进一批先进制造业和新兴产业企业。

三是实施创新驱动，打造创新引擎圈。优化武汉城市圈创新资源和创新力量布局，塑造更多依靠创新驱动、更多发挥先发优势的引领型发展，以科技创新催生新发展动能。

完善科技创新资源配置方式。集合圈内各地科技力量，围绕产业链部署创新链、围绕创新链布局产业链，加大科技攻关力度，使创新成果更快转化为现实生产力。积极推动武汉城市圈45家国家和省级高新区按照发展高科技、培育新产业方向加快转型升级。支持圈内一批中小微科技型企业创新发展。推进重大科技创新平台建设。围绕“光芯屏端网”等重大产业和优势学科发展需求，打造顶尖级基础研究平台。支持建设信息光电子、数字化设计与制造、先进存储器产业等创新中心。加快建设湖北实验室，对接国家战略布局，整合优势力量争创国家实验室或国家实验室在鄂重要基地。支持国内知名高等院校、科研院所和龙头企业在武汉设立国家重点实验室或分支机构，推动引进全球和全国500强企业在武汉城市圈设立研发机构。加强重大科技基础设施群建设。实施重大科技基础设施带动战略，提升武汉城市圈现有重大科技基础设施功能，努力取得更多原创性突破。积极推进脉冲强磁场、精密重力测量、武汉生物安全（P4）实验室、作物表型组学、高端生物医学成像等重大基础设施优化提升或加快建设，统筹谋划武汉光源、农业微生物等重大科技基础设施预研预制。全力争创武汉国家科技创新中心和湖北东湖综合性国家科学中心。发挥武汉引领带动作用，推进以东湖科学城为核心的光谷科技创新大走廊建设，串联武汉、鄂州、黄石、黄冈、咸宁科技创新协同，引领带动武汉城市圈科技同兴，实现同城化、一体化高质量发展。

四是深化改革开放，打造发展活力圈。坚定不移推动各项重大改革举措在武汉城市圈落地实施，探索形成适应市场配置资源的管理服务新体制，积极培育国际合作竞争新优势，打造对外开放新高地。

更大力度深化改革。继续发挥武汉城市圈综合配套改革试验田作用，主动承担国家更多的改革任务，不断探索城市圈高质量发展的新路径、新模式。抢抓国家开展要素市场化配置改革契机，深化要素市场改革，破除要素流动壁垒，争取使武汉城市圈成为国家要素市场化配置改革试点示范区。把构建新发展格局同实施区域发展战略衔接起来，在武汉城市圈率先探索形成新发展格局。推进高水平全面开放。加强与“一带一路”沿线国家和地区的合作，推动产能、技术、产品等走出去，力争武汉城市圈国际产能合作领域实现集群式重点突破。加快湖北自贸区武汉片区建设，推出一批原创性、突破性、可复制的成果，构建制度型开放新优势，提升产业集聚能力。推进中外合作共建高科技产业园，加快建设武汉中法生态示范城、孝感日商国际产业园。推动跨国公司在武汉城市圈设立总部、区域总部和功能性机构。依托武汉天河机场、鄂州花湖机场，统筹航空港周边发展要素，着力打造武汉城市圈航空港经济综合实验区。着力优化营商环境。紧紧围绕市场主体需求和项目建设需要，深化政府职能转变，对标国际惯例和国内先进，努力为企业营造国际化、法治化、便利化的营商环境和公平、高效、统一的市场环境，把武汉城市圈打造成为要素集聚的“磁场”、企业发展的“沃土”、投资兴业的“宝地”，让各类市场主体释放更大活力、得到更好发展。

五是优化公共服务，打造民生幸福圈。以城市圈公共服务均衡普惠、整体提升为导向，统筹推动基本公共服务一体化发展，实现公共服务资源共建共享，不断提高人民群众的幸福感和认同感。

提升基本公共服务保障能力。深入推进武汉城市圈财政事权和支出责任划分改革，加快建立权责清晰、财力协调、标准合理、保障有力的基本公共服务制度体系和保障机制。建立区域均衡的财政转移支付制度，加大对武汉城市圈基本公共服务薄弱地区扶持力度，逐步缩小圈内县域间、市地间基本公共服务差距。共享优质公共服务资源。加快医疗、教育、养老、文旅等公共服务便利共享，提供更加优质的公共服务产品。建立医疗卫生、劳动就业等基本公共服务跨城乡跨区域流转衔接制度，鼓励圈内城市上级医院与下级医院之间组建实质性的区域性医疗集团，参与医院之间在医疗技术、人才培养、科研、双向转诊等方面开展长期合作。发挥武汉城市圈医疗资源密集优势，合理布局医疗机构，规划建设一批医疗小镇。增加健康、养老、家政等服务多元化供给，鼓励圈内城市联建共建养老机构。做好社会保障对接。建设涵盖各类社会保障信息的统一平台，加强圈内异地居住退休人员养老保险信息交换，推广通过公安信息比对进行社会保险待遇资格认证模式，加快实现养老补贴跟着老人走。推进实施统一的基本医疗保险政策，逐步实现圈内各地药品目录、诊疗项目、医疗服务设施目录的统一。探索以社会保障卡为载体建立居民服务“一卡通”，在交通出行、旅游观光、文化体验等方面率先在圈内实现“同城待遇”。

六是共保联治环境，打造美丽生态圈。践行绿水青山就是金山银山发展理念，持续抓好生态环境保护，不断夯实绿色发展基础，把武汉城市圈建成人与自然和谐相处、共生共荣的宜居城市圈。

构建绿色生态网络。统筹生产、生活、生态三大空间布局，坚持山水林田湖草一体化保护和修复。严格保护圈内行政区重要生态空间，加强中心城市生态用地维护与建设，编制实施城市圈生态环境管控方案，联合实施生态系统保护和修复工程。加强圈内生态廊道、绿道衔接，促进林地绿地湿地建设、河湖水系疏浚和生态环境修复。延伸城市绿道，规划建设武鄂黄双百公里滨江绿道。推进生态文化旅游融合，深度挖掘武汉城市圈沿江城市旅游文化资源，在滨江城市之间规划建设若干滨江特色小镇、旅游风情小镇、休闲旅游示范村和生态旅游项目，打造圈内全域绿色发展示范区。强化生态环境治理。坚持治水、治气、治土一体推进，制定武汉城市圈城市空气质量达标时间表，突出重点区域、行业和污染物，强化工业源、移动源和生活源排放污染治理，有效防范生态环境风险。在武汉城市圈全面开展生活垃圾分类，倡导文明健康的生活方式。加强产业转移承接过程中的环境监管，防止跨区域污染转移。加强城市圈内部在垃圾、扬尘治理协作，推进城市黑臭水体、城市生活污水“厂网河一体化”综合治理。健全生态环保机制。在生态环境治理体系和治理能力现代化方面率先探索，形成契合高质量发展的生态环境制度安排。建立武汉城市圈大气污染、流域水污染、土壤污染、噪声污染综合防治和利益协调机制，探索生态保护性开发模式。建立生态产品价值实现机制、市场化生态补偿机制，增加对限制开发和禁止开发区域用于公共服务和生态环境补偿的财政转移支付。建立统筹管理生态保护机制和稳定多元的江河、湖泊保护投入机制，加强联合宣传执法监管，构建跨界污染综合防治体系和生态安全体系。深化“千村示范、万村整治”工程和美丽乡村、美丽城镇建设，把武汉城市圈的绿水青山建得更美，把金山银山做得更大，让绿色成为武汉城市圈一体化发展最动人的色彩。

专题八

长株潭城市群一体化政策及进展[①]

长株潭城市群承东启西、连南接北，是长江经济带和长江中游城市群的重要组成部分，也是国家实施中部崛起战略和推进新型城镇化的重点区域，在我国区域发展格局中占有重要地位。长株潭城市群是湖南省经济发展的黄金地带和核心增长极，是中国中部地区城市群一体化建设的先行者，被媒体评价为"中国第一个自觉进行区域经济一体化实验的案例"。长株潭城市群致力于打造成为中部崛起的"引擎"之一，为中西部地区其他城市群一体化做出了榜样。

一、长株潭城市群一体化发展的主要历程

长株潭城市群位于中国湖南省中东部地区，包括长沙、株洲、湘潭三市，市域共2.8万平方公里，其核心区域面积约为4503平方公里[②]。从地理上看，长

① 本专题作者为湖南省人民政府发展研究中心唐宇文、湖南现代物流职业技术学院张雅璇。

② 资料来源:《长株潭城市群区域规划 2005》。

株潭三市沿湘江呈“品”字形分布，山水相依，中心城区两两相距不足40公里，有着不可分割的经济和社会联系，具有推进城市群一体化发展的自然地理条件和经济社会基础。长株潭城市群一体化发展由来已久，其发展主要经历了4个阶段：

1. 探索阶段：1997年以前

回顾历史，长株潭城市群一体化经历了很长一段时间的理论与实践探索。早在20世纪50年代，就有专家提出合并长株潭三市的构想。到20世纪80年代初，湖南省社会科学院原副院长张萍提出了建设长株潭经济区的构想。1982年12月，张萍在湖南省政协四届六次会议上，以提案的形式提出建立“长株潭经济一体化”的建议，得到许多与会人员的赞同，并由此开始了初步试验和理论探索。

当时，虽然没有形成可操作的具体方案，但已形成基本的理论构想：方式是“三市经济联结”，即经济一体化；目标是构建“湖南多功能的综合经济中心”，即经济增长极，带动全省城乡商品经济发展，促进4个现代化建设。

1984年12月，湖南省委决定设立长株潭经济区规划办公室。1985年1月24日，召开了省直有关部门领导参加的第一次三市市长联席会议，标志着长株潭经济区的建设，即经济一体化的推进步入“摸着石头过河”的实践探索阶段，此后经历了一个曲折的发展过程。

长株潭经济一体化，是我国内陆省份第一个区域经济一体化的实践，这种以城市为依托建立经济区的思路，当时在全国引起了很大反响。新华社《国内动态清样》《中国日报》等报刊先后作了报道或发表了评论。1986年5月，日本国土研究中心干事长平田干郎来华考察，认为建立长株潭经济区的实践“探索出发挥城市中心作用的新路子”，对此给予了很高评价。

然而，1985年召开的湖南省第五次代表大会和1986年召开的湖南省人大、政协“两会”，都有一些代表委员提出不同意见，认为“长株潭是湖南经济最发达的区域，还作为战略重点，这太不公平了”，等等。由于这种不同认识和意见的影响，从1987年开始，长株潭经济一体化停顿下来。

长株潭经济区的建立和实践探索虽然只有两年多的时间，但是它的实践探索以及1992—1993年所完成的区域规划编制均做了大量的工作，为新形势下提出经济一体化与启动总体规划，奠定了良好的基础。

2. 起步阶段：1997—2007年

1997年，湖南省委、省政府做出了推进长株潭经济一体化的战略决策。以经济一体化为突破口，长株潭城市群一体化发展进入起步阶段，由此真正拉开了长株潭城市群一体化发展的序幕。1998年，湖南省政府成立了长株潭经济一体化协调领导小组及办公室，编制了交通同环、电力同网、金融同城、信息同享、环境同治等5个发展规划。2000年，湖南省编制了《长株潭经济一体化“十五”规划》，世界银行把长株潭作为在华首批试点，开展长株潭城市发展战略研究。

2002年，湖南省开始编制并实施《长株潭产业一体化规划》。该规划提出，长株潭产业一体化发展应着眼全球竞争，立足三市互赢，携手优势互补。把各自产业发展的优势整合起来，扬长避短，通过调整产业结构，突出产品特色，培育企业集团，实现互补升级，构筑经济发展的产业支柱，使长株潭不仅成为湖南，而且成为中南地区甚至全国范围内，一个极具生机、活力和较强竞争力的地区。

2005年，湖南省编制实施了《长株潭经济一体化“十一五”规划》，该规划拓展了经济一体化的内涵，提出了推进“区域布局一体化、基础设施一体化、产业发展一体化、城乡建设一体化、市场体系一体化、社会发展一体化”等6个领域的一体化，同时提出了交通同网、能源同体、信息同享、生态同建、环境同治，简称“新五同”。

2006年，长株潭城市群被写入国家“十一五”规划，并被国家列为促进中部崛起重点发展的城市群之一。长株潭三市党政领导联席会议召开，签署了《区域合作框架协议》以及工业、科技、环保3个合作协议。

2006年11月，湖南省第九次党代会上提出，发展以长株潭城市群为中心，一个半小时车程为半径，囊括环长株潭城市群的岳阳、常德、益阳、娄底、衡阳5个省辖市在内的城市聚集区，形成“3+5”的城市群发展格局。

3. 发展阶段：2008—2017年

2007年12月14日，经国务院同意，国家发展改革委行文批准长株潭城市群为全国资源节约型和环境友好型社会建设综合配套改革试验区，长株潭城市群一体化新的发展空间由此打开。以获批国家级综合配套改革试验区为标志，长株潭城市群一体化由此进入以推进“两型”社会改革试验为重点的发展阶段。

2008年2月20日，国家发展改革委下发《关于建设北京等30个国家高技术产业基地的通知》，批准在长株潭城市群建设综合性国家高技术产业基地。

2008年9月18日，连接长沙和湘潭、株洲和湘潭的两条城市主干道芙蓉大道（长潭段）、红易大道正式动工。

2008年12月22日，国务院批准《长株潭城市群资源节约型和环境友好型社会建设综合配套总体方案》及《长株潭城市群区域规划（2008—2020年）》，后者是我国内地第一个城市群区域规划。

2009年1月4日，由湖南省委常委挂帅的湖南省长株潭“两型”社会建设协调委员会及湖南省长株潭“两型”办挂牌成立，开始制度的顶层设计。6月18—19日，省委召开常委扩大会议，研究长株潭“两型”社会试验区改革建设任务，确定了第一阶段“两型”社会建设四项目标、六大任务，原则通过了2009—2010年长株潭试验区改革建设实施方案、“3+5”城市群综合交通体系中长期发展规划、“3+5”城市群城际铁路规划方案。

2009年6月28日，成功实现长株潭三市长途电话区号统一为0731，电话号码升8位，长株潭城市群成为全国唯一统一长途电话区号的城市群。

2009年9月30日，国家发展改革委正式批复《长株潭城市群城际轨道交通网规划（2009—2020年）》，合计里程760公里。2010年6月30日，长株潭城市群城际铁路长株潭线开工建设。2010年8月16日，长株潭地区“三网融合”试点工作启动。

2014年8月底，长株潭城市群国家自主创新示范区获批。

2015年2月16日，湖南省人民政府印发《长株潭城市群区域规划（2008—2020年）》（2014年调整）。2008年经国务院批准实施的《长株潭城市群区域规划（2008—2020年）》，对长株潭城市群社会经济发展起到了重要的指导作用。但在近5年的规划实施中，也出现了一些问题，比如：城市群一体化进展滞缓，“两型”发展的转型压力大，中心城市交通枢纽地位仍然偏低，发展与保护的矛盾依旧突出，资源紧缺与利用低效并存。尤其是绿心的创新发展未得到充分体现，加大了绿心保护的困难。本次规划调整基本延续了2008版区域规划的空间层次和结构，进一步强化了空间协调的措施，并重点从完善目标指标、优化战略路径、强化行动工程、注重机制创新等方面，对2008版规划进行了调整和深化。

2016年1月通过并颁布实施的湖南省国民经济和社会发展“十三五”规划纲要提出，要加快推进长株潭一体化发展，推进三市城市群规划、基础设施、产业发展、公共服务、要素市场、环境保护等发展一体化，推进公交、健康、社保“一卡通”。加快三市轨道交通建设。整合三市技术、人才、创新平台等资源，促进产业协同发展、企业协同创新、环境协同治理。强化城市群核心引领，推进长株潭城市群扩容提质、经济转型，支持长沙申报国家级临空经济示范区，推进株洲、湘潭老工业基地调整改造。依托长株潭“两型”试验区、自主创新示范区和湘江新区等国家级平台，加快发展高新技术、先进制造、现代服务业等优势产业，强化科技研发、金融服务、信息服务、文化创意等高端服务功能，引导高端产业集聚，促进产业链、创新链、服务链、资金链加速融合，建设全国先进制造业中心和现代服务业区域中心，打造长江中游城市群核心引领区。坚定不移推进长株潭一体化发展，增强三市整体协同效应，促进基础设施互联互通、产业发展差异互补、公共服务设施共建共享。推动长株潭城市群带动衡阳、岳阳、常德、益阳、娄底等副中心城市，全面融入长江中游城市群，打造全国“两型”社会示范区和现代化生态型城市群。

2016年12月26日，长株潭城际铁路长沙站以南段（长沙—湘潭，长沙—株洲南）正式运营。2017年12月26日，长株潭城际铁路长沙站以西段（长沙西—长沙）建成通车。

4. 升级阶段：2018年至今

党的十九大以后，长株潭城市群一体化进入加速升级、迈向高质量发展的新阶段。2018年，湖南省委、省政府提出，要将长株潭城市群打造成全省经济核心增长极的升级版、中部崛起的新高地、全国城市群一体化发展示范区，并要求长株潭三市以更强的使命担当、更高的工作标准，对长株潭城市群发展再谋划、再深化，合力推动长株潭城市群一体化发展不断取得新成效和新突破。2018年10月20日，长株潭城市群一体化发展首届联席会议在长沙召开，三市签署了《长株潭城市群一体化发展行动计划（2018—2019年）》，标志着新时代长株潭城市群一体化迈开新步伐。

2019年11月，长株潭城市群发展第二届联席会议召开，三市签署了《长株潭城市群一体化发展行动计划（2019—2020年）》，明确了三市下阶段将共同推进的融城实事，助推一体化提质升级。

二、长株潭城市群一体化的主要政策导向与举措

综观长株潭城市群一体化的发展，可以发现，政府的引导和政策的推动，是确保一体化进程顺利推进的重要保证。全面梳理长株潭城市群一体化的推进政策，我们看到，长株潭城市群的一体化进程，始于经济一体化特别是产业一体化政策，突破于交通通信等基础设施的一体化政策，着力于“两型”社会建设综合配套改革试验和生态文明建设一体化政策，提升于社会发展与公共服务的一体化政策。从实践的角度来看，每一项政策的实施都不是一成不变的，而是动态的，即根据国家和湖南发展战略要求、经济社会发展需要和城市化发展趋势，适时调整一体化政策，使其更有力、更高效地推动长株潭城市群一体化高质量发展。

1. 经济一体化政策导向及举措

推进长株潭城市群经济一体化，是湖南省为了进一步整合资源、促进长株潭城市群的经济发展与城市化进程做出的战略抉择，目标是通过推动包括资源、市场等在内的经济要素的一体化配置，促进三市集群经济的发展，提高长株潭城市群在区域发展中的核心竞争力、综合实力和集聚辐射力，进而促进长沙、株洲和湘潭地区经济社会生活的融合，带动全省经济发展。在推动长株潭城市群一体化的初期，湖南省委、省政府就明确了一个思路：不搞行政一体化，主推经济一体化。随后根据形势发展需要，适时出台和更新了一系列经济一体化政策。

1998年，成立了以时任省委副书记为组长（后改为由省长兼任）的长株潭经济一体化协调领导小组，领导小组办公室设在湖南省计划委员会。同时，确定按照“总体规划引导，基础设施先行”的思路和方针，由省计委牵头组织省直有关部门编制了推进长株潭经济一体化的交通、电力、金融、信息和环保等5

个网络规划。

作为经济一体化的核心内容，2002年湖南省编制并实施了产业一体化规划。世纪之交，长株潭产业发展呈现出良好态势，为实现产业一体化奠定了基础，但制约因素也不容忽视。一是产业经济总量偏小。1999年长株潭第二产业增加值仅为广州市的52.8%；第三产业增加值分别为武汉市的83.8%、广州市的42.3%。二是产业结构水平不高。长株潭产业结构中第一产业所占比重分别高出武汉、广州6.9个百分点和9.6个百分点，长株潭工业化进程明显晚于武汉、广州。三是尽管长株潭三市之间产业结构雷同现象并不严重，但产业关联度不高，且缺乏在全国同行业有影响的优势产业集群。根据联合国工业发展组织推荐使用的结构相似系数计算，世纪之交长沙与株洲、长沙与湘潭、株洲与湘潭的结构相似系数分别为0.409、0.248和0.245，总的来看结构相似程度较低。但值得注意的是，长株潭在发展过程中并没有形成紧密的产业联系，产业前后关联效应不强，主导产业产品链条短，支柱产业中拥有较高集中度的行业不多。四是阻碍产业发展的体制性因素仍然存在，产业发展机制尚未完全理顺。长株潭产业发展的部门分割、地区封锁、行业垄断等问题依然存在，政府职能转变尚未完全到位，市场体系有待健全，产业投入机制亟待创新。要有效消除这些问题，迫切需要全方位加快长株潭经济一体化进程。

有鉴如此，长株潭产业一体化规划提出，“十五”时期，要以加快产业升级和提高产业竞争力为核心，有机融合三市优势，形成若干优势产业集群，优化区域产业布局，促进三市产业经济有机联动和跨越式发展，把长株潭地区建设成为中部地区最有活力的产业高地。

从“十五”时期推进产业一体化至今，为加快推进长株潭城市群经济一体化，湖南省提出并实施了一系列政策导向和重大举措：

一是加强领导，形成经济一体化发展的合力。“十五”时期，湖南省委、省政府要求各级各部门把促进长株潭城市群经济一体化纳入本部门工作的重要议事日程，在项目布局和资金安排上给予重点倾斜。长株潭三市按照“市域服从区域，局部服从整体，一般服从重点”的原则，在产业组织结构调整、大型企业集团组建、市场体系建设、城市职能分工等方面，加强联合协作，促进资源优化配置，增强整体发展功能，围绕经济一体化办大事、办实事，实现三市共同发展。

二是建立相互协调沟通、优惠配套的政策体系和精简高效的政府服务系统，优化经济一体化发展软环境。制定鼓励一体化发展的产业目录，增加政策和市场的透明度。强化服务职能，清理不符合国际惯例和经济一体化的政策，减少和简化投资审批程序，放宽市场准入，在引进人才、用工、用地、社会保障、政府服务等方面，对各类投资一视同仁。对长株潭经济一体化项目，实行税收优惠政策。打破行政区划界限，协调和统一三市产业经济政策、法规和管理体系。清理和撤销三市间交通网络关卡，降低物资和人员流动成本。构筑三市统一的产权交易市场、技术市场和科技中介服务体系，加快三市产业布局优化和科技成果转化。

三是加大改革改组力度，建立一支推动长株潭经济一体化的企业主力军。鼓励以资本为纽带，以优势企业为龙头，通过联合、兼并、破产、控股、参股、收购、拍卖、嫁接等多种形式，推动三市企业的跨区联合、兼并与重组，提高长株潭城市群重点产业的集中度，推动企业向集团化、集约化方向发展。重点扶持一批优势企业做强做大，加强对中小企业的信息、融资、技术培训、权益保护等方面的服务，扶持科技型和就业型中小企业，鼓励中小企业与大型企业和集团企业的协作配套。推进供给侧结构性改革，把加快三市经济一体化与淘汰落后产能相结合。

四是广辟筹资渠道，加大对长株潭经济一体化的资金投入。开发一批经济一体化重大项目，建立一体化项目库，争取更多项目进入国家专项。加大财政资金对经济一体化的投入。引导银行信贷部门扩大对经济一体化的资金投入。组建中小企业贷款担保公司或基金，缓解中小企业贷款难问题。利用证券市场融资支持经济一体化，扶持一批有发展前景、带动力强、具有经济一体化概念的企业上市融资、借壳上市或发行企业债券融资；鼓励民间资本和社会闲散资金投资经济一体化项目。争取国外政府贷款和国际金融组织贷款；鼓励外商投资于经济一体化项目，鼓励现有企业通过转让经营权、出让股权、资产重组等方式吸引外商投资；推动战略性资产重组，吸引跨国公司以组合式、生产环节上下游配套式进行投资，与城市群内企业合资合作。

五是“引进来”与“走出去”相结合，在扩大开放中加快经济一体化。围绕经济一体化，大力引进、消化和吸收国外先进技术。通过技术引进和创新，使出口商品中技术含量和附加值较高的产品所占比重不断提升。把引进先进技术与加强国际科技合作结合起来，进一步拓宽国际民间合作渠道，吸引国外科研机构、跨国公司来长株潭城市群设立研发机构。以开展境外加工贸易为重点，以现有成熟技术、引进吸收再创新后的技术和富余生产设备为主到境外投资办厂。有机延伸一体化发展的市场空间，鼓励企业积极参加“一带一路”建设，鼓励发展优势产品出口、对外工程承包和劳务合作。尽快把三市具有比较优势的行业纳入国际市场体系，支持一批重点出口企业和产品。继续实行出口市场多元化战略，巩固东南亚，扩张欧美加，开拓拉美非。

六是突出科技支撑与产业协同，依靠创新驱动推进经济一体化。主要包括：创新成果转化机制，推进“知识资本化、成果股份化”，率先在全国实行“两个70%”政策；创新科技项目立项、管理和奖励评价机制，对科技重大专项实行公开招标制度；深化科技管理体制改革，实行“一院一策、一所一策”；建立企业为主体、产学研结合的协同创新体系，探索区域协同、产业协同、上下协同等多种协同创新模式；开展科技与金融结合试点，在长株潭国家高新区开展企业股权和分红激励试点；推进“一券三清单”，开放共享三市创新平台，统一网上对外公布，创新券互认共享；提出重大关键共性技术联合攻关、工业品相互采购、新产品示范运营3个清单；推广十大先进适用、具有示范带动作用的清洁低碳技术，在全国首创政府“两型”采购政策；建立三市知识产权运用和保护协同机制，共同打造长株潭知识产权保护中心；联合宣传旅游景点，三市3A级以上景区实施联合打包宣传推介，相互推介对方旅游景点，实现市场共拓、客源共享；启动全国区域性物流枢纽工程建设，加强三市物流资源共享对接。

七是统筹社会组织与公共经济管理事项，共同推动民间商会组织、公共资源交易和综合保税平台一体化。推动三市在北上广深等地的驻地商会整合为长株潭联合商会，定期召开商会交流会议、项目合作洽谈对接会，实现信息互通、资源共享、经验互补；建立城市群企业家联合会，加强长株潭三地企业项目信息和政策信息交流服务；相互邀请参加会展，实现会展资源、信息互通共享。适应“互联网+公共资源交易”发展的大趋势，加强区域公共资源交易信息互联互通与资源共享。开展公共资源交易异地评标合作，推进公共资源交易市场一体化发展。三市综合保税区（保税物流中心）共享进口药品、进口生鲜等口岸资质；将长沙综合保税区“一般纳税人资格试点”政策适用范围扩大到湘潭、株洲海关特殊监管区域；将长沙跨境电商综试区政策适用范围扩大到湘潭综合保税区和株洲铜塘湾保税物流中心。

2. 基础设施一体化政策导向及举措

1999年2月，长株潭城市群交通同环、电力同网、金融同城、信息同享、环境同治等“五同”规划编制完成并开始实施。2005年，长株潭经济一体化“十一五”规划提出，要按照“适度超前、合理布局、共建共享”的原则，推进交通同网、能源同体、信息同享、生态同建、环境同治“新五同”建设，实施“十大标志性工程”，探索突破行政区划界线，构建新的分工合作机制，为长株潭经济一体化构筑强有力的现代化基础设施平台。

一是交通同网。主要是着力打造长株潭城市群内外畅通、快速便捷的现代化交通枢纽。区内交通网络方面，建设长潭西线、长株、醴潭等高速公路，形成三市高速环线；推进城市群轨道交通建设；开展湘江防洪景观道路建设，形成以湘江为纽带的长株潭大动脉；加速长株潭公交一体化及三市对接地区道路网络、站场建设等。对外交通网络方面，全面打通接受珠三角、长三角辐射，并辐射全省和国家中西部地区的通道。重点抓好武广客运专线，沪昆客运专线，衡炎、长浏、潭衡西线等现有国省干线公路及铁路提级，形成以长株潭城市群为中心，辐射周边城市的1小时经济圈；加强湘江干流航道开发，建设湘江株洲航电枢纽、长沙综合枢纽、长沙港口主枢纽霞凝港区等，形成长株潭水上经济动脉；加快黄花机场扩建，提高起降超大型客机的能力。公共客运交通方面，构建由快速路网、主干路网、配套路网和站场组成的城市群交通基本格局。

二是能源同体。在长株潭城市群建设强大、安全、可靠的能源供应体系。电力方面，优化能源布局，提高统一电网的可靠性。在长株潭建设一批电厂及黑麋峰抽水蓄能电站，强化长株潭电网建设，新建一批变电站。加快特高压直流输变电工程建设，建设和改造形成三市新的城市电网，完成县城及农村电网三期建设和改造。油气方面，建设长株潭成品油输送管道。整合三市燃气资源及配送体系，形成一体化的燃气配送、储备体系以及一体化的燃气科研和安全保障机制。实现以天然气代替燃煤锅炉，发展燃气和双动力公交。

三是信息同享。在长株潭城市群率先建成数字化高速信息传输网络，打造长株潭公共信息网络平台。通信一体化方面，整合三市电信、网通、铁通、移动、联通等信息资源，实施有关线网、基站及其他设施改造，实现通信同城。信息平台一体化方面，积极推进电子政务等公共系统互联互通和资源共享，加强信息数据标准化建设。推进三市广电资源整合，推进通信网、有线电视网和计算机网络三网融合。

四是生态同建。保护和合理开发利用水源、森林、湿地等重要资源，共建安全的生态环境体系。水资源管理方面，形成以湘江为主，株树桥等水库引水为辅的多水源供水系统。加大大中型及部分重点小型病险水库除险加固和灌区配套力度。森林、湿地资源管理方面，以建成长株潭都市森林圈为目标，培育开发长沙大围山，株洲神龙谷、酒埠江，湘潭昭山、韶山等森林公园。抓好交通干线等绿色通道建设，形成与长株潭城市群交通环网相适应的绿色生态通道。公共绿地建设方面，重点建设区域范围内湘江两岸的园林绿化体系，保护建设长株潭绿化隔离带。强化三市内部绿化体系，构筑城市生态系统。

五是环境同治。湘江流域治理方面，控制排污总量，建立湘江长株潭段横断面控制标准。推进区域内水土保持工程建设，加强河道管理。工业污染治理方面，重点抓好株洲清水塘、湘潭岳塘、长沙坪塘环境污染治理。推行节约型生产模式，降低单位产品和单位产值的物耗、能耗，重视“三废”的资源化和无害化处置，鼓励引导企业实现零排放。酸雨控制方面，调整能源结构，积极推广天然气、洁净煤等优质清洁能源，推进川气入湘及火电厂脱硫治理等，减少二氧化硫的排放量，降低酸雨频率。城市环保方面，加快三市旧城排水管网改造，逐步形成分流制排水系统，加快污水集中处理厂建设。逐步实施垃圾分类收集，推进垃圾处理产业化、市场化，集中建设三市生活垃圾焚烧厂项目。循环型社会建设方面，坚持高耗能高物耗设备、工艺和产品等落后制造的淘汰制度，采用“低开采、高利用、低排放”的运行模式。广泛建设生活垃圾处理、废旧物资回收、城市中水回用等系统，提高社会再生资源利用率，建立区域性的循环工业体系和循环型社会。

专栏四　长株潭经济一体化基础设施十大标志性工程

工程一：湘江防洪景观道路。湘江防洪景观道路为新建、扩建防洪大堤，并在堤坝上建景观道路。以防洪为主，交通景观为辅，旨在改善现有防洪设施，提高防洪能力，开发景观资源，促进城市发展。利用世界银行贷款修建沿江景观道路（一期），全长72.3公里，投资总额为20.9亿元；防洪景观道路（二期）工程，总长176公里，总投资64.5亿元。

工程二：湘江开发。主要建设湘江长沙综合枢纽工程，它是湘江干流9个梯级的最下游一个梯级。建设湘江长沙综合枢纽，对于促进长株潭经济一体化、改善滨水环境、改造湘江航道、提高防洪能力，综合开发利用水资源和改善两岸交通等，都具有十分重要的意义。此外还有株洲航电枢纽、长沙主枢纽霞凝港区、株洲铜塘湾港区、橘子洲开发建设等。

工程三：长株潭城市大外环。株洲城市快速环路、湘潭城市二环线，加上长沙—株洲高速与长沙—湘潭西线高速，将构成长株潭城市群核心区公路大外环，有效地解决城市群各城市间、城镇间的交通运输和过境交通压力，提高城市群的城市效率。

工程四：长株潭城市群轨道交通工程。长株潭城市轨道交通工程分为三市市际线网与市内线网两大部分。长沙市线网由4条线组成，总长度172.1公里，共设车站82座。长株潭城际轨道交通线网线路长度约136.56公里，共设35座车站。

工程五：武广客运专线长沙车站、株洲车站。

工程六：长沙黄花机场扩建工程。提升长沙黄花机场作为湖南省重要的对外开放门户的功能。

工程七：公交一体化。在人流量大、运力矛盾集中的107国道展开试点；对纳入公交一体化的公交运营车辆，逐年减免交通规费。公交换乘枢纽及公交专用道、港湾站场建设；在武广客运专线新长沙站、新株洲站以及长沙黄花机场扩建工程中实现不同交通方式的“零距离换乘”。实现三市市民无障碍出行、轻松出行。设立或改造公交专用道和公交港湾站。

工程八：通信同城。三市并网统一区号，即三市组建大本地网，号码升8位，实现真正意义上的同城。

工程九：环境同治。包括长沙引水及水质环境工程、清水塘工业区环境治理、竹埠港环境综合治理及长沙长善垸污水处理厂等。

工程十：绿心保护。长株潭绿心是指位于三市之间面积约为200平方公里的“T”形生态隔离带。该区生态建设主要包括湘潭昭山森林公园、株洲石峰区九郎山森林公园、株洲天元区龙门寺森林公园、长沙莲花山森林公园、天际岭森林公园建设等。担负改造城市生态环境、保护生物多样性、提升社区人居环境质量、维系居民生态安全的重要作用。

资料来源：《长株潭经济一体化“十一五”规划》

3. “两型”社会与生态文明建设一体化政策导向及举措

2007年12月14日，长株潭城市群获批国家“两型”社会建设综合配套改革试验区。从此，长株潭城市群一体化进入以“两型”社会建设为主的新阶段。国家要求长株潭城市群通过“两型”社会改革试验，率先形成有利于资源节约和环境友好的新机制，率先积累传统工业化成功转型的新经验，率先形成城市群发展的新模式，成为全国“两型”社会建设的示范区，中部崛起的重要增长极，全省新型工业化、新型城市化和新农村建设的引领区，具有国际品质的现代化生态型城市群。到2020年，要基本完成“两型”社会建设综合配套改革任务，取得较好的“两型”示范效果。在改革试验过程中，一系列改革创新政策导向和举措相继推出。

一是构建资源节约体制机制。全面推进资源性产品价格改革，在长株潭三市推行居民生活用阶梯气价，在长沙启动居民用阶梯水价试点，推行非居民用水超定额累进加价政策；出台农村集中供水价格管理办法，实行分类水价；实施高能耗、高污染行业差别电价和惩罚性电价政策。探索土地节约集约利用模式，长沙、株洲等地成立农村土地流转交易中心，开展建设用地节约集约利用考核，建立土地利用动态监测体系。出台最严格的水资源管理制度实施方案和考核办法，明确水资源开发利用控制、用水效率控制、水功能区限制纳污3条红线，建立水资源监控体系、管理责任和考核制度。为促进全民参与“两型”社会建设，长沙市还明确规定从2009年3月1日起，全市所有宾馆、酒店、招待所及相关单位，停止主动提供一次性牙刷、牙膏、洗发水、沐浴液、香皂等日用品。

二是创新产业转型升级体制机制。探索建立以发展“两型”产业为导向的资源配置和产业转型升级机制。严格执行产业项目用地、节能、环保、安全等准入标准，出台长株潭三市共同的产业环境准入政策，制定11大类产品的能耗限额，避免国家明令禁止的“十五小”“新五小”等项目进入，确保新上产业项目不放松环保要求、承接产业转移不降低环保门槛、扩大产业规模不增加排放总量。制定差异化产业政策和重点行业发展专项规划，建立工业重点用能企业在线监测管理、工业清洁生产审批、合同能源管理、资源综合利用产品认证等制度，推动企业技术改造升级。推进落后产能退出机制改革，集中运用政策引导、倒逼机制、合理补偿等手段，加快淘汰落后产能，对采用国家明令淘汰工艺、设备、产能的企业，以及地处饮用水源保护区的排污企业等，不予工商年检注册和发放生产许可证、排污许可证，不予贷款。出台政府绿色采购办法，加强对“两型”产业技术研发的财政支持及“两型”产业人才的引进培养力度。

三是打造环境保护与资源节约的市场化运作机制。建立自然资源有偿使用制度和生态补偿机制，在湘江流域试行“上游对下游超标排放或环境责任事故赔偿、下游对上游水质优于目标值补偿”双向担责，对流域内3475万亩生态公益林实施生态补偿。深化排污权交易试点，交易范围由长株潭三市九大重点治污行业，拓展到湘江流域八市的所有工业企业以及全省范围内的火电、钢铁企业。成立一批排污权交易机构，对排放企业核定初始排污权，初步形成“谁污染谁付费、谁减排谁受益”的多级市场体系。探索环境污染第三方治理模式，开展环境服务业公共服务平台建设、环境污染治理设施第三方运营、合同环境服务、综合环境服务模式、PPP模式等试点，推动资源环境设施建设和运营市场化、专业化和社会化。实施合同能源管理，促进公共机构节能。

四是完善投融资体制机制。组建试验区投融资平台，积极探索无形资产抵押、税融合作、产业链融资等金融服务创新，并设立中小企业融资中心；探索“两型”社会建设融资新机制，编制全国第一个区域性融资规划——《长株潭城市群“两型”社会建设系统性融资规划（2010—2020年）》；运用“两型”产业投资基金、创业投资基金、发展风险投资基金等方式促进“两型”产业发展。开设全国首家环保支行。探索发行湘江流域重金属治理债券。建立集企业产权、物权、债权、非公众公司股权于一体的省股权登记管理中心并开展交易。率先在长株潭开展绿色保险试点，搭建“统一条款、统一费率、统一保障范围、统一赔偿标准、统一操作方案”的五统一运行机制。

五是形成科学有效的法规体系和考核评价监测机制。开展地方立法保障

“两型”社会建设，及时将局部试验成果法制化，先后在水能开发利用、清洁生产、建筑节能、湘江保护、绿心保护、林产品质量安全、用能和排污计量监督管理等方面出台系列地方性法律法规。健全标准体系，确立“用标准固化‘两型’改革成果，用标准推进‘两型’建设”的思路，围绕“两型”经济发展、“两型”城乡建设、“两型”公共服务3个关键领域，构建16个“两型”标准、23个节能减排标准和43项“两型”地方标准，率先形成“两型”社会建设标准体系框架。创新考评体系，开展“两型”绩效考核，将资源节约、环境友好的指标纳入党委政府绩效评估指标总分中，在24个省直单位设置与资源节约、环境友好密切相关的考核评估二级指标47项。探索建立“两型”社会综合评价统计制度和绿色GDP核算体系，“资源节约、环境友好”在新型工业化、新型城镇化两大考评体系中占比达到30%以上。构建监测体系，开发企业用能监测系统，搭建综合性节能减排监管平台和“数字环保”系统；在长株潭三市开展PM2.5监测试点。在湘江流域开展“河长制”管理，建立生态环境损害责任终身追究制。

六是突出重点领域构筑环境污染联防联治机制。围绕“天蓝、地绿、水净”，实施湘江流域重金属污染治理、氮氧化物减排、重点湖库水环境保护、长株潭大气污染联防联控、湘江长江综合枢纽库区清污、农村环境综合整治等十大环保工程。把湘江流域保护和治理作为“一号重点工程”，构建三市协同的水上应急及水污染防治体系。开展湘江两岸工业污染场地、遗留废渣、企业环保设施改造、城镇污水截流和规模畜禽养殖退出等重点污染治理。实行环保重大事故“一票否决制”、重大环保项目“一支笔审批”，探索“三市联合”“部门联动”的新模式。近年来，长株潭三市分别铺排江、湖、河、库、港治理20多个项目，形成湘江污染同防同治的良好格局。联合开启大气污染防治攻坚战，实施统一标准、统一预报预警、统一防治、统一执法的区域大气污染联防联控工作机制，协调推进重点行业脱硫脱硝，氮氧化物、工业粉尘和汽车尾气排放等治理，建立大气分析和预报预警平台并实时发布信息。农村环境整治亮点纷呈，如株洲攸县推进农村环境城乡同治，形成“分区包干、分散处理、分级投入、分期考核”的“四分法”；长沙县在全国首创农村环保合作社，形成“户分类、村收集、乡中转、县处理”的垃圾分类处理模式等。

4. 城镇化建设与公共服务一体化政策导向及举措

长株潭城市群还注重城镇化建设、公共服务与社会发展的一体化。主要是推动中心城区相向发展，县城和特色小镇配套发展，同时以充分利用资源和便利市民为目标，着力推进三市科教资源共享和社会保障、公共服务一体化，构建繁荣和谐的新型城市群。

一是城镇化建设。主要分为城市、县城和小城镇。长沙，立足城南新区，积极向南拓展。株洲，依托株洲大道，加大西拓力度；沿长株高速发展重点城镇，北上与长沙对接。湘潭，东扩易俗河、改造天易高速湘潭段，与株洲对接；依托九华镇，向北发展呼应长沙。提升城市功能，完善市政公共设施并推进全面对接，营造良好人居环境。县城建设方面，拓展浏阳、宁乡、醴陵、攸县、湘乡城区，加快县（市）域人口和特色产业集聚，强化卫星城的定位，使之既配套长株潭中心城区，又发挥城乡一体化的桥梁作用。小城镇建设方面，明确功能定位，突出建设核心区29个小城镇，引导其搞好产业承接和配套。

二是教育。建立三市优质教育资源共建共享机制，鼓励跨区合作办学。合理调整中小学布局结构，鼓励优质中小学跨市发展。提升发展高等教育，建立师资、课程、图书、实验室共享机制，依托岳麓山大学城，建设有国际影响的大学群。重视发展职业教育，整合三市职教资源，创建一批示范性职业技术学院，持续实施“湖南省职业院校免费培训农民工百校行动计划”和农村劳动力转移培训工程。共同推进教研队伍建设，共建共享学生研学实践基地（营地）。

三是科技。以长株潭国家自主创新示范区为核心，以增强自主创新能力为着力点，加大各类科技投入，建立三市科技资源共享平台。以企业、高校和科研院所为主体，联合共建国家级和省级工程技术中心、重点实验室。以长株潭城市群各类高新区为依托，推进科技创新和产业化。力争突破一批战略性新兴产业领域的关键技术和共性技术，创新完善成果转化体系，打造国家级研发创新基地和产业化基地。

四是社会保障。完善社会保障体系，探索建立一体化社保机制。在长株潭城市群推进人社“一卡通”，全面实现异地就医即时结算、社保关系即时转移、社会保障实体卡三市通办，推进长株潭城市群人社服务一体化。特别是要实现医疗保障“三同城”，推动长株潭三市城乡居民住院看病购药结算一卡通、医疗生育保险信息系统统一网通，基本实现同城同结算、同城同年限、同城同定点的“3个同城”。

五是公共服务。按照一体化要求，统筹建设和综合利用三市文化馆、图书馆、美术馆、博物馆、体育馆等公益性文化体育设施，形成覆盖三市、比较完备的公共文化服务体系。拓展长株潭“潇湘一卡通”应用范围，推进交通、移动支付三市一卡通，共同打造 “移动支付第三城”支付示范城市群。组建长株潭“一卡通”清分结算平台，逐步实现“一卡通”在公共交通、停车收费、生活缴费等领域的广泛应用，不断提升三市市民对一体化的认同感、获得感、幸福感。

六是人才。实施长株潭城市群高层次人才聚集工程，打破区域壁垒，建立高端人才公共服务共享机制。实现高端人才享受三市的就医、购房、子女就学等待遇。支持长株潭地区的高校、科研院所与企业联合建立人才培养基地。依托经济一体化项目，加快引进海内外人才与智力。建立覆盖三市、辐射全省的统一、开放、高效的人才市场，加强各类人才在长株潭区域内的有序流动和优化配置。

三、长株潭城市群一体化的主要进展

从1997年推动经济一体化起步，到2020年全面建成小康社会的决胜之年，历经23年的长株潭城市群一体化政策举措不断更新，一体化的进展与成效十分显著。可以说，长株潭城市群在一体化政策的推动下，在经济社会发展、生态文明和城市化建设等各方面，都取得了巨大的成效。主要表现在以下6个方面：

（1）城市群整体实力得到很大提升，核心增长极的功能作用得到较大发挥。2019年，长株潭城市群GDP达到16834.95亿元，其中长沙11574.22亿元，株洲3003.13亿元，湘潭2257.6亿元。长株潭三市人均GDP分别位居湖南省第一、第三、第二位，整个长株潭城市群常住人口人均GDP达到110114元，按2019年人民币对美元平均汇率计算为15960美元，按照世界银行的划分标准，已超过高收入国家的12055美元门槛水平，在全省率先跳出中等收入陷阱。2019年，长株潭城市群三次产业结构调整优化为4.31∶41.05∶54.64，与一体化之初的2001年相比，第一产业占比下降了8.47个百分点，第三产业占比上升了10.28个百分点。2019年，长株潭城市群以占全省13.3%的土地面积、22.1%的常住人口，实现了全省42.35%的GDP、48.94%的财政收入、40.0%的固定资产投资、41.5%的社会消费品零售总额、56.24%的进出口总额。与2001年相比，长株潭城市群的常住人口增加了300万人以上，经济总量占全省的比重增加了10个百分点。2019年，长株潭城市群常住人口达到1530万人，城市化率达到73.6%，高出全省城市化水平16.38个百分点[①]。目前，长株潭城市群已成为在中国中部地区举足轻重、在国内外享有盛誉的大型城市群，新型工业化、新型城镇化和城市群一体化发展模式基本建立，在全省率先开启社会主义现代化建设新征程。

① 资料来源：《2001年湖南统计年鉴》《2019年湖南统计年鉴》。

（2）以优势产业为核心的产业链条不断壮大，形成了一批初具规模、国内外影响日盛的一体化产业集群，正在发展成为国家重要的先进制造业中心。近年来，长株潭城市群围绕20余个工业新兴优势产业链，着力推进精准补链、延链、强链，特别是工程机械、轨道交通、中小航空发动机等产业，实现了从“跟跑”“并跑”到部分“领跑”，成长为在国内甚至国际上具有影响力的优势产业，正在率先打造成为世界级产业集群。2019年，长株潭城市群工程机械产业营业收入占全国的1/4强，4家企业入围全球工程机械50强。2020年工程机械行业努力克服疫情的不利影响，1—6月159家规模企业实现营业收入、利润分别增长31.6%、45%，主要经济指标创历史最高水平。高强钢、高端液压元件及压力传感器等关键技术取得突破，三一重工、中联重科、山河智能、铁建重工成长为工程机械领域的世界级企业，开始与卡特彼勒、小松等全球巨头同场竞技。轨道交通装备集聚了中车株机、中车株所、中车电机、联诚集团等整机制造和零部件企业300多家，成为全球最大的轨道交通装备产业发展集群，电力机车产品占全球市场份额的27%、高速米轨动车组、A型地铁、储能式电力牵引轻轨车辆、中低速磁浮列车等占全国行业份额的33%，出口70多个国家和地区。高速磁浮打造出整机制造、核心部件、关键零部件在内的完整产业链，“双端供电控制”等一批技术取得关键突破。长株潭城市群作为全国智能制造示范型城市群，正日益凸显出生机与活力。目前，长株潭城市群通过不断推进经济一体化，已初步形成“一轴四带”的产业布局。“一轴”即湘江生态经济带高端服务创新产业轴，以湘江两岸为核心空间，重点发展了一批金融、商务、现代物流、商业、科技创新、文化创意、休闲旅游等高端服务业项目。“四带”即东北部高端装备制造产业带——以长沙经开区、临空经济区、浏阳经开区等为核心空间，发展形成了工程机械、汽车装备、临空产业、电子信息、生物医药等产业集群；西北部高新技术产业带——以长沙高新区、麓谷科技产业园、宁乡经济技术开发区、望城经济技术开发区等为核心，发展形成了电子信息、新材料、新能源、节能环保等高新技术产业集群；东南部先进制造产业带——以株洲高新区、株洲河东片区等为核心，发展形成了轨道交通、新材料、航天航空、新能源装备等先进制造业集群；西南高端制造和基础工业产业带——以湘潭高新区、九华、湘潭天易示范区等为核心，发展形成了钢铁冶金、汽车以及汽车零部件、军工装备、节能环保、新能源装备等产业集群。随着长沙创新谷、株洲中国动力谷、湘潭智造谷等特色融城的加快推进，长株潭城市群经济一体化正通过资源共建共享、产业分工合作实现优势互补，引领长株潭产业集群不断迈向中高端。

（3）以长株潭国家自主创新示范区为载体、以众多的国家级和省级产业园区为平台、以星罗棋布的高等院校和科研院所为支撑，湘江西岸形成了一条极具特色的高新技术产业带和创新走廊。当你打开湖南地图，找到长株潭城市群所在的位置，目光沿着穿越城市群中心的湘江，从北向南移动，你会发现一条有意思的狭长地带：北起望城经开区，途经长沙高新区、岳麓山大学城，南至湘潭九华经开区、湘潭高新区及株洲高新区，这条沿湘江西岸长不过50多公里、宽不过10多公里的狭长地带，布局了3个国家级高新区、3个国家级经开区，聚集了源源不断产生创新成果和创业人才的中南大学、湖南大学等10多所优质本科院校，以及数十所培养高技能人才的高职院校，还集中了为数众多的研发机构和创新型企业。这条狭长的地带，既是长株潭城市群国家自主创新示范区的核心地带，也是一条正在引领湖南创新发展的“硅谷”地带。近年来，长株潭城市群在大力实施创新引领、开放崛起战略的过程中，着力推进高层次人才聚集、科技成果转化、创新型产业集群培育等四大工程，搭建了长株潭科技公共服务、科技金融服务、科技成果（知识产权）交易、对外合作交流、规划展示等五大平台。到2019年，实现了研发投入占GDP的比重达到2.5%以上，新引进高端创新团队100个以上，每万人有效发明专利拥有量20件以上，新认定高新技术企业超过2000家，科技进步贡献率达65%以上。通过推进城市群一体化，长株潭三市联合争取了很多高“含金量”的国家级发展平台，且很多都落在湘江西岸，如长株潭国家自主创新示范区、湖南湘江新区等。湘江西岸各种要素和平台的不断集聚与碰撞，也大大促进了整个城市群的创新发展，使超高速列车、超级计算机、超高产杂交稻等“世界级”科技成果，工程机械、轨道交通、汽车及零部件等“千亿级”主导产业，近年来在长株潭城市群如雨后春笋般不断涌现。

（4）基础设施互联互通取得重大成效，城市群同城化功能得到全方位拓展。交通方面，长沙黄花机场T2航站楼2011年改造竣工，新的T3航站楼2020年又开工建设，建成后可满足年旅客吞吐量6000万人次的出行需求；穿越长株潭城市群中心的京广高铁、沪昆高铁建成通车；“Y”字形的长株潭城市群城际轨道交通顺利通车，并已实现公交化运行，成为长株潭三地居民互联互通的重要交通工具，构建起长株潭城市群半小时通勤圈；岳临高速、长潭高速、潭耒高速、长益高速及复线、沪昆高速、莲易高速、株洲天易高等级公路等相继建成通车，与相邻城市实现高速互连；三市公路环线正在形成，市际交通正向以城市为主体的方向发展。2019年，提升长株潭城市群交通一体化水平的“一网、一环、一江”综合立体交通体系建设项目正式开工，“一网”即“三干、两轨、多连线”的交通道路网，“一环”即长株潭高速公路大环线，“一江”即湘江风光带“两岸一线”联通工程。以“三干两轨”为骨干，城际间交通、市区微循环为补充，长株潭三市已形成涵盖高铁、城铁、高速、城际快速道、公交、航道的“域外大联通、域内微循环”立体交通网络，融城效应成倍放大。电力方面，完成城乡电网改造工程，建成长株潭双环网络，电源装机、供电能力和供电可靠性都得到极大提高。金融方面，形成了长株潭一体化金融电子网络和同城票据交换系统，银行信贷登记咨询系统实现联网。信息方面，建成以光缆为主，数字微波为辅，覆盖三市各县、乡、镇的传输网络，金税、金盾、劳动和社会保障、远程教育等信息化重大工程均由三市起步向全省推广。水利方面，推进湘江流域重要堤防工程和河道整治工程，城市防洪工程全面完成，大中型及部分重点小型病险水库除险加固力度加大。公共服务方面，长株潭初步实现了社会保障实体卡三市通办，“交通一卡通”在长株潭大范围内互联互通，三市80个公共文化场馆相互免费开放，长沙优质教育资源延伸到株洲、湘潭。越来越多的优质资源和生活共享，通过一体化这座“桥梁”，延伸到长株潭三市居民的家门口，让三市市民获得感、幸福感日益提升。

（5）长株潭城市群“两型”社会建设综合配套改革试验取得预期效果，绿色发展理念已贯穿于城市化和城市群一体化发展的全过程。2007年底长株潭城市群获批“两型”社会建设改革试验区以来，通过采取一系列改革创新举措，在绿色发展、绿心保护、资源高效节约集约利用、生态环境治理与生态修复等方面取得了明显成效，资源节约、环境友好的体制机制基本形成。一是绿色发展理念融入生活的各方面。随着“两型”社会建设的深入推进，从环保建筑到绿色交通，从“两型”产品到人居生活，绿色化的生活消费方式实现了全覆盖，形成了政府引导、企业参与、全民支持的良好局面。绿色交通积极推进，2020年长株潭城市群公交车已全部更换为新能源汽车，长株潭城区出租车全部置换为天然气或油气双燃料车。开展绿色生态城区建设项目，2020年长株潭城镇绿色建筑面积占新建建筑面积比重达到50%，三市中心城区装配式建筑占新建建筑比例达到50%以上。政府采购目录中“两型”产品不断增加，2013—2020年，共有9批次共计642家企业的2268个产品（服务）先后纳入“两型”产品政府采购目录。二是通过依法保护长株潭“绿心”避免了城市群“摊大饼”式的蔓延扩张。“绿心”地处长株潭三市接合部，面积522平方公里，基本上都是低山丘陵，植被茂盛，郁郁葱葱。三市城市边界曾经不断扩张，“绿心”一度被侵蚀蚕食，不断缩小。在创建“两型”社会过程中，湖南省积极探索现代化、集约式、生态型城市群发展的新模式，积极构建城市群生态发展的组团式空间布局，先后出台了《长株潭城市群生态绿心地区总体规划》《湖南长株潭生态绿心保护条例》，形成了“绿心”保护顶层设计，将“生态绿心”中89%的区域划为禁止开发区和限制开发区，守住了长株潭城市群中间这块宝贵的绿地。三是传统产业实现了向“两型”产业的转型发展。“两型”社会改革试验之初，长株潭钢铁、有色、化工等重化工业规模较大，重金属污染严重。2007年湘江流域排放的工业废水达到5.67亿吨。开展“两型”社会建设以来，对长沙坪塘、湘潭竹埠港、株洲清水塘等一批沿江老工业区进行了异地搬迁升级改造，形成了“湘潭竹埠港重金属污染整治”等一批成功经验模式。制定实施了“长株潭城市群清洁生产水平提升计划”和“百家企业清洁生产工程”，改造提升钢铁、有色、建材、石化、烟花、陶瓷等原材料工业，推广新能源发电、“城市矿山”再利用、脱硫脱硝等十大清洁低碳技术，引入一批高投入、高科技、低排放项目。目前，长株潭城市群已成为全国重要的工程机械、新能源等先进装备制造业基地以及电子信息、文化创意、建筑节能与绿色建筑产业基地，较为成功地实现了产业的绿色转型。值得一提的是，株洲市以壮士断腕的决心，推进清水塘老工业区企业搬迁改造，5家中央与省属企业和148家中小企业关停搬迁，随着2018年底株洲冶炼厂的最后熄火，一座曾经的重化工业“旧城”，从物理意义上已彻底“消失”。四是污染治理成效显著，生态环境质量持续改善。三市通过联合治污，协同推进蓝天保卫战和湘江流域治理，一批环保基础设施和企业污染防治项目相继建成，湘江水质恶化趋势得到遏制，城市空气质量总体稳中有升。在长株潭城市群重点区域开展170万亩重金属污染耕地治理和种植结构调整试点并取得明显效果，早稻米镉含量平均降低30%左右。

2007年长株潭城市污水处理率不到40%，2018年长株潭三市城市污水处理率分别提高到98.33%、97.25%、96.2%；长株潭三市建成区绿化覆盖率分别达到41.49%、42.67%、45.81%；生活垃圾无害化处理率均达到100%。目前，长株潭三市环保产业单位数分别发展到199个、172个、48个，环保产业从业人数分别增加到5.5万人、1.1万人、0.6万人。2019年，长株潭城区空气质量优良率分别达到75.3%、76.7%、74.2%；地表水水质总体优良，水环境质量持续改善，三市共71个国控、省控断面水质优良率均为100%，集中式生活饮用水水源地水质稳定达标。

（6）长株潭城市群一体化发展的空间格局不断调整和优化，走出了一条多中心、组团式、大中小城市与小城镇协调发展的新型城市化路子。在推进一体化的进程中，以湖南省政府南迁为标志，长株潭三市相向发展势头不断加强，城区逐渐靠拢并连为一体。长沙南拓芙蓉路，建设天心生态新城，加速与湘潭、株洲对接。北起岳阳市湘阴县，南下经过长沙市中心城区，直达湘潭的芙蓉大道，全长120公里，成为国内最长的城际主干道。株洲建设株洲大道，与湘潭对接，株潭两市新城区之间主要道路基本城市化，株洲河西新城与湘潭河东新城正逐步融合。株洲市区西北端逐步向长沙县延伸。湘潭改造昭山大道、板塘大道，与长沙对接。三市城区已基本融为一体，暮云、昭山、九华等成为新的热点板块。与此同时，长株潭城市群一体化从规划和实践上，摒弃了以往城市化发展“摊大饼”的传统模式，以湘江为纽带，以长株潭生态绿心为核心，依托京广铁路（高速公路）、长张高速、沪昆高铁（高速公路）等主要交通干线，打造城乡融合的新型城镇体系，已初步形成“一轴一绿心、三带多组团”的城市空间格局。其中，长株潭城市群核心区形成了“一主两次环绿心”的空间结构，以长株潭北、西南、东南3个功能区为核心，三市接合部为绿心，包括3主4次15片区组团和29个小城镇，形成了以长沙、株洲、湘潭为核心和中心节点的网络化、放射状城镇布局，构成了基础设施网络发达、各类空间协调、生态友好的网络型城市群区域。

长株潭城市群推进一体化的成效有以下几点经验值得总结。一是加强组织领导，坚持一体化发展的战略思路不动摇；二是加强顶层设计、规划引导和依法推进，做到了长株潭国土空间规划、区域一体化发展规划、5年规划以及其他行业专项规划的对接，实现三市规划“一盘棋”、建设“一张图”，坚持创新、协调、绿色、开放、共享的新发展理念不动摇；三是加强城市群内外的互联互通，坚持基础设施支撑不动摇；四是加强优势资源整合，坚持产业集群发展、联动发展不动摇；五是加强改革开放，在推进一体化的进程中，坚持发挥市场在资源配置中的决定性作用不动摇。

2020年9月21日，中国（湖南）自贸试验区正式获批，加上从2019年开始，中非经贸博览会正式永久落户长沙，长株潭城市群一体化发展迎来新机遇、面临新任务。新通过的《长株潭区域一体化发展规划纲要》，也为开启社会主义现代化建设新征程的长株潭城市群一体化发展擘画出美好蓝图。

站在新的历史起点展望未来，长株潭城市群一体化发展前景广阔，必将积聚起更加强大的集聚辐射与带动能力，成为中部地区高质量发展的核心增长极、全国城市群一体化发展的示范区、全国生态文明建设的先行区和具有国际影响力的现代化城市群，继续在国家中部崛起战略中走在前列、发挥出更加重要的引领作用，为新时期推动我国尽快形成以国内大循环为主体、国内国际双循环相互促进的新发展格局作出新贡献。

专题九

辽中南城市群一体化政策及进展[①]

辽中南城市群位于我国东北地区南部，辽宁省中南部，濒临渤海和黄海，主要由沿哈大交通线分布的9个城市组成，包括沈阳、大连两个副省级城市和与之联系紧密的鞍山市、抚顺市、本溪市、营口市、辽阳市、铁岭市、盘锦市7个地级城市，下辖24县（市）、43个区、425个乡镇、502个街道，国土面积8.15万平方公里，占辽宁的54.8%，占东北三省的10.1%；常住人口3090.7万人，占辽宁的71%，占东北三省的28.6%；2019年实现地区生产总值20925亿元，占辽宁的84%，占东北三省的41.6%[②]。20世纪50年代在计划经济下，辽中南城市群初步形成了较为互补的产业分工格局，初步形成了较为雄厚的产业基础、较高的城市化率和发达的公路、铁路等交通网络，都市圈的空间形态基本形成，是国内一省之内仅有的、典型的、基础条件很好的城市群区域，曾经与京津唐、沪宁杭并列为我国三大城市群。辽中南城市群是我国工业起步较早、城镇化水平

---

① 本专题作者为辽宁省人民政府研究室张勇。

② 数据根据《辽宁统计年鉴 2020》计算得出。

较高的区域，既是环渤海地区的重要组成部分，也是东北地区对外开放的重要门户，在带动东北地区全面、全方位振兴中具有极其重要的地位。

一、推进辽中南城市群一体化发展的政策体系

从省级层面看，始终以辽宁沿海经济带、沈阳经济区、辽西北作为全省的重大区域发展战略。从涵盖范围看，除大连外，辽中南城市群基本与沈阳经济区范围是一致的。在分析一体化发展举措时主要以沈阳经济区一体化发展政策为主。2003年党中央提出推进东北等老工业基地振兴战略，为深入推进辽宁老工业基地振兴发展，辽宁省委、省政府正式提出了“推进辽宁中部城市群一体化、构建大沈阳经济体”的战略举措。2005年，辽宁省委、省政府提出“要以沈阳为中心，辐射带动周边城市发展，形成在东北地区有较强影响力、在全国有特色的重要城市群经济隆起带，并且形成东北亚合作的关键区域，以支撑辽宁成为我国新的经济增长区域”。2008年，辽宁中部城市群正式更名为“沈阳经济区”，2010年4月沈阳经济区正式上升为国家战略，成为第八个国家综合配套改革试验区。

大连市作为东北地区外向型经济的龙头，要加快落实辽宁自由贸易试验区重点任务，发挥更重要的作用。辽宁省委、省政府进一步明确建设沈阳经济区的方向目标、工作重点和实践路径。《辽宁省国民经济和社会发展第十二个五年规划纲要》提出，要以辽宁沿海经济带、沈阳经济区建设为引擎，以贯通沿海与腹地的沈大经济带为战略轴线，带动辽西北地区实现跨越发展，构建“双擎一轴联动”的空间发展格局。《辽宁省国民经济和社会发展第十三个五年规划纲要》提出，要深入实施辽宁沿海经济带、沈阳经济区、辽西北三大区域发展战略，推动辽中南城市群建设，进一步提出探索沈阳经济区协同发展体制机

制，实施八市规划编制衔接统筹，推动区域合作，拓展城际间互联互通和深度融合，加快以沈抚同城为重点的沈本、沈铁、沈辽鞍营、沈阜同城化一体化步伐，打造具有较强竞争力和影响力的城市群和新型工业化先导示范区。

（一）坚持规划引领

2018年辽宁省委、省政府制定《沈阳经济区建设发展三年攻坚计划（2018—2020年）》，提出了9个方面22项重点任务，明确提出全力打造以沈阳为龙头的东北创新中心、东北人才中心、东北亚物流中心。明确提出重点推进户籍、社保、就业、文化、教育、旅游、医疗卫生等重点领域一体化，引导优质要素合理流动；发挥沈阳市国家级互联网骨干直联点和东北区域云计算中心等基础设施辐射作用，推动信息基础设施一体化发展；加强各市产业合作对接，实现资源合理配置，构建布局合理、分工协作的特色优势产业集群。

2018年，辽宁省编制了《辽中南城市群发展规划（2017—2030年）》，明确了总体发展思路，强调以陆海统筹、区域协调发展为主线，优化区域空间布局，释放辽中南城市群空间发展优势；以推进供给侧结构性改革为抓手，构建现代产业体系，提升辽中南城市群产业竞争优势；以完善基础设施保障能力为导向，建设便捷、高效、安全的基础设施网络，提高辽中南城市群内外交通联系；以率先全面建成小康社会为目标，提升公共社会资源服务水平，实现辽中南城市群公共社会资源共建共享；以推进生态文明建设为统领，遵循生态、绿色、低碳原则，构建人与自然和谐共生的生态宜居型城市群。进一步明确了产城融合、合理布局，扬长补短、协同发展，生态文明、绿色发展，市场主导、创新驱动的发展基本思路，经过努力将辽中南城市群建设成为东北地区对外开放门户、陆海交通走廊、具有国际竞争力的先进装备制造业基地、国家老工业基地振兴发展示范区、具有一定国际竞争力的现代化城市群。

（二）积极推进交通基础设施互联互通

一是强化基础设施一体化规划对接。重点围绕优化城际间交通网络体系等内容进行规划对接，加快城际铁路、高速公路、干线公路建设，打造“1小时经济圈”。二是完善区域联通的干线道路体系。优化区域路网结构，完善沈阳至周边城市的交通廊道，加快马宋公路改扩建、沈闫线改扩建，推进本溪至桓仁高速公路、沈丹线和辽溪线铁路电气化改造开工建设，实现干线网络快速化。三是共同建立城际一体化的客运交通体系。进一步推进城市客运资源整合，逐步实现城际间客运公交化运营和多种运输方式的零距离换乘。沈阳至抚顺、本溪两市客运率先公交化运营。四是共同推进毗邻市政基础设施建设。创新基础设施投融资体制机制，加强交通、铁路、能源、通信、供水排水、供气、污水和垃圾处理等基础设施的统筹规划和建设。

（三）着力增强区域整体创新能力

沈阳、大连作为辽宁的两大中心城市，集聚了全省最优秀的人才资源和创新资源，特别是拥有中科院大连化学物理研究所、金属所、自动化所、生态所等中直科研单位，拥有大连理工大学、东北大学等众多高校资源，在推进辽中南城市群发展中，坚持把创新作为第一动力，强化科技创新要素整合，提升区域整体创新能力。

一是抓好沈大国家自主创新示范区建设。2016年4月，国家批准设立沈大自主创新示范区，推进了中关村“6+4”政策在自创区先行先试，赋予自创区部分省级经济管理权限，下放包括市场准入、高新技术企业评审权等行政权限21项，以建设沈大自创区为牵动引领区域整体创新能力。

二是启动区域综合实验室建设。2019年，辽宁省委、省政府依托沈阳、大连科技创新资源，争取国家支持，启动了辽宁实验室建设，制定支持辽宁实验室创新发展意见，聚焦经济主战场，集聚顶尖人才，集中力量推进先进材料、装备制造、催化剂等领域的关键技术攻关，建设沈阳材料科学国家研究中心、国家机器人与智能制造创新研究院等一批重大创新平台。

三是共同培育科技创新主体和平台。加强科技创新资源的合作与交流，在先进装备、机器人及IC装备、生物制药、新材料等战略性新兴领域，加快培育一批拥有自主知识产权和较强国际竞争力的创新型企业。加强科技创新政策对接，建立创新联盟，协调联动建设国家机器人与智能制造创新研究院等一批各具特色的重大创新平台；依托沈阳市科技条件平台，发挥各市科技优势，共同构建集聚研发设计、知识产权服务、检验检测等区域科技条件的服务平台；推进鞍抚本辽行业龙头企业与东北大学、中科院沈阳分院等高校院所联合创建企业技术中心等，大力发展协同创新平台。

四是着力做好人才引育留用。2018年沈阳出台了《关于沈阳市建设创新创业人才高地若干政策措施》，2019年制定了人才落户政策补充意见，涵盖全面开放的户籍政策，实现“零门槛”落户，对引进人才的就业创业房租补贴政策进行升级，开设“人才驿站”，对实用人才给予购房租房补贴等内容。创新校企联合办学新模式，支持在沈高校与企业联合成立智能机器人、工业设计等独立学院，并通过设立域外研发机构等方式，实现柔性引进创新人才。推进海外人才离岸创业创新基地建设，引进和利用海外高质量智力资源，推进中德（沈阳）装备制造产业园、沈阳国际软件园、沈阳锦联新经济产业园、新松机器人创新实验室四大海外人才离岸创新创业自由港建设，促进沈阳引才引智项目落地。2015年，大连市制定《大连市支持高层次人才创新创业》《大连市加强高技能人才队伍建设若干规定》《大连市加强创业孵化平台建设进一步促进创业型人才在连创业办法》《大连市解决引进人才住房办法》《大连市人才市场管理规定》5个文件，以市委办公厅、市政府办公厅文件形式出台了22个配套实施细则，形成了大连市“5+22”的人才政策体系框架。2019年，出台《关于落实“5+22”人才政策的几个具体问题》及31项配套实施细则，打造人才政策升级版。

（四）着力推进城市群产业协同发展

2011年国家发展改革委批复了《沈阳经济区新型工业化综合配套改革试验总体方案》，方案中明确提出，沈阳经济区要按照党中央、国务院关于走中国特色新型工业化道路的要求，创新体制机制，构建现代产业体系，加强城市间的分工协作和功能互补，促进区域经济一体化，把沈阳经济区建设成为具有国际竞争力的先进装备制造业基地、重要原材料和高新技术产业基地，成为充满活力的区域性经济中心和全国新型工业化典型示范区。立足各地产业基础、区位优势，加快形成分工科学、协同有序的产业分工格局。2018年辽宁省委、省政府制定的《沈阳经济区建设发展三年攻坚计划（2018—2020年）》提出，坚持质量第一、效益优先，以建设“一带五基地”重要承载区为主要抓手①，突出发展智能经济，推进互联网、大数据、人工智能和实体经济深度融合，共同建设具有国际竞争力的装备制造业基地、高加工度原材料工业基地和高新技术产业基地，率先实现制造业由大变强。沈阳经济区紧紧抓住新型工业化综合配套改革试验政策机遇，以建设“一带五基地”重要承载区为主要抓手，立足各地产业基础、区位优势，加快形成分工科学、协同有序的产业分工格局。

一是共同打造新型工业化示范基地。推进沈阳先进装备制造业基地建设，围绕沈阳汽车及零部件、机械装备制造、轨道交通装备制造等主导产业，做好相关配套，延长产业链，提升区域内配套率和协同发展水平。依托鞍钢、本钢

---

① 2016年2月，中共中央、国务院《关于全面振兴东北地区等老工业基地的若干意见》提出，到2020年，东北地区在重要领域和关键环节改革上取得重大成果。在此基础上，争取再利用10年，将东北地区建成全国重要的经济支撑带，具有国际竞争力的先进装备制造业基地、重大技术装备战略基地、国家新型原材料基地、现代农业生产基地、重要技术创新与研发基地。

等龙头企业，积极发展极寒与超低温环境船舶用钢、汽车高强钢、电力装备领域超临界火电机组用耐热钢、核电用钢等精特钢产品，打造世界级精特钢生产基地。整合鞍山等地菱镁资源，打造世界级菱镁新材料产业基地。充分发挥抚顺、辽阳石化产业基础优势，着力打造精细化工产业链。全力推进和支持医药和健康产业向本溪集聚，重点发展生物制药及疫苗、化药及仿制药、现代中药、医疗器械等产业。共同培育新一代信息技术、智能装备与机器人、航空装备、新材料、生物医药等战略性新兴产业。

二是共同完善金融体系。建立健全金融合作机制，增强金融资源集聚力，协同引进和设立银行、证券、保险、金融租赁等各类持牌金融机构。创新发展政府引导基金、私募股权投资基金、融资性担保等新型金融业态。创新丰富金融产品和工具。优化辽宁股权交易中心、沈阳联合产权所功能，提升服务能力，建立鞍抚本辽企业挂牌和交易绿色通道。支持盛京银行等地方性银行跨市设立分支机构，推动开展银团贷款，组团参与重大项目建设。共同设立沈阳经济区科技创新孵化基金，建立知识产权质押融资机制，发展科技保险，开展科创企业投贷联动试点。搭建沈阳经济区融资信息服务共享平台，增强金融服务实体经济能力。

三是协同开发旅游资源。共同开发“清文化”，对接北京联合打造新四京（盛京、兴京、东京、北京）精品路线。发挥沈鞍本自然景观优势，共同打造东北亚生态文化旅游景观。共同挖掘沈鞍抚本爱国主义题材，打造红色旅游路线。以抚顺高湾国际冰雪体育旅游小镇和辽阳弓长岭滑雪场为主体，共同建设国家级冰雪体育旅游产业区。推进旅游服务一体化，共同创办“京辽”旅游一卡通，联合开展对国内外市场旅游产品宣传营销，统一设计包装纪念品、旅游商品、旅游用品。建设沈阳经济区智慧旅游数据中心，引领区域智慧旅游城市群共同发展。

（五）以沈抚同城化为重点推进一体化发展步伐

《辽宁省国民经济和社会发展第十三个五年规划纲要》提出，沈阳经济区要以新型工业化综合配套改革为统领，以建设沈阳国家中心城市为重点，以同城化、一体化为发展方向，以沈抚、沈本、沈辽鞍营、沈阜、沈铁等城际连接带和交通走廊建设为发展轴线，着力构筑沈阳经济区“一核、五带”空间发展格局。进一步完善区域内交通、能源、信息和城市基础设施，整合生产要素、市场体系、社会保障、社会管理等资源，加快同城化、一体化进程。《沈阳经济区建设发展三年攻坚计划（2018—2020年）》提出要进一步增强沈阳带动辐射作用，推动资源整合、布局优化，实现功能互补、错位发展。目前看，在推进沈抚同城化发展方面，沈本、沈铁一体化发展政策举措较多、工作力度较大、实施效果较好。

一是以建设沈抚改革创新示范区为重点，推进沈抚同城化发展。2006年辽宁省委十届二次全会首次提出“沈抚同城”概念，2007年9月，沈阳、抚顺两市签署《加快推进沈抚同城化协议》，沈抚同城化建设正式启动。2008年在沈阳东部和抚顺西部共同规划建设面积605平方公里“沈抚新城”，推进沈阳、抚顺两市在通信、环保、金融、商贸、教育、医疗等诸多方面实现资源共享。2017年，辽宁省委、省政府全面启动沈抚改革创新示范区建设，制定加快沈抚新区建设发展的意见和支持沈抚新区建设发展的若干政策，并将沈抚新区管委会作为省委、省政府的派出机构，全面行使省级经济社会发展管理权限。2020年4月，中央编办批复同意设立沈抚改革创新示范区，围绕打造东北地区改革开放的先行区、优化投资营商环境的标杆区、创新驱动发展的引领区和辽宁振兴发展的新引擎，为辽宁乃至东北全面振兴探索可复制、可推广的全新模式。

二是以建设本溪生物医药产业基地为重点，推进沈阳本溪一体化发展。本溪生物医药科技产业基地距本溪14.5公里，距沈阳38公里，是推进沈本一体化进程的重要载体，也是推动本溪城市和产业转型升级的核心引擎。2007年8月，沈本两市政府共同签署了《沈本一体化建设合作框架协议》，沈本一体化进入实质性推进阶段。2008年按照沈本一体化发展思路，本溪市谋划发展生物医药产业和建设沈本新城，重点推进交通、电信、工商、教育、医保等一体化，沈本产业大道作为连接沈本重要的交通干道竣工通车，沈阳药科大学、中国医科大学等5所医药类高校入驻基地。本溪生物医药产业基地按照产业化和城市化互动的发展模式，着力推动科技引领促进产业集聚、产业集聚带动城市建设、城市建设拉动产业升级，积极主动融入沈阳经济区发展。

三是以建设铁岭凡河新区为重点，推进沈阳铁岭一体化发展。2005年铁岭市在交通便捷、靠近沈阳的凡河地区，启动了凡河新区建设，重点打造“四大基地”和“一个中心”，即专用车生产基地、现代物流基地、北方金融后台服务基地、职业教育基地和旅游度假中心，目的是推动铁岭城市发展南移，将凡河新区建设成为铁岭的行政中心、人口和产业集聚中心，加快融入沈阳经济区。

（六）共同推进生态环境治理

辽中南城市群工业结构以重化工业为主，地区污染物排放量接近或者超过环境容量标准，跨流域污染和冬季大气污染问题突出，生态治理任务艰巨，剩余环境容量相对不足，局部主要污染物排放超过环境承载力。打破行政区划界限，共同推进环境治理，建立成本共担、利益共享、共同治理、共同保护的联防联控治理体系，是城市群推进一体化发展的重要内容。一是共同建立大气污染联防联控协调机制。共同实施高污染、高能耗产业转型升级，推进大气污染联防联控。二是共同推进水环境治理和修复工程，加强辽河、浑河、太子河环境污染防治和流域生态修复与保护，实施辽河、浑河干流及支流河综合整治，全面实施河流断面水质污染补偿制度，建立健全生态补偿机制。三是构筑区域绿色生态屏障，共同开展生态保护红线、永久基本农田、城镇开发边界3条控制线划定工作，推进三北防护林带、城际连接带、城市接壤地带等生态敏感区域的共同治理，协同推进污水垃圾处理设施及污水管网工程规划建设，建立突发环境事件应急合作机制，加强城市间联合督查力度。

（七）着力提升对外开放水平

2018年，辽宁省委、省政府制定出台了《关于加快构建开放新格局以全面开放引领全面振兴的意见》，提出新时代辽宁全面开放要以参与服务“一带一路”建设为重点，以辽宁沿海经济带开发开放为支撑，以大连东北亚国际航运中心和沈阳东北亚创新中心建设为龙头，以建设高水平自由贸易试验区和探索建设自由贸易港为引擎，以建设沈抚创新发展示范区为突破口，加快构建内外联动、陆海互济的全面开放新格局。

一是全面建设大连东北亚国际航运中心。早在2003年，党中央、国务院制定的《关于实施东北地区等老工业基地振兴战略的若干意见》就提出充分利用东北地区现有港口条件和优势，把大连建成东北亚重要的国际航运中心。2007年辽宁省政府制定了《大连东北亚国际航运中心发展规划》，提出以大连大窑湾保税港区为核心，以大连城市为载体，以沿海港口群为基础，以东北腹地为依托，构建完善的基础设施体系、综合运输体系和航运服务体系，着力打造港口布局合理、服务功能完备、比较优势突出、牵动作用较强的东北亚重要的国际航运中心，使之成为东北亚地区重要的国际性枢纽港和物流中心，成为引领东北对外开放的龙头和全面振兴老工业基地的重要引擎。2018年大连市制定《大连市推进东北亚国际航运中心建设条例》，从规划和基础设施、航运服务体系、航运营商环境、保障与监督等方面，对推进大连东北亚国际航运中心建设进行立法规范。为了扭转沿海港口同质化、恶性化竞争局面，提升辽宁沿海港口整体服务能力和发展层级，2017年，引入招商局集团全面整合沿海港口资源，将大连港、营口港、丹东港、锦州港、盘锦港、葫芦岛港“六港合一”，成立辽宁港口集团，由招商局集团受托管理。辽宁沿海以港口整合为契机，大力发展口岸经济、海洋经济、临港产业集群和生态产业区，全面推进“港口、产业、城市”融合发展。

二是高水平建设辽宁自由贸易试验区。发挥好辽宁自贸区制度创新“试验田”作用，重点在加快老工业基地结构调整、深化国企国资改革、促进产业转型升级和面向东北亚区域开放合作等方面大胆先行先试，积极探索体制机制创新，充分发挥自由贸易试验区溢出效应，推进自由贸易试验区与省内18个重点产业园区协同发展。

三是畅通对外开放大通道。依托沈阳经济区交通、区位优势，立足海陆空国际通道，以沈阳港为龙头，连接鞍山西柳国际物流园、抚顺石化物流基地、本溪钢铁物流园、辽阳佟二堡皮草交易市场等重要物流节点，聚合五市物流优质资源，扩散五市物流竞争优势，形成覆盖东北亚地区的“6+1+N”现代物流网络体系，增强沈阳经济区集疏运能力。推动“辽满欧”“辽蒙欧”“辽海欧”交通运输国际大通道建设，提升中欧班列影响力，构建面向东北亚开放的多式联运国际物流体系。

（八）建立健全城市群一体化发展机制

着眼于培育沈阳经济区连接、聚合、扩散能力，充分发挥五市比较优势，本着资源共享、优势互补、协同发展、聚集共生的原则，建立长期稳定、互利互信的合作关系，制定沈阳经济区一体化发展共同行动计划（2018—2020年），提出共同推进创新、金融、人才、物流、产业、旅游、基础设施、生态环境治理、对外开放等9个方面一体化发展。建立沈阳经济区五市领导定期会商制度，每半年举行一次联席会议，落实辽宁省委、省政府重大政策措施，研究和解决经济区建设发展工作中的重要事项和重大问题。成立五市共同行动办公室，设在沈阳市发展改革委，每月至少召开一次工作会商会议，强化共同行动计划确定的目标任务落实。五市共同出资10亿元，与省产业（创业）投资引导基金10亿元合作，共同参与组建沈阳经济区产业基金，支持沈阳经济区项目建设和产业发展。

二、推进辽中南城市群发展政策成效

从总体上看，多层次的城市群发展格局基本形成，城市群交通网络逐步完善，沈阳、大连作为辽中南城市群的中心城市，在区域创新能力、要素集聚能力上有所提升，但也要清醒地认识到，城市群一体化发展缺乏内生动力，城市群内基本公共服务、城市之间发展差距尚未有效缩小，特别是与国内其他城市群相比较，经济竞争能力、区域创新能力、人口集聚能力差距进一步扩大。

（一）城市群多层次空间发展格局初步形成

近年来重点拓展城际间互联互通和深度融合，加快以沈抚同城为重点的沈本、沈铁、沈辽鞍营、沈阜同城化一体化步伐，特别是在5条城际连接带上规划建设了42个新城新镇和63个主导产业园区，以沈阳为核心、大城市为主体、中小城镇为节点进而连接乡村的多层次空间发展格局初步形成。由于国内产业投资持续放缓，特别是由于区位条件、产业配套不足、园区基础设施配套不完善以及营商环境等因素，这些新城新镇和主导产业园区企业入驻、人口集聚效果并不明显，总体而言沈抚改革创新示范区和本溪生物医药产业基地形成良好发展态势。2019年，沈抚改革创新示范区实现地区生产总值60亿元，完成固定资产投资44亿元，实现一般公共预算收入12.4亿元①，以新一代信息技术为支撑的数字经济、信息技术应用及装备、人工智能和智能制造及新材料、生命健康、

① 资料来源：沈抚改革创新示范区官网。

新能源、现代服务业六大主导产业初具规模。本溪生物医药产业基地从仅有4家中药厂发展成为产业、科技、大学、城市四位一体的大健康产业集群，成就了一个产业，吸引了一批人才，建设了一座新城，成为本溪经济社会发展的重要增长极。成功集聚医药产业项目126个，规模以上工业企业41户，占全市规模以上工业企业户数1/4，常住人口达到11万人。

（二）城市群内部中心城市和沿海城市经济竞争力有所提升

从总体上看，进入“十三五”时期，受全球经济持续低迷、国内“三期叠加”相互交织带来的外部影响，同时辽中南城市群自身存在的供给侧、结构性、体制性矛盾相互作用形成的深层次原因，辽宁地区生产总值增幅开始持续低于全国水平，更低于南方沿海发达省份。2017—2019年，辽宁地区生产总值比上一年分别增长4.2%、5.6%、5.5%，分别低于全国平均水平2.6个、1个和0.6个百分点（见表9–1）。虽然辽宁与全国发展速度的差距呈现缩小的态势，但与全国发展步伐还存在一定差距，辽中南城市群的经济增幅明显出现下滑，在城市群内部各城市经济增长出现明显的分化，沈阳、大连中心城市和营口、盘锦沿海城市地区经济增长较快，特别值得注意的是抚顺、本溪、辽阳等一些老工业基地经济长期处于低迷状态甚至出现负增长。在中心城市和沿海城市的带动下，辽中南城市群经济总量在东北地区的比重有所提升，但在全省经济的比重出现下降，2019年辽中南城市群经济总量占辽宁的比重为84%，比2016年降低2.2个百分点，占东北三省经济总量的比重由2016年的36.1%提高到2019年的41.6%①。但我们要清醒地认识到，辽中南城市群经济总量比重的提升，是在辽宁乃至东北发展步伐缓慢背景下的提升，辽中南城市群的发展步伐仍然慢于全国水平，与发达地区特别是长三角、粤港澳大湾区的差距越来越大。

① 数据根据《辽宁统计年鉴 2020》计算得出。

表9-1 全国及辽中南城市群各市2017—2019年地区生产总值增长率（单位：%）

地区	2017年	2018年	2019年
全国	6.8	6.6	6.1
辽宁	4.2	5.6	5.5
沈阳	3.5	5.4	4.2
大连	7.1	6.5	6.5
鞍山	3.9	5.2	6.1
抚顺	2.1	4.6	–3.6
本溪	1.2	1.2	3.5
营口	5.0	5.9	7.0
辽阳	4.1	6.0	2.5
盘锦	5.9	5.9	9.0
铁岭	0.2	1.3	2.9

资料来源：《2020中国统计年鉴》《辽宁统计年鉴2020》

（三）城市群扩大开放优势作用进一步显现

辽中南城市群地处东北亚经济圈的中心区位，特别是沈阳作为长三角、珠三角、京津冀地区通往东北地区的综合枢纽中心，大连作为国家首批对外开放的沿海城市和东北唯一纳入“一带一路”倡议总体规划的港口，享有得天独厚的地理和政策优势。沈阳、大连引领带动辽宁乃至东北地区的全面开放龙头地位进一步凸显。

截至2019年底，沈阳、大连拥有外资企业分别为4800户和6600户，外资企业注册资本分别达到3829亿元和5247.8亿元，外资企业数量分别占全省的30.2%和41.5%，外资企业注册资本分别占全省的26.2%和35.9%。从近年吸引外商直接投资的情况来看，2015—2019年沈阳吸引外商直接投资59.7亿美元、大连吸引外商直接投资112亿美元，沈阳、大连利用外资占全省的份额基本保持在80%左右（见图9-1）。

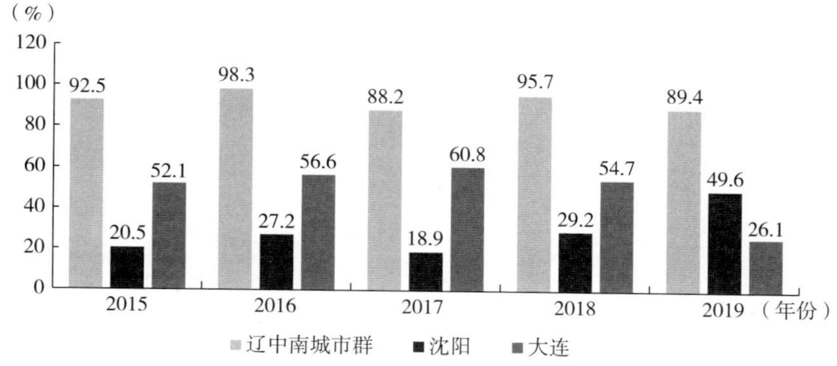

图9-1 辽中南城市群外商直接投资占全省比重

资料来源：《辽宁统计年鉴2020》

辽中南城市群外贸进出口总额由2015年的5959亿元增加到6705亿元，占全省外贸进出口总额的比重由2015年89.7%增加到2019年的92.4%，其中出口由2015年的2770亿元增加到2019年的2837亿元，占全省出口总额的比重由2015年87.9%增加到2019年的90.7%[①]（见图9-2）。

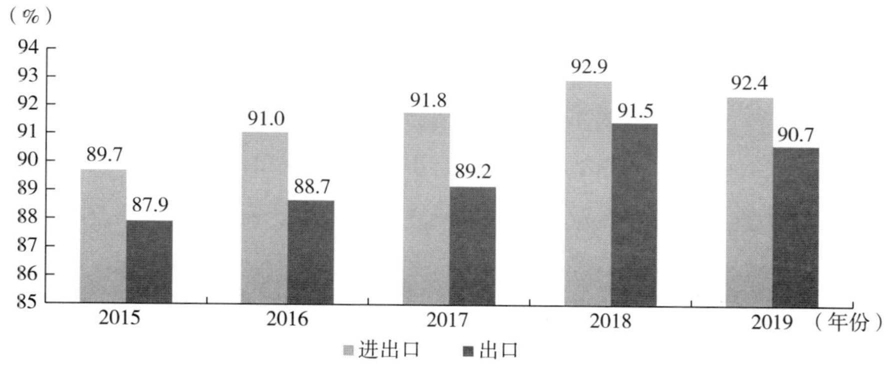

图9-2 辽中南城市群进出口总额占全省比重

资料来源：《辽宁统计年鉴2020》

① 数据根据《辽宁统计年鉴 2020》计算所得。

（四）中心城市人才等资源要素聚集能力提高

2019年，辽中南城市群户籍人口2869.5万人，常住人口3090.7万人，分别比2015年减少9万人和15.2万人①，在东北地区人口净减少的情况下，辽中南城市群常住人口高于户籍人口，特别是沈阳、大连的常住人口保持了增长状态，与2015年相比，常住人口分别增长3.1万人和1.7万人（见图9–3），说明沈阳、大连作为辽中南城市群的中心城市，在吸引人才等资源特别是吸引东北地区的人才等资源上仍具备一定的优势。

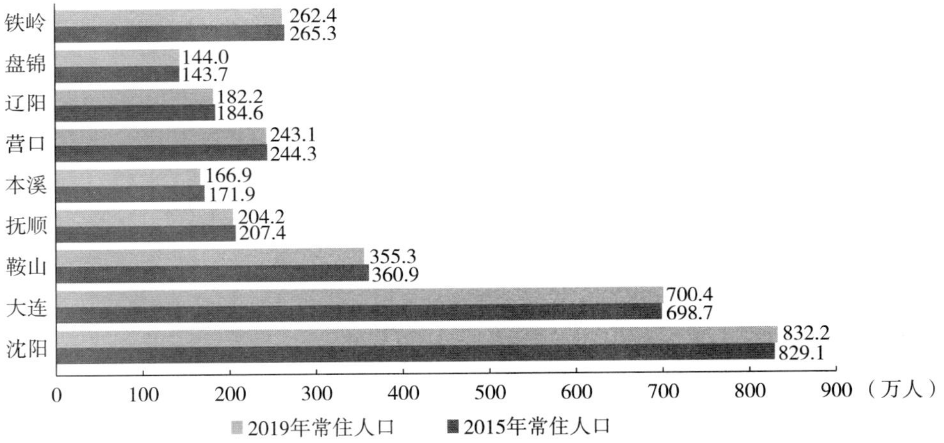

图9–3　辽中南城市群各市常住人口

资料来源：《辽宁统计年鉴2020》

从辽中南城市群中高新技术企业区域布局看，截至2019年底，高新技术企业4671户（见图9–4），数量位居全国第14位，其中大多数的企业集中在沈阳、大连两市，高新技术企业向中心城市的聚集趋势非常明显。

① 数据来源于《辽宁统计年鉴 2020》。

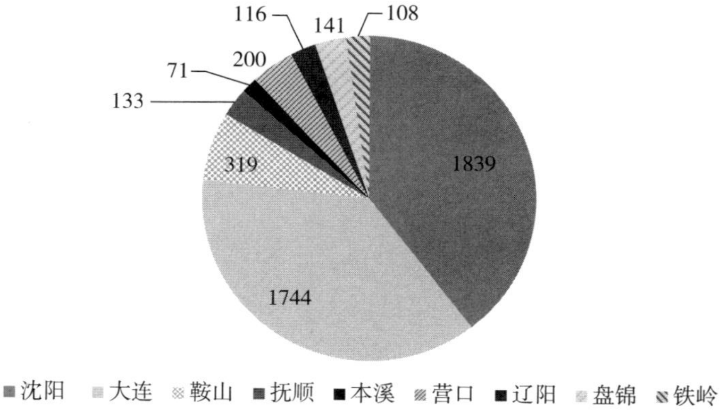

图9-4　2019年辽中南城市群高新技术企业区域分布（单位：户）

数据来源：《辽宁统计年鉴2020》

（五）城市群内部产业布局逐步优化

主要体现在服务业成为带动沈阳、大连地区经济发展的主要动力，鞍山、抚顺、本溪等工业发展快于中心城市，特别是营口、盘锦等沿海城市工业快速发展，但带动工业发展的主要拉动力依然是钢铁、石化等老工业基地的传统优势产业，战略性新兴产业虽然增长较快，但占比低，对经济的支撑能力还不强。

一是中心城市成为引领区域消费的主动力。从总体上看，辽宁服务业主要是以住宿餐饮、批发零售等传统服务业为主体，随着高铁等快速交通网络的形成，沈阳、大连作为辽中南城市群的中心城市，具备吸引周边城市消费的能力，沈阳、大连服务业占比明显提高。2019年，沈阳占辽中南城市群社会消费品零售总额比重为36.53%，比2015年提高0.52个百分点；大连占辽中南城市群社会消费品零售总额比重为32.19%，比2015年提高3.59个百分点；其他7个市占辽中南城市群社会消费品零售总额的比重由2015年的35.41%下降到2019年的31.28%（见图9-5）。在沈阳、大连两市经济中，服务业占比明显提升，沈阳服务业占地区生产总值的比重由2016年的56.4%提高到2019年的61.9%，大连服务业占地区生产总值的比重由2016年的51.4%提高到2019年的53.5%。鞍山、本溪、营口、辽阳、盘锦5个城市服务业占地区经济的比重，出现了不同程度的下降（见图9–6）。

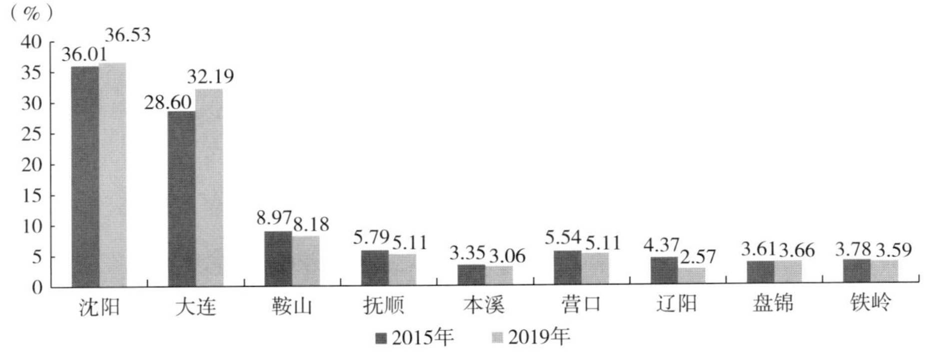

图9–5　各市社会消费品零售总额占辽中南城市群比重

资料来源：《辽宁统计年鉴2020》

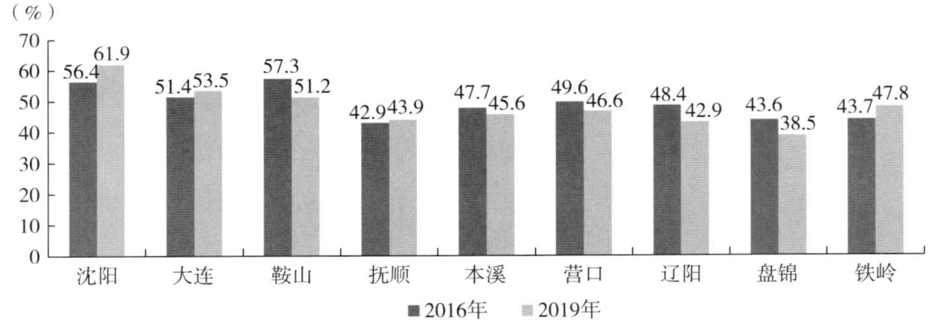

图9–6　各市服务业占地区生产总值比重

资料来源：《辽宁统计年鉴2020》

二是工业呈现向中心城市周边地区布局趋势。除沈阳、大连、铁岭之外的6个城市工业总产值占辽中南城市群工业总产值的比重明显提高，6个城市工业总产值占辽中南城市群的比重由2016年的35.2%提高到2019年的45%。特别是营口、盘锦两市工业在辽中南城市群的地位明显提高，营口、盘锦工业总产值占辽中南城市群的比重分别由2016年的7.2%和10.3%提高到2019年的8.5%和12.5%，反映了作为重化工业比重较大的省份，工业向沿海布局的普遍趋势（见图9–7）。

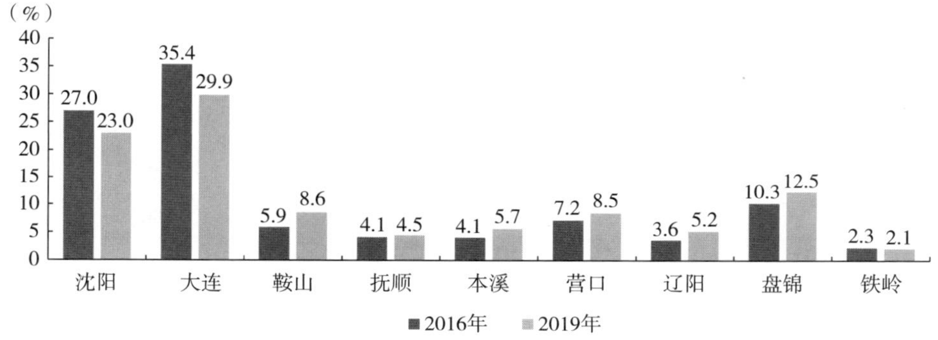

图9–7 各市工业占辽中南城市群工业比重

资料来源：《辽宁统计年鉴2020》

（六）城市群综合交通网络基本形成

辽宁中部环线、沈康、沈吉等高速公路以及哈大、沈丹、新通、京沈（沈阳—承德段）等高铁线路建成通车，形成了以沈阳为核心的“1小时交通圈”，形成以高速铁路、高速公路为骨架，国、省干线公路为补充，四通八达、互联互通的交通网络。共同打造对外开放陆路集疏运体系，以沈阳港为龙头，连接鞍山西柳国际物流园、抚顺石化物流基地、本溪钢铁物流园、辽阳佟二堡皮草交易市场等重要物流节点，开通中欧班列，形成覆盖东北亚地区、贯通中东欧现代物流网络体系。

（七）城乡居民收入得到较快增长

从总体上看，辽宁城镇居民人均可支配收入低于全国平均水平，并且这种差距呈现逐渐扩大的趋势。2015年辽宁城镇居民人均可支配收入低于全国

69元，2019年与全国水平的差距进一步拉大，达到2582元。农村常住居民人均可支配收入高于全国平均水平，但这种优势逐渐缩小，2015年辽宁农村常住居民人均可支配收入高于全国水平635元，2019年这种优势缩小到87元（见表9-2）。

表9-2 辽宁城乡居民收入水平与全国的对比（单位：元）

分类	地区	2015年	2016年	2017年	2018年	2019年
城镇居民人均可支配收入	全国	31195	33616	36396	39251	42359
	全省	31126	32876	34993	37342	39777
	与全国差距	69	740	1403	1909	2582
农村常住居民人均可支配收入	全国	11422	12363	13432	14617	16021
	全省	12057	12881	13747	14656	16108
	与全国差距	635	518	315	39	87

资料来源：《辽宁统计年鉴2020》

从城市群内部看，区域之间居民收入的差距进一步扩大，以沈阳为例，2015年城镇居民人均可支配收入高于全省平均水平5517元，2019年这种优势扩大到7009元。农村地区居民收入差距也在扩大，2015年沈阳农村常住居民人均可支配收入高于全省平均水平1429元，2019年扩大到2016元（见表9-3）；与此同时，铁岭2015年城镇居民人均可支配收入低于全省平均水平10437元，2019年这种差距扩大到13034元（见表9-4）。

表9-3 辽中南城市群农村居民人均可支配收入与全省差距（单位：元）

城市	2015年	2016年	2017年	2018年	2019年
沈　阳	1429	1504	1714	1874	2016
大　连	2610	2783	3118	3447	3866

续表

城市	2015年	2016年	2017年	2018年	2019年
鞍　山	1060	1280	1328	1481	1651
抚　顺	–290	–336	–368	–407	–512
本　溪	610	693	793	807	862
营　口	1574	1706	1847	2092	2386
辽　阳	–21	88	174	216	139
盘　锦	1707	1964	2191	2480	2782
铁　岭	–374	–350	–370	–448	–556

资料来源：《辽宁统计年鉴2020》

表9–4　辽中南城市群城镇居民人均可支配收入与全省差距（单位：元）

城市	2015年	2016年	2017年	2018年	2019年
沈　阳	5517	6119	6365	6712	7009
大　连	4763	5173	5594	6208	6691
鞍　山	–1183	–1433	–1673	–1723	–2021
抚　顺	–4308	–4409	–4647	–4872	–5196
本　溪	–3406	–3739	–3992	–4387	–4647
营　口	–668	–558	–574	–307	–372
辽　阳	–4737	–4743	–4795	–5120	–5203
盘　锦	1339	1446	1491	1769	1798
铁　岭	–10437	–11088	–11656	–12348	–13034

数据来源：《辽宁统计年鉴2020》

三、存在的主要问题

面对全球经济持续低迷、国内“三期叠加”相互交织带来的外部影响，辽中南城市群自身存在的供给侧、结构性、体制性矛盾更加凸显，国有企业活力仍然不足，民营经济发展不充分，与国内其他城市群相比，发展速度、综合竞争力明显下降。同时，在推进辽中南城市群一体化发展上，顶层设计不足，尚未形成全面系统性的政策体系，经济整体实力不强，一体化发展的内生动力不足，各市之间尚未形成分工科学、紧密连接的产业分工合作机制，产业同质化比较严重。

（一）城市群发展质量不高，综合地位相对下降

当前，北方省份增长放缓，东北地区发展相对滞后，南北发展差距日益扩大。人口等经济发展要素向大城市及城市群集聚的趋势比较明显，随着京津冀协同发展、长江经济带发展、长三角一体化等国家战略的深入实施，北京、上海、广州、深圳等特大城市发展优势不断增强，杭州、南京、武汉、郑州、成都、西安等大城市发展势头较好，形成推动高质量发展的区域增长极，使得辽中南城市面临更加激烈的竞争。与国内其他城市群相比，辽中南城市群人口、创新等要素集聚能力不强，对辽宁乃至东北振兴发展的引领力、支撑力不足。2019年辽中南城市群经济总量占辽宁的比重为84%，比2016年降低2.2个百分点，占东北三省经济总量的比重由2016年的36.1%提高到2019年的41.6%。2019年辽中南城市群常住人口占辽宁的比重为70.9%，比2016年提高0.1个百分点，占东北三省常住人口的比重由2016年的28.4%提高到2019年的28.6%。

特别是人口净减少的局面没有得到根本扭转，2015—2019年，辽中南城市群常住人口净减少15.2万人，辽宁全省净减少30.7万人，东北三省净减少154万人。在辽中南城市群九城市中，除沈阳、大连、盘锦人口保持微增长状态外，其他6个城市人口都出现不同程度的下降，其中鞍山、抚顺、辽阳等产业结构单一、国有经济比重高的地区人口下降幅度更明显（见图9-8）。

同时，人口老龄化日趋严重。2019年辽宁全省65岁及以上老年人口占总人

口的比重达到16.2%，高于全国平均水平3.6个百分点，比2015年提高3.4个百分点，辽宁老龄化问题不仅严重，而且呈现出老龄化加速的态势（见图9–9）。

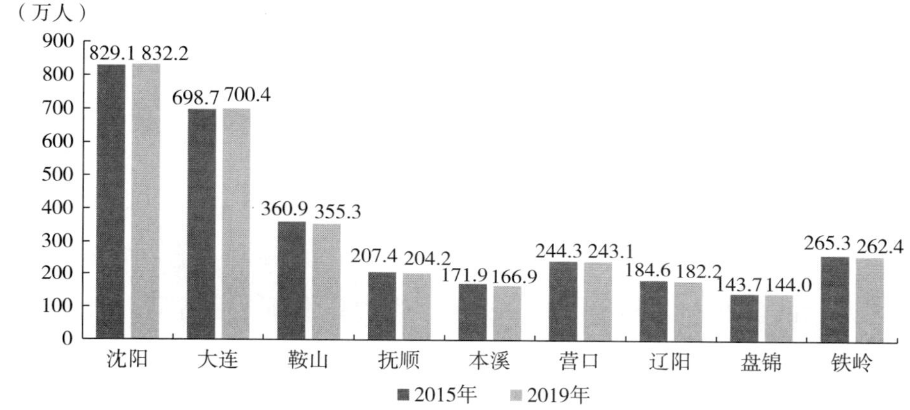

图9–8 辽中南城市群各城市常住人口规模

资料来源：《辽宁统计年鉴2020》

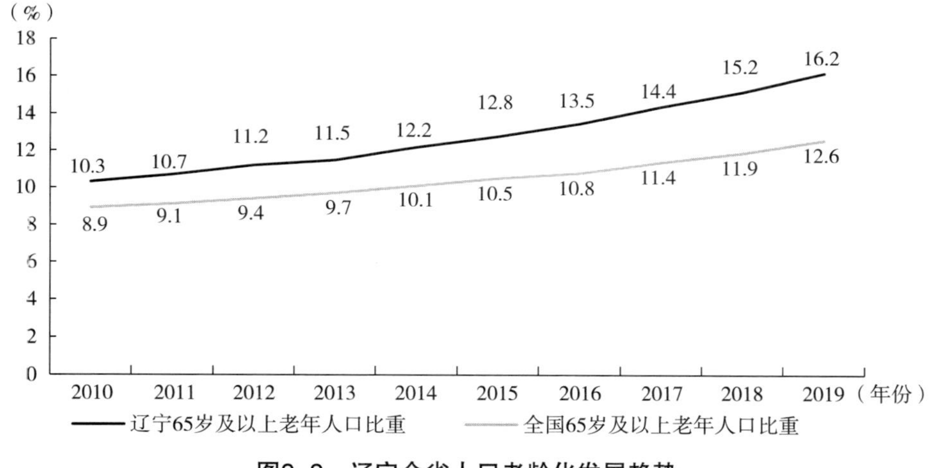

图9–9 辽宁全省人口老龄化发展趋势

资料来源：《2020中国统计年鉴》《辽宁统计年鉴2020》

（二）区域创新能力明显下降

辽中南城市群9个城市拥有高等院校98所，在校生总人数82.5万人，年高校毕业生在23万人左右，高校专任教师5.3万人。同时，沈阳、大连拥有中科院系统5个研究所以及众多央企的研发设计单位，但丰富的科教资源并没有转化为科技创新资源。辽中南城市群集中了全省最主要的科研单位和科技型企业，因此选用全省科技创新成果来反映辽中南城市群科技创新活动情况。2010年辽宁技术市场技术输出合同额130.68亿元，占全国的比重为3.3%；2018年技术输出合同额474.5亿元，占全国的比重为2.7%。同时，从技术输入合同额看，2010年为184亿元，占全国的比重为4.7%；2018年为273.2亿元，占全国的比重为1.5%（见图9-10）。辽宁已经由技术净流入省份，转变为技术净输出省份，一方面反映了辽宁企业承接科技创新成果不强，另一方面也反映了辽宁企业和科研单位科技创新能力在全国地位的下降。

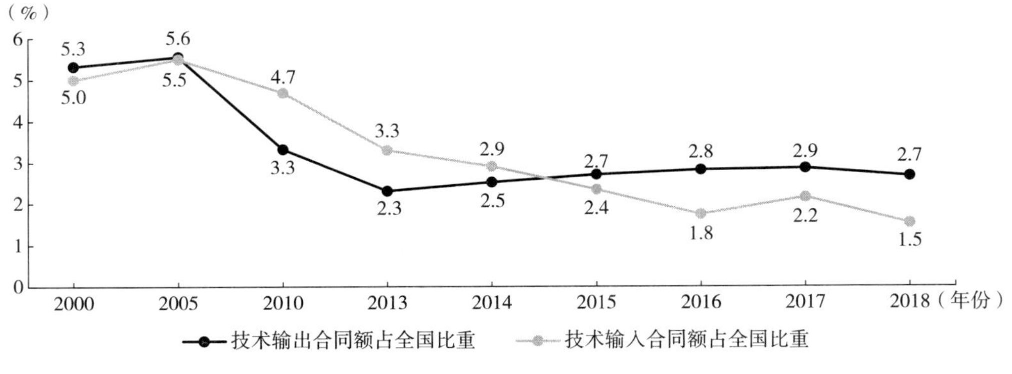

图9-10　辽宁全省技术市场交易额占全国比重

资料来源：《2019中国科技统计年鉴》

东北地区在全国的科技创新地位出现一定程度的上升，2010年东北地区技术市场技术输出合同额202.4亿元，占全国的比重为5.1%；2018年技术输出合同额982.4亿元，占全国的比重为5.6%。从技术输入合同额看，2010年为281.7亿元，占全国的比重为7.1%；2018年为865.8亿元，占全国的比重为4.9%。技术输入合同额占全国比重的下降，反映了东北地区的企业科技创新成果承载力下降。但在东北三省中，无论是从技术市场技术输入合同额还是输出合同额看，辽宁在东北地区的比重都所有下降，也反映了辽中南城市群整体科技创新能力优势在减弱。2010年辽宁占东北地区技术市场技术输出合同额的比重为64.6%，2018年下降到48.3%。从技术输入合同额看，2010年辽宁占东北地区的比重为65.3%，2018年下降到31.6%（见图9–11）。科技创新地位的下降，导致人才留用难、引进人才更难。以辽宁全省科学研究和技术服务业为例，从业人员总量由2016年的10.97万人，下降到2018年的8.58万人，两年间减少近2.4万，值得注意的是，沈阳、大连科学研究和技术服务人员数量都出现了明显下降，鞍山、铁岭科技服务人员的保有量下降幅度接近50%（见图9–12）。

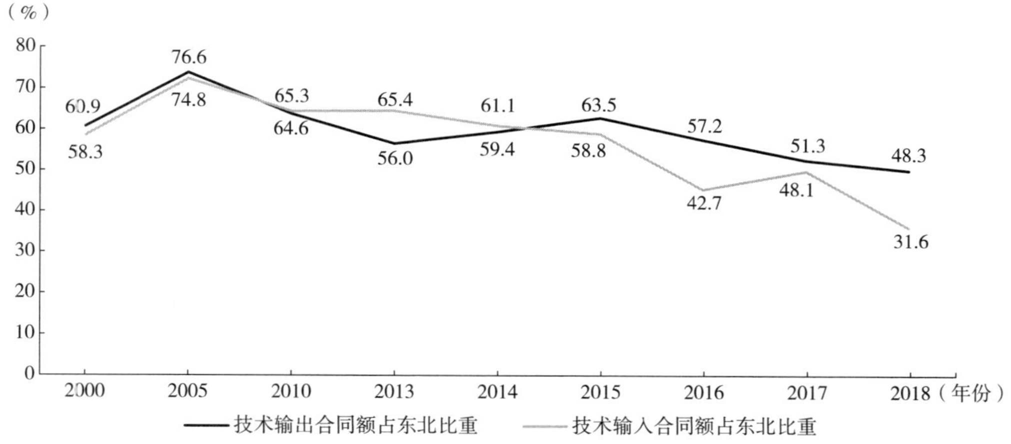

图9–11 辽宁全省技术市场交易占东北三省的比重

资料来源：《2019中国科技统计年鉴》

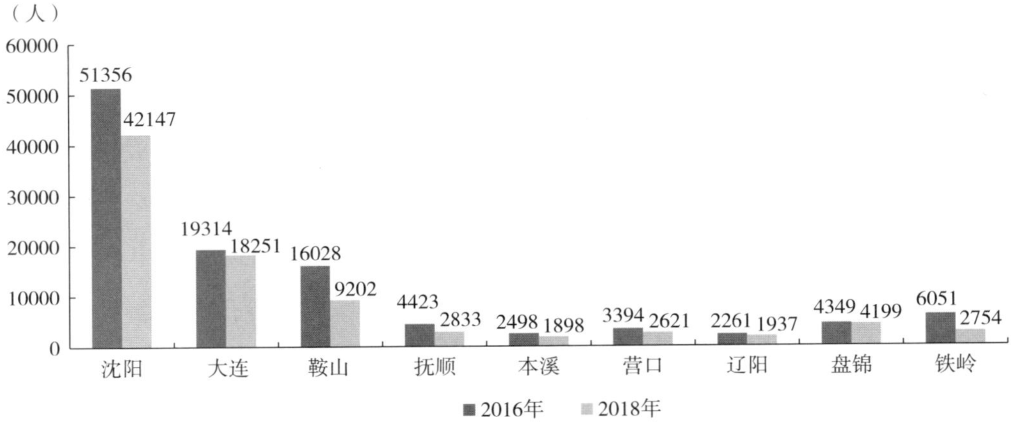

图9-12　辽中南城市群科学研究和技术服务业从业人员数量变化

资料来源：《辽宁统计年鉴2020》

（三）城市群产业竞争力不强

主要体现在3个方面：一是产业结构“四多四少”问题依然没有得到解决。石化、冶金产业主营业务收入占辽宁全省工业比重由2016年的22.9%和13.9%，分别上升到2018年的28.6%和19.6%，反之装备制造业主营业务收入占工业比重由2016年的34.6%下降到2018年的26.9%（见图9-13）。

二是企业创新能力不足。2018年规模以上工业企业6621户，其中有研发机构的企业比重为7.2%，低于全国平均水平12个百分点，有研发活动的企业比重为22.5%，低于全国平均水平5.2个百分点。2018年全省规上工业企业营业收入为27820亿元，占全国规上工业企业营业收入的2.65%；同期全省规上工业企业研发投入300.6亿元，占全国规上工业企业研发投入的比重为2.3%，研发投入的不足直接影响了企业竞争力和未来发展潜力。

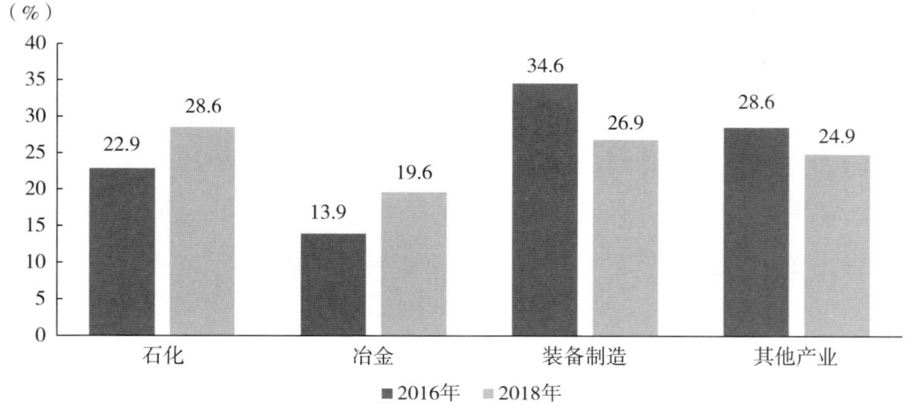

图9-13 辽宁全省工业三大主导产业发展情况

资料来源：《辽宁统计年鉴2019》

三是产业园区承载力不强、要素聚集能力弱。在辽中南城市群中拥有沈阳、大连、鞍山、本溪、营口、阜新、辽阳7个国家级高新技术产业园区，2018年拥有企业2755户，实现营业收入6173亿元，企业数量和营业收入分别占全国国家级高新技术产业园区的2.3%和1.78%，营业收入占比低反映了城市群高新区资源要素、企业聚集能力不强。其中本溪、营口、辽阳国家级高新区企业不足百户，对引领地区产业转型升级、高质量发展支撑力不够。

（四）发展方式较为粗放

辽中南城市群作为国家老工业基地，扣除必须保护的耕地和已有建设用地，今后可用于工业化、城镇化开发的建设用地后备资源相对不足。水资源相对贫乏且空间分布不均，年人均占有水资源量811立方米，是全国平均水平的37%。中部城镇密集区水资源匮乏，沈阳、盘锦、营口年人均水资源量低于500立方米，极度缺水。鞍山、辽阳、大连、铁岭年人均水资源量为500～1000立方米，严重缺水。部分地区过度推进新城新区建设，致使土地利用较为粗放，土地闲置问题日趋严重。2018年辽中南城市群九城市建成区面积为2329.66平方公里，比2016年增长344.5平方公里，增长了17.4%，但同期常住人口减少了15万人，经济总量仅增长5%，城市资源利用效率、城市公共服务设施水平与南方省份存在不小差距。在辽中南城市群九城市中除沈阳、盘锦外，其他7个城市的人口密度不足全国城市的平均水平，城市人居环境有待进一步改善，城市土地资源需要进一步提高利用效率（见表9-5）。

表9-5　2018年辽中南城市群城市建设情况

城市	人均城市道路面积（平方米）	人均公园绿地面积（平方米）	城市人口密度（人/平方公里）
沈阳	14.7	12.4	3480.9
大连	15.3	11.3	2308.5
鞍山	21.6	10.9	2065.1
抚顺	11.6	11.7	1883.7
本溪	13.3	12.6	634.5
营口	18.7	12.3	1652.8
辽阳	18.4	11.7	1048.0
盘锦	21.2	16.2	3286.6
铁岭	13.6	10.0	1753.1
全国	16.7	14.1	2546.0

资料来源：《2020中国统计年鉴》《辽宁统计年鉴2020》

（五）城市群历史负担比较重

辽中南城市群是在计划经济下形成的城市群，很多城市是因企而兴，伴随着改革开放的深入，由于改革不到位、不彻底，遗留下来的“三供一业”、厂办大集体等国有企业历史包袱，制约了企业发展活力、束缚了地区经济的发展，特别是随着人口老龄化的日趋严重，人口抚养比远远高于国内其他地区，确保企业退休职工社会养老保险按时足额发放，成为地方财政支出的重要组成部分，市县财政很难安排多余的资金支持创新发展。2018年辽中南城市群在职职工为843万人、离退休人数为511万人，养老保险在职职工与退休职工比为1.65：1，全国为2.55：1。其中抚顺、本溪、营口、辽阳、盘锦、铁岭6个城市的养老保险在职职工与退休职工比不到1.5：1，确保企业退休职工社会养老保险按时足额发放任务十分繁重（见图9–14）。

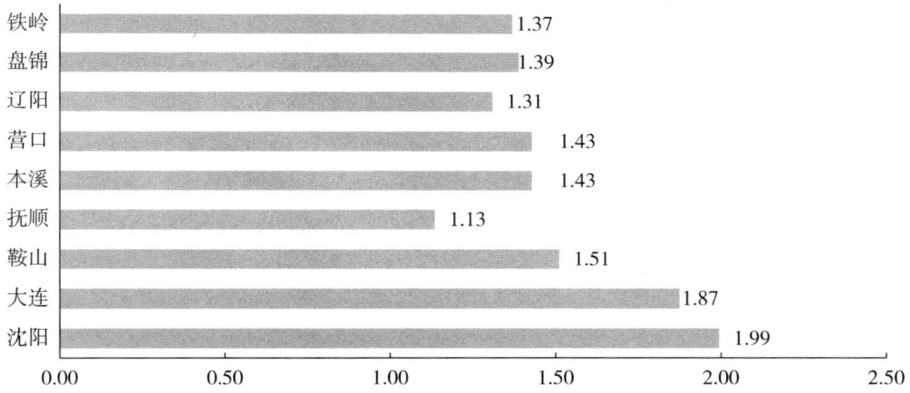

图9–14　辽中南城市群养老保险在职职工和退休职工比

资料来源：《辽宁统计年鉴2019》

2018年辽中南城市群九城市城镇职工基本养老保险基金收入为1277亿元，支出为1402亿元，基金缺口为125亿元。基金缺口导致各地财政用于社会保障和就业的支出明显加大，辽中南城市群九城市财政用于社会保障和就业支出的比重为25.7%，全国地方财政用于社会保障和就业支出的比重为13.6%，其中鞍山、抚顺、本溪、辽阳财政用于社会保障和就业支出的比重超过30%（见图9–15），沈阳、大连作为中心城市用于社会保障和就业支出的比重也远远高于全国平均水平。

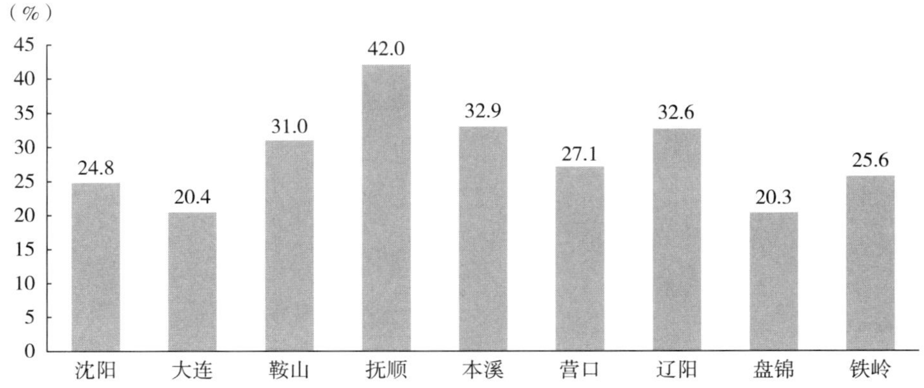

图9-15　辽中南城市群一般公共财政支出用于社会保障和就业的比重

资料来源：《辽宁统计年鉴2019》

（六）协同发展机制尚不健全

规划体系还不够健全，缺少有效指导城市群空间布局、产业分工协作、一体化融合发展、基础设施共建共享的操作性规划和实施意见。推进城市群协同发展的工作体制和协调机制还不够完善，相关各方的工作推动力还不够强，从省级的层面看，还没有建立推进辽中南城市群一体化发展的有效工作机制和领导体制；从九城市层面看，城市合作意愿不均衡、动力不充沛、制度化的协调机制尚未建立，对区域合作发展中的一些重要问题还没有形成高度共识，书记市长联席会议缺乏务实性议题。城市间分工协作不够，低水平同质化竞争严重，地方保护和市场分割现象依然存在，行政壁垒尚未完全破除，要素流通不畅，区域内统一的市场和信用体系建设滞后，基本公共服务供给不均等，城市群一体化发展成本共担、风险共承、利益共享等协作协商机制有待进一步完善。

基本公共服务便利共享上还有一定的差距，中心城市的医疗、教育等资源优势更加明显，2018年沈阳每千人执业（助理）医师数为3.62人，而铁岭仅为2.11人，沈阳每千人注册护士数为4.33人，而铁岭仅为1.92人。2016—2018年沈阳每千人执业（助理）医师数、每千人注册护士数为分别增加0.42人和0.64人，而鞍山、铁岭出现负增长（见表9-6）。

表9-6 辽中南城市群卫生机构人员数（单位：人）

地区	每千人执业（助理）医师数			每千人注册护士数		
	2018年	2016年	两年净增加	2018年	2016年	两年净增加
沈阳	3.62	3.20	0.42	4.33	3.69	0.64
大连	3.13	2.82	0.31	3.66	3.31	0.35
鞍山	2.26	2.29	–0.03	2.66	2.70	–0.04
抚顺	2.69	2.69	0.00	2.97	2.73	0.24
本溪	2.32	2.15	0.17	3.31	2.99	0.32
营口	2.68	2.39	0.29	2.75	2.23	0.52
辽阳	2.68	2.27	0.41	3.00	2.23	0.77
盘锦	2.77	2.69	0.08	2.90	2.82	0.08
铁岭	2.11	2.35	–0.24	1.92	2.23	–0.31

资料来源：《辽宁统计年鉴2019》

四、推进辽中南城市群一体化发展政策取向

2020年8月召开的扎实推进长三角一体化发展座谈会上提出，实施长三角一体化发展战略要紧扣一体化和高质量两个关键词，以一体化的思路和举措打破行政壁垒、提高政策协同，让要素在更大范围畅通流动，有利于发挥各地区比较优势，实现更合理分工，凝聚更强大的合力，促进高质量发展。这不仅为长三角一体化也为国内其他城市群一体化发展提供了科学指南，辽中南城市群要

充分发挥要素集聚和空间集中效应，发挥优势、补齐短板、消除瓶颈、强化协同、优化格局，探索老工业基地城市群建设的新模式。

（一）要进一步做大做强沈阳、大连中心城市经济体量

这是关系到辽中南城市群一体化发展的关键。沈阳、大连作为辽中南城市群的中心城市，难以对城市群内其他城市形成辐射带动效应，现阶段是虹吸效应大于辐射作用，导致城市之间同质化竞争，难以形成分工科学有序的发展局面。沈阳作为东北地区重要的中心城市，要以政治、文化、交通、商贸流通为主要职能，重点发展先进装备制造、航空航天、汽车及零部件等产业，建设成为具有国际竞争力的先进装备制造业基地、国家新型工业化示范基地；大连作为北方沿海重要的中心城市、港口和风景旅游城市，以金融、贸易、旅游为主要职能，重点发展软件、电子信息、临海装备（含造船）等产业，建设成为现代化国际化文化名城。

（二）辽中南城市群要主动更好融入京津冀协同发展战略

在《全国主体功能区规划》和《国家新型城镇化规划（2014—2020年）》中，辽中南城市群属于环渤海地区的一部分。2016年2月，《中共中央 国务院关于全面振兴东北地区等老工业基地的若干意见》提出，推动东北地区与京津冀地区融合发展，在创新合作、基础设施联通、产业转移承接、生态环境联合保护治理等重点领域取得突破，加强在科技研发和成果转化、能源保障、统一市场建设等领域务实合作，建立若干产业合作与创新转化平台。辽中南城市群发展应在主动融入京津冀协同发展战略大背景下，进一步明确功能定位，主动融入国内经济大循环。要加强科技创新的协作，聚焦城市群主导产业，深化与中科院、北京高校合作，围绕材料科学、智能制造、精细化工和催化剂等领域开展重大关键核心技术攻关。要加强产业链协作，发挥辽中南城市群制造业基础优势，主动承接北京非首都功能疏解和产业外溢，承接科技成果转移转化，

开展产学研协同创新。

（三）推进城市之间协同发展

通过空间优化整合、产业分工合作、重大基础设施共建共享、生态环境共保共治、港口资源要素整合，加快推进城市群、都市圈一体化发展，重点推动4个都市圈协同发展。一是沈阳都市圈。以沈阳市、抚顺市、本溪市、铁岭市为核心区，以沈抚、沈本、沈铁城际连接带为骨架建设沈阳都市圈。沈阳作为都市圈的核心城市，以建设国家中心城市为目标；沈抚连接带以沈抚同城化为突破口，积极推进沈抚新区建设，建设成为国家级同城化试验区、东北老工业基地改革创新的先导区和示范区；沈本连接带以沈本新城建设为重点，加快城际轨道交通建设和旅游一体化建设；沈铁连接带重点建设凡河、新城子、新台子、蒲河等新城新镇，完善公共交通体系，推进沈铁“城际快速公交”的建设。二是大连都市圈。以大连主城区、金普新区、瓦房店、庄河为核心构建大连都市圈。大连主城区通过加快推进“退二进三、产业转移、功能外迁”，促进主城区人口疏解、产业用地优化、功能布局调整，实现高端服务职能的有序聚集；金普新区在承接主城区产业转移的同时，积极承接东北亚产业转移，通过产业先行、以产业发展带动城市建设，实现“产城共融”，成为大连发展的新增长极和面向东北亚开放合作的战略高地。三是鞍辽都市圈。以鞍山、辽阳为核心构建鞍辽都市圈，重点实现鞍山与辽阳的空间协调和城市功能合理对接，共建共享重大基础设施，建立生态环境协同治理机制，推进空间布局、基础设施、生态环境的一体化。四是营盘都市圈。以营口、盘锦为核心建设营盘都市圈，重点完善都市圈内部交通联系，特别是加强港口系统和海陆交通走廊建设，提高辽东湾新区和营口老城区等河口型城市的建设水平。

（四）建立健全协同发展机制

加强城市群内部整合，打破行政壁垒，促进生产要素自由流动和优化配置，健全区域协调发展机制。创新要素畅通流动机制，推进流动人口的协同管理，健全人力资源市场体系，提高金融一体化程度，完善土地高效配置机制，按照集约用地、集中发展、规模适度、高效配置的要求，统筹新增建设用地、城乡建设用地增减挂钩和工矿废弃地复垦利用计划安排，实行建设用地总量和强度双控。建立城市群长效合作机制。健全高层会商机制，不断拓展新的合作领域，加强规划、产业、项目以及交通基础设施等方面的对接，着力解决跨领域、跨部门、跨层级的重大问题，逐步统一城市群内土地、环保等政策。建立合理的税收利益共享和征管协调机制。充分发挥“政府推动、政策引导、区域协商、市场调节”的作用，建立以各城市为主的横向交流协商机制和以省级各部门为主的纵向协调机制。在产业转移、企业税收分享、路网建设、污染治理、城际轨道交通等方面探索采用“共同决策、成本共担、利益共享”的体制机制。加强社会公共服务资源供给共享，推进城镇常住人口基本公共服务标准化、均等化，构建适应城市群发展要求的公共服务体系。

专题十

哈长城市群一体化政策及进展①

哈长城市群为国家级10个区域性城市群之一，是国家城市群战略的重要组成部分，也是落实区域协调发展战略的举措和抓手之一。2016年2月23日，国务院批复《哈长城市群发展规划》，旨在推动国土空间均衡开发，并使之成为引领东北全面振兴、全方位振兴的重要增长极。经过几年发展，哈长城市群在区域经济发展中所发挥的作用、区域一体化的成效等是否达到顶层设计目标，需要我们认真梳理总结和科学评估，评估结果不仅对哈长城市群的进一步发展有指导价值，对“十四五”时期加快城市群一体化高质量发展也意义重大。

一、哈长城市群概况

哈长城市群合围区域包括：黑龙江省哈尔滨、大庆、齐齐哈尔、绥化和牡丹江五市，吉林省长春、吉林、四平、辽源、松原、延边朝鲜族自治州六州市。核心区域面积约5.11万平方公里②，域内集聚黑龙江、吉林两省70%以上人

---

① 本专题作者为黑龙江省社会科学院（黑龙江省人民政府发展研究中心）董伟俊，黑龙江省社会科学院（黑龙江省人民政府发展研究中心）边疆发展研究所靳英敏、于飞。

② 资料来源：《哈长城市群发展规划》。

口[①]，经济总量大、资源要素集中，是两省经济社会发展核心区域，也是东北地区推进新型城镇化建设、创建新动能的重要承载区域。

（一）哈长城市群的区位与空间布局

区位特征：哈长城市群处于全国 “两横三纵” 城市化战略格局中“京哈京广通道”的纵轴北端，南接辽中南城市群，北与俄罗斯远东地区或隔江相望、或陆路连接，东与朝鲜半岛毗邻，西接内蒙古自治区，同京津冀、环渤海地区相呼应。

空间布局及功能分区：哈长城市群以黑龙江、吉林两省省会哈尔滨、长春为核心（其中哈尔滨为特大型城市，长春为Ⅰ级大型城市），通过不断完善高速铁路、公路及航空网络实现内部城市的互联互通，在不同城市间形成多个有利于两省经济社会发展的功能型区域。一是黑龙江省“哈大齐”与吉林省长吉图开发开放先导区形成贯穿城市群中心区域的“L”形经济带，成为支撑城市群一体化发展的经济脊梁；二是城市群北端黑龙江省绥化市与城市群南端吉林省四平市、辽源市在一体化发展规划中形成贯通两省的大型农业经济带，成为两省农业经济产业链协调集聚发展的重要载体；三是合围区域向黑龙江省牡丹江市、吉林省延边朝鲜族自治州延展，实现了哈长城市群对俄罗斯、朝鲜的空间对接，使城市群的开放功能具有实际意义和应用价值；四是共同打造哈长城市群中心地带的黑龙江省哈尔滨双城区、五常市和吉林省德惠、扶余、舒兰、榆树四县（市） 为“哈长一体化发展示范区”，既是哈尔滨和长春之间的节点，又是城市群衔接的关键环节，可先行先试各项改革，并在城市群中推广复制，是哈长城市群突破一体化发展藩篱的示范区。

① 资料来源：《中国城市统计年鉴（2019）》。

（二）哈长城市群经济发展概述

哈长城市群是黑龙江、吉林两省经济发展的中坚力量，资源禀赋较好，产业基础和产业结构完备，在我国经济建设中发挥了重要作用。

从经济影响力看，2019年哈长城市群经济总量约为2.09万亿元，占黑龙江、吉林两省总量之和的82.6%。其中，黑龙江省所含的哈尔滨等五市2019年GDP总量约为1.096万亿元，占全省经济总量的80.52%；吉林省所含长春等六市州2019年GDP总量约为0.998万亿元，占全省经济总量的85.08%。城市群内部，哈尔滨市、长春市2019年GDP之和约为1.119万亿元，占城市群经济总量的44.16%，两核的经济实力较为突出[①]。

从产业构成看，哈长城市群已形成以装备、汽车、石化、能源、医药、农产品加工等为主体的工业体系，边境贸易、国际物流等服务业快速发展，开放型经济体系基本形成。在“L”形经济带中，涵盖了由装备制造、能源石化、航空航天、现代医药、绿色食品、电子信息、新材料、智能机器人、现代物流等构成的多元化产业体系。2019年，“哈大齐”加上长吉五城市第二产业增加值为5729.2亿元，占城市群第二产业增加值总量近87%，是哈长城市群经济发展的主要动力源[②]。

从区域经济发展新动能看，城市群覆盖黑龙江、吉林两省所拥有的国家级特殊政策区域，如国家级新区、自由贸易区等，使城市群成为黑龙江、吉林两省紧抓改革契机，叠加国家政策红利，拓展经济增长新空间的首选载体。

（三）哈长城市群社会发展概述

在新型城镇化建设方面，哈长城市群人口超过两省人口总量的七成，城市群内各类规模城镇构成完备，既有以现代工业、现代服务业为主体的特大型和

---

① 资料来源：相应地区年度统计公报。

② 资料来源：相应地区年度统计公报。

大型城市，也有以边贸、旅游等为核心的具有独特优势的中等城市，同时也分布大量以农业生产、历史文化、独特旅游资源为主的小城镇及特色小镇。较为密集的人口分布和多样化的城镇构成，使哈长城市群在黑龙江、吉林两省乃至东北地区新时期提高新型城镇化建设水平、探索粮食主产区城乡一体化发展模式、打破行政分割促进人口资源有序流动、推动全区域内公共服务资源均等化以实现人的全面发展等领域，具备探索一体化发展的基础和条件。在绿色发展和环境建设方面，哈长城市群规划区域内汇集松花江、嫩江、牡丹江、拉林河、图们江等重要水系，拥有长白山脉、扎龙湿地等重要生态保护区，森林、草原、丘陵等地形地貌丰富，实施全域旅游建设的资源富集，潜力巨大，对两省全面落实国家环境保护要求，协同实施流域共治共管，探索设计建立跨省、跨地区生态补偿机制，推进生态资源一体化保护开发，共建共享“绿水青山就是金山银山，冰天雪地也是金山银山”的绿色发展理念和发展成果具有重要意义。

二、哈长城市群发展政策体系和实践举措

国家城市群战略实施以来，哈长城市群因在国家发展战略中的特殊性和重要性及其所担负的重大发展使命而被列入国家级城市群。有别于长三角、珠三角等在区域产业发展演进中形成的先发型城市群，哈长城市群作为后来发展的区域经济体，政策整合的作用力更显重要，城市群的发展对各层级政策所组成的政策系统有较大依赖性。顶层设计体系对城市群加快打破区域分割、明确未来方向、统筹内部分区结构、优化资源配置效率、凝结各方发展合力、实现引领区域发展的核心功能、加快大都市圈建设及全域社会经济发展等方面都具有不可替代的重要作用。不断完善的政策体系和省市各层级所采取的相应实践举

措推动城市群向国家赋予的使命目标发展。自国家批复《哈长城市群发展规划》后，黑龙江、吉林两省多地陆续出台相应级别的实施方案，到目前为止，哈长城市群已经形成国家、省、市、县（区）等4个层级的政策体系，每个层级的政策和措施都发挥至关重要的作用，指导和引领城市群建设发展，是城市群发展的支撑与保障。

（一）哈长城市群政策体系构成及其主要内容

1. 国家层面政策

我国对哈长城市群建设发展的核心政策是《哈长城市群发展规划》。规划基于哈长城市群所处的转型发展阶段特征以及所面临的机遇和挑战，综合城市群发展的区位优势、经济基础、资源禀赋等条件，以城市群一体化协调发展为核心，对城市群的区域布局、基础设施联通、产业协调发展、生态文明共建、基本公共服务共享等内容做出顶层设计。

一是对城市群空间结构、发展体系、人口分布等方面综合布局。空间结构方面，《哈长城市群发展规划》将哈长城市群空间格局划分为“双核一轴两带”，以哈尔滨、长春为两大核心，建设发展哈尔滨—大庆—齐齐哈尔—牡丹江发展带和长春—吉林—图们江发展带，构成支点突出、网络互撑形态。发展体系构建方面，明确哈尔滨、长春都市圈核心，对区域内其他重点城市实施功能定位，搭建分工有序、功能清晰的城市群系统。人口布局方面，在有序疏解特大型、大型核心城市非核心功能基础上，综合推出城市群规模梯次分布方案，引导群内人口合理布局，如加快域内其他重点城市综合功能升级建设，培育形成城区人口规模在 50 万以上的具有较强空间承载能力的中等城市，发展一批基础较好、承载能力较强的小城市等。

二是以“增强城市群发展的支撑和保障能力”为目标安排基础设施建设。《哈长城市群发展规划》根据城市群现有基础和发展需求，对基础设施建设做出分类统筹。交通运输网络建设包括：形成以快速通达为目标的高速铁路网络、以覆盖全域为目标的公路网络、以安全畅通为目标的水运网络和以高效便捷连通境内外为目标的航空网络。水利基础设施建设包括：以增强供水保障能力为目标推动重点地区、重要城市水源工程、水资源调配工程和应急备用水源工程建设，综合提高城乡供水保障水平；推进松花江、嫩江干流治理及胖头泡蓄滞洪区工程和主要支流及重点中小河流治理工程建设，建立健全防洪减灾体系。能源保障设施体系建设包括：加大资源勘探力度，加强能源储备设施建设，深化国际能源合作开发，加大能源进口；开发建设新能源、可再生能源，加快建设大型现代风电基地，发展光伏和生物质能发电等。城市基础设施建设包括：城市综合管廊、老旧小区改造，电子信息化网络及城市轨道交通建设等，全面提升城市基础设施。

三是依托现有产业基础推进产业经济协调发展。《哈长城市群发展规划》提出依托现有产业基础在城市群内推动产业互补协作和转移承接，以创新链为核心布局城市群产业链，集群化发展优势产业和战略性新兴产业，改造提升传统产业，大力发展现代服务业，巩固提升现代农业。产业集群塑造方面，突出“一体化”理念，整合两省资源，在优势互补中完善产业分工，在交通运输装备制造、石油化工及能源装备制造、农林产品精深加工、战略性新兴产业等领域联手打造优势产业集群。现代服务业体系建设方面，突出城市群地缘区位特征及产业资源禀赋，在金融服务业、现代物流业、信息服务业、商贸服务业、健康养老业等实现“多点开花”。现代农业方面，通过统筹城市群农业资源和产业链基础，从完善农业基础设施着手，规划打造一批粮食生产核心功能区和全国重要的粳稻、大豆、优质专用玉米和马铃薯生产基地，利用黑龙江省“两大平原”现代农业综合配套改革试验等重大国家政策和新型农业发展契机，大力发展农业科技园区、绿色食品产业园区、国家现代农业示范区等平台，在哈长城市群中推动建设跨省、跨区域现代农业生产体系。

四是共建人与自然和谐发展的绿色城市群。《哈长城市群发展规划》通过构架区域生态屏障、推进环境综合治理、推动绿色低碳循环发展、依法开展环境评价4个维度措施，推动城市群建立形成绿色基础更加稳固、资源集约循环利用、投入产出良性可持续发展的生态文明系统。区域生态屏障构建方面，《哈长城市群发展规划》提出在严格开发保护基础上，着重在跨省跨地区生态廊道建设，依托山、林、水等资源统筹规划生态景观格局，根据环境容量和生态承载力拓展城市生态空间等方面实施一系列建设规划。城市群综合环境治理方面，《哈长城市群发展规划》提出通过环境监测网络一体化建设实现区域环境信息共享，围绕大气污染防治、重点流域水污染治理领域，通过改革完善相关监管体制机制，推动城市群环境治理不断发展。绿色低碳循环发展方面，《哈长城市群发展规划》以园区经济为抓手，发展绿色生态产业，开展园区循环化改造和低碳经济园区试点，推进再生资源产业化、规模化发展，同时强调统筹土地资源的开发利用和保护，严格水资源红线管理，大力发展绿色建筑和低碳、便捷的交通体系，推进绿色生态城区建设。依法开展环境影响评价方面，《哈长城市群发展规划》提出以改善环境质量为核心，建立统一、高效的环境监测体系和跨行政区环境污染与生态破坏联合防治协调机制，并对各项制度加以严格执行落实。

五是通过统筹资源推动基本公共服务共享。《哈长城市群发展规划》着重在教育、医疗卫生、文化事业、社会保障领域统筹设计共享基本公共服务，力争从公共服务共享方式、路径等方面实现有效引领。采取的主要思路包括：以互通合作为中心，利用师资互聘、联合办学及重大课题联合攻关等手段推动教育资源整合；采取区域医疗联合体试点建设，推进医疗服务、预防保健、卫生计生监督、医疗救助机制和医疗保险区域一体化、医疗卫生信息化建设等措施，实现医疗资源共享；通过联合举办文化活动、协同做好文化遗迹遗产保护、推动文化产业升级发展等方式形成文化事业互动进步局面；以加强就业创业服务保障、推进社会保险体系对接、完善住房保障体系为核心加快完善社会保障体系。

六是联合推进对外合作，扩大城市群开放发展。《哈长城市群发展规划》提出依托绥芬河—满洲里、珲春—乌兰浩特沿线公路、铁路，形成哈大齐牡、长吉图对外开放陆路大通道；利用各类边境特殊监管区、园区等平台，围绕装备制造、石油化工、森工、农林牧业及现代服务业等领域，加快推进对外产业合作；依托京哈干线走廊，使哈长城市群与京津冀城市群实现立体交通网络衔接，利用“大通关”信息共享平台共建现代服务业领域合作等途径，加强哈长城市群对接京津冀、环渤海地区的联动发展能力，进而强化面向长三角、长江中游城市群，珠三角、港澳台等东部沿海地区，中西部城市群的招商引资和市场开拓，引导资金、技术向城市群转移，促进产业结构优化升级。

2. 省级层面主要政策

黑龙江、吉林两省结合《哈长城市群发展规划》总体要求和自身实际情况，分别推出《黑龙江省落实哈长城市群发展规划实施方案》《吉林省落实哈长城市群发展规划实施方案》，在城市群布局构建、基础设施建设和互联互通、打造优势产业集群推动产业协调发展、构建生态屏障和加强生态保护、扩大开放加强合作、推进公共服务和社会治理机制改革以及公共服务资源共享等方面分别做出具体任务安排；在细化至具体领域或具体工作层面基础上，两省实施方案也较为注重关键领域具体工作内容的协调对接，确保《哈长城市群发展规划》在跨区域条件下顺畅实施。

协调对接的内容主要包括：

一是突出哈尔滨、长春的核心地位，同步落实城市群“双核”布局理念。

实施方案中，黑龙江省通过优化哈尔滨市重大基础设施和产业布局、加快哈尔滨新区建设、提升优势产业集群辐射带动作用和综合服务功能，打造哈尔滨都市圈，促进与哈长发展主轴和哈大齐牡发展带等周边城市联动发展；吉林省着力于强化长春市核心交通枢纽和金融、经济、科教等综合功能，加快长春新区建设，打造长春大都市区。此外，推进“哈长一体化发展示范区”建设成为两省推进“双核”布局理念的重要组成部分，分别对各自域内示范区县（市、区）的工作方向做出相应指导。

二是在完善域内各类基础设施建设同时，注重跨省域交通网络及流域共治和风能开发建设的对接。铁路方面，两省实施方案分别列入牡丹江、四平、敦化等地间铁路、高速铁路建设项目；公路方面，对G11、G1211、G1等多条贯穿两省城市群地区的高速公路及其他类型公路建设项目做出对应统筹安排，以确保交通网络实现无缝连接、同步完善，全面提升城市群交通承载力；流域共治方面，提出建成松花江、嫩江干流治理及胖头泡蓄滞洪区工程，加强主要支流及重点中小河流治理工程建设；风能开发方面，提出推动城市群中西部风能资源开发，加快建设大型现代风电基地。

三是在统筹各自产业项目资源建设发展基础上，联手推进工业体系一体化协同布局。装备制造业方面，两省在实施方案中均提出以铁路客车、货车和汽车及相关零部件制造研发为主，布局哈尔滨、长春、大庆、齐齐哈尔、牡丹江、四平等地交通运输装备制造产业集群，推动发电设备、成套装备和数控机床、农机、石化装备等产业集群的协同建设；石油化工业方面，两省统筹哈尔滨市、大庆市和吉林市、松原市产业基础和项目资源，同步提出以精细化、差异化、规模化为导向，共建特大型石油化工产业集群，并做出具备各自优势的具体项目选择。

四是多领域综合统筹对接，联合推进现代服务业发展。金融服务业方面，提出由哈尔滨、长春做好对接合作，依托现有区域性要素交易平台，共同推进区域金融开放创新，拓宽哈长城市群融资渠道，丰富投融资模式，使产业投资基金、创业投资基金及保险资金等在依法合规、风险可控的前提下，参与城市群建设，提升两城市金融服务能力；现代物流业方面，两省对区域内重点物流项目做出对应安排，同步实施物流信息化平台和粮食物流通道建设；旅游业方面，提出整合开发松花江沿线旅游景点及资源，突出冰雪、雾凇、森林、生态等具备地域特色的旅游资源，加强旅游基础设施建设，合力推出国内外知名的精品旅游线路，打造休闲度假胜地和旅游品牌。

3. 市、县（区）层面主要政策

黑龙江、吉林两省实施方案出台后，相关城市随即制定、出台方案，作为落实要求推进哈长城市群建设的主要措施和抓手。作为城市群“双核”的哈尔滨市和长春市出台的实施方案在各城市中最具代表性。各市（县）实施方案都根据国家《哈长城市群发展规划》和省级实施方案部署，针对本地基本情况、条件等对具体任务做出分解，筹划重点领域重点工作内容，与上级政策形成对应连贯性，共同构成国家、省、市、县（区）4级政策系统。

直接落实于县（区）层面，最具代表性政策为黑龙江、吉林两省发展改革委共同印发的《哈长一体化发展示范区实施方案》。方案主要为推动落实《哈长城市群发展规划》而专门制定，目的是推进哈尔滨、长春两个中心城市所属的双城、五常、德惠、扶余、舒兰、榆树等六市县（区）组成的“哈长一体化发展示范区”加快发展，为哈长城市群一体化建设起到带动示范效应。《哈长一体化发展示范区实施方案》对“哈长一体化发展示范区”布局做出“一群、两带、多平台”谋划，即打造特色城镇群，形成以城带乡、城乡互动的新型城镇化格局；沿哈大综合交通大通道的哈长主轴两侧布局建设产业经济带，依托松花江水系，长白山、张广才岭、小兴安岭及草原湿地形成生态优势，打造山、水、林、草生态经济带；集聚生产要素，强化多种功能，发挥经济开发区、工业集中区、工业园区、经贸互惠区、大米交易中心等平台载体作用；以协作联动、合力推进为主要手段，通过产业园区合作、重点基础设施项目开展、重大合作平台建设和共享协调机制的建立，把示范区打造成为一二三产融合发展的标杆区、乡村振兴的样板区、县域经济的龙头区、旅游产业的典范区。到2025年，力争示范区统一规划编制体系基本建立，基础设施基本实现对接互联，公共服务资源基本实现共享。

（二）主要实践举措

1. 省级层面主要实践措施

作为承接国家城市群协调发展战略，引领基层各级做好政策对接落地的关键环节，黑龙江、吉林两省政府和相关部门以省际沟通和域内引领为主，实施发展举措。

一是加强省际沟通协调。《哈长城市群发展规划》出台后，黑龙江、吉林两省政府于当年召开哈长城市群发展规划协商会，对规划所涉及的重大事项进行深入研究和沟通，在会商协调、建立合作框架、完善联系沟通机制和共同争取国家支持方面达成共识，在两省政府、发展改革委员会以及相关部门和重点合作城市间建立联系机制和共商机制，以便及时解决两省合作事项及重大问题，确保沟通联系顺畅。吉林省在《哈长城市群发展规划》出台当年，便与黑龙江省发展改革委员会等有关部门沟通对接，起草了《吉林省与黑龙江省关于哈长城市群建设的合作框架协议》《吉林黑龙江两省行政首长协调机制框架方案》《吉林省与黑龙江省关于哈长城市群建设的重大合作事项》等系列文件，进一步完善协调机制。

二是建立省内协调机制。黑龙江省在省政府领导下，省发展改革委负责总体协调沟通，各级发改部门承担联络职责，负责当地和上下的协调工作，有关部门积极配合，建立专题会议、协调联络和情况调度制度，形成高效工作推进体系。吉林省发展改革委和长春市发展改革委，组织召开哈长城市群（吉林片区）、长春经济圈区域发展改革系统主任协调会议，重点研究哈长城市群（吉林片区）、长春经济圈建设推进情况以及存在困难、战略合作框架协议、协调发展机制、重大项目和工作要点等内容。

三是两省推动域内城市整合发展。黑龙江、吉林两省为推动城市群一体化进程，首先谋划域内小区域一体化布局。黑龙江省编制《哈尔滨大庆（绥化）一体化发展规划》，吉林省出台《长吉一体化协同发展框架合作协议》《长春—公主岭同城化协同发展规划》等；两省分别支持哈尔滨市所辖宾县撤县建区、长春市代管公主岭，推动哈尔滨、长春通过空间扩容方式，加快两大都市圈的空间布局。

四是把城市群发展与本地新型城镇化建设相融入。吉林省在深入推进新型城镇化建设的实施意见中明确，推进中部城市群与哈长城市群做好战略对接、规划衔接，推动实施四（平）梨（树）、松（原）前（郭）同城化和辽（源）白（泉）一体化，做大做强四平市、松原市、辽源市等区域中心城市；黑龙江省在推进新型城镇化建设重点任务中，明确提出落实《黑龙江省落实哈长城市群发展规划实施方案》，探索建立哈长一体化发展示范区，在统一规划编制、基础设施共建、公共服务共享、体制机制协同等方面试点形成经验，并建立健全哈长城市群协同发展机制及配套政策，强化规划编制、产业布局、基础设施、公共服务、生态环保等重点领域合作。

2. 地市层面主要实践措施

作为承接政策落地的关键环节，城市群所含地市各级政府部门根据国家、省级两级实施方案，结合本地实际，逐步开展各类相关工作，有序推动项目启动建设，着力在产业体系培育、营商环境建设及社会治理改革、城镇基础设施建设、城乡融合发展和城镇提质扩容等领域推进落实《哈长城市群发展规划》和各级实施方案部署。以哈尔滨、长春为代表的主要城市在做好自身发展建设同时，做到平等、互惠，采取了一系列城际间合作措施，为加快城市群协调发展打下良好基础。

一是加强跨省城市间协作。哈尔滨、长春两市政府签署《哈尔滨—长春协同发展合作框架协议》，提出构建覆盖全域的交通网络、协同发展旅游产业、推进优势产业深度合作等13项合作内容，明确两市建立决策层、协调层、执行层3级合作推进机制。在此基础上，两市发展改革、旅游、交通、生态环境、教育、应急保障等部门，围绕合作事项分别签署对口合作协议。哈尔滨、大庆、绥化、松原四城市形成合作框架协议，确定合作事项，推动哈尔滨市与大庆市共同开发精品旅游线路、大庆市与松原市农科院合作开展品种选育等30个事项的顺利完成。此外，大庆市与哈尔滨市搭建应急救援共享平台、松原市与大庆市守望云谷东北农业电商基地开展电商合作等事项也在合作框架下取得进展。

二是视城市群建设为常态化工作。自《哈长城市群发展规划》和本省实施方案出台以来，长春市每年制定部署当年度哈长城市群工作要点；哈尔滨市在做好年度有关工作的同时，将哈长城市群项目纳入为推动企业复工复产而出台的《关于实施2020年哈尔滨市“稳投资补短板”融资专项工作的通知》，通过“稳投资补短板”融资专项工作机制确保哈长城市群相关领域项目顺利复工复产。

三是加快落实交通、物流关键基础设施项目。两省各城市在推进做好区域内基础设施建设的同时，着力加快落实跨省域交通网络基础设施及物流项目建设。如，哈尔滨市积极配合做好京哈高速拉林河（吉黑省界）至哈尔滨段改扩建工程、吉黑高速山河（吉黑省界）至哈尔滨（永源镇）段工程征地拆迁工作，开工建设国道京抚公路双城至三环路段改建工程。长春市加快建设环长春四辽吉松工业走廊高速公路大环线、长春都市圈大环线等重大工程；为强化哈长两市物流协作联系，将长春顺丰丰泰产业园（物流装备制造）建设项目列为哈长城市群长春市重大物流项目。

四是加强城市群产业协作发展。哈尔滨市通过《哈长城市群旅游领域合作发展专项规划》推动跨省域旅游一体化发展，与吉林省长春市、松原市、延边朝鲜族自治州共同开通长春—松原—查干湖—长白山、沈阳—丹东—长白山、哈尔滨—敦化—长白山—丹东—大连—红海滩等多条哈长城市群旅游线路及延长线；哈电集团在德惠市投资建设生物质热电联产项目，于2020年8月底前开工建设，开创两市产业合作先例，为后续产业合作提供借鉴经验；长春市为哈尔滨市提供哈尔滨地铁1、2、3号线全部列车产品，形成域内产品供给市场。

五是探索落实公共服务一体化。教育交流合作方面，哈尔滨轻工业学校、哈尔滨第二职业高级中学与长春市职业院校开展校际互访互学对口交流合作。医疗合作方面，哈尔滨市第一医院普外科与吉林大学中日联合医院甲状腺外科合作开展甲状腺和甲状旁腺疾病多学科诊疗中心建设；哈尔滨第五医院与吉林大学附属医院合作开展椎间孔镜微创治疗技术建设项目，已签订合作协议，并积极推进。市民互享同城化待遇方面，哈尔滨、长春两市相关企业就公交IC卡老年卡、学生卡互享优惠政策进行对接，并研究补贴方案；哈尔滨市确定长春市民享受冰雪大世界门票本地市民待遇。

六是推进城市群相关领域发展关键项目落地。激发创新发展活力方面，2019年国家重点研发计划“哈长城市群综合科技服务平台研发与应用示范”项目通过中期检查，该项目以提升哈长城市群协同创新能力为目标，整合科技服务资源，打造哈长城市群综合科技服务平台，并以完善区域科技服务生态系统为目标，构建区域综合科技服务生态循环模型，在哈长城市群高端装备制造、新材料、生物医药3个重点产业领域进行示范；中科院长春分院大庆产业育成中心、双兴智能科创中心等新型产学研合作机构快速发展。生态保护建设方面，国家重点研发计划“东北哈尔滨—长春城市群大气污染联防联控技术集成与应用示范”项目正式立项，由项目组提出治理哈长城市群大气污染技术解决方案，在省级区域尺度选取3个国际主流空气质量模型，并采用欧盟空气质量标准化模型构建了一套高精度预报预警系统，依次开展地级市空气质量预报，由此与黑龙江、吉林两省空气质量预报预警系统进行对接与升级；哈尔滨、大庆、绥化三市就废气污染源、企业污染防治开展秸秆禁烧、建筑施工、道路、“三堆一场”扬尘防治等交叉执法项目实践。

3. 县域层面主要实践措施

根据《哈长城市群发展规划》，县域层面实践核心是哈长一体化发展示范区建设，示范区所涵盖的各县（市、区）在统筹安排下各有重点地开启一体化实践。扶余市出台《扶余融入哈长城市群发展战略》，主动接受长春、哈尔滨、大庆等城市辐射，与周边城市形成竞争有序、分工协作、错位发展的产业发展格局，力争将扶余打造成为哈长城市群中都市副食品供应基地、区域性农业生产资料市场中心、新兴农副产品加工销售基地。德惠市依托哈长经济发展轴带，重点培育以“米沙子—朱城子—经济开发区—菜园子”为主线的百公里经济长廊，构筑支撑哈长、辐射东北的战略性新兴产业发展轴；加快哈长沿线城镇群建设，将德惠市区全面融入长春和哈尔滨1小时经济圈，把德惠打造成为哈长城市群区域战略支点，成为中等宜居城市。榆树市明确定位，提出建设哈长城市群区域性中心城市，改造提升主城区，建设五棵树滨江新城，与五常市共同推进“榆五一体化”建设。根据舒兰市交通局提供的《“哈常一体化”交通发展规划及设想》，以围绕国、省路网改建升级为核心，强化当地与五常、双城两地空间联系，为一体化发展构建基础。五常、双城根据《哈长一体化发展示范区实施方案》，着力推动双城经济开发区新兴工业园区、牛家经济开发区、五常大米交易中心、拉林镇健康饮品产业园区等发展壮大。

（三）政策和实践举措评价

1. 政策体系评价

哈长城市群自上而下形成一套较为完备的政策体系，但从纵横两个维度考察又有明显的差异性。从国家到省市县4层级纵向贯彻性和衔接性良好，措施体系呈现出较强的系统性和全面性。各级实施方案在始终保持紧密契合《哈长城市群发展规划》的同时，紧贴现实发展需要，将《哈长城市群发展规划》内容和要求转变为本省、市、县的具体工作方向和任务，使《哈长城市群发展规划》随着逐级下沉得以细化、延伸，由上至下形成较为完整的政策体系，为城市群工作实践得以有的放矢、提高实践效率提供了不可或缺的政策指引和工作依据。横向政策体系涵盖不全面，广度有缺失，保守性、保留性和堵点多处可见，仍处于发展完善阶段；对于人力资源和社会保障机制改革、公共资源跨省域市场化交易探索、城市间同步实施规划以及行政监管跨境互认等城市群一体化发展的关键领域内容，还缺少专项政策实施的统一设计。

2. 实践举措评价

各层级、各部门在相应实施方案推动下，所采取的实践措施符合《哈长城市群发展规划》要求，且工作推进力度不断加大，为政策加快落实转为发展成果提供了必要的支撑，尤其在基础设施项目建设和筹划，以及产业协作、互投互助方面，显现出较为明显的成效。在体制机制改革等软环境建设方面，哈尔滨、长春等主要城市各级政府部门普遍在本区域范畴内开展一系列诸如营商环境改革等探索，但目前对打破行政分割、地域分割，推进相关领域形成联动态势的跨区域一体化体制机制改革，仍处于空白阶段，实践探索所涉及的具体领域还未展开。

三、哈长城市群发展成效

城市群发展相较于单个城市或省份发展的最大不同在于跨区域整体性、协调性特征，衡量城市群发展成效的核心在于多个城市间在跨区域一体化建设条件下能否实现整体性的空间布局优化、产业集群发展和社会协调进步，而非简单的经济、人口等指标的总量变化。因此，本专题将从城市群空间关联、产业经济区域布局、城市群竞争力、城市群城镇化建设和生态空间变化等方面对哈长城市群发展效果做出分析评价。为确保哈长城市群所涵盖城市间有关指标能够有效实现横向、纵向对比，课题组力求数据来源的统一性、完整性，进而对城市群经济、社会、公共服务等发展内容进行阶段性的科学分析和评价，本专题主要采用公开发布的《中国城市统计年鉴》《国民经济和社会发展统计公报》信息数据体系和自然资源部经济管理科学研究所（黑龙江省测绘科学研究所）的数据资料。

（一）陆路交通网络建设和空间布局发展情况

在政策措施的推动下，城市群各等级公路项目同步启动建设，高速铁路网络逐步完善，哈长城市群总体交通通达能力得以提升，城市群空间互联互通能力加强，“双核一轴两带”的城市群空间格局初步形成。

1. 公路建设成效开始显现

2018年，哈长城市群铁路、公路、城市道路总里程较2016年分别增加了9.15%、4.98%、6.6%，从绝对值增幅看，公路总里程增加最多，达到4608.4860千米（见表10–1）。各等级公路建设中，城市群内“高速、一级、等外、其他”类别的道路总里程整体上均保持增加趋势，“二级、三级、四级”呈先增后减趋势（见表10–2）。从2016年到2018年不同等级公路占公路总里程比重变化看，除“其他”类公路占比提升幅度较大外，各类公路占比保持稳定（见表10–3），这表明哈长城市群公路基础设施建设总体实现增长同时，各类承载不同功能的公路同步建设，在加强城际间公路联通能力的同时，对城市和乡镇间不同类别交通道路建设做出统筹安排，推动了城乡一体化发展，公路网络综合建设成效开始显现。从2019年至今各地建设动态看，公路建设依然延续较好态势，包括城市交通快速路在内的各类公路建设正在相关城市不断推进：哈尔滨市推进完成京哈高速相关路段升级改造，并于2020年4月启动建设国道京抚公路双城至三环路段；长春市继续推进城市重大基础设施项目建设，截至目前，吉林大路快速路、临河街南延长线、河堤东路绕城高速连接段等一批路桥项目已建成通车；大庆市于2019年、2020年分批开工建设绥满高速卧里屯至白家窑段、肇源至哈尔滨高速公路、大庆至绥化高速公路，于2021年、2022年建成通车；牡丹江市鹤大公路杏山至省界段、鹤大公路东京城过境段、丹阿公路东宁市绥阳镇过境段改扩建项目竣工通车，并建设农村公路480.8公里；吉林市、四平市分别建成通车吉林至哈尔滨高速公路（G1211）吉林至荒岗段、珲乌高速公路吉林至龙嘉机场段、长平高速公路八车道改扩建工程全线；松原市已建成通车长平高速公路八车道改扩建工程全线，里程27.2千米，并有总计约205公里的公路建设项目在2020年底建成通车；辽源市省道S209尚志至西丰线东辽段（约35公里）、省道S214伊通至西丰线东辽段等建成通车；延边朝鲜族自治州2019年以来交通建设项目也已进入启动阶段。

表10-1　哈长城市群不同类型道路总里程变化表（单位：千米）

监测期	铁路	公路	城市道路
2016年	6867.2901	92576.2330	10893.8420
2017年	7155.3912	93654.3007	11273.7170
2018年	7495.9331	97184.7190	11612.3023

资料来源：自然资源部经济管理科学研究所（黑龙江省测绘科学研究所）

表10-2 哈长城市群不同等级公路总里程变化表（单位：千米）

监测期	高速	一级	二级	三级	四级	等外	其他
2016年	4482.57	2464.87	10575.36	18308.54	41564.42	12519.87	185.57
2017年	4813.76	2595.31	10699.22	18930.08	42036.93	13457.01	1082.72
2018年	4872.69	2697.46	10643.75	18761.65	40973.63	13533.20	5702.44

资料来源：自然资源部经济管理科学研究所（黑龙江省测绘科学研究所）

表10-3 哈长城市群不同等级公路占公路总里程比重变化表（单位：%）

监测期	高速	一级	二级	三级	四级	等外	其他
2016年	4.975	2.736	11.737	20.320	46.131	13.895	0.206
2017年	5.142	2.772	11.429	20.221	44.904	14.375	1.157
2018年	5.014	2.776	10.952	19.305	42.161	13.925	5.868

资料来源：自然资源部经济管理科学研究所（黑龙江省测绘科学研究所）

从2016年2月《哈长城市群发展规划》批复至今，哈长城市群公路建设呈现良好局面，建设成果明显，尤其是两省间相连公路的打通、城市间主要连通公路的建设推进较快，城市群战略成效已现。

2. 向“核”状高铁网络基本连通

《哈长城市群发展规划》出台至今，哈长城市群间铁路建设项目不断增加，随着哈牡高铁等铁路建设项目的先后竣工，域内铁路尤其是高铁网络得以完善，城市间铁路客运班次增加，人员流动速度加快，城市群的紧密度和关联度增强。其中，哈尔滨—大庆—齐齐哈尔线，哈尔滨—牡丹江线、哈尔滨—长春线，以及长春与吉林、松原、四平城市间的火车班次分布相对密集，共同组成以哈尔滨和长春“双核”为中心的放射型铁路网，“双核”以外的节点城市之间联结能力也得到进一步加强，哈长城市群“1小时”“2小时”经济圈的交通网络基本形成，为城市群一体化奠定基础。2020年上半年，哈长城市群铁路建设工程仍在继续，滨州铁路和通让铁路电气化改造已完成，敦白客专、牡佳客专等高铁项目分别进入建成或通车阶段，另有四平至通化高铁等一系列项目正在顺利推进或筹划。

3. “双核一轴两带”的空间格局正在形成

参考自然资源部经济管理科学研究所（黑龙江省测绘科学研究所）2018年对哈长城市群地级以上城市空间联系强度的计算结果（见表10–4，数值越高，关联强度越大），可以看出如下特点：一是哈尔滨与长春之间作为跨省域城市群的两大核心都市，关联度最高，关联系数已接近40，“双核”的高关联度对城市群一体化发展形成强大推力。二是两大省会城市与域内相邻重要节点城市关联度亦较为紧密，表明两大都市圈正在形成；其中哈尔滨市与大庆市关联强度为31.67，长春市与吉林市、四平市关联强度分别为45.88、52.93，关联度较高。三是城市群其他主要节点城市与哈尔滨和长春之间关联水平以及省内城市之间的关联水平仍然偏低，如，绥化市虽然地理空间与哈尔滨市、大庆市、齐齐哈尔市相邻，但与3个城市的对应关联强度分别仅为5.42、2.09、0.18，远低于大庆与齐齐哈尔之间高达32.58的关联水平，这也凸显出“哈尔滨—大庆—齐齐哈尔工业经济带”在城市群内具有重要价值。四是城市群其他城市跨省域关联度仍处于较低水平，如，黑龙江省牡丹江市与吉林省延边朝鲜族自治州虽然相邻且有高速公路直接连接，但二者空间联系强度仅为0.25。

通过对城市群域内城市间关联强度梳理，可以发现，以哈尔滨、长春为中心的“双核”已初具形态，并为主轴的延伸创造条件；两市在相互联系得到加强的同时，分别在各自区域内逐步开始形成大都市圈效应。此外，哈尔滨通过对“大庆—齐齐哈尔”一线的关联强度影响，加之长春对吉林一线的关联强度影响，“哈大齐牡”和“长吉图”两个发展带的雏形也开始显现，城市群总体空间格局正沿《哈长城市群发展规划》设定方向发展。同时也应看到，城市群内长春在域内与其他城市的关联度高于哈尔滨市。

表10-4 哈长城市群不同城市间空间联系强度矩阵

城市名称	长春市	哈尔滨市	大庆市	齐齐哈尔市	吉林市	绥化市	延边朝鲜族自治州	四平市	牡丹江市	松原市
哈尔滨市	39.64	—								
大庆市	5.82	31.67	—							
齐齐哈尔市	2.88	8.79	32.58	—						
吉林市	45.88	4.25	1.12	0.63	—					
绥化市	0.61	5.42	2.09	0.18	0.24	—				
延边朝鲜族自治州	2.52	0.79	0.30	0.19	2.26	0.06	—			
四平市	52.93	0.77	1.03	0.87	3.41	0.09	0.40	—		
牡丹江市	1.35	3.07	0.69	0.38	0.35	0.08	0.25	0.29	—	
松原市	6.53	0.88	0.40	0.16	0.36	0.18	0.06	0.22	0.06	—
辽源市	1.05	0.20	0.12	0.05	0.09	0.04	0.04	0.70	0.03	0.06

资料来源：自然资源部经济管理科学研究所（黑龙江省测绘科学研究所）

（二）产业经济发展和产业分工情况

随着各级各类发展举措的逐步实施，哈长城市群产业结构开始发生变化，“双核”支撑的产业格局在经济增长中日益显现，各城市产业功能逐步明晰，城市群内部产业分工协作格局也已经初步显现。

1. 产业结构有较大幅度调整

在《哈长城市群发展规划》和各级实施方案引导下，哈尔滨、长春等各主要城市通过实施核心产业推动、大项目建设、优化营商环境和重点领域改革等一系列实践举措，克服东北地区尤其是黑龙江、吉林两省所面临的困境，确保城市群稳增长的高质量发展。产业构成方面，三次产业结构明显向第三产业倾斜。除个别城市外，相较于2016年，哈长城市群第一、第二产业比重呈现出总体下降态势，第三产业比重上升幅度较大，城市群产业结构处于优化调整过程（见表10-5）。这种现象表明，一是各地大力推进产业结构转型升级已出现阶段性成效；二是哈尔滨、长春等地构建现代服务业体系对产业结构调整具有很大的驱动作用；三是东北地区一些城市宏观经济发展压力较大，尤其是“十三五”时期在“三期叠加”冲击的后续惯性影响下，第二产业发展在激烈竞争中有所下滑，而客观引起第三产业比重相对提升现象（第二产业GDP下降相对提高了第三产业占比），因此，哈长城市群产业结构优化升级进程距离实现“质”的飞跃，还具有一定差距。

表10-5　哈长城市群各城市2016—2018年三次产业比重变化表（%）

城市	第一产业比重			第二产业比重			第三产业比重		
	2016年	2018年	比重增减	2016年	2018年	比重增减	2016年	2018年	比重增减
哈尔滨	11.33	8.37	−2.96	31.08	26.81	−4.27	57.59	64.85	+7.26
长春	5.40	4.21	−1.19	49.40	48.94	−0.46	45.20	46.85	+1.65
大庆	7.17	7.13	−0.04	56.07	53.95	−2.12	36.76	38.92	+2.16
齐齐哈尔	22.77	22.83	+0.06	30.85	26.05	−4.8	46.38	51.13	+4.75
绥化	38.95	35.23	−3.72	25.49	26.02	+0.53	35.56	38.76	+3.20
牡丹江	16.76	12.61	−4.15	35.63	34.26	−1.37	47.61	53.14	+5.53
吉林	9.80	6.66	−3.14	43.02	34.53	−8.49	47.18	58.81	+11.63
四平	25.80	21.66	−4.14	39.24	27.89	−11.35	35.48	50.45	+14.97
松原	16.28	12.97	−3.31	41.90	28.40	−13.50	41.82	58.63	+16.81
辽源	7.72	5.80	−1.92	57.19	48.68	−8.51	35.09	45.52	+10.43
延边朝鲜族自治州	—	—		—	—		—	—	

资料来源：2017年、2019年《中国城市统计年鉴》。

注：为保持数据口径一致和连续可比，本表统一选取可查年份《中国城市统计年鉴》数据，由于延边朝鲜族自治州行政构成中没有地级城市，因此本表数据没有延边朝鲜族自治州内容，以下涉及相同数据时，均存在这一情况

经测算，三次产业比重变化数据不能延伸至2019年。原因是，延伸至2019年后，各地数据指标与前值相比，出现明显同步的异常变化，除哈尔滨市2019年比2016年第一产业占比下降外，其他城市第一、第三产业占比一致提升，第二产业占比一致下降，且部分地区变化幅度异常增大。2016—2019年，东北地区没有经历明显大规模的经济冲击等重大事件，因此不会在客观上造成一致性较强的数据大幅波动情况，综合2018—2019年第四次全国经济普查背景，各城市对2019年统计指标的数据源内容做了调整，统计范畴和基数出现修正变化，导致上述情况的出现，也导致数据与前值之间不具备较为准确的对比分析价值，因此，对于时间轴纵向变化分析的指标时段，只能选取至2018年底。表10-6为2016—2019年三次产业比重变化情况表，观察即可明显发现异常现象。

表10-6　哈长城市群各城市2016—2019年三次产业比重变化表（%）

城市	第一产业比重			第二产业比重			第三产业比重		
	2016年	2019年	比重增减	2016年	2019年	比重增减	2016年	2019年	比重增减
哈尔滨	11.70	10.80	−0.90	31.10	21.50	−9.60	57.60	67.70	+10.10
长春	5.40	5.90	+0.50	49.40	42.30	−7.10	45.20	51.80	+6.60
大庆	7.20	8.60	+1.40	58.40	52.60	−5.80	34.40	38.80	+4.40
齐齐哈尔	22.90	30.00	+7.10	30.80	21.70	−9.10	46.30	48.30	+2.00
绥化	38.95	46.40	+7.45	25.49	10.70	−14.79	35.56	42.90	+7.34
牡丹江	18.50	21.70	+3.20	38.40	21.40	−17.00	48.10	56.90	+8.80
吉林	9.50	11.00	+1.50	44.90	35.20	−9.70	45.60	53.80	+8.20

资料来源：2016年、2019年各城市《国民经济和社会发展统计公报》.

注：本表中数据不包括四平、松原、辽源

2.“双核”支撑下的产业经济平稳发展

2019年，城市群GDP保持平稳增长，尤其是第二、第三产业比重增速整体高于所在省份平均水平，成为两省第二、第三产业发展的主要动力，投资消费活力稳中有增。以哈尔滨为核心，哈大（绥）齐经济带的第二、第三产业的资本活力更为突出，固定资产投资增速较快，其“城市群工业带”的功能将在进入投资回报周期后发挥更大作用；吉林省第二、第三产业固定资产投资在大多城市中没有单独归纳，长春市数据降幅明显（见表10–7）。但统计公报显示，2019年度该市相关统计信息受第四次全国经济普查影响进行了相应调整，因此，这一降幅不能表明长春市相关产业固定资产投资真实情况，且其当年第二、第三产业增加值对GDP贡献率分别达到79.8%和16.1%，说明其对本省及所辐射地区的实际产业支撑力很强，是“双核”格局在产业支撑方面不可或缺的重要力量。

表10–7 哈长城市群各城市2019年宏观产业经济和投资消费增量表（%）

城市	GDP比上年增速	人均GDP比上年增速	第一产业增加值比上年增速	第二产业增加值比上年增速	第三产业增加值比上年增速	规上工业增加值增速	第二、第三产业固定资产投资增速	固定资产投资总增速	零售消费额比上年增速
哈尔滨	4.4	4.6	2.6	3.1	5.2	2.5	24.3，5.2	7.3	5.2
长春	3.0	2.6	2.1	5.3	1.0	6.2	–36.7，–12.3	–19.0	3.9
大庆	4.0	—	3.1	2.6	6.0	1.2	7.3，18.9	8.3	6.0
齐齐哈尔	6.0	6.7	2.6	9.9	5.9	15.1	—	9.6	7.0
绥化	3.5	—	1.1	5.8	5.7	11.5	10.0，6.9	6.5	7.0
牡丹江	4.2	5.1	4.0	2.8	4.8	3.9	–5.6，15.0	5.1	7.0
吉林	1.5	—	1.8	–3.5	5.5	2.2	—	–49.0	3.2
四平	4.5	—	3.2	8.6	3.6	2.3	—	11.2	3.1
松原	2.6	—	3.2	2.2	2.3	1.8	—	7.5	3.5
辽源	—								
延边朝鲜族自治州	2.2	2.9	2.9	6.8	–0.8	3.6	–15.9，17.4	7.9	3.3

资料来源：2019年各城市国民经济和社会发展统计公报。

注：截至成稿日，未得到公开发布的辽源市《国民经济和社会发展统计公报》

3. 城市产业定位和城市群产业格局日渐清晰

本专题通过计算各地三次产业区位熵指数（以三次产业增加值为数据源测算），并参考现有研究成果，将三次产业细分后区位熵指数作为辅助支撑（以行业从业人数为数据源测算），分析城市群内各城市产业专业化水平和城市间产业专业化分工格局情况。

城市群各城市通过近年来积累，在一定区域内逐步形成各具优势的专业化分工，在各地产业定位日渐清晰的情况下，城市群内部产业分工格局日渐显现。

城市群“双核”的特征。哈尔滨市第三产业熵指数为1.25，且高级生产性服务业、一般生产性服务业熵指数同步大于1，说明哈尔滨市在生产性服务业领域具有较为明显的优势，在“国家现代服务业试点城市、中国（黑龙江）自贸区哈尔滨片区、哈尔滨新区支撑哈尔滨的现代服务业中心地位”等一系列重大政策红利下，哈尔滨的生产性服务业已成为“双核”的核心动力增长源。长春市第二产业熵指数为1.31，其中制造业熵指数同步大于1，说明长春市在汽车及零部件制造、铁路运输装备制造等产业支撑下，制造业优势突出，成为“双核”中制造业动力源；此外，长春的一般性生产性服务业熵指数大于1，结合其南北衔接的区位特征和物流产业情况，说明长春市是哈长城市群重要的物流枢纽。与长春相邻的吉林、松原两市，分别对应制造业和其他工业熵指数大于1（松原市第一产业熵指数大于1），说明吉林市与长春市在汽车及零部件制造业具有较强的关联对接关系，而松原市的石化及油气开采相关行业具有较好基础，在城市群发展环境下，长春、吉林两市汽车及零部件制造业功能区已形成，松原市也成为对接大庆石化产业后形成跨省产业功能区的重要支点，两市共同构成长春都市圈的两翼。

城市群东部，黑龙江省牡丹江市和吉林省延边朝鲜族自治州第三产业熵指数均大于1，其中牡丹江市其他服务业熵指数同步大于1，表明两地在住宿、餐饮等与旅游业关联度较高的行业中具备区域性专业化优势，为两地共同建立全域旅游产业提供了良好条件。此外，牡丹江市高级生产性服务业熵指数大于1，说明牡丹江市产业服务功能正在加强，逐步成为区域性重要节点。

城市群南部，辽源市第二产业增加值熵指数和对应的其他工业熵指数同步大于1，说明辽源市原有资源型工业基础及与之相关行业仍是其产业经济重要组成部分。但是，辽源市其他服务业熵指数大于1，说明辽源市抓住城市群建设机遇，推进健康养老产业及特色小镇建设等转型实践正在取得成效，未来城市产业功能定位转型可期。

城市群西部，黑龙江省大庆市、齐齐哈尔市分别在第一、第二产业熵指数大于1，说明大庆、齐齐哈尔分别在对应产业中形成分工优势。其中，大庆市在其他工业中的熵指数达到2.27，对应其石油化工业的雄厚产业基础，是哈长城市群最重要的石化工业基地；齐齐哈尔市在分行业区位熵指标中，农林牧渔业熵指数达到3.28，一般生产性服务业熵指数为1.25，说明齐齐哈尔市不仅凭借其所辖县域农业资源在城市群第一产业分工中占有优势，而且也与大庆、哈尔滨共同构成一般生产性服务业集群。

城市群北部，黑龙江省绥化市第一产业熵指数为3.65，表明绥化市也在城市群第一产业分工中占有优势，随着哈大（绥）一体化的构建，将与齐齐哈尔共同为以哈尔滨为核心的都市圈绿色食品加工业发展提供产业基础支撑（见表10–8、表10–9）。

表10–8　2019年哈长城市群各城市三次产业区位熵指数表（产业值熵指数）

城市	第一产业	第二产业	第三产业
哈尔滨	0.853127	0.667152	1.251761
长春	0.463639	1.313050	0.958821
大庆	0.673300	1.634560	0.718088
齐齐哈尔	2.355153	0.673951	0.894422

续表

城市	第一产业	第二产业	第三产业
绥化	3.649418	0.331799	0.792866
牡丹江	1.707148	0.664262	1.052607
吉林	0.903726	1.119111	0.970775
四平	0.233088	0.646930	0.921795
松原	2.076547	0.608410	0.998974
辽源	0.584768	1.300472	0.864634
延边朝鲜族自治州	0.595839	1.066636	1.074435

资料来源：2019年各城市国民经济和社会发展统计公报（辽源市除外），由于辽源市尚未查到公开发表数据，暂用2018年有关数据计算

表10-9 哈长城市群各城市分行业区位熵指数矩阵（从业人员熵指数）

城市	AGR	MNF	IND	ADS	CMS	OTS
哈尔滨	0.53	0.91	0.84	1.47	1.26	0.93
长春	0.18	1.56	0.90	0.96	1.03	0.87
大庆	0.49	0.61	2.27	0.58	1.05	0.84
齐齐哈尔	3.28	0.85	0.42	0.90	1.25	1.02
绥化	1.99	0.46	0.61	0.94	0.83	1.36
牡丹江	4.95	0.33	0.46	1.67	0.62	1.06
吉林	0.75	1.46	0.75	0.49	0.54	1.20
四平	0.58	0.58	0.45	0.60	0.73	1.63
松原	1.79	0.54	1.84	0.45	0.55	1.09
辽源	0.59	0.64	1.62	0.66	0.54	1.20
延边朝鲜族自治州	—	—	—	—	—	—

资料来源：董大鹏，《哈长城市群产业分工格局及功能定位研究》。

注：行业简称所代表的产业部门如下：

1. AGR—农林牧渔业。
2. MNF—制造业。
3. IND—其他工业（采矿业；电力、燃气及水的生产和供应业；建筑业）。
4. ADS—高级生产性服务业（信息传输、计算机服务和软件业；金融业；租赁业和商业服务业）。
5. CMS—一般生产性服务业（交通运输、仓储邮政业；批发和零售业；科学研究、技术服务和地质勘查业）。
6. OTS—其他服务业（住宿、餐饮业；房地产业；水利、环境和公共设施管理业；居民服务和其他服务业；教育；卫生、社会保障和社会福利业；文化、体育和娱乐业；公共管理和社会组织）

（三）哈长城市群主要竞争力情况

为评价哈长城市群自《哈长城市群发展规划》出台以来各城市竞争力变化情况，本专题采用中国社会科学院财经战略研究院《中国城市竞争力报告No.15》《中国城市竞争力报告No.17》中竞争力指数数据，统一考察2016—2018年哈长城市群各城市经济竞争力、可持续竞争力、宜居竞争力在全国城市中的变化（见表10–10、表10–11）。其中，由于延边朝鲜族自治州行政结构不含有地级以上城市，故本部分没有该州情况分析，但鉴于延边朝鲜族自治州总体规模和影响力，该州指数缺位不对城市群相关情况产生质的影响。

表10–10　2016年哈长城市群竞争力指数

城市	经济竞争力指数	可持续竞争力指数	宜居竞争力指数
哈尔滨	0.117	0.523	0.573
长春	0.147	0.541	0.656
大庆	0.098	0.440	0.722
齐齐哈尔	0.049	0.362	0.555
绥化	0.052	0.206	0.314
牡丹江	0.057	0.396	0.516
吉林	0.069	0.366	0.613
四平	0.057	0.222	0.497
松原	0.055	0.200	0.428
辽源	0.049	0.206	0.448
指数均值	0.075	0.3462	0.5322
指数方差值	0.00116	0.017471	0.014125

资料来源：《中国城市竞争力报告No.15》

表10–11 2018年哈长城市群竞争力指数

城市	经济竞争力指数	可持续竞争力指数	宜居竞争力指数
哈尔滨	0.0757	0.4574	0.5610
长春	0.0869	0.5167	0.4775
大庆	0.0482	0.3731	0.6490
齐齐哈尔	0.0467	0.2981	0.4483
绥化	0.0498	0.1742	0.2991
牡丹江	0.0507	0.3445	0.5238
吉林	0.0485	0.3762	0.4095
四平	0.0469	0.3106	0.2912
松原	0.0493	0.2371	0.1610
辽源	0.0510	0.2331	0.1800
指数均值	0.05537	0.3321	0.40004
指数方差值	0.000196	0.010993	0.02658

资料来源：《中国城市竞争力报告No.17》

总体看，2016—2018年，哈长城市群各城市在经济、可持续发展、宜居水平方面竞争压力日益加大，尤其是经济竞争力，城市群发展速度在全国区域协调发展格局中相对较慢，竞争力差距拉大。但也应注意，竞争力指标中所出现的指数均值下滑情况，所表明的不是城市群发展停滞或倒退，而是在“马太效应”作用下，社会经济领先发展地区愈发形成“强者恒强”的局面，其核心城市在要素吸引力、资本规模优势、环境建设能力等领域对城市群各周边的辐射力加大，带动周边城市快速发展，反而使哈长城市群所面临的横向竞争压力尤其是产业竞争压力日渐增大，城市群在当前发展所面临的竞争突围挑战越来越严峻。

1. 经济竞争力面临较大挑战

城市群“双核”的经济竞争力尚能稳定处于中等偏上区间，但除辽源市经济竞争力小幅上涨外，其他城市竞争力水平均有所下降，哈长城市群在国内各城市群间的经济竞争压力陡增。经济竞争力指数方差值的降低，说明虽然以“哈大齐”和“长吉”两大工业带为主体的主要城市正在积极推进核心产业升级和产业链的延伸，但在其他地区同步甚至更为快速的发展情况下，城市群内所有城市经济竞争力同全国相同层次的城市相比，竞争力靠后，竞争力不强，城市群主要城市的产业竞争力均面临严峻挑战。

2. 可持续竞争力有潜力可挖

城市群“双核”可持续竞争力排名较为靠前，在近300个城市中位于第一方阵，哈尔滨、长春可持续竞争力与2016年相比变化较小， 2018年长春市可持续竞争力较2016年有所提升，说明哈尔滨和长春作为城市群的核心有发展后劲和发展潜力。其他主要城市中，吉林、大庆、牡丹江位于我国城市可持续竞争力水平的前100名，尤其是吉林市相应排名一跃上升，说明这3个城市具备较大的持续发展潜能，而且长春市与吉林市的可持续竞争力同步上升，也证明长吉一体化程度正在进一步加强。这一格局表明黑龙江、吉林两省构筑的哈尔滨、长春两大都市圈正在形成并相互促进。此外，本项目指标的方差水平降低，表明各城市尤其是中小城市可持续竞争力水平的差距正在缩小，哈长城市群整体可持续竞争力的发展潜能仍然较大，中小城市发展基础正在逐步完善，将为城市群未来吸引各类要素、释放发展活力提供根本性的内生动力。

3. 宜居竞争力内部呈现差异化

本项指数方差有所增大，说明各城市之间、城乡之间的基础设施建设、公共服务水平及生态环境治理进度还存在明显差异。城市宜居竞争力方面的变化提醒城市群应加大空气污染、水资源污染的治理力度，同时提高生活环境和公共服务水平。

（四）哈长城市群新型城镇化社会建设和绿色生态格局变化情况

《哈长城市群发展规划》实施以来，哈长城市群的项目建设和改革措施推动了各地新型城镇化发展，在城镇空间承载力、公共服务和社会保障、绿色城镇化发展等方面取得一定成效，但也面临水土资源保护等压力。

1. 城镇空间扩容成为趋势

2016—2018年，哈长城市群城区总面积逐年扩张，城镇空间扩容是这一阶段的趋势（见图10-1、表10-12）。其中，哈尔滨、长春的城区扩容幅度最大，也从侧面反映出两个核心城市作为资源要素洼地和产业经济发展龙头地区，对城市空间承载力要求最为迫切。长春市在市辖区土地面积最大的情况下仍然保持较大的增幅，城市开发建设力度是城市群中最大的。

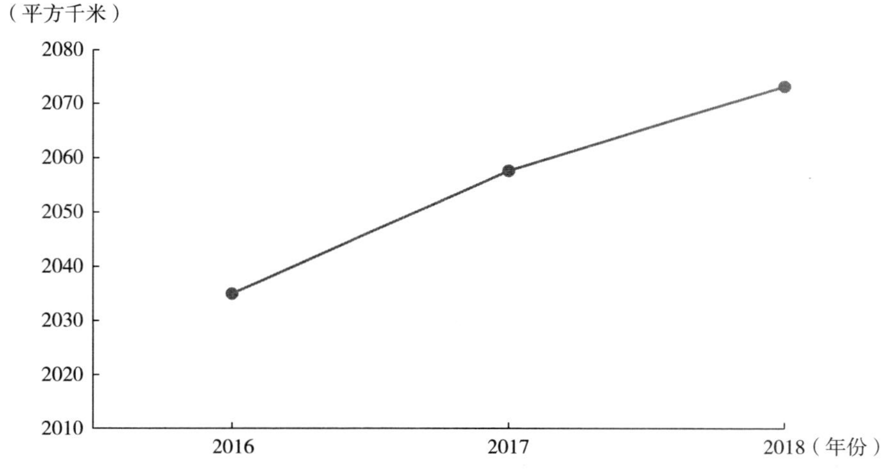

图10-1　2016—2018年哈长城市群城区总面积变化图

资料来源：自然资源部经济管理科学研究所（黑龙江省测绘科学研究所）

表10-12　2016—2018年哈长城市群市辖区建成区面积变化表（单位：平方千米）

城市	2016年市辖区建成区土地面积	2018年市辖区建成区土地面积	2018年比2016年增加
哈尔滨	431	442	11
长春	519	542	23
大庆	245	248	3
齐齐哈尔	140	140	0
牡丹江	82	82	0
绥化	45	45	0
吉林	189	192	3
四平	58	62	4
松原	51	52	1
辽源	46	46	0

资料来源：2017年、2019年《中国城市统计年鉴》

2. 公共服务和社会保障有所发展但难题尚待破解

本专题选取“图书馆藏书籍”“医院、卫生院病床数”“市辖区每万人拥有公交车台数”“失业保险参保人数”4项指标（见表10-13），分别考察哈长城市群在公共文化资源、医疗卫生资源、公共交通资源方面的变化情况和社会保障基本情况。总体上看，哈长城市群主要公共服务资源配置有所增长，社会保障水平有所提升，但仍存在需要解决的问题。

表10-13　2016、2018年哈长城市群市部分公共资源数据表

指标	2016年	2018年
图书馆藏书籍（万册）	总计：2549.9	总计：2761
	市辖区：1913.3	市辖区：1922
	市辖区占比：75.03%	市辖区占比：69.61%
医院、卫生院病床数（张）	总计：252063	总计：257560
	市辖区：170028	市辖区：184991
	市辖区占比：67.45%	市辖区占比：71.66%

续表

指标	2016年	2018年
市辖区每万人拥有公交车台数（台）	10.47	10.48
失业保险参保人数（人）	总计：3376904	总计：3497078
	市辖区：1931206	市辖区：2053024
	市辖区占比：57.19%	市辖区占比：58.71%

资料来源：2017年、2019年《中国城市统计年鉴》。

注：由于个别城市在个别指标中存在统计数据空缺，为不影响总体研判，对存在数据空缺的指标以同一省份城市群其他城市平均值代替，因此，本表部分数据值与真实数据值间存在一定“量”的误差，但不影响对相关指标增减变化方向“质”的研判

一是公共文化资源供给水平有一定提升。2018年，哈长城市群图书馆藏书籍总计为2761万册，较2016年增加了211.1万册，但市辖区图书馆藏书占本市藏书总量的比重有所下降，反映出公共文化资源供给向市辖区以外的县、乡地区有所倾斜，文化资源配置进一步向城乡一体化统筹推进。

二是医疗卫生资源供给总量增强但配置不均衡。2018年哈长城市群病床数较2016年增加近5500张，医疗卫生资源供给能力明显增强。但市辖区病床数占比随总量增加也在提升，表明医疗卫生资源目前仍集中于城市，县、乡基层的资源配置水平仍然较低，医疗卫生资源在城乡间的二元格局尚未改变，城乡一体化协调配置医疗资源仍是待解难题。

三是城市公共交通资源有所增加但仍不能满足需求。根据《中国城市统计年鉴》数据，2018年，城市群每万人拥有公交车台数为4.24台，相应指标较2016年（4.14台）有微量增加。哈尔滨市、长春市2018年相应指标高于城市群均值，分别为12.76台、11.02台，位列全国省会城市、直辖市中第20位和第24位，显示出较大的城市公共交通资源供给能力。作为哈长城市群新型城镇化建设“领头羊”和现代都市圈核心，哈尔滨市和长春市2019—2020年仍在持续加大公共交通投入。其中，长春市至2020年上半年已更新公交车辆576台，建成地

铁2号线西延、轻轨3号线东延工程，地铁6号线、2号线东延，轻轨4号线南延续建工程相继开工；哈尔滨市2019年全年新增公交运营里程704公里，新增、更新车辆2063.5标台。与其他城市群核心城市相比，哈尔滨和长春两市轨道交通运营里程较短，城市公共交通压力较大，“双核”在城市公共交通资源配置方面仍然需要补短板。

四是社会保障水平有所提升。由于哈长城市群城镇职工基本养老保险参保人数、城镇职工基本医疗保险参保人数、失业保险参保人数3个指标中，失业保险参保人数所占比重最低，因此，以失业保险参保人数变化为分析对象可以更好地说明城市群战略的作用。2016—2018年哈长城市群失业保险参保人数有所增加，根据各城市《国民经济和社会发展统计公报》，至2019年末，部分可查询数据城市的失业保险参保人数分别为：哈尔滨市100.2万人、长春市120.7万人、吉林市27.4万人、四平市12.3万人（不含被长春市代管的公主岭）、延边朝鲜族自治州24.99万人、牡丹江市16.5万人。社会保障覆盖能力在城市群中有所提升，也反映出各地落实《哈长城市群发展规划》和实施方案正在取得实践成效。

3. 绿色生态建设有所提升

哈长城市群的绿色生态格局主要是由自然生态资源和城市公共绿地所组成。自然生态资源主要包括水资源（城市群中的全部水域）和土地资源（城市群中的林草覆盖、荒漠、裸露土地），总量较为丰富，占城市群总面积近半。2016—2018年，哈长城市群自然资源总量呈现减少趋势，其中，土地资源面积有所减少，水资源面积有所增加（见图10-2）。这种结构变化，是各城市加快开发建设和实施流域、水体保护治理工程的效果，对哈长城市群未来统筹开发与保护关系，尤其是提高土地集约化利用水平提出了更高要求。城市公共绿地空间方面，2016—2018年，哈长城市群市辖区绿地面积减少了约2.3%，但公园绿地面积增加了约1.3%，说明城市空间扩容不可避免地对辖区绿地空间造成破坏，但各城市持续加大市内绿色空间培育，注重利用公园、沿江绿化带等城市内生态资源做好开发补偿，是城市群在开发建设中减缓破坏冲击，保持城镇绿色生态空间总体平衡的有效途径。长春市2019—2020年上半年新增绿地2.51平方千米，增长率为19.67%，新建公园3座，新植街路42条、大块绿地33宗。

图10-2 2016—2018年哈长城市群自然资源结构图

资料来源：自然资源部经济管理科学研究所（黑龙江省测绘科学研究所）

4. 城市群创新驱动能力有所增强

哈长城市群创新驱动核心主要分布于“哈大齐”和“长吉”L形经济带上，专利申请和授权数量、技术成果转化、科技型企业数量等均处于领先水平，为城市群创新驱动奠定基础。

“哈大齐”经济带：2019年，哈尔滨市专利申请和授权量分别为23491件、11883件，分别比上年增长5.0%、–1.6%；全年共登记技术合同3436份，对应成交金额206.5亿元，比上年增长34.0%；新增高新技术企业812家，比上年增长4.9%；备案市级以上科技企业孵化器93家、国家级企业技术中心9个、省级企业技术中心123个；全年获省级及以上科技奖励247项，其中国家级科技奖励17项。大庆市备案省级以上技术创新中心57家、省级以上重点实验室25家，并发展3家科学家工作室；累计实施各类科技计划项目2731项，争取省级以上项目563项，共获得扶持资金3.2亿元，获省部级以上科技奖励203项，年均转化落地科技成果100项以上。齐齐哈尔市全年实施重点科技计划项目162项；获省级以上科学技术奖16项；全年科技成果鉴定339项；全年认定技术合同126项。

“长吉”经济带：2019年，长春市全年专利申请量23144件、授权量11894件，分别比上年增长15.3%和15.8%。其中，发明专利申请量9215件、授权量2600件，分别比上年增长8.2%、7.6%；技术合同成交额达464.5亿元，比上年增长25%；全市新认定高新技术企业744户，新增加国家高新技术企业669户，国家高新技术企业同比增长102%；新增加科技型“小巨人”企业277户，比上年增长32%；专利申请量增长10.1%；获省科学技术奖项目191项；全市“双创”基地达到176个，其中国家级基地达到26个；在孵企业有4600户。吉林市全年共认定技术合同341份，技术合同成交总金额比上年增长8.0%；新增加省科技“小巨人”企业72户，新增加国家高新技术企业147户；全年实施“乡村振兴”科技创新项目10个，重点产业科技创新支撑平台项目1个；获得省科学技术奖46项；备案省级以上科技企业孵化器（众创空间）15个[①]。

（五）哈长城市群发展综述评价

通过《哈长城市群发展规划》引领和各级实施方案具体指导，哈长城市群蓬勃发展，取得一定成效。各市（州）建设构想、计划不断推进落实，在不同领域形成工作实效和关键性突破，促进城市群同步协调发展。交通路网建设在各市（州）展开，提高了区域承载力，城市群支点间通达力得以加强，人员、物资等关键产业要素流动效率得到提升，一定程度上加大了城市群空间联系强度，为下一阶段城市群一体化发展提供必要条件；产业体系建设同步进行，城

① 资料来源：有关城市相关年份统计公报、相关城市有关部门函调材料。

市群产业结构正逐步优化，在哈尔滨、长春两大核心的产业支撑作用更为明显的同时，大庆、吉林等地与“双核”间所形成的空间高联系强度，推动了哈长城市群产业经济“两带”布局的发育成长；在新型城镇化建设带动下，城市群城市空间不断扩大，公共资源配置能力正在提升，城市承载力得以加强，创新驱动基础有所增强，城市群综合竞争力有所提升。但从未来发展需要看，哈长城市群当前仍存在一些需要加快解决的突出问题。

一是人口流失对城市群发展构成一定约束。目前哈尔滨、长春等人口有小幅增加，但城市群总人口呈递减状态，说明城市群内部重点城市人口的增加，主要来自对周边地区人力资源的“虹吸效应”，而非对外部人力资源的吸引力，未来城市群经济发展进程中将受到产业劳动力、高端人才供给的约束。

二是城市群外围空间联系强度较低掣肘城市群一体化发展。哈长城市群外围城市与腹地“双核”都市圈之间，外围跨省域城市间的空间联系强度较低，不利于核心带动力的辐射延伸和外围城市间跨省域的关联互动，对在城市群全域范围内进一步优化要素资源配置，推动区域市场一体化建设形成一定掣肘。

三是经济协同发展水平不高。从经济表现看，“双核”与其他城市间产业经济发展有较大差距，说明哈长城市群的经济发展存在较强的不平衡性，还没有构建良好的产业接续和梯次合作格局，“双核”的辐射带动力还没得到高效发挥，产业协同水平较低。在此情况下，关联地区产业重合虽然有利于形成更大空间格局条件下的产业集群，构筑规模化优势，但目前在较低协同水平状态下，更容易使城市间面临要素竞争、产品竞争、市场竞争等内耗性问题，产业同质化的负面影响始终存在。

四是城市间合作有很大局限性。各市（州）在推进落实各级实施方案进程中，在路网升级、产业建设、城镇改造、民生建设及改革等不同领域加以推进，并逐步取得成效。但市（州）间跨地区一体化协作局限性较为突出，主要围绕公路衔接贯通、全域旅游业协作及其他一些项目合作等实施，对于从更深层次推进区域市场、公共服务一体化等领域，尚未有较大动作，城市群还没有形成资源共享、机制共建、规划统筹格局。

四、哈长城市群未来发展建议

一是在实践探索中着力完善政策系统。长江中游城市群构建成长特性与哈长城市群存在类似之处，即依托《哈长城市群发展规划》和各级政府推动，以完成政策体系为引导和工作抓手，形成后发优势。与之相比，哈长城市群目前政策体系的广度还有待加强，需要在各层级沟通协调机制基础上，加快着力在人力资源与社会保障工作一体化发展、旅游等跨域产业资源整合开发、市场培育和监督机制协同部署、各类规划统筹兼顾等领域完整形成政策系统，以利于各级、各部门推进相应工作时有路可循、有矩可依，促进城市群加快实现一体化协调发展有质的飞跃和突破。

二是多维度推进一体化协调发展。在哈长城市群全域视角下，从现实条件出发，在不同地区、不同行政层级辖区中推动多个一体化发展组团，扩大城市群各支点的影响力和带动力，助力城市群实现由点到面的整体进步：在哈尔滨—长春都市圈中，着力推进哈长一体化发展示范区建设和改革探索实践，为哈尔滨、长春大都市圈系统的构筑做好空间衔接，为城市群各领域协调运行机制的改革创建做出优先探索示范；利用现有空间联系强度资源，做大做强联系能级较高的内部城市群落，在哈长城市群内部形成一体化发展，如哈尔滨—大庆（绥化）、长春—四平—吉林等，以及大庆—松原、牡丹江—延边等，着力加强这类城市群落的产业协同规划和协作，扩大城市群优势产业规模，以此提高城市群产业经济竞争力。

三是继续加大基础设施投入力度。继续加强外围城市通达性建设；推进牡丹江—延边朝鲜族自治州、大庆市—松原市等跨省域外围城市基础设施升级步伐，为各地区间加强产业资源共享，实施产业链布局合作，增强城市间关联强度创造更有利条件；加大重点江河流域治理与开发利用相关基础设施投入，为水体流域保护、空气污染治理等提供有利条件；以强化城市空间承载力和公共资源供给力为目标，加快中心城市综合管廊、县域城市污水治理、基层地区医疗卫生基础设施建设。

四是改善升级有利于人才集聚的软环境。优先在城市群核心城市加大力度营造有利于科技人才集聚的政策生态，在创新创业扶持、知识产权专业化服务以及子女就学住房保障等人文关怀领域放大核心城市人才集聚能力，形成人才要素高地；鼓励和推动医疗、教育、科研等领域高级别人才以“候鸟”形式跨地区流动，弥补其他地区高级人才缺口，平衡人力资源配置；在哈尔滨、长春间建立统一人力资源信息合作，人才信息共享机制，提高人力资源配置效率。

五是加强市场协同和产业一体化。优先在市场监管、工商行政管理等领域推进以“管理信息共享、资质许可互认、服务保障协同”为核心的一体化改革探索，着力推动市场体系一体化建设；以各地优势产业为基础，利用会商合作机制加强政府间联系，以制定统一产业发展规划等形式，协调矛盾，合作建设，最大限度减轻同质产业内部竞争，形成良好产业协调局面。

专题十一

关中平原城市群一体化政策及进展[①]

关中平原是华夏文明的重要发祥地和古丝绸之路的起点，在国家现代化建设大局和全方位开放格局中具有独特战略地位。培育发展壮大关中平原城市群，发挥其承东启西、连接南北的区位优势，推动全国经济增长和市场空间由东向西、由南向北拓展，将更加有利于引领和支撑西北地区开发开放，更加有利于推进西部大开发，更加有利于“一带一路”建设向纵深推进。

一、关中平原城市群发展现状

关中平原南依秦岭，北连黄土高原，地形西狭东阔，渭河自西向东横贯其中，是我国重要的商品粮产区，拥有丰厚的历史文化遗产和自然生态资源。目前，关中平原城市群拥有自由贸易试验区和一批国家级产业园区，科教资源、军工科技等创新实力雄厚，是全国重要的装备制造业基地、高新技术产业基地、国防科技工业基地。2009年《关中—天水经济区发展规划》的颁布，2018年《关中平原城市群规划》的实施，给关中平原城市群发展带来了新机遇。

① 本专题作者为西安市人民政府研究室崔玉凤、何爽、崔博、陈东、王杏涛、畅新征、张雨彤、李尧、雷广院。

（一）规划范围

关中平原城市群以西安为中心，是华夏文明的重要发祥地，规划范围地跨陕西、山西、甘肃三省，具体包括陕西省西安、宝鸡、咸阳、铜川、渭南5个市，杨凌农业高新技术产业示范区及商洛市的商州区、洛南县、丹凤县、柞水县；山西省运城市（除平陆县、垣曲县），临汾市尧都区、侯马市、襄汾县、霍州市、曲沃县、翼城县、洪洞县、浮山县；甘肃省天水市及平凉市的崆峒区、华亭市、泾川县、崇信县、灵台县和庆阳市区。

（二）关中平原城市群发展概况

2019年关中平原城市群国土面积10.73万平方公里，占全国总面积的1.1%；常住人口3944.75万人，占全国总人口的2.8%；地区GDP达21775.19亿元，占全国GDP的2.2%；整体城镇化率为57.22%，低于全国3.38个百分点（见表11-1）。

表11-1　2019年关中平原城市群各地市基本情况

城市（区）	面积（平方公里）	GDP（亿元）	常住人口（万人）	城镇化率（%）
关中平原城市群合计	107276	21775.19	3944.75	57.22
西安	10752	9321.19	1020.00	74.61
铜川	3882	354.72	80.37[①]	65.90
宝鸡	18117	2223.81	376.00	54.26
咸阳	9544	2195.33	436.00	52.14
渭南	13030	1828.47	528.00	50.39
杨凌示范区	135	166.77	21.00	66.07
商洛	10272	837.21	144.60	49.34
运城	11432	1562.90	486.20	50.23
临汾	7375	1452.60	346.90	56.02

① 铜川人口为2018年末数据。

续表

城市（区）	面积（平方公里）	GDP（亿元）	常住人口（万人）	城镇化率（%）
天水	14325	632.67	337.00	42.29
平凉	7416	456.58	131.00	43.70
庆阳	996	742.94	37.68	60.35

资料来源：根据各地市2019年国民经济和社会发展统计公报整理得出

1. 经济综合实力

从经济总量看，关中平原城市群地区生产总值稳步增长，2019年为21775.19亿元，同比增长4.9%，比2015年增加5725.50亿元（见图11–1）。12个城市（区）的地区生产总值均在万亿元以内，并呈现较明显的三级梯度差异：西安处于第一梯级，地区生产总值近万亿，达到9321.19亿元，占关中平原城市群比重为42.8%；咸阳、宝鸡、渭南、运城和临汾处于第二梯级，地区生产总值超千亿；杨凌示范区、商洛、庆阳、天水、平凉、铜川处于第三梯级，地区生产总值仍处于百亿级别。横向对比看，2019年，关中平原城市群生产总值约为长三角城市群的1/10，约为成渝城市群的1/3，约为中原城市群（核心区）地区生产总值的1/2（见图11–2）。

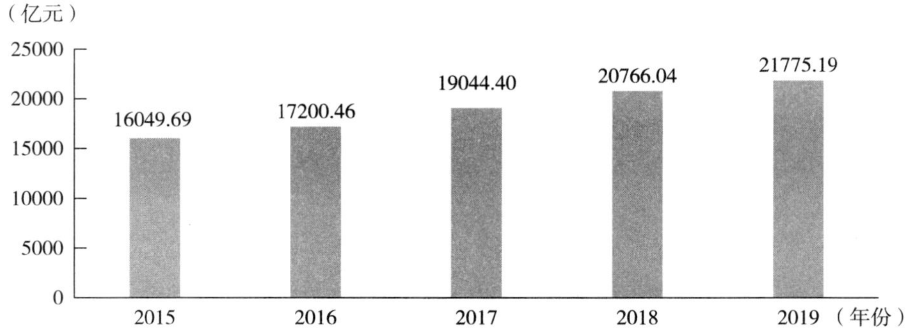

图11–1　关中平原城市群2015—2019年地区生产总值

资料来源：根据各地历年国民经济和社会发展统计公报及统计年鉴整理得出

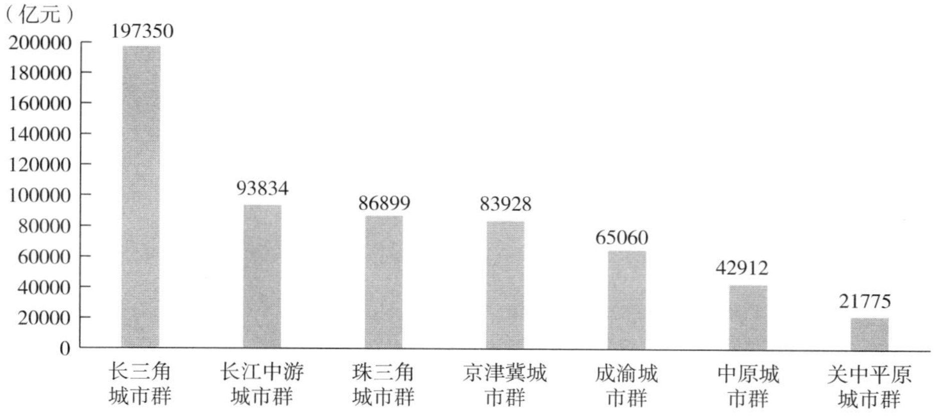

图11-2　我国部分城市群2019年地区生产总值

资料来源：根据各地2019年国民经济和社会发展统计公报整理得出

从人均GDP来看，2019年，关中平原城市群为51309元，不足长三角城市群和珠三角城市群的1/2（见图11-3）。其中，西安市人均GDP最高，为92256元，区域内人均GDP不足5万元的城市达8个，天水、平凉及运城的人均GDP尚不足3万元（见图11-4）。

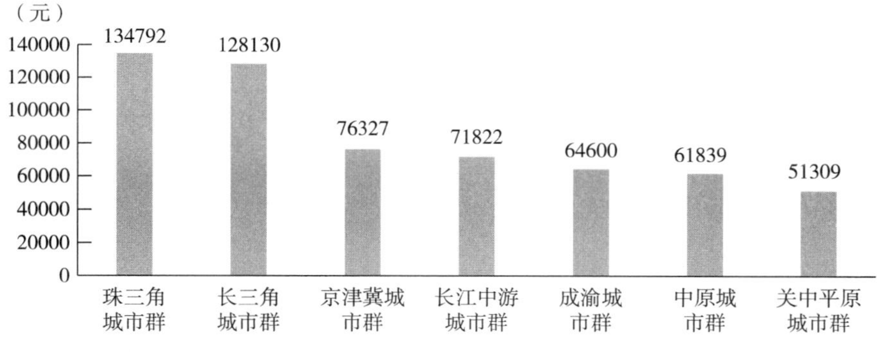

图11-3　各城市群2019年地区人均生产总值

资料来源：根据各地2019年国民经济和社会发展统计公报整理得出

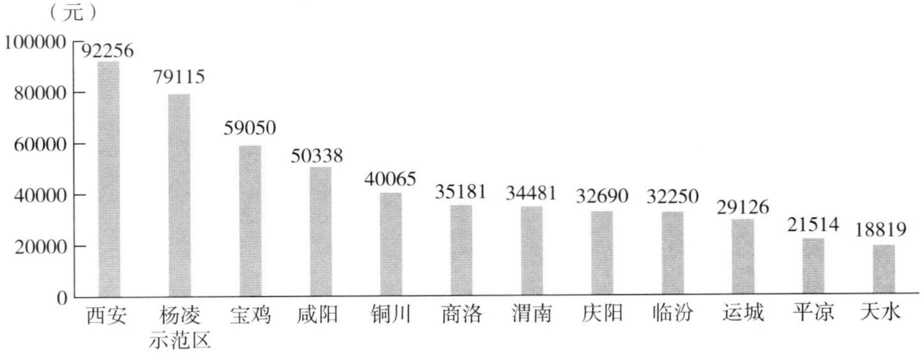

图11-4 关中平原城市群各城市2019年人均地区生产总值

资料来源：根据各地2019年国民经济和社会发展统计公报整理得出

从产业结构来看，2019年，关中平原城市群三次产业结构为8.5：38.8：52.7，第三产业比重突破50%（见图11-5）。

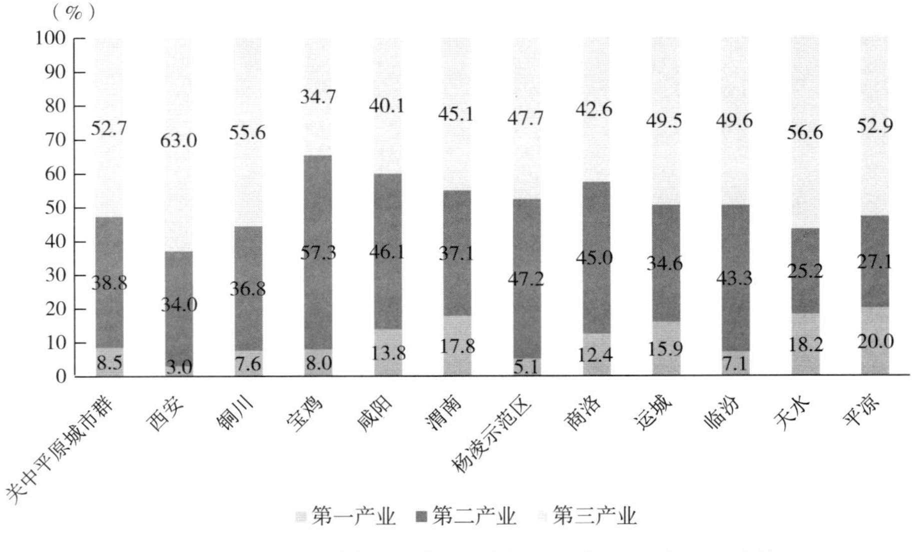

图11-5 关中平原城市群及部分城市2019年三次产业占比情况

资料来源：根据各地2019年国民经济和社会发展统计公报整理得出

从固定资产投资来看，2019年，关中平原城市群实现全社会固定资产投资21830.670亿元，其中，西安市固定资产投资额达到8281.317亿元，占关中平原城市群的37.9%，是居第二位宝鸡市的近2倍。

从消费情况来看，2019年，关中平原城市群实现社会消费品零售总额9910.28亿元，占全国社会消费品零售总额的2.4%。其中，西安实现社会消费品零售总额4936.83亿元，占城市群社会消费品零售总额的49.82%，是居第二位宝鸡市的5.2倍（见表11-2）[①]。

表11-2 各城市2019年投资与消费情况

地区	全社会固定投资额		社会消费品零售总额		投资消费比
	总量（亿元）	增速（%）	总量（亿元）	增速（%）	
西安	8281.317	1.1	4936.83	6.0	1.68
铜川	602.724	11.2	166.56	8.5	3.62
宝鸡	4539.493	5.0	944.38	9.2	4.81
咸阳	2558.154	–1.5	741.35	10.0	3.45
渭南	3077.211	–1.6	778.87	8.2	3.95
杨凌示范区	261.100	12.2	23.48	10.0	11.12
商洛	704.107	–2.0	230.67	7.3	3.05
运城	491.104	7.1	857.00	8.2	0.57
临汾	220.741	14.4	736.90	7.3	0.30
天水	732.058	11.5	270.11	8.0	2.71
平凉	281.835	12.3	224.13	7.7	1.26
庆阳	80.826	14.9	182.21	7.6	0.44

资料来源：根据各地2019年国民经济和社会发展统计公报整理得出

① 社会消费品零售总额数据因庆阳纳入关中平原城市群规划的地区体量过小，而图表中的庆阳数据为全庆阳市行政区域数据，故在计算关中平原城市群社会消费品零售总额总数时庆阳未纳入计算范围，导致文中数据和图表中有所差异。

2. 人口情况

2014年，关中平原城市群常住人口为3829.13万人，约为长三角城市群的1/4、成渝城市群的1/3。2014—2019年，关中平原城市群常住人口共增长115.62万人，每年人口净流入量均超过了10万人，2018年人口净流入达到30多万人，整体呈现回流趋势（见图11-6）。其中，西安人才户籍新政效果明显，2014—2019年常住人口增加157.25万人，高于整个关中平原城市群的人口净流入量。

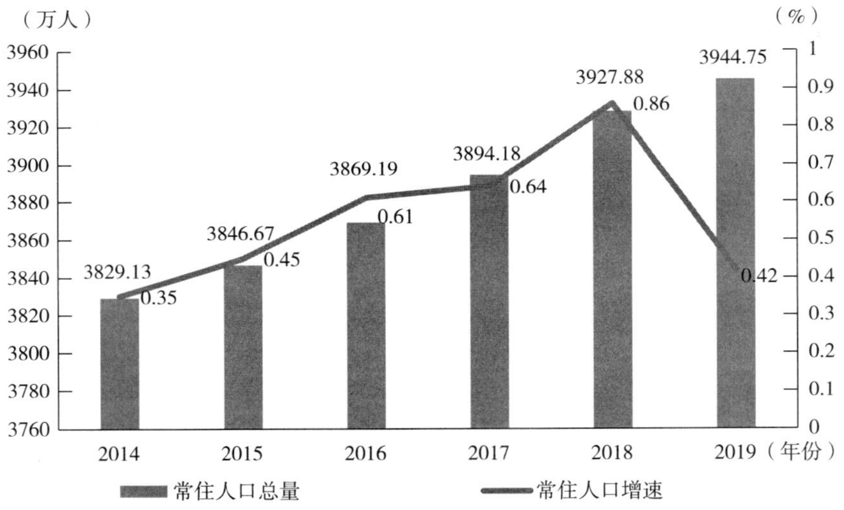

图11-6　关中平原城市群人口变动情况①

资料来源：根据各地历年国民经济和社会发展统计公报及统计年鉴整理得出

3. 对外开放水平

2019年，关中平原城市群进出口总值为3594.89亿元。其中，西安进出口总值为3243.06亿元，占城市群比重超过90%（见表11-3），西安经济外向度为34.8%（见表11-4），关中平原城市群内其他城市经济外向度水平尚不足10%。

① 平凉和庆阳常住人口数量统一按2019年数据统计。

表11-3 2019年关中平原城市群进出口情况

城市	进出口总值（亿元）	增速（%）	出口总值（亿元）	增速（%）	进口总值（亿元）	增速（%）	经济外向度（%）
西安	3243.06	−1.8	1730.21	−11.6	1512.90	12.4	34.8
铜川	3.90	30.0	3.20	6.9	0.70	—	1.1
宝鸡	83.98	33.3	43.80	30.5	40.19	36.4	3.8
咸阳	89.30	21.9	33.35	−4.1	55.95	45.4	4.1
渭南	14.08	−5.1	11.69	−11.3	2.39	44.2	0.8
杨凌示范区	10.93	33.9	5.96	32.8	4.97	35.1	6.6
商洛	17.90	—	17.64	41.1	0.26	−97.0	2.1
运城	73.60	−3.4	27.90	2.4	45.60	−6.6	4.7
临汾	15.10	−23.5	14.22	−9.7	0.90	−77.2	1.0
天水	38.25	−10.7	23.64	−4.2	14.61	−19.5	6.1
平凉	4.79	—	4.77	9.6	0.03	372.0	1.1

资料来源：根据各地2019年国民经济和社会发展统计公报整理得出

表11-4 2019年国家中心城市及副省级城市经济外向度（%）

副省级城市		国家中心城市	
城市	经济外向度	城市	经济外向度
深圳	110.6	上海	89.2
厦门	107.0	北京	81.1
宁波	76.5	天津	52.1
大连	62.2	广州	42.3
青岛	50.5	郑州	35.7
广州	42.3	西安	34.8
杭州	36.4	成都	34.2
西安	34.8	重庆	24.5
南京	34.4	武汉	15.1
成都	34.2		
长春	16.9		
沈阳	16.6		
武汉	15.1		

续表

副省级城市		国家中心城市	
城市	经济外向度	城市	经济外向度
济南	11.7		
哈尔滨	4.8		

资料来源：根据各地2019年国民经济和社会发展统计公报整理得出

4. 文化旅游

关中平原城市群历史遗存和文化资源多元富集，2019年，拥有帝王陵墓80余座，兵马俑、华清池、大雁塔、麦积山、华山等5A级景区11个（见表11–5）。

表11–5 关中平原城市群5A级景区情况

区域	数量	景区名称
陕西	8	西安市秦始皇兵马俑博物馆 西安市华清池景区 陕西渭南华山景区 陕西西安大雁塔·大唐芙蓉园景区 宝鸡市法门寺佛文化景区 宝鸡市太白山旅游景区 商洛市金丝峡景区 西安市城墙·碑林历史文化景区
山西	1	临汾市洪洞大槐树寻根祭祖园景区
甘肃	2	平凉市崆峒山风景名胜区 甘肃天水麦积山景区

资料来源：中国政府网

2019年，关中平原城市群共接待国内外游客9.2亿人次，旅游业总收入7791.57亿元。近年来，区域旅游业高速发展，2019年，关中平原城市群各城市接待国内外游客人次增速均在10%以上，西安、宝鸡、临汾、天水、平凉增速更超过20%（见图11–7）；旅游业总收入增速只有渭南低于10%，除运城、渭南、商洛外其他城市增速均在20%以上，平凉增速更达到30%（见图11–8）。

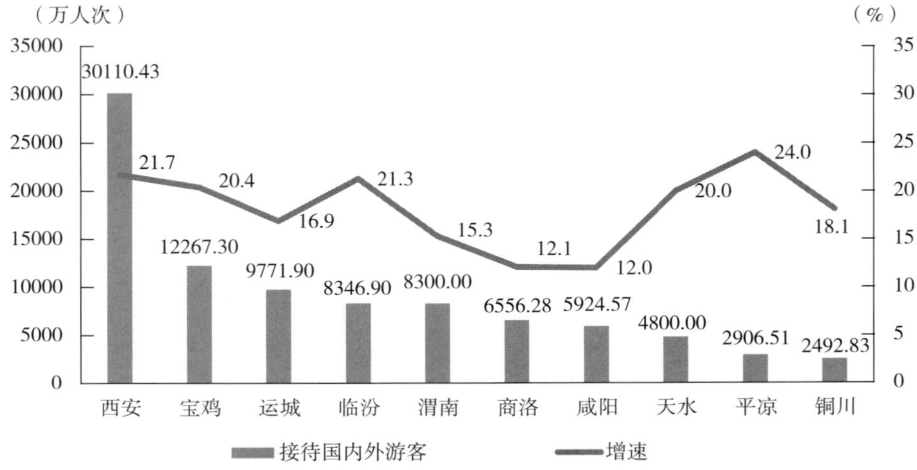

图11-7　2019年关中平原城市群接待游客量及增速①

资料来源：根据各地2019年国民经济和社会发展统计公报整理得出

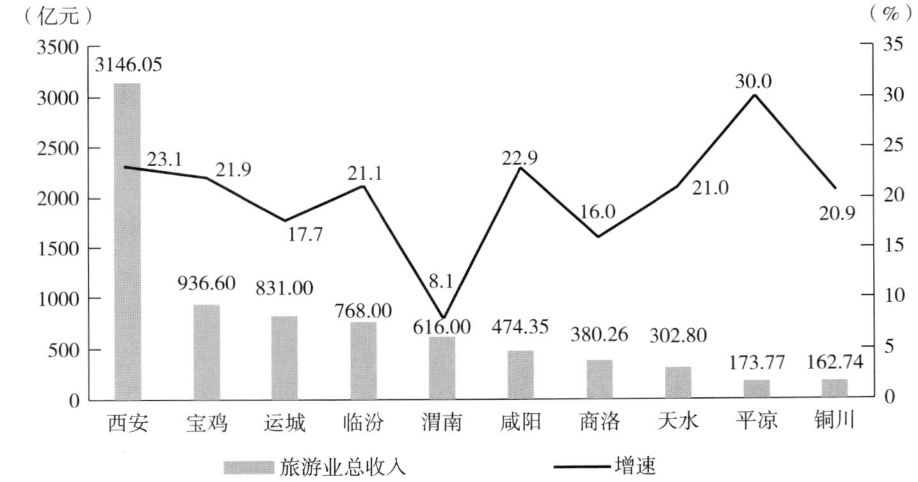

图11-8　2019年关中平原城市群旅游收入情况及增速②

资料来源：根据各地2019年国民经济和社会发展统计公报整理得出

① 杨凌示范区和庆阳因体量过小，未纳入统计。

② 杨凌示范区和庆阳因体量过小，未纳入统计。

5. 金融市场情况

2019年末，关中平原城市群金融机构本外币存款余额为41783.78亿元，贷款余额为32664.29亿元。其中，西安金融机构人民币存贷款余额分别为23066.85亿元和22264.12亿元，占城市群比重分别为55.2%和68.2%，城市群内其他城市占比均未超过10%（见图11-9）。

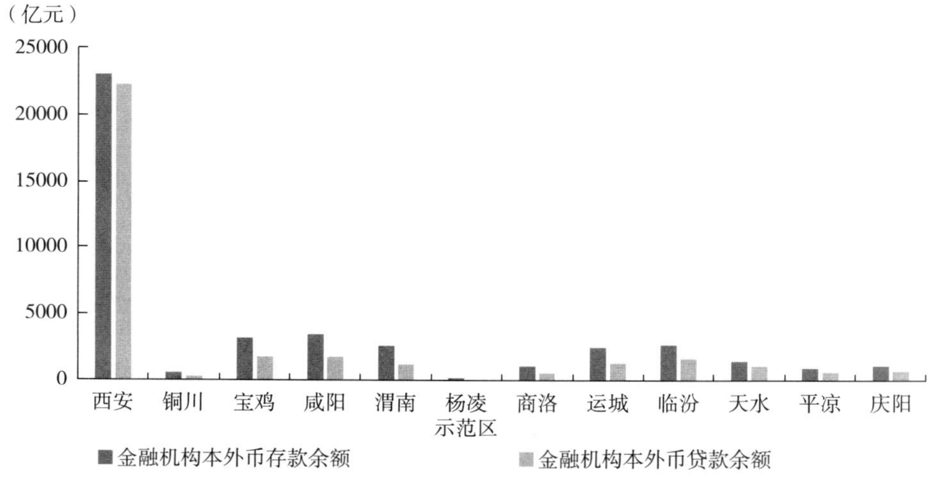

图11-9　关中平原城市群各城市2019年金融机构本外币存贷款余额

资料来源：根据各地2019年国民经济和社会发展统计公报整理得出

6. 公共卫生资源

关中平原城市群拥有较为丰富的医疗卫生公共资源，2019年末共有各类卫生机构40927家（三甲医院50家），卫生技术人员36.84万人，各类卫生机构有床位共计29.13万张。其中，西安共有三甲医院27家（见表11-6），仅次于北京、广州、上海、天津和重庆。

表11-6 关中平原城市群2019年医疗卫生情况

地区	各类卫生机构（家）	三甲医院（家）	卫生技术人员（万人）	各类卫生机构床位（万张）
关中平原城市群	40927	50	36.84	29.13
西安	7011	27	11.22	7.25
铜川	870	3	0.96	0.66
宝鸡	2985	5	3.3	2.76
咸阳	4329	6	4.45	3
渭南	4251	2	4.16	3.33
杨凌示范区	195	0	—	0.17
商洛	2782	1	1.61	1.5
运城	5610	3	3.22	3.4
临汾	4864	0	2.79	2.34
天水	3413	1	1.85	2.01
平凉	2559	1	1.39	1.47
庆阳	2058	1	1.89	1.24

资料来源：根据各地2019年国民经济和社会发展统计公报整理得出

7. 人民生活

2019年，西安市居民人均可支配收入为34064元，是人均可支配收入最低的商洛市的2.14倍。2015—2019年，各市人均可支配收入水平显著增长，呈现三级梯度：西安处于第一梯级；杨凌示范区、铜川、宝鸡、咸阳、渭南、运城和临汾处于第二梯级，人均可支配收入超过2万元；商洛、庆阳、天水、平凉处于第三梯级，人均可支配收入不足2万元（见图11-10）。

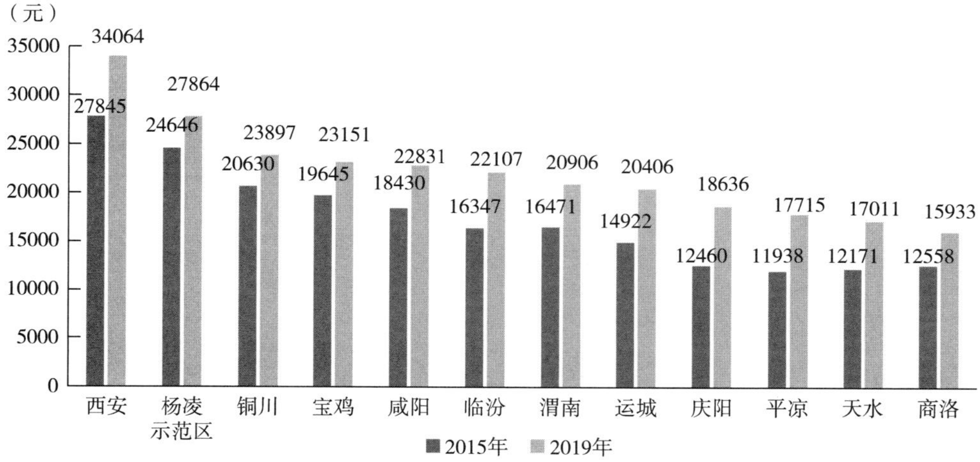

图11-10　关中平原城市群各城市2015年和2019年人均可支配收入

资料来源：根据各地2015年、2019年国民经济和社会发展统计公报整理得出

总体来看，关中平原城市群依托装备制造业、高新技术产业、国防科技工业的优势，近年来，随着航空、航天、新材料等战略性新兴产业的发展以及现代服务业的崛起，全面创新改革试验、自主创新示范等国家重大改革创新任务的实施，城市群取得了较快发展。但与长三角、珠三角、成渝、中原等城市群相比，关中平原城市群经济体量偏小、发展水平不高，中心城市辐射带动作用较弱，区域内各城市互补发展、联动发展、差异化发展还不够充分，一体化发展水平相对落后。

二、关中平原城市群一体化发展政策情况

（一）中央层面出台政策，为关中平原城市群一体化发展进行了顶层设计

（1）《关中—天水经济区发展规划》。2009年 6月10日，国家发展改革委

印发《关中—天水经济区发展规划》（发改西部〔2009〕1500号），从经济开发开放、统筹科技资源改革、做强先进制造业、现代农业高技术产业和传承华夏历史文化等方面明确了发展目标和空间布局，提出了构建创新型区域，加快推进航空航天、装备制造、资源加工、旅游文化、现代服务等产业发展，加强新农村、基础设施、生态环境、公共服务建设、扩大改革开放等内容，为关中平原城市群一体化发展绘制了初期的蓝图。

（2）《关中平原城市群发展规划》。2018年1月9日，国务院批准《关中平原城市群发展规划》（国函〔2018〕6号），2月7日，国家发展改革委、住建部联合印发《关中平原城市群发展规划》（发改规划〔2018〕220号），给关中平原城市群建设提供了全新指引，使关中平原城市群进入了向西开放的前沿位置，为这一区域肩负起支撑国家发展的使命，深度参与国际经贸、人文交流和国际合作提供了历史性机遇。

（二）省级层面推出落实政策，为相关地市融入关中平原城市群发展奠定了政策基础

《关中平原城市群发展规划》出台后，陕西、山西、甘肃三省认真贯彻落实，制定了相关实施方案和行动计划。

（1）陕西省：印发了《陕西省〈关中平原城市群发展规划〉实施方案》《2019年推进关中平原城市群建设行动计划》《2020年推动关中平原城市群和新型城镇化发展重点工作任务》等政策措施，着力落实国家中心城市建设、交通互联、产业互动、资源开放、服务共享、污染共治、协同发展等方面的重点工作。此外，陕西省委、省政府专门出台《关于建设西安国家中心城市的意见》，指导西安主动对接共建“一带一路”倡议、黄河流域生态保护和高质量发展等重大发展战略，重点打造西部地区重要的经济中心、对外交往中心、丝路科创中心、丝路文化高地、内陆开放高地、国家综合交通枢纽，强化面向西

北地区的综合服务和对外交往门户功能，加强与周边城市协同联动，带动关中平原城市群发展，努力形成高质量发展的区域城市集群。

（2）山西省：印发了《山西省贯彻落实〈关中平原城市群发展规划〉实施方案》，着力构建与资源环境承载能力相适应的空间格局、建设创新引领的现代产业体系、推动基础设施互联互通、加强生态环保联防联控、全面提升开放合作水平、建立健全城市群协同发展机制，进一步深化了关中平原城市群城际合作。

（3）甘肃省：印发了《关中平原城市群发展规划实施方案》，着力完善城镇功能布局、发展绿色生态产业、推动基础设施互联互通、保障生态环境安全、全面提升开放合作水平，加强天水、平凉、庆阳与关中地区城市间的联系。另外，还提出了《关中平原城市群发展规划实施工作三年行动计划》，推动天水市、平凉市、庆阳市围绕基础设施互联互通、生态环境共建共治、公共服务共建共享、创新资源高效配置等领域争取标志性成果。

陕西、山西、甘肃三省省级层面推出的实施方案、行动计划及相关政策，明确了各自的工作任务和重点项目，较好地起到了承上启下、省际衔接的政策引领作用，为相关地市对接《关中平原城市群发展规划》，筹划落实融入关中平原城市群一体化建设奠定了政策基础。

（三）市级层面推出配套细化政策，为推进《关中平原城市群发展规划》落地提供了政策保障

关中平原城市群各地市紧抓发展机遇，围绕《关中平原城市群发展规划》以及各省的实施方案和行动计划，结合各自实际，推出一系列落实政策措施。

西安市：印发了《关于加快国家中心城市建设推动高质量发展的决定》和《西安国家中心城市建设实施方案》，国家中心城市建设的总体要求和发展目标更加清晰。在具体操作层面上又陆续出台了《西安市推进绿色发展建设“生

态西安”工作实施方案》《关于加快构建现代产业体系的意见》《关于加强文化建设促进文化旅游融合发展的实施意见》《关于支持富阎一体化发展的实施方案》《西安建设“一带一路”综合试验区实施方案》《西安市加强文化建设促进文化旅游产业融合发展三年行动方案》《西安市推进国家城乡融合发展试验区建设实施方案》等一系列相关配套文件和行动方案，为西安全面铺开国家中心城市建设提供了政策保障。

咸阳市：印发了《咸阳市贯彻落实关中平原城市群发展规划实施方案》，从优化区域空间格局和规模、加快构建现代产业体系、全面提升基础设施水平、推动文化旅游融合发展、促进公共服务共建共享等方面与西安积极对接，为实现到2035年与西安高度一体化融合发展目标奠定了政策基础。

宝鸡市：制定出台了《关于宝鸡建设关中平原城市群副中心城市的实施意见》，从产业聚集、物流枢纽、人文凝聚、对外开放、综合服务等5个方面加快推进关中平原城市群副中心城市建设。同时，与西安在目标定位上明确了错位发展的互补关系，形成相互支撑、互动发展的良好格局。

另外，铜川、渭南、商洛、天水、平凉、庆阳、运城、临汾等市也积极对接，合作发展。比如天水市与宝鸡市、汉中市分别签署了《天水市人民政府宝鸡市人民政府经济社会发展合作行动计划（2020—2022年）》《天水市人民政府汉中市人民政府经济社会发展合作行动计划（2020—2022年）》，重点在基础设施互联互通、产业集群联动发展、生态环境共保共治、打造精品旅游线路、公共服务便利共享等领域深化合作；山西河津市与陕西韩城市联合制定了《河津韩城区域一体化发展实施方案》，积极主动融入城市群发展。

总体看，国家《关中平原城市群发展规划》出台后，省市各级能够积极响应，主动谋划，推出了一系列政策举措，关中平原城市群发展的政策体系架构初步形成。

三、关中平原城市群推动一体化发展的做法及成效

关中平原城市群各城市高度注重区域合作，建立会商协作机制和联席会议制度，在加快建立形成关中平原城市群统筹协调发展机制方面形成共识。

2018年5月，在第三届丝绸之路国际博览会新型城镇化高端论坛上，关中平原城市群三省十二市二区的相关领导共同发布《关中宣言》，强调将加强区域合作，创新产业发展，共促科教融合、基础设施联通、生态环境共治、文化旅游合作、“一带一路”共建，建立合作机制。同时，建立城市群“三省十二市二区”会商协作机制，通过轮流召集市长圆桌会议、城市联盟、市长论坛、战略协议等形式，增强横向联合，携手共同发展。

2020年2月10日，三省人民政府联合印发《关于推动关中平原城市群发展规划实施联席会议制度的通知》，提出轮流举办、每年召开一次联席会议，协商对接重大政策、重大项目、重大事项，建立深度合作联盟。2020年9月18日，召开推动关中平原城市群高质量发展联席会议，签署《跨省合作备忘录》以及交通、生态、商务、卫健、文旅、工信等6个重点领域专项合作协议。2020年9月19日，召开关中平原城市群合作与发展联席会议（2020年），围绕开展区域务实合作、加快建立关中平原城市群统筹协调发展机制等方面形成推动合力，通过多层次联系，在推动一体化发展方面取得一定成效。

（一）加强基础设施互联互通，重大基础设施基本联通

在铁路建设方面，以西安为中心的“米”字形高速铁路网、城际铁路网基本成形。截至2020年上半年，以西安为节点，已通行郑西、大西、西宝、西成、西银等多条高铁线，西安地铁一号线三期（咸阳城区）、西安至法门寺至机场、西安至韩城、阎良至机场等城际铁路建设任务也在稳步推进。轨道交通

大大压缩了西安和咸阳、渭南的空间距离，咸阳和西安在空间上已经形成同城化，渭南到西安的单程通勤时间不到20分钟，待西延高铁通车后，铜川到西安的单程通勤时间也将缩短到20分钟以内，周边三市和西安正在形成“半小时生活圈”。与此同时，宝鸡、运城与西安形成了“1小时生活圈”，临汾、天水与西安也形成了“2小时生活圈”。

在空港建设方面，西安咸阳国际机场开辟了国内外235个通航城市、370条航线，国际航线累计达到88条，通达全球36个国家、74个主要枢纽和经济旅游城市，其中航线覆盖20个国家43个城市。天水开通了西安、天津、杭州、重庆、南京 5 条航线，形成了以西安中转全国、重庆辐射西南、杭州联通华东、天津邻近北京的航线网络结构。庆阳机场开通了北京、上海、深圳、天津、成都、西安、兰州、银川、哈尔滨、敦煌10个国内重要的大都市、省会城市和商贸、旅游城市的航线。商洛丹凤通用机场开通了经停运城的南京航线，并于2019年5月13日与西安通用航空机场建设有限公司签订了《商洛市通用航空机场合作建设与运营框架协议》。宝鸡凤翔机场、渭南机场、韩合机场、铜川照金航材物流机场等空港项目都在抓紧建设中。

在公路建设方面，围绕西安咸阳国际机场客流集散需求，开通了17条面向客流密集区域辐射客运线路，签订了《合作共建陕西省综合交通运输体系战略合作协议》。目前以西安为中心的公路客运已全面覆盖关中平原城市群中其他所有10个地级市，线路方向不仅有市与市之间的直达线路，同时能辐射区域内各区县和乡镇。

（二）加强科技资源融合共享，形成了若干创新共同体

以西安科技大市场①为核心的区域科技资源融合共享走在了一体化进程的前列。依托西安的科技创新平台及各类孵化器，促进关中平原城市与周边城市在产业、科技、金融三大领域形成协同联动、融合共生的紧密经济联系，探索出了具有关中特色的城市群发展模式，成为了立足西安、服务关天、辐射全国、连通国际的科技资源集聚中心和科技服务创新平台。

（1）开展区域协同合作。西安科技大市场先后与驻马店、洛阳、运城、石家庄、宁波等近 20 个城市和地区建立了协同合作网络，在全国范围内受托建设了包括济源、运城、南阳、鹤壁、洛阳等在内的5个地方科技大市场项目。这些项目在2019年累计完成技术合同登记1980份，推动技术交易额总计达到62.2亿元；共享大型闲置仪器设备1793台（套）；培养企业政策联络员1239名；组织各地政策解读宣贯活动1077场次；完成企业技术需求挖掘202项；挂牌交易技术成果2240项；开展对接交流活动128 场次，参与人数超 8000 人次。

（2）共建西安科技大市场西咸分中心。2020年3月，西咸新区与西安科技大市场共同组建的西安科技大市场西咸分中心在西咸新区能源金融贸易区挂牌成立，成为深化统筹科技资源改革、拓展西安科技大市场服务功能的新平台、新高地。西安科技大市场西咸分中心担负着发挥西安科技大市场统筹科技资源基础平台作用，促进区域科技成果转化交易，构建创新生态平台，深化合作交流与资源共享，释放自贸区建设红利。

（3）共建运城科技大市场。2017年由运城市科技局牵头与西安科技大市场合作共建了运城科技大市场。双方以运城科技大市场为载体，建立了运城—

① 西安科技大市场是由西安市科技局和西安高新区管委会共建的统筹科技资源基础平台，是贯彻落实《关中—天水经济区发展规划》、“建设以西安为中心的国家统筹科技资源改革示范基地”启动的重大项目，是实施自主创新战略，加快国家创新型城市建设的一项基础性、先导性工程。

西安、运城—黄河金三角地区、运城—全国的跨区域资源联动模式。依托西安科技资源，通过运城科技大市场在运城成立了西安交大国家技术转移中心运城分中心、丝绸之路经济带技术转移中心运城分中心和国家技术转移中心运城分中心，并与陕西高校科技成果转化联盟、西安高校院所科技成果就地转化联盟深化合作，为运城搭建了嫁接西安地区乃至全国范围内的优质科技资源、科技服务资源的合作服务平台。运城科技大市场运营以来，累计挂牌技术项目1104项、技术需求140项，统筹入库本（异）地共享设备840台（套），培养政策联络员人数437人，推送各类政策信息及解析700余篇次，吸纳创新创业人才127位、专家团队80个，平台入驻科技中介服务机构136家。在服务对接方面：3年来促进全市技术合同签订1019份，推动全市技术交易额43.83亿元，其中西安向运城输入技术项目超过40个，合同总额超过3亿元。当前，运城科技大市场已成为山西省规模最大、配套最全、功能最完善的科技创新服务平台。

（三）积极推动产业合作，分工协作格局正在逐渐形成

当前，关中平原城市群一体化发展已初步形成了以单核支撑为特点；以经济联动、产业分工为重心；以提升核心城市产业支撑引导能力、增强副中心城市产业配套能力、强化重要节点城市综合承载能力为发展方向的分工协作格局。

西安依托富集的科技资源和较强的科研能力，加快建设先进制造业强市，构建“6+5+6+1”现代产业体系，推动产业价值链向高端攀升。咸阳重点加强补链型项目建设，积极发展8.6代液晶面板上下游产业，发展培育中医药产业，壮大临空经济，发展现代物流产业，与西安进行产业互补和错位发展。在大西安的带动和影响下，宝鸡、渭南等次核心城市逐渐向产业链中端生产配套环节转移集聚，定位为特色工业城市。关中平原城市群核心区域逐步形成了以大西安为中心，西宝鸡、东渭南 “一体两翼”的区域城市发展格局。另外，商洛、

铜川、天水、平凉、庆阳、运城、临汾等关中平原城市群重要节点城市，在提升综合承载能力、综合服务功能以及壮大特色优势产业上，也对城市群发展起到了重要的支撑作用。

特别是在文化旅游协作互通方面取得了明显成效。2019年6月，甘肃天水主办了“关中平原城市群文化旅游协作论坛”，邀请三省八市代表参加，并发布了《关中平原城市群文化旅游协同发展宣言》。

在协同共建关中平原旅游圈方面，签订了《关中—天水经济区区域旅游城市合作行动计划》《渭河旅游联盟工作计划》，建立关中区域旅游精品线路，将韩城旅游景点融入关中旅游圈，形成了旅游大环线；联合周边县市推进黄河沿线景区基础设施提升、资源共享，打造黄河文化走廊和黄河文明传承地；积极整合商洛市金丝大峡谷、天竺山国家森林公园、牛背梁国家森林公园、塔云山景区等旅游景点，打造大关中精品旅游线路。

在旅游资源市场运营方面，陕西华旅集团与山西永济市政府签订了战略合作框架协议，平凉与陕西旅游集团举行了崆峒山大景区合作开发协议签约仪式，引进陕旅集团、省城投以市场化方式建设运营崆峒山、王母宫·大云寺大景区。天水与曲江旅游投资公司签订战略合作协议，达成合作管理运营麦积山大景区意向。

在文化旅游合作交流方面，天水在每年6月22日特邀关中平原城市群代表举办公祭中华人文始祖伏羲大典暨伏羲文化旅游节，召开区域间特色文化与旅游资源的交流合作论坛座谈会；2020年9月，在三门峡召开了晋陕豫黄河金三角文化旅游区域协作会议，决定共同编制晋陕豫黄河金三角文化旅游精品线路宣传品、联合开展晋陕豫黄河金三角文旅产品促销活动、组织召开晋陕豫黄河金三角博物馆管理工作交流会、联合举办戏曲名家艺术交流展示等活动。

（四）积极搭建对外开放平台，协同开放水平进一步提高

近年来，中欧班列长安号多点突破、全面发力，运行质量和效益全面提升，规模化、集约化、规范化不断加强，实现了通道、贸易、产业的良性循环。

自2016年以来，中欧班列长安号发展势头迅猛，实现了跨越式发展（见表11–7）。

表11–7 西安中欧班列开行情况

年份	开行数量（列）			货物总重（万吨）
	总数	中亚方向	中欧方向	
2016	151	139	12	—
2017	194	137	57	—
2018	1235	595	640	120.2
2019	2133	911	1222	180.2

资料来源：根据西安国际港务区公开数据整理得出

2020年1—8月，中欧班列长安号开行2439列，是2019年同期的1.9倍，运送货物总重189万吨，是2019年同期的1.8倍，其中重箱率达到100%。

当前，中欧班列长安号已开通西安至哈萨克斯坦、德国、波兰、伊朗以及海铁联运至俄罗斯等15条干线通道，覆盖了欧洲、中亚、西亚涉及13个国家44个城市和站点，高质量发展综合评价较好。

（五）协调推进联防联控，生态环境共保联治效果显现

在大气污染治理方面，各城市严格落实《汾渭平原2019—2020年秋冬季大气污染综合治理攻坚行动方案》，协同控制关中区域污染。

在生态环境保护方面，甘肃省规划了泾渭河流域百万亩林业生态基地，平

凉出台了《泾河水系景观规划》。商洛围绕创建内陆生态文明先行区要求，坚决守好关中平原城市群南部生态安全屏障。渭南全力开展“保卫黄河·守望星空”生态环境综合整治工作。铜川统筹推进黄河流域循环农业生态修复工程，组织开展“生物质绿色循环高效黄河流域循环农业生态体系建设项目”技术研发和攻关，形成了国内独创、世界领先的“生物质绿色循环高效利用技术”，创出了影响全球的生态循环、绿色发展的“铜川模式”。

（六）加快完善公共服务体系，公共服务初步便利共享

在教育资源共享方面，2018年以来陕西省旅游学校、宝鸡职业技术学院、陕西银行学校、西北农林科技大学等学校与天水等城市签订合作交流协议，积极开展合作办学、学术交流等活动。天水还选派了全市380名优秀校长园长赴西安交大和西安市静潼淳幼儿园培训，为提升中小学管理水平奠定了坚实的基础。铜川与西安理工大学签订合作协议，拟在新材料产业园区内设立大学园区，这将改变铜川是陕西唯一没有大学的城市的历史。

在医疗资源共享方面，2020年8月31日，国家卫生健康委决定在我国西北区域以西安交通大学附属儿童医院（西安市儿童医院）为主体设置国家儿童区域医疗中心，加强与国家儿童医学中心的统筹协同，带动提高区域内儿童医疗、教学、科研及预防保健服务水平，促进区域间儿科医疗服务同质化。天水、平凉、庆阳、陇南中心血站建立了陇东南四市突发事件急救用血暨Rh阴性血液资源应急联动机制。西安交通大学附属医院与天水市中医院、天水市中西医结合医院等周边医疗机构建立了合作医院关系。西安市儿童医院等32所医院组建了“陕西省儿童医疗联合体”。第四军医大学西京医院、西安交通大学医学院第一附属医院、西安儿童医院等医院还承担了区域内医护人员进修培训的任务。

在人力资源服务方面，西安联合智联招聘，以及甘肃、银川、咸阳、宝

鸡、渭南、汉中等地人才服务机构，共同举办了“第四届丝绸之路国际博览会人才交流网络招聘大会”，为区域内高校毕业生、各类人才和用人单位搭建务实有效的对接平台。

在文化交流方面，西安积极推进与山西省公共图书馆的合作交流，统筹做好公共服务领域弘扬黄河文化的相关工作。筹划召开“关中—天水经济区公共图书馆联盟第十次联席会议”，围绕工作创新、资源共享、跨省合作等内容，就公共图书馆如何服务社会、促进经济建设等进行合作探讨。

在燃气、供热等基础设施服务方面，西安至商州天然气长输管道于2011年1月建成投运，线路途经6个乡镇（办事处），全长约51.8公里。西安市热力总公司分别与华能铜川照金煤电公司、陕西美鑫产业投资有限公司签订供热框架协议，计划由华能铜川照金电厂、美鑫锦阳电厂联合向西安北市区长距离供热7000万平方米。

（七）推进跨界区域共建共享，区域联动发展进一步强化

（1）推进西咸一体化。2002年两市签订了西安咸阳经济一体化协议，被认为是陕西经济发展史上观念突破、体制创新的里程碑式重大事件。2014年1月，国务院正式批复陕西设立西咸新区，成为国内第七个国家级新区。2017年1月，陕西省委、省政府决定由西安市代管西咸新区、深入推进西咸一体化，至此西咸一体化跨出了历史性的关键一步。

西咸一体化为重大的项目布局建设提供了重要保障。如中国西部科技创新港的科研教育功能建设在西安行政区内，配套生活区则在咸阳行政区内，这就是推进一体化的具体成效。

（2）推进西渭一体化。西安、渭南两市认真落实西渭融合发展战略合作框架协议和富阎产业合作园区框架协议，持续推进富阎、渭临、渭蓝、韩合等重点毗邻板块一体发展、协同发展。

两市围绕“引清济沈”、零河水、零口土地共用等合作事项，以新舟系列、比亚迪汽车等重大产业项目为抓手，协同富阎产业园区强化同两市各职能部门统筹协调，梳理提出西渭融合重点合作10个重大项目及工作机制建议。目前，富阎产业园区工作协调机制日趋完善，园区总体规划制定实施，富阎连接线等一批基础设施工程建成投用，渭（南）临（潼）和（临）渭蓝（田）合作不断推进，遴选的10个项目已达成合作意向。

未来，两市将围绕服务大西安建设，持续推进西渭融合，继续深化渭临、渭蓝经济协作，加快富阎一体化发展。依托西安的教育、科技资源优势，努力打造“西安研发、渭南制造”的创新孵化基地；充分发挥渭南在晋陕豫黄河金三角承接产业转移示范区的桥梁、纽带作用，协同运城、三门峡和临汾市，积极探索黄河金三角区域合作深度融入关中平原城市群和大西安建设的路径。

（3）推进河津韩城一体化。在韩城—河津—万荣一体化发展方面，运城和韩城成立了市政府主要领导任组长的河津韩城一体化发展领导组，积极落实《河津韩城战略合作框架协议》，推进黄河航道、龙门景区等16个项目。其中韩万大桥项目有序推进；韩城、河津公交一体化发展，初步形成3套城际公交工作方案；落实收费公路制度改革，拆除原西禹高速晋陕界韩城禹门口收费站，不停车快捷收费成为现实，一体化发展步伐更加坚实。

运城和韩城还建立了河津韩城联席会议制度，适时召开联席会议，就合作中的重大事项进行沟通协调；在基层党建、干部挂职等方面也加强人才互动交流。

（4）推进黄河金三角区域合作。晋陕豫三省四市持续推进《晋陕豫黄河金三角区域合作规划》，加强常态化连接沟通和互访交流，在基础设施建设、产业发展、生态治理等领域开展了务实合作；2019年3月，晋陕豫三省联合印发了

《切实加快晋陕豫黄河金三角区域合作工作实施意见》，标志着黄河金三角区域合作发展进入了新阶段。

在黄河金三角区域合作中，渭南先后成功举办了5届黄河金三角投资合作交流大会，累计签约重大项目170个，总投资2585亿元，涵盖了电子商务、文化旅游、物流商贸、装备制造、能源化工等多个领域。运城市以打造晋陕豫黄河金三角农产品出口平台为主引擎，加快区域果业提档升级，连续成功举办了4届果品博览会，累计签约项目520项，总投资440.4亿元，涉及果业、农业、畜牧、林业、旅游五大方面。

2019年11月，三省四市政府在北京成功举办第六届黄河金三角投资合作交流大会，签署《晋陕豫黄河金三角区域生态保护和高质量发展宣言》，集中签约项目35个，估算投资590.72亿元。

四、关中平原城市群一体化发展存在的主要问题

关中平原城市群地处我国西部，总体发展水平较为滞后，城市群内部极化现象明显，区域发展不平衡、不充分问题突出，既有我国城市群发展的共性问题，也有自身短板。

（一）西安国家中心城市建设尚在推进，核心区辐射带动能力还不够强

作为关中平原城市群的中心城市，西安经济总量仍然偏小，2019年在全国9个国家中心城市中西安GDP列第九位，也是唯一一个GDP未过万亿的国家中心城市（见图11-11）。同时，西安对关中平原城市群其他城市的辐射带动作用不够突出，特别是人口和产业虹吸效应大于溢出效应。

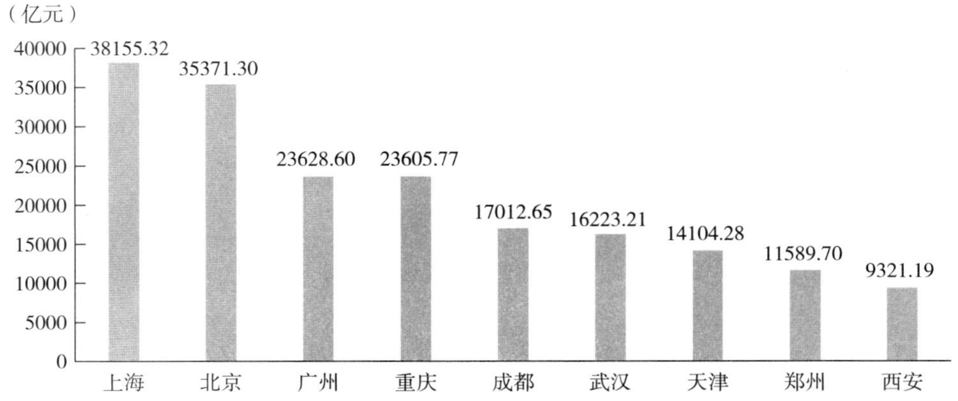

图11-11　国家中心城市2019年地区生产总值

资料来源：各地2019年国民经济和社会发展统计公报

从群内城市看，其他城市经济发展水平还不高。2019年，西安地区生产总值在关中平原城市群中占比达42.8%，第二位宝鸡市地区生产总值和首位城市差距达7097.38亿元，商洛、杨凌示范区、天水、平凉、庆阳生产总值还都在千亿元以下，经济发展差距大，经济规模偏小现象显著。

另外，城市群工业经济有待加速转型发展。除宝鸡、咸阳“二三一”产业结构较明显外，其他城市均为“三二一”结构，虽然宝鸡市工业加快转型，钛及钛合金产业集群列入首批国家战略性新兴产业集群发展工程，但以西安为例，产业结构长期处于“三二一”模式，虽然工业门类基础较好，但工业经济体量还是相对偏小，重工业占比高，特别是各工业园区建设存在主业不够突出、同质化现象明显、基础设施不完善等问题，尚未完全形成配套完整、产业链较长、集群化发展新格局。

关中平原城市群各城市间产业交流还不够活跃，电子信息产业、装备制造业、能源冶金化工产业等相关产业上下游缺乏配套跟进，产业链有效整合不够，联动发展、协同发展程度不高。受西安产业发展阶段的制约，西安产业向群内其他城市转移力度不够，难以形成关联度高的梯次发展格局，新经济、新业态发展不足，产业发展质量还待提高。

（二）协同创新发展不足，科创优势发挥还不充分

虽然近年来西安科技创新发展取得显著成就，但是作为科教型大市，仍存在院校地合作不充分、科技创新体系建设薄弱、科技成果就地转化率低等问题，与西安科教资源在全国排名前列的基础条件不匹配，距离创建综合性国家科学中心、国家中心城市要求仍有较大差距。

西安综合科技实力排名全国前列，教育资源位居全国第四，科研院所众多，科技成果、科研人才富集，但由于协同创新体制机制尚不健全，西安的科教优势和创新潜力在城市群内的转化程度不高，科技资源共享不够。另外，由于关中平原城市群的各城市经济活跃度不高，这些优秀的成果很难在群内转化落地。比如，天水、渭南等城市与西安在科技信息共享互通方面尚未建立有效沟通机制，天水在飞机零部件制造、航空器制造与修理等领域有一定优势，但与西安的沟通不够，没有形成发展的合力。关中平原城市群间缺乏科技合作交流的长效机制，大部分合作仅限于单一地解决技术难题，短期项目多，对地方具有一定带动作用的合作项目相对较少。科技合作供需双方信息交流不畅，关中平原城市群内科技中介服务机构少，沟通平台缺乏，一定程度上阻碍了关中平原城市群之间的科技合作与协同发展。

（三）城镇化程度较低，基础设施建设有待进一步加强

关中平原城市群的城市规模体系结构不够合理，城市群内只有西安一个比较大的城市，次中心城市缺乏，中小城市发展相对偏弱，城镇化率较低，县域经济发展不充分，难以形成相互支撑的一体化发展格局（见图11–12）。

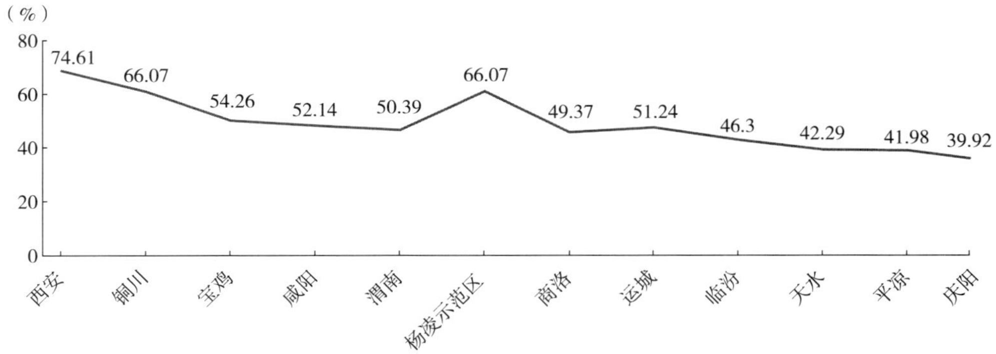

图11-12　2019年关中平原城市群各城市城镇化率

资料来源：各地2019年国民经济和社会发展统计公报

近年来，通过高铁、高速、机场等大通道项目的建设，极大地改善了关中平原城市群各城市的通达联通，但与东部地区相比，关中地区基础设施条件仍然落后，高铁路网、高速路网密度不够，富平—永济高速公路、临猗黄河大桥、万荣—韩城黄河大桥刚刚开建，黄河两岸交通还不够便捷。

（四）人文交流不充分，公共服务一体化不够完善

西安、天水、永济、运城、临汾等城市是我国始祖文化、秦文化、农耕文化等历史文化的重要发源地，都是中国优秀旅游城市，文化同根同源同脉，但在旅游资源的整合、旅游线路的共建互推、旅游客源的互动等方面尚有不足，旅游点未形成闭环，很多游客到陕西旅游后很少去天水和运城旅游，关中平原城市群各城市间没有互认的旅游一卡通。在生态领域，统一申报国家项目少，跨区域的生态环境的共保联治机制没有形成。城市群间以社会保障卡为载体的居民服务“一卡通”还未实现，跨区域的文化遗产保护、民俗文化传承、人文交流等方面合作不够，医保、文化、教育、就业等公共服务普惠共享，以及合

作交流的常态化、制度化体系没有形成，在交通出行、旅游观光、文化体验等方面还没有实现“同城待遇”。

（五）体制机制有待加强，区域间合作深度广度不够

我国城市群普遍跨省或跨市，这就要求城市群城市政府具有较强的协同创新、合作共赢的发展意识，在创建一流营商环境方面要有务实举措。关中平原城市群以陕西为主，将运城、临汾、天水、平凉、庆阳纳入其中，分属陕西、山西、甘肃3个不同的省份，市长联席会议制度尚未持续推进，交流合作机制还不够顺畅，实质性的交流合作缺乏制度规范，在空间发展战略规划编制方面缺乏对接，抱团发展合力不足，造成关中平原城市群在争取国家有关部委优惠政策、项目安排、资金倾斜方面难取得实质性进展。关中平原城市群间虽然相互考察交流，但由于体制机制及政策体系不健全，合作领域也仅限于人文交流、医疗卫生、教育就业等浅层次合作，而在基础设施、生态保护、产业等方面的合作较少，与国家推进关中平原城市群协同发展的要求还有很大差距。

五、关中平原城市群协同一体化发展建议

进入新时代，关中平原城市群正处于国家战略机遇和政策、改革红利持续叠加期，一方面城市群正在深度融入国家“一带一路”倡议，努力完成新时代推进西部大开发形成新格局的使命担当；另一方面城市群仍在持续落实《关中平原城市群发展规划》，打造内陆开放高地，发挥好向西通道、节点作用。到2035年西安国家中心城市和功能完备的城镇体系将全面建成，创新型产业体系和基础设施支撑体系日趋完善，对内对外开放格局有效构建，一体化发展体制机制逐渐成熟，具有国际影响力的国家级城市群建设必将取得实质进展。

面对我国区域经济发展新布局，城市群内各省市要打破本位发展思路，共商共谋共建，制定共同发展目标、实在举措，形成聚合抱团、风险共担、成果共享的发展合力和推动机制。

（一）构建开放大平台，打通开放大通道

关中平原城市群开放不足是制约发展的突出短板。当前，陕西推动“三个经济”“五大中心[①]”建设、西安构建“三中心两高地一枢纽”的举措，为打通开放大通道、搭建开放大平台，更好服务“一带一路”建设奠定了基础。建议以加快中欧班列西安集结中心建设为契机，从国家层面研究出台支持中欧班列集结中心发展的措施及政策。在“十四五”规划编制中，国家发展改革委、国铁集团统筹考虑各集结中心的功能优势，给予班列开行计划支持，促进中欧班列高质量发展。建议国铁集团对全国范围内到达西安的铁路货运运费下调50%，以降低中欧班列的货运成本，让群内货源向西安集中。深入探索自贸区改革，推动创新经验在城市群内实施。优化海关监管模式，做强航空和铁路口岸。积极建设进口商品展示交易分拨中心、跨境电商国际合作中心、加工贸易产业转移承接中心。与京津冀、长江经济带、粤港澳大湾区等地加强协作，增强联通世界效应。开展政务服务“跨省通办”先行先试，为企业创造最优营商环境。

（二）做强重要节点城市，鼓励区域次中心发展

优化城市规模结构，提升节点城市综合承载能力和服务功能，提升中小城市基础设施和公共服务水平，增强人口聚集能力，壮大特色产业，提升群内城市质量。宝鸡作为陕西重要的工业城市和交通枢纽，应利用处于西安、兰州两大城市之间的有利优势，保持城市快速发展，扩大城市规模。渭南作为“陕西

① 五大中心：交通商贸物流中心、国际产能合作中心、科技教育中心、国际文化旅游中心、丝绸之路金融中心。

粮仓”，应保持农业产业的发展势头，并依托资源优势积极促进工业以及文化旅游等特色产业的发展。加快铜川资源型城市转型和铜川新区建设步伐，支持杨凌示范区打造世界知名的农业科技创新城市。加快富平撤县设市步伐，推动富阎一体化发展进程。加快特色小城镇建设，依托关中地区自然人文资源，建设一批生态文旅小镇，设计几条小镇旅游线路，把群内城市串起来，让群内旅游动起来、活起来。

依托汾渭平原是我国重要农作物主产区的优势，大力发展农村农业经济，鼓励支持地理标识农产品等特色农产品发展，壮大县域经济，打造美丽乡村、富裕乡村。依托黄河金三角示范区已有的协同协作基础，在产业互补、文旅融合、区域一体等方面增强运城、临汾、渭南区域发展竞争力，带动关中平原城市群的东部区域强起来。

（三）探索飞地模式跨省、跨市建设产业园区

在建设用地指标普遍紧缺的现实情况下，建议各城市对现有土地资源进行用地清理，盘活存量，控制增量，对低效停产企业实施“腾笼换鸟”，企业该出园的出园，土地该拍卖的拍卖、该收储的收储，让资源要素有效流动起来。虽然目前各市产业发展呈竞合态势，有竞争也有合作，但园区经济发展总体还不平衡，特别是批而未供、供而未用、用而未建、建而未投、投而未达的情况时有发生，土地效益未最大化释放，建议三省鼓励开发区（园区）结对发展，自然资源和规划局积极对接，在土地使用方面给予政策倾斜和支持。加快出台支持跨省市共建产业园区的扶持政策，完善跨省市合作共建机制、利益共享机制、风险共担机制等政策机制。

（四）进一步完善基础设施

积极落实关中平原城市群发展规划，建议三省在基础设施建设的政策、资金支持方面，制定差异化政策，对贫困地区基础设施互联互通资金配套、资

本金筹措比例给予倾斜，尽快将公路、铁路、航运等基础设施建设项目纳入“十四五”重点建设项目，尽早启动。

建议将西安—商洛城际铁路项目纳入关中平原城市群城际铁路网第二轮规划，推进西十高铁、西康高铁、华阴—洛南—商州城际铁路的前期工作与开工建设，形成关中平原城市群大环线，构筑陕西东部南北交通新通道。建议将宝汉巴南铁路、银渝高铁列入“十四五”国家铁路发展规划。

将宝鸡境内危险化学品运输通道项目纳入国家“十四五”交通运输发展规划，并尽快实施。将兰州—天水—汉中—十堰、天水—平凉—庆阳—延安—临汾高速铁路列入国家“十四五”及中长期铁路发展规划，三省共同推动。将S35景泰—礼县、陇县—天水—陇西、凤县—两当—天水、天水—成县高速公路项目列入国家综合交通运输“十四五”发展规划，力争早日开工建设。实施丹宁高速丹凤至山阳段、洛卢高速洛南至陕豫界段项目，加快推进商（商南）郧（湖北郧西）高速、商（商南）卢（河南卢氏）高速、郧（湖北郧西）镇（镇安）高速前期工作。建议加快实施国道银川至榕江（G211）、省道西安至洛南灵口（S101）等商洛境内12条干线公路提升工程，提高国省道二级以上公路比率。

加强航空口岸建设，加快甘肃（天水）国际陆港铁路物流园等项目建设，打造陕甘川便捷新物流通道。

（五）加大新基建投资，抢抓科技创新数字转型发展

西部地区新基建设施不足，投资能力偏弱，建议国家对关中平原城市群在5G基建、新能源汽车充电桩、大数据中心、工业互联网、智慧城市建设等方面给予资金、项目支持，提升各城市信息化数字化智慧化建设水平。充分依托互联网和大数据等智慧政务服务系统、部门网站、工业互联网、科技大市场等平台，打通各市数据端口，让数据资源、政策服务在群内各市共享，争取开展

“数字关中”建设。比如在城市群内开展信用激励和惩戒联动，可实行信用“红黑名单”互认，形成各市部门协同联动、行业组织自律管理、信用服务机构积极参与、社会舆论广泛监督的共治格局。以西安市网上中介服务超市、跨境电商再服务平台、西安工业云、油气智慧产业互联网平台等数字西安建设的优秀成果平台为基础，以构建“云上关中”为目标，通过智慧政务、智慧民生、智慧乡村、新型基础设施建设、产业互联网搭建，让要素流动更为迅捷，让发展环境更加公平透明，实现资源共享。

（六）加大生态环境保护力度，夯实绿色发展基础

把生态环境保护作为城市群建设重要任务，优化城市群生态安全格局，强化生态保护与修复，推进气、水、土等污染防治，实现区域污染同治、生态同建。开展大气污染联防联控，通过月度环境空气监测数据共享、统一大气污染物排放标准、建立重污染天气应急联动处理机制、实行交叉督促检查等具体举措，提高应急联动机制运行效率，确保在春冬季（或防控重点时段）可以同步启动应急预警响应。紧抓黄河流域高质量发展机遇，西安、运城、天水、临汾等积极对接，在治沙治河、生态水环境建设等方面联合打造项目，争取国家支持。

（七）促进基本公共服务便利共享，让群众获得实惠

实施文化旅游项目设施共建共享，系统梳理群内各城市免费开放的博物馆、图书馆、文化馆等公共服务设施清单，统一进行宣传推介，让群内各市群众都能享受同品同质的文化服务。整合各市免费旅游景点清单，按照先易后难的原则，分批次有序推进群内各市旅游景点“同城同待遇”，比如在关中平原城市群内实行旅游年票联票共享，或是按照最优惠价格设立关中平原城市群旅游年卡，开展旅游景点联程等活动，切实让群众享受均等化的优质文旅资源。建立关中平原城市群教育交流合作平台，开展关中平原城市群优质学校结对帮

建活动，积极探索通过共建分校、联合办学等形式建立常态化深度合作关系，提升教育发展水平。特别是在开展职业教育合作方面，通过职业教育等各类实习实训基地共建共享及校企合作，提高技术技能人才培养层次。加大人力资源网络信息共享，重点实现关中平原城市群内大中专院校毕业生就业信息服务平台共享共建，积极促进各市各类人力资源交流洽谈活动开展，实现线上线下人力资源合作共享。充分发挥西安市属医院眼科、儿科、骨科、妇产科等专科特色，鼓励支持关中平原城市群各级各类医疗机构，加入“西部眼科联盟”“西北儿科联盟”“陕西省骨科医疗集团”等专科联盟，通过专科联盟的辐射带动作用，提升关中平原城市群医疗机构专科疾病诊疗技术水平。全面落实《国家医学中心和国家区域医疗中心设置实施方案》，推动国家儿童（西安市儿童医院）、骨科（西安市红会医院）、精神卫生（西安市精神卫生中心）区域医疗中心尽快落地。深化医药卫生体制改革，推进互联网医院平台建设，加快实现跨省医保异地就医结算便利化。

（八）进一步加强和完善一体化体制机制建设

统筹城市群发展的总体目标，对行政管理、科技教育、产业发展和金融贸易等政策进行协调，消除市场壁垒，规范市场秩序，构建良好营商环境，形成有利于区域整体发展的政策体系和发展条件。

建立市级层面联席会议机制，建立部门对接联系机制。设立联席会议办公室，至少每半年召开一次群内各城市一体化发展工作会议，围绕公路铁路航运陆港等基础设施建设、现代产业高质量发展、生态旅游公共服务共享共建等做好通盘考虑和顶层设计，在争取国家部委优惠政策、项目安排、资金支持等方面取得实质性成果。城市群各政府部门要经常联系，互通信息，相互扶持，发挥西安龙头作用。

建立干部挂职交流机制。立足人是生产力中最活跃的因素这一观点，通过人才交流带动生产力发展。选派西安的行政部门、开发区、高校、科研院所等领导赴各地市挂职，通过人才的交流互动使群内各城市在产业一体化、市场一体化等方面联系更加紧密。

成立关中平原城市群产业发展联盟。以西安为龙头，向西促进与宝鸡、天水等城市现代制造业、优势产业协同发展；向北沿包茂发展带促进高端制造业和战略新兴产业大通道形成，对接陕北产业发展；向东以临汾为前沿，与中部及沿海城镇群建立现代服务、科技创新等方面的联系；向南建立区域生态联防联控机制，保护秦岭生态环境，发展生态型特色产业，协调陕南区域发展，加快形成区域分工有序、产业集群布局、关键领域创新、富有竞争力的现代产业体系。依据各地区的自然资源环境以及产业基础，成立相关产业联盟，构建分工合理、各具特色的城市群产业合作体系。

定期召开关中平原城市群主题论坛。成立关中平原城市群发展智库，为推进关中平原城市群发展建言献策。设立主题论坛，比如由各市组织关中平原城市群创新与高新技术发展论坛、现代农业发展论坛、中华历史文化主题研讨会、现代制造业发展论坛、黄河历史文化论坛等。

专题十二

中原城市群一体化政策及进展①

中原城市群是继京津冀、长三角、成渝等城市群之后的一个重要的区域增长板块。自2016年12月《中原城市群发展规划》获批实施以来，适时出台实施规划方案意见、持续创新推进机制、相继采取一体化政策措施，中原城市群一体化进程不断加快。本专题通过梳理中原城市群一体化的政策，分析影响一体化政策效应的制约性因素，探讨“十四五”乃至未来更长一个时期加快中原城市群一体化进程的政策取向。

一、中原城市群一体化的政策梳理

城市群一体化是在充分依托区域内城市之间经济内在联系的基础上，通过一定的制度安排和政策供给，实现城市群内部分工协作、功能互补、能量互

① 本专题作者为河南省人民政府发展研究中心郭建军、耿德建、郭玲玲、郑广建、秦小玲、陶冶、夏巍巍、刘攀。

赋，以此促进发展要素的快速流动和优化配置，激发区域内各城市的内在动力和发展张力，提高区域整体的生产率和均衡发展水平。因此，一体化程度不仅反映出城市群内在的经济联系程度，也反映出外在的制度供给效率水平。从促进中原城市群一体化的制度安排和政策供给来看，集中体现在规划机制、要素流动、资源共享、区域联动、开放发展等多个层面，并表现为以下6个特征。

（一）强化规划引领，兼容不同层级规划于一体化的总体框架中

为推进中原城市群一体化发展，强化规划的先行引领作用，河南省先后出台《河南省建设中原城市群实施方案》《建立更加有效的区域协调发展新机制的实施方案》，在此基础上，相继颁布实施了包括总体规划、地方规划、专项规划在内的一系列发展规划，并把不同层级规划兼容在一体化的总体框架中，在建立区域战略统筹、基本公共服务均等化、区域政策调控、完善市场一体化发展、区域发展保障等方面实现重点突破。从总体规划层面看，河南省研究出台《郑州大都市区空间规划（2018—2035年）》《洛阳都市圈发展规划（2020—2035）》《郑许一体化发展规划（2019—2035年）》《郑新一体化发展规划（2019—2035年）》等，在空间布局、产业协同、创新协作、生态共建、设施互联、服务共享等方面谋划出台了一系列政策措施，旨在促进郑州、洛阳两大核心城市与周边城市一体化发展。河南、山西、陕西联合出台《晋陕豫黄河金三角区域合作规划》，旨在推动城市群省界城市跨区域一体化合作。从专项规划层面看，编制实施《中原城市群城际轨道交通网规划修编方案》《郑州都市圈交通一体化发展规划（2020–2035年）》《河南黄河生态廊道建设规划》《森林河南生态建设规划（2018–2027年）》《郑州都市圈生态保护与建设规划（2020—2035年）》等，旨在引领城市群交通和生态保护一体化发展。从地方层面规划看，研究出台《开港经济带发展规划》《郑新产业带发展规划》《许港产业带发展规划》《郑焦一体化发展规划》《郑焦物流融合发展

规划》《新乡市沿黄生态带发展规划》等规划，从本区域在中原城市群大格局中的功能定位、发展优势、区域特征出发，聚焦产业错位发展和经济内在联系性，探索实践一体化发展的产业支撑新路径。此外，《河南省贯彻落实淮河生态经济带发展规划实施方案》《河南省贯彻落实汉江生态经济带发展规划实施方案》及正在编制的《黄河流域生态保护和高质量发展规划》等区域发展战略规划的实施，其本质上都是通过地区间的协调联动实现区域或流域整体高质量发展，与中原城市群规划的实施具有内在一致性，且战略的叠加效应更加有助于中原城市群的一体化发展。从上述不同层面规划的目标要求、思路选择、政策指向等综合分析，把不同区域、不同领域、不同行业的发展，兼容在中原城市群一体化发展的大格局中，成为规划编制和实施最鲜明的特征。

（二）创新推进机制，催生中原城市群一体化发展合力

纵观国内外城市群发展的历史和实践，城市群本质上是基于社会分工深化、市场深度扩张、要素高度空间聚集而演化出来的区域经济形态[①]，是城市群内城市之间强劲的经济内在联系性需求的产物，带有市场作用下的自发性特征。但是，中原城市群与其他城市群相比，受经济发展水平、区域文化属性、自然地理特征、市场化发育程度、行政区域分割等因素的影响，城市群发展处于成长期初级阶段，依赖城市区域之间经济内在联系，尚不足以孕育出城市群一体化发展的动力。要推进城市群一体化发展，需通过外力，催生出一体化发展的合力，以弥补城市群内在一体化发展的先天性不足，创新推进机制也就成为重要选择。

1. 建立工作推进机制

一是出台落实文件。中原城市群所涉及的豫、晋、皖、冀、鲁等五省都

---

① 张学良:《中国城市群发展与若干研究方向》，搜狐网，2017 年 9 月 20 日。

相继出台落实《中原城市群发展规划》的具体政策文件，在发展目标、重点任务、协同创新、产业升级、生态文明建设、社会治理等方面，形成推进规划实施的政策框架。二是成立领导小组。河南省成立了由省长任组长、省直有关部门主要负责同志为成员的河南省中原城市群建设工作领导小组，统筹协调研究中原城市群建设过程中的有关重大问题。三是分解目标任务。五省都在文件中将任务目标明确具体化，分阶段分步骤加紧实施，贯彻落实《中原城市群发展规划》，以重大规划、重大项目、重大改革事项为抓手，制定年度工作要点和重大工程清单，率先在中心城市建设、交通一体、生态共建等领域取得突破。

2. 建构政务会商机制

在省级层面上，建立五省发展改革部门日常会商制度，共同制定推进省际通道建设行动计划；山西、陕西、河南三省省政府联合印发《切实加快晋陕豫黄河金三角区域合作工作实施意见》，为晋陕豫黄河金三角区域合作工作提供了有力支持；建立五省民族宗教工作协作机制联席会议制度，开创市级民族宗教工作部门跨省区域协作的先河，打造共建、共治、共享的社会治理格局。在省辖市层面上，郑州、开封、新乡、许昌、焦作五市建立了市长联席会议制度，城市部门间对接合作机制、咨询机制、民间交流机制等一体化联动发展机制；郑州、洛阳等9个城市成立中原城市群政协主席联席会议制度；安阳、鹤壁、濮阳三市建立市长会商会议制度，签署《安阳、鹤壁、濮阳三市携手建设中原城市群北部跨区域协同发展示范区战略合作座谈会议备忘录》和《豫北区域协同发展合作框架协议》，推进会商制度成为常态。

3. 推进城市专项合作

洛阳、平顶山、三门峡、济源四市组建旅游城市联盟，共同签订中原城市群西部城镇协同区建设合作框架协议，建立了西部转型创新发展示范区建设联动机制，共同研究讨论豫西北特色产业规划，加强先进制造、生态旅游、交通设施、科技创新等领域深化合作；郑州市牵头成立郑州都市圈城市一体化联盟，积极搭建五市[①]合作联动平台，共同成立了郑州大都市区标准联盟和旅游联盟；安阳、鹤壁、新乡、焦作、济源五市共同发起成立了“老家河南·太行山水”旅游推广联盟。

《中原城市群发展规划》要求，河南、河北、山西、安徽、山东五省的省政府是中原城市群建设的责任主体，要合力推进中原城市群健康发展，为此，五省也相继出台关于贯彻《中原城市群发展规划》的实施方案和意见。但从推进中原城市群一体化发展的体制机制创新来看，仅仅迈出了第一步，并没形成共同的省际协商、磋商、论坛、研讨工作机制，中原城市群所涉及的30个城市如何一体化发展，尚未形成相对成熟的实践操作机制，仅处于河南热、局部热、核心区域热的状态。依靠外在推进机制催生中原城市群一体化发展合力的实践效果，并未达到理想状态。

（三）实施重点突破，促进发展要素自由流动和高效配置

实现城市区域之间发展要素的自由流动和优化配置，既是中原城市群一体化发展的目标要求，也是发展的短板所在。如何通过一定的制度政策安排剔除阻碍发展要素自由流动的障碍，成为推进中原城市群一体化发展的重要突破口。

1. 促进人口向城镇集聚

《河南省新型城镇化规划(2014—2020年)》提出：重点抓好“三个一批”[②]，持续实施“一基本两牵动三保障”，加快户籍制度改革和居住证制度

① 郑州、开封、许昌、新乡、焦作。

② 优先推动一批已进城就业定居的农民工落户，成建制推动一批城中村居民转户，推动一批农村富余劳动力有序转移。

双落地，以农业转移人口和其他常住人口落户城镇为重点，促进有能力在城镇稳定就业和生活的农业转移人口举家进城落户。建立健全“人地钱”挂钩机制，让更多进城农民能够安居乐业，融入城市。河南省于2017年出台《关于实施支持农业转移人口市民化若干财政政策的通知》，围绕解决“三个一批”新型城镇化问题，建立健全支持农业转移人口市民化的财政政策体系。2019年出台《关于对被征地农民参加基本养老保险实施补贴的意见》，将具有土地承包权但没有当地户籍的人员纳入保障对象范围。实施“农村劳动力技能就业计划”，组织开展农村劳动力职业技能培训。同时，中原城市群各地深入推进户籍制度改革。河南省印发《2020年河南省新型城镇化建设和城乡融合发展重点任务》，提出全面消除郑州市中心城区之外的其他市县和省辖市落户限制。深入实施居住证管理制度，推进城镇基本公共服务和便利常住人口全覆盖，促进新型城镇化健康发展。截至2018年底，河南省城镇常住人口达4967万人，城镇化率51.71%，完成了从乡村型社会到城市型社会的历史性转变。截至2019年底，中原城市群总人口16433.3万人，城镇化率52.59%，较2015年的46.42%提高了6.17个百分点，年均提高1.54个百分点。2018年，郑州国家中心城市在连续7年人口净流入后，释放积攒多年的“人口红利”，常住人口达到1014万人，首次跨入千万人口城市行列。2019年郑州大都市区常住人口2880.04万人，较2015年增加了109.18万人，城镇化率达61.88%，较2015年的55.88%，提高了6个百分点，年均提高1.5个百分点[①]。

2. 加快交通一体化进程

铁路方面，为更好服务“短周期、高频次”城际旅客，自2020年9月15日起，郑开、郑焦、郑机3列城际列车开通了“铁路e卡通”业务，旅客乘坐这3列

① 资料来源：根据历年河南统计年鉴及相关地市统计公报汇总。

城际列车无需买票，直接扫码便可以进站，实现了“一键开卡、一键绑定、一键充值、一键支付、一键查询和一码乘车”。公路方面，自2017年3月5日起，为了更好吸引郑州的产业、人才、技术服务新乡市平原示范区，加快郑新一体化，豫A牌照小汽车行驶郑新黄河大桥的通行费由平原示范区财政买单，无需车主支付。自2006年11月19日起在郑州和开封两城市之间对发运行城际公交。2018年2月11日，晋城至郑州、晋城至焦作的城际公交正式开通。

3. 建立数据信息共享机制

为打破长期以来地方政府之间、部门之间“信息孤岛”，中原城市群着手建立数据信息共享机制。山西、陕西、河南“黄河金三角”组建了黄河大数据中心，联合8个部门21个系统，搭建“一体化”云服务平台，实现“一体化政府”和“一站式服务”。同时，该系统面向社会和企业开展商业性云计算服务，满足了黄河金三角三省十市数据存储需求，在一定程度上，促进了数据信息资源的共享。

4. 建立创新型要素共享机制

中原城市群西部创新示范区强化洛阳副中心城市科技创新引领带动能力，探索建立了以洛阳为中心，联合平顶山、三门峡、济源等周边城市的洛阳都市圈“科技创新券”互认机制，开展区域间“科技创新券”互用互认，推动重大科技创新资源共享。“科技创新券”是城市群内实现创新要素共享的重要突破，为不同区域之间共享科技成果、共享政策红利、促进要素流动破除了行政壁垒。同时，郑洛新国家自主创新示范区的制度创新、扶持政策等可以复制到中原城市群内的所有国家级高新技术产业开发区。

5. 探索协同的投融资机制

为解决城市群内融资难、融资贵问题，河南省打出了政府引导基金、科技贷的“组合拳”，发起设立了总规模13亿元的自创区成果转化引导基金和创新创业发展基金，洛阳、郑州、新乡凡是自创区内企业，均可以享受协同便利的投融资政策。同时加大“科技贷”投放力度，重点支持一批科技型企业创新发展，引导合作银行对科技型中小企业贷款，有效缓解了中原城市群尤其是西部自主创新示范区科技型企业融资难、融资贵的问题。豫陕晋三省的部分城市之间，建立黄河金三角商品现货交易场所，研究设立晋陕豫黄河金三角区域金融机构，为区域内企业提供融资服务。

6. 建立能源协同发展机制

一是探索中原城市群内部的安阳、鹤壁、濮阳等市的电力直接交易，实现电力资源共享。二是北部协同发展区通过“光伏领跑者计划”“低风速发电基地”建设，初步建立了新能源资源共享机制，实现了光伏发电、风力发电的互联互惠合作。三是建立煤炭领域共享合作机制。河南省通过建设豫北煤炭输配中心，形成了城市之间煤炭共享合作机制。如鹤壁市煤炭资源丰富，但毗邻的安阳市煤炭消费量较大，两市纳入省统一的输配中心后，实现了资源共享，既解决了安阳的煤炭消费需求，又推动了北部协作区的煤炭清洁化利用。

（四）推进产业协同发展，构建一体化发展的产业支撑

自2016年以来，中原城市群把提升产业的竞争力作为推动城市群发展的战略基点，持续推进传统资源型工业转型升级，积极运用新一代数字化信息技术引导制造业变革，不断加大二、三产业融合力度，推动城市群三次产业结构从2015年的11.4∶47.3∶41.3演变为2019年的9.3∶42.8∶47.9，基本形成了以先进制造业为引领、现代服务业为支撑的中原城市群现代产业体系，尤其是郑州大都市圈，在产业的协同发展上迈出坚实步伐。

郑州大都市圈五市以跨区域交通廊道和产业园区规划布局为重点，全面推进郑开双创走廊、开港、许港、郑新、郑焦等重点产业带建设，打造5000亿级汽车及零部件产业集群、5000亿级电子信息产业集群、5000亿级现代物流产业

集群、3000亿级生物医药产业集群、千亿级智能装备制造产业集群和千亿级大数据产业集群，加速构建支撑郑州大都市圈功能布局优化的主骨架和促进产业链式发展的主平台。郑开产业带聚集了汽车制造、现代物流、文化创意、旅游等产业。郑汴汽车产业带初步形成230万台整车产能，配套产业加快集聚。郑开科创走廊、开港产业带、沿黄生态带全面启动。以郑州航空港经济综合实验区为主的智能终端生产基地加快建设，河南省智能传感器创新联盟、创新中心成立，以郑汴200万辆汽车基地为核心的汽车及零部件产业链布局持续完善。下一步将推动华为、海康威视、阿里巴巴等区域总部落户郑开科创走廊。许港产业带加快布局，统筹郑许市域铁路11个站点及沿线产业、商业业态和居民小区规划。森源新能源汽车产业园、黄河工业园锂离子动力电池、远东传动轴智能制造产业园等一批先进制造业项目加紧实施，长葛华夏幸福产业新城顺利推进，沿线区域成为新的投资热土，郑许融合发展的先进制造业密集带初步形成。郑焦产业带积极构建“一枢纽、一中心、两新城、两走廊、三平台、四绿带”发展格局，谋划提出“两山两拳①”生态文化旅游融合示范带、“沿黄沿山”产业带、郑焦科技走廊。郑新产业带建设，初步形成了纵向推进从新乡市中心，途经新乡县、原阳县、平原示范区的郑新高新技术产业带建设；横向推进以封丘产业集聚区、原阳产业集聚区、平原示范区、获嘉华夏幸福产业新城等为战略节点的沿黄产业带建设，形成郑新融合的“大十字”产业架构。同时依托郑州、洛阳、新乡、蚌埠、聊城等城市创新优势和郑洛新国家自主创新示范区、合芜蚌国家自主创新示范区的引领带动，着力开展全产业链、全生命周期、全溯源链的技术突破，形成了一定规模的产业集群。以冶金、建材、化工、轻纺为代表的传统资源产业加快转型升级步伐，在洛阳、济源、运城、邯郸等地形

① “两山”即云台山、嵩山，“两拳”即太极拳、少林拳。

成了具有一定竞争力的精品原材料产业基地。

（五）优化发展布局，形成一体化联动发展的空间格局

区域联动发展是城市群一体化发展的核心。把握利用区域发展、要素流动和产业分工的规律性特征和趋势，及时调整和完善区域合作机制和政策，让不同地区充分彰显优势，实现协调联动发展，是中原城市群一体化的重要内容。中原城市群的区域联动发展主要包括中原城市群整体联动、郑州大都市圈、核心发展区及4个协同发展区4个层面。

1. 着力推进郑州国家中心城市建设

按照《关于支持郑州建设国家中心城市的指导意见》，重点围绕“三中心一枢纽一门户”的城市功能，河南省出台郑州建设国家中心城市行动纲要，印发关于支持郑州建设国家中心城市的若干意见，打造中原城市群发展核心增长极。谋划建设郑州大都市区，出台《郑州大都市区空间规划（2018—2035年）》，构建“一核四轴三带多点”空间格局，加快与开封、新乡、焦作、许昌的一体化发展。

2. 着力打造洛阳副中心城市

河南省出台《关于支持洛阳市以开放为引领加快中原城市群副中心城市建设的若干意见》，强调以开放为引领，以制造业高质量发展为基础，以文化繁荣兴盛为特色，以优美生态为底色，全面提升副中心城市综合承载能力。与平顶山、三门峡、济源三市共同签署中原城市群西部转型创新发展示范区合作发展框架协议，积极推动洛阳和济源融合发展，研究出台《关于推进洛阳济源深度融合发展的若干措施》，引领西部转型创新发展示范区一体化发展，增强对陕东、晋南地区的带动力。

3. 着力推进安阳、商丘、南阳、蚌埠区域中心城市建设

聚焦交通、产业等领域联动，联合鹤壁、新乡、焦作、濮阳四市签署《豫

北区域协同发展合作框架协议》，带动北部跨区域协同发展示范区一体化发展，提升对冀南、晋东地区的协同力。加快商丘区域中心城市建设，聚焦产业、创新等领域协同，带动东部承接产业转移示范区一体化发展，提升对鲁西南、皖北地区的辐射力。推进南阳区域中心城市建设，聚焦生态、旅游等领域协作，带动南部高效生态经济示范区一体化发展，提升对鄂西北、陕东南地区的影响力。加快蚌埠淮河流域和皖北地区中心城市建设，从开放引领、创新驱动、医养结合、拓展空间、生态示范、文化传承等方面，全力建成“一枢纽、五中心”①。

4. 推进地方区域之间的合作

2019年，山西、陕西、河南三省政府联合印发《切实加快晋陕豫黄河金三角区域合作工作实施意见》，就进一步加快《晋陕豫黄河金三角区域合作规划》的全面实施，推动黄河金三角地区经济社会一体化、跨越式发展做出部署。力求在基础设施互联互通、公共服务共建共享、区域信息网络体系建设、承接产业转移、环境保护合作、区域人才资源利用共享等方面取得重大进展。黄河生态保护和高质量发展上升为国家战略后，四市进一步加快联动发展步伐，出台了《黄河金三角区域协调机制方案》，围绕区域重大活动组织、定期会商推进、区域沟通对接、区域合作督导评估、信息交流等开展合作。

在北部跨区域协同发展示范区豫北五市中，安阳、鹤壁、濮阳三市2017年开始推进战略合作，在交通基础设施建设、能源资源共享、产业互补发展、科技创新合作、文化旅游合作、共建开放高地、大气污染防治等方面达成了初步合作共识。在三市合作基础上随后又增加新乡、焦作两市，共同签署《豫北区域协同发展合作框架协议》，围绕共建中原城市群北部协同发展示范区、加快

① 面向中西部、服务长三角、辐射淮河流域和皖北地区的国家综合交通枢纽，淮河流域中游和皖北地区的先进制造中心、科技创新中心、商贸物流中心、医疗康养中心和文旅服务中心。

资源型城市转型、推进区域联动发展等进行深入合作。

南部高效生态经济示范区协同区的信阳、驻马店、南阳三市，签署了《南部高效生态经济示范区协同区发展合作框架协议》，探索以交通一体为突破口，积极促进三地产业链接、服务共享、生态共建。同时，信阳依托大别山红色、绿色旅游资源，加强区域协同开发，与黄冈、六安共同打造大别山区域旅游协作联合体。同时，抢抓淮河生态经济带上升为国家战略的重大机遇，与江苏淮安、安徽蚌埠建立常态化沟通联络机制，探索上下游生态补偿、沿淮高速高铁、产业结构互联互补。

5. 鼓励优势地区和领域先行联动

健全区域协调发展机制，以枢纽经济、产业经济、生态经济、数字经济为突破口，引导各地优势互补、错位发展，鼓励和支持有条件的城市打造区域中心城市，推动省际交界地区由区划边缘向区域枢纽、开放前沿转变。坚持互联互通、覆盖广泛、协同高效发展方向，推动基础设施由局部优势、单一优势向综合竞争优势转化。构建便捷畅通的综合交通体系，建设以航空港为核心、多式联运的郑州国际交通门户枢纽，加快“米”字形高铁向多中心网络化发展。以郑州航空港综合实验区、郑洛新自主创新示范区、中国(河南)自由贸易试验区等国家战略相继落地河南为契机，河南省委、省政府印发了《关于统筹推进国家战略规划实施和战略平台建设的工作方案》，发挥战略的叠加效应，构建支持未来发展的改革、开放、创新三大支柱，共享政策红利，拓展发展空间。2019年黄河流域生态保护和高质量发展上升为国家战略，河南省及时印发《2020年河南省黄河流域生态保护和高质量发展工作要点》，提出以完善产权制度和要素市场化配置为重点，破除体制机制障碍，完善市场化和多元化生态补偿机制、开展排污权交易试点等；启动编制郑州大都市圈生态专项规划《郑州都市圈生态保护与建设规划（2020—2035年）》；整合郑州、开封、新乡、焦作四市沿黄规划，统筹推进沿黄生态带建设。落实实施乡村振兴战略，河南省印发了《关于推进乡村振兴战略的实施意见》和《乡村振兴战略规划（2018—2022）》，对产业、人才、文化、生态、组织5个振兴进行部署，深化农业供给侧结构性改革和农村土地制度改革，引导社会资本积极参与农业农村领域项目投资、建设、运营，改善农业农村公共服务供给，引导城市先进生产要素进入农村，带动农村产业发展，进一步促进城乡协调发展。2019年中原城市群农村人均可支配收入为14754.81元，比2015年提高了4341.26元。城乡收入比由2015年的2.37：1降低为2019年的2.26：1[①]。

6. 构建城市群“四级”网络化发展通道

中原城市群紧紧抓住集聚城市群内的多重国家战略、发展平台、重大项目相叠加的便利条件，以强化交通互联互通为先手，按照城市群发展规律，依托高铁、轻轨、高速、公路，着力构建郑州与中心城市间、各中心城市间、中心城市与周边中小城市间、小城镇间“四级”复合型快速通道，进而促进城市群内人流、物流、信息流、技术流、产业流的流动，在中原城市群发展初期初步实现了以交通一体为先导，引导产业协同布局的一体化发展态势。当前，在郑州与中心城市间联通方面，以郑州国家中心城市建设为突破口，充分发挥“五区一群”等国家战略平台叠加效应，依托国家铁路网、公路网等重大项目建设，着力构建“米”字形高速铁路网，都市圈城际铁路网、都市圈轨道交通网的一体化快速交通“三网”格局，不断完善以郑州为圆心的城市群一体化交通主通道。目前，除郑济方向濮阳、聊城、菏泽，太焦方向晋城、长治为2021年通车外，郑州“3小时高铁圈”可通达城市群内任一中心城市，郑州“1.5小时通勤圈”可通达都市圈任一城市。在中心城市间、中心城市与周边中小城市

① 资料来源：根据历年相关地市统计公报数据汇总。

间、小城镇间的联通方面，着力推进高速公路多路联通，积极推进普铁、支线铁路建设，加大普通干线公路升级改造，全力构建以中心城市为枢纽的网络化交通干线。目前，城市群内各中心城市都通过高速公路可实现交通互通，中原城市群省际通道贯通22个，在建5个，基本实现旅客和货物跨行政区域高效便捷流动。城市群河南境内所有省辖市实现高铁联通、所有县（市）实现高速联通、所有县乡实现高等级公路联通。

（六）厚植开放优势，探索内陆型城市群高水平开放发展的新路子

作为一个地处中部的内陆发展型城市群，中原城市群始终以更加积极的心态、更加主动的举措推进开放，以郑州建设国家中心城市为突破口，着力构建陆海空网4条开放通道，全方位、多层次、全领域实施对内对外双重开放，充分发挥以开放承接产业、吸引人才、厚植创新、集聚资源的“主动脉”作用，初步形成了龙头带动、多点支撑、连通国内外、辐射东中西的开放格局。

1. 积极融入“一带一路”建设

统筹推进空中、陆上、网上、海上丝绸之路建设，在巩固提升陆上、空中、网上三大丝路建设的基础上，开通至主要港口的海铁联运班列，推动内河水运与沿海港口无缝衔接；把握地方参与互联互通建设的切入点，支持有条件的省辖市建设“无水港”，全面对接“海上丝绸之路”，以无水港、陆港、空港、信息港为关键支点，打造海上、陆上、空中、网上四位一体的国际大通道，率先在建设现代物流枢纽上取得突破。发挥郑州航空港经济综合实验区开放门户功能，全面实施郑州国际航空货运枢纽战略规划，建设卢森堡货航亚太地区分拨转运中心。吸引知名航空公司在郑州设立基地公司。培育航空偏好型产业集群，打造全球智能终端研发制造基地。建设中卢创新科技产业(郑州)园区。陆上通道中欧班列加密班次，拓展线路，完善区域集货节点功能，提高运营质量；配合班列站点建设和布局，建设集服务中心、贸易

中转、功能中枢于一体，涵盖物流商贸、加工制造、综合服务等板块的开放综合体。高标准建设中国（郑州）跨境电子商务综合试验区。持续推动试验区在政府监管、商业经营、产业培育、标准制定等方面先行先试，积极建设贸易核心功能集聚区，打造跨境电子商务完整产业链和生态圈，努力建成全球网购商品集疏分拨中心和内陆地区国际消费中心。支持行业领军企业主动参与世界跨境电子商务贸易标准规则制定。研究制定进一步深化自由贸易试验区改革开放的方案，加大自由贸易试验区内电信、文化、旅游等领域对外开放压力测试力度。抓紧谋划并争取片区优化，探索建设自由贸易试验区联动发展区，在开放程度高、体制创新活跃、战略带动意义强的区域设置新的片区，形成省内"一区多片"布局，大幅提升自贸试验区国际竞争力，努力把"最大试验田"的效能发挥到最大。复制上海、广东等自由贸易试验区深化改革经验，积极申建内陆自由贸易港。

2. 推动高能级开放平台能效释放

研究制定出台《郑洛新国家自主创新示范区条例》《中国（河南）自由贸易试验区条例》。国家超级计算郑州中心、国家技术转移郑州中心、国家知识产权局专利局专利审查协作河南中心以及新筹建的黄河实验室落地郑州。以"一带一路"建设统领平台建设，支持洛阳、安阳、商丘、周口等省辖市在主要铁路沿线（场站）和内河重要港口规划建设直接办理货物进出境手续的口岸查验区，构建与中欧班列联动发展的区域集散节点，完善区域一体化集货节点功能，在中原城市群内形成制度高地、共享高地和产业高地。以口岸体系建设为重点，着力强化航空和铁路国际枢纽口岸建设，围绕郑州机场、郑州铁路东站两个口岸，将河南省境内十多个海关的通关、查验现场通过智能的通关一体化平台结合成为一个整体，让货物在河南省关区内实现快速通关、自由流转。创新推进海关特殊监管区域提质发展，加强统筹规划布局，在南阳、洛阳建设综合保税区，在商丘、许昌、蚌埠、邯郸等地建设保税物流中心，在城市群内全面提升国际贸易“单一窗口”功能，抓好国家标准版功能推广应用，完善跨境电商、多式联运、自贸区服务等特色功能，推进城市间口岸信息互换、监管互认、执法互助。发挥产业集聚区开放主阵地、主战场的作用，强化政府引导、评估作用发挥，统筹优化产业集聚区空间布局和主导产业定位，着力在中原城市群内促进形成布局合理、错位发展、功能协调的发展格局。按照政府引导、市场运作、国际对接、合作共赢的思路，积极推动产业集聚区以区中园形式布局建设一批高端产业园、生产性服务业专业园、专业孵化园、返乡创业园、中小微企业园，进行统一规划和整体开发，引导特色产业集群发展。创新区中园发展模式，积极承接省外及中心城市“飞地经济”落地，支持龙头企业牵头联合打造专业园区，支持建设跨省合作园区，力争把产业集聚区建成引进国际先进技术、高端制造业项目落地、制造升级的撬动点。推动各类开放平台在空间、体制、功能上深度融合，联动发展。率先复制推广自贸区试点经验，以新的管理模式、建设模式、运营模式，引领带动制度创新。

3. 打造一流营商环境

制定《河南省优化营商环境条例》，建立优化营商环境的法律法规和法制保障。以“一网通办前提下最多跑一次”改革为契机，建立由常务副省长主持，省辖市常务副市长、省发展改革委和省大数据管理局、主题涉及的相关厅局参加的定期例会制度，高峰期每周在郑州召开一次会议，中间调整为一月一次，为了提升协调优化营商环境的力度，目前调整为两周召开一次。以“网上办、一次办、指尖办、零跑腿”为目标，持续优化政务服务。在河南省发展改革委专门成立营商环境处，指导、处理和协调全省在营商环境方面的问题。

4. 推动区域协同开放

城市群各城市间共建共享群内开放资源要素，协同推进对外开放，积极推动省界城市对接国家战略、参与地区合作，多城市、多层次、全方位支撑中原城市群开放发展。目前，中原城市群30个城市都积极主动全面融入推进“一带一路”建设，全面参与对外开放发展，南阳、洛阳利用综合保税区优势，商丘、许昌、蚌埠、邯郸等地利用保税物流中心优势，在吸引外商投资、提供就业、承接产业转移方面发挥了重要作用。对内，安阳、邢台、邯郸主动对接京津冀协同战略，积极承接京津产业转移，吸引北京非首都功能的产业落户。商丘、亳州、宿州、阜阳、淮北、蚌埠主动对接长三角一体化战略，积极承接沪浙苏等地产业转移。三门峡、运城持续深化晋陕豫黄河金三角区域合作，拓展与关中平原城市群的合作交流。聊城、菏泽、濮阳积极开展与山东半岛城市群的合作协作。

通过扎实推进开放战略，开放带动的效能初步显现。截至2019年底，郑州机场开通航线255条，其中国际航线58条，旅客吞吐量、货邮吞吐量稳居中部地区双第一。中欧班列（郑州）已实现每周去程18班、回程11班高频高质开行，境外网络遍布30多个国家，形成连通境内外、辐射东中西的国际陆路通道；“买全球、卖全球”的网络枢纽形成。2019年中原城市群外贸进出口总额达到1085.8亿美元，比2016年增长了16.6%，一大批世界500强企业纷纷在群内投资兴业，以苹果手机为代表的一批高端产业通过开放通道进入城市群，有力地促进了城市群内的产业发展和升级。

综合来看，促进中原城市群一体化发展的制度供给和政策安排取得了积极明显的效果。综合实力大幅提升，2019年中原城市群GDP达到79791.20亿元，比2015年增长了42.69%。财政收入快速增长，2019年中原城市群30个市共完成一般公共预算收入5836.35亿元，比2015年增长了38.55%，年均增长8.49%，增速高于全国一般公共预算收入增速。居民收入稳步提高，2019年底中原城市群30个城市中有27个城市城镇居民人均可支配收入大于30000元。消费市场规模效益显现，2019年中原城市群社会商品零售总额达到34897.58亿元，比2015年增加了10571.26亿元，年均增长9.5%，高于同期全国增速1.3个百分点。郑州大都市圈发展加速，2019年郑州大都市圈经济总量达到23028.82亿元，占中原城市群经济总量的28.90%，比2015年提高了2.06个百分点。涵盖14个城市的核心发展区提速发展，2019年经济总量达到42224.54亿元，是2015年的1.5倍，占中原城市群经济总量的52.99%，比2015年提高了2.44个百分点。[①]

二、中原城市群一体化存在问题分析

中原城市群一体化的制度安排和政策供给作为一种外力助推，其政策效应和作用的发挥，不只取决于政策供给的力度，在很大程度上还取决于中原城市群内在的发育程度。与长三角、京津冀、粤港澳大湾区等城市群相比，中原城市群发展水平总体上处于成长的初期阶段，空间结构上处于单核心集聚的阶段，这种内在发育不足不仅迟滞了一体化的步伐，而且影响了制度政策功能的有效发挥。

（一）一体化内生性动力不足

经济结构的转换升级是城市群形成的主要动因。城市群实现高度一体化的关键，在于城市群内部能否构建一个定位准确、分工明确、优势互补、协作密切、联动发展的产业生态系统，形成较为合理的内部分工体系。例如美国大西洋沿岸城市群中，纽约是金融中心，波士顿是科教中心，费城则是制造中心[②]。反观中原城市群，受经济发展阶段和产业发展结构所限，目前各城市之间经济联系还比较松散、功能耦合与深度融合程度较低，还没有形成合理的城

① 资料来源：根据相关地市统计公报数据汇总。

② 姚世谋等:《中国城市群新论》，科学出版社，2016。

市分工格局，且产业结构雷同，同质竞争严重，支撑城市群发展的内生动力严重不足，从而迟滞了群内一体化的推进和整体功能的提升。

1. 城市化水平较低，很多城市还处在工业化中期阶段

中原城市群无论是人均GDP水平、工业化水平，还是城镇化水平都低于全国平均水平，经济结构层次偏低，城市之间联系比较松散。2019年中原城市群30个城市中，第一产业占比高于10%的几乎占到半壁江山，其中有4个位于核心发展区，有10个位于联动辐射区。这些城市大都属于传统农区，二、三产业发展层次较低，要素供给多依赖本地资源，产业发展也多依托本地比较优势，参与市场分工和接受高端要素辐射较少。如图12–1所示，2019年中原城市群中有18个城市人均GDP不足7000美元（根据2019年平均汇率折合人民币48290元），基本上处于工业化中期阶段。而人均GDP超过1万美元并达到全国平均线（10276美元，折合人民币70889元）的城市只有5个。但除郑州外，济源、

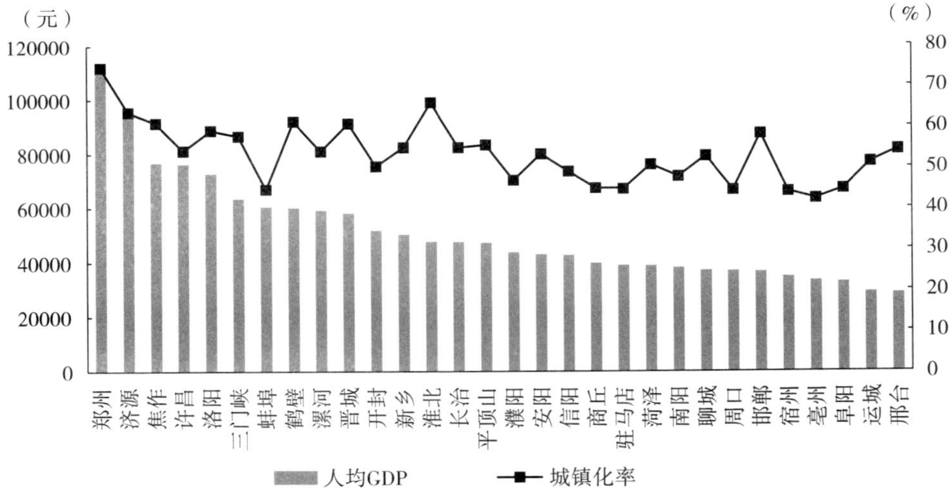

图12–1　2019年中原城市群各市人均GDP及城镇化率

资料来源：2019年各市统计公报

焦作、许昌、洛阳的第三产业占比分别为35.1%、41.0%、41.2%和48.8%，均不足50%，表明仍处于工业化后期阶段。2019年中原城市群中城镇化率达到全国平均水平的（60.6%）的城市只有6个。而且除郑州外，其余5个城市的经济体量、人口总量和市场规模都非常小。尤其需要注意的是，中原城市群中还有9个城市城镇化率还不足50%，意味着这些城市还未能实现由乡村型社会向城市型社会的历史性转变。

2. 产业结构资源指向性明显，且同质性严重

中原城市群城市工业发展多依赖于自身资源优势，煤炭、钢铁、冶金、化工、建材、食品等一直是诸多城市的传统支柱产业，这就导致城市群整体产业结构资源指向性明显，且高污染高耗能产业居多。2018年河南28个制造业行业中（见图12-2），有11个行业的区位熵大于1，表明这些行业具有一定竞争优势。但其中仅有通用设备制造业和专业设备制造业两个行业为知识密集型行业，其余9个行业均为资源密集型或劳动密集型行业，有的甚至为高污染高耗能行业。全国第四次经济普查数据也显示，2018年河南工业行业就业比重排名前十的行业中，有7个行业为资源密集型或劳动密集型。图12-2还显示，除食品制造业区位熵大于2以外，其余10个优势行业的区位熵都介于1和2之间，表明这些行业并不具有绝对优势。即便在郑州大都市圈内情况也类似。基于2018年企业法人数，计算郑州、新乡和焦作三市制造行业区位熵，发现均大于0.5的有17个制造行业，其中有9个行业的区位熵比较接近，且均小于1.5，也多为资源依赖型行业。正是由于城市间主导产业比较雷同，错位分工的格局处于刚刚起步阶段，大多数行业处于低水平的竞争状态，带来城市群内部产业分工粗放，产业之间关联性较弱，制约了城市群在更大范围内统筹优化资源配置的功能。如处于豫北的安阳与处于冀南的邯郸、邢台以及处于晋东的长治、运城，基本上都是以钢铁、建材、煤焦化为主的传统工业城

市，合作的趋势不仅没有出现，反而同业竞争现象严重，不可避免会影响城市间的合作发展，阻隔资源要素的自由流动，从而阻碍城市群一体化的推进形成。

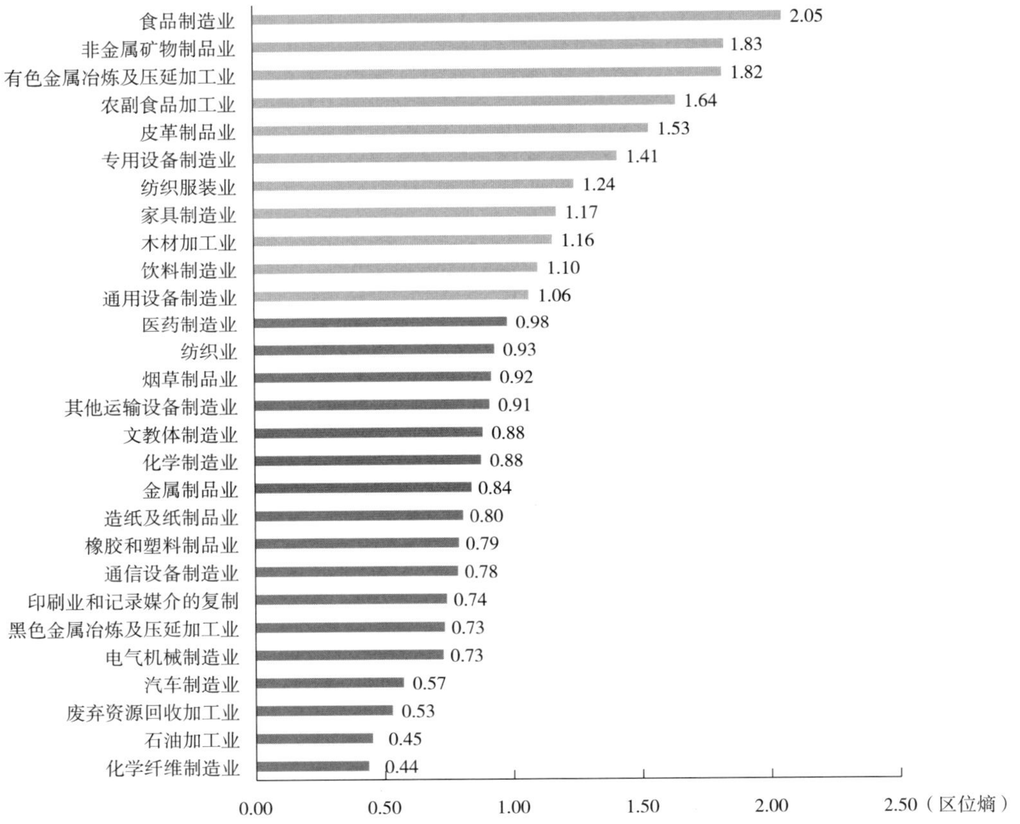

图12-2　2018年河南制造业分行业区位熵

资料来源：《2019河南统计年鉴》

3. 高端产业规模较小，引领转型发展动力严重不足

由于中原城市群传统产业“底盘”较大，尽管新兴产业成长迅速，但产业

规模较小，核心竞争力不强，支撑新旧动能转换、引领产业转型动力还不充足。2019年河南全省战略性新兴产业实现增加值占规模以上工业的比重攀升到19%，但是规模以上工业中传统产业几乎占到半壁江山（46.7%），尤其是高耗能工业占比仍高达35.3%。被《中原城市群发展规划》寄予厚望以培育战略性新兴产业集群的10个城市，发展出现了分化。如与2015年相比，郑州、洛阳、新乡等地成长迅速，相比之下，蚌埠、聊城、运城、长治四市，2019年工业增长显示乏力状态，其规模以上工业增速分别为4.9%、1.8%、5.4%和4.5%，还不及全国平均水平（5.7%）。

（二）核心城市带动能力不强

《中原城市群发展规划》提出把郑州建设国家中心城市作为提升城市群竞争力的首要突破口。可以说，郑州作为国家中心城市，在中原城市群建设中发挥着重要的支点作用，不仅需要具有集聚发展资源、推动经济增长的能力，更需要承载起带动辐射周边地区共同发展的“引擎”功能。但是，目前郑州经济实力整体较弱，自身处于集聚发展阶段，集聚效应大于辐射效应，还不足以成为支撑城市群发展的辐射源，即郑州这匹“小马”还不足以拉动中原城市群这辆“大车”。

2019年郑州GDP总量为11590亿元，在九大国家中心城市中略高于西安，不及广州的一半，也不足北京、上海的三成。2019年郑州经济首位度仅为21.36%，在27个省会城市中排名靠后，远低于成都、西安和武汉。2019年郑州人口首位度为10.7%，不仅远低于西安、成都和武汉，也低于广州、杭州、合肥和长沙（见图12-3）。可以说，郑州作为中原城市群的核心增长极，没有足够大的经济规模，就难以有效吸引城市群内外高端要素集聚。

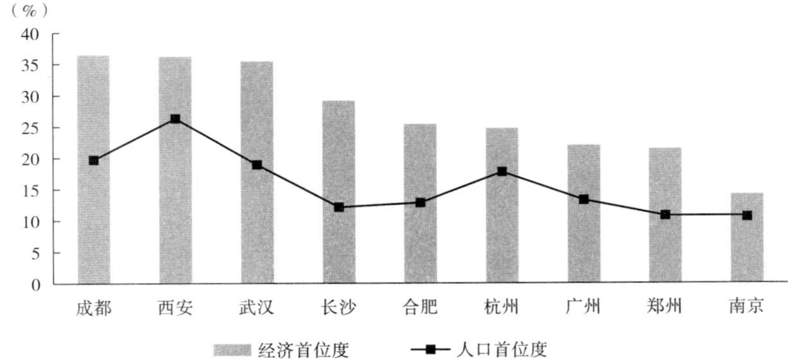

图12-3 2019年主要省会城市首位度对比

资料来源：2019年各省市统计公报

如表12-1所示，在常住人口增量、各项存款余额、固定资产投资增速、外商投资、新登记市场主体、上市公司数量和世界500强企业投资等方面，郑州与广州、杭州、武汉、成都等省会城市有较大的距离。郑州至今未有一家领事馆，表明郑州国际门户开放功能还不充分。数据显示，郑州省内购房客户占比达到93.4%，在22个重点城市中排名第一，省内非本地购房人群占比也超过5成，表明郑州仅对省内人口表现出强大的虹吸效应。

表12-1 2019年主要省会城市吸附要素情况

城市	新增常住人口（万人）	各项存款余额（亿元）	固定资产投资增速（%）	实际利用外资（亿美元）	新登记市场主体（万户）	上市公司总数（家）	世界500强（家）
郑州	21.6	23356.1	2.8	44.10	26.00	46	121
广州	40.2	59131.2	16.5	71.43	44.26	180	301
杭州	55.4	45287.0	11.6	69.40	—	192	126
武汉	13.1	28658.9	9.8	123.09	21.78	80	300
成都	25.1	39828.0	10.0	78.86	53.50	110	301

资料来源：各市2019年统计公报及互联网公开材料

同时，与郑州中心城市地位形成鲜明对比的是，支撑腹地差距较大。2019年中原城市群核心城市郑州的城镇化率已达到74.6%，但副中心城市洛阳仅为59.1%，另外还有9个城市低于50%，占比将近1/3。2019年中原城市群经济规模排名第二的城市洛阳只有5035亿元，仅为郑州的43%，排名最后的济源仅有687亿元，仅为郑州的6%。其余27个城市中，在3000亿元阶位的只有5个，在2000亿元阶位的有12个，在1000亿元阶位及以下的还有10个。开封、新乡、焦作、许昌四市GDP总量之和才基本与郑州持平。这些作为支撑腹地的城市，无论是经济规模还是城镇化率，都与郑州有较大差距。当核心城市与经济腹地之间经济社会发展水平落差较大时，要素流动呈现单向虹吸效应大于双向对流效果，不利于人口、资金、技术要素等由核心城市向其他地区扩散，从而使得城市群经济的集合效应难以有效发挥，难与增长极之间形成有效互动和深度融合，从而迟滞了整个城市群的一体化发展。

（三）区域创新发展活力不够

当前，中原城市群内创新发展滞后，致使经济发展活力不足，从而弱化了发展要素的流动性需求，延迟中原城市群一体化发展步伐，此部分以河南省域为例说明。

1. 中原城市群初始创新禀赋不高

教育部网站显示，目前河南共有141所普通高校，但优质高校数量较少，“双一流”建设高校也就只有2所，即郑州大学与河南大学，严重低于其他省市（见图12–4）。同时，河南高层次创新平台少，对人才承载、吸纳能力弱。2019年河南共有国家级重点实验室16个、国家级工程技术研究中心10个，国家级企业技术中心91个，占全国总数的比重分别为3.1%、7.6%和5.9%。高层次创新领军人才极其匮乏，2018年河南“两院院士”、国家杰出青年科学基金获得者数量仅占全国的1.4%、0.03%。

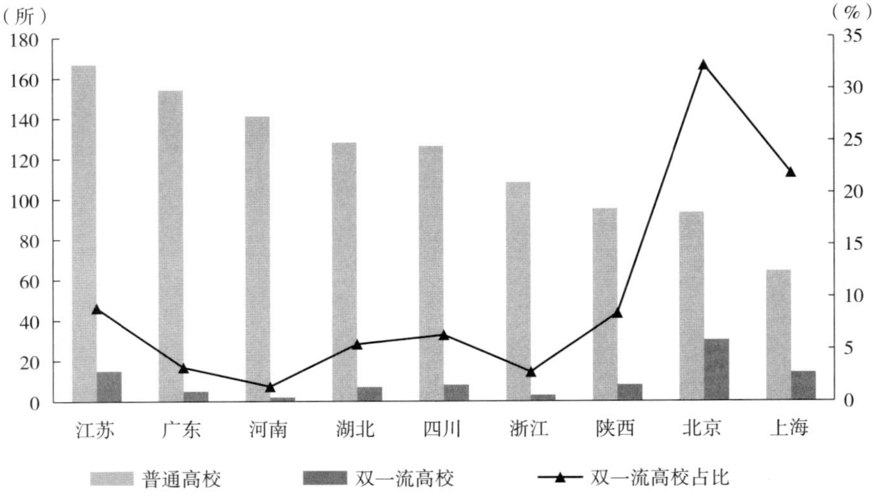

图12-4 主要省市普通高校情况

资料来源：教育部网站及互联网公开材料

2. 创新投入严重不足

2019年河南全社会研究与试验发展经费支出仅为793亿元，占全国的比重仅为3.6%；全社会研究与试验发展经费投入强度为1.46，仅相当于全国平均水平的65.5%。从科创板看，截至2019年底已挂牌交易的70家科创板公司，主要集中在上海（13家）、北京（12家）、江苏（12家）和广东（10家），河南截至2020年6月只有2家科创板上市企业。

3. 创新产出成果较少

2019年河南万人拥有发明专利不足4件，不到全国平均水平的三成，更不足北京的3%、上海的8%、广东的15%；技术合同成交额仅为237.07亿元，仅为北京的4%、上海的15.4%、广东的10.3%。

4. 创新高地引领优势不突出

根据科技部《国家创新型城市创新能力评价报告2019》，在监测的72个国家创新型城市中，郑州、洛阳和南阳三市排名分别为第26、第44和第72位，且三市均在高新技术企业方面存在明显短板。近年来，由于加大高新技术企业培育力度，通过实施高新技术企业倍增计划，2019年全年全省新增高新技术企业1400家以上，总数突破4750家。其中2884家（约60%）汇聚在郑洛新自主创新示范区，但没有一家独角兽企业。截至2019年底，河南共有各类新型研发机构82家，不及广东的30%。

（四）市场化发育程度不高

城市群一体化的前提是市场一体化。但中原城市群本身市场化发育程度较低。以河南省域为例，根据《中国分省份市场化指数报告（2018）》，在全国31个省份市场化指数排名中，排名前五的均为沿海省市。加之中原城市群行政上又分属5个省管辖，各行政主体利益诉求与区域一体化目标往往发生偏离。由于城市群经济以市场机制为导向，按供需关系运行，其运作空间具有无边界性、开放性和一体化性。而行政区经济以行政目标为导向，按行政关系运行，运作空间具有边界性、封闭性和局部性。城市群现行的税收、投资、治理等政策都以行政区划为基础，这种行政指标导向必然会让不同行政主体之间产生不同利益诉求，区域竞争中往往视经济行政边界为经济边界，进而制约企业、资金、资源等生产要素在不同行政区自由流动和合理布局，从而对市场一体化的形成造成分割态势。同时现行的城市管理体制导致各行政主体各自为政、区域管理和区域政策碎片化、基础设施和公共服务供给分割化。郑汴一体化从提出到现在，大致经过了15年的实践探索，两市才基本实现了交通、电信、金融、产业、生态和资源的“五同城一共享”。郑许、郑焦、郑新等在空间规划、产业发展、基础设施和公共服务设施建设等方面发展的体制机制创新仍有较大提升空间。如在交通基础设施建设方面，尽管郑许之间交通路网相对密集，但仍存在城市内外交通衔接不畅、出租车不能跨市运营等问题，阻碍了区域一体化发展进程。

（五）城市群整体黏合度不强

中原城市群位于长三角、长江中游经济带、京津冀之间，使中原城市群板块之间的整体黏合度不强。一方面，由于部分城市文化底蕴、历史渊源和生活习俗、地理区位等因素影响，处于中原城市群周边的城市，往往出现离心力强于向心力的现象，从而产生逆城市群效应。如三门峡之于西安、信阳之于武汉、蚌埠之于合肥等。客观上说，现阶段郑州要实现与这些城市的经济互动，难度比较大。事实上，在中原城市群边界城市中，除了山西三个城市积极融入中原城市群外，其他城市几乎都表现出“离心”状态。如三门峡与关中平原城市群联系紧密；信阳与武汉城市群联系紧密；安徽的宿州、淮北、蚌埠等一直积极对接长三角城市群；山东的聊城、菏泽等城市，一直积极对接山东半岛城市群。邯郸、邢台则向北对接京津冀城市群。另一方面，在“米”字形高铁、互联网经济等现代交通通信技术诱引下，加速发展要素的快速流动、汇集与扩散，从而强化城市间的经济联系，在更大范围内促进区域一体化的形成。但由于不同城市之间、不同城市群之间经济发展水平不同，要素流动的极化与扩散效应会推动不同城市朝着不同的发展方向演变，进而重塑城市群的空间格局。发育成熟的城市群如长三角城市群，目前已经完成集聚发展阶段，新兴技术的出现有助于推动城市群向更高阶段演进。但对于中原城市群这种发育还不成熟、正处于集聚阶段的城市群来说，作用刚好相反。甚至出现交通通信越发达，越有利于经济流趋向群外发达地区，从而削弱中心城市的集聚效应，加速城市群分散发展阶段提前到来。特别是互联网信息技术的出现，使得城市群的发展空间由物理空间延伸到虚拟空间，流量经济的时空分配催生了杭州等新一代网络中心城市。网络枢纽作用日益强大，交通越便捷越利于各种经济流互通互动，这不仅对城市群传统“集聚—扩散”发展模式构成严重冲击，也对中原城市群一体化发展构成了新的挑战。以人口流动为例，2019年末河南超过1300万人口流入外省。而且流出人口呈现两个特点，即传统农区人口流出较大，且距离郑州越远的地区人口流出越多（见图12–5）。

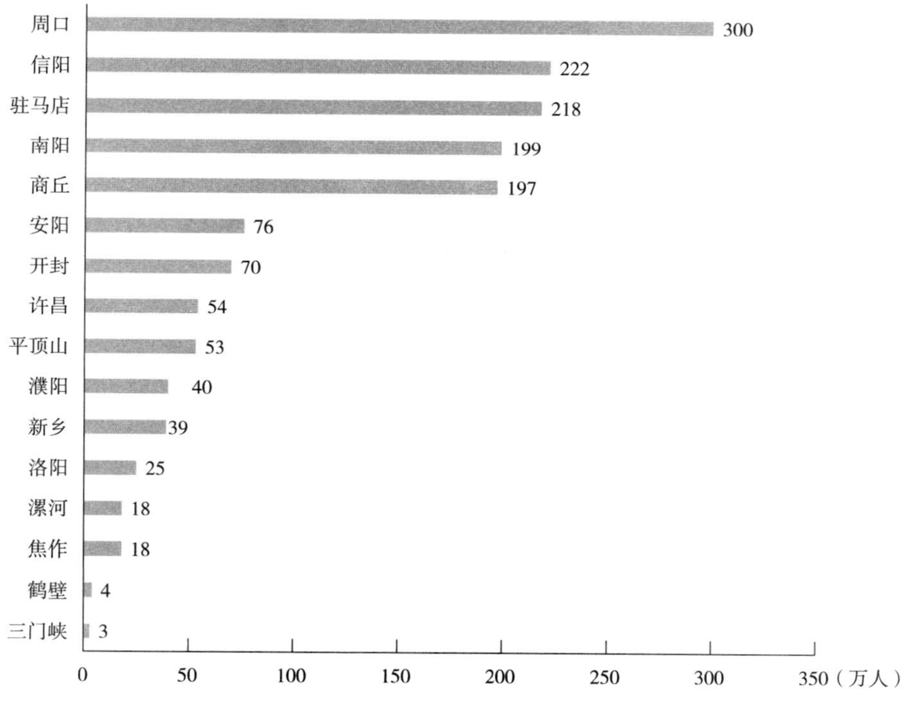

图12–5 2019年河南各市流出人口情况

资料来源：2019年各市统计公报

流出人口数量远远超过郑州人口增量，说明大量人口流入到中原城市群以外的城市。图12–6显示了2018年河南跨省外出人口流向，即流出省外的人口主要流向经济发达的沿海地区，以广东为最多，其次是北京、浙江、江苏和上海，外出到这5个省市的人口占到整个出省人口的67.0%。

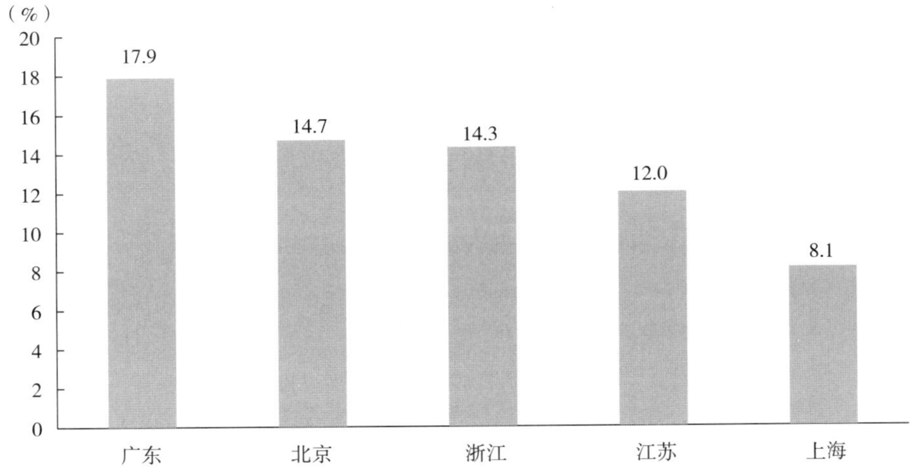

图12-6　2018年河南跨省流出人口流向情况

资料来源：《2018年河南人口发展报告》

三、中原城市群一体化发展政策建议

回顾中原城市群一体化发展的政策供给，从2016年12月中原城市群规划获批至今，在时间周期上，大致是与河南国民经济“十三五”规划耦合在一起的；又由于中原城市群是以河南区域内城市为主体，除国家相应的公共政策安排之外，更多的政策供给是以河南为主导的，在作用对象上又是与河南区域发展耦合在一起的。因此促进中原城市群一体化发展的政策总体上带有打基础、补短板、促转型、优重点、蓄后劲的特征。打基础的政策效果直接带来的是以交通为代表，基础设施建设获得快速发展，高铁、高速公路及4个“丝路”建设，成为发展的亮点，基本上把中原城市群所有城市连接在一个统一的交通网络中，是中原城市群一体化发展的最先行的领域。补短板则是从河南的省情出发，注重弥补自主创新能力弱、城镇化率低等短板，虽然取得了明显的政策效果，但这些短板并未发生扭转性变化，还有一个需要持续发力的过程。促转型旨在促进经济结构的优化升级，尤其是资源型城市的转型发展，但转型发展同样是一个任重道远的过程。优重点意味着在区域均衡发展与非均衡发展之间做出一定的选择，政策安排则偏重郑州国家中心城市、郑州都市圈、洛阳副中心城市等优势地区的发展。蓄后劲则是厚植发展优势，政策安排则偏重在国家发展战略的对接、国家战略平台的打造等方面。因此，这些政策安排有助于促进一体化发展的进程，其政策效应在中原城市群内不同城市之间会表现出较大的差异性。

进入“十四五”时期，中原城市群一体化发展的大环境发生了新的变化，中央明确提出要“加快形成以国内大循环为主体、国内国际双循环相互促进的新发展格局”，“坚持以供给侧结构性改革为主线，坚持深化改革开放，牢牢把握扩大内需这个战略基点”等。可以预见，深入实施扩大内需战略是“十四五”乃至未来相当长一个时期的主基调。尤其是国家“两新一重”的决策部署，对于人口规模大、市场潜力大、地理区位优的中原城市群而言，迎来了新的发展契机。适应这种变化，促进中原城市群一体化发展的政策也需要适时跟进调整。

进入“十四五”，中原城市群经过近几年的积累和发展，本身也发生了新的变化。一是发展位势进入巩固强化期，迫切需要抢抓国家战略机遇，落实重大国家战略部署，激发落地的国家战略平台能量互赋、功能叠加、效应释放，提升在全国发展大局中的地位。二是动能转换进入加速突破期，新旧动能转换步伐相对滞后，转型发展任重道远，迫切需要提升人力资本、强化创新驱动、推动数字全面赋能，以动力变革跳出传统发展路径依赖。三是工业化城镇化进入深化提质期，深度工业化和城镇化的潜力巨大、空间广阔，但城镇化步伐有所放缓，迫切需要加快构建现代产业体系和新型城镇体系，在“两化”互促共进中提升发展质量和效益。四是对外开放进入优势重塑期，开放型经济体制和平台联动机制尚不完善，迫切需要整合构建更高能级的开放载体平台，推动传统发展要素型开放向制度型开放转变。这些新变化也必然引起中原城市群一体化的政策进行新的调整。

综合“十三五”时期的政策实施效果和“十四五”时期形势变化可能引起的政策性调整，展望新一轮中原城市群一体化发展，促进中原城市群一体化的政策取向大致围绕以下几方面展开。

（一）创新一体化的体制机制

加强顶层设计，巩固中原城市群一体化的“四梁八柱”。一是探索建立决策、协调和执行“三级运作”的区域合作新体制。建立跨省的决策程序和沟通机制，决策由各省党委政府主要领导出席，常务副省长、党委和政府秘书长、党委和政府研究室主任、发展改革委主任和副主任列席的年度座谈会，座谈会明确年度重点任务和方向。协调由各省常务副省长参加的“中原城市群一体化发展联席会议”，建立协调沟通机制和主要内容。由新成立中原城市群区域合作办公室进行日常的管理工作，以及具体项目和工程的实施。通过建立这一长期性、战略性、整体性区域合作框架，从顶层设计上来加快一体化进程。二是探索建立跨市的合作示范区。在地理毗邻、文化相通、产业互补、意愿强烈的2个或者3个以上的地市间建立经济合作示范区，探索建立合作示范区管委会、区域托管、飞地等合作新形式，通过合作示范区有效打破行政壁垒在一体化进程中的阻碍，逐步实现中原城市群在经济、社会、生态等全方面的一体化。使合作示范区既成为中原城市群城市之间的一种合作机制，又是一个重要的联动发展平台。三是建立和完善评估—考核—反馈新机制。确定中原城市群一体化的主要指标和统一标准，通过形成可量化可考核的指标体系来引导、指导、加快实施中原城市群一体化。通过考核和评估及时发现存在的问题和典型创新案例，通过问题整改和典型案例推广建立的反馈机制，形成多方互动、共同提升的中原城市群一体化发展新格局。

（二）做大做强郑州大都市圈

一是持续支持建设郑州国家中心城市。顺应以人为核心、“强省会”这一新型城镇化发展趋势，以更高站位、更宽视野、更大格局来审视谋划郑州这一中原城市群的“龙头”。以更大视野、更大气魄、更大手笔谋划新一轮大开放、大改革、大发展，全方位对标全球塔尖城市，对接国际最高标准，通过下放省级管理权限、持续优化营商环境等措施和手段，发挥郑州在中原城市群一体化中的更大辐射带动作用，在新一轮区域竞争中形成新的比较优势，提升郑州的经济带动力、文化吸引力、社会组织力。二是加快郑开同城化和郑新、郑焦、郑许一体化进程。落实推进郑州与开封同城化，引领中原城市群一体化发展的要求，全方面推进郑州和开封的同城化进程，编制同城化发展规划，探索建立同城化示范区，充分释放1+1＞2的能效。此外，顺应新乡、焦作和许昌的呼声和现实发展需要，加快郑州与这些地区的一体化进程。三是加快洛阳副中心城市建设辐射西北部。发挥洛阳的老工业基地工业基础雄厚、历史文化资源丰富、创新资源丰富等优势，加快形成辐射豫西北、联动晋东南、支撑中原城市群高质量发展新的增长极，与郑州错位发展、协调联动，共同打造引领中原城市群发展的“双引擎”。

（三）加快市场一体化进程

发挥市场在资源配置中的决定性作用，通过市场、法制、行政、金融、社会等综合手段，降低物流运输、行政沟通、产业耦合等成本，实现中原城市群的内涵式一体化发展。一是降低区域间行政壁垒。除了常规方式和方法外，通过市场化的手段，比如城市建设投融资公司互相交叉持股、一方完全控股、成立合作公司等，设立中原城市群一体化发展母基金和相关的产业子基金等，通过资源、资产和资本的力量，降低行政手段在一体化进程中的壁垒。此外，还可以通过不同层级、不同地区的领导干部交叉任职、挂职等方式，降低在一体化进程中的行政沟通和决策成本。加快“一网通办前提下最多跑一次改革”，打通中原城市群内不同层级、不同部门间的数据，实现“让数据多跑路，让群众少跑路”，建立中原城市群高效的一体化的“放管服”政府政务体系。二是加快交通和能源基础设施一体化。以“米”字形高铁、高速公路网络为基础，通过加密和延伸网络体系，创新跨区域的道路运输管理机制，降低物流成本和商务成本，加快资源、资本、人才、商品和服务的低成本流动。以能源运输干线为骨干，合理布局线路、交换站和开口，以此来优化城市间的产业布局和城镇体系。三是优化城市分工体系。按照不同城市的比较优势，发挥郑州等大城市的创新优势，重点发展生产性服务业、战略性新兴产业和高端生活性服务业等，其他城市发挥制造业成本低、产业基础好等优势，发展特色产业和优势工业，通过优化分工，中原城市群各个城市形成比较优势充分发挥、产业特色鲜明的协同发展的产业新体系。

（四）加快中原城市群融通创新

在中原城市群内建立以企业为主体、市场为导向、产学研深度融合的技术创新体系，支持大中小企业和各类主体融通创新。一是持续提升郑洛新国家自主创新示范区能效。以出台的《郑洛新国家自主创新示范区条例》为契机，发挥郑州、洛阳、新乡3个创新资源密集、创新能效高的区域的辐射带动作用，通过技术交易、技术转移、技术合作等方式方法加快中原城市群整体的创新能效。二是加快开放创新。瞄准国际最前沿科技及其延伸出来的战略性新兴产业，积极融入全球创新链和价值链。鼓励和支持企业在北京、上海、深圳以及国外创新资源丰富的城市设立研发中心，同时，支持国内外研发和中试机构在中原城市群内设立相关机构。建立中原城市群技术和知识产权交易中心，通过国内外的技术交易带动五省相关产业发展，最终实现产业高端化的产业升级。三是优化创新生态。建立中原城市群知识产权保护统一协调机制，快速解决企业等在知识产权领域的纠纷等问题。加快创新资源在区域内的自由、快速、低成本流动。解决好人、平台、产业化等方面在创新创业中存在的难题，以更好的营商环境和创新生态提升创新水平和成果。

（五）构建生态协同治理新格局

绿水青山就是金山银山。建设生态文明的中原城市群。一是构建区域间生态补偿新机制。以黄河流域生态保护和高质量发展战略为契机，科学合理、公平公正地确定跨省、跨市、跨县的生态补偿机制，最终实现生态、经济、社会和相关利益主体的多方共赢。通过制度建设，综合通过法律法规、经济、政府购买、社会参与、公益诉讼等方式方法和手段，构建生态保护新格局。二是推进区域间水土气共治。以满足人民群众对美好生活的向往为目标，以环境资源承载力和环境容量为底线，强化联防联控机制，精准、科学、依法、协同推进土壤、空气和水资源的污染治理，持续改善土壤、大气和水环境质量，打赢蓝天保卫战、碧水保卫战、净土保卫战，建设秀丽中原城市群。三是建设生态型城市。有效运用具有生态特征的技术手段和文化模式，实现人与自然、人与社会可持续和谐发展，建设绿色、低碳、智慧、韧性、海绵、田园型的生态城市。通过绿色建筑、绿色厂房、绿色设施、绿色人文、城市智慧大脑等的建设，最终实现城市能源更节约高效、城市交通更畅通环保、社区历史文化更厚重等。

（六）加快公共服务一体化进程

积极融入“以国内大循环为主体、国内国际双循环相互促进”的新发展格局，发挥中原城市群的人口、区位和交通优势，通过加快中原城市群公共服务一体化加快形成国内消费中心。一是加快教育医疗资源和服务流动。有效满足新城市新移民、父母随迁、进城务工人员及其子女等在教育、医疗方面的巨大现实需求。加快教育、医疗等资源的有效、合理、自由流动，通过组建医疗和教育集团、技术帮扶、网上远程服务等多种手段，便利化跨市县间的网上医疗结算、异地医药费报销等服务，满足中原城市群内居民的需求。二是加快社会保障均衡化。科学、合理、逐步解决中原城市群内的城乡、行业、职业间的社会保障存在的不平等问题，通过加大财政投入、激活市场活力、带动社会共同参与的方式，逐步缩小增量差距，确保总量差距逐步均等化。

专题十三

海峡西岸城市群一体化政策及进展[①]

当前，中国区域发展的空间结构正在发生深刻变化，中心城市和城市群成为承载发展要素的主要空间组织形式。海峡西岸城市群是东部沿海地区城市群的重要组成部分，承担着支撑福建从总量赶超到全方位超越的历史重任，承担着探索海峡两岸融合发展、建设海峡城市群的历史重任，承担着建设21世纪海上丝绸之路核心区中心城市的历史重任。福建作为海峡西岸城市群主体，拥有9个地级市和12个县级市，形成了基于“两纵三横”网状架构的城市群框架，形成了以厦门为龙头的旅游城市群和以泉州为龙头的工业城市群，形成了独具特色的以城市群、产业群、港口群“三群联动”的城市群发展模式。本专题基于海峡西岸城市群现状分析，从城市群的发展机理与一体化评估方法入手，从结构、功能、协同发展3个维度开展海峡西岸城市群发展评估，并面向未来探索海峡两岸融合发展、建设海峡城市群的可行路径。

① 本专题作者为福建省人民政府发展研究中心朱四海、刘立菁、谢毅梅，华侨大学胡建兵。

一、海峡西岸城市群现状

城市群作为拓展区域发展空间的重要方式，其形成与演变与区域经济发展有着密切联系。改革开放以来，福建区域发展战略大致经历了从“大念山海经”到加快闽东南开放开发，从建设海峡西岸繁荣带到构建“三条战略通道”、建设海峡西岸经济区，再到2018年的推进闽东北、闽西南两大协同发展区建设等多次拓展和深化。随着福建区域发展战略的演进和国家对城市群发展的新定位规划，海峡西岸城市群的内涵和范围也存在一个演进的过程。

（一）发展阶段

海峡西岸城市群源于福建城市化进程，和城市化、中心城市建设有着直接的联系和紧密的逻辑关系，其范围以福建省内城市为主体，涵盖浙赣粤等周边省份的部分城市，大致经历了起步阶段、扩展阶段、整合阶段三大阶段的形成和演变历程。

1. 起步阶段

20世纪90年代，福建曾提出包括闽南金三角和福州等沿海一带的“海峡西岸繁荣带”概念。因此在海峡西岸城市群早期研究中，其范围主要指以福州、厦门为核心， 包括泉州、漳州、宁德、莆田等在内的福建沿海城市密集区，和福清、长乐、晋江、南安、石狮、龙海、福安等7个县级市和28个县，土地面积515平方千米，占全省面积的44%，并向三明、南平和龙岩辐射[①]。

2. 扩展阶段

进入21世纪后，面对珠三角、长三角、环渤海地区的快速发展和国家西部大开发、中部崛起及振兴东北老工业基地等区域战略的先后实施，福建作为位

① 作者根据相关资料整理所得。

于两大三角洲之间的沿海开放省份，从自身发展角度出发，于2004年年初正式提出“海峡西岸经济区”战略，其范围涵盖福建全省、浙江南部、广东北部和江西部分地区，通过承北接南，东拓西联，实现与长三角和珠三角的对接。根据“海峡西岸经济区”战略的设想，海峡西岸城市群成员由福建的福州、厦门、泉州、漳州、龙岩、莆田、三明、南平、宁德等9个城市以及浙江的温州、丽水、衢州、金华、台州等5个城市；江西的上饶、鹰潭、抚州、赣州等4个城市；广东的梅州、潮州、汕头、汕尾、揭阳等5个城市共23个城市组成。同时，海峡西岸城市群的23个城市与海峡东岸的台湾台北都市区、台中都市区、高雄都市区共同组成“海峡城市群”， 核心圈层包括台湾的台北、高雄、台中三大都市区与福建省的福州、宁德、莆田、泉州、厦门、漳州6个都市区。

2005年11月，“海峡西岸”被写进国家“十一五”规划，标志着“海峡西岸经济区”战略上升为国家战略。而作为海峡西岸经济区发展重要载体的海峡西岸城市群，位于我国“两横三纵”城市化格局中的沿海纵轴上，处在长三角城市群和珠三角城市群辐射区的重叠区域上，是离台湾岛最近的海峡两岸经济文化交流前沿。因此，海峡西岸城市群在联系海峡两岸经济中具有独特优势，在国家城市化战略格局中具有十分重要的地位。早在2006年初，建设部就将海峡西岸城市群列入全国城镇体系规划，成为全国优先支持发展的八大城镇群之一。

2007年福建省政府印发《福建省建设海峡西岸经济区纲要》，首次在官方文件中提出要建设海峡西岸城市群。同年，建设部将指导推进海峡西岸城市群规划编制工作列入2007 年工作重点，与福建省政府联合编制《海峡西岸城市群协调发展规划》。

2008 年4月，《海峡西岸城市群协调发展规划》获正式批复，成为福建有史以来规模最大、规格最高的一项城市发展规划。2009 年下半年，福建在《海峡西岸城市群协调发展规划》基础上进一步修改提炼形成《海峡西岸城市群发展规划》，并于2010年12月，由福建省政府对外正式印发。

作为海峡西岸城市群发展的纲领性文件，《海峡西岸城市群发展规划》明确提出，海峡西岸城市群是指以福建为主体，涵盖周边区域的海峡西岸经济区城市群体。由于涉及省级政府调控区域发展的事权，规划范围明确限定在福建省全境，并将海峡西岸经济区整体以及台湾作为规划协调范围。由此，海峡西岸城市群明确为“两点、一线、四轴”的城市群空间布局。其中“两点”指福州大都市区和厦泉漳大都市区；“一线”指由福州、宁德、莆田、厦门、泉州和漳州6个城市及周边城镇组成的沿海城镇密集地带；“四轴”分别为：纵贯福建西部区域的“南（平）三（明）龙（岩）发展轴”、横贯福建北部区域的“福（州）武（夷山）发展轴”、横贯福建中部区域的“三明至泉州、莆田发展轴”、横贯福建南部区域“厦（门）龙（岩）发展轴”，构建以福州、厦门为龙头，九地市市级城市为地区性中心，带动部分重点县市城市，大中小城市协调发展的闽东北和闽西南城镇发展体系。

3. 整合阶段

2011年，国务院批准《海峡西岸经济区发展规划》，提出要加快建设海峡西岸城市群，并对海峡西岸城市群范围做了微调，将浙江金华、台州调出，确定以福州、泉州、厦门、温州、汕头五大中心城市为核心，包含福建省的福州、厦门、泉州、莆田、漳州、三明、南平、宁德、龙岩，浙江省的温州、丽水、衢州，江西省的上饶、鹰潭、抚州、赣州，广东省的汕头、潮州、揭阳、梅州共计20个地级市所组成的国家级城市群。在空间格局上则形成“一带、五轴、九区”网状空间开发格局。即“一带”：沿海发展带；“五轴”：福州—宁德—南平—鹰潭—上饶发展轴、厦门—漳州—龙岩—赣州发展轴、泉州—莆田—三明—抚州发展轴、温州—丽水—衢州—上饶发展轴和汕头—潮州—揭阳—梅州—龙岩—赣州发展轴；“九区”：厦门湾发展区、闽江口发展区、湄洲湾发展区、泉州湾发展区、环三都澳发展区、温州沿海发展区、粤东沿海发展区、闽粤赣互动发展区、闽浙赣互动发展区。通过优化提升城市功能，推动城市之间的融合发展，建成特色鲜明、具有竞争力的海峡西岸城市群。2016年，海峡西岸城市群被纳入国家“十三五”规划提出的建设发展的19个城市群中。

通过以上梳理可知，海峡西岸城市群从规划、区域经济和学术研究上分，其定义和范围是一个相对概念。作为规划性概念，指的是福建、浙江、江西、广东等省的20余个城市；从东南沿海区域经济发展的角度看，则指闽浙赣粤四省内一定地域的若干城市分布较为密集的地区；而从福建经济社会发展的角度看，狭义上可认为是包括福州、厦门、泉州、漳州、莆田、宁德、龙岩、三明、南平等9个地级城市或仅限定在福建沿海的福州、厦门、泉州、漳州、莆田、宁德6个地市。

（二）发展政策

城市群作为区域发展的主要活跃增长极和承载各种发展要素的主要空间形式，其政策主要集中在区域发展类文件。海峡西岸城市群发展和演进，也与福建的区域发展政策紧密相关，并形成了比较完备的政策支撑体系。

1. 政策创制

2004年以来，国务院，福建省委、省政府、省政府办公厅等多层级多部门围绕海峡西岸城市群建设，出台了国家政策、准国家政策、地方准法规、地方政策、地方职能部门落实意见、城市规划、区域一体化实施方案等各类政策文件。

《福州都市圈发展规划》《厦门城市总体规划（2017—2035年）》《闽西南协同发展区发展规划》《闽东北协同发展区发展规划》等都对海峡西岸城市群建设提出了相关规划和布局。根据目前的公开资料，《福州都市圈发展规划》从区域发展角度，从竞争力提升和一体化发展两方面谋划都市圈整体竞争力提升，都市圈范围包括福州市（全域），莆田市（全域），宁德市蕉城区、福安市、霞浦县和古田县，南平市延平区和平潭综合实验区，并从产业和创新协同发展、交通设施互联互通、生态环境共保共治、体制机制建设等维度提出一体化发展目标。《厦门市城市总体规划（2017—2035年）》也涉及厦泉区域协同发展、厦漳同城化推动、厦龙产业协作等方面的内容。

2. 政策内容

在2004年之前，海峡西岸城市群的相关政策主要散落在福建省内关于推动闽南金三角发展、加快闽东南开放开发、建设海峡西岸繁荣带、推动闽东南和闽西南两大协作区发展等相关政策文件中。在2004—2011年期间，为配合海峡西岸经济区的建设，海峡西岸城市群相关政策出现一个密集出台期，形成了较为系统的推进海峡西岸城市群发展的政策体系。而在2011年之后，由于海峡西岸城市群涉及范围较广，面临跨行政区协调难题，福建出台的相关文件主要集中在厦漳泉大都市区、福州大都市区建设，以及2018年以来着力推进的加快闽东北、闽西南两大协同发展区建设。

从整体上看，政策主要涉及：基础设施的互联互通、产业的分工协作、城乡的统筹协调、区域的合作协同、对外开放的互利协作、社会事业的改善、生态保护与资源开发利用的协调等几大方面的内容，见表13-1。

表13-1　福建省出台的海峡西岸城市群相关政策文件

序号	出台时间	政策名称	主要内容	发文机关
1	2004年8月	《海峡西岸经济区建设纲要（试行）》	通过产业、基础设施、城镇、社会发展、对外开放、互利协作、生态等几大支撑体系构建闽江口城市圈和闽南三角城市圈，形成以福建为主体涵盖周边区域的区域经济综合体	福建省委

续表

序号	出台时间	政策名称	主要内容	发文机关
2	2004年11月	《关于发展壮大中心城市的若干意见（试行）》	发挥福州省会中心城市带动作用、厦门经济特区中心城市龙头作用和泉州侨乡工贸中心城市先导作用，构建三大城市圈和沿海城市带，带动漳州、莆田、宁德、南平、三明、龙岩等中心城市加快发展，培育若干具有明显集聚、辐射功能的次中心城市	福建省委、福建省政府
3	2007年2月	《福建省建设海峡西岸经济区纲要》	构建竞争力强的产业支撑体系、构建统筹协调的城乡支撑体系、构建现代化的基础设施支撑体系、构建优势独特的闽台交流合作支撑体系、构建互利共赢的开放支撑体系、构建富有活力的创新支撑体系、构建全面发展的社会事业支撑体系、构建可持续发展的生态支撑体系、构建以人为本的和谐社会支撑体系等九大体系，推动海峡西岸城市群发展壮大	福建省政府
4	2009年5月	《关于支持福建省加快建设海峡西岸经济区的若干意见》	海峡西岸城市群建设规格最高的纲领性文件，从构筑两岸交流合作的前沿平台、加快基础设施建设、推进产业结构升级、统筹区域内协调融合、深化改革开放、加快社会事业发展、加快生态文明建设等方面支持福建加快海峡西岸经济区建设	国务院
5	2009年7月	《贯彻落实<国务院关于支持福建省加快建设海峡西岸经济区的若干意见>的实施意见》	按照国务院出台的支持意见，强化福州省会中心城市辐射作用和厦门特区示范作用，发挥泉州支撑带动作用，漳州、莆田、宁德骨干作用，三明、南平、龙岩的前锋作用，山海联动，东西贯通，加强与周边地区、中西部地区交流合作，形成海峡西岸整体辐射效应	福建省政府
6	2010年2月	《海峡西岸城市群发展规划（2008—2020年）》	以逐步形成两岸一体化发展的国际性城市群——海峡西岸城市群为总体发展战略，推动产业空间布局，机场、港口布局与交通通道，生态环境保护与资源开发利用，基础设施配置和综合防灾体系优化协调，分区域发展，闽台协作及与周边省市区等6个方面的协调发展	福建省政府
7	2011年8月	《加快推进厦漳泉大都市区同城化的工作方案》	建立厦漳泉同城化工作联席会议制度，推进基础设施的共建共享、产业合作、基本公共服务一体化、资源要素统一市场	福建省政府办公厅
8	2012年3月	《加快构建福州大都市区推进福莆宁同城化工作方案》	建立福莆宁同城化工作联席会议制度，推进基础设施的共建共享、产业合作、基本公共服务一体化、资源要素统一市场	福建省政府办公厅

续表

序号	出台时间	政策名称	主要内容	发文机关
9	2019年6月	《关于建立更加有效的区域协调发展新机制的实施方案》	建立区域战略统筹机制、完善市场一体化发展机制、创新区域互动合作机制、优化区域协作互助机制、深化跨区域利益补偿机制、健全基本公共服务均等化机制、构建区域协调发展政策机制、强化区域发展保障机制，推进闽东北、闽西南两大协同发展区建设	福建省委、福建省政府

资料来源：根据相关资料整理所得

二、一体化评估理论分析

本专题从城市群演进的相关理论分析出发，深入研究城市群发展过程中在空间格局、治理模式、主题内容、发展机制等方面的内在规律，结合城市群一体化的内涵，总结一体化评估的理论方法构架。

（一）城市群进化论

作为区域空间的高级组织形式，城市群的演进是一个漫长的自然过程，各城市之间的相互作用和博弈共同推进城市群迈向高级发展阶段，空间格局、治理模式、一体化内容、应对机制的形成、发展和成熟有其内在规律。

1. 空间演进

在空间演进上，城市群主要遵循中心城市的中心功能建设—都市区同城化建设—城市群协同发展的演进过程。首先，通过确立中心城市的中心功能定位，搭建中心功能平台，引进和培育平台主体，利用功能平台的作用形成中心城市辐射效应；其次，发挥大都市区在中心城市与城市群之间的承上启下作用，细化单元，聚焦问题，开展大都市区范围内的区域协同探索，打造大都市区的“强核”功能；最后，发挥中心城市和大都市区的辐射效应，在城市群中推广和复制大都市区同城化建设中成功的经验、治理模式、协同机制等。

中心城市的核心带动作用。首先，明确中心城市功能定位，在经济、政治、文化、教育、科技、医疗、交通、物流、信息、对外交往等领域，做出主次功能划分和差异定位；其次，建立和培育与中心城市主要功能相适应的平台；最后，引进和培育主体，做大做优平台，发展平台对中心城市和城市群的支撑和带动作用。

大都市区的“强核”功能。由于城市群的大尺度、大空间和行政壁垒，在推动城市群发展的过程中往往面临巨大困难和挑战，而大都市区作为发展城市群过程中难以跨越的发展阶段，可作为中心城市到城市群承上启下的重要一环。目的就是缩小空间尺度，细化单元，聚焦问题，精准施策，避免城市群建设中普遍存在政策规划偏大、偏宏观，想法好、真正落实难，找不到抓手等问题。把都市区作为城市群建设的核心区和先行区，在都市区范围内率先开展基础设施互联互通、公共服务共建共享、政策机制共商共创、产业分工合作等，实现都市圈范围内的城市协调发展，并在此基础上带动城市群的协同发展。

城市群的协同治理。城市群建设需要具备硬实力——中心城市和大都市区强大的经济和社会辐射能力，同时也需具备软实力——跨区域协同治理经验、协同治理的运行模式和机制。

2. 治理演进

城市群治理初期，往往需要上级政府的强力介入，直到城市群内部通过广泛地凝聚共识、缔结互信和建立协同机制后实现城市群自驱动机制。上级政府负责定目标、下任务及给支持（政策、资源等），城市群各政府与多元治理相关方负责研究问题、想办法、找策略并采取行动。在治理演进方面，主要包括两个维度：单一行政主体治理—非行政主体个别参与治理—多元主体共同治理；上级政府主导—上级政府牵头+城市间协商—城市间自主协商+上级政府支持。

上级政府单一行政主导。城市群发展初期，治理主体以政府为主，由中央政府、省级政府、市政府等负责城市群决策、执行、监督、指挥等环节，并主导城市群总体发展规划。在城市群内部尚未建立合作和协同机制的情况下，一旦内部出现利益冲突，合作各方就有可能消极应对，从而导致规划在现实中无法推动。若直接交由城市群内部展开协商合作，在缺乏动力和合作共识的情况下，上级主管政府介入不足同样会导致城市群发展很难取得实质性进展。如在厦漳泉大都市区同城化过程中，同城化党政联席会议仅在2011年、2012年召开两次，国内其他城市群也面临类似问题。因此，当城市群内部的共识和信任度不足以突破传统行政壁垒和体制机制束缚时，城市间协作必定举步维艰。

上级政府牵头+城市协商+其他主体参与。随着城市群建设方面的经验积累，政府也开始逐步探索推动由政府牵头，各城市间相互协作，吸引多主体参与的城市群发展建设模式。首先，通过各类平台和渠道加强城市间各层面的（官方和民间）交流和互访，确保政府决策层形成发展共识、治理共识，通过互派官员学习、相互挂职、互访、共享信息等形式，提升信任水平。其次，逐步开放城市群层面的政府决策平台，引入专业智库、顾问团、专家小组、行业协会、专业咨询公司等各类社会主体参与城市群建设，提升城市群决策的专业性。如，2015年京津冀城市群成立“京津冀协同发展智库”；2018—2019年长三角城市群先后组建产业创新智库联盟、高校智库联盟、科技战略智库等；2019年浙江省组建“浙江省推进长三角一体化发展专家咨询委员会”等；2019年粤港澳大湾区成立粤港澳大湾区智库联盟；2020年成渝城市群成立“成渝地区双城经济圈智库联盟”，智库建设已经成为城市群治理的重要环节。

城市自主协商+多元主体参与+上级政府支持。随着城市群内部共识和信任度的增加，城市之间的水平合作逐渐走向成熟和稳定，上级政府的介入和指导逐步退出，仅保留必要的政策和资源支持。另外，随着政府越来越自信、开放、透明，与其他社会主体合作过程也会逐渐走向成熟和稳定，即政府与其他参与主体间的信任度及参与主体的专业度也逐步增加，能接纳更加多元的社会主体参加各层次、各类型的城市群决策和建设，表现出“多元自主协同治理”的局面。

3种不同路径均可实现“多元自主协同治理”，不同领域、不同层面实现路径存在差异。如图13–1所示，路径①最合理、高效。

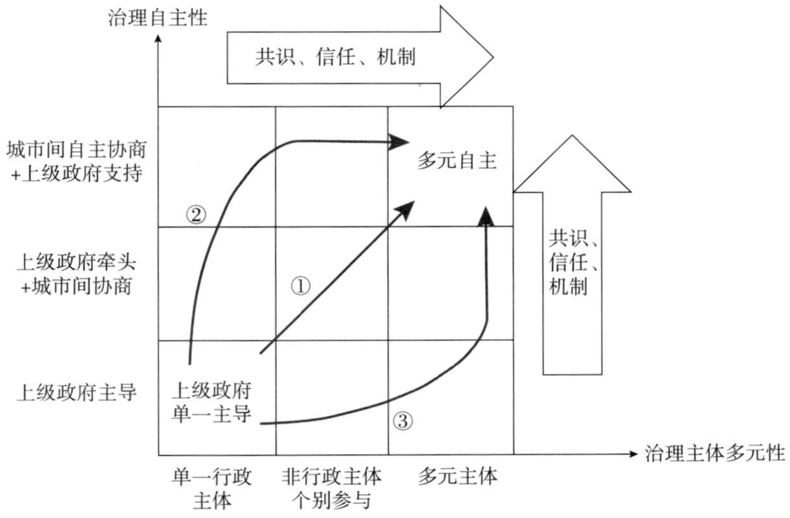

图13–1 城市群的治理主体演进

资料来源：作者根据相关资料整理所得

3. 主题演进

城市群建设主题遵循规划引领、由粗到细、先急后缓、从易到难的原则。主要包含两个维度。主题内容：基础设施一体化—公共服务一体化+市场一体化—产业一体化；建设过程：规划一体—建设一体—运维一体（见图13–2）。

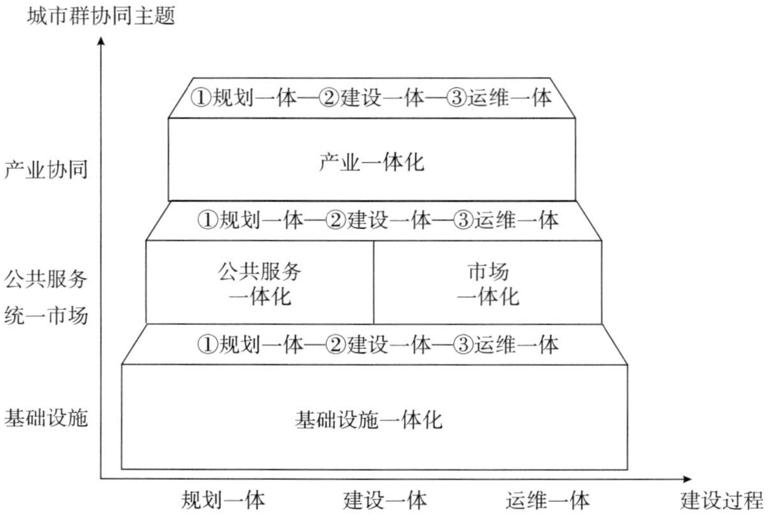

图13-2　城市群的建设主题演进

资料来源：作者根据相关资料整理所得

以城市群规划作为引领。城市群发展规划（尤其是总体规划）作为指导城市群发展的行动性纲领，是城市群发展的顶层设计理念。在城市群发展缺少硬约束的条件下，可通过制定城市群总体发展规划，出台有针对性的专项规划，如基础设施系列规划、公共服务设施系列规划、统一市场系列规划、产业布局协同系列规划、政策协同系列规划等，改善和提升规划的可操作性。

推动城市群内基础设施资源的最优配置。传统基础设施通常由上级政府相关部门或国企介入，已经形成一套较为成熟稳定的规划建设机制，因此能在城市群层面实现较好的统筹安排。各城市在原有基础上，发展共享共用的城市基础设施，不断缩小地区间差异，完善城市群内部基础设施在时间和空间上的衔接，增加基础设施使用功能，节约建设成本。

推动城市公共服务均等化。城市公共服务均等化是城市群竞争的重要因素。为市民提供均等化、标准化的公共服务，推动教育、科技、文化、卫生、体育等公共服务的均等化是新型城镇化的重要组成部分，是城市和城市群坚持以人为本的主要标志。

建立城市群统一大市场。为保障区域内要素的有序流动、合理配置，降低交易成本，避免恶性竞争和重复建设，除了依靠“有效市场”来配置资源，也需要“有为的政府”进行制度创新和管理创新来弥补市场不足。发挥政府在产业协调方面的作用，通过引导产业集聚、空间合理布局、结构升级，扶持战略新兴产业、鼓励新经济、跨区域协同创新等，提升城市群产业竞争力，实现区域经济高质量发展。

4. 机制演进

城市群的机制建设最终目标是全方位制度化（法制化）。主要包括两个维度：问题类型：单个问题—系列问题—多领域、多层次问题；应对机制：非常态—常态化—制度化、法制化（见图13–3）。

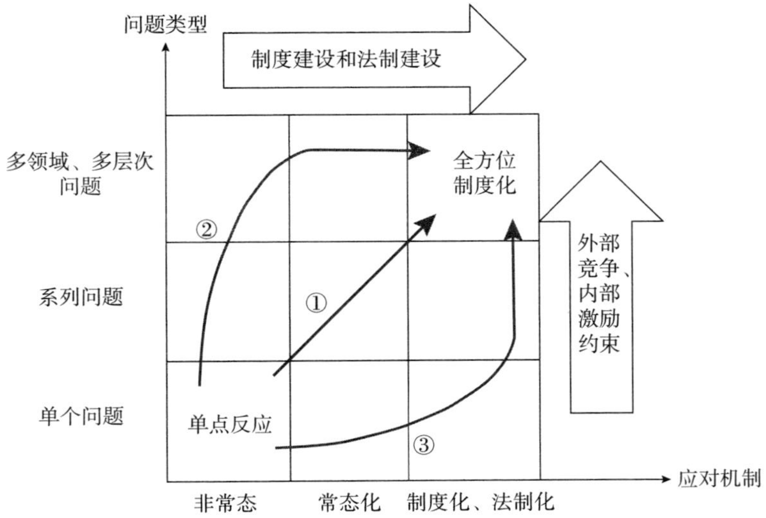

图13–3 城市群的发展机制演进

资料来源：作者根据相关资料整理所得

单点反应式。城市群发展初期，城市群之间的合作主要是被动的单点应对方式，通常是聚焦某个领域的矛盾，涉及跨行政区域，迫于压力，城市群中两个或多个相关主体共同协商解决，如河流污染治理。在工业化初期，由于城市群在共同治理上缺乏主动性，因此跨区域合作也仅限于单个问题。

多点常态化。当城市群发展到一定水平，单点反应式的问题处理方式已难以满足城市群进一步发展需要，迫切需要在组织、人员、工作计划等方面进行系列化、常态化的协调和合作，以满足城市群整体竞争力提升和城市群内部发展的需求。如长三角的松江区、嘉兴市、杭州市、金华市、苏州市、湖州市、宣城市、芜湖市、合肥市等九市（区）联合建立G60科创走廊联席会议制度，并在松江区实行集中办公。2020年广东省水利厅组建粤港澳大湾区建设领导小组办公室，并成立粤港澳大湾区水利建设联席会议制度。

全方位制度化。随着城市群内部深度融合，不仅问题涉及的领域和层次更加广泛，而且合作机制也向制度化和法制化方向迈进。通过制度建设和立法建设，明确城市群之间的目标、任务、激励、约束、监督、权利、义务，避免外部因素对合作产生不确定性影响，确保各领域各层次合作的可持续性，从而将城市群内部合作提升到更加稳定的新阶段。

综上4方面的城市群演进过程作为一般性发展规律，主要意义在于指导和理解城市群发展的因果逻辑、时间逻辑，从而在建设中区分主次和优先序，不能看作是绝对标准，或者理解为串行模式，机械式地照搬照抄。

（二）一体化评估方法论

城市群一体化是指在城市群区域空间中，人流、物流、技术流、信息流和资金流所构成的区域流不断加速对流，如同一只“看不见的手”，将中大、中小城市和小城镇融为一个整体。其评估要着重于一体化过程中的发展要点。规模结构优化、经济联系密切、资源服务共享、生态环境协理是城市群形成和发育的内在属性特征。其中，规模结构优化主要是人口布局、交通合理，行政等级突破行政区划体制束缚；经济联系密切主要是产业发展水平，形成互补、相互支援的一个完美经济体；资源服务共享包括基础设施、公共服务均等化水平；生态环境协理是考虑到环境污染存在着较强的外部性，城市群一体化需要深化环保合作。因此，可从这4方面展开，对城市群一体化发展状况进行评估分析。

1. 规模结构优化

空间属性是城市群最为直观的体现。基于对城市群一体化发展规律阶段的分析，城市群会形成包含“城市—都市区—城市群”空间的多中心多外围的复合网络式空间结构，实现大中小城市的有序结合。超大或特大城市的人口规模、用地规模构成城市群发育的基础和动力；交通一体化实现城市间交通同环、收费同价、道路同网、标准同等、信息同享；城市行政等级影响城市间的联系、要素流动及资源掌控能力。在城市群发展过程中，既要有特大城市作为中心城市来形成辐射力和影响力，也需要一定数量的大城市作为次级发展中心，同时也要有足够的中小城市作为发展腹地，接受大城市的辐射，形成对大城市的补充。如果城市群的规模分布过多地集中在少数大城市，则会形成虹吸效应，造成效率的损失；如果中小城市数量过多，大城市数量不足，则城市群也会因缺乏核心带动而失去发展动力。

2. 经济联系密切

建立在分工基础上的产业关联是城市群发展的另一个重要特征。城市的产业发展不只影响本地经济，也对周边地区发展产生一定的空间溢出效应，从而实现城市群内部产业的专业化和多样化的平衡。网络化的结构分布，使得城市群内的每个城市作为网络中的节点既接受其他城市的辐射，也对其他城市产生影响，形成人流、物流、资本流以及信息流在各城市节点的频繁往返。体现在城市群一体化上，需要通过搭建平台促进区域资本整合、区域技术合作和人才流动，建立统一开放的商品市场以及人才、资本、技术、产权交易等各类要素市场，降低商品和要素跨区域流动的制度性成本。同时，也需要不断完善城市群的交通网络体系，优化高速铁路和城际轨道的布局，加强城市群综合交通信息平台的建设，提升交通智能化管理水平。

3. 资源服务共享

公共资源服务的共享是城市群一体化的要义之一。构建面向城市群的各项资源共建共享机制，促进研发、教育、科技、卫生服务共同体建设，推动公共服务均等化，是构建城市群内部合理城镇体系的关键环节。目前我国教育、医疗等公共服务资源分布仍存在较大的不均衡，优质的资源主要集中在中心城市，而城市群的发展要内在地逐步打破基本公共服务的地区分割，探索建立区域内教育、医疗、社保、养老、公共安全等方面的合作共享机制，使资源服务在城市群内部实现广泛共享。此外，城市之间消费设施、旅游设施的共享也是城市群促进经济绩效和居民福利提升的重要途径。

4. 生态环境协理

城市群的联系特征必然涉及大气污染、水污染和固体废弃物污染等跨行政区划的环境污染综合整治问题。需要按照生态功能区划要求，在城市群内部实现联防、联控、联治，推进区域性生态的一体化和景观生态结构的同构同建，从而提高城市群整体的资源环境承载力。

城市群的发育过程本质上就是城市体系不断进行完善和整合的过程，通过规模结构层次、经济联系程度、资源服务共享情况、生态环境协理这四大方面，大致可以勾勒出城市群一体化的发展程度。

三、海峡西岸城市群发展评估

海峡西岸城市群作为海峡经济区的核心地区，经过多年的演进和发展，在政策的扶持和促进下，在城市群规模结构、内部功能分工、产业协同发展等方面已经较为成熟，整体城市群一体化态势基本形成。根据城市群一体化评估的理论分析，现主要从结构、功能和协同发展情况，对海峡西岸城市群发展状况进行评估分析。

（一）结构评估

结构体系是城市群发育程度的重要标志。下面从城市群框架、基础设施互联互通、生态环境共建共治等3方面对海峡西岸城市群进行结构上的评估，以反映整个城市群的发育程度。

1. 城市群框架基本形成

从空间结构上看，福建通过推动沿海地区重点开发，鼓励人口和生产要素向沿海地带集聚，在沿海地区形成了具有相当规模的城市群；通过推进南平、三明、龙岩的重点开发，鼓励人口和工业向发展条件较好的地区集中，形成了若干个区域中心城市；推进部分发展基础较好的城镇进行据点式开发，承接乡村人口转移，形成若干个中心城镇，大、中、小城市协调有序发展的城市群框架基本形成。在一体化方面，随着闽东北、闽西南两大协同发展区和湾区经济等区域发展战略推进，以福州大都市区和厦漳泉大都市区为中心，基本形成以“两极两带三轴六湾区”（两极——福州都市圈、厦漳泉都市圈，两带——沿海城镇发展带、山区绿色发展带，三轴——北部福州宁德至南平发展轴、中部泉州莆田至三明南部发展轴、厦门漳州至龙岩山海发展轴，六湾区——环三都澳、闽江、湄洲湾、泉州湾、厦门湾、东山湾）为主骨架的空间开发战略格局。

2. 基础设施互联互通

铁路、公路、水运、航空等基础建设再上新台阶，以港口为依托，高速公路为主干，铁路、等级公路、农村公路为补充的现代综合交通体系基本形成。2019年，全省高速公路通车里程达到5535公里，全省高速公路密度每百平方公里达4.61公里。全省城市用水普及率97.5%，污水处理率92.2 %，生活垃圾无害化处理率99.4%，燃气普及率97.5%，人均道路面积17.41平方米，每万人拥有公交车辆1.14标台（2017）。城镇居民人均住宅建筑面积达43.1平方米（2018），居全国前列。

3. 生态环境共建共治

作为全国首个国家生态文明试验区，福建较早开始探索包括城镇污水处理、垃圾处理、环境治理等城市间生态环境共建共治。2009年，福建开始在三明市大田县创新探索河长制，并于2017年出台《全面推行河长制实施方案》。2019年，针对河湖管理出现的新问题，福建省委、省政府出台《福建省河长制规定》，实现从省到村，五级穿透的全覆盖，同时利用互联网科技打造河长制综合管理信息系统、河务App等“智慧河长”平台。建立省市县乡四级河长办，同时在福建省水利厅设立河务处作为具体办事机构，设立省河务管理中心作为技术支撑单位，市县比照省级河长办设置办法，相应设置河长办和河务管理中心，各乡镇也都设立了河长办。建立了全国首个省市县乡村五级共享共用的河湖长调度系统，形成河长“一张图”，展示全省水质、污染源、水利工程、生态流量等相关管理数据，实时掌握河流现状、河长履职、涉河事件、问题整治、日常监管等信息，一键实现河湖可视、指令可达、工作可控。

（二）功能评估

城市群功能是城市群竞争力的集中体现。不同于仅仅因地域联系形成的城市群或城市辐射区，功能型城市群是以经济联系为基础，由某个城市为龙头，带动具有相同产业功能的中小城市紧密合作，形成以产业功能为主的城市群一体化现象，是区域产业竞争力的重要体现。在推进城市群建设过程中，福建以产业功能为纽带，形成了以泉州为龙头的工业城市群和以厦门为龙头的旅游城市群两大在国土空间上非连续的功能型城市群。

1. 工业城市群

泉州作为国际、国内重要的消费品制造城市，培育出纺织服装、鞋业、石油化工、机械装备、建材家居、食品饮料、工艺制品等七大产值超千亿元的产业集群，2019年GDP总量达到了9946.66亿元，连续21年在福建省内GDP排名第一。作为典型的制造业重地，泉州工业在经济发展中始终起着主导作用，从1998年起工业增加值占GDP比重均超过50%，2019年达到52%，是全省唯一一个工业占比超50%的地市，高出全省平均水平13.9个百分点，拥有超亿元企业2809家，其中超10亿元企业328家，数量居全省首位。从2011年起，作为福建沿海发达地区，泉州开始以工业为重点，以共建产业园区的方式推进山海协作。以晋江—长汀为例，从2012年起，晋江和长汀两地按“政府推动、市场主导”原则，通过共同规划、共同建设、共同招商、共同管理、共享成果，推动产业梯度转移和要素合理配置，逐步形成多渠道、多形式、多层次、全方位的区域合作格局。截至2020年初，两地共安排专项资金1.4亿元，建设面积1.5万亩的晋江（长汀）工业园，共有包括安踏、盼盼食品、中石油催化裂化等工业龙头企业在内的28家晋江企业落户长汀，总投资达51.5亿元，吸纳就业人员3000多人。同时通过园区辐射带动周边乡镇发展现代工业、现代农业、现代林业、现代服务业，加快产城融合，打造个性化镇级小城市。石狮—政和则采用飞地托管方式，在石狮建立石狮政和园区，通过项目招商、技术帮扶、产业链延伸、资金落实和用工帮困等方面共建，采取税收“利益共享”的方式，推动两地协同发展。整体上，泉州共有晋江市—长汀县、石狮市—

政和县、南安市—古田县、泉港区—宁化县、丰泽区—顺昌县、惠安县—光泽县、鲤城区—明溪县7对共14个县市区的山海对接帮扶关系，推动形成3个县级市、4个区、7个县组成的，以沿海带动山区点状开发为特点的山海协作城市群建设格局（见表13-2）。

表13-2　泉州市山海对接帮扶县市区发展状况（2018年）

区域	国土面积（平方千米）	地区生产总值（GDP）					人口（万人）		备注
		总量（亿元）	结构（%）						
			一产	二产	三产	工业	户籍	常住	
福建省	45879.0	25388.7	3.7	48.0	48.3	39.9	2065.0	2447.1	——
泉州市	11014.8	8468.0	2.4	57.7	39.9	51.3	755.1	870.0	沿海市
晋江市	744.4	2229.0	0.9	59.8	39.3	56.1	117.6	211.1	县级市
长汀县	3104.2	231.7	14.0	44.5	41.5	31.8	55.1	40.2	山区县
石狮市	178.4	836.0	3.1	49.3	47.6	43.7	34.6	69.3	县级市
政和县	1744.2	69.9	23.6	39.4	37.0	33.2	23.8	16.9	山区县
南安市	2024.5	1067.8	2.6	57.4	40.0	52.5	165.5	150.8	县级市
古田县	2372.8	167.5	26.2	31.4	42.4	23.8	43.0	33.4	山区县
泉港区	341.0	654.1	1.8	78.2	20.1	70.6	42.1	33.6	市辖区
宁化县	2407.5	145.2	17.6	46.7	35.7	32.4	37.8	28.7	山区县
丰泽区	129.6	660.0	0.3	29.8	69.9	18.7	27.2	58.3	市辖区
顺昌县	1979.5	127.9	15.0	37.5	47.5	29.4	23.5	19.2	山区县
惠安县	1744.2	1094.5	2.8	68.0	29.2	58.9	104.0	101.9	沿海县
光泽县	2240.3	98.8	41.0	32.7	26.3	28.9	16.3	13.7	山区县
鲤城区	53.4	526.8	0.0	56.9	43.9	51.5	26.6	44.3	市辖区
明溪县	1729.9	81.9	22.9	43.0	34.1	32.2	11.9	10.3	山区县

资料来源：《福建统计年鉴2019》

从全省格局上，福建已经基本形成了闽东北（福宁南）、闽西南（厦漳龙）、闽中（泉莆明）三条山海协作带，和沿海福诏工业走廊、南三龙山区综合通道。通过泉州作为省内工业城市的龙头带动作用，以打造“国际工业城市”为战略目标，带动漳宁莆、南三龙六市加快工业进程，形成沿海工业发展综合城市带和山区点状重点开发区构成的，具有竞争力的以工业发展为主要功能的工业型城市群。

2. 旅游城市群

旅游城市群建设是国家《“十三五”旅游业发展规划》中的重要内容。福建依托全省旅游资源，聚焦生态、海丝、自贸区、红色旅游等重点，初步形成了蓝色滨海带、绿色生态带、红色旅游带“蓝、绿、红”3个旅游带，福州、厦门、武夷山“三核”，福莆宁、厦漳泉、闽西北、闽西南“四片区”的旅游业发展格局。但由于缺少全国性和世界性的重大旅游项目，旅游发展较为分散。厦门作为东南沿海著名网红旅游城市，每年吸引大量游客，2019年全年接待国内外游客超过1亿人次，达10012.9万人次，占全省旅游总人次的18.6%，入境游客数占全省近五成，成为福建旅游对外重要窗口。

依托厦门强大的旅游客流吸引能力，福建在省内推动以旅游业为主要内容的旅游资源整合和协同发展，逐步形成涵盖滨海、生态、红色、文化等旅游资源的旅游城市群。2015年，以“清新福建”旅游品牌商标作为全省旅游发展统一标识，以厦门作为龙头城市，通过品牌共建、产品互连、线路互推、客源互送、资源共享、活动联办等形式，在行业监管、市场拓展、产业项目、联合执法、旅游培训等五大领域开展协作，打造一体化发展的旅游城市群。其中闽西南旅游城市群以厦门、漳州、泉州、三明、龙岩五市为主体，闽东北旅游城市群以福州、莆田、宁德、南平以及平潭等“四市一区”为主体，通过两大城市群旅游一体化，实现旅游资源和信息共享，打造全省一体化发展的旅游城市群。仅2018年，闽西南协作区旅游总人数为10996.3万人次、同比增长20.2%，旅游总收入1601.56亿元、同比增长27.7%；闽东北协作区2018年旅游总人数为8486.45万人次、同比增长22.3%，旅游总收入1101.69亿元、同比增长34%；初步形成齐头并进、协同发展的态势。而厦门作为福建省内的旅游龙头城市，不仅在吸引游客流量方面起着带动作用，同时通过牵头组织对外宣传推介，设立一体化旅游形象店，打造一体化旅游产品矩阵、旅游产品发布，引导在厦旅游相关企业针对省内市场设计服务特色、价格优惠的产品等，形成对全省旅游的带动效应，成为全省旅游景区，特别是漳州、龙岩、泉州等临厦城市的重要旅游流量导入地。2019年开始，福建提出“全福游、有全福”品牌战略，依托快速铁路环线，推出从福州出发回到福州、从厦门出发回到厦门的两条大环线，通过一程多站、以站联动的方式，促进省内各地旅游产业深度对接，打造紧密型旅游区域联盟，实现旅游城市的一体化发展（见表13–3）。

表13–3　2019年福建省九地市旅游基本情况

区域	旅游人次（万人次）	旅游总收入（亿元）	国内游客（万人次）	国内旅游收入（亿元）	入境游客（万人次）	旅游创汇（亿美元）	A级景区（家）
厦门	10012.9	1655.9	9562.2	1359.8	450.7	42.9	25
福州	9654.2	1450.6	9480.8	1319.5	173.4	19.0	34
莆田	3921.6	440.7	3866.1	406.9	55.5	4.9	34
三明	3917.6	416.9	—	—	—	—	52
泉州	7801.2	1312.7	7624.9	1189.1	176.2	17.9	48
漳州	4642.1	660.7	4560.8	605.9	81.3	7.9	20
南平	5829.9	985.6	5780.5	962.2	49.4	3.4	64
龙岩	5504.1	576.5	5478.8	562.4	25.3	2.0	52
宁德	3838.0	437.0	—	—	—	—	26

资料来源：2019年各地市统计公报。

注：A级旅游景区数量，截至2019年12月

整体上，福建通过突出厦门国际旅游城市龙头地位，以建设“国际旅游城市”为战略目标，深化省内旅游资源协同，推进“福建旅游”空间开发格局由“点状”开发格局（厦门和武夷山）向“线状”开发格局（高速公路与铁路）和“网络”开发格局（高速公路与铁路网）转变，形成富有福建特色和国际竞争力一体化的旅游城市群。

（三）协同发展评估

作为沿海省份，福建通过建立沿海城市群、港口群、产业群三位一体的联动发展机制，以产业群与港口群、城市群与产业群、城市群与港口群的互动发展，将城市空间布局和生产力空间布局进行有机结合，实现产业分工互补，驱动产业在城市群地域空间高度集中分布，在地域空间上形成完整的空间经济系统。

1. 产业群与港口群联动发展

港口城市可以通过港口的招商引资，加快港口区域的产业结构调整和优化，形成临港产业集群效应。近年来，福建依托环三都澳、闽江口、湄洲湾、泉州湾、厦门湾、东山湾六大湾区，在纺织、轻工、建材等传统优势产业和石化、机械、电子信息等主导产业方面实现产业集聚效应。在环三都澳，青拓集团在福安市湾坞半岛冶金新材料产业园建设的系列项目，已成为中国乃至世界单体最大的不锈钢生产及深加工基地，福安湾坞半岛成为全球重要的冶金新材料深加工基地及贸易中心。在闽江口，宝钢集团依托罗源湾经济开发区和可门港散货物流中心，构建起以冶金、船舶、能源、物流等产业为主的可门—白水—大官坂重点产业集聚区。在湄洲湾畔，泉港石化、福建炼化一体化项目大型港口燃煤电厂、核电站以及风能、海洋能电站等能源基地完成布局，林木资源匮乏的莆田市充分发挥港口优势，演绎“无木生财”的奇迹，先后建立中国首个海港进口木材检疫口岸秀屿进口木材检疫除害处理区、中国首个国家级木材贸易加工示范区和进口原木加工锯材出口试点基地，推动林产品加工产业集聚发展，成为中国最大的木材加工、贸易、集散中心和中国最大的木材进口基地。在泉州湾，中化1200万吨/年炼化项目落户，形成千亿投资规模、千亿产值规模的集聚效应。在厦门湾，龙头企业宸鸿科技、翔鹭石化、厦工机械发展势头良好。在东山湾，古雷石化炼化一体化、产业园区化、发展集约化格局基本形成，芳烃、烯烃下游项目配套产业加速集聚建设，逐步形成在世界具备相当竞争力的石化产业集群雏形。

2. 城市群与产业群联动发展

以福州大都市区建设为例，福州共有九大产业基地，2019年全市工业总产值突破万亿元，形成纺织化纤、轻工食品、机械制造、冶金建材、电子信息等5个千亿级产业，软件、大数据、物联网等产业呈现出集聚发展态势。其中，环湄洲湾形成以石化、造纸和木材加工、干货散货物流为重点的秀屿—肖厝—斗尾重点产业集聚区；环泉州湾产业基地依托泉州经济技术开发区、泉州高新技术产业开发区和石湖物流园区等，形成以纺织、服装鞋帽为重点产业的石狮—晋江重点产业集聚区；环三都澳产业基地依托宁德三都澳经济开发区、福安经济开发区和闽东物流集散中心，形成以船舶、电机电器、能源、石化等产业为主的漳湾—赛江—溪南重点产业集聚区。整体上形成了以大都市圈建设为抓手，推动区域产业合理布局和优化升级态势。

3. 城市群与港口群联动发展

港口是城市群发展的重要战略资源。福建拥有大陆海岸线3752公里，岸线长度居全国第二，大型深水港口岸线资源居全国之首，港口的资源禀赋转化为福建的发展优势空间较大。2009年，福建省在全国第一个实施省内跨行政区域港口整合：沿海六市众多港口分别整合为福州、厦门、湄洲湾三大港口群，并以集装箱、散货、对台货运为各自重点，实施“六统一”，大幅提高港口内部效率、效益。2010年以来，福建省内港口企业凭借分工后的各自优势，在省外建设陆地港，进一步拓展辐射范围。其中厦门港作为福建港口龙头，通过建设多式联运港站、运行多条海铁联运班列，打造海铁联运公共平台等方式，实现向包括闽西、龙岩、三明，江西赣州、吉安大部分地区的辐射，并往包括湖南、四川、重庆等内陆拓展。

整体上，福建沿海六市依托港口，大力吸引和培育协作配套的上下游关联企业，充分组合延伸产业链，构建新型产业集聚区。随着福莆宁同城化的进程进一步推进，福州江阴、罗源湾与宁德三都澳、莆田湄洲湾等港口在产业功能上实现合作互动，实现了包括福州江阴新区与莆田兴化湾南岸，福州罗源湾与宁德环三都澳等产业功能区的合作。同时，依托厦门港，推动厦门由海岛型城市向国际化海湾型城市发展；依托福州港，推动福州由沿江城市逐渐向国际化滨海型城市转变。

四、探索建设海峡城市群

海峡西岸城市群作为海峡经济区的核心地区，通过政策支持和多年发展演进，在基础设施互联互通、城市功能分工协作、生态环境共建共享等方面已经具备一定规模，但整体上在中心城市培育、城市群竞争力、跨行政区协调等方面还存在比较明显的不足。

一是中心城市首位度不高。福州、厦门和泉州作为三大中心城市，数量较多，但在经济总量不大的情况下，单个中心城市的首位度均不突出。2019年福州、厦门和泉州3个中心城市的GDP总和不及深圳一个城市的GDP，中心城市竞争力无一进入前10，福州、厦门作为中心城市明显规模较小，限制了城市功能的发挥，也导致城市集聚力和辐射力不强。

二是城市群整体竞争力弱。区域竞争已经演变成城市群、都市圈的竞争，城市群的竞争又突出表现在中心城市的竞争。海峡西岸城市群位于长三角、粤港澳大湾区两大世界级城市群中间，随着两大城市群规划作为国家发展战略的确立，对处于中间地带的海峡西岸城市群来说，在中心城市不强、经济体量和产业发展都不具备优势的情况下，整体竞争力存在较大差距，面临长三角、粤港澳大湾区的虹吸挑战。

三是跨行政区域协调机制乏力。目前，海峡西岸城市群缺乏有效的协调机制，城市间的竞争，片面地将城市群内部各个城市的战略目标及重点普遍化，缺乏统一规划，城市之间存在重复建设、资源浪费和恶性竞争，从而使得海峡西岸城市群发展缺乏有效的空间配置机制。

建设海峡西岸城市群是党中央赋予福建的重大历史使命和重大历史责任，也是福建建设的重大历史机遇。下一步，要进一步加快海峡西岸城市群一体化发展，探索海峡两岸融合发展新路，推动海峡西岸城市群从规划愿景向现实转化。

（一）建设海上丝绸之路核心区中心城市

在“一带一路”倡议中，中央确定福建作为21世纪海上丝绸之路核心区，为福建在新的历史条件下扩大对外开放带来了重大机遇，也赋予了福建重大的历史责任。要通过建设海上丝绸之路核心区中心城市，增强中心城市辐射力，真正发挥海上丝绸之路核心区在海上丝绸之路建设中的带动作用和凝聚力。

1. 建设福州“国家中心城市”

以服务全国发展大局、服务中华民族伟大复兴中国梦作为建设国家中心城市的战略抓手，按照国际大都市标准规划、建设、管理和运营，把福州建设成为体现国家意志、肩负国家使命、代表国家形象、引领海峡发展、具有国际影响力和综合竞争力的特大型城市，建设成为国家城市体系中综合实力的“塔尖城市”。按照“国家中心城市”功能定位，拓展福州市发展新空间，推进鼓楼、台江、仓山、晋安、马尾、长乐六城区与闽侯、连江“新城区”区域分工功能优化，重点疏解“旧城区”的非省会功能，促进“新城区”由县域经济向城市经济、省会经济转型。

2. 提升福州中心城市功能

借鉴郑东新区的成功经验，高水平建设福州新区，做到“一张蓝图绘到底”，坚持规划引领，瞄准战略新兴产业，着重培育高成长企业、高新技术企业、独角兽公司和龙头企业。顺应都市圈发展趋势，加快大福州都市圈一体化建设，从基础设施到公共服务、从规划一体到产业一体，逐步推进常态化和制度化的都市圈协同治理机制，实现从各自独立发展到都市圈协同一体化发展。通过建造强平台、引进培育强主体、实现强运营，吸引高水平的团队和人才，增强福州的中心地位，促进高端资源要素向中心城市集聚，疏解中心城市转移部分产业，更快地在大都市圈范围实现资源的优化配置。

3. 推进福州与厦门错位发展

福州与厦门作为福建的“双子星”，从战略上将两个城市功能定位差异化。建议福州定位于七大功能中心：政治中心、经济中心、教育中心、医疗中心、交通中心、物流中心、信息中心；厦门定位于五大功能中心：科技中心、金融中心、贸易中心、文化中心和对外交往中心。通过明确定位，避免内部过度竞争导致资源分散，培育并提升两大城市在福建省和海峡西岸城市群的中心度，也避免省内优质资源流出省外，通过中心城市之间的互补关系形成合力，驱动福建省甚至海峡西岸城市群区域经济协调发展和高质量发展。

（二）提升功能型城市群竞争力

在东部10个省级行政区中，福建作为人口小省，城市竞争力不足，在福州、厦门两个首位城市难以与北上广津等国家中心城市相竞争的情况下，可以以功能型城市建设作为切入点，提升海峡西岸城市群整体竞争力。

1. 建设厦门“国际旅游城市”

按照“国际旅游城市”功能定位，拓展厦门市发展新空间，重点疏解厦门的经济功能，以厦门翔安国际机场、厦漳海底公铁隧道为抓手，开发跨界增长区，开发建设厦门与漳州毗连区“临港区域”，开发建设厦门与泉州毗连区“临空区域”，培育经济发展新增长极。带动南平（武夷山）建设“新兴国际旅游城市”，带动平潭、东山建设“国际旅游岛”，带动泰宁、尤溪、长汀建设“新兴旅游城市”，配套建设富有福建特色和国际竞争力的国家自然和文化旅游中心。

2. 建设泉州“国际工业城市”

按照“国际工业城市”功能定位，拓展泉州市发展新空间，推进鲤城、丰泽、洛江、泉港4个“旧城区”与晋江、石狮、南安、惠安4个“新城区”区域分工功能优化，重点疏解泉州湾两岸的经济功能，拓展湄洲湾南岸、围头湾东岸的经济功能，创新城市发展空间。带动漳宁莆、南三龙加快工业化进程，带动福鼎、福清、邵武、漳平和霞浦、罗源、漳浦、诏安加快工业化进程，配套建设富有福建特色、引领世界制造业发展的国家制造业创新发展基地。

3. 优化沿海带状和山区点状城市空间布局

围绕“两岸同胞共同家园、国际旅游岛”功能定位，拓展地级市“平潭市”、县级市“东山市”发展空间；依托福宁湾、罗源湾、浮头湾、诏安湾，拓展霞浦、罗源、漳浦、诏安4座新兴工业城市发展空间；调整优化福鼎、福清2座现代工业城市发展空间，促进从福鼎到诏安、由7座地级市和7座县级市组成的沿海带状城市建设格局的形成和发展。围绕“新兴国际旅游城市”功能定位，沿崇阳溪—建溪流域由北到南形成武夷山—建阳、建瓯、延平“北三、中一、南二”的产业发展格局，拓展以武夷山、建阳为核心的新南平市发展空间；依托自然文化旅游资源，拓展长汀、泰宁、尤溪3座新兴旅游城市发展空间，调整优化漳平、邵武两座现代工业城市发展空间，促进由3座地级市和6座县级市组成的山区点状城市建设格局的形成和发展。

（三）推进东南沿海区域一体化

发挥海峡西岸城市群区位优势，对接南北长三角、粤港澳大湾区两大世界级城市群发展战略，通过推动城市群内部一体化，避免两地的“虹吸”，并实现“借力”发展，使海峡西岸城市群成为东部沿海重要增长极，实现“一肩挑两洲”格局。

1. 海峡西岸经济区一体化发展

协调行政区域与经济区域、自然地理区域的不一致性；以福建省九地市为主体，整合海峡西岸经济区、浙江省三地市、广东省四地市和江西省四地市国土资源，实现基础设施、产业布局、城市功能和生态建设的有机对接；消除体制机制障碍，统筹推进闽东北与浙西南、闽西北与赣东南、闽南粤东和闽粤赣边区国土开发，促进海峡西岸经济区一体化。

2. 东部地区一体化发展

发挥国土开发轴带的集聚和连通作用，建立海峡西岸城市群与长三角地区、粤港澳大湾区国土开发与保护高层磋商机制，促进能源、交通、环境等基础性、稀缺性资源在三地的均衡、有效布局，逐步实现区域内交通运输一体化和能源资源的优势互补；发挥福建国土的生态质量优势和环境容量优势，面向两个三角洲提供生态消费服务和综合能源消费服务；以核电为重点，建设“闽电外送”输电通道，构建面向两个三角洲的电力服务体系；以生态服务和能源服务推进东南沿海一体化发展。

（四）建设海峡城市群

建设海峡城市群是海峡西岸城市群发展的最终愿景，是实现海峡西岸与东岸融合发展的必然要求。

1. 福建国土空间的战略定位

福建的国土空间战略定位呈现阶段性特征：通过大力推进新福建建设，缩小和拉平福建与台湾的差距，实现福建与台湾经济的同步发展；通过两岸经济文化互动实现福建与台湾经济一体化，形成海峡经济区；通过海峡经济区与长江三角洲经济区的互动、融合与一体化，形成长台闽经济区，进而整合长台闽经济区，形成亚太经济中心，从而形成福建、海峡西岸经济区、海峡经济区、亚太经济中心的国土空间四级战略发展轨迹。

2. 闽台地域空间合作

围绕产业发展平台、居民定居点、台湾海峡海底隧道、海洋资源开发等领域，完善闽台地域空间合作发展规划，在国土规划、国土资源勘探、国土保育保安、国土美学等方面开展全方位的合作；完善台商投资区、台湾农民创业园等台湾民众在闽发展平台载体，促进闽台产业深度合作；以海峡东岸的高雄港、基隆港、台中港和海峡西岸的厦门港、福州港、泉州港为枢纽港，建设台湾海峡港口群，提升台湾海峡城市群的综合竞争力；共同开发台湾海峡油气资源、海上风电资源；在东海、南海中国传统海疆线以内合作开发油气资源。

专题十四

山东半岛城市群一体化政策及进展[①]

一、城市群发展与山东半岛城市群

城市化既是我国改革开放以来经济社会快速发展的重要动因，也为国家治理现代化发展道路提供了广阔的发展空间，是我国最大的内需潜力和发展动能所在，对促进经济社会高质量发展意义重大。山东城市化发展以山东半岛城市群一体化为载体，是整个国家城镇化的重要组成部分。在新型城镇化发展中，山东以城市群和县域城镇化两大平台，走出了一条有特色的内生型城镇化发展之路。

（一）城市群在当下中国发展中的意义

截至2019年底，我国常住人口城镇化率已达到60.60%[②]，城市建设已到达由“增量”转向“存量”的发展拐点。经过几十年的不懈探索，我国城市建设

① 本专题作者为山东大学王佃利、洪扬、张岱楠，山东省委党校（山东行政学院）于棋，山东师范大学王玉龙，山东省城乡规划设计研究院有限公司杜聪聪。

② 国家统计局:《中华人民共和国 2019 年国民经济和社会发展统计公报》。

已初步具备实现进一步优化升级的相关基础。通过城市群的建设以实现各城市间的优势资源深度整合与高效配置，这既是进一步激发城市存量潜力的基本前提，同时也是世界范围内建设城市、发展城市的普遍共识。

作为一类典型的区域发展载体，城市群本身也经历过一个多重因素共同交织、综合推动的发展过程。从经济的角度看，城市群是城市间的产业分工结构优化和经济依赖程度加深的必然要求；从地理的角度看，城市群可视作城市间区位资源禀赋互补、发展要素流动的结果；从社会的角度看，城市群反映了人们建立在相邻地域、相同或相近地缘文化、社会交往方式等因素基础上，对一体化发展或区域共同体所形成的社会认同。上述解读都说明了城市群不仅仅是特定的空间类型，更是关乎区域协同、产业互补、文化相融的重要载体。

逐渐走向一体化的城市群，必然在产业结构互补、公共服务供给、基础设施互联、地域文化交融等方面迸发出更为强大的变革力量。从这一角度来讲，当下我国更需要审慎看待城市群一体化对于中国发展的重要意义及其巨大潜力。

（二）山东半岛城市群在中国城市群发展中的地位

山东半岛城市群起步较早、发展较快，是“十三五”期间国家重点建设的城市群之一，也是山东省实施新型城镇化的主体形态。山东半岛城市群东与日韩隔海相望，北接京津冀城市群，南临长三角城市群，西与中原经济区相邻，具有连接南北、承启中外的重要区位。它既是中国重要的出海门户与桥头堡，也是“一带一路”倡议重要枢纽，又是山东省经济隆起地带以及全国重要经济发展极，在新时期我国区域发展战略格局中具有突出地位。

1. 山东半岛城市群在国家治理体系中的地位

与西方国家城市群的发展演进略有不同，我国城市群的发展及其治理离不开城市群在国家层面的定位，区域发展需求是城市群发展演进以及建设治理的风向标与指挥棒。山东半岛城市群是我国东部沿海重要的城市群之一，凭借其独特的区位交通优势，无论是与国内的区域联系，还是与国际的积极接轨，都发挥着举足轻重的作用①。

其一，山东半岛城市群是我国北方重要的开放门户。山东半岛作为我国北方的重要区域之一，在对外开放方面具有重要地位。一方面，凭借其申建的山东自由贸易试验区，持续强化青岛、烟台等海上合作战略支点作用，推进与“一带一路”沿线地区互联互通，构建“一线串联、六廊展开、双核带动、多点支撑”的空间格局，以增强沿海城市和港口紧密互联。另一方面，山东半岛协同建设新亚欧大陆桥经济走廊，引领黄河流域参与国际分工合作，并积极推进与东盟、东北亚地区以及欧盟国家的战略合作。总体来看，山东半岛城市群正着力打造陆海内外联动、东西双向开放的全面开放新局面，未来将建设成为中日韩深度合作战略高地、新亚欧大陆桥东方桥头堡，继续夯实作为北方重要开放门户的战略定位。

其二，山东半岛城市群既是国家蓝色经济示范区和高效生态经济区，又是环渤海地区重要增长极。山东省内青岛、威海、日照、滨州、东营、潍坊、烟台7个城市临海，海洋资源储备极为丰富，具有发展蓝色经济较为厚实的基础。山东半岛城市群以“蓝黄”两区和青岛西海岸新区为主要依托，以青岛蓝谷等海洋经济发展示范区建设为先导，发展海洋科技，整合海洋资源，培育海洋优势产业集群，完善海洋经济体系，促进陆海统筹发展，开创了高效生态经济发展新模式，是我国具有较强国际竞争力的国家蓝色经济示范区和高效生态经济区。同时，山东半岛城市群是我国环渤海地区的重要区域，在环渤海地区协作中发挥着重要作用。山东半岛城市群与周边区域共建区域协调发展实验区，并

① 《山东省人民政府关于山东半岛城市群发展规划（2016—2030年）的批复》。

建立专项发展基金，用于跨区域的基础设施建设以及生态环境治理。山东半岛城市群同样也是环渤海地区较为重要的先进制造业发展基地与高新技术产业基地，在区域的创新驱动和转型发展中有重要示范作用，是我国环渤海地区发展的重要增长极。

2. 山东半岛城市群在我国城市群发展中的地位

山东半岛城市群作为中国东部沿海重要城市群之一，不仅地处京津冀城市群与长三角城市群之间，同时也居于黄河流域诸多城市群中的龙头地位。因此，山东半岛城市群对于贯通南北城市群、衔接东西区域有重要价值。

（1）山东半岛城市群是京津冀城市群和长三角城市群的重点联动区。山东半岛城市群地处京津冀与长三角之间，是两大城市群区域联动发展的重要支点。通过与京津冀和长三角的联动发展，可以实现更大区域范围的协同与治理，谋求我国东部沿海城市群更高程度的一体化发展。一方面，山东半岛与京津冀具有多通道的紧密联系，有利于实现二者更高层级的协同发展。其一，依托聊城、德州、滨州、东营与京津冀城市群相毗邻的位置优势，积极承接北京非首都功能疏解和京津产业转移，打造京津冀协同发展示范区。其二，山东半岛城市群通过与京津资本、技术展开合作，实现合理的产业分工协作，达成与京津冀产业结构调整密切互动，形成布局合理、错位发展、协作关系紧密的区域性生产体系。另一方面，山东半岛与长三角地区密切接轨。按照优势互补、协同发展原则，构建与长三角地区合理分工的产业体系，建设面向长三角的优质农产品基地、能源原材料基地、旅游休闲基地和高素质劳动力供应基地。整体来看，山东半岛城市群是串联我国东部沿海城市群发展的重要环节，在优化我国东部沿海地区城镇化格局方面具有重要作用。

（2）山东半岛城市群是黄河流域城市群中的发展龙头。山东半岛城市群处于黄河流域下游，在推动黄河流域高质量发展方面具有重要地位。中央财经委员会第六次会议中明确提出，“要推进兰州—西宁城市群发展，推进黄河‘几’字弯都市圈协同发展，强化西安、郑州国家中心城市的带动作用，发挥山东半岛城市群龙头作用，推动沿黄地区中心城市及城市群高质量发展。”①由此可见，从西到东，国家对于黄河流域大城市的定位逐渐清晰，山东半岛城市群龙头作用的定位更加凸显。随着黄河流域生态保护和高质量发展上升为重大国家战略，山东正无可争议地成为该重大国家战略的出海通道与高质量发展的带动龙头，也肩负着引领黄河流域城市群发展的重要职责。综合来看，山东半岛城市群在我国城市群发展布局中起到了南北联通城市群协同发展以及东西贯通黄河流域城市群高质量发展的重要作用。

（三）研究主旨及结构

本专题以山东半岛城市群一体化建设历程为分析对象，具体探析以下两个问题。其一，分析在山东半岛城市群建设过程中，省、市等各级政府出台的政策内容以及推进城市群一体化发展的特点；其二，综合评析当前山东半岛城市群一体化的建设现状，并探讨在这一过程背后所体现的山东半岛城市群区域建构特色。

本专题遵循如下思路：

第一部分，简要分析城市群在我国经济社会发展中的重要意义，并探讨山东半岛城市群在中国城市群发展中的作用地位；第二和第三部分聚焦山东半岛城市群一体化过程中的政策设计命题，主要从省级政府的规划引领以及地市互动实践两个角度加以论述；第四部分是对半岛城市群一体化的建设效果展开分析，从经济空间联系强度、产业功能分工布局、基本公共服务均衡、交通设施网络联结以及生态环境联保5个方面综合评估山东半岛城市群一体化发展成效。

---

① 《推进“几”字弯都市圈协同发展》,《今报网》，2020 年 1 月 4 日。

在最后总结了山东半岛城市群发展的基本特征，重点关注半岛城市群建设过程中的政策特征及其区域特色，从公共管理的角度探究了城市群发展之道。

二、山东半岛城市群一体化中的省级规划引领

山东城市化发展是个动态的历史进展。在不同的历史方位中，山东半岛城市群的发展呈现差异化特征，并面临不同的发展任务和政策选择。山东半岛城市群是全国较早提出的城市群之一，作为一省行政区域内的发展规划，呈现出鲜明的行政力量引导色彩。在这一过程中，从政策纵向架构上来看，山东半岛城市群一体化的相关政策可以分为“省级引领”与“地市互动”两个维度。省级层面是在达成政策共识基础上有计划、分阶段地开展规划引导，而不同时期经济圈建设实践在相当大程度上代表着各地市落实一体化的政策努力。近年来，山东省以胶东、省会与鲁南三大经济圈建设为契机，达到推动半岛城市群一体化、优化区域发展格局的战略目的。

与长三角城市群、珠三角城市群等其他地区城市群建设相类似，山东半岛城市群一体化过程既是区域市场经济体制逐渐完善的必然结果，同样也体现出地方政府在这一过程中所扮演的引领角色。在经济发展的不同阶段，其政策引领的具体内容也在不断调整。可以说，在山东半岛城市群一体化过程中，省级层面规划引领的工作重点也存在阶段性差异。

（一）前期规划阶段：超越地理概念的探索（1986—2006 年）

作为中国第一大半岛，山东半岛三面环海，东部伸入黄海、渤海，西与平坦的中原经济区相接，是黄河中下游流域的龙头带动区域。地理概念上的山东半岛存在狭义与广义之分，前者指代胶莱河以东的胶东半岛区域（称作“小山东半岛”），后者则指代寿光小清河口和日照岚山口与岚山头苏鲁交界处的绣

针河口两点连线以东的部分（即“大山东半岛”，包括胶东半岛以及青岛西部、潍坊东部与日照等地区）。在改革开放初期，山东半岛的烟台、青岛被批准为全国首批对外开放城市，但受到胶东丘陵等地形的限制，烟台、青岛两座城市更是以引领胶东地区开放进程为首要使命。事实上，无论是就大、小山东半岛的旧称还是首批对外开放城市的直接辐射范畴而言，传统意义上的山东半岛都是基于地理概念层面上对半岛形态的定义，仅仅是指代具体地理的形态称谓。因此，囿于自然形态，地理概念上山东半岛中所涵盖的行政空间范畴仅仅包括青岛、烟台、威海、潍坊和日照等少数城市。

针对山东半岛城市群的初期探索，是一个逐渐超越地理形态范畴的“扩容”过程。早在1986年山东学者马传栋先生便提出，山东半岛形成了济南、青岛、潍坊、淄博、烟台为中心的区域性城市群落。这既是学术界首次提及山东半岛城市群的概念构想[①]，同时也突破了仅仅立足于胶东地区的传统地理界限。1999年，以山东省委政研室为核心的“山东省战略课题组”，提出了“关于加快山东半岛城市群建设步伐的建议”，又将东营、日照等沿海城市放置在山东半岛城市群加以统筹考虑，半岛城市群的概念范围得到进一步扩展。2002年，山东省省长指示要加快山东半岛城市群的规划编制工作，规划理念上将山东半岛逐渐纳入政策议程中。2003年正式提出“促进半岛城市群崛起”战略规划，提出“要将沿海和胶济沿线的济南、青岛和烟台等 8 个城市，打造成为全国区域经济中最具发展活力的地区之一”。

在确定山东半岛城市群整体方案的过程中，北京大学周一星教授课题组提交的《山东半岛城市群发展战略研究综合报告》，具有重要的承上启下意义。该课题组认为，地理概念上的山东半岛涉及威海、烟台、青岛、潍坊和日照等

① 刘兆德、陈素青:《山东半岛城市群可持续发展研究》，科学出版社，2010。

5个城市行政单元，济南、淄博位于胶济、兰烟铁路沿线的关键位置，东营和日照虽然算不上是“城市群”的一部分，但其属于半岛或邻近半岛的沿海地市，其都属于国务院规定的山东沿海经济开放区，所以课题组将这 8 个地市称为“山东半岛城市群地区”①。而在2006年12月正式实施的《山东半岛城市群总体规划》中，除上述八市之外，又将滨州市的邹平市纳入规划区域。这一现象的背后，体现出的是对突破刚性行政区划的初步尝试。虽然邹平市在行政区划上隶属于滨州市，但由于黄河的天然阻隔，该规划将其列入济南市的直接辐射范围。2006年，山东省在“十一五”规划中提出“一群一圈一带”的发展构想。此时的“一群”是指在山东省东部（即胶东地区）打造“半岛城市群”，官方对于半岛城市群的定义依然立足于地理概念。但与之配套的“一圈”“一带”构想，也代表着半岛城市群具有进一步拓展其空间范畴的潜力。

无论是长三角、珠三角还是我国其他地区的城市群，其建设实践在很大程度上都是从一个单纯的地理概念上升为规划理念的探索过程。山东半岛城市群对于地理概念的突破，既考虑到东营等沿海地市的对外开放需求，又统筹了胶济铁路这一省内交通动脉沿线地区的发展，同时在突破行政区划刚性边界方面进行了有益探索。可以说，2006年实施的《山东半岛城市群总体规划》，搭建起山东半岛城市群发展的基本架构，并为后期的深化调整确立了若干原则。

（二）深化推进阶段：架构搭建与功能区引导（2007—2016 年）

2007年，山东省城镇化水平已达到46.75%，接近世界城镇化平均水平（47%）②，山东半岛城市群一体化逐渐提速。在涉及范围基本达成政策共识之后，山东半岛城市群一体化建设步入深化推进阶段。其中，“一体两翼”战略

① 北京大学城市与区域规划系、山东省建设厅:《山东半岛城市群发展战略研究综合报告》，2003。

② 中国政府网:《2007 年山东省城镇化加速 已经接近世界平均水平》。

的提出，逐渐淡化了“胶东色彩”，初步树立起省内全局的概念，为后期功能区引领建构了空间基础；“蓝黄”两区战略的落实推进，既是积极响应国家关于形成主体功能区的要求，又进一步夯实了省域发展的基本政策取向。

1. “一体两翼”战略：省域发展架构的初步设立（2007—2008年）

山东半岛城市群的建设优势之一，在于其所有空间范畴都处于同一个省级行政单元——山东省之内。因而，一旦政策共识得以确立，行政权力将对于区域内城市群的建设具有鲜明的引导作用。基于前期探索，山东半岛城市群建设已不仅关乎胶东地区的发展命题，更需要从全省的角度统筹考虑。2007年3月，山东省从整体发展格局出发，在坚持原有半岛城市群发展规划的基础上，深化提出了“一体两翼”的城市群发展思路。“一体”，指以胶济铁路为轴线形成的横贯东西的中脊隆起带，即从东部沿海沿胶济铁路向西到省会济南，涵盖山东省发展水平较高的主要城市，是山东省区域发展的构成主体；“两翼”则主要由南翼和北翼组成，北翼为黄河三角洲高效生态经济区及周边，南翼是指鲁南经济带。这一发展架构的提出，既立足于山东省经济发展的整体实际情况，同时契合了国家关于形成主体功能区的要求。

在积极对接国家战略的同时，山东半岛城市群的规划制定工作也在不断推进。2008年，山东省印发《胶东半岛城市群和省会城市群一体发展规划》。该规划从山东省城镇建设整体布局出发，力图通过加强胶东半岛城市群和省会城市群一体化的方式，进一步夯实“一体两翼”整体布局中的“一体”部分。在《胶东半岛城市群和省会城市群一体发展规划》中，“胶东半岛城市群”和“省会城市群”不仅仅是全省经济社会发展的空间主干，更是推动全省城市一体化的主要空间支点。

省会城市群是指以省会济南为中心的城市群，其基本定位是按照“一个核心、两个圈层”的城镇布局，努力建成南承沪宁、北接京津、东接半岛、西启黄河中下游的枢纽型城市群。在外部圈层建设方面，以70千米和150千米为半径，分别形成涵盖济阳、商河、平阴、章丘、肥城、齐河等周边区域的紧密圈层，以及包括淄博、泰安、莱芜、德州、聊城等5个设区市为节点的协作圈层。

胶东半岛城市群是以青岛市为龙头、以沿黄省区为腹地、面向亚太地区的发达城市群。在该城市群的建设过程中，既需要重点突出青岛的龙头地位，实施“依托主城、拥湾发展、组团布局、轴向辐射”空间发展战略，统筹规划即墨、胶州、胶南3个县级市城市建设，积极构建“青岛、黄岛、红岛、崂山一主三辅”的现代化城市框架；同时也要统筹规划青岛、烟台、威海、潍坊四市发展，在高新技术产业带、对外开放带、休闲度假带以及海洋经济带等方面形成合力。

2. 功能区引领战略：积极对接国家战略（2009—2016年）

城市群一体化建设对于区域发展的重要性不言而喻。在政策共识基本达成的基础上，进一步优化城市群建设过程中的资源倾斜与政策配套，这成为推动半岛城市群建设的重要助力。从山东省政府的角度出发，其努力的方向之一便是积极对接国家战略。在这一阶段，黄河三角洲高效生态经济区和山东半岛蓝色经济区（以下简称“蓝黄”战略）的建设，即是这一思路的直接产物。

早在20世纪90年代，山东省便已将黄河三角洲开发列为全省两大跨世纪工程之一。在国家“十五”计划和“十一五”规划纲要中，黄河三角洲地区的发展问题都有所涉及。2008年11月，提出要将黄河三角洲开发上升为国家战略，并随后向国务院报送了规划文件。在组织25个部委及有关单位前往黄河三角洲实地调研的基础上，国务院随后通过了《黄河三角洲高效生态经济区发展规划》。自此，黄河三角洲的开发建设正式上升为国家战略。根据山东省制定的区域发展规划，黄河三角洲地区是“一体两翼”格局中北翼区域的主体，主要包括：东营市、滨州市、潍坊市、德州市、淄博市、烟台市部分地区，涉及19

个县（市、区），约占全省面积的1/6。

山东省作为我国沿海经济强省，同时也是我国发展海洋经济的重要参与力量。2011年1月4日，国务院以国函〔2011〕1号文件批复《山东半岛蓝色经济区发展规划》。从空间范围来看，山东半岛蓝色经济区主体规划范围涉及海域和陆域两大空间类型，前者包括山东省全部海域，后者则涵盖青岛、东营、烟台、潍坊、威海、日照六市及滨州市的无棣、沾化两个沿海县。其中，海域面积15.95万平方千米，陆域面积6.4万平方千米。

在该阶段中，胶东地区的城市群不再是唯一的发展重点，山东半岛城市群的省域发展架构得以初步搭建，并逐渐形成以胶东半岛城市群和省会城市群为主体的规划体系。与此同时，山东省政府在城市群建设乃至区域发展领域，逐渐以更积极的态度靠拢和对接国家战略，这一政策引领趋向在后期新旧动能转换阶段表现得更为明显。

（三）新旧动能转换阶段：格局重塑与创新驱动（2017 年至今）

自2000年以来，山东省的城市化坚持以“人的城市化”为核心提高城市化质量目标，走山东特色的新型城镇化道路。2017年，全省常住人口和户籍人口双双突破1亿，常住人口城市化率和户籍人口城市化率分别突破60%和50%。同年，山东省政府正式批复《山东半岛城市群发展规划（2016—2030年）》，山东半岛城市群一体化进入格局重塑与创新驱动的崭新阶段。一方面，《山东半岛城市群发展规划（2016—2030年）》明确了城市群一体化发展的创新驱动领域，即：空间协同布局、产业分工合理、交通网络联结、公共服务均衡共享以及生态环境联防联保；另一方面，又在“胶东半岛城市群”与“省会城市群”建设基础上，进一步提出山东半岛城市群“两圈四区”的规划构想，构成了山东城镇化空间框架，以城市群为主体形态的省域城镇化空间格局基本形成。

“两圈”是指济南都市圈和青岛都市圈，这在很大程度上是对于前期建设胶东半岛城市群与省会城市群的进一步深化：济南都市圈由济南、淄博、泰安、莱芜、德州、聊城六市及滨州市的邹平市共同组成，其基本定位是将济南都市圈建设成为山东半岛港口群向中西部腹地延伸的枢纽区域，环渤海南翼具有国际竞争力的科教研发、高新产业基地和国家创新发展高地，黄河中下游地区高度一体化的城镇密集区；青岛都市圈则包括青岛市、潍坊市、烟台市、莱阳市、海阳市，以建设开放合作、陆海统筹、具有较强国际竞争力的都市圈，成为东北亚地区国际合作枢纽之一，中国海洋产业创新基地，全省发展核心引擎。

立足于省内城市化水平稳步提高的基本态势，山东半岛城市群又在全省范围内划定了四大都市区，分别为：以烟台市区、威海市区为核心的威烟都市区；以东营市区、滨州市区为核心的东滨都市区；以济宁市区，菏泽市区，枣庄薛城区、市中区、峄城区为核心的济枣菏都市区；以临沂市区、日照市区为核心的临日都市区。“两圈四区”规划构想的提出，不仅进一步将全省各地市纳入“一盘棋”中加以统筹，其更大意义在于明确了山东半岛城市群的构成体系（即城市群—都市圈—都市区），为日后城市群一体化转型发展奠定了基础的空间架构。

如果说“蓝黄两区”建设是山东省对接国家战略、助力区域一体化发展的早期尝试，那国家新旧动能转换综合试验区落户山东，则标志着山东半岛城市群一体化建设迎来了新的发展契机。2018年初，国务院正式批复山东省呈报的《山东新旧动能转换综合试验区建设总体方案》，明确提出要加快提升济南、青岛、烟台核心地位，形成“三核引领、区域融合互动”的动能转换总体格局，山东半岛城市群一体化建设进入创新驱动的新发展阶段。2018年11月18日，国务院出台《关于建立更加有效的区域协调发展新机制的意见》，明确了建立以中心城市引领城市群发展、城市群带动区域发展新模式，推动区域板块之间融合互动发展。

在此基础上，山东省政府自2020年1月起，先后印发《贯彻落实〈中共中央、国务院关于建立更加有效的区域协调发展新机制的意见〉的实施方案》以及《关于加快胶东经济圈一体化发展的指导意见》《关于加快省会经济圈一体化发展的指导意见》和《关于加快鲁南经济圈一体化发展的指导意见》等配套文件。2020年6月8日，山东省政府公布关于建立区域协调发展新机制的有关指导意见，提出构建“一群两心三圈”的区域发展格局，并明确了产业共兴、设施共联、利益共享、生态共治、市场共建与区域共融等六大区域协调发展路径。这将成为未来指导山东半岛城市群一体化建设的重要政策指引。在“一群两心三圈”的区域发展格局中，“一群”即打造具有全球影响力的山东半岛城市群；“两心”即支持济南、青岛建设成为国家中心城市；“三圈”即推进省会、胶东、鲁南三大经济圈区域一体化发展。

上述发展格局的提出，是对于以往山东半岛城市群建设策略的系统总结。其一，是在明确省域发展架构的基础上，山东省开始从全球视野的角度加以审视山东半岛城市群的基本定位；其二，继续呈现出对承接国家战略的积极姿态，既表现为将国家新旧动能转换综合试验区建设与城市群一体化建设的深度融合，又表现为未来支持济南、青岛申报国家中心城市；其三，山东半岛城市群建设的规划体系也逐渐完备，初步形成了“城市群—核心城市—经济圈”的发展格局。

三、山东半岛城市群城市互动及一体化建设

经济圈建设，是推进城市群一体化过程中的基础圈层架构。反映在地市互

动层面上，城市群一体化建设即相邻地市间的“抱团取暖”与“合力突围”。从这一角度来讲，经济圈建设能够在相当大程度上呈现出地市间推动城市群一体化的政策努力。山东省很早就启动了经济圈领域的政策探索，尤其是近年来更将强化地市间合作作为推动山东半岛城市群一体化的重要抓手。有学者曾指出，山东省区域协调发展问题，本质上是胶济经济隆起带（包括青岛、烟台、威海、潍坊、淄博、济南）同处于低谷状态的鲁南、鲁西和鲁北各地的差距逐渐拉大的问题。围绕省内经济圈建设问题，胶东地区及鲁中、鲁西等地区开展了大量实践探索，不断推动山东半岛城市群一体化进程。

（一）以经济圈推动城市群一体化的经验积累

经济圈的建设成效，尤其受到各地市经济水平、政策配套基础等因素的影响。在以经济圈推动城市群一体化的前期过程中，胶东地区与鲁中西部地区的建设进度及其政策重点有所不同。

1. 胶东地区各城市一体化的前期探索

胶东地区属于狭义山东半岛的主体范畴，具有政策起步早、经济基础好、产业融合程度高等先天优势。事实上，胶东地区一体化建设一直走在山东省前列，并在前期积累了大量经验。与长三角、珠三角等地区的一体化进程相类似，胶东地区早期城市群建设是以部分城市之间签署合作协议为主要形式。

由于体量较小且地理位置相邻，日照市是较早接纳并积极参与山东半岛城市群建设的地市之一。早在2003年，日照市便下发了《关于接轨青岛融入半岛城市群的意见》，较早地明确了对接青岛、逐步融入山东半岛城市群的发展思路。在派遣专人前往无锡、苏州、杭州三市接轨上海及上海辐射长三角相关经验的基础上，日照市随后具体制定了《关于接轨青岛融入半岛城市群的实施方案》。这一方案的提出，体现出胶东地区非核心城市寻求主动嵌入区域城市群建设的积极姿态。2004年4月，基于双方均具有较强的合作意愿，青岛市与日照市共同签署了《关于进一步发展两市交流合作关系的框架协议》，这成为后期双方拓展合作领域、强化彼此合作关系的指导性文件。2007年7月，潍坊市出台了《关于加快接轨青岛推进改革开放实现科学发展和谐发展率先发展的意见》，标志着青岛—潍坊一体化建设得以快速推进。2007年10月，潍坊与青岛在“（青岛）潍坊周”期间共同签署了《潍坊—青岛战略合作框架协议》。在上述协议的基础上，双方就《关于加快推进青潍一体化发展的指导意见》《推进青潍一体化发展行动计划》等文件签署方面也取得了政策共识。随着相邻地市对接青岛、融入山东半岛的进程不断加快，青岛市在胶东一体化进程中的龙头地位更加凸显。2012年，青岛市牵头与其他六地市共同签署《战略合作框架协议》，胶东地区城市群一体化建设步入整体推进阶段。值得注意的是，由于起步较早，当前胶东地区各城市已跨越个别城市间签署特定合作协议的初始阶段，后期一体化建设逐渐将以整体格局加以推进。

2. 鲁中西部城市一体化的建设历程

推动地市间的互融互通，是实现城市群一体化建设的基本前提。相较于胶东地区，山东省中西部地区一体化建设起步慢、基础差，更有赖于宏观政策指引。因此，“经济带”“经济圈”等专项规划很早就作为均衡省内区域发展、推动地市合作的重要工具。

为均衡省内区域发展、加快鲁中西部城市群建设，山东省很早便将省会济南作为区域城市群建设的重要支点。2007年12月，山东省政府发布《济南都市群规划》，并在省会城市群的基础上明确提及“省会城市群经济圈”的概念，此后逐渐形成了以经济圈建设加强城市群建设的基本思路。在此基础上，山东省人民政府又于2013年8月发布了《省会城市群经济圈发展规划》。2008年2月，随着《鲁南经济带区域发展规划》（鲁政发〔2008〕42号）和《西部经济隆起带发展规划》（鲁政发〔2013〕21号）相继发布，以“经济圈”等形式助力城市群一体化建设的思路基本形成。而在“十一五”规划期间，山东省在前期探索的基础上，进一步提出“一群一圈一带”的区域发展构想。除狭义的山东半岛城市群之外（即“一群”），山东省借助济南都市圈（即“一圈”）与南部“鲁南城市带”（即“一带”）的宏观规划，对鲁中西部地区的城市群建设加以统筹。

（二）区域协调实践中的地市互动的新进展

山东省城市化的一个特点，就是呈现出就地就近的本地城镇化路径。2018年底，山东省常住人口城镇化率为61.18%，仅比全国常住人口城镇化率高出1.6个百分点，山东半岛城市群一体化建设仍有较大优化空间。随着近年来省会、胶东、鲁南三大经济圈建设进程不断提速，各城市群间的政策互动趋势更为明显。

1. 经济圈宏观空间架构的调整

城市化既是市场主导、自然发展的进程，又是政府引导、政策规划的过程。区别于之前“两圈四区”以及“一群一圈一带”的规划构想，近年来山东省进一步调整和优化了域内经济圈建设的发展规划，力图更好地推进山东半岛城市群一体化建设。2020年，山东省印发《贯彻落实<中共中央、国务院 关于建立更加有效的区域协调发展新机制的意见>的实施方案》，明确提出：“实施省会、胶东、鲁南三大经济圈的区域发展战略，推动形成全省区域一体化发展新格局。”随后，《关于加快胶东经济圈一体化发展的指导意见》《关于加快省会经济圈一体化发展的指导意见》和《关于加快鲁南经济圈一体化发展的指导意见》等具体指导性文件相继出台（见表14-1）。自此，“一群两核三圈”区域发展格局加速形成。在这一过程中，上述三大经济圈成为推动半岛城市群一体化的重要空间单元，同属一个经济圈内的各地市成为一体化过程中主要参与主体。

表14–1 山东半岛三大经济圈规划概况

名称	时间	范围	定位	重点任务
胶东经济圈	2020年1月14日	青岛、烟台、威海、潍坊、日照五市	重点发展现代海洋、先进制造业、高端服务业等产业，打造全国重要的创新中心、航运中心、金融中心和海洋经济发展示范区	·建设现代化综合交通运输体系 ·提高能源协同保障水平 ·统筹重大水利工程建设 ·完善信息基础设施 ·优化产业空间布局 ·做强产业合作平台 ·合作培育优势集群 ·凝聚创新驱动合力 ·深度融入“一带一路”建设 ·建设高能级开放平台 ·全面深化与日韩合作 ·强化污染源头协同治理 ·推进环境污染联防联控 ·促进区域生态保护修复 ·统筹海洋生态环境保护 ·深化教育医疗合作 ·加快社会保障接轨衔接 ·强化公共事务协同治理 ·统筹人力资源配置 ·统筹金融资源配置 ·统筹土地海域资源配置 ·完善资源要素交易平台 ·加强组织领导 ·创新合作机制 ·年度滚动实施
省会经济圈	2020年6月3日	济南、淄博、泰安、聊城、德州、滨州、东营七市	重点发展教育医疗康养、高端装备、量子超算等产业，打造黄河流域生态保护和高质量发展示范区、全国动能转换区域传导引领区、世界文明交流互鉴新高地	·共建轨道交通网 ·畅通经济圈公路网 ·提升航空枢纽服务功能 ·贯通航运“黄金水道” ·构筑数字化经济图 ·提升济南辐射带动能力 ·优化产业生态 ·共享科技创新资源 ·共同加强生态保护修复 ·推进环境污染联防联治 ·强化污染源头协同治理 ·合力打造山水大花园 ·建设中华文化国际体验目的地 ·联合开拓文化旅游市场 ·培育文化消费新业态

续表

名称	时间	范围	定位	重点任务
省会经济圈	2020年6月3日	济南、淄博、泰安、聊城、德州、滨州、东营七市	重点发展教育医疗康养、高端装备、量子超算等产业，打造黄河流域生态保护和高质量发展示范区、全国动能转换区域传导引领区、世界文明交流互鉴新高地	·统筹提升公共卫生应急管理能力 ·协同扩大优质教育供给 ·共织社会保障一张网 ·引领黄河流域协同发展 ·推进“一带一路”建设 ·搭建高能级开放平台 ·统筹人力资源配置 ·加大金融支持力度 ·提升能源资源保障水平 ·强化组织领导 ·健全推进机制 ·鼓励改革创新先行先试 ·跟踪督导落实
鲁南经济圈	2020年5月26日	临沂、枣庄、济宁、菏泽四市	重点发展高效生态农业、商贸物流、新能源新材料等产业，打造乡村振兴先行区、转型发展新高地、淮河流域经济隆起带	·构建一体化综合交通网络 ·统筹重大水利设施建设 ·强化能源协同保障 ·打造“数字鲁南” ·深入实施乡村振兴战略 ·加快推进人的城镇化 ·促进城乡融合发展 ·推动制造业错位布局协同发展 ·合力发展现代服务业 ·打造区域创新共同体 ·加快重大载体平台建设 ·建设世界文明交流互鉴高地 ·打造全国知名旅游目的地 ·加强生态环境协同治理 ·推进环境污染联防联治 ·强化区域生态保护修复 ·积极抢抓黄河流域生态保护和高质量发展战略机遇 ·深度融入“一带一路”建设 ·搭建对外开放平台 ·统筹完善公共卫生应急管理体系 ·加强教育合作交流 ·联合开发人力资源 ·加强组织领导 ·加大政策支持 ·鼓励改革创新先行先试 ·持续推动实施

资料来源：作者根据《关于加快胶东经济圈一体化发展的指导意见》《关于加快省会经济圈一体化发展的指导意见》和《关于加快鲁南经济圈一体化发展的指导意见》等资料整理

2. 近年来经济圈建设中的政策实践

（1）胶东经济圈。

早在2007年，潍坊便提出“青潍一体化”的发展构想。包括青岛、烟台、威海、潍坊、日照等五市在内的胶东五市，是山东省开展一体化基础最好、启动最早、程度最高的地区。自2020年1月14日山东省出台《关于加快胶东经济圈一体化发展的指导意见》以来，胶东五市在短期内采取了大量政策行动以推进经济圈一体化建设，形成了推进一体化发展的高潮。当前，胶东五市已经在文旅一体化、农产品供销一体化、工业和信息一体化、交通一体化、公共服务一体化等方面签订了大量多方合作协议，初步搭建起城市群一体化的制度框架。并且，潍坊、日照等圈内地市明确表达出对接青岛、深度融入胶东一体化的政策意愿，这将推动整个胶东一体化的发展进程。

（2）省会经济圈与鲁南经济圈。

基于前期在济南都市圈建设所积累的相关经验，省会经济圈建设也同样具备较好的现实基础。尤其是2019年莱芜市并入济南，大大拓展了济南市的空间布局，济南市已进一步具备成长为区域龙头城市的坚实基础。在《关于加快省会经济圈一体化发展的指导意见》发布之后，省会经济圈一体化进程提速推进，省会经济圈一体化政策举措见表14-2。在《关于加快省会经济圈一体化发展的指导意见》发布一个月之内，省会经济圈工作部署会暨第一次联席会议便已召开，随即明确了工作要点、合作框架协议和联席会议等制度设计。目前，除联系本身就比较密切的德州市之外，济南与其余五地市都已召开合作推进会，且绝大多数都签署了一体化发展战略合作协议。而在较高执行效率背后，体现着相关地市推动一体化的迫切要求。

表14-2　2020年省会经济圈部分一体化政策举措

序号	时间	行动内容
1	2月14日	山东省委、省政府印发《贯彻落实〈中共中央、国务院关于建立更加有效的区域协调发展新机制的意见〉的实施方案》，明确实施包括省会经济圈在内的、以三大经济圈建设为主要抓手的区域发展战略
2	6月8日	山东省政府发布《关于加快省会经济圈一体化发展的指导意见　鲁政发〔2020〕8号》，明确了以济南为核心的省会经济圈一体化发展的政策方向和主要任务，并强调在省会经济圈建设过程中由济南市牵头建立七市议事协调机制
3	7月2日	省会经济圈一体化发展工作部署会暨第一次联席会议召开，会议审议通过了《省会经济圈一体化发展2020年工作要点》《省会经济圈一体化发展战略合作框架协议》《省会经济圈一体化发展联席会议制度》
4	7月9日	济南—淄博省会经济圈合作推进会召开，两市分别介绍了前期工作开展情况、省会经济圈一体化发展工作部署会暨第一次联席会议贯彻落实情况和下一步需要解决的问题
5	7月21日	济南—聊城省会经济圈合作推进会召开，两市分别介绍了前期工作开展情况、省会经济圈一体化发展工作部署会暨第一次联席会议贯彻落实情况和下一步需要解决的问题；济南市人民政府和聊城市人民政府签署了《济南市人民政府聊城市人民政府一体化发展战略合作协议》，平阴县人民政府和东阿县人民政府签署了《平阴县人民政府东阿县人民政府一体化发展战略合作协议》
6	8月1日	济南—东营省会经济圈合作推进会在东营召开，两市分别介绍了前期工作开展情况、省会经济圈一体化发展工作部署会暨第一次联席会议贯彻落实情况和下一步需要解决的问题，并签署了《济南市人民政府东营市人民政府一体化发展战略合作协议》
7	8月7日	济南—滨州省会经济圈合作推进会召开，两市分别介绍了前期工作开展情况、省会经济圈一体化发展工作部署会暨第一次联席会议贯彻落实情况和下一步需要解决的问题，同时签署了《济南市人民政府滨州市人民政府一体化发展战略合作协议》
8	8月11日	济南—泰安省会经济圈合作推进会召开，两市分别介绍了前期工作开展情况、省会经济圈一体化发展工作部署会暨第一次联席会议贯彻落实情况和下一步需要解决的问题，签署了《济南市人民政府泰安市人民政府一体化发展战略合作协议》

资料来源：作者根据公开资料整理

相对而言，鲁南经济圈是山东省三大经济圈一体化基础最薄弱的地区。由于临沂、枣庄、济宁、菏泽四市整体经济实力偏弱且彼此间社会联通性有限，缺少明确的龙头城市。因此，山东省采取四市依次轮值的推进机制，以平衡各城市之间的利益诉求。同时，该经济圈也是山东省三大经济圈中设立最晚的区域发展规划，目前仍处于前期探索阶段。自2020年5月26日《关于加快鲁南经济圈一体化发展的指导意见》发布以来，鲁南经济圈所涉及的四地市积极采取各类措施以加快经济圈建设。2020年5月29日，鲁南经济圈一体化发展座谈会在临沂召开，会议强调要加快构建一体化机制，设立四市联席会议办公室，发挥主体作用和统筹、协调、调度职能。2020年7月22日下午，菏泽、济宁、枣庄、临沂四市以视频连线的形式召开鲁南经济圈一体化发展工作部署会暨第一次联席会议，鲁南经济圈建设大幕逐渐拉开。2020年7月23日，上述四市顺利召开鲁南经济圈红色文化旅游发展大会，文旅产业成为鲁南经济圈率先发力的领域之一。

（三）城市互动中的政策设计特征

在“一群两心三圈”的区域发展新格局下，胶东等三大经济圈建设依然是推动半岛城市群一体化的重要支点。通过分析三大经济圈的具体政策实践，可以发现，山东省在推进胶东、省会及鲁南经济圈采取了差异化的建构策略。尤其在推进机制和合作协议类型方面，上述三大经济圈的政策设计存在明显不同（见表14-3）。在推进机制方面，胶东经济圈和鲁南经济圈都采取联席会议制度，但受制于核心城市发育情况，两个经济圈的推进机制略有不同。胶东经济圈明确是由青岛市牵头建设，而鲁南经济圈则采取四市轮值的方式加以推进。此外，由于增强核心城市首位度是省会经济圈的主要任务之一，该经济圈由济南市牵头，但采取的是议事协调机制的制度设计，以显著强化龙头城市在区域一体化中的话语权。在合作协议类型方面，较为成熟的胶东经济圈与省会经济圈之间也存在明显不同。前者围绕不同领域所签订的协议是以五市共同签署为主要形式，而后者以济南市与单一地市签订的双方合作协议为主要类型，济南市在协议框架中居于核心地位。

表14-3　山东省三大经济圈的政策设计特征

名称	核心城市	推进机制	合作框架签订形式	成熟度
胶东经济圈	青岛	由青岛牵头，设计胶东五市联席会议制度	胶东五市整体合作框架为主，围绕科创、公共服务等具体领域开展	比较成熟
省会经济圈	济南	由济南牵头，采取议事协调机制	济南市与其余六地市单独签署一体化发展战略合作协议，以期达成政策共识	集中发力阶段
鲁南经济圈	—	临沂、枣庄、济宁、菏泽等四市联席会议制度，采取依次轮值的推进机制	文旅领域合作先行，其他领域合作仍在展开	前期探索阶段

资料来源：作者根据公开资料整理

在山东半岛推进经济圈建设的过程中，之所以采取差异化政策设计，主要涉及城市群一体化过程中的两类问题。其一，是如何界定核心城市在一体化过程中的作用角色，是强势主导（济南相较于其余六地市）还是部分主导（青岛相较于其他四地市），直接表现为省会经济圈是济南与单一城市签订协议，胶东城市群是胶东五市共同签订；其二，是如何设计合理的政策推进机制，是龙头城市牵头（青岛是胶东五市联席会议制度，济南是议事协调机制，表述及内容也有所不同）还是轮值推进（鲁南经济圈），其背后作用机制也存在明显不同。事实上，在三大经济圈所体现的差异化建构策略背后，体现着山东省对于各地区、各地市之间发展差异的宏观判断。

四、山东半岛城市群一体化发展成效分析

城市群一体化发展不涉及空间、产业、交通等方面的布局，体现在生态、基础设施、公共服务方面。随着山东半岛城市群一体化政策的逐步推动，半岛城市群一体化的发展成效如何？在《山东半岛城市群发展规划（2016—2030年）》中明确提出，山东半岛城市群一体化发展目标是空间协同布局、产业分

工合理、交通网络联结、公共服务均衡共享以及生态环境联防共治。同时，2020年发布的加快省会经济圈、胶东经济圈、鲁南经济圈一体化发展的指导意见中也明确提及3个经济圈需从基础设施互联互通、产业创新协同推进、区域合作开放共赢、生态环境共保联治、公共服务便利共享、资源要素优化配置等方面共同推进城市群与各经济圈的一体化发展。基于此，本部分从经济空间联系强度、产业功能分工布局、基本公共服务均衡、交通设施网络联结以及生态环境联保共治5个方面综合评估山东半岛城市群一体化发展成效。

（一）山东半岛城市群的经济空间联系强度

城市群一体化使城市群内部的网络联系得以增强。城市群内部的联系加强在一定程度上代表着这个区域在各个方面有更多的交流与合作，城市群一体化的程度也更加明显。城市引力衡量城市间相互作用强度，其强度的大小反映了区域内各城市间联系的密切程度。根据已有研究成果，本专题主要采用了修正重力模型以测度城市联系强度，包括基础模块和核心模块[①]。

基础模块为计算中心城市与其余城市的经济距离J，公式如下：

$$J=\alpha\times\beta\times D\text{（}D\text{为公路距离；}\alpha\text{，}\beta\text{为修正权数）}$$

基于“公路距离”这一指标，通过两次修正获取“经济距离”数据值。其中，α为由城市间交通决定的通勤距离修正权数（首次修正），由于公路与铁路为城市间主要交通方式，故取值为0.7；β为城市群各城市与核心城市人均生产总值的比值所决定的经济落差修正权数（二次修正），若各城市与核心城市人均生产总值之比小于0.45，β则取值1.2；若这一比值大于0.7，则β取值0.8；若这一比值介于0.45和0.7之间，则β取值1.0。

核心模块为经济联系强度R_{ij}模型，公式如下：

① 刘建朝、高素英：《基于城市联系强度与城市流的京津冀城市群空间联系研究》，《地域研究与开发》，2013年第2期。

$$R_{ij}=\frac{\sqrt{GDP_i \times TP_i}\times\sqrt{GDP_j \times TP_j}}{D_{ij}^2}$$

GDP_i、GDP_j为两城市的生产总值（亿元）；TP_i、TP_j为两城市的人口总量；D_{ij}为两城市间的经济距离。

在研究范围与数据来源方面，本部分选定山东半岛城市群的研究范围为济南、青岛、临沂、烟台、淄博、济宁、潍坊、枣庄、威海、滨州、德州、聊城、菏泽、东营、日照、泰安共16个城市，研究中所涉及相关城市间距离的数据用“经济距离”来表示，利用修正公式获得山东半岛城市群各城市经济距离（见表14–4）。

表14–4　山东半岛城市群各城市间经济距离一览表（单位：公里）

联系强度	济南	青岛	临沂	烟台	淄博	济宁	潍坊	枣庄	威海	滨州	德州	聊城	菏泽	东营	日照
济南	——	——	——	——	——	——	——	——	——	——	——	——	——	——	——
青岛	208.71	——	——	——	——	——	——	——	——	——	——	——	——	——	——
临沂	221.09	270.14	——	——	——	——	——	——	——	——	——	——	——	——	——
烟台	257.32	140.11	269.64	——	——	——	——	——	——	——	——	——	——	——	——
淄博	64.40	190.89	133.50	200.42	——	——	——	——	——	——	——	——	——	——	——
济宁	134.47	375.98	112.50	424.41	216.09	——	——	——	——	——	——	——	——	——	——
潍坊	149.03	117.39	209.61	176.47	62.38	227.08	——	——	——	——	——	——	——	——	——
枣庄	197.48	411.35	71.85	545.41	248.01	77.67	252.73	——	——	——	——	——	——	——	——
威海	291.48	152.88	300.05	36.62	234.58	373.80	175.73	393.90	——	——	——	——	——	——	——
滨州	114.24	238.91	167.27	297.99	46.59	199.75	100.74	223.27	341.04	——	——	——	——	——	——
德州	81.90	397.82	197.40	384.79	144.97	158.20	170.18	181.72	427.77	142.74	——	——	——	——	——
聊城	99.04	397.49	197.90	468.38	150.50	120.96	218.26	182.17	520.04	182.98	97.33	——	——	——	——
菏泽	206.81	467.29	173.71	600.60	250.18	67.14	317.94	138.49	652.26	283.15	184.86	126.62	——	——	——
东营	128.35	154.73	205.07	195.33	71.51	236.26	79.13	260.62	229.49	45.70	179.31	183.79	263.48	——	——
日照	243.67	121.66	90.22	233.59	185.92	160.05	126.84	184.02	271.60	224.78	244.78	245.28	220.98	251.86	——
泰安	66.61	286.27	108.42	438.06	102.27	73.58	163.91	184.02	409.22	170.24	94.64	95.14	135.13	259.64	156.02

资料来源：经相关数据计算得到，数据来源于2019年山东省各城市的国民经济和社会发展统计公报

可以发现，经济距离最近的两个城市为烟台和威海，仅36.62公里，东营与滨州、滨州与淄博的经济距离也较近，分别为45.70公里和46.59公里，枣庄、聊城、菏泽与沿海城市烟台、青岛、威海的经济距离相对较远，特别是菏泽与威海的经济距离最远，达到652.26公里。作为山东省会的济南与淄博的经济距离最近，济南与泰安次之，而济南与威海的经济距离最远，为291.48公里，但整体上与其他城市间的经济距离相对较小；青岛作为山东半岛城市群中的另一核心，与潍坊的经济距离最近，为117.39公里，与菏泽、枣庄、聊城以及德州的经济距离较远；临沂与枣庄的经济距离最近，为71.85公里，其次为日照，经济距离为90.22公里，与威海的经济距离最远，为300.05公里。整体来看，山东半岛城市群各城市间的经济距离差异较大，省会经济圈内的城市间经济距离较近，而胶东经济圈内城市间的经济距离相对较远，且较之青岛、济南与区域内其他城市间的经济距离更近。

将上述研究中的经济距离代入重力模型中，求得山东半岛城市群各城市间经济联系强度（见表14-5）。山东半岛城市群城市间经济联系的紧密程度存在明显差异。其中，烟台与威海的经济联系最为紧密，排在山东半岛城市群间经济联系强度的第一位，为1597.56，而聊城与威海的经济联系强度仅为3.98，经济联系十分薄弱。济南与淄博、泰安、德州之间的经济联系较强，特别是与淄博、泰安的经济联系强度分别高达914.75、800.84，与日照、威海等城市的经济联系强度较弱；青岛与潍坊经济联系强度最高，为558.98，与烟台的经济联系强度次之，为397.63，而与枣庄、德州、聊城、菏泽的经济联系总体偏弱；临沂除与济宁、枣庄、日照等相邻城市经济联系相对紧密外，与其他城市的经济联系强度均不高，且差异较小。此外，菏泽与济宁、淄博与潍坊间的联系度较高，分别为733.50、775.17。整体来看，山东半岛城市群各城市间的经济决定了经济联系的紧密程度，济南、青岛同为山东半岛城市群的两大核心，但由于青岛陆路交通不如济南便利，故其经济联系强度不如济南与其他城市的经济联系强度高，而日照虽为沿海经济发展较突出的城市，但其经济距离与其他城市相对较远，所以其经济联系强度也相对较低。

表14–5　山东半岛城市群各城市间经济联系强度一览表

联系强度	济南	青岛	临沂	烟台	淄博	济宁	潍坊	枣庄	威海	滨州	德州	聊城	菏泽	东营	日照
济南	——	——	——	——	——	——	——	——	——	——	——	——	——	——	——
青岛	222.38	——	——	——	——	——	——	——	——	——	——	——	——	——	——
临沂	131.45	101.38	——	——	——	——	——	——	——	——	——	——	——	——	——
烟台	102.39	397.63	71.21	——	——	——	——	——	——	——	——	——	——	——	——
淄博	914.75	119.88	162.57	76.11	——	——	——	——	——	——	——	——	——	——	——
济宁	306.53	45.15	334.45	24.80	53.53	——	——	——	——	——	——	——	——	——	——
潍坊	301.21	558.98	116.29	173.11	775.17	85.47	——	——	——	——	——	——	——	——	——
枣庄	60.70	16.11	350.26	6.41	17.36	258.54	29.47	——	——	——	——	——	——	——	——
威海	31.30	131.00	22.56	1597.56	21.79	12.54	68.47	4.82	——	——	——	——	——	——	——
滨州	218.20	57.45	77.73	25.84	591.58	47.02	223.12	16.08	7.74	——	——	——	——	——	——
德州	564.31	27.54	74.19	20.60	81.22	99.64	103.92	32.26	6.54	62.88	——	——	——	——	——
聊城	347.16	24.81	66.40	12.51	67.79	153.32	56.84	28.87	3.98	34.42	161.73	——	——	——	——
菏泽	117.35	26.47	127.03	11.21	36.16	733.50	39.48	73.65	3.73	21.19	66.09	126.72	——	——	——
东营	140.37	111.22	42.00	48.84	203.92	27.29	293.69	9.58	13.88	374.87	32.36	27.71	19.87	——	——
日照	37.04	171.08	206.36	32.48	28.69	56.56	108.70	18.28	9.42	14.73	16.51	14.79	26.87	9.53	——
泰安	800.84	49.93	230.89	14.92	153.21	432.38	105.17	29.53	6.71	41.50	178.50	158.88	116.11	14.49	38.16

资料来源：经相关数据计算得到，数据来源于2019年山东省各城市的国民经济和社会发展统计公报

山东半岛城市群2019年各城市的平均经济联系强度由各城市间经济联系强度的平均值来表征，反映的是各城市在区域内的整体经济联系能力。济南在山东半岛城市群内的平均联系强度最高，淄博、潍坊、烟台和济宁的整体经济联

系能力较高，青岛、泰安、临沂、滨州和威海，德州、聊城、菏泽和东营在山东半岛城市群的平均联系强度较低，而枣庄、日照两个城市的整体联系能力在区域内最为薄弱。

将山东半岛城市群划分为胶东经济圈、省会经济圈和鲁南经济圈，以便观测城市群内部经济联系强度分布的地域异质性。具体来看：在胶东经济圈内，烟台市与威海市的经济联系最为紧密，潍坊—青岛、烟台—青岛间的经济联系强度次之，日照与烟台、威海间的经济联系强度最弱。在省会经济圈内，城市间的经济联系相对紧密。济南与泰安、淄博的经济联系强度最高，济南—聊城、济南—德州、滨州—东营、滨州—淄博的经济联系强度次之，而聊城—滨州、聊城—东营以及泰安—东营的经济联系强度较低，经济联系也相对较弱。从中不难发现，省会经济圈中，济南居于各城市经济联系的中心地位，而其他城市之间的经济联系仍有待加强。鲁南经济圈发展较晚，城市间的经济联系强度均不高，济宁、枣庄、临沂3个城市间的经济联系较为紧密，而菏泽与枣庄间的经济联系最为薄弱。由此，在“三圈”中，胶东经济圈和省会经济圈内的城市经济联系强度较高，而鲁南经济圈内的城市经济联系较为薄弱。

（二）山东半岛城市群产业功能分工布局

城市分工明确是城市群形成和发展的主要特征之一。随着城市群经济的不断发展和市场发育程度的不断完善，城市群各城市间的产业分工也处于持续演化当中[①]。山东半岛城市群的产业分工大致经历了城市间横纵向的工业分工向综合性的功能分工转变。随着山东半岛城市群的持续发展，各城市的专业化职能愈发凸显，制造业与服务业的集聚与分工带来了城市生产性职能与管理性职能的差异。由价值链分工演化而来的城市职能专业化分工已成为现今国家或地

① 马燕坤、张雪领：《中国城市群产业分工的影响因素及发展对策》，《区域经济评论》，2019 年第 6 期。

区中区域经济发展的主要模式[①]。本专题采用区位熵来对山东半岛城市群一体化的产业分工情况进行了测度。

区位熵在一定程度上表征了城市的外向功能量，以城市制造业与服务业的各从业人员数量为指标，计算各城市相关产业的外向功能量，较为合理地反映城市相关产业的集聚程度，从而在一定程度上反映城市群各城市的产业功能分工情况。相关计算公式为：

$$LQ_{ij}=\frac{Q_{ij}/Q_i}{Q_j/Q}\ (i=1，2，\cdots，n；\ j=1，2，\cdots，e)$$

其中，LQ_{ij}为i城市j产业的区位熵，Q_{ij}为i城市j产业从业人员数量，Q_i为i城市从业人员数量，Q_j为山东半岛城市群j产业从业人员数量，Q为山东半岛城市群总从业人员数量。若LQ_{ij}小于1，说明i城市j产业不存在外向功能量，则$E_{ij}=0$；若LQ_{ij}大于1，说明i城市j产业专业化程度较高，具有向外部辐射的能力，存在外向功能量，i城市j部门的外向功能量可以表示为：$E_{ij}=Q_{ij}-Q_i\times(Q_j/Q)$。因此，$i$城市$e$个产业总的外向功能量表示为：$E_i=\sum_{j=1}^{e}E_{ij}$。

第一，城市产业区位熵。城市的外向功能量主要取决于某部门从业人员的区位熵，以城市从业人数为指标考察城市功能量，利用上述公式对2018年山东半岛城市群18个产业部门的区位熵进行计算，其结果如表14-6所示。

表14-6　山东半岛城市群主要产业部门的区位熵

产业	省会经济圈							胶东经济圈					鲁南经济圈			
	济南	淄博	东营	泰安	德州	聊城	滨州	青岛	烟台	潍坊	威海	日照	枣庄	济宁	临沂	菏泽
采矿业	0.02	0.25	7.34	1.84	0.17	0.00	0.06	0.00	1.06	0.03	0.00	0.00	2.76	5.36	0.14	0.74
制造业	0.64	1.04	0.62	0.75	1.06	0.80	1.70	1.19	1.39	1.22	1.80	1.00	0.59	0.76	0.98	0.48

① 刘帷韬、何晖等：《城市职能专业化分工形成机制及影响因素——基于粤港澳大湾区城市群的实证检验》，《商业经济研究》，2020 年第 15 期。

续表

产业	省会经济圈							胶东经济圈					鲁南经济圈			
	济南	淄博	东营	泰安	德州	聊城	滨州	青岛	烟台	潍坊	威海	日照	枣庄	济宁	临沂	菏泽
电力燃气及水的生产供应业	0.41	0.92	0.35	0.70	0.64	0.50	0.72	0.55	0.60	0.51	0.77	0.58	0.60	0.64	0.43	0.45
建筑业	1.56	2.06	0.76	1.71	0.73	0.68	0.59	0.78	0.51	0.72	0.40	1.06	1.61	0.90	1.05	1.09
批发和零售业	1.62	0.73	0.67	1.03	0.89	0.72	0.73	1.36	0.97	1.01	0.84	1.12	0.68	0.58	1.33	0.56
交通运输、仓储和邮政业	0.66	0.40	0.57	0.61	0.59	0.86	0.66	1.60	0.87	0.57	0.65	2.28	0.65	0.61	0.67	0.63
住宿和餐饮业	1.83	0.72	1.47	0.91	0.95	0.84	0.43	1.58	1.06	0.84	1.25	0.61	0.50	0.78	0.56	0.38
信息传输、软件和信息技术服务业	4.09	0.49	0.67	0.62	0.52	0.43	0.58	0.87	0.72	0.87	0.49	0.42	0.34	0.38	0.69	0.51
金融业	1.77	0.69	0.65	1.64	0.95	2.82	0.39	0.97	0.89	0.50	0.47	0.88	0.46	1.21	0.78	0.84
房地产业	1.51	0.81	0.60	0.80	0.92	0.61	0.72	1.36	1.40	0.92	1.48	0.89	0.73	0.49	0.93	0.73
租赁和商务服务业	1.27	0.99	5.46	0.63	0.53	0.29	0.15	1.36	0.74	0.73	0.37	1.06	0.17	0.54	1.10	0.52
科学研究和技术服务业	2.16	0.68	1.40	0.52	0.67	0.45	0.45	1.58	1.23	0.60	1.27	0.43	0.36	0.48	0.56	0.53
水利、环境和公共设施管理业	0.60	0.93	0.59	0.33	0.91	0.76	0.26	0.76	0.93	3.69	0.76	0.92	0.91	0.67	1.43	1.24
居民服务、修理和其他服务业	1.20	0.51	0.00	0.77	0.80	0.89	0.90	1.07	0.41	0.00	0.76	6.45	0.00	0.47	0.96	0.80
教育	0.78	0.80	0.67	0.93	1.30	1.57	0.76	0.93	0.93	1.22	0.74	0.99	1.20	1.00	1.31	1.92
卫生和社会工作	0.94	0.83	0.60	1.02	1.10	1.53	0.92	0.79	0.86	1.20	0.84	1.02	1.27	1.09	1.22	1.76
文化、体育和娱乐业	1.83	1.45	0.43	0.95	0.98	0.72	0.37	1.32	1.00*	0.55	0.93	0.53	0.43	0.77	1.17	0.65
公共管理、社会保障和社会组织	0.72	0.70	0.85	0.88	1.70	1.51	1.22	0.75	0.80	0.97	0.67	1.02	1.49	1.11	1.12	2.04
区位熵大于1的行业总数	10	3	4	5	4	4	2	9	6	5	4	7	5	4	8	5

资料来源：数据来源于《山东统计年鉴2019》。

注：*数值为1.000089

山东半岛城市群整体的专业化程度依然不高。不存在产业部门区位熵均大于1的城市，也不存在各城市区位熵均大于1的产业部门。首先，济南、青岛、临沂和日照区位熵大于1的产业部门较多，表明这些城市具有比较优势的产业部门较多。其中，济南市区位熵大于1的产业部门有10个，信息传输、软件和信息技术服务业，科学研究和技术服务业，文化、体育和娱乐业，住宿和餐饮业以及金融业等第三产业优势较为突出。青岛市有9个产业部门的区位熵大于1，交通运输、仓储和邮政业，住宿和餐饮业等产业略有优势，但不存在产业优势非常明显的部门。临沂市有8个产业部门的区位熵大于1，与青岛市的情况类似，在批发和零售业、教育等产业优势略微明显，但也不存在产业优势非常明显的部门。日照市有7个产业部门的区位熵大于1，居民服务、修理和其他服务业以及交通运输、仓储和邮政业等产业优势较为突出。其次，烟台、泰安、潍坊、枣庄、菏泽等城市区位熵大于1的产业部门均为5～6个，但其中几乎所有产业部门的区位熵均在1～2之间，表明这些产业虽具有一定的比较优势，但优势并不突出。最后，东营、德州、聊城、威海、济宁、淄博以及滨州等城市区位熵大于1的产业部门均为2～4个。其中，东营市的采矿业、租赁和商务服务业，聊城市的金融业，济宁市的采矿业，淄博市的建筑业，滨州市的制造业等产业优势较为突出，呈现出明显的地域差异。整体来看，山东半岛城市群内部尚未形成明显的产业分工优势，在区域产业的功能性分工发展方面仍需进一步优化。

从经济圈的产业分工布局来看，省会经济圈的建筑业、金融业、采矿业以及租赁和商务服务业的优势比较明显，胶东经济圈的制造业，批发和零售业，交通运输、仓储和邮政业，房地产业以及科学研究和技术服务业等产业的优势较为明显；鲁南经济圈的采矿业、建筑业、卫生和社会工作以及公共管理等方面的优势较为明显。综合来看，山东半岛城市群内3个经济圈的优势产业并不完全相同，但同一个经济圈内部优势产业具有一定的趋同性。

第二，城市外向功能量。城市外向功能是指在城市与外部的联系中产生的经济活动。利用上述公式计算各城市区位熵大于1部门的外向功能量以及城市总外向功能量，城市总外向功能量由各部门中具有正值的外向功能量加总所得（见表14–7）。山东半岛城市群中济南市的总外向功能量最高，为30.63，青岛市次之，为18.70，而日照市的总外向功能量最低，为2.58。原因在于日照市虽然有7个产业部门的区位熵大于1，但是各产业部门的外向功能量都比较小，其辐射能力也较小，导致该城市总外向功能量较低。泰安、德州、聊城、枣庄、临沂等城市的外向功能总量均在6～10之间，而淄博、东营、滨州、烟台、潍坊、威海、济宁、菏泽等城市的总外向功能量均在10～15之间。整体来看，除个别城市外，山东半岛城市群内部各城市的总外向功能量差异较小，层级分布也较为集中。山东半岛城市群内部没有辐射能力特别强的城市，也极少存在辐射能力特别弱的城市，充分体现了山东半岛各城市“齐头并进式”发展。

从经济圈来看，省会经济圈的总外向功能量最高，为88.47，胶东经济圈的总外向功能量次之，为60.49，鲁南经济圈的总外向功能量最低，为43.57。具体来看，省会经济圈内各城市的总外向功能量差异较大，表明在该经济圈内济南市的核心领导地位较为突出。胶东经济圈内各城市的总外向功能量差异较小（除日照外），表明胶东经济圈实力分布较为均衡，整体发展水平较好。鲁南经济圈内各城市的总外向功能量差异也不大，其中济宁和菏泽的总外向功能量略大，而枣庄和临沂的总外向功能量略小。

表14–7　山东半岛城市群外向功能量

产业	省会经济圈							胶东经济圈					鲁南经济圈			
	济南	淄博	东营	泰安	德州	聊城	滨州	青岛	烟台	潍坊	威海	日照	枣庄	济宁	临沂	菏泽
采矿业			8.46	1.50					0.19				2.29	12.77		
制造业		0.98			0.81		9.15	8.22	11.41	5.75	12.46					

续表

产业	省会经济圈							胶东经济圈					鲁南经济圈			
	济南	淄博	东营	泰安	德州	聊城	滨州	青岛	烟台	潍坊	威海	日照	枣庄	济宁	临沂	菏泽
电力燃气及水的生产供应业																
建筑业	10.25	11.45		5.01								0.24	3.14		0.63	0.61
批发和零售业	3.55			0.08				2.30		0.05		0.17			1.20	
交通运输、仓储和邮政业								3.69				1.63				
住宿和餐饮业	1.18		0.19					0.92	0.06		0.14					
信息传输、软件和信息技术服务业	6.42															
金融业	4.14			1.33		3.29								0.72		
房地产业	1.48							1.15	0.86		0.55					
租赁和商务服务业	0.56		2.61					0.83				0.03			0.12	
科学研究和技术服务业	2.30		0.23					1.28	0.34		0.21					
水利、环境和公共设施管理业										4.23					0.63	0.22
居民服务、修理和其他服务业	0.07							0.03				0.42				
教育					1.45	2.51				1.89			0.74		2.55	4.51
卫生和社会工作				0.07	0.28	1.35				1.04		0.04	0.57	0.42	1.06	2.15
文化、体育和娱乐业	0.68	0.22						0.29	0.00*						0.09	
公共管理、社会保障和社会组织					3.54	2.32	1.01					0.05	1.88	0.94	1.01	5.30
外向功能量	30.63	12.65	11.50	7.99	6.08	9.47	10.15	18.70	12.87	12.97	13.37	2.58	8.63	14.85	7.30	12.79
经济圈汇总	88.47							60.49					43.57			

资料来源：数据来源于《山东统计年鉴2019》。

注：*数值为0.000053。

（三）山东半岛城市群基本公共服务一体化成效

基本公共服务一体化是城市群一体化的重要内容，也是城市群内部协同发展的重要标志。在《山东半岛城市群发展规划（2016—2030年）》中明确提出城市群公共服务一体化要根据区域内人口空间分布特征和增长趋势，统筹布局教育、卫生、文体以及社会福利保障等，从而实现公共服务均等、便捷、高效、一体化发展。在山东省近期发布的加快省会经济圈、胶东经济圈、鲁南经济圈一体化发展的指导意见中均明确提出要增进公共服务便利共享，统筹协同发展教育、医疗、社会保障等方面，达成公共服务一体化成为城市群发展的重要目标。城市群区域内的公共财政支出差距，在一定程度上反映着区域之间的制度和政策差异。政府的公共支出会转化为各类公共服务，这些服务对资源要素的流动具有重要的影响。区域内公共支出差距越大，则资源要素越有可能流向高公共支出的区域，造成内部发展差距的拉大，从而影响城市群一体化的发展。基于此，本部分选取城市群内各城市的人均一般公共预算教育支出、人均一般公共预算医疗卫生支出、人均社会保险福利（各市离休、退休保险福利费用与各市离休、退休人数之比）以及人均一般公共预算支出的变异系数（标准差与平均值之比，可以消除数据的量纲，用以表征不同组数据的离散程度大小），分别表征城市群在教育、医疗、社会福利以及公共支出方面的地区差异，从而反映城市群公共服务均衡与一体化的发展程度。

图14-1为2010—2018年山东半岛城市群基本公共服务一体化发展趋势折线图。2010—2018年，山东半岛城市群各城市在公共预算支出以及教育支出两方面的差异程度虽然有小幅度波动，但整体的变异系数维持在0.35与0.30附近，差异程度基本保持不变。由此可知，2010—2018年，山东半岛城市群在公共预算支出以及教育方面的均衡程度与一体化发展程度基本维持不变。在这段时间内，山东半岛城市群内差异程度具有明显变化的是医疗与社会福利方面。其

中，在医疗方面，山东半岛城市群的变异系数从0.17下降到0.14左右，表明在此方面，山东半岛城市群内部差异逐渐缩小，城市群整体的医疗发展变得更为均衡。而在社会福利方面，山东半岛城市群的社会福利系数从0.11上升到0.18左右，表明山东半岛城市群内社会福利保障的差异逐渐扩大，该区域整体的社会福利保障水平差异更为明显。

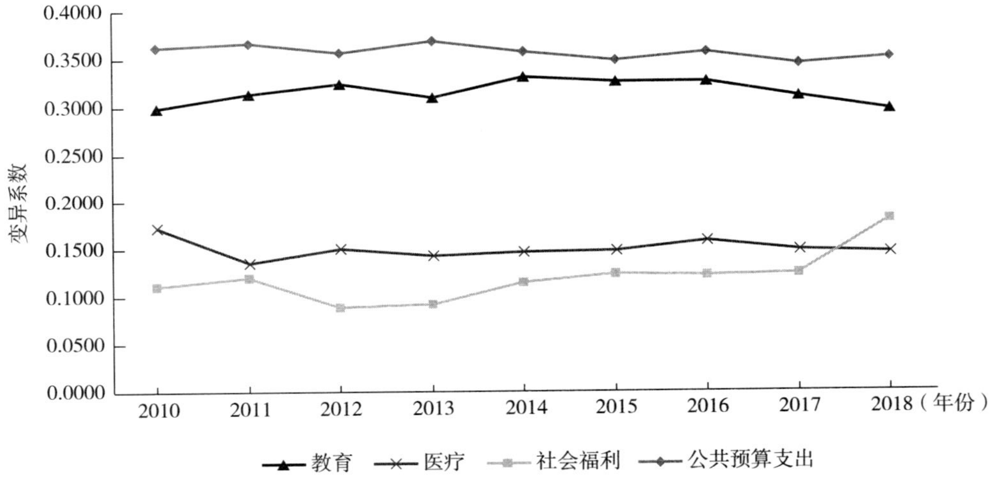

图14-1　山东半岛城市群基本公共服务一体化发展趋势

资料来源：经相关数据计算得到，数据来源于2011—2019年《山东统计年鉴》

在省会经济圈中（见图14-2），公共预算支出与教育支出的变异系数有相似的变化轨迹，二者变异系数基本呈现出小幅度波动且逐渐减小的趋势，表明省会经济圈在2010—2018年，在政府公共支出与教育方面变得更加均衡，一体化程度也更高。在医疗方面，省会经济圈内部医疗水平的差异在发展过程中有大幅度的扩大与缩小阶段。2010—2014年，省会经济圈内医疗发展差异逐步扩大，变异系数从0.15扩大到0.20左右，表明在此阶段，该经济圈内医疗发展均衡性变差；2014—2018年，省会经济圈内医疗发展的差异又渐渐缩小，变异系数从0.20减小到0.13，差异最终回到平稳状态。在社会福利方面，省会经济圈的社会福利水平差异扩大，变异系数从原来的0.16上升到0.21左右。这一结果表明，在此领域中省会经济圈内部差异拉大了，均衡程度降低。

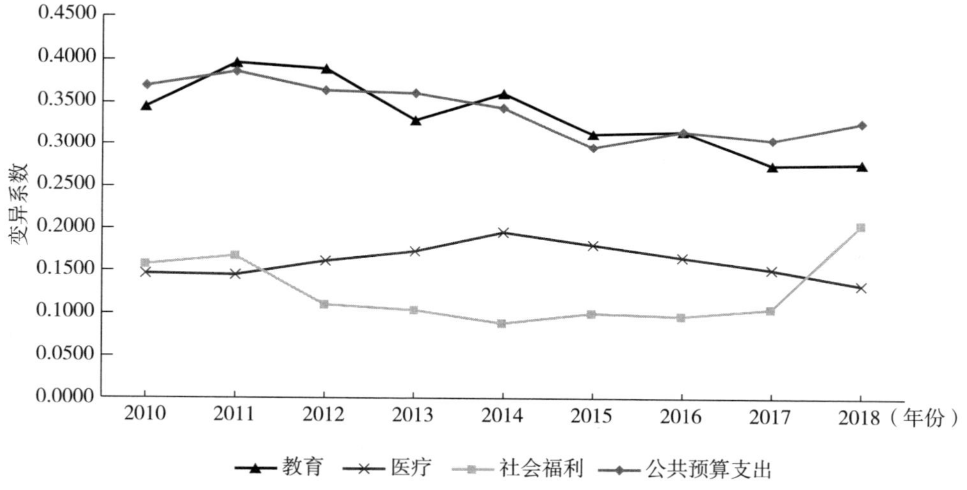

图14-2 省会经济圈基本公共服务一体化发展趋势

资料来源：经相关数据计算得到，数据来源于2011—2019年《山东统计年鉴》

在胶东经济圈中（见图14-3），各城市的公共预算支出差异基本维持稳定，社会福利与教育支出方面的差异呈扩大趋势，而在医疗方面的差异逐步缩小。具体来看，在公共预算支出方面，胶东经济圈内各城市公共预算支出的变异系数虽有小幅度波动，但基本维持在0.30左右，表明该经济圈在此方面的发展均衡程度基本维持不变。在教育支出与社会福利保障方面，前者的变异系数从0.18上升到0.26左右，后者的变异系数从0.04上升到0.16左右，表明胶东经济圈在教育以及社会福利保障方面均衡性变差，经济圈内部的差异更为明显。值得注意的是，在医疗领域，该经济圈内部差异由0.22减小到0.15，表明胶东经济圈的医疗发展水平变得更为均衡，在此方面的一体化程度也更高。

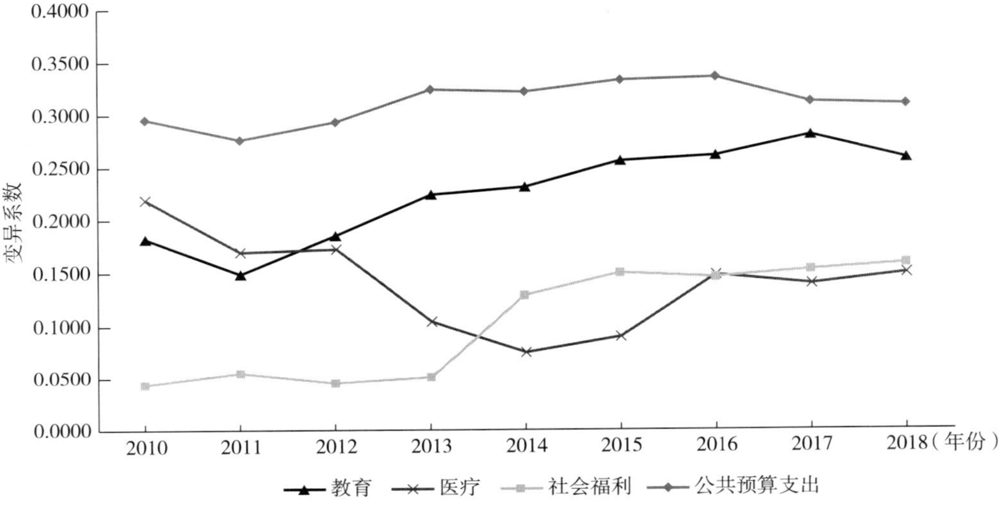

图14-3　胶东经济圈基本公共服务一体化发展趋势

资料来源：经相关数据计算得到，数据来源于2011—2019年《山东统计年鉴》

在鲁南经济圈中（见图14-4），一般公共预算支出的差异程度大幅度减少，变异系数从0.21减小到0.09左右，表明该经济圈在公共预算支出方面的均衡性持续增强。经济圈内教育和医疗发展水平差异的变化规律具有相似性，2010—2018年，二者的变异系数均呈上下波动状态。整体来看，教育支出的变异系数从0.21下降到0.14，但医疗卫生支出的变异系数却从0.07小幅度上升到0.08。前者表明经济圈内教育发展差异性虽有波动，但最终变得更为均衡，一体化程度也更高，而后者表明鲁南经济圈内医疗发展水平的差异虽有一定程度的波动且有极小程度的扩大，但仍维持在一个较小的差异水平，该方面的均衡性较好。在社会福利方面，鲁南经济圈内部社会福利水平的差异从0.04扩大到

0.16，表明鲁南经济圈随着时间演变在社会福利方面的差异更为明显，均衡程度不断降低，一体化程度减弱。

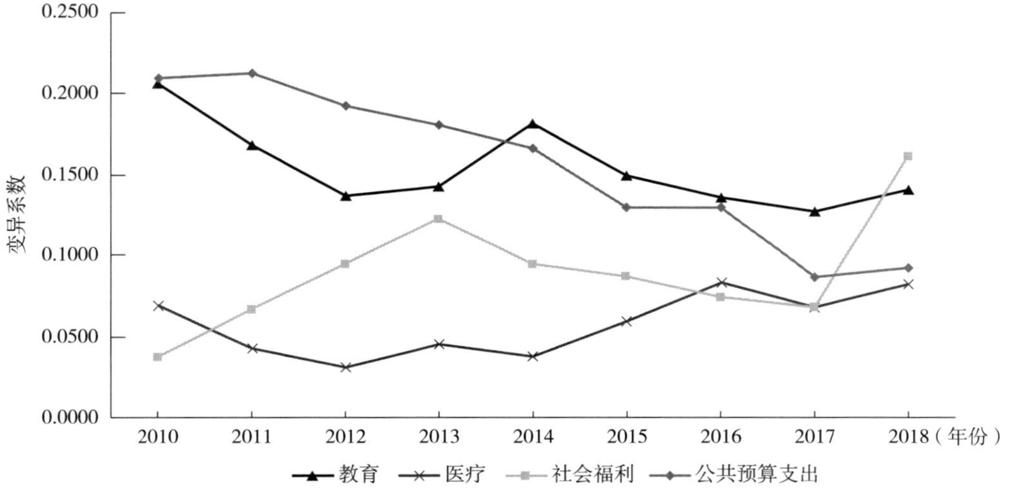

图14-4 鲁南经济圈基本公共服务一体化发展趋势

资料来源：经相关数据计算得到，数据来源于2011—2019年《山东统计年鉴》

从具体领域来看，在教育方面，经济圈内部差异程度最大的是省会经济圈，差异程度最小的是鲁南经济圈，经济圈内差异呈扩大趋势的是胶东经济圈，差异呈缩小趋势的是鲁南经济圈与省会经济圈；在医疗方面，区域内部差异程度最大的是省会经济圈，差异程度最小的是鲁南经济圈，经济圈内差异波动最大的是胶东经济圈，差异波动最小的是省会经济圈；在社会福利方面，区域内部差异程度最大的是省会经济圈，差异程度最小的是鲁南经济圈，3个经济圈在此方面的差异均呈扩大趋势；在公共预算支出方面，省会经济圈与胶东经济圈内部差异较大，而鲁南经济圈的差异程度最小，经济圈差异波动较小的是省会经济圈与胶东经济圈，下降幅度较大的是鲁南经济圈。

（四）山东半岛城市群交通设施网络联结成效

城市群内部的地域联系以交通设施网络为基本载体，因而城市群的一体化发展离不开互联互通的交通网络联结。在《山东半岛城市群发展规划（2016—2030年）》中明确提出山东半岛城市群要加快交通一体化的发展，以高速铁路建设为重点，以城际铁路与高速公路建设为骨架，构建半岛城市群快速交通通道，完善城市群内外交通网络，加快交通设施网络的互联互通。同时，在2020年最新发布的加快省会经济圈、胶东经济圈、鲁南经济圈一体化发展的指导意见中均明确提出各经济圈要建立立体化、网络化、便捷化、智能化水陆空有机衔接、客货运统筹布局的现代交通体系，以支撑城市群一体化发展。基于此，为综合衡量山东半岛城市群交通设施一体化的发展程度，本部分选取铁路密度、公路密度以及高速公路密度（铁路里程、公路里程以及高速公路里程与行政区面积之比），辅以货运密度（货运量与行政区面积之比）以及邮电业务密度（邮电业务量与行政区面积之比），用以共同表征山东半岛城市群以及各经济圈的交通设施一体化程度。以下数据来源于2011—2019年《山东统计年鉴》，为便于纵向比较发展趋势，均以2010年为基础比较年份，计算各年相对2010年的增长率。

2010—2018年，铁路密度、公路密度、高速公路密度分别提升了47.85%、19.73%和41.13%，表明山东半岛城市群整体的交通网络联结不断增强，城市群内部的交通通达能力不断提升。从货运密度和邮电业务密度来看，二者呈现相似的变动趋势。2010—2018年，山东半岛城市群的货运密度从1.88万吨/平方公里上升到2.21万吨/平方公里，提升了17.55%，而邮电业务密度从47.32万元/平方公里稳步上升到263.90万元/平方公里，提升近460%，两者反映出由交通设施引发的区域内运输网络与信息网络联结不断增强。

整体来看，省会经济圈、胶东经济圈以及鲁南经济圈2010—2018年公路密度、高速公路密度、货运密度以及邮电业务密度的变化情况基本一致，仅在变化程度上略有差异。

在公路密度方面，2010—2018年，省会经济圈的公路密度上升了14.18%，胶东经济圈的公路密度上升了16.98%，鲁南经济圈的公路密度则由1.43公里/平方公里上升到1.86公里/平方公里，提升30.07%。由此可见，鲁南经济圈的公路密度提升最快，胶东经济圈与省会经济圈的公路密度提升程度相似。

在高速公路密度方面，2010—2018年，省会经济圈的高速公路密度由0.026公里/平方公里上升到0.038公里/平方公里，提升了46.15%；胶东经济圈的高速公路密度由0.033公里/平方公里上升到0.045公里/平方公里，提升了36.36%；鲁南经济圈的公路密度由0.021公里/平方公里上升到0.029公里/平方公里，提升了38.09%。从中可以看出，胶东经济圈的高速公路网基础最好，但省会经济圈的高速公路密度提升程度与胶东经济圈相同，鲁南经济圈的高速公路网络最差，提升的最少。因此，鲁南经济圈未来需以高速公路网为建设重点，以增强经济圈内的高速交通网络联结。

在货运密度方面，2010—2018年，省会经济圈内的货运密度从1.64万吨/平方公里上升到1.95万吨/平方公里，胶东经济圈内的货运密度从1.25万吨/平方公里上升到2.07万吨/平方公里，鲁南经济圈内的货运密度从2.13万吨/平方公里上升到2.21万吨/平方公里，分别提升18.90%、65.60%和3.76%。由此可见，3个经济圈的货运密度均有不同程度的上升，原因可能与经济圈内的制造业与服务业比重变化有一定关系。

在邮电业务密度方面，2010—2018年，省会经济圈的邮电业务密度从51.74万元/平方公里上升到254.31万元/平方公里，胶东经济圈的邮电业务密度从54.41万元/平方公里上升到302.66万元/平方公里，鲁南经济圈的邮电业务密度从34.37万元/平方公里上升到236.45万元/平方公里，分别提升了391.51%、456.26%和

587.95%。整体来看，尽管鲁南经济圈经历了最为明显的提升，但胶东经济圈的信息网络通达程度最高，省会经济圈次之，鲁南经济圈再次。

（五）山东半岛城市群生态环境联合治理成效

生态环保是城市发展的重要一环，更是城市群一体化发展的重要内容。城市群内部的生态环境，尤其在城市群污染治理方面，因其具有跨区域的流动性与复杂性，迫切需要城市群内各城市联合一致、协同治污，谋求城市群生态环保的一体化发展，构筑城市群“绿水青山”的生态体系。在2020年最新发布的加快省会经济圈、胶东经济圈、鲁南经济圈一体化发展的指导意见中均明确提出要推进各经济圈生态环境的共保联治，持续协同推进节能减排与环境污染的联防联控，强化区域生态保护的修复。

基于此，为了综合评价山东半岛城市群生态环保一体化发展水平，本部分从节能减排、环境污染治理、资源再利用以及生态环境建设等方面选取指标进行评价。具体来看，节能方面用万元GDP的能耗表征（年变动百分比，当年相比于上年上升或下降的百分比），减排方面用万元工业GDP的工业SO_2排放量（吨）表征，污染治理方面用城市污水处理率表征，资源再利用方面用一般工业固体废物综合利用率表征，生态环境建设方面用人均公园绿地面积（平方米）表征。除节能方面用次坐标轴表示各年变化的百分比，其余指标均用主坐标轴表示，且为便于比较，以2010年为基期，计算其余指标各年相对于基期的大小。

图14-5为2010—2018年山东半岛城市群生态环境联合治理发展趋势折线图。从图14-5中可知，山东半岛城市群的污染治理水平和生态环境建设水平有一定幅度的提升。2010—2018年，山东半岛城市群的城市污水处理率从91.11%提升到97.45%，提升了6.34个百分点；人均公园绿地面积从15.84平方米提升到17.60平方米，上升了11.11%。在减排方面，山东半岛城市群的污染排放大幅度减少，万元工业GDP的工业SO_2排放量整体缩减近80%，到2018年仅排放17.05

吨，表明山东半岛城市群整体在减排方面卓有成效。在资源利用方面，山东半岛城市群的资源利用效率呈下降趋势，区域一般工业固体废物综合利用率整体下降了超过16%，下降幅度较大，表明山东半岛城市群在资源再利用方面仍有进一步改善的空间。在节能方面，山东半岛城市群呈持续优化状态。2010—2018年，山东半岛城市群万元GDP能耗始终以每年平均4.76%的比例下降，表明山东半岛城市群整体的节能政策实施效果较好且具有政策延续性。

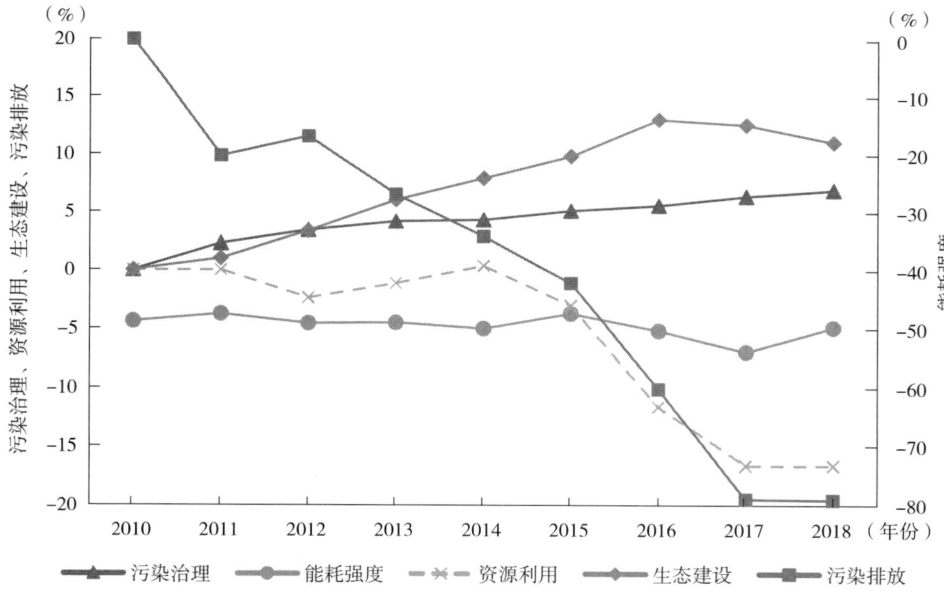

图14-5 山东半岛城市群生态环境联合治理发展趋势

资料来源：经相关数据计算得到，数据来源于2011—2019年《山东统计年鉴》

图14-6、图14-7、图14-8分别为2010—2018年省会经济圈、胶东经济圈以及鲁南经济圈生态环境联合治理发展趋势折线图。整体来看，3个经济圈在治污、减排、资源利用以及生态建设等方面发展均有一定相似性，但节能方面变动差异比较大。

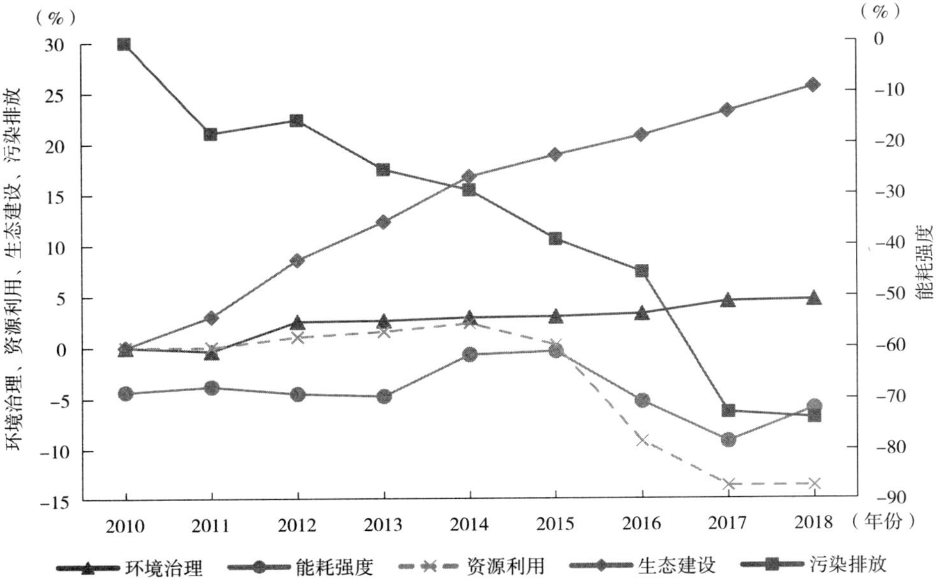

图14-6　省会经济圈生态环境联合治理发展趋势

资料来源：经相关数据计算得到，数据来源于2011—2019年《山东统计年鉴》

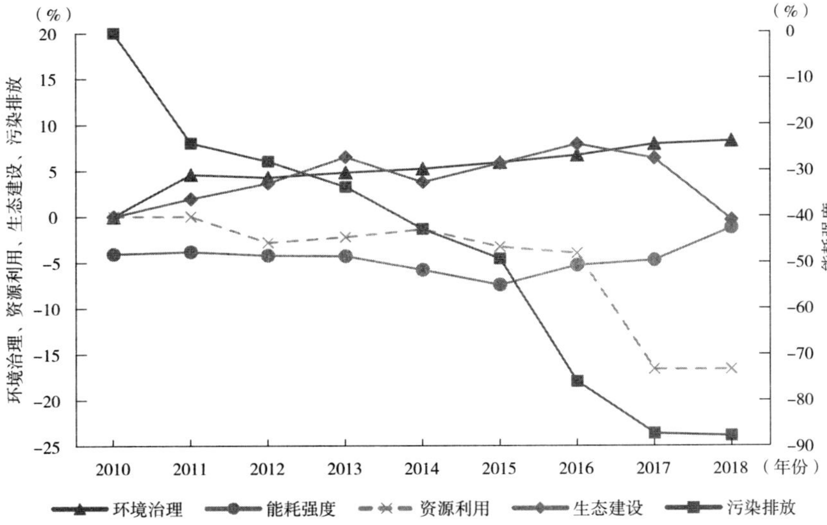

图14-7　胶东经济圈生态环境联合治理发展趋势

资料来源：经相关数据计算得到，数据来源于2011—2019年《山东统计年鉴》

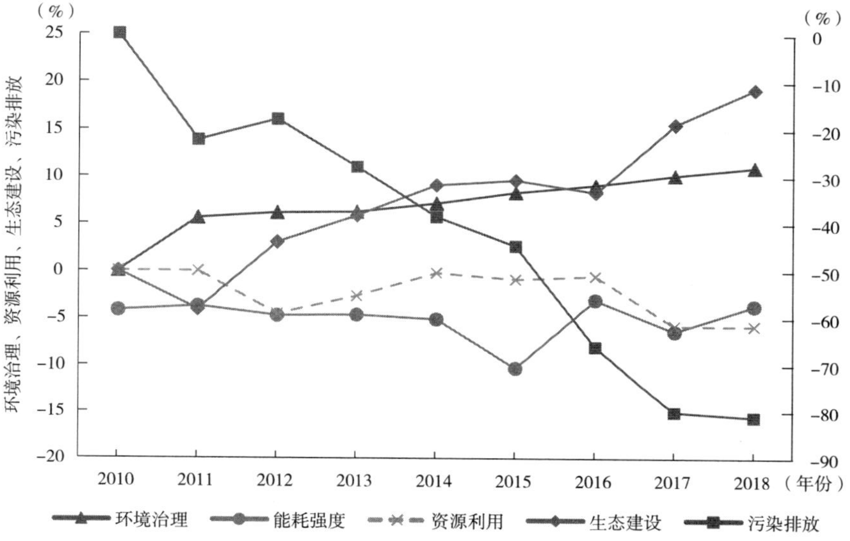

图14–8　鲁南经济圈生态环境联合治理发展趋势

资料来源：经相关数据计算得到，数据来源于2011—2019年《山东统计年鉴》

在省会经济圈中，2010—2018年，区域内环境治理水平提升幅度较小，城市污水处理率仅提升了4.6%，达到97.73%，而经济圈的生态环境建设水平提升幅度较大，人均公园绿地面积提升超过25%，达到19.69平方米。在减排方面，省会经济圈减排效果较为明显，万元工业GDP的工业SO_2排放量从84.22吨下降到22.02吨，总量缩减近75%。在资源利用方面，省会经济圈的资源利用效率下降了13.6%，一般工业固体废物综合利用率从95.87%下降到82.83%。在节能方面，该经济圈万元GDP能耗年降低比重具有大幅度的变动。整体来看，2010—2018年，该经济圈万元GDP能耗年降低比重从4.32%上升到5.97%，表明经济圈的节能效果比较好。但值得注意的是，2014年与2015年万元GDP能耗下降比重仅有0.72%与0.41%，远远小于该经济圈万元GDP能耗降低比重的平均值，原因是滨州市在2014年与2015年的万元GDP能耗呈上升状态，分别为20.33%与

47.01%，从而削弱了经济圈整体的能耗降低比重。

在胶东经济圈中，2010—2018年，经济圈的环境治理水平上升率为8.19%，城市污水处理率从89.95%提升到97.32%。而该经济圈的生态环境建设水平以及资源利用效率却不同程度地下降。其中，在生态环境建设方面，人均公园绿地面积下降了0.41%，到2018年为19.32平方米，相比上年下降了6%；在资源利用方面，一般工业固体废物综合利用率下降了16.70%，到2018年仅剩79.09%。在减排方面，胶东经济圈减排效果最为显著，万元工业GDP的工业SO_2排放量缩减近90%，2018年排放量仅为6.90吨。这可能与胶东经济圈的产业转型以及原有的海洋与旅游资源禀赋有较大关系。在节能方面，该经济圈万元GDP能耗年降低比重具有大幅度的变动。整体来看，2010—2018年，该经济圈万元GDP能耗年降低比重从4.05%降低到1.26%，表明该经济圈的节能有一定效果，但随着时间的推移，效果呈减弱状态。值得注意的是，该经济圈在2015年万元GDP能耗年降低比重达到最低为7.46%，原因可能是这段时间国务院与山东省均发布了《2014—2015年节能减排低碳发展行动方案》，较为有效地降低了单位GDP的能耗强度。

在鲁南经济圈中，2010—2018年，该经济圈的环境治理水平和生态建设水平均有一定幅度的提升。其中，城市污水处理率上升为11.07%，人均公园绿地面积上升率为19.33%。而该经济圈的资源利用率有小幅度的下降，2018年一般工业固体废物综合利用率为92.65%，较2010年下降了5.79%。在减排方面，鲁南经济圈减排效果也较为明显，2018年万元工业GDP的工业SO_2排放量为19.65吨，减排近80%。在节能方面，该经济圈万元GDP能耗年降低比重变化的波动性明显。整体来看，2010—2018年，该经济圈万元GDP能耗年降低比重从4.19%略微减小到3.63%，表明该经济圈的节能有较好效果，且具有一定持续性。值得注意的是，该经济圈在2015年万元GDP能耗年降低比重达到最低为10.30%，当年枣庄、济宁、临沂的万元GDP能耗年降低比重分别达到了10.80%、10.13%、15.17%，从而促使鲁南经济圈整体的节能效果大幅度提升。但2016年三城市的万元GDP能耗年降低比重大幅度缩水，临沂市万元GDP能耗反而增加了2.51%，从而在整体上削弱了经济圈的节能效果。

从各个指标综合来看，在污染治理方面，发展速度最快的是鲁南经济圈，省会经济圈与胶东经济圈次之；在减排方面，胶东经济圈与鲁南经济圈的减排力度最大，效果也最好，省会经济圈次之；在资源利用方面，省会经济圈与胶东经济圈的资源利用率下降程度较大，而鲁南经济圈的资源利用率仅有小幅度下降；在生态建设方面，省会经济圈的生态环境建设发展效果最好，鲁南经济圈次之，而胶东经济圈可能因为原来的生态环境建设基础比较好，在后续发展中反而有小幅度减弱；在能源节约方面，3个经济圈节能均有一定效果，单位GDP的能源消耗均有不同程度的持续降低态势，但3个经济圈的年变动率演变最为复杂，平均来看，鲁南经济圈节能行动的效果与持续性是最好的，省会经济圈与胶东经济圈次之。

（六）小结

城市群一体化是城市群未来发展的必然要求。一体化发展涉及城市群发展的方方面面，有必要综合衡量山东半岛城市群一体化的发展进程，从而为山东半岛城市群的未来发展提供更好的理论支持。从城市群整体发展来看，山东半岛城市群的经济联系强度是建立在行政隶属关系或地理位置邻近关系基础上的，各城市间的联系强度差异较大，以济南为中心的中部地区城市间经济联系较为紧密，以临沂为中心的鲁南地区和以聊城为中心的鲁西地区城市间的经济联系较为松散，城市群的整体联系亟须进一步加强。

在产业分工方面，山东半岛城市群的产业分工布局尚有优化空间。其一，区域内济南、青岛等主要城市有比较优势的产业部门不多，且各城市较少有比较优势非常突出的产业部门。绝大多数优势产业部门的区位熵均在1～2之间，有一定优势，但比较优势还不够强。其二，城市群内济南、青岛等核心城市的辐射能力还不够强，各城市的总外向功能量差距也不明显，山东半岛城市群核心城市的辐射能力有待进一步加强。

在基本公共服务方面，山东半岛城市群基本公共服务均衡性变化程度较好，表明区域整体的基本公共服务一体化发展仍然有待加强。从经济圈来看，省会经济圈与鲁南经济圈的基本公共服务均衡与一体化程度有降低趋势，而胶东经济圈基本公共服务一体化程度有提升趋势。在交通网络联结方面，无论是从山东半岛城市群整体来看还是从经济圈层来看，其交通网络联结程度均有一定程度的提升，表明城市群与经济圈的交通设施一体化程度均有所提升。

在生态环境保护方面，山东半岛城市群与各经济圈层的生态环境联合治理效果持续增强。城市群与各经济圈层在治污、生态建设方面有一定提升，在减排与节能方面具有持续推动作用，但在资源再利用方面有一定程度的下降。

综合来看，山东半岛城市群在过去的发展过程中，城市群核心城市的经济空间联系强度有待增强，产业分工布局有待进一步优化，基本公共服务均衡与一体化程度变化较小，区域交通设施网络建设与生态环境联合共治效果显著。

五、山东半岛城市群的发展特征与展望

城市群作为一个复杂且重要的城市系统，不同学科都从各自角度对此予以解释和分析。从公共管理的角度看，城市群发展反映了区域发展政策落实、治理机制完善、政府行动理念和行动方式革新的发展过程。本专题据此解释山东

半岛城市群的发展过程与逻辑，关注各级政府决策在城市群建设中发挥的作用，以及这一过程中政府的行动特征及其对城市群建设所带来的影响。未来山东半岛城市群一体化的发展，在很大程度上也是一个地方决策和政府行动选择的过程。山东省在推进山东半岛城市群一体化中所采取的行动方式，是基于山东省发展现实特征所做出的政策回应；山东半岛城市群通过一体化发展，应当在国家社会经济发展中扮演更加重要的角色。

（一）山东半岛城市群一体化发展中的行动特征

从政策分析的角度看，山东半岛城市群在发展规划、发展模式、发展机制、发展进程等方面呈现出独特发展特征。这些特征一方面反映了山东省在推进山东半岛城市群一体化发展中的政策效果；另一方面，其中的一些发展特征也引起了人们的讨论。无论如何，这些特征的背后，反映了山东省在面对自身发展实际、发展任务和发展挑战时所做出的政策选择。

1. “点—线—面”的拓展路径与全域性发展规划

山东半岛城市群的一体化发展，首先表现在城市群空间规模的拓展。随着山东半岛城市群建设的不断推进，城市群发展网络中的城市节点不断增加，城市之间的空间联系逐渐增强，城市群在空间形态上呈现出“点—线—面”不断拓展的发展特征。

早期《山东半岛城市群总体规划（2006—2020年）》构建起“8+1”的城市群发展格局，包含济南、青岛、淄博、烟台、东营、威海、潍坊、日照8个地级市和滨州市邹平市，这9个城市实际上沿着“济南—淄博—潍坊—青岛”的胶济线和“日照—青岛—威海—烟台”的沿海线，形成了支撑山东半岛城市群的两条发展主轴，从而将原有单体城市自发生长的点状发展，转变为以重要轴线建构城市间空间、经济、社会联系的“轴带集聚”。

随着“蓝黄”两区建设规划的出台和推进、山东经济社会发展中城市联系在客观上的强化，《山东省新型城镇化规划（2014—2020年）》进一步将泰安、莱芜、德州、聊城以及滨州全市纳入城市群发展版图中，13地市形成了济南、青岛两个发展中心，以及6个在空间距离、人口集聚、经济关联等方面较为凸显的城镇密集区，更加强调中心城市的辐射带动作用以及城市之间的多向互动，从而逐渐从"轴带集聚"向"网络式发展"过渡。

在2017年之后，"网络式发展"成为山东半岛城市群一体化的突出路径特征。《山东半岛城市群规划（2016—2030年）》正式将山东16地市（原规划为17设区市，2019年莱芜市撤市设区，整体划归济南市，成立济南市莱芜区、济南市钢城区）全部纳入山东半岛城市群空间范围中，形成了"全域性"的城市群发展规划。2020年，16地市又被完整且不重叠地分别纳入胶东经济圈、省会经济圈、鲁南经济圈建设范围，"一群两心三圈"的城市群一体化发展格局正式形成，山东半岛城市群在全域规划层面上沿着"点—线—面"发展路径不断拓展。

从"点轴"发展走向"圈层"发展，是山东省针对近年来全省社会经济发展中，城市间联系日益密切多元的客观现实，回应新时代高质量发展下对于缩小城市发展差距的现实要求，针对山东省城市群发展实际所做出的政策设计和空间安排。早先山东半岛城市群的发展延续传统的"城市群—单体城市"发展结构，以轴带发展将若干具有较高经济实力和发展结构的单体城市进行联结，推动城市群发展。而由于城市群空间规模相对过大，单体城市空间规模相对较小，后者辐射带动能力客观上受到一定限制。而当前圈层结构下的城市群一体化发展，实际上是将城市之间在经济发展、公共管理、生活联系等方面形成的"都市圈（区）"新嵌入为"城市群"和"核心城市"的中间层级，一方面实现对全域性城市群发展在功能上的解构，另一方面实现对单体城市、核心城市辐射带动功能的放大（见图14–9）。

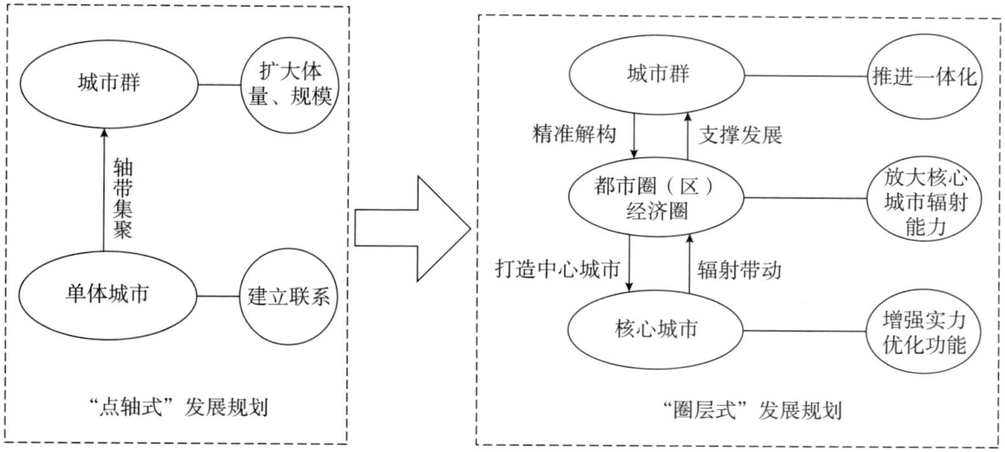

图14–9　山东半岛城市群一体化路径演进

资料来源：作者自制

2. 行政主导下“行政区+经济区”双区叠合的城市群发展模式

城市群发展既是城市化、经济发展的要求，也体现了政策选择、行政力量主导下的城市群一体化，是山东半岛城市群建设发展的重要模式特征之一。对于山东半岛城市群而言，行政主导不仅表现为地方政府在配置资源、动员市场力量和社会力量方面所发挥的主导性作用，更为重要的是，在“全域性”城市群发展规划背后，山东半岛城市群实际上确立起“行政区+经济区”的发展模式。2017年后，随着全省16地市全部纳入山东半岛城市群空间范围，山东半岛城市间基于经济影响、资源配置、产业布局等方面空间联系所形成的经济发展区域，和山东省自身的行政管辖区域在空间上相互叠合。在城市群发展过程中，行政区所具有的管理功能向经济区所体现的发展功能实现有力渗透，山东省政府由此可以从全省发展的宏观角度，全面地对城市群内部的发展方式、发展行为、发展资源施加强有力的行政引导。

强化行政力量的驱动，建立“行政区+经济区”的发展模式，是山东省针对当前山东半岛城市群发展态势和城市现实发展水平所做出的政策选择，对于推进山东半岛城市群一体化起到积极作用。其一，行政力量的主导对于协调山东半岛城市群发展的矛盾而言是十分必要的。从全国层面看，相较于其他诸多城市群、都市圈的核心城市而言，山东的济青“双核”仍呈现出城市首位度不足、辐射周边和发展带动作用不强等问题；从山东省内看，据2018年山东省地区生产总值数据，尚有一半以上地级市的地区生产总值低于全省平均水平，且城市之间经济实力呈现出明显差距[①]，山东半岛城市群一体化显然是在统筹考虑各市发展利益基础上，为缩小区域发展差距做出的政策努力。因而，山东半岛城市群的发展需要在推进中心城市建设和缓解区域发展不平衡双重任务中实现有效平衡，行政权力主导就成为协调发展目标、平衡发展利益、引导要素配置的重要举措。其二，“行政区+经济区”模式有助于优化决策协调与政策衔接。山东省政府通过自上而下的顶层设计和政策推进，基于全省发展的战略层面，将全省各项发展规划和发展目标同山东半岛城市群一体化进行有机整合、统筹规划和协同推进，从而提升发展政策制定的质量和执行力。其三，“行政区+经济区”的发展模式，实际上是山东省在自身发展历史脉络基础上，对山东半岛作为地理区域、经济区域和行政区域的多元化资源禀赋实现有机整合和协调。山东半岛是全国城市起源较早的地区，在长期历史发展中形成了密切的地缘联系、人缘相系、文化相融，成为山东半岛城市群一体化重要的地理文化基础；而自胶济铁路建成以来，山东半岛城市间随着交通网络的发展，城市空间联系、经济交流、要素流动也日益密切，既奠定了山东半岛城市群一体化的物质基础，也显现了进一步提升一体化水平的现实发展需要；而以行政区叠合实现对城市群一

① 山东省统计局:《山东统计年鉴 2019》。

体化资源禀赋的统筹配置，则有助于规避由城市自发性生长和要素集聚带来的发展失衡或合作壁垒。

“行政区+经济区”发展模式所引发的疑虑在于，这种模式往往被认为过度放大了行政权力在城市群经济社会发展中的边界和影响。首先，城市群尽管在不同学科视域下有着不同的内涵侧重，但总的来说，城市群往往被视作是集聚了城市间的功能联系①，而行政权力主导则将这一自发性的城市生长和经济发展过程转变为自上而下的空间安排。有学者提出，山东半岛城市群实际上是以服务省域经济发展、兼顾城市利益诉求的政策目标，取代了对山东省城市间实际功能联系的判断②。其次，城市间的产业协同、经济联系作为城市群发展重要的出发点和落脚点，行政主导常常被视作是过度干预了市场对城市群发展要素的配置过程，从而降低了资源配置效率。最后，当前向市场放权成为政府职能转变的题中之义，在当前政府职能转变的改革浪潮中，以行政主导推进城市群发展常被视作一种滞后的治理模式，是用传统的管理思维解决当前的发展问题，易上升到对地方治理体系和治理能力的质疑。

3. 区域协调视角下的“三圈”差异化建构的多元化发展机制

在行政主导推进的发展模式下，山东半岛城市群内部的城市间合作发展机制，也主要表现在城市政府间多元化横向联动机制的建立。根据胶东经济圈、省会经济圈、鲁南经济圈发展历史基础、当前经济水平和城市结构特征等现实因素，山东省在半岛城市群一体化建设中针对性地确立起差异化的合作模式（见图14–10）。山东半岛城市群各经济圈之间发展机制的差异是山东省针对各经济圈发展程度的现实差异，所采取的针对性机制安排。

---

① 朱建江:《城市学概论》，上海社会科学院出版社，2018。

② 马学广、唐承辉:《基于功能性联系的山东半岛城市群空间范围划定实证研究》,《经济地理》，2020 年第 5 期。

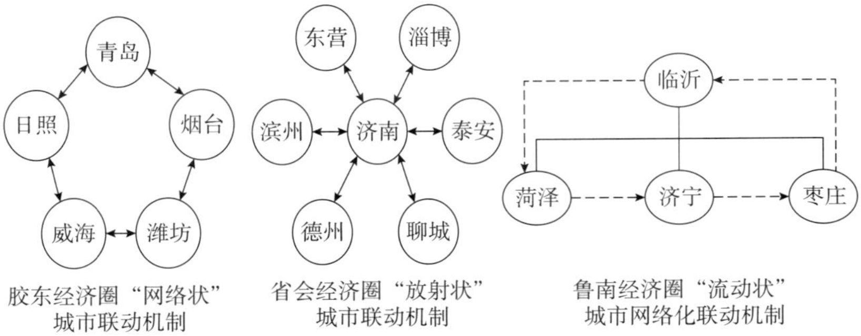

图14-10　山东半岛城市群发展机制

资料来源：作者自制

基于胶东经济圈城市间合作起步较早，经济体量、开放程度、发展活力较高的现实特征，山东半岛城市群确立起胶东经济圈内多方主体平等共商、塑造共识的联席会议机制，挖掘城市间既有经济联系、合作基础在经济圈建设中的作用，以青岛为牵头城市，开展区域联席会议，就经济圈合作发展寻求共识，由此形成了城市间共同参与、协商对话的“网络状”的城市联动机制。

基于省会经济圈内部省会城市首位度有待提升，周边城市同省会城市间的发展差距较大的事实，山东省在省会经济圈建设中确立起双重的发展任务，即推动济南建设国家中心城市、提升济南对于周边城市的辐射带动能力，以及实现经济圈高质量发展。在此基础上，山东省在省会经济圈建设中以省会济南为核心，牵头采取议事协调机制，同其他城市分别单独签署一体化战略合作协议，由此形成了以济南为枢纽，以双方一体化合作协议为路径的“放射状”城市联动机制。

鲁南经济圈从整体上看，是经济实力最为薄弱的经济圈，同时也缺少能够有力引领、辐射带动周边城市发展的核心城市。面对迫切的发展任务和缺乏核心城市的现实，“无核”的鲁南经济圈必须“抱团取暖”。基于这一发展事实，山东省在鲁南经济圈建设中采取了一种有别于胶东经济圈的“轮值制”联席会议制度，各城市每年轮流担任牵头城市、召开四市联席会议，寻求发展共识和合作方式，形成了“流动状”城市网络化合作机制。

4. 基于区域公共物品供给的领域协同治理的发展进程

提供区域公共物品，实现跨域性公共问题的有效治理，是城市群发展的重要内容。从这一角度看，山东半岛城市群的一体化发展，可以说是建立区域公共物品和公共服务高效供给机制的过程；也是针对当前山东省面临的迫切治理问题，探索建立城市间协同联动、运作有效的合作治理机制的过程。通过对山东半岛城市群主要发展领域的一体化进程分析，发现半岛城市群在产业分工、交通网络、生态环境等方面取得较好治理成效，进而以此为突破口推进城市群一体化发展。

从产业分工上看，山东半岛城市群在一体化发展过程中，初步形成了三大经济圈之间的产业分工格局，省会经济圈、胶东经济圈和鲁南经济圈逐渐显现出各自的优势产业，有助于增强城市间的发展联系，促进城市功能的优势互补。从交通基础设施上看，山东半岛城市群的一体化进展很大程度上受益于区域交通网络的完善，以交通路网密度和交通网络延展为基础，促进城市群人口、资金、物资、信息等发展要素的充分流动，从而促进发展要素向发展效益的有效转化。从生态环境上看，山东半岛城市群的一体化发展，在生态环境治理领域实现了协同治理的有效推进，其中污染治理、节能减排、生态建设等方面成为山东半岛城市群协同治理合作的突破口，取得了较好的一体化发展效果。

（二）山东半岛城市群一体化发展进程展望

山东半岛城市群的一体化发展，意味着充分挖掘山东半岛城市群自身独特的区位优势和产业优势，将其真正转化为山东半岛城市群在国家城市群体系中独特的核心竞争力，从而在国家社会经济发展中扮演更加重要的角色。同时，对于山东半岛城市群自身而言，城市群一体化发展也意味着提升城市群和城市的发展质量，这在很大程度上依赖于“软环境”的建设，即城市群区域治理体系和治理能力是对重要发展议题的回应。

1. 充分展现山东半岛城市群在国家发展中应有的重要地位

作为我国北方重要的对外开放门户，山东半岛城市群与辽东半岛形成环抱渤海的态势，构成中国北方大陆伸向西太平洋地区的最前端，是中国内地最接近日本、韩国的地区。中国、日本、韩国三国在地缘文化上的相近性，以及长期以来国家间经济文化等领域发展合作的基础，使得山东半岛城市群在这一层面成为国家对外开放战略布局的重要一环。深化对外开放水平，将这一区位优势真正转化为山东半岛城市群在对外经贸合作、文化交流等方面的实际性成果，将地缘优势真正转化为外资经济发展效益，打造对外开放新高地，将成为山东半岛城市群一体化未来发展的重要内容。

山东半岛城市群是国家蓝色经济示范区和高效生态经济区，又是全国首个获批的新旧动能转换综合试验区。可以说，山东半岛城市群产业形态的升级、产业结构的优化、自身发展后劲和可持续发展能力的提升，对于促进国家经济社会发展具有重要意义。自2018年以来，以新旧动能转换综合试验区建设推进为抓手，山东半岛城市群在提升服务业经济贡献率、推动产业结构升级换代、打造济青烟“三核引领”发展布局等方面取得明显进展。对山东半岛城市群而言，未来需要进一步推进城市群一体化发展同新旧动能转换之间双向联动的发展格局。一方面，充分利用“一群两心三圈”的城市群发展格局提升新旧动能转换改革的广度和力度，将新旧动能转换从展开试点探索、打造先行城市和先行区域，向立足城市群一体化发展，实现整体推进、全面推进、协同推进、统筹推进深化；另一方面，充分利用新旧动能转换所带来的产业结构优化升级的发展成果，以新旧动能转换为改革契机，合理优化城市群、经济圈内部产业形态、产业布局和产业协同，提升城市群发展一体化程度。

山东半岛城市群既是环渤海地区的重要增长极，也是黄河流域城市群中的发展龙头，同时也是京津冀城市群和长三角城市群的重点联动区。山东半岛城市群发展水平和发展质量的进一步提升，将极大地助力黄河流域城市群整体发展，有效联结京津冀城市群、长三角城市群，真正打造实力强劲、联系密切、功能协调、发展协同的东部沿海城市群发展格局。

山东半岛城市群自身的区位优势和社会经济发展进程，使其无论是对于国家对外开放战略布局、国家高质量发展转型进程还是国家区域发展版图而言，都应当在国家社会经济发展中扮演更加重要的角色。对于山东半岛城市群而言，通过一体化发展的持续深化，突破在整体发展水平、发展机制和发展结构等方面存在的瓶颈，真正发挥山东半岛城市群在国家发展中的战略地位和自身优势，成为在促进国家社会经济发展中不可或缺的角色。

2. 精准打造山东半岛城市群的竞争优势

地理区域优势同样奠定了山东半岛城市群在充分挖掘海洋资源、大力发展海洋经济、持续提升海洋科技实力等方面的发展优势。山东半岛城市群临近渤海，拥有青岛、烟台、威海、日照等天然良港，海洋产业在山东省经济社会发展中一直扮演着不可或缺的重要角色。但当前山东半岛城市群在凸显海洋经济优势产业、打造海洋经济龙头企业、深化海洋经济区域协同发展等方面仍存在很大的进步空间。山东半岛城市群一体化意味着海洋港口、海洋产业、海洋科技的深度发展转型，以一体化发展统筹海洋港口建设。具体而言，从港口布局上，进一步依托山东省港口集团深化港口协同发展格局，以深化港口发展“雁群模式”推动港口功能协同优化；从空间联系上，依托港口深化海洋交通同多元化经济发展要素间的有机融合，实现产业链相加、价值链相乘、物流链相通；从发展效益上，以港口设施建设、海洋产业设施优化为突破口，引领城市基础设施和公众服务质量提升；以海洋科技创新为突破口，深入推进城市人才资源吸引与开发，提升城市创新能力。

山东半岛城市群的另一项发展优势在于自身完备的产业体系。山东省是国家农业大省，寿光更被誉为“全国的菜篮子”，山东在维护国家粮食安全中具有极其重要的地位和作用。同时，山东也是全国工业大省和制造业大省，工业门类齐全，国家重点统计的41个工业大类、197个工业中类在山东都有分布，110种重点产品产量居全国首位，是全国重要的能源、原材料基地。在应对新冠肺炎疫情的重大突发公共卫生事件防控中，山东雄厚的农业基础和工业基础，在保障国家物资供应中发挥了重要作用。山东半岛城市群一体化发展，意味着立足于自身产业体系基础和国家产业体系中的重要角色，在此基础上优化产业结构，提升产业发展质量，根据不同城市圈和单体城市的资源禀赋和产业特色，打造自身产业优势，提升城市和城市群竞争力。

3. 深入推进山东半岛城市群内城市高质量发展

山东半岛城市群一体化发展，也是城市综合承载力、辐射带动力、创新引领力、人才集聚力全面提升的发展过程。就山东半岛城市群一体化而言，将自身拥有的资源禀赋、产业优势条件真正转化为城市群的核心竞争力，在城市层面就表现为实现城市高质量发展。山东半岛城市群一体化发展，需要基于不同城市的发展禀赋和发展现状，因地制宜，在人才引进、产业结构优化等重要发展议题上采取针对性的发展举措，增强核心城市实力，缩小城市差距，增强城市联系，优化城市功能，提升城市品质。

一是推进城市人才引进、人才培育、人才交流等工作，增强城市发展活力和创新能力。山东在教育方面不仅以优质高考生源著称，同时也是高等教育大省，山东曾长期以来呈现出高校毕业生人才外流的发展特征，而近两年山东优秀青年人才回流态势逐渐显现，在一定程度上显现了山东半岛城市群一体化发展带来的积极影响。对于山东半岛城市群一体化发展而言，巩固人才回流的良好态势，提升城市群在人才集聚、人才培育和人才充分利用等方面的能力和效益，是未来发展的重要趋向。而这同时意味着对城市群政策协同和治理协同的重要考验。一方面，引来人才，留住人才，用好人才，不仅有赖于优惠的就业政策，同时依赖于良好的城市居住环境、政务服务水平、公共服务品质、城市产业发展空间等因素所创造的“软环境”，即实现城市群和城市发展品质与人才集聚、开发利用之间的良性互动。另一方面，人才也是缩小城市发展差距，提升城市群一体化发展水平的重要因素，这意味着需要从缩小区域发展差距的角度定位人才政策，强化经济后发城市人才引进政策力度，鼓励区域间人才交流与合理流动，建立健全人才培育开发机制。

二是推进城市产业结构升级和城市功能协同，增强城市产业附加值和可持续发展能力。推进传统制造业现代化、智慧化改造，重新增强、提升省内传统制造业强市的产业优势；推进落后产能、过剩产能有序退出，助力城市产业“腾笼换鸟”，促进城市功能优化；推进新兴产业发展，培育新的、可持续的城市竞争力。以新旧动能转换助力山东半岛城市群传统优势产业更新升级，引导助力资源型城市的发展转型；以新旧动能转换推进区域新型基础设施建设，缩小经济圈之间和经济圈内部的公共服务、基础设施差距，增强城市间经济资源、生活交往、科技要素的全方位流动，进一步增强三大经济圈内城市间的发展联系。

4. 切实提升山东半岛城市群一体化发展政策的落实效果

无论是从国家层面、省级层面还是地市层面，山东半岛城市群的一体化发展，都离不开治理“软环境”的支撑。对于山东半岛城市群而言，在其行政主导的推动模式之下，自身治理“软环境”如何发挥相应的治理效能，也是未来发展的重要内容之一，其关键在于提升山东半岛城市群发展规划在区域、城市层面的实际执行能力和落实效果。山东半岛城市群自身的发展实际和发展模式特征意味着，在发展中要注重防范和规避行政权力异化带来的发展风险。

其一，充分利用全域性城市群发展规划的优势，实现城市群发展规划和全省重要改革发展部署的政策协同，避免“政策打架”，提升规划的政策质量和实践指导力；强化城市群发展规划的政策效力，避免山东半岛城市群一体化发展主要停留在规划、口号、会议层面而无法转化为地方政府的实际行动。其二，精准识别、有效协调经济圈、城市间发展利益，建立健全层级之间和经济圈内部的共识塑造和利益协调机制，避免由于城市群发展的相关省级政策和城市发展的利益矛盾而导致城市群发展政策落实不畅，导致协同发展异化为核心城市对周围城市单向的资源吸附，或出现个别城市游离于经济圈实际合作发展之外，避免城市群发展无法缓解乃至拉大区域发展差距的问题。其三，深化“放管服”改革，深入推进政府职能转变，探索政府、企业、社会力量之间多元化的合作模式，优化政府行政权力运作方式，防范不同层级政府之间、同级政府协同合作中高行政成本带来的发展要素配置失衡、资源浪费等风险，避免区域发展效率和发展效果受到制约。

专题十五

城市群的公共卫生与应急管理体系衔接[①]

一、问题提出与研究框架

2020年新冠肺炎疫情暴发，对中国和世界发展产生重大而深远的影响。在积极抗击新冠肺炎疫情的同时，应从多方面反思和行动，分析疫情暴发和流行的时代原因，总结公共卫生事件应对的经验教训。亡羊补牢，扎好抵御灾难的韧性篱笆。疫情暴发和流行具有一定的聚集特征。研究显示[②]：流行疾病在初始发生期的扩散程度与人口聚集规模有较强正向关联性。流行病的传播速度与人口聚集密度在自然状态下有正相关关系。聚集是人类生存和发展的基本形式，这客观上为流行疾病的暴发和扩散提供了土壤，但是在不同的技术条件下，人类聚集的空间状态不同，流行疾病与人类聚集相关影响的关系也不同。

1750—2050年，工业革命的多波扩散和市场制度的全球蔓延，渐次加快各

① 本专题作者为中国社会科学院城市与竞争力研究中心倪鹏飞、徐海东、周晓波、李博。

② 《疫情背景下重新理解集聚与城市密度》，中国智库，2020年7月18日。

国农业人口向城市迁徙和聚集。观察城市化领先国家的发展轨迹发现：受技术进步、收入增长和城市化阶段所决定，人口城市化也经历“从大尺度分散小尺度聚集，到大尺度集中小尺度聚集，再到大尺度聚集小尺度分散”的过程。空间城市化与人口城市化存在一定对应关系，即：在城市化率30%以下时，城市主要形态是小城镇；在30%～50%之间时，城市主要形态是大中城镇；在50%以上时，城市主要形态是城市群带网。2018年55.3%的全球居民居住在城市里，23.3%的世界居民居住在人口超过100万的城市，6.9%的世界居民生活在人口超过1000万的城市里，500万人口以上的城市群超过67个。联合国预测，到2050年，68%的世界人口将居住在城市里，人类300年城市化进程将创造一个以城市群为主体的城市世界。

1978—2021年，在中国城镇化率从17.9%迅速跃升到64.72%的同时，中国人口的空间聚集特征也迅速从“大尺度分散小尺度聚集”，到“大尺度集中小尺度聚集”，再到“大尺度聚集小尺度分散”。各区域城市群渐次经历萌芽、形成和发展后，目前呈现“19+2”的城市群格局并持续加速扩展和深化。城市群作为经济社会空间的主体形态，承载全国78%的人口，贡献超过80%的GDP。

日益发展的城市集群给居民和企业既创造史无前例的机遇和福利，也埋下前所未遇的威胁和风险。观察新冠肺炎疫情的暴发和流行过程也大致发现：疫情首先从城市群密集度最高的中心区暴发，然后从城市群的中心城市传播到周边城市，同时从城市群的中心城市传播到其他城市群的中心城市，然后再在城市群和区域内传播。显然，城市群成了加剧传染病暴发和流行的重要载体。因此，促进公共服务体系和应急管理体系在城市群的尺度上衔接是个亟待解决的重要现实问题。

城市群通过聚集和联系扩大规模，既实现递增的正外部性收益共享，也导致报酬递增的负外部性损害的共担，而传染病等正是吞噬正外部性红利的负外部性灾害。要保证城市群可持续健康发展，既要促进规模报酬递增的正外部性收益最大化释放和公平共享，又要力争规模报酬递增的负外部性损害最大化克服和公平分担。以应对城市群突发性公共事件为案例，实现城市群正外部性最大和负外部性最小，需要做好公共事件的公共应对，关键的需要是在合理的城市群基础上，公共服务体系、公共治理体系和应急管理体系3个方面自洽耦合和有机衔接（见图15–1）。

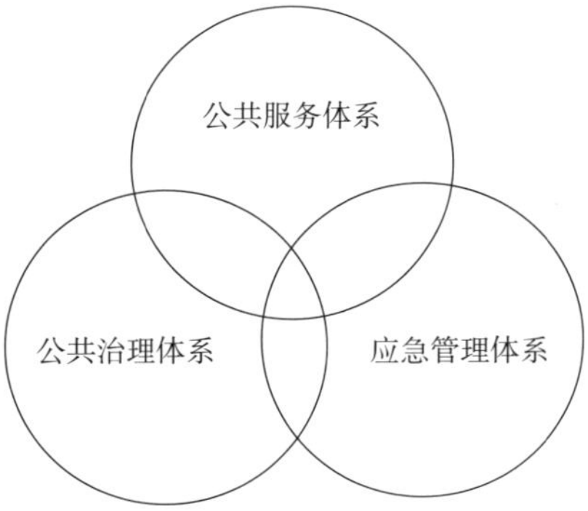

图15–1 城市群公共政策应对的分析框架

资料来源：作者自制

公共服务体系：指具有消费或使用上的非竞争性和受益上的非排他性，从而能为绝大多数人共同消费及享用的产品或服务。包括硬件基础设施，即服务于城市群建设与区域经济发展的大型基础设施；软件基础制度，即规范城市群行为主体的各种地方性法规、政策及其保障措施等。

公共治理体系：是由全球治理委员会在1995年提出，是个人或公、私机构经营管理相同事务的诸多方式的总和。城市群治理的显著特征是跨区域的公共治理。主要体现在“规则（决策），即合作规则和行动程序；组织（主体），即组织协调机制；操作（内容），即具体政策工具选择和政策实施；结果（评价），即绩效评价和激励约束”4个层面。

应急管理体系：指政府等处理紧急事务或突发事件的行政职能及其载体系统，是政府等应急管理的职能与机构之和。管理体制包括管理机构和指挥中心，运行机制包括工作机制等，应急保障包括人员、资源、财务、信息，应急预案包括应急方案、行动指南和能力评估，等等。

以上3个方面既相互区别又相互依赖，存在着交叉重叠的交集关系。公共服务体系是城市群公共治理体系和应急管理体系的基础，在一定程度上反映两者的水平；城市群公共治理体系是应急管理体系的支撑框架，是公共服务体系的具体应用。城市群治理的本质在于提供满足不同区域、主体与部门差异化需求的区域公共物品，以基础设施和政策制度的完善推动城市群治理水平的提高；应急管理体系是公共治理体系的组成部分和公共服务体系的部分应用。但是城市群的上述3个方面及相互关系都建立在具体的城市群的基础上，城市群的规模、结构合理与否也影响三者及其相互关系。

二、构建合理的城市群体系以筑牢底层根基

1. 理论与目标

城市的人口规模和空间形态是城市发展的关键问题。假定技术和制度不变，由于随着城市人口规模增加正外部性和负外部性变化的曲线不同，人口增长所带来的边际负外部性等于边际正外部性时，城市人口规模达到最优，人口继续增加将导致新的城区出现和城市形态的改变，从而将形成由多个城区组成的大都市区，城市体系将由中小城市组成的体系转变成中小城市和大都市区体系。同样大都市区也有最优规模，当人口继续增加将形成由多个都市区和城市

组成的城市群。在人口和空间足够大的情况下，城市群超出一定规模，一个国家将形成由多个城市群组成的城市群体系。当技术或者制度发生变化时，中心城区、大都市区和城市群最优的均衡规模及各个层级最优的均衡体系都将发生变化。

中国是一个地域辽阔和人口众多的巨型国家，当今也已迈向高速交通和智能技术时代，人口城市化率已经超过60%。所有这些决定了中国应该也将形成以城市群为主体的、多层嵌套的城市体系：首先是整个国家范围内由城市群组成的体系，其次是在每个城市群范围内由大都市圈、大中小城市、小城镇组成的体系，再次是大都市圈范围内的多个中心城区与周边中小城镇组成的体系，最后是城市群之间和城市群内部城市之间以及大都市圈内的各中心之间应保持合理的规模位序关系。只有这样的城市群体系才能够充分释放规模报酬递增的红利，同时也才能有效降低规模报酬递增的损害。但是现实情况如何？本专题利用城市群的相关人口数据进行统计分析。

2. 现实与问题

在城市研究中，学者们曾发现多数国家的规模位序之间也遵循自然和社会多个领域存在的齐普夫定律，即一个城市的规模与最大城市规模之比等于这个城市的规模序数的倒数。根据齐普夫定律定义，若回归系数大于1，表明中心城市发展过大，中小城市较弱；若回归系数小于1，表明中心城市发展并不突出，中小城市发展较大。

结合目前共识的城市群划分，利用地级及以上城市的城区人口数据，计算中国城市群之间2006年、2014年、2017年的人口规模分布的齐普夫幂律值，结果发现：城市群规模分布中lnS的系数值均大于1（见表15-1），这表明中国城市群体系内的城市群人口较为分散，城市群内中心城市人口占比很突出，中小城市群发育较弱；从2006年到2017年的城市群规模体系变化来看，lnS的系数值逐步下降，由2006年的1.154下降到2014年的1.139（下降了0.015），从2014年的1.139再到2017年的1.129（下降了0.010），这表明中国城市群规模体系中中小城市群相对规模有所扩大，特别是从2014年到2017年，中小城市群的规模呈现明显的扩大，总体向齐普夫定律下的城市群结构收敛。同时也表明和验证了中国存在一个城市群体系。

表15-1 关于城市群齐普夫定律回归的结果（城区人口）

时间	$\ln S_i$	城市群个数	Adj.R^2
2017年	1.1292***	25	0.9129
2014年	1.1387***	25	0.9225
2006年	1.1541***	25	0.9115

资料来源：作者根据回归结果自制。

注：***表示在1%的显著水平下拒绝系数显著性的原假设

通过城市群之间和城市群内部的人口规模分布的齐普夫幂律值与对应的人均GDP增长进行回归分析，计量研究还发现：中国城市群体系结构的齐普夫幂律值与其对应的人均GDP增长率之间存在着一个倒U形关系（见表15-2），这一方面表明优化城市群体系能够提升经济增长速度，释放经济发展潜力。另一方面也表明无论是过度单中心或过度多中心都不利于城市经济增长。

表15-2 2000—2013年中国城市群体系的经济增长效应检验

控制变量	城区人口数据			市辖区人口数据		
	Fe r	Fe r	差分GMM	Fe r	Fe r	差分GMM
g_{-1}	0.3611*** （6.12）	0.2821*** （3.31）	0.2740*** （3.22）	0.4229*** （6.93）	0.3609*** （6.12）	0.2991*** （3.83）
$(1-n_{-1})^2$	−0.1516*** （2.57）	−0.1315*** （3.46）	−0.1421*** （4.74）	−0.1711*** （4.17）	−0.1291*** （4.61）	−0.1409*** （3.81）

续表

控制变量	城区人口数据			市辖区人口数据		
	Fe r	Fe r	差分GMM	Fe r	Fe r	差分GMM
Industry		0.1561* (2.03)	0.1240 (1.49)		0.1638* (1.95)	0.1261 (1.52)
Government		0.1679* (2.02)	0.2219** (1.96)		0.1570 (1.71)	0.1841** (2.25)
Road		0.0109 (1.09)	0.0250* (1.79)		0.0120 (1.5)	0.0211* (1.76)
FDI		0.0129* (1.61)	0.003 (0.214)		0.0131* (1.64)	0.010 (0.909)
常数项		0.085*** (4.2)			0.0948*** (7.2)	
样本量	325	325	300	325	325	300
AR(2)			0.819			0.856

资料来源：作者根据回归结果自制。

注：*表示在10%的显著性水平下显著，**表示在5%的显著性水平下显著，***表示在1%的显著水平下显著

本专题研究的城市群有：长三角城市群，包括上海、南京、南通、嘉兴、宁波、常州、扬州、无锡、杭州、泰州、湖州、绍兴、舟山、苏州、镇江；京津唐城市群，包括北京、保定、唐山、天津、廊坊、张家口、承德、沧州等城市；银川城市群，包括中卫、吴忠、固原、石嘴山、银川等城市；兰州城市群，包括兰州、定西、武威、白银、西宁等城市；关中平原城市群，包括咸阳、宝鸡、渭南、西安、铜川等城市；黔中城市群，包括六盘水、贵阳、遵义等城市；成渝城市群，包括成都、重庆、乐山、内江、南充、广安、德阳、眉山、绵阳、资阳、遂宁等城市；琼海城市群，包括三亚、海口、湛江、茂名、阳江等城市；南宁城市群，包括北海、南宁、崇左、钦州、防城港等城市；珠三角城市群，包括东莞、中山、佛山、广州、惠州、江门、深圳、珠海、肇庆；长株潭城市群，包括娄底、常德、株洲、湘潭、益阳、衡阳、邵阳、长沙；武汉城市群，包括咸宁、孝感、武汉、鄂州、黄冈、黄石等城市；中原城

市群，包括平顶山、开封、新乡、洛阳、漯河、焦作、许昌、郑州等城市；徐州城市群，包括临沂、宿州、宿迁、徐州、枣庄、济宁、淮北、连云港等城市；山东半岛城市群，包括东营、威海、日照、济南、淄博、潍坊、烟台、青岛等城市；环鄱阳湖城市群，包括上饶、九江、南昌、抚州、景德镇、鹰潭等城市；海峡西岸城市群，包括厦门、宁德、泉州、漳州、福州、莆田等城市；皖江淮城市群，包括六安、合肥、安庆、宣城、池州、淮南、滁州、芜湖、蚌埠、铜陵、马鞍山等城市；浙东城市群，包括丽水、台州、温州等城市；哈尔滨城市群，包括七台河、双鸭山、哈尔滨、大庆、牡丹江、绥化、鸡西、鹤岗、齐齐哈尔等城市；长春城市群，包括吉林、四平、松原、辽源、长春；辽中南城市群，包括丹东、大连、抚顺、本溪、沈阳、盘锦、营口、辽阳、铁岭、锦州、阜新、鞍山等城市；呼包鄂城市群，包括包头、呼和浩特、鄂尔多斯等城市；太原城市群，包括吕梁、太原、忻州、晋中、阳泉等城市；石家庄城市群，包括石家庄、秦皇岛、衡水、邢台、邯郸等城市。

计算中国城市群内部的2006年、2014年、2017年的人口规模分布的齐普夫幂律值，结果发现（见表15-3）：

2017年 θ 离1较近（$0.85<\theta<1.15$）的是：长春城市群、环鄱阳湖城市群、长三角城市群、武汉城市群、关中平原城市群、太原城市群、银川城市群、兰州城市群。表明上述这些城市群比较符合齐普夫定律下的城市规模体系。

2017年 θ 值偏大（$\theta>1.5$）的是：长株潭城市群、徐州城市群、石家庄城市群，上述这些城市群中大城市比齐普夫定律描述的更大，中小城市发育较弱，单中心比较显著。

2017年 θ 值比较小（$0.75<\theta<0.85$）的是：珠三角城市群、海峡西岸城市群、南宁城市群、黔中城市群，这些城市群中位次较低的中小城市规模较大，位次较高的大城市相对不是很突出，多中心比较显著。

2017年θ值偏小（θ<0.75）的是：成渝城市群、京津唐城市群、浙东城市群、呼包鄂城市群，这些城市群中位次较低的中小城市规模也很大，位次较高的大城市相对不是很突出。具体来看，上述城市群内部有两个中心城市，即“双中心”的城市体系结构，第一大城市的规模相对于第二大城市的规模优势不是特别突出。

表15-3 城市群里面的位序关系（城区人口）

城市群	2017年	2014年	2006年
	lnS_i	lnS_i	lnS_i
长三角城市群	0.8815***	0.8880***	0.8812***
珠三角城市群	0.8189***	0.8234***	0.6831***
京津唐城市群	0.6773***	0.6674***	0.6921***
山东半岛城市群	1.3149***	1.2770***	1.1878***
辽中南城市群	1.2954***	1.3082***	1.3305***
海峡西岸城市群	0.8489***	0.8691***	0.9374***
中原城市群	1.3059***	1.2571***	1.4211***
成渝城市群	0.7402***	0.8061***	0.8148***
关中平原城市群	0.8700***	0.9193***	0.9533***
长株潭城市群	1.5335***	1.4559***	1.5274***
哈尔滨城市群	1.1665***	1.1811***	1.1438***
长春城市群	1.0303***	1.0317***	0.9768***
皖江淮城市群	1.3984***	1.3533***	1.1252***
徐州城市群	1.6708***	1.7652***	1.9194***
浙东城市群	0.6746***	0.5808***	0.6267***
琼海城市群	1.2799***	1.1924***	1.0376***
石家庄城市群	1.5583***	1.2180***	1.3117***
太原城市群	0.8768***	0.8481***	0.8064***
环鄱阳湖城市群	1.0519***	1.0983***	0.9197***

续表

城市群	2017年	2014年	2006年
	$\ln S_i$	$\ln S_i$	$\ln S_i$
呼包鄂城市群	0.6038***	0.6580***	0.7262***
银川城市群	1.1004***	1.1381***	1.2283***
兰州城市群	0.8542***	0.8567***	0.8183***
南宁城市群	0.8068***	0.8125***	0.7513***
黔中城市群	0.7928***	0.8561***	0.8793***
武汉城市群	0.8910***	0.9223***	0.9682***

资料来源：课题组自制。

注：***表示在1%的显著水平下拒绝系数显著性的原假设

从2006年到2017年的演变来看，城市群体系结构偏离齐普夫定律的有：山东半岛城市群、海峡西岸城市群、成渝城市群、皖江淮城市群、石家庄城市群、黔中城市群、武汉城市群、琼海城市群、呼包鄂城市群；城市群体系结构向齐普夫定律收敛的有：珠三角城市群、辽中南城市群、中原城市群、关中平原城市群、徐州城市群、太原城市群、银川城市群、兰州城市群、南宁城市群。

至于大都市内部结构，通过中国主要城市出行流动数据所描绘的城市轮廓与结构的"星云图"可以发现：北京、上海、成都、天津等单中心和"摊大饼"特别明显，像深圳、东莞、佛山、大连、中山、苏州、青岛、广州等存在着不同程度的双中心和多中心空间结构。

综合以上分析可以发现：一个以城市群为主体的多层嵌套的城市体系正在形成，城市群发展水平从东北到西北、西南、中部再到东南，依序逐步提升，粤港澳城市群处在最发达方位上。但是城市群规模及内部结构、大都市区即中心城市规模及内部结构还存在一定的问题，这些城市问题源自于城市资源（包括公共服务体系）的分布，反过来又影响资源（公共服务体系）的分布，从而对城市群的公共卫生服务和应急管理体系造成不利影响，也容易诱发公共卫生事件，阻碍突发公共卫生事件的应对。

一是多数城市群内的城镇体系不够完善。多数城市群的中心城市过度强大，周边中小城市和城镇过度弱小。少数中心城市的人口规模和经济总量较弱，无法对周边城市产生带动作用。

二是多数的中心城市内部的结构不合理。多数中心城市还处于单中心状态，中心城区“摊大饼”规模大、密度高，周边区域空间规模大但是密度低，从而导致中心城区的城市病严重，小城镇普遍偏少且基本功能偏弱。

三是不少城市群和中心城市结构失衡在加剧。主要是过度聚集的中心城市和中心城区还在继续聚集，一些过度分散的中心城市和中心城区还在继续分散。

3. 对策与建议

城市群公共卫生服务与应急体系的衔接应建立在城市群规模和空间优化布局的基础上。基于以上分析，应采取“四定”原则，建立以城市群为主体的多层嵌套的城市体系，形成多中心、网络化、间隔状的城市群和大都市圈体系。

第一，以齐普夫定律确定各尺度的人口规模。人口是城市群和城市发展的中心，确定了人口规模就能够确定其他相关城市功能的供给和需求。因此，建议未来编制以城市群为主体的城市体系新规划，应以齐普夫定律为参考基准再结合各地实际，确定全国城市群的最优数量及各城市群人口最优规模，各城市群内城镇的最优数量及各城镇人口最优规模，各中心城市（大都市圈）内多中心的最优数量以及各城市区的最优规模。

第二，以大聚集小分散为原则确定各尺度的空间形态。要充分利用交通技术和信息技术给城市聚集和分散带来的便利，围绕最大化释放和利用正外部性，最小减少和规避负外部性，以通勤时间距离为尺度，结合地形地貌，确定15分钟生活圈（社区），30分钟商务圈（中心城区），1小时工作圈（城市圈），1小时办事圈（城市群）。以15分钟和30分钟作为最小空间单位，建立交通网络联动、生态屏障隔离的一个个镇区组团发展形成的大都市区、城市群体系。

第三，以市场决定的原则确定城市群发展的制度安排。即在政府与市场的关系上，积极深化市场取向改革，将配置资源的权利交由市场决定。一方面，消除行政权力带来的壁垒，让资源要素在城市之间自由流动和最优配置。另一方面，在公共产品的配置上既要尊重市场规律也要克服市场的失灵。当市场主体受市场规律支配进行空间调整时，政府公共服务应顺应规律同行甚至先行一步，进行公共产品的空间调整，例如当中心城区出现拥挤，市场主体需要外迁时，公共服务尤其优质公共服务应及时回应市场需求。城镇之间的交通网络和生态屏障，政府要建立刚性约束机制，阻止私人机构侵蚀和阻挠。

第四，以“一群一策”原则确定城市群的发展对策。即针对不同城市群的实际情况，采取差别化促进竞争、合作、分工、联系和共享的对策，由于各城市群的地形地貌、产业结构、收入水平、交通条件都不相同，因此最优的各尺度人口规模以及规模位序也不相同，应在遵循基本原则的基础上，“因地制宜”“一群一策”地规划和引导各城市群的人口分布以及空间形态等，切忌采取“一刀切”和模式复制的对策措施。

三、完善公共卫生服务体系以创造前提条件

1. 理论与目标

公共卫生服务是针对社区或者社会的，而非个人的医疗措施，是关系人民大众健康的公共事业，包括对重大疾病尤其是传染病的预防、监控和治疗，对食品、药品、公共环境卫生的监督管制，以及相关的卫生宣传、健康教育、免

疫接种等。公共卫生服务体系应该包括公共卫生硬件产品与设施、软件的制度与政策。

公共卫生服务体系完善的城市群：不仅公共资源和服务充裕且优质、公共政策和制度合理且有效，而且资源在空间合理配置、服务在空间上均等覆盖、制度在空间上一致覆盖，从而城市群内各空间居民能够便捷且充分地使用公共卫生资源，均等且公平地分享公共卫生服务，共同且平等地遵守公共卫生法律制度。

2. 现实与问题

利用全国地级及以上城市的三甲医院数、医院床位数、万人医院床位数、医生数、万人医生数、流动人口医疗健康建档率等指标数据以及城市群样本，构建城市群的医疗卫生硬件环境竞争力指数（指数构建方法参考《中国城市医疗卫生硬件环境竞争力专题报告》）[①]，通过对指数的统计分析（见表15–4），可以大致了解中国城市群的公共卫生服务硬件资源基本情况。

从城市群的医疗硬件环境均值看，最好的城市群依次是：京津唐城市群、黔中城市群、长三角城市群、珠三角城市群、山东半岛城市群。次好的城市群依次是：武汉城市群、呼包鄂城市群、太原城市群、哈尔滨城市群、成渝城市群。表现一般的城市群依次是：长春城市群、中原城市群、徐州城市群、辽中南城市群、兰州城市群。第二好的城市群依次是：关中平原城市群、石家庄城市群、长株潭城市群、浙东城市群、环鄱阳湖城市群。第三好的城市群为：海峡西岸城市群、琼海城市群、皖江淮城市群、南宁城市群和银川城市群。总体上看，城市群医疗卫生硬件条件与城市群的成熟程度比较相关，在均值最高的系列里包括了中国三大成熟城市群京津唐城市群、长三角城市群和珠三角城市

① 倪鹏飞、侯庆虎、李超、徐海东：《中国城市竞争力报告 NO.17》，中国社会科学出版社，2019。

群，相对成熟的城市群山东半岛城市群、武汉城市群、成渝城市群也都在最好和较好的行列。而相反，琼海城市群、皖江淮城市群、南宁城市群和银川城市群因为相对不成熟处在后列。城市群医疗卫生硬件平均条件与空间区位关系并不密切。

表15-4　中国主要城市群医疗硬件环境竞争力指数的统计描述

城市群	城市数	均值	中位数	标准差	最小值	最大值	变异系数
京津唐城市群	8	0.356	0.219	0.317	0.118	1.000	0.891
石家庄城市群	5	0.187	0.204	0.112	0.033	0.341	0.600
太原城市群	5	0.220	0.153	0.202	0.103	0.579	0.920
呼包鄂城市群	3	0.221	0.233	0.063	0.153	0.278	0.285
辽中南城市群	12	0.193	0.160	0.097	0.109	0.420	0.503
长春城市群	5	0.215	0.152	0.143	0.064	0.417	0.665
哈尔滨城市群	9	0.217	0.218	0.118	0.063	0.443	0.545
长三角城市群	15	0.270	0.209	0.188	0.115	0.797	0.695
浙东城市群	3	0.172	0.176	0.019	0.152	0.189	0.110
皖江淮城市群	11	0.130	0.118	0.079	0.039	0.352	0.606
海峡西岸城市群	6	0.170	0.132	0.105	0.073	0.359	0.618
环鄱阳湖城市群	6	0.172	0.131	0.142	0.044	0.447	0.829
山东半岛城市群	8	0.243	0.232	0.111	0.117	0.442	0.458
徐州城市群	8	0.200	0.203	0.044	0.150	0.253	0.221
中原城市群	8	0.210	0.183	0.102	0.108	0.446	0.487
武汉城市群	6	0.233	0.166	0.186	0.132	0.609	0.798
长株潭城市群	8	0.177	0.150	0.109	0.089	0.426	0.617
珠三角城市群	9	0.248	0.177	0.188	0.070	0.634	0.758
南宁城市群	5	0.119	0.094	0.123	0.030	0.331	1.030
琼海城市群	5	0.161	0.139	0.076	0.076	0.267	0.470

续表

城市群	城市数	均值	中位数	标准差	最小值	最大值	变异系数
成渝城市群	11	0.216	0.147	0.184	0.035	0.600	0.852
黔中城市群	3	0.275	0.247	0.136	0.156	0.423	0.492
关中平原城市群	5	0.191	0.127	0.171	0.083	0.495	0.895
兰州城市群	5	0.193	0.160	0.134	0.064	0.370	0.695
银川城市群	5	0.113	0.068	0.094	0.037	0.262	0.833

资料来源：课题组根据《中国城市竞争力报告No.17》整理制作，数据统计时间为2018年

从城市群内部城市之间的硬件环境差距，即变异系数来看，差距最大的依次是南宁城市群、太原城市群、关中平原城市群、京津唐城市群、成渝城市群、银川城市群、环鄱阳湖城市群、武汉城市群、珠三角城市群等；差距较大的依次是长三角城市群、兰州城市群、长春城市群、海峡西岸城市群、长株潭城市群、皖江淮城市群、石家庄城市群等；差距较小的依次是：哈尔滨城市群、辽中南城市群、黔中城市群、中原城市群、琼海城市群、山东半岛城市群等；差距最小的依次是呼包鄂城市群、徐州城市群、浙东城市群等。

从城市群硬件环境的最大值（主要是中心城市）的比较看，中心城市指数最高的依次为：京津唐城市群、长三角城市群、珠三角城市群、武汉城市群、成渝城市群；中心城市指数次高的依次为：太原城市群、关中平原城市群、环鄱阳湖城市群、中原城市群、哈尔滨城市群；中心城市指数一般的依次为：山东半岛城市群、长株潭城市群、黔中城市群、辽中南城市群、长春城市群；中心城市指数较低的依次为：兰州城市群、海峡西岸城市群、皖江淮城市群、石家庄城市群、南宁城市群；中心城市指数最低的依次为：呼包鄂城市群、琼海城市群、银川城市群、徐州城市群、浙东城市群。从具体指数数值看，数值最好的城市群京津唐城市群中的北京指数为1，数值第二好的长三角城市群中的上海指数为0.797，数值最小的城市群中的最好城市指数仅为0.189。总体来看，发

达成熟的城市群的中心城市指数较高，落后不成熟的城市群的中心城市的指数较低。

从城市群硬件环境的最小值（主要是城市群的周边城市）的比较看，城市群周边城市指数最高的依次为：黔中城市群、呼包鄂城市群、浙东城市群、徐州城市群、武汉城市群；城市群周边城市指数次高的依次为：京津唐城市群、山东半岛城市群、长三角城市群、辽中南城市群、中原城市群；城市群周边城市指数一般的依次为：太原城市群、长株潭城市群、关中平原城市群、琼海城市群、海峡西岸城市群；城市群周边城市指数较低的依次为：珠三角城市群、长春城市群、兰州城市群、哈尔滨城市群、环鄱阳湖城市群；城市群周边城市指数最低的依次为：皖江淮城市群、银川城市群、成渝城市群、石家庄城市群、南宁城市群。总体来看，城市群周边的城市最小指数与城市群的发达和成熟程度没有关系，各城市群之间城市最小指数的差距是比较大的。

再从城市群硬件环境的最大值城市指数和最小值城市指数（主要是城市群的周边城市）的比较看：最小值城市指数仅为最大值指数1（北京）的3%。反映城市群之间的城市公共卫生硬件环境差距还比较大。

从具体构成指标看，优质资源三甲医院均值最高的是三大成熟城市群（见表15-5），但是标准差差距最大的也是这些城市群，城市群内优质资源的均值与标准差呈正相关关系。万人医生数均值排在前三的是海峡西岸城市群、哈尔滨城市群、关中平原城市群，均值较小的是皖江淮城市群、浙东城市群、银川城市群。但是差距比较大的是长株潭城市群、环鄱阳湖城市群、长三角城市群，相对差距较小的是中原城市群、武汉城市群、黔中城市群，显示出均值与标准差的U形关系，即水平高差距大、水平低差距大、水平中差距小的关系。而在万人床位数均值方面，徐州城市群、长春城市群、琼海城市群、环鄱阳湖城市群、兰州城市群等均值较高，而发展较好的珠三角城市群、武汉城市群、辽中南城市群、山东半岛城市群等，万人床位数均值相对较低，京津唐城市群、长三角城市群仅仅处在中间的位置，但是内部差异长三角城市群却比较大。流动人口健康档案建档率石家庄城市群、哈尔滨城市群、徐州城市群、成渝城市群、黔中城市群、长三角城市群等比较高，关中平原城市群、兰州城市群、南宁城市群、长春城市群和皖江淮城市群比较低，从城市群内城市差距看，珠三角城市群差距最大，城市群建档率和群内城市建档差距呈正相关关系。

表15-5　中国主要城市群医疗硬件环境数据指数

城市群	城市数	三甲医院均值	三甲医院方差	万人医生均值	万人医生方差	万人床位均值	万人床位方差	流动人口建档率均值	流动人口建档率方差
京津唐城市群	8	0.307	0.380	0.297	0.145	0.427	0.077	0.373	0.061
珠三角城市群	9	0.200	0.203	0.233	0.099	0.412	0.051	0.411	0.326
长三角城市群	15	0.170	0.209	0.335	0.256	0.476	0.309	0.537	0.080
黔中城市群	3	0.152	0.167	0.356	0.050	0.564	0.029	0.538	0.066
长春城市群	5	0.120	0.141	0.276	0.115	0.644	0.126	0.293	0.086
太原城市群	5	0.114	0.144	0.290	0.080	0.493	0.189	0.475	0.162
环鄱阳湖城市群	6	0.114	0.130	0.357	0.273	0.601	0.214	0.442	0.210
关中平原城市群	5	0.109	0.195	0.386	0.172	0.481	0.118	0.346	0.075
武汉城市群	6	0.105	0.187	0.186	0.048	0.399	0.103	0.450	0.165
海峡西岸城市群	6	0.105	0.111	0.392	0.075	0.420	0.149	0.365	0.039
辽中南城市群	12	0.102	0.081	0.222	0.092	0.355	0.061	0.439	0.137
呼包鄂城市群	3	0.095	0.072	0.208	0.118	0.368	0.111	0.472	0.280
哈尔滨城市群	9	0.092	0.089	0.388	0.167	0.539	0.106	0.565	0.163
石家庄城市群	5	0.091	0.100	0.223	0.074	0.457	0.086	0.663	0.282
中原城市群	8	0.082	0.074	0.273	0.046	0.564	0.201	0.444	0.204
成渝城市群	11	0.081	0.118	0.263	0.111	0.572	0.171	0.541	0.223

续表

城市群	城市数	三甲医院均值	三甲医院方差	万人医生均值	万人医生方差	万人床位均值	万人床位方差	流动人口建档率均值	流动人口建档率方差
兰州城市群	5	0.080	0.111	0.250	0.140	0.599	0.176	0.324	0.121
山东半岛城市群	8	0.071	0.081	0.291	0.120	0.347	0.125	0.392	0.127
南宁城市群	5	0.063	0.096	0.197	0.135	0.415	0.114	0.322	0.107
长株潭城市群	8	0.057	0.055	0.309	0.277	0.425	0.111	0.473	0.281
琼海城市群	5	0.057	0.040	0.206	0.110	0.608	0.120	0.397	0.149
徐州城市群	8	0.054	0.028	0.250	0.215	0.664	0.058	0.546	0.139
皖江淮城市群	11	0.052	0.071	0.251	0.141	0.570	0.153	0.286	0.064
浙东城市群	3	0.048	0.033	0.291	0.192	0.589	0.204	0.468	0.226
银川城市群	5	0.017	0.038	0.274	0.201	0.499	0.185	0.387	0.079

资料来源：课题组自制，数据统计时间为2018年

综合以上指数并结合相关数据分析，可以发现中国城市群在公共卫生服务体系方面存在以下问题：

第一，在总量上，公共卫生服务的基础资源严重不足。1978—2018年国家GDP增长240倍，但全国医院数量从9293个增长到33009个，增长了3.55倍。在医疗卫生投入方面，2018年末全国卫生领域政府财政支出1.6万亿元，仅占GDP比重不到1.7%，2018年末全国卫生人员总数有1230万人。

第二，在结构上，公共卫生服务的关键资源存在瓶颈。中国大部分城市及城市群都还缺少一套完善的公共卫生体系、传染病防范体系、ICU重症隔离资源管理体系。由于基本条件达不到、医疗能力跟不上、物资保障受制约、应急管理受限制，疫情防控中“一床难求”、药品供给不足、医护人员紧缺、组织保障不畅等突出问题集中暴露。

第三，在空间上，公共卫生服务资源空间不均衡。从城市群医疗硬件环境的比较分析可以发现：无论是较为发达成熟的城市群还是相对落后的城市群内

部的城市之间，无论优质资源、基础资源还是包容性服务都存在严重差距。这种不均衡进一步影响人口的聚集和流动，最终导致无论中心城市还是周边城市都存在不同的问题。一方面中心城市因人满为患而不堪重负，另一方面周边城市质量低下且体系不健全，城乡区域之间的差距就更加明显。

第四，在配置上，公共卫生服务资源缺乏有效整合。目前尽管大数据、互联网信息技术为公共卫生资源的供需空间匹配创造了一定的条件，快速交通体系在一定程度上支持不同区位的供需有效对接。但无论不同部门之间还是在不同区位之间，公共卫生的物资、人员和信息都处于严重分割状态，在一些区域或部门资源严重紧缺的同时，另一些区域或部门资源严重闲置，公共卫生资源利用效率比较低下。

第五，在软件上，公共卫生服务管理和制度政策落后。应急管理体制、机制建设缺乏法律支持，部分既有法规脱节滞后，法律贯彻执行能力较弱。

3. 对策与建议

基于上述目标和问题，需要采取以下措施，创造城市群公共服务与应急机制衔接的前提条件。

第一，加大公共服务体系软硬件基础资源的投入。首先，要结合各城市群的资源存量、人均状况以及未来人口增长等，统筹规划、投入、建设和配置，扩大和提升公共卫生的基础资源、专业人员、服务机构、基础设施的数量和质量，使得各城市群之间的公共卫生服务逐步做到充足、优质和均等。其次，在完善各级公共卫生法规的同时，要重点制定涉及城市群公共卫生服务的各种法律法规。包括城市群公共治理的法律和条例，城市群突发事件应急管理的法律和条例，等等。

第二，加大公共卫生服务关键平台和节点枢纽建设。要在城市群之间和城市群内部，合理布局关键平台和节点枢纽，从而充分发挥城市群的规模效应，让关键平台和节点枢纽通过相互间的分工与合作最大化地覆盖全国，最优化地支持群内城市的公共卫生服务运行，从而及时有效地解决以城市群为主体的所有城乡居民的公共卫生问题。

第三，健全城市群公共卫生服务的部类体系。参考历史与国际经验，制定公共卫生服务体系的各部类的城市群供应基准，从城市群尺度上总体落实，即当群内一些条件差的城市落实有困难时，让群内一些条件好的城市有更好的落实，从而可以保证城市群在总体上基本达标，从城市群的尺度打破公共服务体系的短板和瓶颈，使城市群内各城市居民可以共享。

第四，建立城市群公共卫生服务的空间网络体系。有鉴于城市群是人们经济社会活动和享受公共卫生服务尤其是关键公共服务的主体。一方面，应以城市群为单元，做好重大公共卫生资源的空间布局，使在城市群内的居民能够快捷高效和低成本地共享。另一方面，要共建城市群的公共卫生服务的交通和通信网络体系，让其通过交通和信息两个基础设施网络联网，并使这些网络相互叠加并相互连通兼容，从而使得分布在城市群不同节点的需求能够最快捷、最合理、最高效和低成本地得到满足。

四、完善城市群治理体系以提供支撑框架

1. 理论与目标

从应对灾害视角看，高度聚集、联系和共享的城市群更容易发生并放大灾害。规模报酬递增决定城市群更有优势避免、减少或战胜灾害。“集体选择”问题也决定了城市群避免、减少或战胜灾害有软肋。克服软肋和发挥优势应对灾害，关键是通过城市群治理达到精诚协作。

合作是行为主体基于收益最大化而选择的理性策略。行为主体无限次重复

博弈可以提高区域合作的概率。而通过多方关系的正确处理，实现群内主体在抱团合作方面的激励兼容，可使城市群的正外部性红利最大化和负外部性损害最小化。这些关系包括：城市群内政府之间横向关系、群内政府与上下级政府的关系、群内政府与私人部门的关系、群内私人部门间的关系、群内非政府组织间的关系，以及群内私人部门、非政府组织与政府部门之间的关系。有关城市群公共卫生的治理重点涉及公共卫生服务相关主体及其公共卫生方面相关关系。

城市群治理的基本模式主要有3种：政府主导的治理模式、非政府组织主导的治理模式及网络治理模式。鉴于中国国情，中国城市群治理模式应该是政府主导下的网络治理模式。

2. 现实与问题

大城市和城市群灾害风险高。联合国的数据显示：2018年在人口50万及以上的全球1146个城市中，有59%即676个城市的14亿人口面临着遭受飓风、洪水、干旱、地震、山体滑坡和火山爆发6种自然灾害中至少1种灾害的高风险。189个沿海城市面临着2种及以上自然灾害高风险。26个特大城市面临着3种及以上自然灾害高风险。大城市和欠发达地区的灾害风险最高。数据同时显示：人口规模大、密集度高的城市群自然灾害风险更大。这包括美国西海岸城市群、美国东北部大西洋沿岸城市群、日本太平洋沿岸城市群，中国多数城市群都处在较高自然灾害风险的行列。

利用联合国数据，比较中国25个城市群的自然灾害指数的均值、标准差、变异系数发现（见表15-6）：呼包鄂城市群、辽中南城市群、京津唐城市群、银川城市群、太原城市群灾害可能性相对较小；海峡西岸城市群、琼海城市群、珠三角城市群、南宁城市群、浙东城市群、成渝城市群灾害可能性相对较大。关中平原城市群、武汉城市群、环鄱阳湖城市群、长株潭城市群、黔中城市群内部城市灾害差异较小；呼包鄂城市群、银川城市群、京津唐城市群、山东半岛城市群、石家庄城市群内部城市灾害差异较大。

表15-6　各城市群自然灾害指数描述性统计分析

城市群名称	样本量	均值	标准差	变异系数	最小值	最大值
呼包鄂城市群	3	0.060	0.100	1.667	0.000	0.175
辽中南城市群	12	0.088	0.053	0.602	0.000	0.117
京津唐城市群	8	0.089	0.085	0.955	0.000	0.243
银川城市群	5	0.110	0.109	0.991	0.000	0.252
太原城市群	5	0.114	0.007	0.061	0.102	0.117
长春城市群	5	0.115	0.079	0.687	0.000	0.223
关中平原城市群	5	0.117	0.000	0.000	0.117	0.117
兰州城市群	5	0.138	0.045	0.326	0.117	0.219
山东半岛城市群	8	0.153	0.123	0.804	0.000	0.350
哈尔滨城市群	9	0.157	0.073	0.465	0.019	0.242
中原城市群	8	0.158	0.047	0.298	0.130	0.237
徐州城市群	8	0.163	0.097	0.595	0.000	0.330
石家庄城市群	5	0.182	0.127	0.698	0.000	0.330
皖江淮城市群	11	0.219	0.034	0.155	0.117	0.232
长三角城市群	15	0.223	0.094	0.422	0.040	0.374
黔中城市群	3	0.223	0.007	0.031	0.219	0.231
武汉城市群	6	0.233	0.000	0.000	0.233	0.233
环鄱阳湖城市群	6	0.233	0.000	0.000	0.233	0.233
长株潭城市群	8	0.233	0.000	0.000	0.233	0.233
成渝城市群	11	0.239	0.037	0.155	0.219	0.349
浙东城市群	3	0.245	0.119	0.486	0.133	0.370
南宁城市群	5	0.261	0.091	0.349	0.142	0.352
珠三角城市群	9	0.277	0.109	0.394	0.000	0.338

续表

城市群名称	样本量	均值	标准差	变异系数	最小值	最大值
琼海城市群	5	0.297	0.091	0.306	0.155	0.379
海峡西岸城市群	6	0.349	0.047	0.135	0.257	0.375
非城市群	112	0.183	0.098	0.536	0.000	0.375

资料来源：课题组根据《中国城市竞争力报告No.17》整理制作，数据统计时间为2018年

大城市和城市群的发展威胁比较大。据美国航空航天局全球发展资源和能源威胁数据库提取到的全球1006个人口达50万以上城市的数据，美国东北部城市群、中亚地区城市群能源与资源威胁的程度是较高或很高的。

再具体比较25个中国城市群的资源和能源威胁度指数的均值、标准差、变异系数发现（见表15-7）：银川城市群、中原城市群、成渝城市群、黔中城市群、呼包鄂城市群威胁度比较高，而琼海城市群、环鄱阳湖城市群、浙东城市群、京津唐城市群、皖江淮城市群威胁度相对较低。从变异系数角度来看，在城市群内部城市威胁度差异较小的是呼包鄂城市群、哈尔滨城市群、长株潭城市群、环鄱阳湖城市群、银川城市群，差异较大的是兰州城市群、辽中南城市群、皖江淮城市群、山东半岛城市群和琼海城市群。

表15-7 各城市群发展威胁指数描述性统计分析

城市群名称	样本量	均值	标准差	变异系数	最小值	最大值
琼海城市群	5	0.511	0.348	0.681	0.000	0.889
环鄱阳湖城市群	6	0.528	0.071	0.135	0.429	0.639
浙东城市群	3	0.587	0.177	0.302	0.429	0.778
京津唐城市群	8	0.632	0.103	0.163	0.481	0.764
皖江淮城市群	11	0.652	0.254	0.389	0.333	1.000
武汉城市群	6	0.658	0.102	0.155	0.533	0.833

续表

城市群名称	样本量	均值	标准差	变异系数	最小值	最大值
山东半岛城市群	8	0.663	0.422	0.637	0.000	1.000
太原城市群	5	0.665	0.116	0.174	0.500	0.778
珠三角城市群	9	0.676	0.169	0.250	0.333	1.000
兰州城市群	5	0.693	0.249	0.359	0.411	0.958
石家庄城市群	5	0.696	0.120	0.172	0.500	0.800
徐州城市群	8	0.698	0.195	0.279	0.417	1.000
长三角城市群	15	0.706	0.098	0.139	0.556	0.833
关中平原城市群	5	0.719	0.233	0.324	0.476	1.000
南宁城市群	5	0.767	0.172	0.224	0.556	1.000
辽中南城市群	12	0.773	0.287	0.371	0.000	1.000
长株潭城市群	8	0.805	0.108	0.134	0.611	0.944
海峡西岸城市群	6	0.806	0.267	0.331	0.333	1.000
哈尔滨城市群	9	0.815	0.103	0.126	0.633	1.000
长春城市群	5	0.831	0.133	0.160	0.667	0.972
呼包鄂城市群	3	0.841	0.044	0.052	0.801	0.889
黔中城市群	3	0.852	0.140	0.164	0.722	1.000
成渝城市群	11	0.862	0.177	0.205	0.500	1.000
中原城市群	8	0.919	0.126	0.137	0.667	1.000
银川城市群	5	0.927	0.126	0.136	0.708	1.000
非城市群	112	0.655	0.203	0.310	0.095	1.000

资料来源：课题组根据《中国城市竞争力报告No.17》整理制作，数据统计时间为2018年

大城市和城市群的健康挑战大。联合国研究显示：城市化水平的提高带来一系列独特的健康挑战，包括非传染性和传染性疾病、空气污染、供水和卫生问题。虽然“与农村地区相比，城市地区在获得支持良好健康的资源方面享有许多优势”“城市化与经济和社会发展相联系，为实现良好健康提供了更好的

机会，但是城市之间的健康状况差异很大。超过1000万人口的超大城市情况最糟，不足100万人口的中小城市普遍较好。因为城市群多以大城市、特大城市和超大城市为中心，所以全球城市群是健康状况比较糟糕的地方。

影响城市群居民健康的重要因素是空气污染。利用全球城市竞争力报告[①]有关PM2.5数据计算中国25个城市群的PM2.5的均值、标准差、变异系数发现（见表15–8）：石家庄城市群、中原城市群、关中平原城市群、太原城市群、徐州城市群、京津唐城市群污染水平最高。琼海城市群、海峡西岸城市群、南宁城市群、珠三角城市群、浙东城市群的空气质量相对较好。而在城市群内部城市污染差距较小的是太原城市群、中原城市群、武汉城市群、环鄱阳湖城市群、皖江淮城市群。从变异系数角度来看，城市群内部差异最大的是琼海城市群、呼包鄂城市群、山东半岛城市群、京津唐城市群、哈尔滨城市群。这同时反映太原城市群、中原城市群城市污染普遍严重，浙东城市群和南宁城市群城市污染普遍相对较轻。

表15–8　各城市群环境污染指数（PM2.5）描述性统计分析

城市群名称	样本量	均值	标准差	变异系数	最小值	最大值
琼海城市群	5	0.151	0.107	0.709	0.005	0.263
海峡西岸城市群	6	0.187	0.048	0.257	0.163	0.285
南宁城市群	5	0.255	0.039	0.153	0.208	0.297
珠三角城市群	9	0.279	0.063	0.226	0.191	0.357
浙东城市群	3	0.283	0.040	0.141	0.259	0.329
黔中城市群	3	0.284	0.058	0.204	0.245	0.351
呼包鄂城市群	3	0.332	0.165	0.497	0.143	0.447

① 倪鹏飞、马尔科·卡米亚、王海波:《房价：改变城市世界——全球城市竞争力报告（2017—2018）》，中国社会科学出版社，2018。

续表

城市群名称	样本量	均值	标准差	变异系数	最小值	最大值
哈尔滨城市群	9	0.346	0.106	0.306	0.235	0.599
银川城市群	5	0.382	0.089	0.233	0.266	0.481
兰州城市群	5	0.382	0.063	0.165	0.318	0.475
环鄱阳湖城市群	6	0.397	0.050	0.126	0.343	0.464
辽中南城市群	12	0.404	0.078	0.193	0.272	0.501
长三角城市群	15	0.408	0.108	0.265	0.141	0.579
长春城市群	5	0.418	0.073	0.175	0.294	0.485
成渝城市群	11	0.439	0.100	0.228	0.260	0.574
长株潭城市群	8	0.478	0.072	0.151	0.343	0.541
山东半岛城市群	8	0.492	0.202	0.411	0.201	0.719
武汉城市群	6	0.525	0.050	0.095	0.464	0.588
皖江淮城市群	11	0.575	0.076	0.132	0.463	0.687
京津唐城市群	8	0.611	0.243	0.398	0.256	0.981
徐州城市群	8	0.655	0.117	0.179	0.436	0.791
太原城市群	5	0.669	0.043	0.064	0.599	0.704
关中平原城市群	5	0.728	0.160	0.220	0.521	0.912
中原城市群	8	0.766	0.060	0.078	0.695	0.854
石家庄城市群	5	0.831	0.241	0.290	0.407	1.000
非城市群	112	0.400	0.216	0.540	0.000	0.953

资料来源：课题组根据《中国城市竞争力报告No.17》整理制作，数据统计时间为2018年

注：数值越大，污染越重

上述理论和数据分析都表明：城市群是灾害风险的多发区域，城市群治理存在问题是重要原因。目前，西方发达国家城市群治理失灵，中国城市群治理刚刚起步，存在一些普遍和特殊的问题。

第一，组织体系和决策机制方面。政府主导是中国的优势但也存在一定的

问题。首先，在纵向政府之间，权力向上集中以及自上而下的决策执行机制，一方面，上级无法熟悉各地复杂的情况，决策链条传递过长；另一方面，下级出于各种考虑既有可能传递错误的信息又有可能变通上级的指令。其次，在横向政府之间，城市群主要是行政区之间协商合作而不是一级政府统一治理，这样会导致城市群内协商困难，进而导致权责分配等问题。最后，在政府与非政府组织和私人机构之间，政府强力主导的条件下，缺乏众多利益相关者的参与，既影响正确决策也影响决策执行。

第二，行动规则和行为程序方面。行为规则和行为程序是共同行动的前提，城市群治理需要制度、法律和行政支撑，但作为新生事物，无论是中央层面还是地方法规层面，都缺少城市主体之间协同合作协议的具体规定。由于缺乏行为主体的行为规则和行为程序，各方不知道合作什么、如何合作和如何行动，城市政府间的共同行动都有所停滞。

第三，权力责任利害分摊方面。城市群内共同行动需要明确各方责任和相应的利益。目前，在诸多共同事务上，各城市群还没有形成规范的制度，没有明确共同行动各方的责任、义务和权力，并对称以相应的成本分担、收益分享、经济补偿，从而会造成一定的责权不明问题。

第四，绩效评价和激励约束方面。兑现上述责权利需要监管与考核。目前，多数城市群还没有完善的治理组织体系，即便已经建立治理组织体系，由于监管需要配套手段和协作开展，行动监管的职能落实和执行难度都比较大；与此同时，由于行动各方没有行政隶属关系，即便有考核监督，也无法对违约做出应有的惩罚。执行的没有措施奖励，不执行的没有手段惩罚，必然导致城市群内公共事务的履行丧失积极性。

3. 对策与建议

健全城市群公共治理体系并提升城市群治理质量，重点要建立科学的组织体系和合理的利益机制，使合作各方公平分享收益、分担成本，让违约方承担违约责任和损失，引导城市政府选择合作策略。

第一，建立城市群治理的组织体系和工作机制。借鉴国际经验，结合中国的国情，应建立政府主导、社会参与的城市群治理体制，即组织体系和工作机制。首先，在政府间，发挥上级政府的领导和协调作用。建立由上级政府主要领导和城市群成员的主要领导组成的协调领导小组作为最高决策机构，负责城市群各省市区或地市州之间的横向协调与联系。针对重要的协调领域设立各种专业委员会和工作小组，负责具体事项的决策、执行和协调，同样由上级部门专管领导和城市群城市职能部门领导参加，其中每一个专业协作机构都有相关的主管部门牵头，其他部门参与。其次，在政府与民间，充分发挥私人和社会机构的基础作用。建立综合和专业咨询委员会，邀请专家参与分析研究与决策协调。邀请私人和民间机构的代表参加决策委员会和专业委员会，参与重大问题决策和专业领域决策。建立由政府和民间机构共同参与的协会、智库、论坛等平台和网络，广泛吸收社会力量参与治理。再次，建立上级政府监管机构、城市群监管机构、专业评估机构、媒体等组成的监督体系，监督合作各方的认真履约。最后，简化组织体系，形成分层的小型组织结构。通过分层以减少每个层级的集体成员数，化解成员过多导致的吃大锅饭、搭便车问题。

第二，建立城市群的合作规则和行动程序。国家制定有关处理城市群公共事务的法律和条例，规范合作主体的合作行为。各城市群在相关国家法律和条例基础上，根据自身实际制定各相关领域有关行动规则和行动程序的协议或公约，使合作既有法可依又合法合规。

第三，建立城市群合作责权对称机制。签订系列城市间的合作协议以及各种行为主体的合作协议。首先，各行为主体通过协商明确各自在相关领域的责任和权力。其次，建立与责权相对应的成本共担、收益共享、损益补偿的机制。坚持谁当前投入得多，谁未来的收益就大；谁未来收益大，谁现在就要投得多。对于共同的基础设施与公共服务等建设，按照未来收益分享的估算，确定投入成本的分摊。对于跨城市的重要收益项目，按照曾经和未来的投入贡献，确定税收等收益未来分享的比例。对于为确保城市群整体发展而保护资源环境，导致个别城市发展受限所造成的损失，根据发展的机会成本进行收益的补偿。对于因为保证一些较大城市发展而牺牲另一些较小城市的发展，采用基础设施和公共服务的援助，以弥补资源环境等损失的损益交换。所有以上这些可以通过签订双边或者多边协议的形式明确和固定下来。

第四，建立城市群合作监管制度和自律机制。首先，创新城市群的监管机制。明确城市群各级政府及其职能部门的目标责任，赋予相应的权力。建立上级对城市群各级政府及职能部门的考核机制，将各个城市群的发展绩效与相关城市政府官员的政绩考核问责挂钩。将中央和省级的转移支付、重要项目审评和布局、重大的融资安排，与各城市群的扎实合作及城市群发展的绩效挂钩。其次，建立行为各方的自律机制。在明确各行为主体的责任并赋予相应权力的基础上，建立合作各方的抵押、担保和保险制度。

五、完善公共卫生应急体系以准备基本条件

1. 理论与目标

城市群突发公共事件应急管理是城市群治理的重要组成部分。公共事件具有外部性，城市群里任何一个区域的公共事件都可能波及群内其他城市以及其他城市群，所以，城市群是突发公共事件（包括自然灾害）的高发和高风险区域。突发公共事件具有突发性强、蔓延升级快、冲击剧烈等特点，对人民生命财产和经济社会发展危害特别严重，甚至可能触发经济、社会、政治危机。因

此，必须建立城市群层面的公共事件应急管理体系，从而有可能将突发公共事件消灭在萌芽状态或者使其负外部性降低到最小程度。公共卫生事件应急管理体系是其中的一个重要子系统。

公共卫生事件的应急从流程看主要包括：预防、预警、响应、控制、救治、救助、善后等环节。要做好每个环节，必须在公共服务体系和公共治理体系的基础上，建立应急管理的支撑体系，包括：管理体制即围绕应急而建立的管理机构和指挥中心组成的组织和责任系统，工作机制主要是围绕应急各部门、各领域、各环节和各区域的决策、执行、协同、反馈机制，应急保障即现有的、潜在的、外援的救援人员、救援物质、救援资金及相关信息等，应急预案即针对各类应急事件提前做出的应对方案，包括总体预案以及编制、评审、演练指南和能力评估，法律制度即规范公共事件应急各种行为和程序的法规制度。

与其他空间尺度的公共卫生应急体系相比较，由于涉及多个城市的相关主体，城市群在各个环节和各个方面需要更多地强化主体间合作和协同工作。重点是建立和强化城市群的疫情联防联控、疾病联治联保、资源共享共用的应急机制。

2. 对策与建议

基于上述目标，应坚持顶层设计站位高，基层落实要深（基层网络化管理），织密全覆盖风险防控网络，智能化管理要新，环节管理要精细的原则。从两大维度建立和健全城市群突发性公共事件应急管理体系。

第一，从要件体系的维度，建立和健全各要件的应急管理体系。首先，健全城市群统筹协调的应急组织体系。强化城市群应急专业委员的应急功能，包括城市应急管理局和职能部门在监测预警、值守应急、应急处置、应急保障、信息汇总、培训教育等方面的协作功能。建立城市群应急指挥联络中心，明确各城市的应急管理职责。建立城市群应急管理全民动员的社会网络组织体系。其次，构建城市群统一联动的应急处置工作机制。完善城市群工程建设、交通运输、食品安全、水电燃气、危化物品生产运输、信息网络等专业管理部门常态化协调合作机制。完善城市群内外的政府、民间机构、专业化私人企业的联动机制。再次，构建城市群统一调配的应急软硬资源体系。利用互联网和大数据等建立城市群内外的各种应急资源存在的动态体系。建立可以随时启动的应急资源利用的应急综合运输体系。制定城市群的突发性公共事件应急管理的法律和法规。群内政府之间、部门之间、机构之间共同制定突发公共事件应急处置的相关行动规则。最后，编制突发性公共事件的各种应急预案和操作指南。进而构建城市群公共卫生突发事件综合管理体系，加强城市群内城市医疗救治、物资保障等方面的协同组织。

第二，从工作流程维度，建立和健全各环节的应急管理体系。首先，构建城市群的联合预防体系。在全国公共卫生突发事件监测网络的基础上，建立城市群政府间风险监测和预警结果的及时通报分享机制。加大城市间交界地带流动人和物预防、共有区域与场所预防，加强共有项目、设施和平台的投入、建设和维护。其次，构建城市群的协同控制体系。根据相关法律条例，建立遇到突发性事件同步或有序启动、升级和结束的应急响应制度和办法。建立事件爆发的紧急联系机制。建立城市间交界地带、共有项目、设施、平台、场所和区域、多地流动人和物的多重控制制度和办法。再次，构建城市群的共同治疗体系。整合城市群内外的相关科研资源，构建科研网络，针对城市群内的公共卫生事件及科学问题进行联合研究和集体攻关。整合城市群内的科学研究、疾病控制、临床治疗的资源，建立科研、疾控、治疗协统一体的应急体系。最后，构建城市群的共同保障体系。完善城市群共享协同的应急物资保障体系。要优化城市群重要应急物资生产、储备及其区域布局。建立能随时开启的城市群应急保障的物流体系和运输网络体系，并通过实施互认通行证制度保证救援物资顺畅调动；建立城市群分工合作的应急救援人才队伍。让相关专业人才在城市群范围内根据应急需求及时有序调度；构建城市群的数据信息网络和信息平台。让涉及应急的各种信息能够为城市群的各城市政府以及相关主体和社会公众分享，为其科学决策包括相互间的合作决策提供信息保障。

六、完善公共卫生的关键保障以实现衔接融合

1. 理论与目标

城市群的公共（卫生）服务体系、跨域公共（卫生）治理体系和突发性公共（卫生）应急管理体系是相互重叠但各有侧重的3个方面。公共卫生服务体系侧重于软硬件公共卫生产品，跨域治理侧重于组织体系和工作机制，公共（卫生）应急管理体系则侧重应急的治理和服务。跨域治理是公共卫生服务体系与突发性公共（卫生）事件应急管理体系衔接的骨架，三者的结合就是城市治理组织利用公共服务资源执行应急工作。但是要实现这三者的三位一体、自洽耦合和有机衔接，还需要3个关键保障要素：

第一是机制保障。机制是三者衔接的磁石或黏合剂。通过机制设计让三者衔接的各方主体将个体最大化目标与3个衔接的最大目标相一致，并通过追求最有效地实现3个衔接的最大化目标实现个人最大化目标。从而可使三者衔接拥有强大持久的内生动力，确保三者衔接紧密而可持续。

第二是技术保障。技术是三者衔接的桥梁，通过技术不仅可让三者相通而且可让三者相联。技术不仅为三者有机衔接提供物理条件，也为机制保障创造了支持条件。

第三是磨合保障。磨合是三者衔接的实践活动。要使三者衔接的各种关联

和对接更加精准、适应、熟练和专业，要让各部分之间对外界变动所引发的关联能够达到自动和本能响应层次和水平，只有让三者衔接经常发生并不断磨合才能做到。

2. 现实与问题

就城市群公共卫生领域内三者衔接的保障条件而言，一些城市群此前已经做了些许的工作，但总体上，保障城市群公共卫生领域内三者衔接的条件还不够充分。

在防治体系方面，全国公共卫生监测系统覆盖了城市群，对全国及城市群三者衔接应对处置突发事件发挥了一定的作用。2004年中国疾病预防控制中心建立了全国传染病网络直报系统。全国所有县级以上疾病预防控制机构和有条件的医疗卫生机构都已采用这套监测信息系统。目前发展成全球规模最大、横向到边、纵向到底的传染病疫情和突发公共卫生事件网络直报系统。实现对39种法定传染病病例个案信息和突发公共卫生事件的实时、在线监测；全国还建立了3000多个监测点，从而有可能早期识别人禽流感、艾滋病、鼠疫等重大传染病并及时报告。全国还初步建立了疾控机构、医院、基层医疗卫生机构分工协作、上下联动、优势互补的重大疾病防、治、管服务网络。

在技术保障方面，智慧城市群正在形成和发展，为城市群及全国范围内的三者衔接创造了一定的条件。首先，我国四大区域智慧城市群已经形成且在快速发展。德勤发布的《超级智慧城市报告》显示，2018年全球已启动或在建的智慧城市有1000多个，中国在建的有500个。从在建智慧城市的地理位置分布来看，我国已初步形成了以北京、天津、大连、青岛、济南为主的环渤海区域，以南京、无锡、上海、合肥、杭州、宁波为主的长三角区域，以广州、佛山、深圳、厦门为主的珠三角区域，以及以西安、成都、重庆、武汉为主的中西部区域四大智慧城市群。随着更多城市加入智慧城市的行列，上述四大区域将形成覆盖更广、联系更加紧密的智慧城市群。其次，智慧城市及相关技术提升公共卫生应急的智能化、精细化水平。近年来，大数据、云计算、物联网、人工智能、北斗导航等新一代信息技术正在应用到城市群应急管理的事前预警、事中响应、日常防控等全过程中。大数据等技术可以提高监测预警的及时性和准确性；北斗技术可以提高救灾处置的高效性和专业性；智能化技术可以实现实时、动态和全面的日常防护；人工智能技术可以保障大型活动安保。总之，智慧城市群发展为城市群公共卫生应急管理创造了一定的技术条件。

然而，事实证明，公共服务体系、公共治理体系与应急管理体系三者还没有实现很好衔接。尤其是在城市群层面，也表明三者衔接的保障条件还不成熟：

第一，没有利益机制促进三者有机衔接。经济学认为：行为主体在既定规则下基于自身利益最大化决策。如果没有制度规则激励行为主体通过促进三者衔接以实现自身最大化利益的话，行为主体为追求自身利益最大化可能会有碍三者的衔接。

第二，现有技术还不能很好地支持衔接。三者有机衔接需要相关的数据信息、联系网络和计算决策等技术支持。但目前虽然信息、网络和智能技术条件初步具备，但这些技术还没有系统地应用到城市群应急管理中并形成统筹整合的智能应急管理系统。在信息方面，信息数据分散，应急案例数据库缺乏。在网络方面，涉及应急各方面的虚拟网络体系还不够健全。或者网络不够多，或者网络不够密，或者网络关键节点和线路有断路，或者难以支撑信息快速传递和快速决策的要求。在决策方面，决策枢纽的智能计算还比较初级或者简单；三者衔接的各城市及相关主体之间成本与收益的公平合理分摊、分享、补偿和交换，需要相关的大数据收集、实时传感监测、各种复杂的计算以及大量的科学预测，这方面的技术开发和应用需要有个过程。

第三，缺乏实操和演练影响三者衔接效果。由于衔接涉及多主体在多领域、多环节、多空间的协作、联动和配合，这不仅要求所有主体要到位，所有关节要打通，所有动作都要正确，而且要求每个主体都要主动，每个对接都要精准，每个操作要熟练，每个配合要默契。这需要经过反复的实践或者演练才能发现问题，积累经验，提升技能，减少失误。但目前在城市群层面，公共卫生服务、公共跨域治理和公共卫生应急管理体系还未被提到重要的议事日程，实战应对不多，演练安排更少，三者衔接总体缺乏磨合的机会。

3. 对策与建议

第一，完善机制保障。要设计并完善一套利益机制，让城市群内相关利益主体能够积极主动地促进三者有机耦合和衔接，有效避免城市群公共卫生事件发生或将事件损失降到最小。建立权责明确机制，明确各经济主体的权利和责任，明确规定相关行为主体奖惩，激励和监督相关责任人积极主动开展合作诊治，激励相关责任人最大限度地在城市群内实现共享和合理匹配，并完善政府、媒体和社会公众的监管机制。

第二，强化技术支撑。加快建设智慧城市群，让数字化、网络化、智能化的技术为城市群的卫生资源充分利用、为跨域治理和联合防控治救的应急管理提供技术保障，为城市群范围内的共同监测、联动预警、科学研究、同步响应、有序隔离、远程会诊、资源调配创造智能化的技术条件。在信息方面，创新并广泛应用数据开发技术，采集、储存、挖掘、整合和利用城市群内多个相关领域的大数据，建立从防控到救治再到救助的应急全流程的大数据平台体系，为三者衔接和联防联控、共治共享（包括救治和保障）奠定数据基础；在联系方面，建立并打通城市群各区域从防控到救治再到救助的应急全流程各种网络体系，让城市群内涉及公共卫生应急管理的各主体、领域、环节在虚拟网络和现实网络都能通畅，为三者衔接和联防联控、共治共享创造链接条件；在决策方面，建立支持决策的智能中枢和智能节点，为各层级决策机构和各主体的研判、决策、指挥、调度和反馈提供技术支撑。

第三，强化实战演练操作。通过实战演练磨合，提升三者有机衔接水平。不断强化城市群多元主体的联防联控和群防群控能力。首先，实战磨合。抓住每一次应对城市群大小突发公共卫生事件的机会，在应急实战的过程中，及时认知和反思城市群应急管理各环节相互配合的要领及存在的问题，主动掌握协作要领并解决存在的问题，做到举一反三，迅速提高应急管理的专业技能、反应速度及相互配合的默契程度。其次，认知磨合。公共事件的应急协同有规律可遵循，有方法可用。无论是决策委员会、指挥中心、救援人员，还是私人机构、社会组织和全体居民，都应该不同程度地掌握应急专业知识和方法。为此，政府相关部门及社会组织应加强对相关人员和全体居民的相关知识宣讲和技能培训。相关人员和全体居民也应定期接受突发性公共事件应对的相关知识和技能培训。再次，演练磨合。建立定期的公共突发事件应急演习制度，加强城市群公共卫生突发事件应对的“反射行动”演练。通过协同演练而不断磨合相关主体的衔接，掌握衔接协同要领，提升衔接协同技能，提高衔接协同的默契程度和自动反应速度。

参考文献

[1] 厉以宁. 区域发展新思路[M]. 北京：经济日报出版社，2002.

[2] 湖北省政府咨询委员会，湖北省政府研究室（发展研究中心）. 2008湖北发展研究[M]. 武汉：湖北长江出版集团，2009.

[3] 中共湖北省委政策研究室. “两圈一带”展宏图[M]. 武汉：湖北人民出版社，2009.

[4] 中国发展研究基金会. 促进人的发展的中国新型城市化战略[M]. 北京：人民出版社，2010.

[5] 方创琳. 中国城市群形成发育的政策影响过程与实施效果评价[J]. 地理科学，2012（3）.

[6] 倪鹏飞. 中国城市竞争力报告No.10[M]. 北京：社会科学文献出版社，2012.

[7] 熊亚洲，陈敬富，周雅露，邢婧媛. 武汉城市圈区域经济发展水平评价研究[J]. 湖北理工学院学报（人文社会科学版），2013（1）.

[8] 梁昊光. 中国区域经济发展报告（2014—2015）[M]. 北京：社会科学文献出版社，2015.

[9] 李春洋，李雅儒. 国家“两型”战略的湖北实践——武汉城市圈“两型”社会综改试验区建设十周年回顾（2007-2017年）[M]. 武汉：武汉出版社，2017.

[10] 俞艳，童艳，胡珊珊等. 武汉城市圈城市空间相互作用时空演变分析[J]. 长江流域资源与环境，2017（11）.

[11] 李建平，李闽榕. 中国省域经济综合竞争力发展报告（2016—2017）[M]. 北京：社会科学文献出版社，2018.

[12] 李倬. 城市群协调发展文献综述[J]. 合作经济与科技，2020（1）.

[13] 常瑞祥，安树伟. 中国区域发展空间的格局演变与新拓展[J]. 区域经济评论，2019（3）.

[14] 姜爱林. 海峡西岸城市群规划的政策涵义与发展对策研究[J]. 中共福建省委党校学报，2010（2）.

[15] 丁长发. 海峡西岸城市群研究[J]. 经济研究参考，2007（64）.

[16] 《河小青带你看福建河长制》，新华网，2019年4月12日.

[17] 李培鑫. 城市群的演进规律和一体化发展特征分析[J]. 上海城市管理，2019（5）.